정사 삼국지 • 오서

진수陳壽 지음 · 김원중 옮김

정사 삼국지 ● 오서

吳書

Humanist

옮긴이의 말

나는 중·고교 시절 소설《삼국지三國志》를 읽으면서 소설에 나오는 수많은 인물이 역사 속 실존 인물의 모습과 같으리라는 착각을 하곤 했다. 그만큼 흥미진진하고 실감이 났기 때문이리라. 하지만 나이가 들어 다시 소설《삼국지》를 읽자니 예전에는 미처 보지 못한 부분들이 눈에 들어오기 시작했다. 왜 전쟁만 일어났다 하면 1백만 대군이고 죽은 자는 왜 그렇게 많은지, 왜 조조는 극악무도한 파렴치범으로 묘사되는데 유비는 성인군자로 추앙을 받는지, 제갈량은 동남풍을 불러오는 신통력을 지니고 싸움에서 패한 적이 없다면서 왜 삼국 통일은 이루지 못했는지, 관우가 바둑을 두면서 태연히 수술을 받은 것이 사실인지 등등 끝도 모를 궁금증이 나를 사로잡았다.

그러던 차에 이문열 선생의 소설《삼국지》를 읽다가〈서문〉에서 눈에 들어오는 글귀가 있었다. "변형과 재구성은 철저하게 정사(正史,《정사 삼국지正史三國志》를 지칭한다)에 의지한 것이라 한낱 말재주로 독자들을 현혹시켜 역사를 그릇 알게 하는 잘못을 저지르지 않았다고 믿는다." 이 말에 나는《정사 삼국지》가 어떤 내용인지 꽤 궁금해졌다. 또한 내 전공 영역이 위진남북조 시대이기에 자연스럽게 당시의 시대 상황에 관심이 갔던 것도 이 책을 번역하게 된 동기

가운데 하나이다.

　나관중羅貫中이 쓴 소설《삼국지연의三國志演義》의 모본이 진수陳壽가 지은《정사 삼국지》임은 널리 알려진 사실이다. 나관중 자신도《삼국지연의》의 앞머리에 "진나라 평양후 진수가 남긴 역사 기록을 후학 나관중이 순서에 따라 편집했다(晉平陽侯陳壽史傳, 後學羅貫中編次)." 라고 분명하게 밝혔으니 말이다. 청나라 중기의 역사가 장학성章學成이 "칠실삼허(七實三虛, 열 가운데 일곱은 사실이고 셋은 허구이다)."라고 했듯이《정사 삼국지》가 없었다면《삼국지연의》는 탄생하지 못했을 것이다.

　이러한 생각에 나는 소설 속 인물들을《정사 삼국지》와 비교해보기로 했다. 그런데 관련 자료를 찾아보니 1980년대 중반에 국사편찬위원회에서《정사 삼국지》의 〈위서魏書〉 '동이전東夷傳'만 떼어내 번역한 것이 있을 뿐이었다. 우리나라 고대사古代史 연구에 반드시 필요한 기본 자료이자 소설《삼국지》의 독자들에게 참고 자료로 유용할《정사 삼국지》가 단 한 번도 번역된 적이 없었던 것이다. 물론 중국 24사史 가운데 다른 정사도 완역된 것이 없었다.

　이런 호기심과 문제의식 때문에 대학원 박사 과정 중 4년여의 작업 끝에 1994년《정사 삼국지》의 초역본을 출간했다. 그러나 출간 일정을 맞추려 서둔 탓에 적지 않은 오탈자가 있었고, 거슬리는 표현이나 심지어 잘못된 번역도 있는 듯해서 계약 기간이 끝나자 책을 절판시켜버렸다. 그러나 언젠가는 이 책을 다시 출간하리라는 소망을 가지고 틈나는 대로 개역 작업에 매달렸다.

　실로 10년이 넘는 시간이었다. 길다고 하면 길고 짧다고 하면 짧은 시간 동안 나는 초역본을 밑그림으로 삼으면서 그간의 새로운 학문적 성과를 수용하여 개고 작업을 했다. 특히 조서詔書와 상소문

上疏文, 서간문書簡文 등 탄탄한 논조와 함축성 때문에 초역 당시 애로가 많았던 부분들을 대폭 수정했다. 이 과정에서 《사기열전》, 《사기본기》, 《한비자》, 《정관정요》 등 역사 관련 중국 고전들을 번역·출간하면서 역사에 관한 안목을 키워나갔던 것도 도움이 되었다.

또 다른 동기도 작용했다. 방대한 연구 인력을 자랑하는 중국이 역사 재평가 작업에 힘을 기울이는 모습을 보면서 학자로서 안타까운 마음을 품지 않을 수 없었다. 예를 하나 들면, 그들은 정사正史 전체를 국가의 출판 기획 중점 도서로 지정하여 전국의 권위 있는 학자 2백여 명을 참여시켜 《이십사사전역二十四史全譯》이라는 이름으로 88권을 출간했다. 이는 중국 역사를 현재 중국의 관점에서 새로이 해석한다는 뜻으로도 읽힌다.

또한 중국이 1980년대 이후 중국 영토 내의 역사는 모두 자국의 역사라는 소위 신중화주의新中華主義에 입각하여 '동북공정東北工程'이라는 국가적 과제를 정해놓고, 중국 국무원 산하 기관인 사회과학원의 주도 아래 고조선과 발해, 고구려를 자신들의 고대 국가라고 선전하는가 하면, 급조된 연구 성과물을 출간하면서 심지어 한강 이남의 백제사까지도 자신들의 역사로 편입시키려 시도하고 있다는 점은 이미 널리 알려진 사실이다.

이런 때일수록 우리 역사를 제대로 알아야 하는 것은 당연한 일이고 우리 역사와 긴밀하게 발전해온 중국의 역사, 그 가운데서도 고대사의 원전은 우리의 과거 문화유산을 다루기 위한 기본 자료로서 제대로 번역하여 학문 연구의 바탕으로 삼아야 한다.

이번에 휴머니스트에서 재출간하는 《정사 삼국지》 전면 개정판은 이전에 민음사에서 출간한 개정판을 다시 수정하여 내는 것이다. 이 개정판도 이전의 몇몇 오류를 바로잡았으며 각주도 더욱 풍부하게 덧붙였다.

한 가지 밝혀둘 점은 이번에도《정사 삼국지》못지않게 중요한 것으로 평가받는 배송지裴松之의 주석을 모두 살려 번역하지 못하고 제한적인 범위에서 번역했다는 것이다. 이는 배송지의 주석이 매우 방대하다는 점이 일차적인 원인이지만, 내 게으름이 더 큰 원인이라는 점이 아쉬움으로 남는다. 다른 한편으로는《논어》의 경우에도 주희의《논어집주》를 주석의 정본으로 평가하지만 국내의 수많은《논어》번역본에서 이미 역자의 판단과 주관에 따라 선별하여 참조하고 있으니, 배송지의 주석 역시 취사선택의 차원으로 생각해볼 수 있을 것이다. 다만 배송지의 주석과 나의 주석을 굳이 구분하지 않았다. 독자에게 좀 더 정확한 의미를 전달하기 위해서는 구분할 필요가 있기는 하지만, 대체적으로 내가 덧붙인 각주는 관직의 이름이나 개념어 등이며, 인물에 대한 상세한 설명이나 관련된 이야기 등은 거의 다 배송지의 주석에 따른 것이므로 독자들도 쉽게 구분할 수 있을 것이다.

번역 과정에서 고전을 눈으로 읽어가며 이해하는 것과 그것을 우리말로 옮기는 것이 별개의 작업임을 뼈저리게 느꼈으니, 여전히 인명·지명·관직명과 상소문·조서 등 적지 않은 난제들을 떠안고 번역에 임했다는 점을 다시 밝힌다. 적지 않은 소설《삼국지》마니아가 있는데, 이 책과 비교해서 읽어본다면 인물들의 진면목과 역사적 사실과 허구의 관계를 좀 더 자세히 알 수 있을 것이다.

막상 개정판 출간을 앞둔 지금에 와서는 괜한 욕심을 부려 대작을 훼손한 것은 아닌지 두려운 마음뿐이다. 내 무딘 붓에 훼손되었을 원전을 생각하면 더욱 그러하다. 모쪼록 많은 분의 지도 편달을 바란다.

번역은 지루하고도 힘겨운 작업이다. 30년 가까운 시간 동안 고전 번역 작업을 해오면서 오늘도 나의 작업을 성원해주는 고전 애독자들에게 마음속 깊은 감사를 전한다. 특히 이번 작업을 포함하여 나의 고전 시리즈의 편집과 교정 과정에서 온 힘을 기울여준 휴머니스트 편집진의 수고로움이 없었다면 이 작업은 힘들었을 것이다. 거듭 감사의 마음을 전한다.

2018년 2월

선효재宣曉齋에서

김원중 삼가 쓰다

《정사 삼국지》 해제

1. 《정사 삼국지正史三國志》를 둘러싼 문제들

우리가 흔히 《삼국지三國志》라고 부르는 것은 나관중羅貫中의 소설 《삼국지연의三國志演義》이다. 원래 《삼국지》는 진수陳壽가 편찬한 것으로, 중국의 위·촉·오 삼국의 정사正史이다(중국에서는 시대별로 대표적인 역사서들을 모아 24사로 부르는데, 《삼국지》도 그 가운데 하나이기에 《정사 삼국지正史三國志》로 통칭한다). 《삼국지연의》는 《정사 삼국지》를 바탕으로 한 소설일 뿐이므로 이 둘을 혼동해서는 안 된다. 《정사 삼국지》는 단순한 역사의 기록이 아니라 '난세亂世'라고 불린 후한後漢 말의 혼란스러운 사회상을 시작으로 삼국정립, 후한에서 위魏로의 정권 이양, 촉蜀의 멸망, 위魏에서 진晉으로의 정권 이양, 오吳의 멸망까지를 아우르는 한 시대의 총화總和이며, 그런 까닭에 사마천司馬遷의 《사기史記》나 반고班固의 《한서漢書》와 함께 중국 고대사에서 가장 주목받는 역사서로 꼽히고 있다.

《정사 삼국지》는 280년에 편찬되었고, 뒤이어 나온 《후한서後漢書》와는 100여 년의 시간 차이가 있다. 모두 65권으로 구성되었으니,[1] 〈위서魏書〉 30권, 〈촉서蜀書〉 15권, 〈오서吳書〉 20권으로, 권수에서 벌써 위나라의 위상을 엿볼 수 있다. 후한 말기는 중앙 정부의 권위가 땅에 떨어지고 호족이 비대해져 멋대로 권력을 휘두르면서 백성이 도탄에 빠진 시대였다. 따라서 이런 상황을 극복하고 백성을 구원해줄 난세의 영웅이 필요했으며, 이러한 시대적 요청에 부응해 일어선 수많은 영웅의 전기가《정사 삼국지》에 고스란히 담겨 있다.

그러나 식견 있는 독자들마저도《삼국지연의》를 정사로 오인할 만큼《정사 삼국지》는《삼국지연의》의 그늘에 가려 있다. 사실상《삼국지연의》[2]에는 허구와 과장으로 얼룩진 부분이 많은데도 말이다.[3] 그렇다면 위魏를 한漢의 정통 계승자로 기술한 진수의《정사 삼국지》는 어떤 책일까?

---

1) 본래 이 책의 서문 격인 〈서록敍錄〉 한 권이 더 있어 진수의 생애와 저작 취지 등을 알 수 있을 법한데, 일찍이 유실되어 동진東晉의《화양국지華陽國志》의 〈진수전陳壽傳〉과《진서晉書》의 〈본전本傳〉에 의거해서 그의 생애를 알 수밖에 없다.

2)《삼국지연의》의 형성 과정은 이러하다. 진나라 때 진수가《정사 삼국지》를 썼고, 남북조 시대에 배송지가《정사 삼국지》에 대한 주석을 내어 당나라와 송나라의 민간을 중심으로 구전되었다. 이러한 성과를 집약해 원나라 지치至治 연간에는《전상 삼국지 평화全相三國志平話》세 권으로 출간되었다. 이것이 다시 원나라 때 희곡 및 잡극으로 공연되면서 대중화되었고, 원말 명초에 나관중이 고문과 백화를 혼용하여《삼국지연의》를 지었는데, 명나라 홍치弘治 연간인 갑인년(1494)에 간행된《삼국지통속연의三國志通俗演義》가 대표적 판본이다. 명나라 때는 20종 이상의 판본이 있었으며, 그중 청나라 때의 모종강본毛宗崗本이 가장 널리 읽혔다.

3) 수판칭許盤淸과 저우원예周文業의《삼국연의와 삼국지의 비교三國演義三國志對照本》에 의하면《삼국지연의》에 허구적으로 묘사된 내용은 다음과 같은 명장면들이다. 1. 유비와 관우, 장비가 도원결의하는 장면(1회). 2. 관우가 술이 식기 전에 화웅의 목을 베는 장면(5회). 3. 왕윤이 초선을 이용하는 연환계(8~9회). 4. 조조가 술을 마시며 유비와 함께 영웅을 논하는 장면과 망매지갈 이야기(21회). 5. 관우가 1천 리를 단기로 달리며 다섯 관문의 다섯 장군을 베는 장면(27회). 6. 유비가 삼고초려하여 제갈량을 영입하는 과정(37회). 7. 조자룡이 장판파에서 유선을 구하는 장면(41회) 8. 제갈량이 여러 유학자와 설전하는 장면. 9. 적벽대전에서 화살을 빌려오는 장면과 황개의 고육책(46회). 10. 제갈량이 동풍을 불러들이는 장면(49회). 11. 화용도에서 조조를 살려주는 장면(50회). 12. 제갈량과 주유의 기 싸움 장면(88~90회). 13. 남만 정벌에서 맹획을 일곱 번 잡았다가 일곱 번 살려주는 장면(88~90회). 14. 읍참마속의 장면(95회).

2. 진수의 생애와《정사 삼국지》편찬 작업

《진서晉書》〈진수전陳壽傳〉에 의하면, 진수는 자가 승조承祚이고, 파서군 안한현을 본적으로 하여, 위·촉·오 삼국이 팽팽히 대치하던 시기인 233년(촉한蜀漢 후주後主 유선劉禪이 다스리던 건흥 11)에 촉나라에서 태어나 진나라에서 벼슬하다가 원강 7년(297)에 65세로 세상을 떠났다. 진수의 부친은 이름이 알려져 있지 않다. 단지 촉나라 마속馬謖의 참군을 지내다가 마속이 참수를 당하자 제갈량諸葛亮에게 머리를 깎이는 곤형髡刑을 받았다는 불명예스러운 사적만《진서》에 전할 뿐이다.

진수가 31세 때 촉나라는 위나라에 정복되었고, 몇 년 후에는 위나라도 진나라에 병탄되어 진수는 망국의 백성이 되었다.

진수는 일찍이 성도成都의 저명한 역사학자인 초주譙周에게 태학에서 학문을 익혀《상서尙書》·《춘추春秋》·《사기》·《한서》 등을 읽었고, 글재주가 있었다. 초주는 촉의 전통문화를 계승한 대표적인 역사학자였고, 자신의 죽음을 예언할 정도로 참위설讖緯說에도 정통했다. 진수는《정사 삼국지》〈촉서〉권12에 '초주전譙周傳'을 두어, 초주가 문장 해석에 정통한 선비로서 동중서董仲舒나 양웅揚雄의 규범이 있었다고 호평했다. 당시 태학은 한 경제漢景帝 때 촉군 태수 문옹文翁이 성도에 세운 학당이었는데, 초주가 익주권학종사가 되었고, 또 전학종사가 되어 주관했다. 그러나 초주에 대한 후세의 평판은 그다지 좋지 않았다. 위나라 경원 4년(263), 등애鄧艾가 이끄는 위나라 군대가 국경을 뚫고 들어와 촉나라를 공격했을 때, 초주가 유선에게 항복을 권유했다는 이유 때문이다.

진수는 촉나라에서 관각령사를 지냈는데, 환관들이 전횡하고 조정의 신하들이 아부하는 것을 보면서도 뜻을 굽히지 않아 결국 벼슬에서 쫓겨났다. 그가 부친상을 당했을 때 몸이 아파 시비에게 환약을 만들어오도록 했는데, 이는 당시의 예교 규범에 따르면 불경스러운 일이었다. 이 일로 향당鄕黨의 폄하를 받았고, 촉나라가 멸망한 이후에도 여러 해 동안 배척을 받아 벼슬길에 오르지 못했다.

진나라 무제武帝 태강 원년(280)에 오나라가 멸망하는데, 이때 진수는 48세의 나이에 《정사 삼국지》를 완성했다. 진수가 《정사 삼국지》의 편찬 작업을 완성하자, 서진西晉의 장화張華는 그의 학식과 사학에 대한 조예에 감동한 나머지 중서랑으로 추천할 준비를 했다. 그러나 평소에 장화를 미워하고 시기한 중서감 순욱荀勖이 장화의 극진한 총애를 받는 진수에게도 사적인 감정을 가졌다. 게다가 〈위서〉 부분이 순욱의 견해와 부합하지 않았기 때문에 순욱은 진수를 적극적으로 배척해 중서랑이 아닌 장광 태수가 되도록 했다.

장광군은 수도에서 매우 멀리 떨어진 곳이었다. 그래서 진수는 모친이 연로하다는 이유를 내세워 관직을 사양하고 취임하지 않았다. 그 후 진남대장군 두예杜預가 수도를 떠나 부임할 때 진수의 지식이 깊고 넓음을 알고는 표를 올려 산기시랑으로 추천했다. 진수가 자신의 임무를 훌륭히 감당했으므로 황제는 그를 다시 치서어사로 임명하여 곁에 두었다. 이는 진수가 일생 중에서 가장 높이 오른 것이다.

후에 모친이 세상을 떠나자 진수는 다시 관직을 버렸다. 그의 모친은 임종하면서 수도 낙양에 묻어달라고 유언했다. 진수는 유언에 따라 처리하여 세인의 비난을 받았는데, 모친을 고향인 촉 땅에 안장하지 않은 것이 예교에 어긋난다고 생각했던 것이다. 몇 년 후, 태자중서자로 기용되었으나 나아가지 않다가 병사했다.

진수가 지은 저작으로는 《정사 삼국지》 외에도 《고국지古國志》 50편,
《석휘釋諱》,《광국론廣國論》,《진박사晉駁事》 4권,《진탄사晉彈事》 9권,
《익부시구전益部耆舊傳》 10편,《익부시구전잡기益部耆舊傳雜記》 2권,
《관사론官司論》 7편,《제갈씨집諸葛氏集》 24편,《한명신주사漢名臣奏事》
30권,《위명신주사魏名臣奏事》 40권 등이 있다. 이상 12종의 저술은
모두 250여 권(편)에 달하지만 그중에서 《정사 삼국지》가 가장 높
이 평가받는다.

3. 《정사 삼국지》의 시대적 상황과 서술의 정통성 문제

후한은 외척과 환관, 청류淸流라는 삼대 세력이 힘을 겨루는 정쟁의
연속이었다.[4] 정치는 부패하고 군벌은 혼전을 거듭했으며 왕의 외
척들이 일어나고 환관 등이 권력을 장악하면서 조정의 갈등이 지
속되었다. 그러자 백성의 마음이 떠나고 지식인들의 암중모색이 거
듭되는 가운데 황건적의 난이 일어났다. 본래 장각張角은 화북성 거
록 사람으로 태평도太平道를 믿었다. 스스로 대현량사大賢良師라고
하면서 주술로 병을 치료하고 죄지은 민중을 참회시켜 구제한다며
교세를 넓혔다. 그는 당시에 빈곤과 질병으로 신음하던 민중에게
강한 영향을 끼쳐 170년부터 180년에 이르는 10여 년 동안 장강과

---

4) 통일과 분열, 문화의 동질성과 이질성의 극단적 표출로 인해 유가가 몰락하고 경전을 재
   해석하는 풍토가 이루어졌으며, 불교가 성행하고 도가적 학풍이 대세를 이루면서 이른바
   현학玄學이 시대적 조류로 등장하며 황건적이 전국을 강타했다. 불교의 유입은 중국이
   외국과의 교섭을 바라는 국제 교류 관계의 서막을 알리는 징표이기도 했다.

화북 동부 지역에 수십만 명의 신도를 만들었다.

이들을 토벌하겠다고 모인 영웅 중에는 조정을 좌지우지하던 동탁董卓과 북방의 거대 세력 원소袁紹, 난세의 영웅 조조曹操, 유랑하면서 서쪽 변방을 노리는 유비劉備 등이 있었다. 10여 년 뒤에 남방의 젊은 영웅 손권孫權이 합세한다. 후한 말 군웅들은 저마다 패권을 잡으려 갖은 노력을 다하니, 동탁은 천자를 끼고서 제후를 호령하려는 야심을 품고, 조조와 원술袁術은 관도에서 천하를 놓고 다투며, 손책孫策과 손권은 강남 평정이라는 의지를 불태우고, 형주에 있던 유비는 제갈량을 끌어들이고 제갈량은 유비를 위해 '천하삼분天下三分'의 계책을 낸다.

군웅할거의 시대를 거쳐 위·촉·오 삼국이 정립된 후 세월이 지나자 저마다 각기 제帝를 칭하기 시작한다. 먼저 220년 위나라 조비曹丕가 한 헌제漢獻帝에게 선양을 받는 형식으로 제위에 오른다. 이듬해에 유비 역시 소열제라고 칭하며 제위에 올라, 그가 내세운 한 왕조 부흥이라는 명목이 결코 순수하지 못했음을 보여준다. 한편 손권은 위나라와는 별도로 '황무'라는 연호를 사용하면서 독자적인 제국을 구축하려는 의도를 드러낸다.

진수는 기전체 형식에 따라 삼국의 역사를 서술하려 했으나 사마천과 반고가 다룬 한漢 또는 그 이전 시대와는 다른 새로운 역사적 상황에 직면하게 된다. 즉, 위·촉·오 삼국의 군주가 저마다 황제라 일컬은 것이다. 진수는 세 나라 중에서 어느 나라에 정통성을 부여해야 할지 고민하다가 결국 위나라를 정통으로 삼는다. 그 까닭은 이러했다. 정권 계승 관계에서 볼 때, 위 명제魏明帝가 죽고 나서 당시 여덟 살인 양자 조방曹芳이 제위를 계승했는데, 249년 사마의司馬懿가 정변을 일으켜 조방을 죽이고 정권을 장악했으며, 사마의가 죽자 251년 아들 사마사司馬師가 정권을 이어받았다. 사마사가 죽자 사마소司馬昭가 권력을 계승했고, 몇 년에 걸쳐 격렬한 권력투쟁을 펼쳐 친위親魏 세력을 무너뜨렸다(255). 사마소가 죽자 아들 사마염司馬炎이 이어서 승상 겸 진왕晉王이 되어 상도향공 조환曹奐을 폐위하고 스스로 제帝라 하며 진조晉朝를 세운 것이다(265).

진수는 진晉나라가 세워지고 나서 다시 벼슬을 하게 되었는데, 이때부터 편찬하기 시작한 책이 바로 《정사 삼국지》이다. 따라서 진수는 진나라의 전신인 위나라를 정통으로 보고 서술한 것이다. 이러한 사실은 다음 몇 가지 점으로도 알 수 있다.

첫째, 〈위서〉(30권)를 〈촉서〉(15권)나 〈오서〉(20권)보다 앞에 놓았으며, 분량 면에서도 거의 절반을 할애했다. 둘째, 기전체의 통례에 따르면, 위·촉·오 삼국의 군주는 모두 제기帝紀를 두어야 하지만, 진수는 위 황제에 관한 사적은 기(紀, 본기)라 하고, 촉과 오의 군주에 대한 기록은 전(傳, 열전)이라 하여 촉과 오의 제帝의 위상을 일반 왕후王侯와 같이 낮추어버렸다.

셋째, 삼국 황제에 대한 표현 방식에 차이를 두었다. 위나라의 황제는 제帝라 했지만, 촉나라의 황제는 선주先主·후주後主 등 주主라고 칭했으며, 오나라의 황제 역시 주主라고 하고, 심지어는 그 이름을 직접 사용하기도 했다. 또한 삼국 황제의 죽음을 서술할 때도 상당히 구분했으니, 위나라 황제의 경우 모두 '붕崩'이라는 단어를 사용한 반면, 촉나라의 경우 '조殂'를 사용하고, 오나라의 경우 '훙薨'을 썼다.

4. 《정사 삼국지》의 또 다른 매력, 배송지의 《삼국지주》

《정사 삼국지》의 사료적 가치를 따져보기 위해 우리가 우선 주목할 사항은 《정사 삼국지》 원전 못지않게 유명한 배송지裴松之의 주석이다. 남북조시대 송宋나라의 문제文帝가 《정사 삼국지》가 너무 간략한 것이 안타까워 중서시랑 배송지에게 명하여 주석을 달게 했다.

배송지는 자가 세기世期이고, 하동군 문희현 사람이다. 동진東晉에서 벼슬했고 송의 태조인 유유劉裕에게 인정받았다. 동진과 송의 왕조 교체기인 420년에 49세였고, 송나라에 들어와서도 고위직을 지냈다.

《정사 삼국지》 주석서의 완성은 429년 배송지의 나이 58세 때 이루어졌다. 이 주석서는 당시의 야사野史와 정사를 총망라하여 집필되었는데, 양적으로 《정사 삼국지》와 비슷할 정도이다. 이 주석은 방대한 자료 조사와 인용 예문의 정확성과 풍부함, 문맥에 따른 시의적절한 단평短評으로 유명하다.[5] 배송지는 정사에서 빠진 내용이나 부족한 부분을 골라 당시 사료를 충분히 활용하여 재치 있게 재구성함으로써 정사에 흥미를 더해주었다. 오늘날까지도 배송지의 《삼국지주三國志注》는 《정사 삼국지》의 최고 주석본이자 독서 촉매제로서 높은 평가를 받는다.

---

5) 그의 아들 배인裴駰 역시 《사기》의 주석본인 《사기집해史記集解》의 저자로 알려져 있으니 2대에 걸쳐 역사서를 주해한 것이다. 홍윤기, 《삼국지(三國志), 위서(魏書), 무제기(武帝紀)》 및 배송지(裴松之) 주(注)에 대한 주석과 번역 1》, 《중국어문논총》 49권, 2011, pp. 375~402.

5. 《정사 삼국지》의 몇 가지 한계

위진남북조의 저명한 문학 이론가 유협劉勰은 "오직 진수의 《삼국지》만 실질과 수사가 융합을 이루어 정돈과 분석이 잘되었으므로 문文과 질質이 제대로 합치되었다. 순욱과 장화는 진수를 사마천과 반고에 비견했는데, 이것은 안일한 칭찬이 아니다."[6]라고 호평했다. 그러나 《정사 삼국지》는 구성에서 보통 기전체 사서와 크게 다른 결함이 있다.

첫째, 황제를 다룬 기紀와 인물들의 전기인 전傳 두 부분으로 구성되어 있다는 점이다. 본래는 '기'와 '전' 사이에 제후나 왕을 다룬 세가世家가 있어야 한다.

둘째, 주제나 내용을 내세운 전傳이 없다는 점이다. 《사기》의 〈유림열전儒林列傳〉이나 〈화식열전貨殖列傳〉에서 보듯 주제를 표제로 한 전은 그 자체로 시대 상황을 상징적으로 나타낸다. 《정사 삼국지》는 '후비전'이나 '비빈전'처럼 몇몇 사람의 전을 합친 경우는 있으나 이 또한 전의 범위에 속하는 것일 뿐이다. 공통점을 가진 인물들을 같은 전에 넣고 있으므로 표제를 세우는 일이 가능한데도 화타 등의 전이 '방기전方技傳'에 있는 것 외에는 주제로 편명을 삼은 것이 없다. 이것도 본문에서는 '방기전'이라고 했지만, 송간본宋刊本 등의 목록에서는 전에 실린 다섯 명의 이름을 적고 있다. 이 점은 《정사 삼국지》에 수록된 인물이 정치나 관료에 국한된 탓이 아닌가 한다.

셋째, 지志 또는 서書가 없다. 기전체는 비록 기와 전이 주체이지

---

6) "唯陳壽三國志, 文質辨合洽, 荀張比之於遷固, 非安譽也." 《문심조룡文心雕龍》〈사전史傳〉.

만, 지 역시 매우 중요한 역할을 한다. 경제, 화폐, 지리, 천문과 율력, 예악, 형법 등과 같은 전제典制는 모두 지에 기술되며, 이것은 한 시대의 사회적 관심사를 반영하는 것으로서 후대인들의 역사 연구에 기초 자료가 된다. 기전체 사서의 창시자인 사마천이《사기》에 팔서八書를 두고, 반고가《한서》에 십지十志를 둔 것과 확연하게 구분된다.

넷째, 서술하는 방식이나 내용이 소략하다. 진수가 역사를 정리하면서 사료의 부족으로 인해 곤혹스러웠음을 짐작할 수 있기는 하지만, 건안문단建安文壇의 중요한 인물인 서간徐干, 진림陳琳, 응창應瑒조차도 별도의 전이 없다는 점은 이해하기 어렵다. 〈위서〉와 〈촉서〉, 〈오서〉를 비교해볼 때, 특히 사관이 없던 촉나라 역사를 다룬 〈촉서〉의 내용은 더욱 소략하다.

다섯째, 문장이 간결하고 투박하다. 이 점은《사기》와 비교해볼 때 더욱 뚜렷하게 나타난다. 이는 개인의 의견과 감정을 억제하고 최대한 사실事實을 적확하게 기술하려는 진수의 의도 때문인 듯한데, 이 역시 〈촉서〉의 경우에 두드러진다. 이를테면 유비가 당양의 장판에서 조조의 군대에 무너져 처자를 버리고 도주할 때, 맹장 조운趙雲이 유비의 아내 감 부인과 아들 유선을 구한 일이《삼국지연의》에는 1백만 대군을 뚫고 구해냈다며 과장되어 있는 데 비해,《정사 삼국지》에는 겨우 42자 정도로 간단하게 기술하고 있을 뿐이다.

마지막으로 사마염이 정권을 빼앗는 과정을 묘사하는 부분에서 적지 않은 역사 왜곡을 하여 역사가의 기본적 자질인 직서直書가 결여되었다. 이것은 진수가 사마염이 건국한 진나라의 신하라는 점이 일차적인 원인이겠지만, 역사가로서 엄정성이 떨어진다는 비판에서 비켜갈 수는 없다.

6. 《정사 삼국지》의 의의

몇 가지 한계가 있기는 해도 오늘날 우리가 《정사 삼국지》를 읽어야 할 이유는 분명하다. 무엇보다도 《정사 삼국지》는 《삼국지연의》와 전혀 다른 역사적 배경을 바탕으로 탄생한 정사正史임을 알아야한다. 중국인의 뿌리 깊은 화이관華夷觀도 따지고 보면 이민족으로 대변되는 사이四夷의 침략으로 실추된 자존심을 회복하고자 제시한 것이니, 흥성의 시대인 한나라 시절에도 흉노와 형제지국을 맺었고, 위진남북조 시절에는 글자 그대로 오호五胡에 의해 16국으로 국토가 유린되는 상황이 되었다. 게다가 수隋나라는 두 차례 고구려高句麗 원정을 나섰다가 결국 패망에 이르렀고, 당唐나라도 서쪽의 티베트에 시달렸으니 그들의 의식 속에는 이민족에 대한 피해 의식이 상존했던 것이다.

이런 와중에 남송南宋 주희朱熹의 역사 철학의 입장에서 출발한 촉한 정통론이 원元나라 때는 수면 아래로 잠겨 있다가 중화사상의 자존심을 회복한 명明나라로 계승되어 나관중의 《삼국지연의》의 집필 관점으로 이어지면서 정사의 본질과는 전혀 다른 방향, 즉 존유반조尊劉反曹의 기치를 내걸며 인물 묘사 자체를 터무니없는 방향으로 몰고 갔던 것이다. 따라서 《삼국지연의》는 "칠실삼허七實三虛."라는 후광을 두르고는 있지만 본질적으로는 이민족에 의해 실추된 중국의 자존심을 회복하고자 의도적으로 쓴 흔적이 역력하다. 《삼국지연의》의 역사 왜곡은 우리나라의 고대사를 부정하고 동아시아 역사 자체를 부정하는 것과 그 기본적인 맥락은 크게 차이가 없다. 특히 철저한 능력 위주의 인사 정책으로 천하의 기반을 다진 조조를 그저 난세의 간웅 정도로 알고, 배은망덕한 유비를 덕망을 갖춘 제왕으로 그릇 알며, 인사 정책의 최대 실패자인 제갈량을 신출귀몰한 전략가로 잘못 아는 것[7]은 이제 바로잡아야 한다.

아울러 정사가 갖고 있는 시대사적 의의, 우리나라 상고사와의 긴밀한 관련은 차치하고서라도 위·촉·오 삼국으로 나뉘면서 패권을 차지하고자 건곤일척乾坤一擲의 승부수를 던지는 책략가들의 두뇌 싸움과 권력을 좇아 이합집산을 하는 인간들의 추한 모습이라든가, 제위를 둘러싸고 형제간에 전개되는 정권 쟁탈전의 양상 등은 오늘날 정치의 권력 지형과도 관련지어 분석해볼 만한 충분한 가치가 있다고 본다.

이런 면에서 《정사 삼국지》는 단순한 중국의 역사서가 결코 아니며, 인간의 흥망사가 살아 숨 쉬는 삶의 지침서로서 그 가치를 획득하고 있고, 《사기》나 《한서》 같은 역사서들과 함께 그 중요성이 과소평가되어서는 안 될 책임에 틀림없다. 특히 독자들은 인물에 대해 객관적으로 묘사하고 있는 《정사 삼국지》의 가치에 주목하며 소설 《삼국지》에서 그려내는 인물상과 비교해보면서 역사적 사실과 소설적 허구의 차이를 염두에 둔다면 더욱 즐거운 독서법이 될 것이다.

---

7) 충신의 사표로 추앙되는 제갈량은 '칠종칠금七縱七擒'이란 말도 있듯이 대단한 전략의 소유자로 알려져 있으나, 최근 홍윤기는 흥미로운 논문에서 제갈량이 독재정치를 했다는 점을 그의 명문장 〈출사표出師表〉를 연구하여 고찰하고 있다. 홍윤기, 〈〈출사표(出師表)〉에 나타나는 제갈량(諸葛亮)의 독재정치〉, 《중국어문논총》 84권, 2017, pp. 183~208.

〈오서〉 해제

1

진수가 《정사 삼국지》의 〈오서〉를 편찬하기 전에 오나라의 역사 편찬 상황은 이렇다. 손권은 재임 후반기에 정부丁孚와 항준項峻 등에게 '오서'의 편찬을 명했지만, 그들의 사학 재능史學才能이 부족하여 실패했다. 소제少帝 손량孫亮 때 다시 위요韋曜를 주축으로 하여 주소周昭와 설보薛寶, 양광梁廣, 화핵華覈 등에게 과거의 일을 찾아 함께 《오서》 55권을 만들게 했다. 이 《오서》에는 위요의 이름이 맨 앞에 있지만, 사실은 오나라 사관들이 써온 오나라 왕조의 역사를 위요가 최종적으로 엮은 것에 불과하다. 그는 오나라 제일의 학자이자 문장가이고 역사가이며 또 국가의 예의 제도에도 밝았으므로 이 일의 적임자였다.

진수는 〈오서〉를 집필하면서 위요 등이 지은 《오서》의 원문을 빌려왔다. 특히 역사적으로 중요한 사건에 제시된 상주문이나 조서, 편지 등을 상당 부분 인용했다.

〈오서〉에도 기紀가 없고, 손견孫堅과 손책의 전傳이 앞에 있으며, 뒤에 '오주전吳主傳'과 '삼사주전三嗣主傳'이 있다. 〈촉서〉와 다른 점은 〈오서〉에도 〈위서〉 '후비전后妃傳'처럼 '비빈전妃嬪傳'이 나온다는 것이다.

2

오나라를 개국한 손씨 가문은 조조처럼 후한 권력자의 자손도 아니고, 유비처럼 한나라 왕실의 피를 이어받지도 않았다. 손씨 가문은 당시 미개척지인 강동의 토착 호족 중 하나였다. 〈오서〉 '비빈전'을 보면 손견이 소주 오씨吳氏의 딸이 미인이라는 소문을 듣고 아내로 맞으려고 했을 때, 오씨의 친척들은 손견의 경박함과 교활함을 싫어하여 모두 반대했다고 한다.

이 점에서 오나라의 군신 관계가 위나라나 촉나라와는 사뭇 달랐음을 알 수 있는데, 손씨 삼부자의 경우를 보더라도 그렇다. 아버지 손견은 형주의 유표劉表를 토벌하는 도중에 혼자 말을 달려 산에 들어갔다가 화살에 맞아 죽었고, 아들 손책은 조조와 원소가 관도에서 교전할 때 은밀히 허도를 습격하여 한 헌제를 맞이하려다가 출발하기도 전에 허공許貢의 문객에게 살해되었다.

손권은 남방의 실력자요 토착 세력의 대부 격인 수성의 제왕으로 등거리 외교술이 탁월했으니, 위나라에는 고개를 숙여 전쟁을 막으려 했고 촉나라와는 동맹관계를 구축하여 위나라의 침략에 공동으로 대비하는 전략을 세웠다. 그의 기본적인 외교 노선은 208년에 시작된 유비와의 동맹에서 비롯되며 229년 그 맹약을 해체하기까지 대략 22년 동안 지속된다. 조조와 유비 역시 일류 정치가로서 그들이 내세운 외교 정책과 손권의 외교 전략은 상당한 차이가 있었다. 손권은 유비와의 연합전선을 통해 조조의 통일을 막는 데 중점을 두었으며, 먼저 삼국정립의 형세를 이루고 천하의 변화를 관찰한다는 전략을 세웠다. 오나라와 촉나라는 작은 나라였으므로 강대한 위나라에 대적하려면 철저히 인모人謀에 기대야 했기 때문이다.

손권은 아버지나 형과 달리 천수를 마치긴 했지만, 위험한 곳에
몸을 두는 것을 즐겼다. 예를 들어 〈오서〉 '장소전張昭傳'을 보면, 손
권은 직접 말을 달려 호랑이를 사냥하기를 즐겨서 어떤 때는 호랑
이가 손권이 탄 말에 날카로운 발톱을 올렸다. 장소가 그런 행동을
멈추라고 간언했지만, 손권은 말에서 수레로 바꾸었을 뿐 호랑이
사냥을 계속했다. 그렇다고 해서 손권이 장소를 냉대한 것은 아니
었다. 장소가 손권에게 불만이 있어서 문을 걸어 잠그고 밖으로 나
오지 않자 손권이 장소의 집에 불을 지르게 했다. 그러자 장소가 더
는 문을 잠그지 않았으며 손권이 국사를 논하는 데 기여하게 되었
다. 관우關羽가 점령했던 형주를 탈환한 것도 손권이 여몽呂蒙이란
장수의 미래 가치에 주목하여 그를 키웠기에 가능한 일이었다. 손
권이 갖고 있는 굽힘의 미학은 이러한 성품과도 관련이 있으니 꼭
부정적으로 볼 것도 아니다.

  더러 오나라는 주군 간에 두터운 믿음이 없었다고 보기도 한다.
이것은 병제兵制와도 밀접한 관련이 있다. 오나라 무장들은 직접 병
사를 모집하거나 손씨에게서 병사를 받아 평상시에는 농경에 사용
하고 일이 있으면 직접 병사를 지휘했다. 무장이 죽으면 아들이나
동생이 병사들을 그대로 이어받았다. 그래서 오나라 병사들은 무장
의 사병私兵 성격이 다분했으며, 위나라와 촉나라에 비해 군단의 독
립성이 강했다. 결론적으로 손씨가 오나라를 세운 것은 강동 호족
의 힘에 손씨 삼부자의 용맹과 인간적인 매력이 합쳐진 덕분이라
할 것이다.

  손책은 손견이 죽은 이후에 원술에게 소속되었다가 원술에게서
병력을 빌려 강남 평정을 시작했다. 장강 이남의 동쪽에 있는 강남
혹은 강동으로 불린 지역은 당시 행정구역상으로는 양주였고 오군·

단양군·회계군·예장군이 속해 있었으니, 오늘날의 강소성 남부와 절강성, 복건성, 강서성 전역에 걸친 드넓은 지역이다. 손책은 4년에 걸쳐 양주 자사 유요劉繇를 패주시키고, 오군 태수 허공을 죽이고, 회계 태수 왕랑王朗을 항복시킨 다음, 마지막으로 예장 태수 화흠華歆을 패배시켰다.

손책의 뒤를 이은 손권은 조조가 하북 평정에 전념하는 사이에 강남을 손안에 넣고자 더욱 노력했다. 우선은 형 손책이 싸워서 얻은 지역을 안정적으로 다스리며 내치에 힘썼다. 아울러 유능한 인재를 등용하는 인재 우선 정책을 취하여 장소, 주유周瑜, 노숙魯肅, 여몽, 정보程普 같은 쟁쟁한 인물들을 곁에 두었다.[1] 인화人和에 탁월한 면모를 보인 손권은 인간적인 면모도 강하여 장소·고옹顧雍·주연朱然·여범呂範 등의 상례喪禮 때에는 소복을 입고 애도를 표하기도 했으며 주유·노숙·여몽·감녕甘寧·능통淩統 등 호장이 죽었을 때는 깊이 애도하고 가솔들도 돌봐주었으며, 특히 능통의 두 아들은 궁중에 불러들여 친자식처럼 키웠을 정도이니 결코 군신 간의 관계가 소원한 것은 아니었다.

아버지 손견이 유표의 부장인 황조黃祖의 공격을 받아 사망한 때는 동탁이 살해된 초평 3년(192)과 겹치고, 손책이 사망한 건안 5년(200)은 관도 전투가 한창일 때이며, 손권의 강남 평정 또한 조조의 하북 평정과 비슷한 시기에 이루어졌다. 이처럼 손씨 삼부자가 단시간에 강남의 드넓은 지역을 평정한 데는 본인의 능력 외에 외부

---

1) 오나라의 명장들, 특히 개국공신들은 대략 40명이었는데, 손권이 태어나기도 전에 이미 세상을 떠났고, 주유·노숙·여몽 등 세 명의 대장은 문무를 겸비했으나 그들 역시 오나라가 수립되면서 세상을 떠났다.

요인에 힘입은 바가 적지 않다.

손책이 사실상 강남을 평정했다는 소식을 들었을 때도 조조는 적대시하지 않고 회유책을 취했다. 그래서 손책에게 토역장군이라는 칭호를 내리고 오후吳侯에 봉했으며, 손권에게는 토로장군이라는 칭호를 주고 회계 태수에 임명했다. 손씨 측에서도 조조는 무시할 수 없는 존재였으므로 마다할 이유가 없었다. 손책이 장광張紘을 허도에 보내 조조에게 공물을 바친 것만 봐도 알 수 있다.

조조가 취한 회유책의 절정은 정략결혼이었다. 원소의 장남 원담袁譚에게 했던 것과 똑같은 방법을 쓴 것이다. 건안 3년(198) 장굉이 공물을 바치러 왔을 때 동생의 딸을 손책의 막내 동생인 손광孫匡에게 시집보내고, 아들 조창曹彰에게 손책의 종형제인 손분孫賁의 딸을 아내로 얻어준 것이다. 덕분에 손권은 밖으로는 유혈 충돌을 피하고 안으로는 내실을 다질 시간의 여유를 가졌다. 물론 손분의 동생 손보孫輔가 손권의 강남 지배에 불만을 품고 조조와 내통하다가 발각되어 유폐되기도 했지만 말이다.

조조도 굳이 힘을 강남으로 분산시킬 필요가 없었으므로 쌍방은 서로 지배권을 묵인해주는 방식을 취했다. 그런데 이러한 밀월 관계에 금이 가기 시작했다. 손권이 남방 산악 지대의 산월족을 토벌하면서 세력 확장을 꾀하기 시작한 것이다. 때마침 조조도 하북 평정을 끝내고 남하하면서 형주를 기점으로 북쪽과 동쪽으로 세력을 넓히려는 마음을 품었다. 두 세력의 갈등은 점차 높아졌고, 결국 적벽대전이 일어나게 된다.

건안 13년(208) 적벽에서 조조는 주유와 정보 등 오나라 장수들과 맞붙었다가 화공책과 역병으로 인해 패배하여 북방의 본거지로 돌아갔다. 김문경金文京 교수에 의하면, 적벽대전 이후 조비가 위나라의 황제로 즉위한 220년까지 12년간은 형주를 중심으로 손권과 유비가 다투었고, 서쪽으로는 한중을 중심으로 유비와 조조가 세력 다툼을 이어갔으며, 동쪽으로는 합비를 중심으로 손권과 조조가 공방을 계속했다.

특히 형주는 중원의 심장부에 위치하는 요새로서 삼국의 세력이 충돌하는 전략 요지였다. 조조는 형주 북부의 강릉과 양양에 조인曹仁과 낙진樂進을 남겨두고는 북으로 돌아왔다. 그러나 주유는 승리의 여세를 몰아 강릉을 공격하여 점령해버렸다. 이사이 유비와 제갈량은 형주 남부의 무릉군·장사군·영릉군·계양군을 점령했는데, 주유는 네 군에 대한 유비의 지배권을 인정했고, 손권 또한 자신의 동생을 유비에게 시집보내어 사돈을 맺었다. 말하자면 형주는 북방의 남양군은 조조에게 소속되어 있었고, 남군과 강하군은 손권에게 소속되었으며, 남부의 네 군은 유비의 지배 아래 놓이는 형국이 된 것이다.

적벽대전 부분은 소설 《삼국지연의》 중에서도 백미일 것이다. 《삼국지연의》 "화소적벽火燒赤壁"으로 표시되는 대단원은 무려 8회 (43~50회)에 걸쳐 묘사되는데, 제갈량이 천문 지리에 정통하며 풍운을 부르는 신인임을 보여주고 극적 긴장감을 높이기 위한 장치로 쓴다. 약 3만 8천 자에 이르는 이 대목은 웬만한 중편소설과 맞먹는 분량인데, 특히 43회에서 제갈량이 당대의 유학자들을 설득하는 대목만 5천여 글자나 된다(정사에는 몇몇 학자의 이름이 나올 뿐이다).

3

오나라 멸망의 원인은 외부가 아닌 내부에서 찾아야 한다. 손권 말년에 태자 손화孫和와 노왕 손패孫霸의 다툼으로 오나라의 유력자들이 파벌을 형성하여 서로 맞서면서 국운이 쇠하기 시작한 것이다.

좀 더 구체적으로 살펴보면 후계자 문제가 발단이었다. 241년에 황태자 손등孫登이 죽자, 새로운 황태자인 손화를 지지하는 세력과 손권의 총애를 받는 손패를 지지하는 세력 사이에 격렬한 다툼이 시작되었다. 이 사태는 결국 250년 손화의 폐위와 손패의 죽음으로 이어졌고, 252년에 손권이 세상을 떠나면서 신하들 간의 반목은 더욱 심해진다. 여기에 실력자로 떠오른 제갈각諸葛恪과 손준孫峻, 손침孫綝 등이 전횡을 일삼으면서 나라가 기울게 되었다.

이러한 상황에서 264년 손권의 손자 손호孫皓가 즉위한다. 그러나 그는 왕조가 붕괴하려는 위기 상황에서도 궁전을 지어 국고를 낭비하고 잔악한 행위를 일삼다가 결국 중국 역사상 가장 포악한 천자 가운데 하나라는 오명을 얻는다. 손호가 다스리던 시대는 사마염의 시대와 중복된다. 말하자면 사마염에게 천하 재통일의 기회가 찾아온 것이다.

279년 11월에 손호를 토벌하라는 조서가 발포發布되자 20만 군대가 동쪽과 서쪽에서 일제히 남하했고, 이미 진나라의 영역이 되어버린 촉나라도 장강을 따라서 수군을 파견했다. 진나라 군대는 이듬해 2월에 오나라의 강릉을 공략하고 3월에는 군사적 요충지인 석두성을 함락하고는 오나라의 수도 건업으로 진격했다. 다들 알다시피 건업은 오나라 이후에도 동진, 송나라, 제齊나라, 양梁나라, 진晉나라, 남당南唐, 명초 태평천국 등 여러 왕조의 옛 도시로서 장강 유역의 방대한 경제적 입지를 구축하고 있어 역사적으로나 문화적으로 커다란 영향력을 여전히 발휘했으니 손권이 건업에 도읍을 정한 안목을 결코 과소평가할 수 없다. 손권의 의도는 건업을 기반으로 남방으로 이주한 북방 사람을 안무按撫하여 한족과 월족, 만족과 한족을 융합하려는 것이었다. 이러한 뜻을 망각한 채 손호는 망국의 예를 다하려고 손을 묶고는 맨몸으로 진군에게 투항했다. 이로써 4대에 걸쳐 52년간 지속된 오나라는 멸망했고, 중국은 진나라에 의해 통일되었다. 후한 말부터 90여 년에 걸친 난세가 마침내 끝난 것이다.

오나라 가계도

손견孫堅 → 손책孫策 → 손권孫權 → 손량孫亮 → 손휴孫休 → 손호孫皓

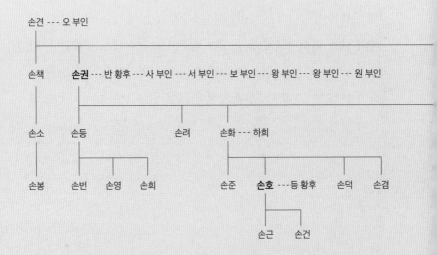

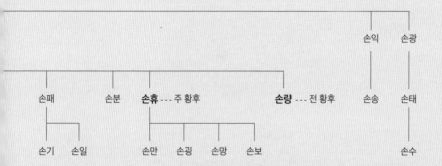

오나라(229~280): 손권이 건업에 도읍하고 강남에 세운 나라이며 4대 52년간 지속되었다가 진晉에 멸망.

손권(182~252 / 재위 229~252): 손견의 둘째 아들.
손량(243~260 / 재위 252~258): 손권의 맏아들 손등이 죽자 손화와 그의 동생 손패 사이에 태자 문제를 둘러싸고 다툼이 일어났고, 결국 어린 손량이 태자가 되어 즉위함.
손휴(235~264 / 재위 258~264): 손권의 6남. 손량이 폐위되자 왕위에 올라 3대 왕이 됨.
손호(242~284 / 재위 264~280): 오나라 최후의 황제.

* 오나라는 모계를 알 수 없는 경우가 많아 부계만 표시한다.

차 례

일러두기

1) 이 책은 1959년 12월, 중화서국中華書局에서 간행된 표점본 정사《삼국지》(전체 5권)
   에 의거하여 번역한 것으로, 별도의 교감校勘 작업은 하지 않았다.
2) 이 책의 단락 구분은 표점본에 따르지 않고 연대순에 따라 역자가 재구분한 것이다.
3) 이 책의 주석은 대부분 배송지裴松之가 덧붙인 주석에 의거한 것이지만, 역자가 번역본
   을 참조하여 덧붙인 것도 적지 않은데, 두 가지 주석을 구분하지 않고 일괄로 처리했다.
4) 역주의 원칙은 인명人名·관명官名·유문遺文·일사逸事 등을 비롯하여 문맥의 흐름을 해
   치지 않는 범위에서 덧붙이려 노력했다.
5) 역문에서 원문을 보충한 곳이 더러 있는데, 그럴 경우 소괄호를 이용해 원문과 구분했다.
6) 원전의 간지干支를 현대 독자들의 편의를 위해 연월일年月日로 바꾸어 번역했다.
7) 원문에 충실한 직역을 원칙으로 했으나, 의미가 불충분한 부분은 의역도 배제하지 않
   았다. 번역 어투는 가능한 한 현대적 의미를 살리려고 노력했다.
8)《정사 삼국지》의 세 부분은 일반적으로 〈위지魏志〉·〈촉지蜀志〉·〈오지吳志〉라고 하지만,
   송宋 대 이래 대다수의 목록이나 표제標題에는 〈위서魏書〉·〈촉서蜀書〉·〈오서吳書〉라고
   되어 있으므로 이 체재를 따른다.

1

손파로토역전孫破虜討逆傳

오나라 건립의 선조들

동탁을 물리쳐 낙양에서 쫓아내다

손견전孫堅傳

손견은 자가 문대文臺이고 오군吳郡 부춘富春 사람이며, 손무孫武의 후손인 듯하다.[1] 어린 나이에 현의 관리가 되었다. 열일곱 살 때 아버지와 함께 배를 타고 전당현錢唐縣에 이르렀는데, 마침 해적 호옥 胡玉 등이 포리匏里에서 상인들의 재물을 빼앗아 해안가에서 막 나누고 있었다. 행인은 모두 걸음을 멈추었고, 배는 감히 앞으로 나아가지 못했다. 손견이 아버지께 말했다.

"이 도적들은 무찌를 수 있습니다. 그들을 토벌하도록 허락해주십시오."

아버지가 말했다.

---

1) 손견의 집안은 대대로 오나라에서 벼슬을 했다. 집은 부춘에 있고 성城 동쪽에 집안의 무덤이 있었다. 무덤 위에 곧잘 오색의 괴이한 기운이 보였는데, 위로 하늘에 닿을 때도 있고 몇 리나 넓게 퍼지기도 했다. 그때마다 어른들은 서로 "이것은 평범한 기가 아니다. 손씨가 흥성할 것이다."라고 말했다. 이런 일도 있었다. 손견의 어머니가 임신했을 때 자신의 장腸이 나와 오(소주蘇州)의 창문(閶門, 춘추시대 소주성의 8대 성문 중 하나로 하늘의 문을 본떠 만든 것이다. 본래는 초나라를 격파한다는 결심이 있는 문으로 '파초문破楚門'이라고 했다가 전국시대 이후 '창문'으로 개칭되었다)에 걸려 있는 꿈을 꾸었다. 깨어나 두려워서 이웃집 사람에게 이 사실을 말했다. 그러나 이웃집 사람이 "어찌 이 꿈이 상서로운 징조가 아니겠소?"라고 말했다. 그 뒤 손견이 태어났는데 용모가 평범하지 않고 성격이 활발하며 특이한 절개를 좋아했다.

"네가 대적할 수 있는 자들이 아니다."

손견은 칼을 쥐고 해안으로 올라가 손으로 동쪽과 서쪽을 지휘했는데, 마치 부서의 병사와 말을 나누어서 도적을 막는 모습 같았다. 도적들은 멀리서 이 모습을 보고 관병官兵들이 자신들을 붙잡으러 온 줄 알고 곧바로 재물을 버리고 뿔뿔이 흩어져 달아났다. 손견은 그들을 뒤쫓아 도적 우두머리의 목을 베고 돌아왔다. 아버지는 매우 놀랐다. 이 때문에 손견은 명성을 크게 떨치게 되었고, 군부郡府에서는 그를 불러 서리署吏[2] 교위校尉로 임명했다.

회계會稽의 괴이한 도적 허창許昌이 구장句章에서 반란을 일으키고, 자칭 양명 황제陽明皇帝라고 하며 그 아들 허소許韶와 여러 현을 부추겨서 모은 무리가 수만 명이나 되었다. 손견은 군사마軍司馬 신분으로 장사將士 1천여 명을 모집하여 주와 군의 관병과 힘을 합쳐 이들을 토벌해 무찔렀다. 이해가 희평熹平 원년(172)이다. 자사刺史 장민臧旻이 손견의 공로를 적어 조정에 보고했다. 조정에서는 조서를 내려 손견에게 염독현鹽瀆縣의 승(丞, 문서와 창고와 형벌을 주관함)을 제수했다. 여러 해가 지난 뒤 손견은 우이현盱眙縣의 승으로 전임되었다가, 또다시 하비현下邳縣의 승으로 전임되었다.[3]

| 중평中平 원년(184) | 황건적의 우두머리 장각張角이 위군魏郡에서 난을 일으켰다.[4] 그는 신령神靈이 있다고 하면서 사자 여덟 명을 보내 '선도善道'로 천하를 교화하고, 은밀히 서로 연결하여 자칭 황천

2) 사도부司徒部에 임명된 벼슬아치이다. 그 당시 사도는 위상은 높았으나 실권은 없는 명예직이었으니 서리도 명예직이었다.

3) 손견은 벼슬하는 곳마다 상당한 평판을 얻었다. 그가 현에서 승으로 재직할 때 찾아오는 자들이 수백 명을 넘었다. 손견은 그들을 자식처럼 잘 대우했다.

태평黃天泰平이라고 했다. 3월 5일에 신도 36만 명이 사방에서 하루 아침에 함께 반란을 일으키자, 각지에서 호응하여 군과 현의 관부에 불을 지르고 지방 관원을 죽였다. 한漢나라 조정에서는 거기장군車騎將軍 황보숭皇甫嵩과 중랑장中郞將 주준朱儁[5]에게 병사들을 이끌고 가서 그들을 토벌하도록 했다. 주준은 표表를 올려 손견을 좌군사마(佐軍司馬, 주장主將을 따라 작전에 참여함)로 임명하기를 요청했다. 고향 젊은이들로 하비下邳에서 손견을 따르던 자는 모두 좇아 출정하기를 바랐다. 손견은 또 여행 중인 상인과 회수淮水·사수泗水의 정예 병사를 모집해 총 1천여 명을 얻어서는 주준과 힘을 합쳐 힘껏 싸워 가는 곳마다 앞에 적이 없었다. 여수汝水와 영수穎水의 적들은 곤궁하고 달아날 길이 없게 되자 완현宛縣의 성으로 달려가 지켰다. 손견은 직접 한쪽을 맡아 성벽을 올라가 먼저 들어갔다. 그의 병사들도 곧 손견의 뒤를 바짝 붙어 따라갔으므로 마침내 크게 격파할 수 있었다. 주준이 손견의 이때 모습을 상세히 적어 조정에 올리니, 손견은 별부사마別部司馬로 임명되었다.

변장邊章과 한수韓遂가 양주涼州에서 소요를 일으키자, 중랑장 동탁董卓이 토벌하여 막으려 했지만 전공이 없었다.

---

4) 장각은 자칭 천공장군天公將軍이라 하고, 그 동생 장보張寶는 지공장군地公將軍, 막내 동생 장량張梁은 인공장군人公將軍이라고 했으니, 그들이 천·지·인, 삼재三才를 모두 포괄한다고 자만했다. 물론 조정에 의해 제수된 장군은 아니었다.

5) 주준은 자가 공위公偉이고 회계군會稽郡 사람이다. 어려서부터 학문을 좋아했고, 군에서 공조(功曹, 공조사功曹史이다. 오관중랑장부府의 관직으로서 하급 벼슬아치의 선발과 임명 및 문서 기록 등을 담당한다)를 지냈으며, 효렴孝廉에 추천되어 진사에 올랐다. 한나라 조정에서 황건적을 토벌하려고 할 때 주준을 거기장군에 제수했고, 하남河南 윤尹을 몇 차례나 지내게 했다. 동탁은 주준을 겉으로만 친하게 대할 뿐 속으로는 꺼렸다. 주준도 그런 속셈을 알고는 마음속으로 대비하고 있었다.

| **중평 3년(186)** | 사공司空 장온張溫을 보내 거기장군 대신 서쪽으로 가서 변장 등을 토벌하게 했다. 장온은 표를 올려 손견을 군사에 참여하게 해달라고 요청하고, 장안長安에서 주둔하도록 했다. 장온은 조서에 의거하여 동탁을 불렀다. 동탁은 매우 오랜 시간이 지난 뒤에야 비로소 장온에게 왔다. 장온이 동탁을 꾸짖자 동탁은 불손하게 응대했다. 그때 손견도 그 자리에 있었는데, 앞으로 나아가 장온의 귀에 대고 이렇게 말했다.

"동탁은 죄지은 것을 두려워하지 않고 사나움과 위세를 떨치며 큰 소리로 말하고 있습니다. 부름을 받았는데도 제때에 이르지 못한 죄에 군법을 적용하여 마땅히 그 목을 베어야만 합니다."

장온이 말했다.

"동탁은 평소 농서군隴西郡와 촉군蜀郡 사이에서 위엄과 명성을 떨치고 있소. 오늘 그를 죽인다면 내가 서쪽으로 나아가도 의지할 곳이 없게 되오."

손견이 말했다.

"명공께서는 천자의 대군을 직접 이끌어 천하에 위세를 떨쳤는데, 어찌 동탁에게 의지하려 하십니까? 동탁이 말하는 모양을 보니 명공께 예의가 없습니다. 위에 있는 이를 경시하고 예의가 없는 것이 첫 번째 죄입니다. 변장과 한수가 제멋대로 날뛴 지 1년이 지났기에 때에 맞춰 병사를 출동시켜 토벌하려고 했지만, 동탁은 병사를 출동시킬 수 없다고 했습니다. 군사행동을 방해하고 민심을 미혹하게 한 것이 두 번째 죄입니다. 동탁은 임무를 받았으나 공이 없고, 부름을 받았으나 급히 오지 않았으며, 태도도 매우 오만합니다. 이것이 세 번째 죄입니다.

고대의 명장들은 월(鉞, 명령을 위반한 자를 죽일 수 있는 권위를 갖는 대부大斧)을 쥐고 군대를 지휘할 때 머리를 베는 방법으로 위세를 나타내지 않은 적이 없습니다. 이 때문에 양저穰苴는 장고莊賈의 목을 베었고,[6] 위강魏絳은 양간楊干을 죽였습니다.[7] 지금 명공께서 동탁을 마음에 두고 바로 처벌하지 않는다면 엄격한 군법을 손상시키는 일이 여기에 있게 될 것입니다."

장온은 차마 동탁에게 행동을 취하지 못하고 곧 이렇게 말했다.

"그대는 잠시 돌아가시오. 동탁이 앞으로 의심하게 될 것이오."

그래서 손견은 일어나 나왔다. 변장과 한수는 천자의 군대가 이르려 한다는 소식을 듣고 그 무리를 흩어지게 하여 모두 투항을 요구했다. 군대가 돌아온 뒤 조정에서는 군대가 적과 부딪혀 싸우지 않았으므로 공로와 상을 논의할 것이 없다고 했다. 그러나 손견이 동탁의 세 가지 죄상을 진술하고, 장온에게 그 목을 베도록 권유했다는 말을 듣고 찬탄하지 않는 이가 없었다. 조정에서는 손견을 의랑(議郎, 조정 정치의 득실을 논의하는 자리)으로 임명했다.

그 무렵 장사長沙의 도적 구성區星은 자칭 장군이라고 하며 무리 1만여 명을 데리고 성읍을 에워싸고 공격했다. 곧 손견을 장사 태수長沙太守로 삼았다. 손견은 장사군長沙郡에 이르러 직접 장사將士들을 이끌고 계략을 짜서 한 달 만에 구성 등을 무찔렀다. 주조周朝와 곽석郭石이 또 영릉零陵과 계양桂陽에서 무리를 이끌고 반란을 일으키

---

6) 양저는 춘추시대 제齊나라 사람인데 비천한 신분에서 장군으로 발탁된 인물이다. 그는 약속을 생명처럼 소중히 여긴 장수로서, 장고가 약속 시간을 어기자 군법에 따라 목을 베었다.

7) 진晉나라의 대부 위강(필만畢萬의 자손)이 양간(진나라 도공悼公의 동생)을 죽이려다가 그에게 융적戎狄과 화친을 맺게 한 일을 말한다.

자 구성이 이들과 서로 호응했다. 손견은 곧 경계를 넘어 적을 찾아 토벌하여 3군을 안정시켰다. 한나라 조정에서는 손견의 앞뒤 공을 기록하여 오정후烏程侯[8]로 봉했다.

한나라 영제漢靈帝가 세상을 떠난 다음, 동탁은 한나라 왕조의 정치를 제멋대로 하고, 수도에서 거리낌 없이 마음대로 행동했다. 여러 주와 군에서는 나란히 의병을 일으켜 동탁을 토벌하려고 했다. 손견도 병사를 일으켰다.

형주 자사荊州刺史 왕예王叡가 평소 손견에게 무례하게 행동했으므로, 손견은 형주를 지나가다가 그를 죽였다. 남양군南陽郡에 이르자 수만 명이 모였다. 남양 태수南陽太守 장자張咨는 군대가 이르렀다는 소식을 듣고도 태연자약했다.[9] 손견이 소와 술로 예물을 삼아 장자를 상대하자, 장자는 다음 날에 답례하기 위해 손견을 방문했다. 두 사람이 술을 모두 마셨을 무렵, 장사長沙 주부主簿가 들어와 손견에게 보고했다.

"저희 군대가 앞으로 나아가 남양까지 갔지만 도로가 닦이지 않았고 군수물자도 갖추어지지 않았습니다. 남양 주부를 체포하여 그 까닭을 물으시기 바랍니다."

---

8) 한나라 때 성이 다른 제후에게 봉한 최고 작위. 후한의 봉지는 너무 작아 대소의 구분이 있었으니, 현후·향후·정후의 구별이 있었다.

9) 사실 이 말은 본전本傳의 내용과는 다른데《오역吳歷》에 이렇게 기록되어 있다. 손견이 남양에 이르렀을 때 장자는 손견에게 군량미를 보내주지 않고 만나려 하지도 않았다. 손견은 군대를 진격시키려 해도 후환이 두려웠다. 그래서 거짓으로 급한 질병에 걸렸다고 하자, 모든 군사가 놀라고 두려워하며 무의巫醫를 불러 기원했다. 손견은 측근을 장자에게 보내 질병으로 곤궁하여 군대를 장자에게 맡기려 한다고 했다. 장자는 이 말을 듣고는 곧바로 보병과 기병 5백~6백 명을 이끌고 손견을 만나러 갔다. 손견은 누운 채 바라보다가 갑자기 일어나 칼을 잡고 장자를 꾸짖고는 베어버렸다.

장자는 매우 두려워서 가려고 했지만, 병사들이 사방에 가득 차 있으므로 나갈 수 없었다. 잠깐 뒤에 주부는 또 들어와 손견에게 보고했다.

"남양 태수는 의로운 병사를 막아 적군을 제때에 토벌하지 못하도록 했습니다. 그를 붙잡아 군법대로 처리하시기를 바랍니다."

손견은 곧바로 장자를 군문軍門에 매달아 목을 베게 했다. 군의 관원들은 놀라 두려워 떨며 손견이 무엇을 요구하든 간에 들어주었다. 손견은 앞으로 나아가 노양현魯陽縣에 이르러 원술袁術과 만났다. 원술은 표를 올려 손견에게 파로장군破虜將軍을 대신하게 하고 예주 자사豫州刺史를 겸하도록 했다. 그래서 손견은 노양성에 군대를 주둔시켰다.

그는 진군하여 동탁을 토벌하려고 하면서, 장사長史 공구칭公仇稱을 보내 병사들을 이끌고 형주로 돌아가 군량미를 독촉하는 일을 맡도록 했다. 노양성 동문 밖에 휘장을 치고 공구칭을 위해 송별연을 열었는데, 그의 관속도 모두 이곳에 모였다. 동탁은 보병과 기병 수만 명을 보내 손견을 맞아 공격하려고 했는데, 날랜 기병 수십 명이 먼저 노양에 이르렀다. 손견은 마침 술자리에서 담소를 나누고 있었는데, 부하 병사들에게 정돈하여 진을 이루며 경거망동하지 않도록 명령했다. 나중에 적군의 기병이 점점 늘어나자, 손견은 천천히 술자리를 끝내고 사람들을 이끌어 성으로 들어갔다. 그 뒤 주위 사람들에게 말했다.

"앞서 내가 곧바로 일어나지 않은 것은 병사들이 서로 밟아 어지러워져서 여러분이 성으로 들어가지 못하게 될까 걱정되었기 때문이오."

동탁의 병사들은 손견의 병사들이 매우 정연한 것을 보고 감히 성을 공격하지 못한 채 병사를 이끌고 곧 돌아갔다. 손견은 부대를 옮겨 대량大梁 동쪽에 주둔했는데, 동탁 군대의 맹렬한 공격을 받았다. 손견은 기병 수십 명과 함께 포위를 뚫고 나왔다.

손견은 언제나 붉은색 담[幘]으로 만들어진 책(幘, 머리싸개)을 하고 있었다. 이때 그 책을 벗어 측근 부장部將 조무祖茂에게 쓰도록 했다. 동탁의 기병이 조무를 다투어 쫓았으므로 손견은 샛길로 탈출할 수 있었다.

조무는 추격병 때문에 곤경에 처하게 되자, 말에서 내려 책을 무덤 사이에 놓고 불을 지르고 얼른 숲 속에 숨었다. 동탁의 기병들은 멀리서 머리싸개를 보고 몇 겹으로 에워싸서 가까이 간 다음, 머리싸개가 완전히 탄 것을 보고서야 비로소 떠났다. 손견은 다시 병사들을 모아 양인陽人에서 적과 싸워 동탁의 군대를 크게 깨뜨리고 동탁의 도독都督[10] 화웅華雄 등을 죽였다. 이때 어떤 사람이 원술에게 손견을 이간질했다.[11] 원술은 손견을 의심하여 군량미를 운송해 주지 않았다. 양인에서 노양까지는 거리가 1백여 리였는데, 손견은 밤에 말을 달려 원술을 만났다. 그는 땅에 그림을 그려가며 형세와 각지의 이해관계를 분석하여 말했다.

"우리가 몸을 던지고 나아가 개인의 안위를 돌아보지 않은 까닭은 위로 나라를 위해 적을 토벌하고, 아래로는 장군 집안의 사사로

---

10) 위魏나라 문제文帝 때 군사권을 장악한 이후 당나라 때까지 군대의 실권을 장악했고, 당나라 중기 이후 절도사로 개칭했다.

11) 어떤 사람이 "손견이 만일 남양을 손에 넣게 되면 그를 다시는 부릴 수 없게 될 것입니다. 이는 이리를 제거하고 호랑이를 불러들이는 꼴입니다."라고 말하자, 원술은 손견에 대해 의심을 품게 되었다.

운 원수를 갚기 위함이었습니다. 저는 동탁과 골육지친骨肉之親의 원한이 없습니다. 그런데 장군께서는 참언하는 말을 듣고 오히려 저를 의심한단 말입니까!"

원술은 삼가면서 곧바로 군량미를 대주었다. 손견은 군영으로 돌아왔다. 동탁은 손견의 용맹함과 강함을 두려워하여 곧 장군 이각 李催 등을 보내 화친을 구하고, 손견이 그의 자제 가운데 자사나 군수로 임명하고 싶은 자를 열거하여 제출하면 표를 올려 임용하도록 하겠다고 했다. 손견이 말했다.

"동탁은 하늘을 거스르고 도道가 없어 왕실을 뒤엎었다. 만일 너희 가문의 삼족을 멸하지 못하여 천하에 나타나게 한다면 나는 죽어도 눈을 감지 못할 텐데, 어찌 너와 화친을 하겠느냐?"

그는 또 대곡大谷으로 진군하여 낙양洛陽과 거리가 90리 떨어지게 되었다. 동탁은 오래지 않아 수도를 서쪽으로 옮겨 함곡관函谷關으로 들어갔고, 낙읍雒邑을 불태워버렸다. 그래서 손견은 전진하여 낙읍에 이르러 제왕帝王들의 능묘를 보수하고 동탁이 파헤친 능묘를 덮고 정돈했다.[12] 이 일을 마친 뒤 군사들을 이끌고 돌아가 노양에 머물렀다.

│ 초평初平 3년(192) │ 원술은 손견을 시켜 형주를 정벌하고, 유표劉表를 치게 했다. 유표는 황조黃祖를 보내 번성樊城과 등성鄧城 사이에서 맞아 싸웠다. 손견은 황조를 격파하고 추격하여 한수漢水를 건너 마침내 양양襄陽을 포위했다. 손견은 말을 타고 현산峴山을 순시하다

---

12) 이 무렵 옛 도읍은 텅 비어 수백 리를 보아도 밥 짓는 연기가 피어오르지 않았다. 손견은 성으로 들어와 구슬픈 나머지 눈물을 흘리며 안타까워했다.

가 황조의 군사가 쏜 화살을 맞고 죽었다.[13) 그의 조카 손분孫賁은 병사들을 이끌어 원술에게 의지했다. 원술은 또 표를 올려 손분을 예주 자사로 삼았다.

손견에게는 손책孫策, 손권孫權, 손익孫翊, 손광孫匡 등 아들이 넷 있었다(이 네 아들 외에 손인孫仁이라는 첩의 소생이 한 명 더 있었다). 손권이 존호(尊號, 제帝라고 일컫는 것)를 칭하고 나서 손견의 시호를 무열황제 武烈皇帝라고 했다.

---

13) 이때 황조는 패하여 달아나 현산 속에 숨었다. 손견은 승세를 타고 밤에 황조를 추격했다. 황조의 수하 병사들이 대나무와 나무 사이에서 몰래 손견을 쏘아 죽였는데 이때가 초평 4년(193) 1월 7일, 그가 서른일곱 살 때였다.

강동을 평정해 나라의 기틀을 마련하다

손책전孫策傳

손책은 자가 백부伯符이다. 손견이 의병을 처음 일으켰을 때, 손책은 어머니를 모시고 서현徐縣으로 옮겨 살았다.[14] 그가 주유周瑜와 서로 우정을 맺고 사대부들을 모으자, 장강長江과 회수 사이의 사람은 모두 그를 향했다. 손책은 손견이 죽자 유해를 갖고 돌아와 곡아曲阿에 안장했다. 장례가 끝나자 곧 장강을 건너 강도현江都縣에서 살았다.

서주목徐州牧 도겸陶謙은 손책을 매우 꺼렸다. 손책의 외숙 오경吳景이 그때 단양 태수丹楊太守였으므로, 손책은 곧 어머니를 수레에 태워 곡아로 옮겨 살게 하고 자신은 여범呂範, 손하孫河와 함께 오경에게 의지했다. 이 기회를 이용하여 병사 수백 명을 모집했다.

┃흥평興平 원년(194)┃ 손책은 원술을 따랐다. 원술은 그를 각별하게 여겨 손견의 부대를 그에게 돌려주었다. 태부太傅 마일제馬日磾는 절節을 지니고 관동關東을 위로하고, 수춘에서 예의로써 손책을 초빙하

---

14) 손책은 열 살 무렵부터 교유 관계가 넓고 명망이 있었다. 그때 주유라는 자가 있었는데, 나이는 손책과 같지만 이미 손책의 귀에 들릴 만큼 인물감이었다. 주유는 서현에서 손책이 살고 있는 수춘壽春까지 와서 그를 만났다. 두 사람은 만나자마자 의기투합했으며, 이때 주유가 서현으로 옮기라고 권하여 손책이 그의 제안에 따른 것이다.

고 표를 올려 회의교위懷義校尉[15]로 임명했다. 원술의 대장 교유喬蕤
와 장훈張勳은 모두 마음을 기울여 손책을 존경했다. 원술은 늘 감
탄하며 말했다.

"만일 내 자식이 손랑孫郎과 같다면 죽은들 또 무엇을 한하랴!"

손책의 기병이 죄를 짓고 원술의 진영으로 도망쳐 들어가 마구
간에 숨었다. 손책은 사람을 시켜 쫓아가 그를 죽이라고 하고, 일을
끝낸 뒤 원술을 찾아가 사죄했다. 원술이 말했다.

"병사들은 반란을 좋아합니다. 우리는 당연히 함께 그들을 증오
해야 하거늘 무엇 때문에 사죄합니까?"

이때부터 군 안에서는 점점 더 손책을 두려워하고 존경하게 되
었다.[16] 원술은 처음에는 손책과 약속하여 구강 태수九江太守로 삼
았지만, 나중에는 오히려 단양의 진기陳紀로 바꾸었다. 후에 원술은
서주徐州를 치려고 여강 태수廬江太守 육강陸康에게 쌀 3만 섬을 요구
했다. 육강이 주지 않자 원술은 매우 화가 났다. 전에 손책이 육강
을 방문했지만, 육강은 만나주지 않고 주부더러 그를 접대하라고
하여, 손책은 늘 마음속에 원한을 품고 있었다. 원술은 손책을 보내
육강을 치도록 하면서 이렇게 말했다.

"전에 진기를 임용했지만 언제나 원래 의도가 실현되지 못함을
한스러워했습니다. 지금 만일 육강을 잡는다면, 여강廬江은 진정 그

---

15) 정벌을 담당한 관직. 교위는 장군과 중랑장 다음 직급이다. 그 당시의 군대 직급은 높은
순위부터 장군, 중랑장, 교위, 도위都尉 등으로 크게 나뉘었다.

16) 이때 나이가 어린데도 작위를 받았으므로 모두 손랑孫郎이라고 불렸다. 백성은 손랑이
왔다는 소식을 들으면 모두 정신을 잃을 정도였으니, 병사들은 감히 명을 어기지 않았고
범법자가 하나도 없었다.

대 소유가 될 것입니다."

손책이 육강을 쳐서 제거했지만, 원술이 그의 옛 관리이던 유훈劉勳을 여강의 태수로 삼았으므로 손책은 더욱더 실망했다. 이전에 유요劉繇가 양주 자사揚州刺史로 임명되었는데, 양주의 옛 관소는 수춘에 있었다. 원술이 수춘을 이미 점거했으므로, 유요는 곧 장강을 건너가 곡아를 관소로 삼았다. 그 무렵 오경은 여전히 단양에 있고, 손책의 사촌 형 손분도 단양 도위로 있었는데, 유요가 이르러 무력으로 이들을 모두 쫓아냈다. 오경과 손분은 물러나 역양歷陽에서 살았다. 유요는 번능樊能과 우미于麋를 보내 동쪽 횡강진橫江津에 주둔하게 하고, 장영張英을 당리구當利口에 주둔시켜 원술에게 맞서도록 했다.

원술은 자신이 예전에 썼던 관리 낭야琅邪의 혜구惠衢를 양주 자사로 삼고, 다시 오경을 독군중랑장督軍中郎將으로 삼아 손분과 함께 병사들을 이끌고 가서 장영 등을 치게 했지만 몇 해가 지나도록 무찌르지 못했다. 손책은 곧 원술을 설득하여 오경 등을 도와 강동江東을 평정하도록 요구했다. 원술은 표를 올려 손책을 절충교위折衝校尉로 삼고, 진구장군(殄寇將軍, 잡호장군雜號將軍으로서 도적을 토벌함)을 대행하게 했다. 병사는 1천여 명이고, 말은 수십 필이며, 빈객으로 따르기를 원하는 이가 수백 명이었다. 역양에 다다른 뒤에는 병사가 5천~6천 명이나 되었다.

손책은 어머니를 먼저 곡아에서 역양으로 옮겼다가 다시 부릉阜陵으로 옮겼으며, 장강을 건너 계속 공격하여 가는 곳마다 모두 무찔러 감히 그 예봉을 감당할 자가 없었다. 그리고 군령軍令이 정돈되고 엄숙하므로 백성은 그에게 귀의했다.

손책의 사람됨은 용모가 수려하고 우스갯소리를 좋아하며 성격이 활달하고 다른 사람의 의견을 잘 듣고 사람을 기용하는 데 탁월했다. 그러므로 사인(士人, 벼슬을 하지 않은 선비)이나 백성은 그를 만나기만 하면 마음을 다하지 않는 이가 없고, 기꺼이 그를 위해서 죽었다.

유요가 군대를 버리고 달아나자, 여러 군수도 모두 성곽을 버리고 달아났다. 오나라 사람 엄백호嚴白虎 등은 각기 무리 1만여 명씩을 모아 곳곳에 주둔했다. 오경 등이 먼저 엄백호 등을 격파하려고 곧 회계에 이르렀다. 손책이 이렇게 말했다.

"엄백호 등 강도 무리는 큰 뜻을 갖고 있지 않습니다. 이번에 붙잡을 수 있습니다."

그러고는 병사들을 이끌고 절강浙江을 건너 회계와 동야東治를 함락시키고, 곧 엄백호 등을 쳐서 격파했다. 손책은 이 일대의 지방관원을 교체하고, 자신은 회계 태수會稽太守를 겸했으며, 또 오경을 단양 태수로 삼고 손분을 예장 태수豫章太守로 삼았다. 예장을 나누어 여릉군廬陵郡으로 삼고 손분의 동생 손보孫輔를 여릉 태수廬陵太守로 삼았으며, 단양의 주치朱治를 오군 태수吳郡太守로 삼았다. 팽성彭城의 장소張昭, 광릉廣陵의 장굉張紘·진송秦松·진단陳端 등은 모주謀主가 되었다. 그런데 이때 원술이 자기 신분에 넘치는 칭호를 쓰자 손책은 편지를 써서 꾸짖고 그와 관계를 끊었다.

조조曹操는 표를 올려 손책을 토역장군討逆將軍으로 삼고 오후吳侯로 봉했다. 그 뒤 원술이 죽자 장사長史 양홍楊弘과 대장 장훈 등은 그들의 부하를 이끌고 손책에게 나아가려고 했는데, 여강 태수 유훈이 공격하여 다 포로로 잡고 그들의 진귀한 보물을 빼앗아 돌아갔다. 손책은 이 소식을 듣고 거짓으로 유훈과 좋은 동맹 관계를 맺었다. 유훈이 막 원술의 무리를 얻었고, 그 무렵 예장의 상료上繚에서 종교를 유대로 하는 백성 1만여 명과 강동에 있으므로 손책은 유훈에게 그들을 쳐서 취하라고 권했다. 유훈이 이미 출발한 뒤, 손책은 날랜 부대를 보내 밤낮으로 습격하여 여강을 점령하도록 했다. 유훈의 무리는 다 항복했고, 유훈은 수하의 부하 수백 명과 조조에게 귀순했다.

이때는 원소袁紹가 막 강성해졌고 손책이 강동을 병합해 역량이 [손책을 정벌하기에는] 뜻대로 발휘될 수 없으므로, 조조는 잠시 손책을 다스리려 했다. 그래서 조조는 그의 딸을 손책의 동생인 손광에게 시집보내고, 그의 아들 조장曹彰을 손분의 딸과 결혼시켰으며, 손책의 동생 손권과 손익을 모두 예로 초빙하고, 또 양주 자사 엄상嚴象에게 명하여 손권을 무재茂才로 추천했다.

| 건안 5년(200) | 조조와 원소가 관도官渡에서 싸울 때, 손책은 은밀히 허도許都를 습격하여 한나라 헌제獻帝를 맞이하려고 했다. 그는 비밀리에 군대를 조직하고 장수들에게도 임무를 분담시켰다. 그런데 그는 출발하기도 전에 예전에 오군 태수를 지낸 허공許貢의 문객에게 살해되었다. 이보다 앞서 손책이 허공을 죽이자, 허공의 작은 아들과 문객은 장강 가로 달아나 숨었다. 손책이 혼자 말을 달려 나갔다가 갑자기 허공의 문객과 마주쳤는데, 그 문객이 손책을 쳐서 상해를 입혔다. 손책의 상처는 매우 심했다.[17] 그는 장소 등을 오라고 청해서 말했다.

"중원 지역은 지금 혼란에 빠져 있으나 오와 월의 무리와 삼강三江

---

17) 손책의 상처는 의원도 치료할 수 없다고 할 정도였다. 손책은 1백 일 동안이나 움직이지 못했다. 어느 날 손책이 거울을 꺼내 자신을 비춰보다가, "얼굴이 이 지경인데 어찌 다시 공적을 세울 수 있겠는가?"라고 말하며 탁자를 치자 상처가 찢어져 그날 밤에 죽었다.

의 견고함에 의지한다면 충분히 성패成敗를 볼 수 있을 것이오. 여러분은 내 동생을 잘 도와주십시오!"

손권을 불러 인수印綬를 차게 하고 말했다.

"강동의 병력을 이끌고 가서 양쪽 군대가 대치하는 사이에 기회를 보아 결단하여 천하의 영웅들과 다투며 충돌하는 것에 관한 한 그대는 나만 못하지만, 현인을 선발하고 능력 있는 자를 임용하며 그들이 각자 마음을 다하도록 하여 강동을 지키는 것은 내가 그대만 못하다."

밤이 되어 죽었는데, 그때 스물여섯 살이었다.

손권은 제帝로 일컬은 뒤 손책에게 장사환왕長沙桓王의 시호를 추증하고, 그의 아들 손소孫紹를 오후로 봉했다가 나중에 상우후上虞侯라고 고쳐 봉했다. 손소가 죽자 아들 손봉孫奉이 뒤를 이었다. 손호孫皓 때 손봉이 마땅히 제위에 올라야 한다는 뜬소문이 있어 손봉은 주살되었다.

【평하여 말한다】

손견은 용감하고 강인하며, 가난하고 비천한 지위에서 집안을 일으켰다. 그는 장온을 인도하여 동탁을 죽이고, 동탁이 파헤친 제왕의 능묘를 덮어 가지런히 했으며, 충성스럽고 장렬한 절개를 지니고 있었다. 손책은 기개가 호방하고 실천력이 뛰어났으며, 용맹함과 예리함이 세상을 덮었고, 비범한 인물을 살펴 취했으며, 중원을 통일하는 데 뜻을 두었다. 그러나 이들은 모두 경솔하고 함부로 결정을 내려 몸을 잃고 실패하기에 이르렀다. 게다가 오나라가 강동에서 할거하게 된 것은 손책이 그 기초를 만들었지만 손책에 대한 손권의 존숭은 지극하지 못했고, 그 아들이 후 벼슬을 받는 데 그친 것은 도의적인 면에서 보아도 너무 인색하다.[18]

18) 손씨 형제는 모두 뛰어났지만 오나라 창립의 기초는 손권이 맡고 난 뒤부터이다.

2

오주전吳主傳

인사와 외교로써 수성에 성공한 시대의 영웅 손권

외교와 인사로써 수성에 성공한 시대의 영웅 손권

오주전吳主傳

손권은 자가 중모仲謨이다. 형 손책이 강동의 여러 군을 평정했을 때, 손권은 열다섯 살이었는데 양선현陽羨縣의 장長이 되었다. 그는 군에서 효렴으로 추천되었고, 주에서 무재로 천거되었으며, 봉의교위奉義校尉를 대행했다.[1] 한나라 조정에서는 손책이 멀리 있으면서도 신하로서 책임을 다하여 공물을 상납했으므로 사자 유완劉琬을 보내 작위와 관복을 주었다. 유완이 사람들에게 말했다.

"제가 보기에 손씨 형제는 비록 각기 재능이 뛰어나고 사리에 통달했을지라도 모두 수명이 길지 못합니다. 오직 둘째 효렴(손권)만은 모습이 남다르고 골상骨相도 평범하지 않아 아주 귀해질 징조가 있으며, 수명도 가장 깁니다. 여러분은 제 말을 시험 삼아 기억하십시오."

| 건안 4년(199) | 손권은 손책을 따라 여강 태수 유훈을 정벌하러

---

1) '대행했다'라는 말은 원문 '행行'을 번역한 것이다. 한나라 관제는 어떤 직책에 결원이 생기면 보충하지 않고 잠시 다른 관직에 있는 자가 그 역할을 대행했다. 직책이 낮은 관리가 한 단계 높은 직책의 업무를 다루는 경우도 있었고, 동급의 관리가 서로 대행하는 경우도 있었으며, 때로는 직책이 높은 관리가 낮은 직책의 일을 대행하는 경우도 있었다. 심지어 문관과 무관이 서로 대행하는 경우도 있었다.

갔다. 유훈을 깨뜨린 뒤 진군하여 사선沙羨에서 황조를 토벌했다.

| 건안 5년(200) | 손책이 죽게 되어 대사를 손권에게 맡기니, 손권은 울음을 그치지 않았다. 이에 손책의 장사長史 장소가 손권에게 말했다.

"효렴, 지금이 어찌 울고 있을 때입니까? 더구나 주공周公이 상례喪禮를 세웠으나 아들 백금伯禽이 따르지 않은 것은 아버지를 거스르려 해서가 아니라, 그때 어쩔 수 없이 상례를 시행할 수 없었기 때문입니다. 하물며 지금 사악한 자들이 서로 각축을 벌이고 시랑 같은 자들이 길에 가득 차 있는데, 오히려 가까이 있는 자(손책)를 애도하려고 상례의 규정을 돌아보고 있습니다. 이는 문을 열고 강도를 불러들이는 것과 같을 뿐 인仁이라고 할 수 없습니다."

그리고 손권의 상복을 바꿔 입게 하고, 말에 올라 밖으로 나가 군대를 순시하도록 했다. 이때 손권은 오직 회계·오군·단양·예장·여릉만을 차지하고 있었으며, 이 가운데 몇몇 군은 멀고 험준한 곳으로 아직 다 복속되지 않은 상태였다. 그리고 천하의 영웅과 호걸들이 각 주와 군에 퍼져 있었고, 빈객으로 의탁하고 있는 선비들도 개인의 안위에 따라 자신이 가서 머물 곳을 결정했으므로, 군주와 신하의 두터운 관계는 없었다. 장소와 주유 등은 손권이 자신들과 함께 대업을 이룰 만하다고 생각했기 때문에 마음을 맡기고 손권에게 복종하여 섬겼다. 조조는 표를 올려 손권을 토로장군討虜將軍으로 임명하고 회계 태수를 겸하도록 했다.

손권은 오에 주둔하면서 오군의 승을 회계군으로 보내 문서와 사무를 처리하게 했다. 손권은 장소를 태사(太史, 태사령太史令이라고도 하며 천문을 관장하는 태사국의 관리. 천문에 관한 일을 관장함), 태부의 예로 대우하고 주유와 정보程普와 여범 등을 지휘관으로 삼았다. 재능이 걸출한 사람들을 부르고 예로 명망 있는 선비를 초빙했으므로 노숙魯肅과 제갈근諸葛謹 등이 비로소 빈객이 되었다. 손권은 부장들을 곳곳으로 보내 산월족山越族[2]을 진압하고 어루만졌으며, 명령에 복종하지 않는 자들을 토벌했다.[3]

| 건안 7년(202) | 손권의 어머니 오씨吳氏가 세상을 떠났다.

| 건안 8년(203) | 손권은 서쪽으로 황조를 토벌하러 가서 그의 수군을 깨뜨렸으나 성만은 함락시킬 수 없었는데, 산월족이 또다시 반란을 일으켰다. 그래서 손권은 군대를 돌려 예장을 지나와서 여범에게 파양鄱陽을 평정하도록 하고, 정보에게는 낙안樂安을 토벌하도록 했으며, 태사자太史慈에게는 해혼海昏을 다스리게 했다. 한당韓當·주태周泰·여몽呂蒙 등은 다스리기 어려운 여러 현의 영令이나 장으로 삼았다.

| 건안 9년(204) | 손권의 동생인 단양 태수 손익이 측근에게 살해되었으므로, 사촌 형 손유孫瑜가 그를 대행했다.

| 건안 10년(205) | 손권은 하제賀齊에게 상요현上饒縣을 토벌하게 하고, 상요현을 분할하여 건평현建平縣을 만들었다.

| 건안 12년(207) | 서쪽으로 황조를 정벌하여 그 관리와 백성을 포로로 잡아 돌아왔다.

---

2) 산월족은 마을 이름이기도 하고, 한나라 말부터 당대唐代까지 강소성江蘇省과 절강성浙江省 등의 지역에 분포해 있던 부족 이름이기도 하다.

3) 손권은 형주·양주·교주交州에 거점을 두었는데, 형주의 서부 무릉武陵에는 만蠻, 교주에는 남월南越, 양주에는 산월山越이라는 소수민족이 각각 있었다. 무릉의 만과 교주의 남월은 오나라의 변방 지역에 있었으나 산월은 오나라 통치의 중심인 양주에 있었다. 또한 산월은 양주의 절반에 해당하는 인구를 가지고 있었다. 손권은 5년여(200~205)에 걸쳐 이들을 진압한다. 따라서 산월의 진무는 삼국정립과도 밀접한 관계가 있다.

| 건안 13년(208) 봄 | 손권은 또다시 황조를 정벌하러 갔다. 황조는 먼저 수군을 보내서 손권의 군대를 막았는데, 도위 여몽이 황조의 선봉을 깨뜨리고, 능통凌統과 동습董襲 등이 모든 정예부대로 황조를 쳐서 마침내 그 성을 함락시켰다. 황조는 혼자 몸으로 달아났지만 기사 풍칙馮則이 뒤쫓아가 그 머리를 베고, 그의 부하 수만 명을 포로로 잡았다.

이해에 하제에게 이현黟縣과 흡현歙縣을 토벌하도록 하고, 흡현을 분할하여 시신현始新縣·신정현新定縣·여양현犁陽縣·휴양현休陽縣을 만들었으며, 이 여섯 현으로 신도군新都郡을 만들었다. 형주목荊州牧 유표가 죽자 노숙이 명을 받들어 유표의 두 아들을 위로하고, 아울러 이 기회에 형주의 변화를 살피려 했다. 노숙이 형주에 이르기 전에 조조가 이미 변방 지역까지 진군해왔으므로, 유표의 아들 유종劉琮은 무리를 바치고 항복했다. 유비劉備는 남쪽으로 장강을 건너려다가 노숙과 만나게 되었다. 노숙은 그 기회에 손권의 뜻을 전달하고, 그를 위해 이후 일의 성패를 진술했다. 유비는 진군하여 하구夏口에 주둔하면서 제갈량諸葛亮을 손권에게 보내 만나도록 했다. 손권은 주유와 정보 등을 유비가 있는 곳으로 보냈다.

이때 조조는 방금 유표의 병력을 얻었으므로 형세가 매우 강성했다. 손권의 많은 모사는 모두 그 모습을 멀리서 바라보고 두려워했으며, 대부분 손권에게 조조를 맞아들여 항복하라고 권유했다.[4]

---

4) 이때 조조는 손권에게 보내는 편지에 이렇게 썼다. "요즈음 죄상을 들어 죄지은 자들을 토벌했고, 군기가 남쪽으로 향하자 유종이 항복했소. 이제 수군 80만 명을 단련하여 바야흐로 오 땅에서 장군 손권과 자웅을 가려보려고 하오." 손권이 이 편지를 들고 있다가 모든 신하에게 보여주자 두려워하며 실색하지 않는 이가 없었다.

주유와 노숙만이 조조에게 대항하자고 주장하여 손권과 뜻을 같이 했다. 주유와 정보는 좌우 독左右督이 되어 각각 1만 명을 거느리고 유비와 함께 진격해 적벽赤壁에서 맞부딪쳐 조조 군대를 크게 깨뜨렸다. 조조는 남아 있는 배에 불을 지르고 군대를 이끌고 물러났다. 사졸들은 굶주리고 역병(전염병)이 유행하여 죽은 자가 대부분이었다. 유비와 주유 등은 또 남군南郡까지 뒤쫓아갔다. 조조는 그대로 북쪽으로 돌아오고 조인曹仁과 서황徐晃에게 강릉江陵을, 낙진에게는 양양을 지키도록 했다.

그때 감녕甘寧은 이릉夷陵에서 조인의 부하들에게 포위되어 있었다. 손권은 여몽의 계책을 써서 능통을 남겨 조인에게 저항하도록 하면서, 그중 절반의 병력으로 감녕을 원조했다. 이 때문에 오나라 군대는 승리하여 돌아왔다. 손권은 직접 병사들을 이끌고 가서 합비合肥를 포위하고, 장소에게 구강군九江郡의 당도현當塗縣을 치게 했다. 장소의 병력은 불리했는데, 손권은 성을 공격한 지 한 달이 넘었지만 함락시킬 수 없었다. 조조는 형주에서 돌아와 장희張喜에게 기병을 이끌고 합비로 가도록 했다. 조조의 원군이 다다르기 전에 손권은 물러났다.

| 건안 14년(209) | 주유와 조인이 서로 대치한 지 1년쯤 지나자 죽거나 부상당한 자가 매우 많았다. 조인은 성을 버리고 달아났다. 손권은 주유를 남군 태수南郡太守로 삼았다. 유비는 표를 올려 손권에게 거기장군을 대행하도록 하고, 서주목을 겸하게 했다. 유비는 형주목을 맡아 공안公安에 주둔했다.

| 건안 15년(210) | 예장군豫章郡을 분할하여 파양군鄱陽郡을 만들고, 장사군을 나누어 한창군漢昌郡을 두었으며, 노숙을 태수로 삼아 육구陸口에 주둔하게 했다.

| 건안 16년(211) | 손권이 관소를 말릉현秫陵縣으로 옮겼다. 다음 해에 석두성石頭城을 수축하고 말릉현을 건업建業으로 고쳤다. 조조가 앞으로 쳐들어올 것이라는 소식을 듣고 유수오濡須塢를 만들었다.

| 건안 18년(213) 정월 | 조조가 유수濡須를 쳐서 손권과 한 달 남짓 서로 대치했다. 조조는 멀리서 손권의 군대를 보고 그들이 가지런하고 엄숙함을 찬탄하고는 곧 물러갔다.[5]

처음에 조조는 장강 북쪽 연안의 군과 현을 손권에게 탈취될까 걱정하여 그곳에 거주하는 백성에게 내지內地로 옮겨 살도록 명령했다. 백성은 서로 놀라서 여강·구강·기춘군蘄春郡·광릉군廣陵郡의 10만 호가량이 모두 장강을 건너 동쪽으로 이주했다. 그래서 장강 서쪽은 텅 비어 합비 남쪽에는 환성현皖城縣만 남았다.

| 건안 19년(214) 5월 | 손권이 환성을 정벌했다. 윤달에 환성을 함락시키고 여강 태수 주광朱光과 참군 동화董和, 남녀 수만 명을 포로로 잡았다. 이해에 유비가 촉蜀을 평정했다. 손권은 유비가 이미 익주益州를 손에 넣었으므로 제갈근을 시켜 형주의 여러 군을 돌려달라

---

5) 조조는 유수까지 진격해와서 유선(油船, 기름 바른 소가죽으로 만든 배)을 만들어 밤에 중주(中州, 중원 지역)를 건넜다. 손권은 수군을 움직여 포위하고는 3천 명을 붙잡았으나, 그의 군사도 빠져 죽은 자가 수천 명이나 되었다. 손권이 몇 차례 싸움을 걸었지만 조조는 굳게 지킬 뿐 나오지 않았다. 손권은 스스로 빠른 배를 타고 유수구에서 조조의 군대로 들어갔다. 조조의 장수들은 오나라 군대가 공격해오는 줄 알고 그들을 치려고 했다. 조조가 말했다. "이는 필시 손권이 우리 군대의 대오를 보려고 오는 것이다." 군중에 명을 내려 엄숙함을 보이게 하고, 궁노弓弩들에게는 함부로 활을 쏘지 말도록 했다. 손권은 5~6리를 나아가다가 군대를 철수시키려 북을 울렸다. 조조는 그 북소리에 맞춰 정연하게 움직이는 것을 보고 "아들을 낳으려면 마땅히 손중모 같아야지, 유경승(劉景升, 유표)의 아들은 개돼지 같구나!"라고 말했다. 아울러 손권은 조조에게 편지를 보내서 "봄물이 바야흐로 불어나니 공은 속히 떠나십시오."라고 말했다. 또 다른 종이에는 "당신이 죽지 않으면 저는 안심할 수 없습니다."라고 써서 위협했다. 조조는 여러 장수에게 "손권이 나를 속이는 것이 아니다."라고 말하고는 철수했다.

고 요구했다. 유비는 허락하지 않고 이렇게 말했다.

"나는 지금 양주를 취하려고 생각하고 있으므로 양주를 평정한 뒤에 곧바로 형주를 오나라에 다 돌려주겠습니다."

손권이 말했다.

"이는 빌렸으면서 돌려주지 않는 것이며, 헛된 말로 시간을 끌려고 하는 것입니다."

그러고는 남쪽 3군(장사·영릉·계양)에 태수를 두었다. 그러나 관우關羽가 이들을 모두 내쫓았다. 손권은 매우 노여워하며 곧바로 여몽을 보내 선우단鮮于丹·서충徐忠·손규孫規 등의 병사 2만 명을 지휘하여 장사·영릉·계양을 취하게 하고, 노숙에게 1만 명을 이끌고 가서 파구巴丘에 주둔하며 관우를 막도록 했다. 손권은 육구에 머물면서 여러 군대를 총지휘했다. 여몽이 이르자 장사와 계양 두 군은 모두 복종했는데, 영릉 태수零陵太守 학보郝普만 투항하지 않았다. 마침 유비가 공안에 다다라서 관우에게 병사 3만 명을 이끌고 익양益陽까지 가도록 했다. 그래서 손권은 곧 여몽 등을 불러 돌아가서 노숙을 원조하게 했다. 여몽이 사자를 보내 학보에게 항복을 권유하자 학보가 투항했다. 이리하여 3군의 장수와 태수를 모두 손에 넣었으므로 군대를 이끌고 돌아와 손교孫皎와 반장潘璋 및 노숙의 병사들과 함께 전진하여 익양에서 관우에게 맞섰다. 아직 싸움이 시작되지도 않았는데, 마침 조조가 한중漢中으로 들어갔다. 유비는 익주를 잃게 될까 두려워서 사자를 보내 손권과 강화하도록 했다. 손권은 제갈근을 시켜 유비에게 가서 응답하도록 하여 다시 동맹을 맺었다. 그래서 형주를 나누어 장사군과 강하군江夏郡과 계양군桂陽郡 동쪽 지역을 손권에게 귀속시키고, 남군과 영릉군零陵郡과 무릉군武陵郡 서쪽 지역을 유비에게 귀속시켰다.

손권은 육구에서 돌아와 바로 합비를 정벌하려고 했다. 하지만 합비를 공략할 수 없자 군대를 물려 돌아오려 했다. 병사가 모두 길에 올랐을 때 손권은 능통, 감녕 등과 함께 진津 북쪽에서 위魏나라 장수 장료張遼에게 습격을 받았다. 능통 등이 죽을 각오로 손권을 방비하는 사이에 손권은 준마를 타고 진교津橋를 넘어 달아났다.

| 건안 21년(216) 겨울 | 조조는 거소居巢에 군대를 주둔시키고, 곧이어 유수를 공격했다.

| 건안 22년(217) 봄 | 손권은 도위 서상徐詳을 보내서 조조를 만나 항복을 청하게 했다. 조조는 사자를 보내 화의에 동의한다고 대답하고 새로 결혼하기로 약속했다.

| 건안 23년(218) 10월 | 손권은 앞으로 오군으로 가서 직접 말을 타고 능정慶亭에서 호랑이를 쏘려고 했다. 말은 호랑이에게 상처를 입었고, 손권은 쌍극雙戟을 던졌다. 호랑이가 상처를 입고 물러나자늘 따라다니던 장세張世가 창으로 공격하여 사로잡았다.

| 건안 24년(219) | 관우가 양양에서 조인을 포위하자, 조조는 좌장군左將軍[6] 우금于禁을 보내 조인을 구원하도록 했다. 때마침 한수가 불었기 때문에 관우는 수군을 이용하여 우금 등의 보병과 기병 3만 명을 다 포로로 잡아 강릉으로 압송했다. 양양성만은 함락시키지 못했다. 손권은 속으로 관우가 두려웠지만, 겉으로는 자기 공을 알리고 싶어서 조조에게 편지를 써 관우를 토벌하는 데 자신이 힘을 보태기를 청했다. 조조는 이것은 관우와 손권이 서로 대치하여 싸

---

6) 변경 수비와 정벌을 담당한 관직. 촉나라의 유비가 좌장군을 맡았는데, 그는 좌장군의 명의를 가지고 있다가 한중왕漢中王이 되어서야 그만두었다. 물론 오나라에도 있었다.

우도록 하는 것이라 생각하고, 역참驛站에게 손권의 편지를 조인이 있는 곳으로 보내 조인이 화살을 쏘아 관우에게 보이도록 했다. 관우는 머뭇거리며 결정하지 못했다.

윤달에 손권은 관우를 정벌하려고 먼저 여몽을 보내 공안을 습격하도록 하여 장군 사인士仁을 붙잡았다. 여몽이 남군에 이르자 남군 태수 미방糜芳은 성을 바치고 투항했다. 여몽은 강릉을 차지해 그곳 노약자를 위로하고 우금 등 죄수를 풀어주었다. 육손陸遜은 따로 의도宜都를 손에 넣고 자귀秭歸·지강枝江·이도夷道를 수복하고 이릉으로 돌아와 주둔하며, 협구峽口를 지켜 촉의 침공에 대비했다. 관우는 당양當陽으로 돌아와 서쪽으로 맥성麥城을 지켰다. 손권이 사자를 보내 항복을 권유하자, 관우는 거짓으로 항복하고 성 꼭대기에 깃발을 꽂아 사람 형상을 만들어놓고는 이 틈을 타서 달아났다. 병사는 모두 와해되어 흩어지고 10명 남짓한 기병만이 그를 따랐다. 손권은 먼저 주연朱然과 반장을 시켜 그가 지나갈 지름길을 끊어놓았다.

│12월│ 반장의 사마 마충馬忠이 장향章鄉에서 관우와 그 아들 관평關平, 도독 조루趙累를 붙잡았다. 그래서 형주는 평정되었다.

이해에 역병이 성행했다. 손권은 형주 백성의 조세를 다 면제해주었다. 조조는 표를 올려 손권을 표기장군驃騎將軍으로 삼고 가절을 주고 형주목을 겸하도록 했으며[7], 남창후南昌侯로 봉했다. 손권

68

---

7) 손권은 조위에게 신하라 하면서 군사 행동을 저지하는 데 목표를 두었다. 196년 조조는 그의 딸을 손책의 동생인 손광에게 보내고 그의 아들 조장을 손분의 딸과 결혼시킬 정도로 우호적이었다. 그런데 200년 관도 전투 때 손책은 허도 급습 시 혼인 관념이 없었던 것이다. 217년 손권은 도위 서상을 파견하여 조조와 혼인관계를 맺었다.

은 교위 양우梁寓를 보내 한나라 왕실에 공물을 바치고, 아울러 왕 돈王惇에게 명하여 말을 사들이도록 했으며, 또 주광 등을 풀어주어 위나라로 돌아가게 했다.

| 건안 25년(220) 봄 정월 | 조조가 세상을 떠났다. 태자 조비曹조가 아버지를 대신하여 승상丞相과 위왕이 되었으며, 연호를 연강延康으로 고쳤다.

| 가을 | 위나라 장수 매부梅敷가 장검張儉을 사자로 보내 손권에게 몸을 의탁하여 보살핌을 받게 해달라고 청했다. 남양군의 음陰·찬酇·축양筑陽·산도山都·중려中廬 다섯 현의 백성 5천 호가 와서 귀속되었다.

| 겨울 | 위나라의 사왕(嗣王, 조비)이 존호를 칭하고 연호를 황초黃初로 바꾸었다.

| 황초 2년(221) 4월 | 유비가 촉에서 제帝라 일컬었다.[8] 손권은 공안에서 악성鄂城으로 천도하고 이름을 무창武昌으로 고쳤으며, 무창·하치下雉·심양尋陽·양신陽新·시상柴桑·사선 여섯 현으로 무창군을 만들었다.

| 5월 | 건업에서 감로甘露가 내렸다고 보고했다.

| 8월 | 무창성을 수축하고 장수들에게 명령을 내렸다.

"생존할 때 멸망을 잊지 말고, 안정되었을 때 반드시 위험을 생각해야 한다는 것은 고대의 유익한 교훈이오. 옛날 준불의雋不疑는 한나라의 명신이었는데, 태평한 세상에서도 칼을 몸에서 떨어지게

---

8) 손권은 위나라 문제가 선양을 받고 유비도 제라 일컫자, 별점을 잘 치는 자를 불러 자기 구역에 해당하는 성기星氣가 어떠냐고 물어보고는 스스로 참칭하려는 뜻을 갖게 되었다.

하지 않았소. 군자는 무장 경비에 느슨할 수 없소. 하물며 현재 우리 몸은 변방 지역에서 이리 같은 악인들과 접하고 있는데, 경솔하게 갑작스러운 사변을 생각하지 않을 수 있겠소? 요즘 듣기로 장수들이 드나들 때 각자 겸손과 절약을 숭상하여 시종과 병사를 따르게 하지 않는다고 하는데, 이는 자신을 아끼려고 생각한 행위가 아닌 것이오. 자기를 보전하고 명성을 남겨 군주와 부모를 편안하게 하는 것과 위험에 처하고 치욕을 받는 것 중 어느 편이 더 낫겠소? 마땅히 깊이 경계하고 그 큰 생명을 힘껏 숭상해야 하며, 이것이 내 생각과 부합하는 것이오."

위나라 문제(조비)가 제위에 오른 뒤부터 손권은 사자를 보내 번국藩國이 되기를 구하고, 아울러 우금 등을 돌려보냈다.

| 11월 | 위나라 문제가 손권에게 이런 책명을 내렸다.

성스럽고 명석한 군주의 제도에서는 덕행으로 작위를 세우고 공로로 봉록을 제정한다. 공로가 큰 이는 봉록이 후하고, 덕행이 높은 이는 두터운 예우를 받는다. 주공 단周公旦에게는 성왕(成王, 무왕의 아들로 주공 단의 섭정을 받았지만 주 왕조의 통치를 굳건히 함)을 보좌한 공훈이 있고, 강 태공姜太公에게는 상商을 멸망시킨 공훈이 있으므로 모두 토지, 즉 노魯와 제齊를 나누어 봉하는 대우를 받았고, 아울러 지위를 상징하는 물건을 받았다. 이는 큰 공훈을 표창하는 것이며, 우수한 인물을 특별히 대우한 것이다. 가까이로는 한나라 고조가 천명을 받았을 당초에 비옥한 토지를 나누어 여덟 성姓의 공신에게 주어 왕이 되도록 했다. 이것은 전 시대의 아름다운 일이며, 후세 제왕의 귀감이다.

짐은 부덕한데도 천명을 받아 한 왕실의 황통을 변혁하여 모든 나라에 군림하고 국가 통치의 병권을 잡게 되었다. 전 시대의 성명한 군주와 같아질 것을 생각하여 앉아서 날이 밝기를 기다렸다. 경은 선천적으로 충성스럽고 총명하여 세상을 구제하는 재능으로 제왕을 보좌하고, 천명의 움직임을 깊이 이해하며, 국가 흥망의 이치를 꿰뚫어보고, 멀리 사자를 보내 잠수潛水와 한수에 배를 띄웠다. 소식을 들은 뒤, 그림자가 형체에 붙듯이 우리 조정에 마음을 의탁하고 상소하여 번속藩屬으로 칭하려고 했다. 아울러 비단과 갈포 등 남방의 공물을 바치고, 장수를 모두 풀어주어 우리 왕조로 돌아오도록 했다. 충성심과 공경심이 속에서부터 나오고, 성실함이 행동에 나타나며, 신의는 금이나 돌에 새기고, 대의는 산하를 덮었으니, 짐은 이 점을 매우 칭찬하노라.

지금 그대를 봉하여 오왕吳王으로 삼고 사지절使持節·태상太常·고평후高平侯·형정邢貞에게 명하여 그대에게 옥새와 수대綬帶, 책서, 금호부金虎符 첫째부터 다섯째까지, 좌죽사부左竹使符 첫째부터 열째까지를 주도록 하며, 대장군大將軍·사지절·독교주督交州로서 형주목의 직무를 맡도록 할 것이다. 청색 흙을 백모白茅에 싸서 그대에게 내려⁹⁾ 짐의 명령에 응답하여 드날려 동하(東夏, 동중국)를 다스리게 할 것이다. 표기장군·남창후의 인수와 부책符策은 반납하라. 지금 또 그대에게 구석의 예품을 더해줄 테니 공경스럽게 이후의 명을 들으라.

그대는 동남쪽 땅을 안정시키고 장강 밖의 땅을 잘 다스려 한족과 이족이 편안히 일을 하고, 어떤 사람도 반역의 마음을 품지 않았기 때문에 그대에게 대락(大輅, 천자의 의전용 수레)과 융락(戎輅, 천자가 진영으로

9) 옛날에 천자가 제후를 봉할 때 방향을 나타내는 색깔이다. 동쪽은 청색, 서쪽은 백색, 남쪽은 적색, 북쪽은 흑색, 중앙은 황색 흙으로 봉역封城을 나타내었다.

나갈 때 타는 수레) 각 한 대와 검정말 여덟 필을 주겠다. 그대가 재정에 힘쓰고 농업을 장려하여 창고에 식량과 물자가 가득하다. 그러므로 그대에게 용을 수놓은 예복과 모자를 주고, 홍색 신발을 주겠노라. 그대는 덕으로 백성을 교화시키고 예교를 성행하게 했다. 이 때문에 그대에게 헌현(軒縣, 연주할 때 벽의 세 면에 악기를 배치하는 것. 천자는 네 면에 배치했음)을 주겠노라. 그대는 좋은 사회 기풍을 이끌고 백월百越을 회유했으므로 그대에게 홍색의 큰 대문이 있는 집을 주어 살도록 하겠다. 그대는 자신의 재간과 모략을 운용하여 현명하고 방정한 사람을 관리로 임명했다. 이 때문에 그대에게 납폐納陛를 주어 전에 오르도록 하겠다.

그대는 충성과 용감함을 함께 발휘하여 사악한 자를 말끔히 없애버렸다. 그러므로 그대에게 호분虎賁의 병사 백 명을 주겠다. 그대는 무위를 먼 곳에까지 떨치고 무력을 형남荊南에 날렸으며, 흉악한 추물들을 없애고 죄인들은 처벌을 받도록 했다. 그러므로 그대에게 부鈇와 월을 각각 하나씩 주겠다. 그대는 안으로는 문치文治로 화해시키고 밖으로는 무위로 신임을 얻었다. 이 때문에 그대에게 동궁(彤弓, 옛날 천자가 공로가 있는 제후에게 내린 붉게 칠한 활) 하나와 동시(彤矢, 붉은 화살) 백 개, 노궁(旅弓, 검게 칠한 활) 열 개, 노시旅矢 천 개를 주겠다. 그대는 충성과 정숙함을 기초로 하고, 공경과 검소함을 미덕으로 삼고 있다. 이 때문에 그대에게 구창(秬鬯, 울창주鬱鬯酒라고도 하는데 울금초를 써서 창주에 섞은 술로 옛날에 신이 내려올 때 썼음) 한 유(卣, 주로 울창주를 담는 그릇을 가리킴), 규찬(圭瓚, 종묘에서 쓰는 제기인데 옥으로 만들었음)을 쪼개주겠다.

공경하라! 나는 그대가 선양한 선왕의 전적을 신중히 여긴다. 내 명령에 복종하고 우리나라를 힘껏 보좌하여 그대의 위대한 공업이 영원히 빛나게 하라.

이해에 유비가 군대를 이끌고 손권을 치러 와서 무산巫山, 자귀에 이르자 사자를 보내 무릉의 이민족들을 회유하고 관인과 부신符信을 주었으며 작위와 상을 약속했다. 그래서 여러 현과 오계五谿의 백성은 모두 오를 배반하고 촉에 항복했다. 손권은 육손을 도독으로 삼고, 주연과 반장 등을 이끌고 유비에게 맞서도록 했다. 도위조자趙咨를 사자로 삼아 위나라로 보내니, 위나라 문제가 조자에게 물었다.

"오나라 왕은 어떠한 군주인가?"

조자가 대답했다.

"총명하고 어질며, 지혜롭고 웅대하고 재략이 있는 군주입니다."

위나라 문제가 구체적인 상황을 물으니, 조자는 이렇게 대답했다.

"보통 사람들 속에서 노숙을 받아들였는데, 이것이 그의 총명함입니다. 보통 병사들 가운데서 여몽을 발탁했는데, 이것이 그의 현명함입니다. 우금을 붙잡았지만 죽이지 않았으니, 이것은 그의 어짊입니다. 형주를 취하면서 병기에 피를 묻히지 않았으니, 이것은 그의 지혜입니다. 세 주를 차지하고 호랑이처럼 천하를 보고 있으니, 이는 그의 웅대함입니다. 폐하께 몸을 굽혔으니 이는 그의 재주인 것입니다."

조비는 손권의 아들 손등孫登을 작위에 봉하려고 했다. 손권은 손등의 나이가 어리다는 이유로 글을 올려 작위를 사양했고, 다시 서조연西曹掾 심형沈珩을 보내 사의를 표했으며, 아울러 지방 공물을 바쳤다.[10] 손등을 왕태자王太子로 세웠다.

| 황무黃武(손권이 더는 위나라의 연호를 사용하지 않는 것으로 자립한다는 의미) 원년(222) 봄 정월 | 육손의 부장군 송겸宋謙 등이 촉의 주둔지 다섯 곳을 쳐서 모두 깨뜨리고 그 장수들의 목을 베었다.

| 3월 | 파양군에 황룡이 나타났다고 보고했다. 촉나라 군대는 험준한 요새에 흩어져서 점거하고 앞뒤로 진영 50여 개를 두었는데, 육손은 상대방 병력의 경중에 따라 병사를 내어 대항하여 그해 정월부터 윤閏 6월까지 대거 격파했다. 전쟁터에서 목이 베이거나 무기를 버리고 투항한 촉나라 병사는 수만 명이나 되었다. 유비는 달아나 겨우 죽음을 면했다.

처음에 손권은 겉으로 위나라를 의지하며 섬겼지만 진실한 마음으로 의지한 것은 아니었다. 위나라는 시중 신비辛毗와 상서 환계桓階를 보내 오나라로 가서 손권과 맹약을 맺게 하고, 아울러 손권의 아들을 불러 임자任子[11]로 삼으려고 했다. 하지만 손권은 사양하고 받아들이지 않았다.

| 가을 9월 | 위나라는 곧 조휴曹休와 장료와 장패臧覇에게 동구洞口[12]까지 나가도록 명령했고, 조인에게는 유수까지 병사를 출동하도록 했으며, 조진曹眞·하후상夏候尚·장합張郃·서황에게는 남군을 포위하도록 했다. 손권은 여범 등에게 다섯 군대를 이끌어 수군을 이용해 조휴 등을 막게 했고, 제갈근·반장·양찬楊粲에게는 남군을 구하도록 했으며, 주환朱桓을 유수의 도독으로 임명하여 조인을 막게 했

---

10) 이해에 조비는 사자를 보내 작두향雀頭香·대패大貝·명주明珠·상아象牙·서각犀角·대모玳瑁·비취翡翠·투압鬪鴨·장명계長鳴鷄 등을 오나라에 요구했다. 군신들은 상주하여 다음과 같이 말했다. "형주와 양주에서 바치는 물품들은 일정한 법도가 있으며, 위나라에서 진귀한 애완물을 요구하는 것은 예의가 아닙니다. 마땅히 주어서는 안 됩니다." 그러나 손권은 혜시惠施가 제나라 왕에게 한 말을 예시하고 나서 모두 갖추어 보내주었다.

11) '임자'란 일종의 인질 제도로서, 손권의 자식을 조정으로 불러 도관의 직책을 주려는 것을 일컫는다. 이러한 제도는 실제로 상당한 효과를 발휘했는데, 자식이 조정에 있으니 함부로 반란을 일으키지 못했던 것이다. 손권은 이 사실을 알았으므로 거부했다.

12) 일명 동포洞浦라고도 하며, 동포구洞浦口로 되어 있는 판본도 있다.

다. 그 무렵 양陽과 월越 땅의 대다수 이민족이 아직 평정되지 않아 안으로 환난이 제거되지 않은 상태였다. 그러므로 손권은 매우 겸허한 말로 위나라 조비에게 글을 올려 스스로 잘못을 고치도록 허락해달라고 요청했다.

만일 제 죄악이 사면되지 못한다면 마땅히 토지와 백성을 봉환奉還하고 교주에 몸을 맡겨 여생을 끝마치기 원합니다.

위나라 문제는 이렇게 답했다.

그대는 혼란스러운 세상에 태어나 본래 천하를 종횡할 뜻이 있었지만 신분을 낮춰 위나라를 받들어 현재 작위에 있게 되었다. 그대가 오왕으로 책봉된 이래 바친 공물이 길에 가득했다. 조정에서는 유비를 토벌하는 공적을 그대에게 의지하여 성공하기를 바라고 있다. 여우처럼 묻었다가 또 파는 것은 옛사람들이 부끄러워했던 일이다. 짐과 그대 사이는 대의로 이미 확정되었는데, 어찌하여 병사들을 수고롭게 하고 멀리 장강과 한수까지 출정하기를 좋아하겠는가? 조정의 의론은 군주라도 마음대로 할 수 없는 것이다. 삼공이 그대의 허물을 보고했는데 모두 근거가 있었다. 짐은 밝지 못하고, 비록 증삼曾參의 어머니가 북을 던진 의심증(삼은 평소에 정직했으나 그 어머니가 이웃 사람의 말을 듣고 부화뇌동하여 아들을 의심한 일)이 있을지라도 대신大臣들의 말이 진실이 아니기를 바라는 것으로 국가의 복이라 여겼다. 그러므로 먼저 사자를 보내 수고를 위로하고, 또 상서와 시중을 보내서 전에 맺은 약속을 실행하도록 했으며, 그대 아들을 임자로 삼기로 했다.

그러나 그대는 여러 이유를 들어 아들이 앞으로 나아가지 못하도록 했고, 이에 상의하던 대신들은 그대의 태도를 의아해했다. 또 전에 도위 호주浩周[13]가 그대에게 아들을 보내도록 권유했는데, 그것은 사실 조정 신하들이 함께 도모한 의견이었으며, 이로써 그대의 본심을 점쳤다. 그대는 과연 여러 이유를 들어 밖으로는 외효隗囂가 아들을 광무제光武帝에게 보내고 충절을 끝까지 다하지 않은 예를 인용했고, 안으로는 두융竇融이 아들을 보내지 않고 충성을 지켰음을 비유했다. 하지만 세상도 다르고 시대도 변하여 사람들은 각각 마음이 있게 되었다. 호주가 돌아와 입으로 진술하면서 손으로 그림을 그렸는데, 논의하는 자들이 점점 더 그대를 의심하게 되었으며, 그대가 우리 조정을 시종 잘 받든다고 한 것의 기초가 의지할 바를 잃게 되었다. 그래서 나는 신하들의 의견에 따르게 되었던 것이다.

지금 그대가 올린 글을 살펴보니 깊은 성심이 넘쳐흘러 나는 마음속으로 매우 감개하며 애통한 표정이 되었다. 나는 그날 곧장 조서를 내려 여러 군대에게 오로지 참호를 깊게 파고 보루를 높이 쌓을 뿐 경거망동하여 진군하지 말라고 명령했다. 만일 그대가 반드시 충의와 정절을 나타내어 사람들의 회의적인 의론을 없애려 한다면 아침에 손등이 직접 경성에 이르도록 하라. 그러면 저녁에 군대를 철수시켜 돌아오도록 명령하겠다. 이 말의 진실은 대강(大江, 장강)과 같도다!

그래서 손권은 연호를 바꾸고 장강 가에서 저항하며 수비했다.

| 겨울 11월 | 큰 바람이 불고 여범 등이 이끌던 병사 수천 명이 익

---

13) 호주는 자가 공이孔異이고 상당上黨 사람이다. 건안 연간에 벼슬에 나가 소현蕭縣의 영이 되었고, 서주 자사徐州刺史로 승진했다. 나중에 우금의 군대를 돕다가 우금의 군대가 무너지자 관우에게 붙잡혔다. 그러나 손권은 관우를 습격하여 호주를 다시 얻어 예우했다.

사하여 남은 군사는 장강 남쪽으로 돌아왔다. 조휴가 장패에게 날랜 배 5백 척과 죽음을 각오한 병사 1만 명을 주어 서릉徐陵을 습격하게 하여 성의 수레를 불태우고 수천 명을 죽이고 포로로 잡았다. 장군 전종全琮과 서성徐盛은 위나라 장수 윤로尹盧를 뒤쫓아가 목을 베고 수백 명을 죽이거나 포로로 잡았다.

| **12월** | 손권은 태중대부太中大夫 정천鄭泉에게 백제白帝에 있는 유비를 방문하도록 하여 비로소 우호 관계를 회복했다.[14) 그러나 손권은 의연하게 조비와 서로 오가다가 후년이 되어서야 비로소 왕래를 끊었다. 이해에 이릉을 서릉으로 고쳤다.

| **황무 2년(223) 봄 정월** | 조진은 군대를 나누어 강릉 중앙의 사주沙州를 점거했다. 이달에 손권은 강하산江夏山에 성을 쌓았다. 사분력四分曆을 바꾸어 건상력乾象曆을 사용했다.[15)

| **3월** | 조인은 장군 상조常雕 등을 보내 병사 5천 명을 이끌고서 유선을 타고 새벽에 유수 중앙의 사주를 건너게 했다. 조인의 아들 조태曹泰는 군사를 이끌고 급히 주환을 쳤다. 주환은 병사로 방어하면서 장군 엄규嚴圭 등을 보내 상조 등을 격파하게 했다. 이달에 위나라 군대는 모두 물러갔다.

| **여름 4월** | 신하들이 손권에게 제위에 오르기를 권유했으나 손권은 허락하지 않았다. 유비가 백제성에서 세상을 떠났다.[16)

| **5월** | 곡아에 감로가 내렸다고 보고했다. 이보다 앞서 희구戱口

---

14) 사실 손권이 유비와 서로 왕래하게 된 것은 유비가 먼저 손권에게 편지를 보내 예전처럼 좋은 관계를 회복하자고 한 데서 비롯되었다.

15) 손권은 오덕(五德, 목木·화火·토土·금金,·수水)의 추이를 고려했는데, 오나라 정권에 해당하는 토덕土德의 활동을 보고 이렇게 바꾼 것이다.

의 수장守將 진종晉宗이 장수 왕직王直을 죽이고 병사들을 이끌고 모반하여 위나라로 들어갔다. 위나라는 그를 기춘 태수蘄春太守로 삼았는데, 그 뒤 진종은 변방 지역을 여러 차례 침범했다.

| 6월 | 손권은 장군 하제에게 명하여 미방과 유소劉邵 등을 지휘하여 기춘을 습격하게 했다. 유소 등이 진종을 사로잡았다.

| 겨울 11월 | 촉은 중랑장 등지鄧芝에게 명하여 오나라를 방문하도록 했다.[17]

| 황무 3년(224) 여름 | 손권은 보의중랑장(輔義中郎將, 정벌 담당이지만 때로는 사신으로 충당되기도 함) 장온을 보내 촉을 방문하도록 했다.

| 가을 8월 | 사형수들을 사면했다.

| 9월 | 위나라 문제는 광릉까지 출병하여 대강을 바라보며 말했다. "저곳엔 인물이 있으니 도모할 수 없겠구나."

그러고는 돌아왔다.

| 황무 4년(225) 여름 5월 | 승상 손소孫邵[18]가 죽었다.

| 6월 | 태상 고옹顧雍을 승상으로 삼았다. 환구皖口에서 연리지(連理枝, 뿌리가 다른 두 나무의 가지가 서로 이어져 하나가 된 나무로서 상서로운 징조임)가 있다고 보고했다.

---

16) 손권은 입신도위立信都尉 풍희馮熙를 보내 유비의 죽음을 조문했다. 풍희는 자가 자유子柔이고 영천潁川 사람으로서 풍이馮異의 자손이다. 손권이 거기장군일 때 풍희는 동조연東曹掾이 되었다.

17) 이때 촉나라에서는 말 2백 필과 비단 1천 필 및 특산물을 보냈으며, 이때부터 공식적인 외교 관계가 수립되어 사신이 오가는 것이 일상적인 일이 되었다. 물론 오나라도 특산물을 보내 후의에 답례했다.

18) 손소는 자가 장서長緖이고 북해北海 사람이다. 키가 여덟 자인데, 공융孔融의 공조가 되었을 때 공융이 그를 일컬어 '조정의 인재'라고 했을 정도이다. 강동의 유요에게 몸을 의탁했으며, 손권이 동을 지배하게 되자 그에게 헌책하여 벼슬을 했다.

| **겨울 12월** | 파양의 적 팽기彭綺가 자칭 장군이라 하며 여러 현을 쳐 함락시켰는데, 병사가 수만 명이나 되었다.

이해에 지진이 연이어 일어났다.

| **황무 5년(226) 봄** | 손권이 영을 내려 말했다.

군사를 일으킨 지 매우 오래되어 백성은 경작지를 떠났고, 아버지와 아들, 지아비와 아내가 서로 도울 수 없게 되었다. 나는 이런 상황이 매우 안타깝다. 지금 북쪽의 적은 물러나 움츠리고 숨어 있으며, 중원 밖에는 전쟁이 없다. 각 주와 군에 명령을 내리니, 정책을 느슨히 하여 백성을 쉬게 하라.

이때 육손은 곳곳에 식량이 부족하므로 장수들에게 농지를 개간하여 늘리도록 표를 올려 명령하게 했다. 손권은 이에 대답했다.

"아주 좋은 생각이오. 지금 우리 부자도 직접 공전公田을 받아 수레를 끌고 온 말 여덟 필을 넷으로 짝짓도록 하겠소. 비록 고대의 성군에는 미치지 못한다 해도 백성과 똑같이 수고하려 하오."

| **가을 7월** | 손권은 조비가 죽었다는 소식을 듣고 강하를 치고 석양石陽을 포위했지만 이기지 못하고 돌아왔다. 창오蒼梧에서 봉황이 나타났다고 보고했다. 손권은 3군(단양·오·회계)의 열악한 땅 10현을 나누어서 동안군東安郡을 설치했다. 전종을 태수로 삼고 산월을 토벌하여 평정했다.

| **겨울 10월** | 육손이 눈앞의 정세에 대응하기 위해 진술하면서 은덕을 펴고 형벌을 줄이며 세금을 느슨히 하고 징용을 멈추도록 권유했다. 또 이렇게 말했다.

"충성스러운 말은 모두 진술할 수 없는데, 윤허해주시기를 바라

는 용렬한 신하가 이로운 견문으로 당신에게 자주 간언하기를 바랍니다."

손권이 이에 대답하여 말했다.

"법령 설치는 악함을 끊고 아직 일어나지 않은 일을 미리 막으려는 것이오. 어떻게 형벌을 설치하여 소인들을 위협하지 않겠소? 이것은 먼저 명령을 내리고 나중에 법에 따라 처리하는 것이지, 법을 범하는 자가 생기게 하려는 것이 아니오. 그대는 형벌이 너무 무겁다고 생각하는데, 나인들 그렇게 하는 것을 어찌 이롭다고 여기겠소? 다만 어쩔 수 없이 이렇게 했을 뿐이오.

지금 그대 의견에 의하면 마땅히 신하들에게 새롭게 자문을 구하고 상의하여 힘껏 따라 할 수 있어야 하오. 게다가 가까이 있는 신하들이 바른 길로 나아가도록 다 간언하고, 친척들이 주군의 부족한 면을 보충하고 조언함으로써 군주의 잘못을 바로잡고 자신의 충성스럽고 신실함을 밝히는 것이오. 《상서尚書》에 '내가 어긋나면 너는 나를 보필해야 하니 너는 나를 대면하여 따르지 말아야 한다.'라고 했소. 내가 어찌 충언으로 자신의 부족함을 채우는 것을 좋아하지 않겠소? 그런데 그대는 '감히 다 진술할 수 없습니다.'라고 하니 어떻게 충성스러운 말이라고 할 수 있겠소? 만일 지위가 낮은 신하들 중에서 받아들여 쓸 수 있는 의견을 제시한 이가 있다면, 어찌 사람으로 말[言]을 버리고 채택하지 않을 수 있겠소? 오직 아첨하며 자신을 파는 자는 비록 내가 어리석을지라도 분명하게 알아낼 수 있소.

징용하는 일은 천하가 아직 평정되지 않았으므로 통일의 공업은 여러분의 지지에 의지해야만 성공할 수 있소. 만일 강동을 지키며 너그러운 정치를 행한다면 병력은 저절로 사용하기에 충분할 텐데 또 많이 징용하겠소? 오로지 앉아서 강남을 지키고 있는 것은 얕은 생각이라고 할 수 있소. 만일 미리 징용하지 않는다면 때에 임하여 곧바로 쓸 수 없을 것이오. 또 나와 그대는 신분과 명분이 현저히 다르지만 기뻐하고 근심하는 것은 실제로 같소. 그대가 보내온 표에서 말하기를 감히 여러 사람을 따라 하며 자신을 허용하여 구차하게 재난을 면하지 않겠다고 했는데, 이는 확실히 내가 만족하는 바이며 그대에게 바라는 것이오."

그리고 손권은 담당 관리에게 명하여 법령 조문을 잘 베끼도록 하고, 낭중郎中 저봉褚逢에게 이것을 육손과 제갈근에게 보내 타당하지 않다고 생각되는 곳은 삭제하거나 덧붙이도록 했다. 이해에 교주를 나누어 광주廣州를 설치했으나 오래지 않아 원래대로 회복시켰다.

| **황무 6년(227) 봄 정월** | 장수들이 팽기를 사로잡았다.

| **윤 12월** | 한당의 아들 한종韓綜이 병사들을 이끌고 위나라로 투항했다.

| **황무 7년(228) 봄 3월** | 손권은 아들 손려孫慮를 건창후建昌侯로 봉했으며, 동안군을 없앴다.

| **여름 5월** | 파양 태수鄱陽太守 주방周魴이 거짓으로 오나라를 배반하여 위나라 장수 조휴를 유인했다.

| **가을 8월** | 손권이 환구에 이르러 장군 육손을 보내 장수들을 이끌고 석정石亭에서 조휴를 크게 깨뜨렸다. 대사마大司馬[19] 여범이 죽

---

19) 군사를 맡은 최고 장관으로서 상공(上公, 사공司空·사도司徒·태위太尉 등을 일컫는 말)이며, 전한 무제 때에는 나라의 모든 정사를 맡아 지위가 대사도大司徒보다도 높은 핵심 실세였다. 조진, 조휴도 이 자리에 있었다.

었다. 이해에 합포군合浦郡을 주관군珠官郡으로 바꾸었다.[20]

| 황룡黃龍 원년(229) 봄 | 공경과 백관이 모두 손권에게 정식으로 제帝를 칭하도록 권유했다.

| 여름 4월 | 하구와 무창에서 나란히 황룡과 봉황이 나타났다고 보고했다. 7일에 손권은 남쪽 교외에서 황제 자리에 올랐으며, 이날 대사면을 실시하고 연호를 바꾸었다. 아버지 파로장군 손견을 추존하여 무열황제라 하고, 어머니 오씨吳氏를 무열황후武烈皇后라 했으며, 형 토역장군 손책을 장사환왕이라고 했다. 오왕의 태자 손등을 황태자로 삼았다. 장리將吏들은 모두 작위가 올랐으며, 상을 받았다. 처음 흥평 연간(194~195)에 오중(吳中, 손권의 정치 중심지) 일대에 이런 동요가 있었다.

82
—

황금으로 장식한 수레
화려한 색상의 흙받기
창문閻門을 열고
천자가 나온다.

| 5월 | 손권은 교위 장강張剛과 관독管篤을 사자로 삼아 요동遼東으로 가도록 했다.

| 6월 | 촉은 위위衛尉 진진陳震을 보내서 손권이 제위에 오른 것을 축하했다. 손권은 곧 촉나라 사자와 협의하여 천하를 나누어서 예

---

20) 이해에 장군 적단翟丹이 모반하여 위나라로 달아났다. 손권은 장수들이 죄가 두려워 달아나는 것을 걱정하며 명을 내려 말했다. "지금부터 장수들은 중죄를 세 번 저지른 다음에 그 횟값을 묻겠소."

주·청주靑州·서주·유주幽州는 오나라에 속하게 하고, 연주兗州·기주冀州·병주并州·양주는 촉나라에 귀속시켰다. 사주(司州, 위나라가 다스리는 낙양 지역) 땅은 함곡관을 경계로 삼았다. 맹약의 말을 정하여 이렇게 말했다.

하늘이 환난을 내려 한 왕실의 계통은 질서를 잃고, 반역하는 신하들이 이 틈을 타서 국가의 대권을 탈취했다. 동탁에서 시작하여 조조에 이르기까지 지극히 흉악한 무리들이 천하를 파괴하고 중원을 분열시켜 천하에는 기강이 없어지고 백성과 신령들은 고통스러워하고 원망하며 몸을 의지할 곳이 없게 되었다. 조조의 아들 조비에 이르러서는 역행하여 수많은 흉악한 일을 하고 늘 간악한 일을 하여 황제 자리를 찬탈했다. 그리고 도가 부족한 조예曹叡는 조비의 악행을 답습하여 병력에 의지해 토지를 빼앗았는데, 아직 형벌에 복종하여 죽임을 당하지 않았다.

옛날 공공(共工, 전설 속의 부족 우두머리)이 천하를 어지럽혔을 때 고신高辛은 군대를 동원했고, 삼묘三苗[21]가 법을 범하자 우순虞舜은 정벌을 했다. 오늘 조예를 멸하고 그 무리를 붙잡는 일을 한(漢, 촉나라를 가리킴)과 오吳가 아니면 앞으로 또 누가 맡겠는가? 악인을 토벌하고 흉포함을 제거하는 데에는 반드시 그들의 죄행을 선포하고 마땅히 먼저 그들의 영토를 분열하여 그 토지를 빼앗아 사인士人과 백성의 마음이 각기 돌아갈 바를 알도록 해야 한다. 그러므로 《춘추》에서 진 문공晉文公이 위衛를 토벌하기에 앞서 그의 토지를 나누어 송宋나라 사람들에

21) 고대 전설 속의 악인으로 공공·환두驩兜·곤鯀과 함께 사흉四凶으로 불렸다.

게 주었던 것은 이런 이치이다. 게다가 고대에는 위대한 공업을 세우고자 하면 반드시 먼저 맹서를 했기 때문에 《주례周禮》에는 맹약을 주관하는 관리가 있고, 《상서》에는 맹서를 선포하는 문서가 있었다.

한과 오는 비록 신의가 마음속에서 나왔지만 토지를 구분하여 경계를 정하고 마땅히 맹약을 해야 한다. 제갈 승상은 덕망과 위엄을 먼 곳까지 빛냈으며, 본국의 황제를 보필하고 밖으로는 군대를 지휘했는데, 신의가 음양을 감동시키고 성실함은 천지를 감응시켰다. 다시 맹약을 맺어 성의를 확대하고 서약의 말을 잘 지켜서 오와 촉의 사인과 백성이 모두 함께 이 일을 알 수 있도록 한다. 그래서 단을 세우고 희생을 죽여 신령에게 분명히 고하고, 희생의 피를 마셔 맹서를 더하고, 그 부본副本을 천부(天府, 천자가 쓰는 물품을 보관하는 곳)에 보관한다. 하늘은 높아도 아래쪽의 말을 들을 수 있고, 신령의 위력도 돕고 믿으며, 사신司愼과 사맹司盟의 신은 여러 신령과 이곳에 와서 여러 제사를 받지 않음이 없을 것이다. 오늘 한과 오가 결맹한 뒤 힘을 합치고 마음을 하나로 하여 함께 위魏의 도적들을 토벌하고, 위험을 서로 구하며, 재난을 나누고 기쁨을 함께하며, 좋고 싫은 것을 함께하고, 어떤 사람이든 간에 두 마음을 품는 일이 없도록 한다.

만일 누가 한나라를 해친다면 오나라가 그를 토벌하고, 만일 누가 오나라를 해친다면 한나라가 그를 토벌할 것이다. 각각 자기 봉토를 지키며 서로 침범하는 일이 없도록 한다. 이 맹약이 후대에 전해져도 시종 이와 같이 한다. 무릇 모든 맹약은 다 맹서盟書에 써 있는 것과 같다. 성실한 말은 화려하지 않으며, 그 실질은 우호 관계에 있다. 누가 이 맹약을 버린다면 재앙이 생기고 먼저 안에 혼란이 있을 것이다. 두 마음을 가져 협력하지 않고 천명에 태만하면 신령과 상제가 그를 살피고 징벌할 것이며, 산천의 모든 신은 그를 들어 주살하고 그 군대를 멸망시키고 그 나라를 영원할 수 없도록 할 것이다. 위대한 신령이시여! 분명히 살펴주십시오!

| **가을 9월** | 손권은 건업으로 천도했으나[22] 옛 치소에 살았으므로 다시 관사를 짓지는 않았다. 상대장군上大將軍 육손을 불러 태자 손등을 보좌하게 하고, 무창의 남은 일을 관장하도록 했다.

| **황룡 2년(230) 봄 정월** | 위나라는 합비신성合肥新城을 지었다. 손권은 조서를 내려 도강좨주都講祭酒[23]를 세워서 제자諸子들이 교육을 받도록 했다. 장군 위온衛溫과 제갈직諸葛直을 보내 무장한 사병 1만 명을 이끌고 바다를 건너 이주夷洲와 단주亶洲를 구하도록 했다. 단주는 바다 가운데 있었는데, 노인들이 전하는 말로는 진시황제가 방사方士 서복徐福을 보내 어린 소년과 소녀 수천 명을 데리고 바다로 들어가 봉래蓬萊의 신산神山과 선약仙藥을 구하도록 했으나 이 주에 이르러서 돌아오지 않았다고 했다. 그 자손이 대대로 이어져 오늘날 수만 호가 되었고, 그 주에 사는 사람들은 늘 회계로 와서 베를 샀으며, 회계 동쪽 현에 사는 자가 바닷길을 가다가 태풍을 만나 단주까지 표류해오기도 했다. 그곳은 매우 멀리 있으므로 위온 등은 끝내 다다를 수 없었다. 다만 이 주의 수천 명을 데리고 돌아왔을 뿐이다.

---

22) 주지하는 바와 같이, 건업은 오나라, 동진, 송나라, 제나라, 양나라, 진나라, 남당, 명초 등 아홉 조대의 옛 도시로서, 손권이 장강 유역의 방대한 경제적 입지 조건을 살리면서 역사적으로나 문화적으로 심원한 영향을 끼친 이 지역을 패업의 기반으로 삼으려는 것이었다. 즉 강남에 나라를 세움으로써 남방으로 이주한 북방 사람을 안무하여 한족과 월족, 만족과 한족의 민족 대융합을 이루려는 의도와 맞아떨어진다.

23) 오나라 손권의 자녀들에게 유학을 가르치는 교관이다.

| **황룡 3년(231) 봄 2월** | 태상 반준潘濬을 보내 병사 5만 명을 이끌고 무릉의 이민족을 토벌하게 했다. 위온과 제갈직은 모두 조서를 거스르고 공로가 없어서 하옥되어 주살되었다.

| **여름** | 들에 있는 누에가 고치를 만들었는데 큰 것은 마치 알 같았다. 야생 벼가 저절로 자랐으므로 유권현由拳縣을 화홍현禾興縣으로 바꾸었다. 중랑장 손포孫布는 거짓으로 투항하여 위나라 장수 왕릉王淩을 유인했다. 왕릉은 군사를 이끌고 가서 손포를 맞이하려고 했다.

| **겨울 10월** | 손권은 대군을 부릉에 잠복시켜 왕릉을 기다렸는데, 왕릉이 이를 알고 달아났다. 회계군의 남시평南始平에서 벼가 자란다고 보고했다.

| **12월** | 29일에 대사면을 시행하고, 다음 해부터 가화嘉禾 원년으로 바꾼다고 발표했다.

| **가화 원년(232) 봄 정월** | 건창후 손려가 죽었다.

| **3월** | 장군 주하周賀와 교위 배잠裴潜을 보내 뱃길로 요동으로 가도록 했다.

| **가을 9월** | 위나라 장수 전예田豫가 이들을 맞아 반격했다. 성산成山에서 주하의 목을 베었다.

| **겨울 10월** | 위의 요동 태수遼東太守 공손연公孫淵이 교위 숙서宿舒와 낭중령郎中令 손종孫綜을 보내 손권에게 번국이라고 칭하고, 아울러 모피와 준마를 바쳤다. 손권은 매우 기뻐하며 공손연에게 작위를 주었다.

| **가화 2년(233) 봄 정월** | 손권이 조서를 내려 이렇게 말했다.

짐은 부덕한데 천명을 받았으므로 아침저녁으로 걱정하고 삼가며,

쉬거나 잠잘 틈이 없다. 세상의 환난을 다스리고 백성을 구제하여 위로는 신령님의 비호에 보답하고, 아래로는 백성의 희망을 위로하기 원한다. 이 때문에 돌아다니보면서 우수한 인물을 열심히 구해 그들과 함께 힘을 합쳐 같이 천하를 평정하려 한다. 만일 마음을 같이하는 자가 있다면 그들과 함께 늙어갈 것이다.

지금 사지절과 독유주督幽州, 영청주목領青州牧, 요동 태수, 연왕(燕王, 공손연)은 오랫동안 적(위나라)의 핍박을 받아 멀리 한쪽에 떨어져 있어, 비록 우리나라에 충성하려 해도 그 마음을 전할 길이 없었다. 오늘 그는 천명에 순응하여 멀리서 사자 두 명을 보내왔다. 그 충성스런 마음이 분명하게 나타나며, 서술한 표에는 심오한 정이 나타나 있다. 짐이 이것을 얻었으니 어떤 기쁨이 이와 같겠는가! 비록 탕왕湯王이 이윤伊尹을 만나고, 주 문왕周文王이 여망呂望을 얻었으며, 세조(광무제)가 아직 천하를 평정하지 못할 때 하우河右를 얻은 것도 오늘 이것에 비교하면 어찌 내 이 기쁨보다 더하겠는가? 천하 통일은 여기에서 정해질 것이다.

《상서》에서 "한 군주에게 기쁨이 있으면 만백성은 이것에 의지한다."라고 하지 않았던가? 나는 천하에 대사면을 시행하여 그들에게 다시 시작할 기회를 주려 하니 주와 군에 명령을 내려 밝혀서 모두 이 일을 알 수 있도록 하라. 특히 연나라에 조서를 내려 내 조서와 은덕을 받들어 선양하고, 온 천하 사람이 다 이 경사를 알게 하라.

| 3월 | 숙서와 손종을 귀국시키고, 태상 장미張彌와 집금오執金吾 허안許晏과 장군 하달賀達 등을 사자로 하여 병사 1만 명을 이끌고 금과 보물, 진귀한 물건과 구석九錫의 모든 물품을 갖고 뱃길로 가서 공손연에게 주도록 했다. 이에 대해 오나라 조정 대신들은 승

상 고옹 이하 모두 간언하여 공손연은 아직 믿을 만하지 못한데 오히려 총애와 대우가 지나치게 후하니, 오로지 관리와 병사 수백 명을 보내 숙서와 손종을 호위하여 보낼 수 있다고 했지만 손권은 끝내 듣지 않았다. 공손연은 정말 장미 등의 목을 베어 그들의 머리를 위나라로 보내고 그들이 지니고 있던 무기와 물자를 빼앗았다. 손권은 매우 화가 치밀어 몸소 공손연을 정벌하려고 했으나 상서복야(尙書僕射, 상서대의 부장관) 설종薛綜 등이 간절히 간언하여 그만두었다. 이해에 손권은 합비신성으로 진격하며 장군 전종을 보내 육안六安을 정벌하도록 했지만 모두 이기지 못하고 돌아왔다.

| **가화 3년(234) 봄 정월** | 손권은 이런 조서를 내렸다.

전쟁이 오래도록 그치지 않아 백성은 부역으로 고통을 당하고, 세금도 어쩌다 거두어지지 않으니, 갖가지 세금을 느슨히 하고 다시는 재촉하여 거두지 마라.

| **여름 5월** | 손권은 육손과 제갈근 등을 보내 강하와 면구沔口에 주둔하게 했고, 손소孫韶와 장승張承 등에게는 광릉과 회양淮陽으로 진군하도록 했으며, 자신은 대군을 이끌고 가서 합비신성을 포위했다. 이 무렵 촉의 재상 제갈량이 무공武功까지 병사를 이끌고 나왔으므로, 손권은 위나라 명제明帝가 멀리 나갈 수 없으리라고 생각했다. 그렇지만 위나라 명제는 병사를 보내 사마의司馬懿를 도와 제갈량에게 대항하고, 직접 수군을 이끌고 동쪽 정벌에 올랐다. 위 명제가 수춘에 다다르기 전에 손권은 물러나 돌아왔고, 손소도 공격을 멈추었다.

| **가을 8월** | 제갈각諸葛恪을 단양 태수로 삼아서 산월을 토벌하게

했다.

|9월| 초하루에 서리가 내려 곡식이 많이 상했다.

|겨울 11월| 태상 반준은 무릉의 이민족을 평정하러 갔다가 일을 마치고 무창으로 돌아갔다. 조서를 내려 다시 곡아현曲阿縣을 운양현雲陽縣이라 하고, 단도현丹徒縣을 무진현武進縣이라고 했다. 여릉의 도적 이환李桓과 나려羅厲 등이 난을 일으켰다.

|가화 4년(235) 여름| 여대呂岱를 보내 이환 등을 토벌하게 했다.

|가을 7월| 우박이 내렸다. 위나라 사자가 말을 진주·비취·대모와 맞바꾸자고 하자 손권이 말했다.

"이것은 모두 내가 사용하지 않는 것들이고, 말을 얻을 수 있는데 어찌 그 교역을 받아들이지 않겠소?"

|가화 5년(236) 봄| 대전大錢을 주조했는데, 대전 한 개가 소전小錢 5백 개에 상당했다. 조서를 내려 관리와 백성에게 동銅을 내도록 하고, 그 동을 계산하여 전을 주었다. 화폐 주조에 대한 처벌 조항을 만들었다.

|2월| 무창에서 예빈전禮賓殿에 감로가 내렸다고 보고했다. 보오장군輔吳將軍[24] 장소가 죽었다. 중랑장 오찬吾粲이 이환을 사로잡고, 장군 당자唐咨가 나려 등을 사로잡았다. 10월부터 비가 내리지 않더니 여름까지 계속되었다.

|겨울 10월| 혜성이 동방에 나타났다. 파양의 도적 팽단彭旦 등이 난을 일으켰다.

---

24) 오나라가 장소를 위해 설치한 것으로 명예직이며 실권은 거의 없었다. 정치적 사안을 건의했다. 한직에 속한다.

| **가화 6년(237) 봄 정월** | 다음과 같은 조서를 내렸다.

　삼년상三年喪은 천하에 통행하는 제도로서 사람의 감정이 지극히 애통함을 나타낸다. 현명한 사람은 개인의 슬픔을 끊어버리고 나라의 예법을 따르지만, 현명하지 못한 사람은 억지로 삼년상을 고수한다. 세상이 태평스럽고 성현의 도가 통하여 아래 위에 일이 없을 때에는 군자는 인간의 감정을 빼앗지 않기 때문에 3년 동안에는 효자의 가문에 미치지 않는다. 나라에 일이 있을 때는 예절을 간소화하여 그 당시 마땅함에 따르고 상복을 입은 채로 나랏일을 처리한다. 그래서 성인이 법령을 제정할 때도 예절이 있으나 제때가 아니면 실행되지 못했다.

　상사喪事를 당하고도 집으로 달려가지 않는 것은 고대의 예절이 아니지만, 시대 변화에 따라 대의大義를 중시하고 사적인 감정을 잘라낸다. 전에는 이런 이유로 법조문을 정하고 장리長吏는 직무를 맡고 있다가 상사를 당하면 반드시 교대자가 있어야 했는데, 만일 그것을 알면서도 범하는 자가 있고 그 허물을 살펴 죄를 다스린다 하더라도 공무는 여전히 황폐해질 것이다. 지금은 일이 많고 나라에 어려움이 많으니 무릇 관직에 있는 책임자들은 마땅히 각자 충성을 다하고 공적인 것을 앞세우고 사적인 것을 뒤로해야 하나 이 취지를 삼가 따르지 않는 것은 매우 의의가 없는 일이다. 중앙과 지방에 있는 관료들은 다시 이 일을 상의하여 법령을 알맞도록 힘쓰고 상세하게 조목을 만들라.

고담顧譚이 다음과 같이 의견을 말했다.

　장례 의식이 있는 곳으로 달려가는 것에 관한 법을 세움에서 가벼우면 효자의 감정을 막을 수 없고, 무거워도 본래 사형에 처해야 되는 죄는 아닙니다. 설사 엄격한 형벌을 더한다고 하더라도 위반하는 자는 반드시 적을 것입니다. 만일 법을 범하는 자가 있을 경우 처벌을 가중시키는 것을 인정상 차마 할 수 없게 되어 처벌을 줄이면 법령이 폐지되어 실행되지 않을 것입니다. 제 생각으로는 고급 관리로서 먼 곳에 있는 자에게는 설령 상사가 있다고 해도 알리지 않으면 그 형세를 알 수 없을 것입니다. 대리자를 뽑는 동안 만일 소식을 전하는 자가 있다면 반드시 사형에 처해야 합니다. 이와 같이 하면 고급 관리가 직무를 팽개칠 걱정은 없을 것이고, 효자가 중형을 범하여 처벌되는 경우도 없을 것입니다.

장군 호종胡綜이 의견을 제시하여 다음과 같이 주장했다.

상사에 관한 예절은 비록 전장典章에 의한 제도가 있다고 해도, 만일 마땅한 때가 아니면 집행할 수 없습니다. 지금은 마침 전쟁 시기로 군사軍事와 일반 정사를 처리하는 상황이 다른데, 고급 관리가 상사를 만났을 때 금하는 조항이 있음을 알면서도 공공연히 과감하게 법에 어긋나는 행동을 한다면 설사 효자가 부모의 상사를 듣고 달려가지 않는 부끄러움은 생각했을지라도 신하로서 금지하는 것을 범하는 죄는 헤아리지 못한 것입니다. 이는 법률 금령이 본래 가볍게 만들어진 데서 말미암은 것입니다. 충절은 국가에 있고 효도는 집안에 세우는 것이니 벼슬에 나와 신하가 되는데, 어떻게 둘을 한꺼번에 가질 수 있겠습니까? 그러므로 충신인 자는 효자가 될 수 없습니다. 마땅히 법률을 제정하여 사형으로 보여주어야 합니다. 만일 일부러 법을 어긴다면 죄를 범한 것이므로 결코 사면할 수 없습니다. 사형을 실시함으로써 죽을죄를 범하는 자를 막는 것이니 한 사람을 처리하면 그 뒤에는 반드시 법을 어기는 일이 끊어질 것입니다.

승상 고옹이 신하들의 의견에 동의하여 사형을 실시하기를 주청했다.

그 뒤 오현吳縣의 영 맹종孟宗이 어머니 상을 당해 달려갔다가 일을 마친 다음 직접 이름을 드러내어 무창의 감옥에 구금되어 형벌을 달게 받기를 표명했다. 육손은 그의 평소 행동을 서술하고 그를 위해 부탁했다. 그래서 손권은 맹종의 형벌을 한 등급 줄여주고, 이후에 이러한 예는 생각할 수도 없다고 했다. 그리하여 법을 어기고 상가로 달려가는 일이 근절되었다.

|2월| 육손이 팽단 등을 토벌하여 그해에 모두 격파했다.

|겨울 10월| 위장군衛將軍 전종을 보내 육안을 습격했지만 이기지 못했다. 제갈각은 산월을 평정하는 일을 마친 다음 북쪽으로 여강에 주둔했다.

|적오赤烏 원년(238) 봄| 한 개가 1천 소전에 상당하는 대전을 주조했다. 여름에 여대가 여릉의 적을 토벌하고 육구로 돌아왔다.

|가을 8월| 무창에서 기린이 나타났다고 말했다. 담당 관리는 기린은 천하태평을 상징하므로 마땅히 연호를 고쳐야 한다고 상주했다. 손권은 이런 조서를 내렸다.

요전에 붉은색 까마귀가 궁전 앞에 모여 있는 것을 짐이 몸소 보았다. 만일 이런 신령스러운 새가 길상이라고 생각한다면 연호를 바꾸어 마땅히 적오를 원년으로 해야 한다.

신하들은 다음과 같이 상주하여 말했다.

예전에 주나라 무왕周武王이 은나라 주왕殷紂王을 토벌할 때 붉은 까마귀의 길상이 있었고, 군주와 신하들이 이것을 보아 마침내 천하를 얻었는데, 이 일은 성인이 역사서에 상세하게 기록했습니다. 최근의 일은 길상으로 생각되며, 또 직접 보았으니 명백합니다.

그래서 연호를 고쳤다.

보 부인步夫人이 죽자 황후로 추증했다. 처음에 손권은 교사校事[25] 여일呂壹을 신임했는데, 여일은 성격이 가혹하고 법을 매우 엄하게 집행했다. 태자 손등이 이 점을 자주 간언했지만 손권이 받아들이지 않자, 대신들은 이 때문에 감히 말하지 않았다. 나중에 여일의 간사한 죄가 드러나 주살당하게 되니 손권은 자기 잘못을 시인하고 자책하며, 곧 중서랑(中書郞, 황제의 조서 전달을 담당한 관직) 원례袁禮를 시켜 여러 대장에게 사과의 말을 전하도록 하고, 이 기회에 그 무렵 정사에서 고쳐야 할 점을 물었다. 원례가 돌아오자 손권은 또 조서를 내려 제갈근·보즐步騭·주연·여대 등을 꾸짖어 말했다.

원례가 돌아와 보고하기를 자유(子瑜, 제갈근)·자산(子山, 보즐)·의봉(義封, 주연)·정공(定公, 여대)과 서로 만나보고 아울러 당시 정사에서 마땅히 앞뒤로 해야만 하는 일을 물었더니 각자 민사民事를 관장하지 않았으므로 자신들의 의견을 말할 수 없다면서 다 백언(伯言, 육손)과 승명(承明, 반준)에게 미루었다고 했다. 백언과 승명은 원례를 만나자 눈

정식 명칭은 중서전교랑中書典校郞이다. 관부의 문서를 책임지고 심사하며 때로는 신하를 감찰하기도 한다. 전교典校라고도 한다. 예: 노홍盧洪·조달趙達

물을 줄줄 흘리며 슬퍼하고 말하는 취지가 고통스러웠으며, 속으로는 위기와 두려움을 지녔고 불안한 마음이었다고 했다.

이 말을 듣고서 실망스럽고 매우 기괴한 일이라고 생각했다. 무엇 때문인가? 무릇 오직 성인만이 지나친 행실이 없을 수 있고 현명한 사람이 스스로 볼 수 있을 뿐이다. 사람의 거동이 어떻게 모두 적중할 수 있겠는가? 내가 여러분의 의견을 함부로 거절하고 경솔하여 스스로 깨닫지 못했기 때문에 여러분이 의심한 것이다. 그렇지 않다면 어째서 이 지경에 이르렀겠는가?

내가 군대를 일으킨 지 50년 동안 부세는 모두 백성에게서 나왔다. 천하는 아직 평정되지 않고 반역하는 자들이 여전히 있으며, 사인과 백성이 수고하고 고통스러워하는 것은 확실히 내가 잘 알고 있는 바이다. 그러나 백성을 수고롭게 하는 것은 일이 어쩔 수 없기 때문이다. 나는 여러분과 함께 일하면서 어릴 적부터 자라 머리가 희끗희끗해졌다. 겉과 속을 여러분이 충분히 알 수 있고 공사公私의 감정을 구분하여 계획하며 서로 충분히 도울 수 있다고 생각한다. 여러분이 의견을 다 말하고 직접적으로 간언하는 것이야말로 내가 여러분에게 바라는 바이다. 내 허물을 보완하는 것을 나도 바란다.

지난날 위衛나라 무공武公은 나이가 많아도 뜻이 매우 커서 보좌할 신하를 간절하게 구했으며, 이따금 혼자 탄식하고 꾸짖었다. 또 평민과 사귈 때에도 인정과 뜻으로 합쳐 친구가 되었고, 곤란한 상황에서도 여전히 마음이 변하지 않았다. 오늘 여러분은 나와 함께 일하면서 비록 군주와 신하는 의로 보존되는 것이지만 오히려 골육지친도 이와 같음을 넘지 못한다고 말할 수 있다. 영예·행복·기쁨·슬픔을 그대들과 함께할 것이다. 충성스러운 자는 감정을 숨기지 않고, 지혜로운 자는 도모함에 남김이 없고, 일의 시비是非에 함께 책임을 지는데, 여러분은 어찌 한가로이 있겠는가! 우리는 같은 배로 물을 건너는 것과 같은데 누구에게 책임을 떠넘기겠는가?

제나라 환공은 제후의 패자였는데 그에게 선행이 있으면 관자管子가 일찍이 찬탄하지 않은 적이 없고, 그에게 허물이 있으면 일찍이 간언하지 않은 적이 없으며, 간언해도 듣지 않으면 끝까지 간언하며 그치지 않았다. 지금 나 자신은 제나라 환공 같은 덕이 없음을 뉘우치지만 여러분은 간언하는 말을 입 밖으로 꺼내지 않고 여전히 의심과 비난을 품고 있다. 이 점에서 말하면 나는 제나라 환공보다 낫지만 여러분은 관자와 비교할 때 어떠한지 아직 모르겠다. 오랫동안 서로 보지 못했으니 이 일에 대해서는 웃어야 할 것이다. 우리가 함께 대업을 세우고 천하를 통일시켜야지 마땅히 또 누가 있겠는가? 모든 일에는 당연히 덜고 더함이 필요하니, 다른 의견을 즐겁게 들어 내 부족한 점을 바로잡고자 한다.

| 적오 2년(239) 봄 3월 | 손권은 사자 양도羊衜와 정주鄭冑, 장군 손이孫怡를 요동으로 보내서 위나라 수장 장지張持, 고려高慮 등을 치게 하여 남녀를 포로로 잡았다. 영릉에서 감로가 내렸다고 보고했다.

| 여름 5월 | 사선에 성벽을 세웠다.

| 겨울 10월 | 장군 장비蔣秘가 남쪽으로 이민족을 토벌했다. 장비가 이끌던 도독 요식廖式이 임하 태수臨賀太守 엄강嚴綱 등을 죽이고 자칭 평남장군平南將軍[26]이라고 하며 동생 요잠廖潛과 함께 영릉·계양

---

26) 정벌을 담당하는 장군으로 동·서·남·북으로 나눈 사평장군四平將軍의 하나이다. 위나라와 오나라에는 있었으나 촉나라에는 없었다.

을 치고, 교주·창오·울림鬱林의 여러 군을 동요시켰는데, 병력이 수만 명이나 되었다. 장군 여대와 당자를 보내서 토벌하게 했는데, 1년여 만에 모두 격파했다.

| 적오 3년(240) 봄 정월 | 손권은 조서를 내렸다.

대체로 군주는 백성이 없으면 나라를 세울 수 없고, 백성은 곡식이 없으면 살 수 없다. 근래에 백성의 납세와 부역이 너무 많았고, 또 해마다 수재와 한재가 있어 한 해의 곡물 수확량이 줄었는데, 관리 가운데 어떤 자는 어질지 못하여 백성의 농번기를 빼앗아 굶주림의 고통에 이르게 하고 있다. 이제부터 독군督軍[27]과 군수는 관리들이 법을 준수하지 않는 행위를 삼가 살피고, 농사와 양잠을 해야 할 때 부역으로 백성을 괴롭히는 자를 적발하여 보고하라.

| 여름 4월 | 대사면을 실시하고, 여러 군과 현에 조서를 내려 성곽을 수리하고 망루를 만들었으며 참호나 굴을 파서 도적에 대비하게 했다.

| 겨울 11월 | 백성에게 기근이 생기자 조서를 내려 창고를 열어 빈궁한 백성을 구제하도록 했다.

| 적오 4년(241) 봄 정월 | 많은 눈이 내려서 평지에도 석 자나 쌓여 날짐승과 들짐승 중 태반이 죽었다.

| 여름 4월 | 위장군 전종을 보내 회남淮南을 공략하게 하고 작파芍陂

---

27) 군사 주둔 지역의 지휘관, 즉 군사장관이다. 예를 들면, 조조는 독군인 호질扈質을 파견하여 반란을 일으킨 백성을 토벌하도록 하기도 했다.

를 무너뜨리고 안성安城의 곡식 창고를 불태우고 그곳 백성을 거둬들였다. 위북장군威北將軍[28] 제갈각이 육안을 쳤다. 전종과 위나라 장수 왕릉이 작파에서 싸웠는데 중랑장 진황秦晃 등 10여 명이 전사했다. 거기장군 주연이 번성을 포위하고, 대장군 제갈근이 사중柤中[29]을 취했다.

|5월| 태자 손등이 죽었다. 이달 위나라 태부 사마의가 번성을 구원했다.

|6월| 군대가 돌아왔다.

|윤달 6월| 대장군 제갈근이 죽었다.

|가을 8월| 육손이 주체에 성을 쌓았다.

|적오 5년(242) 봄 정월| 아들 손화孫和를 세워 태자로 삼고 대사면을 실시했으며, 화흥禾興을 가흥嘉興으로 고쳤다. 모든 관리가 황후를 세우고 네 아들을 왕으로 삼으라고 상주했다. 손권은 다음과 같은 조서를 내렸다.

지금 천하가 아직 평정되지 않아 백성이 수고롭고 고달프며, 더욱이 공로가 있는 사람 중에서 어떤 이는 아직 기록되지 않았고, 굶주리고 추위에 떠는 자는 오히려 구휼되지 못했다. 그런데 땅을 함부로 나누어 자기 자제를 풍요롭게 하고 작위를 높여 자기 비첩을 총애하라

---

28) 오나라에서 설치했으며, 위나라와 전투할 때 참여했다.

29) '柤' 자의 음은 조세租稅의 '租'로 읽히기도 한다. '柤中'은 상황현上黃縣 경계 안에 있으며, 양양에서 150리 떨어져 있다. 위나라 때 이왕夷王 매부 형제 세 사람이 부족 1만여 호를 이끌고 이곳에 주둔했으며, 중려와 의성宜城 서쪽 산의 언鄢과 면沔 두 계곡 사이에 나누어 살았다. 토지가 평탄하고 뽕나무와 마가 자라며 논밭이 기름지고 면수 남쪽의 비옥한 땅이므로 '柤中'이라고 말한 것이다.

고 하니 나는 그다지 받아들이지 못하겠다. 이 건의는 내버려두라.

|3월| 해염현海鹽縣에 황룡이 나타났다고 보고했다.

|여름 4월| 진귀한 물품을 바치는 것을 금지하고 태관(太官, 임금의 음식을 맡은 관리)에게 음식을 줄이라고 했다.

|가을 7월| 장군 섭우聶友와 교위 육개陸凱에게 병사 3만 명을 이끌고 가서 주애朱崖와 담이儋耳를 토벌하도록 했다. 이해에 역병이 크게 유행했고, 담당 관리들은 또 황후를 세우고 자식들을 왕으로 삼으라고 상주했다.

|8월| 아들 손패孫霸를 세워 노왕魯王으로 삼았다.

|적오 6년(243) 봄 정월| 신도군에서는 백호白虎가 나타났다고 보고했다. 제갈각이 육안을 정벌하고, 위나라 장수 사순謝順의 진영을 깨뜨려 그 백성을 거두었다.

|겨울 11월| 승상 고옹이 세상을 떠났다.

|12월| 부남왕扶南王 범전范旃이 사자를 보내 예인과 그곳 특산물을 바치도록 했다. 이해에 사마의가 군대를 이끌고 서현으로 들어갔고, 제갈각은 환皖에서 시상으로 옮겼다.

|적오 7년(244) 봄 정월| 상대장군 육손을 승상으로 삼았다.

|가을| 완릉宛陵에서 가화嘉禾가 자랐다고 보고했다. 이해에 보즐과 주연 등이 각각 상소하여 이렇게 말했다.

촉나라에서 돌아온 사람은 모두 촉은 오와 맺은 약속을 등지고 위와 서로 내통하려고 배를 많이 만들고 성곽을 고치고 있다고 합니다. 또 장완蔣琬은 한중을 지키면서 사마의가 남쪽으로 향한다는 소식을 듣고 위나라의 후방이 텅 비었는데도 병사를 내어 적을 견제하지 않

고, 오히려 한중을 버리고 성도 부근으로 돌아왔습니다. 일이 이미 매우 분명해졌으니 또 의심할 것이 없습니다. 마땅히 방비할 준비를 해야 합니다.

손권은 상황을 추측해보고는 그렇지 않다며 말했다.

우리는 촉을 두텁게 대우하고 공식적으로 사자를 보내 굳게 약속했으며, 촉에 불성실하게 대한 적이 없는데 어떻게 이 지경에 이를 수 있겠소? 또 사마의는 전에 서현으로 들어왔다가 열흘이 지나자 곧 물러났소. 촉은 만 리 먼 곳에 있는데 어떻게 형세가 느린지 급한지를 알고 곧바로 병사를 내겠소? 지난날 위나라가 한천漢川으로 들어오려 했을 때도, 우리는 여기에서 삼엄하게 경계하며 또 움직이지 않고 있었는데, 마침 위나라 군대가 돌아갔다는 소식을 들어 출병을 멈추었소. 촉나라가 설마 또 이(출병을 멈춘 것) 때문에 우리를 의심할 수 있겠소? 또 사람이 자기 나라를 다스리면서 배나 성곽을 무엇 때문에 고쳐 보호하지 않겠소? 지금 우리가 여기서 군대를 훈련시키는 것이 또 어찌 촉을 방어하려는 것이겠소? 사람들의 말은 매우 믿을 만하지 못하오. 짐은 여러분을 위해 집을 허물어서 보증하겠소.

촉나라는 결국 스스로 꾀하는 바가 없었으니, 손권이 헤아린 바와 같았다.

| 적오 8년(245) 봄 2월 | 승상 육손이 세상을 떠났다.

| 여름 | 우레가 궁궐 문의 기둥에 떨어졌으며, 또 남진南津 대교의 기둥을 쳤다. 다릉현茶陵縣에 홍수가 나서 범람하여 주민들의 가옥 2백여 채가 유실되었다.

|**가을 7월**| 장군 마무馬茂 등이 모반을 꾀했으므로 그들의 삼족을 멸했다.

|**8월**| 대사면을 시행했다. 교위 진훈陳勳을 보내 둔전 사병과 장인 3만 명을 데리고 구용句容 중도에 운하를 파서 소기小其에서 운양 서쪽 성까지를 연결하여 상인들의 교역 장소를 만들고 식품 창고도 만들도록 했다.

|**적오 9년(246) 봄 2월**| 거기장군 주연이 위나라의 사중을 정벌하여 1천여 명의 머리를 베거나 포로로 잡았다.

|**여름 4월**| 무창에서 감로가 내렸다고 보고했다.

|**가을 9월**| 표기장군 보즐이 승상으로, 거기장군 주연이 좌대사마左大司馬로, 위장군 전종이 우대사마右大司馬로, 진남장군鎭南將軍 여대가 상대장군으로, 위북장군 제갈각이 대장군으로 임명되었다.

100

|**적오 10년(247) 봄 정월**| 우대사마 전종이 세상을 떠났다.

|**2월**| 손권은 남궁南宮으로 갔다.

|**3월**| 태초궁太初宮을 개축했는데, 여러 장수와 주군州郡이 모두 노동에 힘썼다.

|**여름 5월**| 승상 보즐이 세상을 떠났다.

|**겨울 10월**| 사형수들을 대거 사면했다.

|**적오 11년(248) 봄 정월**| 주연이 강릉에 성벽을 쌓았다.

|**2월**| 여러 차례 지진이 일어났다.

|**3월**| 태초궁이 완성되었다.

|**여름 4월**| 우박이 내렸고, 운양에서 황룡이 나타났다고 보고했다.

|**5월**| 파양에 백호가 나타났지만 사람을 해치지 않는다고 보고했다. 손권이 조서를 내렸다.

고대에 성왕은 선행을 쌓고 몸을 닦고 도를 행하여 천하를 손에 넣었다. 그래서 길상의 징조가 내려 인사人事와 상응했으니, 이는 성왕의 덕행을 나타내는 것이다. 짐은 현명하지 못한데 어떻게 이 경지에 이르렀는가? 《상서》에 "비록 다른 사람에게 칭송되더라도 미덕이 있다고 자만하지 마라."라고 말했다. 공경 대신들은 힘껏 맡은 일을 다 하고 짐의 부족한 점을 바로잡아주기 바란다.

| 적오 12년(249) 봄 3월 | 좌대사마 주연이 죽었다.

| 4월 | 까마귀 두 마리가 까치를 물어 동관東館에 떨어뜨렸다. 9일에 표기장군 주거朱據가 승상을 대행하고 까치를 태워서 제사를 지냈다.

| 적오 13년(250) 여름 5월 | 하짓날에 화성이 남두南斗 별자리로 들어갔다.

| 가을 7월 | 화성이 또 북두성 두 번째 별을 지나 동쪽으로 운행했다.

| 8월 | 단양과 구용, 고장故鄣과 영국寧國 지역의 여러 산이 무너졌고, 홍수가 나서 범람했다. 조서를 내려 조세를 면제하고 종자와 식량을 빌려주었다. 태자 손화를 폐위시켜 고장에서 지내게 하고, 노왕 손패에게는 자살을 명했다.

| 겨울 10월 | 위나라 장수 문흠文欽이 거짓으로 모반하여 주이朱異를 유인했다. 손권은 여거呂據에게 주이가 있는 곳으로 가서 문흠을 맞아들이도록 했다. 주이 등이 신중하게 행동함으로써 문흠은 감히 나아가지 못했다.

| 11월 | 아들 손량孫亮을 태자로 세웠다. 군사 10만 명을 보내 당읍현堂邑縣에 도당涂塘을 만들어 북쪽 통로를 막았다.

|12월| 위나라 대장군 왕창王昶이 남군을 포위하고 형주 자사 왕기王基가 서릉을 쳤으므로, 손권은 장군 대열戴烈과 육개에게 가서 막도록 했다. 왕창과 왕기는 모두 군대를 이끌고 돌아갔다. 이해에 신인神人이 편지를 주어 연호를 바꾸고 황후를 세우라고 말했다.

|태원太元 원년(251) 여름 5월| 황후 반씨潘氏를 세웠으며, 대사면을 실시하고 연호를 바꾸었다. 처음에 임해군臨海郡 나양현羅陽縣에 신이 있었는데, 자칭 왕표王表라고 했다. 그 신은 민간에서 활동하여 말과 음식이 보통 사람들과 다르지 않았지만 그 형체를 나타내지는 않았다. 또 그에게는 시녀가 한 명 있었는데 이름이 방적紡績이었다. 이달 중서랑 이숭李崇을 보내서 보국장군輔國將軍 나양왕羅陽王의 인수를 받들어 왕표를 맞이하도록 했다. 왕표는 이숭을 따라 함께 나왔다. 왕표는 이숭 및 지나게 된 군수나 현령과 담론했는데 이숭 등은 그의 의견에 반박하지 못했다. 산천을 지나면서 이따금 시녀를 보내 신들에게 보고하도록 했다.

|가을 7월| 이숭은 왕표와 함께 이르렀다. 손권은 왕표를 위해 창룡문蒼龍門 밖에 진을 만들어놓고 측근의 사신을 보내 술과 음식을 여러 차례 갖고 가도록 했다. 왕표는 홍수나 가뭄 같은 작은 일을 예언했는데 가끔 증험이 있었다.

|가을 8월| 초하루에 태풍이 불어 강과 바다가 흘러넘쳐서 평지에 찬 물 깊이가 여덟 자나 되었고, 오군 고릉高陵의 소나무와 잣나무가 뽑혔으며, 군의 남쪽 성문이 날려 떨어졌다.

|겨울 11월| 대사면을 실시했다. 손권은 남쪽 교외에서 제사를 지내고 돌아와 질병으로 누워 있었다.

|12월| 역마로 대장군 제갈각을 불러 태자태부太子太傅로 제수했다. 조서를 내려 부역을 덜어주고 부세를 줄여 백성의 고통과 걱정

거리를 없애주었다.

| 태원 2년(252) 봄 정월 | 전 태자 손화를 남양왕南陽王으로 삼아 장사에 머물도록 했다. 아들 손분孫奮을 제왕齊王으로 삼아 무창에서 살게 했다. 아들 손휴孫休를 낭야왕琅邪王으로 삼아 호림虎林에서 살도록 했다.

| 2월 | 대사면을 실시했으며, 연호를 신봉神鳳으로 고쳤다. 황후 반씨가 세상을 떠났다. 여러 장수와 관리가 자주 왕표를 찾아가 복을 구하자 왕표는 달아나고 말았다.

| 여름 4월 | 손권이 세상을 떠났는데, 그때 일흔한 살이었고 시호를 대황제大皇帝라고 했다.

| 가을 7월 | 장릉蔣陵에 안장했다.

【평하여 말한다】

손권은 몸을 굽혀 치욕을 참으면서 재능 있는 자를 임용하고, 지혜로운 자를 받들었으며, 구천句踐과 같은 비범한 재능이 있었으니, 영웅 중에서 매우 뛰어난 인물이었다.[30] 그러기에 그는 혼자 강남땅을 차지하여 삼국정립의 세력을 이룰 수 있었다. 하지만 의심이 많고 사람을 죽이는 데 주저함이 없었으며, 만년에 이르러서는 더욱 심했다.[31] 그는 참언을 듣고 믿어 인성을 멸하는 일을 하여 아들과 손자까지 버리고 죽였다. 어찌 자손들에게 평안한 책략을 남기고, 신중하게 자손의 안전을 계획한 자라고 말하겠는가? 그 후대가 쇠미하여 결국 나라가 멸망하게 되었는데, 틀림없이 이러한 원인에서 나오지 않은 것이 없다.

---

30) 기본적으로 진수陳壽의 총평은 상당히 객관적이다. 열아홉 살에 아버지와 형을 계승한 그는 노련한 정치가요 뛰어난 외교 전략가로서 내정·외교·군사·경제 등의 방면에 있어서 탁월한 업적을 세웠다. 그것을 다음과 같이 분석해볼 수 있다. 첫째, 손권은 천시·지리·인화 면에서 열세였으므로 촉나라를 무너뜨린다거나 위나라와 함께한다는 것은 생각하기도 어려웠다. 그러나 그는 이 세 가지를 융합했으니, 그중에서 특히 인화에 초점을 두었다. 둘째, 오나라의 명장들, 특히 개국공신들은 대략 40명이었는데, 손권이 태어나기도 전에 이미 세상을 떠났고, 주유·노숙·여몽 등 세 명의 대장들은 문무를 겸비했으나, 그들 역시 오나라가 수립되면서 세상을 떠났다. 손권이 제위에 오르기 전에 겨우 정보·황개黃蓋·한당·장흠蔣欽·주태·진무陳武·동습·감녕·능통·서성·반장·정봉丁奉 등의 호장이 있었으나, 이 가운데 세 명만 남고 나머지는 손권이 제위에 오르기 전에 세상을 떠났다. 형 손책의 갑작스런 요절은 손씨 집단의 와해를 뜻하는 것이었다. 게다가 손권을 둘러싼 모신들의 죽음은 그가 천하를 재패하는 데는 역부족이 되는 하나의 원인이었다. 위나라는 땅이 넓고 인재가 많고, 오나라는 땅도 협소하고 현명한 재주를 가진 자들은 이미 세상을 떠났으니, 이런 가운데서 손권의 영향은 단연 뛰어나야만 했다. 셋째, 형주 쟁탈이 오나라에 이로움을 가져다주었으나, 동맹을 약화시켜 위나라의 세력을 강화했으니, 전략적인 측면에서 본다면 실책이었다. 그 당시 위나라가 천하의 3분의 2를 차지하고 있었으니 오나라와 촉나라가 협력해서 싸운다 해도 역부족이었다.

31) 손권은 제위를 칭하면서 만년에 혼미한 제왕이 되었다. 그는 229년 마흔여덟 살의 나이로 제위에 올랐다. 이때부터 오나라 정권은 쇠퇴의 길로 향했으니, 그는 도읍을 무창으로 옮기는 등 변화를 모색하는 듯했으나, 강남이라는 지리적 여건에 얽매여 보신에 급급했다. 그는 간언하려는 자의 말도 듣지 않고 심지어 요동의 공손연을 연왕으로 봉하여 요동에 사자를 파견하는 등의 이해하지 못할 행동을 했다. 만년에 그는 더욱더 포악해졌다.

3

삼사주전三嗣主傳

왕위를 계승한 자들

권신들에게 휘둘리다가 폐출되어 자살하다

손량전孫亮傳

손량은 자가 자명子明이고 손권의 막내아들이다.[1] 손량이 가장 어리므로 손권은 각별히 그에게 마음을 쏟았다. 손량의 누이 전 공주(全公主, 손권의 딸로 주유의 아들에게 시집갔다가 다시 전종에게 시집가 전 공주란 말이 생겼음)는 일찍이 태자 손화와 그 어머니를 모함했으므로 마음이 불안했다. 그래서 손권의 마음이 손량에게 기운 데 기대어 손량과 각별한 관계를 맺으려고 마음먹고는 전상(全尙, 전종의 조카)의 딸을 자주 칭찬하며 손량을 위해 그녀를 맞아들이도록 권했다.

| 적오 13년(250) | 손화가 폐위되자 손권은 마침내 손량을 태자로 세우고, 전씨를 태자비로 삼았다.

| 태원太元 원년(251) 여름 | 손량의 어머니 반씨가 황후로 세워졌다. 겨울에 손권이 질병으로 누워 있게 되자 대장군 제갈각을 불러 태자태부로 삼고, 회계 태수 등윤滕胤을 태상으로 삼았다. 아울러 두 사람 모두 조서를 받아 태자를 보좌했다.

| 태원 2년(252) 4월 | 손권이 세상을 떠나자, 태자가 황제 자리에 올

---

1) 손권에게는 아들이 일곱 명 있었는데 위부터 손등·손려·손화·손패·손분·손휴·손량 순이다.

라 대사면을 실시하고 연호를 바꾸었다. 이해는 위나라로 말하면 가평嘉平 4년이다.

| 건흥建興 원년(252) 윤달 | 제갈각을 황제의 태부로 삼고, 등윤을 위장군으로 삼아 상서의 일을 겸하도록 했으며, 상대장군 여대를 대사마로 삼고, 관직에 있는 문무백관 모두의 작위를 높이고 상을 주었으며, 보통 관리들도 등급을 올려주었다.

| 겨울 10월 | 태부 제갈각은 군대를 이끌고 가서 소호巢湖를 방어했다. 동흥東興에 성을 쌓고 장수 전단全端에게는 서쪽 성을 지키게 하고, 도위 유략留略에게는 동쪽 성을 지키도록 했다.

| 12월 | 초하루에 태풍이 몰아치고 지진이 일어났다. 위나라는 장군 제갈탄諸葛誕과 호준胡遵 등 보병과 기병 7만 명으로 하여금 동흥을 포위하도록 했고, 장군 왕창에게는 남군을 공격하도록 했으며, 관구검毌丘儉에게는 무창으로 향하도록 했다. 19일에 제갈각이 대군을 이끌고 나아가 적군을 맞았다. 23일에 대군은 동흥까지 이르러 위나라 군대와 싸워 크게 깨뜨리고 장군 한종과 환가桓嘉 등을 죽였다. 이달 뇌우가 계속되었고, 무창의 단문(端門, 궁궐 남쪽 정문)에 [뇌우로 인해] 자연적인 화재가 발생했다. 단문을 다시 수축했는데 또 내전에 불이 났다.

| 건흥 2년(253) 봄 정월 초하루 | 전씨를 황후로 세우고 대사면을 실시했다. 5일에 왕창 등이 모두 물러났다.

| 2월 | 군대가 동흥에서 돌아오자 작위와 상을 성대하게 주었다.

| 3월 | 제갈각이 군대를 이끌고 위나라를 정벌하러 갔다.

| 여름 4월 | 신성을 포위했는데, 역병이 크게 번져 병졸 대다수가 죽었다.

| 가을 8월 | 제갈각은 군대를 이끌고 돌아왔다.

|겨울 10월| 조정에서 종묘에 제사를 지냈다. 무위장군武衛將軍 손준孫峻이 복병을 두어 전당에서 제갈각을 죽였다. 대사면을 실시했다. 손준을 승상으로 삼고 부춘후富春侯로 봉했다.

|11월| 큰 새 다섯 마리가 춘신春申에 나타났으므로 다음 해부터 연호를 바꾸기로 했다.

|오봉五鳳 원년(254) 여름| 오나라에 큰 홍수가 일어났다.

|가을| 오후吳侯 손영孫英이 손준을 암살하려는 모의를 했다가 일이 발각되자 자살했다.

|겨울 11월| 두수斗宿와 우수牛宿 사이에 혜성이 나타났다.[2]

|오봉 2년(255) 봄 정월| 위나라의 진동대장군鎭東大將軍 관구검과 전장군前將軍 문흠이 회남의 군대를 이끌고 서쪽으로 쳐들어와 낙가樂嘉에서 오나라 군대와 싸웠다.

|윤달 정월| 9일에 손준은 표기장군 여거, 좌장군 유찬留贊과 군대를 이끌고 수춘을 습격하려고 했다. 군대가 동흥에 이르렀을 때 문흠 등이 졌다는 소식을 듣게 되었다. 19일에 군대가 탁고橐皐까지 진군하자 문흠이 손준에게 투항해오고, 회남의 남은 세력 수만 명도 오나라로 달려왔다. 위나라의 제갈탄이 수춘으로 들어오자 손준은 군대를 이끌고 돌아갔다.

|2월| 위나라 장군 조진과 고정高亭에서 마주쳐 싸웠는데 조진이 크게 졌다. 유찬은 제갈탄의 다른 장수 장반蔣班에게 고파菰陂에서 패했다. 유찬과 장군 손릉孫楞, 장수 蔣脩 등이 모두 해를 입었다.

|3월| 진남장군 주이에게 안풍安豐을 습격하도록 했지만 이기지

---

2) 이해에 교지交阯에서 패초(稗草, 피)가 벼로 변했다.

못했다.

| **가을 7월** | 장군 손의孫儀·장이張怡·임순林恂 등이 손준을 죽이려고 모의했지만 발각되고 말았다. 손의는 자살했고, 임순 등은 사형을 당했다. 양선의 이리산離里山에 커다란 돌이 우뚝 서 있었다. 위위 풍조馮朝에게 광릉에 성을 짓도록 하고, 장군 오양吳穰을 광릉 태수廣陵太守로 삼았으며, 유략을 동해 태수東海太守로 삼았다. 이해에 큰 가뭄이 들었다.

| **12월** | 태묘太廟를 만들었다. 풍조를 감군사자監軍使者[3] 및 독서주제군사督徐州諸軍事로 임명했다. 백성은 굶주리고 군사들은 원망하며 반란을 일으켰다.

| **태평太平 원년(256) 봄 2월 초하루** | 건업에 불이 났다. 손준은 정북대장군(征北大將軍, 북방 정벌을 담당한 관직) 문흠의 계책을 이용해 위나라를 정벌하려고 했다.

| **8월** | 먼저 문흠과 표기장군 여거, 거기장군 유찬劉纂, 진남장군 주이, 전장군 당자의 군대를 보내 강도에서 회수와 사수로 들어가도록 했다.

| **9월** | 14일에 손준이 세상을 떠났다. 사촌 동생이며 편장군偏將軍인 손침孫綝이 시중 및 무위장군으로 임명되어 조정 안팎의 모든 군사 일을 겸했고, 여거 등을 돌아오도록 했다. 여거는 손침이 손준을 대행한다는 소식을 듣고 매우 화를 냈다.

16일에 대사마 여대가 죽었다. 19일에 태백(太白, 금성)이 남두를

---

3) 황제의 명을 받아 군대를 감독한다. 촉나라의 경우 익주의 군대를 감독하는 관직이다. 예: 유언劉焉·유장劉璋·종리목鍾離牧

침범했다. 여거와 문흠, 당자 등은 표를 올려 위장군 등윤을 승상으로 임명하도록 했지만 손침은 듣지 않았다.

30일에 등윤을 대사마로 바꿔 임명하고 여대 대신 무창에 주둔하도록 했다. 여거는 군대를 이끌고 돌아와 손침을 토벌하려고 했다. 손침은 사자를 보내 조서로 문흠, 당자 등에게 알려 여거를 체포하게 했다.

| **겨울 10월** | 4일에 손헌孫憲과 정봉, 시관施寬 등을 보내서 수군을 이끌고 강도에서 여거를 맞아 공격하도록 했으며, 장군 유승劉丞을 보내 보병과 기병을 이끌고 등윤을 치게 했다. 등윤의 군대는 패하고 그 일족은 살해되었다. 6일에 대사면을 실시하고 연호를 바꾸었다. 8일에 여거를 신주新州에서 체포했다.

| **11월** | 손침을 대장군으로 삼고 가절을 주고 영녕후永寧侯로 봉했다. 손헌은 장군 왕돈과 함께 손침을 죽이려고 모의했지만 발각되었다. 손침은 왕돈을 죽이고 손헌은 자살하도록 했다.

| **12월** | 오관중랑장五官中郎將 조현刁玄을 사자로 하여 오나라에 반란이 일어났음을 촉에게 알리도록 했다.

| **태평 2년(257) 봄 2월 13일** | 폭우가 쏟아지고 우레가 쳤다. 14일에는 눈이 내리고 매우 추웠다. 장사군 동쪽을 상동군湘東郡, 서쪽을 형양군衡陽郡, 회계 동쪽을 임해군, 예장 동쪽을 임천군臨川郡이라고 했다.

| **여름 4월** | 손량은 정전正殿에 임하여 대사면을 실시하고 처음으로 정사를 직접 다스렸다. 손침이 표를 올리거나 상주한 것은 대부분 손량의 반대나 반론을 받았다. 또 병사들의 자제들 가운데서 열다섯 살 이상 열여덟 살 이하에서 선발하여 3천여 명을 얻었으며, 대장들의 자제 중에서 나이가 어리고 용기와 힘이 있는 자를 뽑아

장수로 삼았다. 손량이 말했다.

"내가 이 군대를 창설한 까닭은 그들과 함께 오랫동안 있으려는 것이오."

이 군대는 매일 어원御苑 안에서 훈련을 했다.[4]

| 5월 | 위나라 정동대장군征東大將軍 제갈탄이 회남의 군대를 이끌고 가서 수춘성壽春城을 지키며, 장군 주성朱成을 보내 신하라고 일컬으며 상소하고, 또 아들 제갈정諸葛靚과 장사長史 오강吳綱 등 많은 군문의 자제들을 인질로 보냈다.

| 6월 | 문흠과 당자, 전단 등 보병과 기병 3만 명으로 제갈탄을 구하도록 했다. 주이는 호림에서 병력을 거느리고 하구를 습격했다. 하구의 독督 손일孫壹은 위나라로 달아났다.

| 가을 7월 | 손침은 병사들을 이끌고 수춘을 구하려고 확리鑊里에 주둔했고, 주이는 하구에 이르렀다. 손침은 주이를 전부독前部督[5]으로 삼고, 정봉 등과 함께 무장한 병사 5만 명을 이끌고 가서 포위를

4) 손량은 자주 궁궐 안의 문서를 꺼내 손권의 옛 사적을 조사하고는 주위에 있는 신하들에게 "선제先帝께서는 자주 자신을 돌이켜보도록 명령을 내리셨소. 지금 대장군이 일을 물었고, 나는 쓸 수 있을 뿐이오!"라고 했다. 손량은 나중에 서원西苑으로 나가 막 매실을 먹으려고 하면서 황문(黃門, 환관)에게 궁궐 창고에서 꿀을 가져오도록 하여 매실을 꿀에 찍어 먹으려고 했다. 그런데 꿀 속에 쥐똥이 들어 있었다. 창고 관리를 불러 문책하자 창고 관리는 머리를 조아렸다. 손량은 창고 관리에게 "황문이 꿀을 꺼냈지?"라고 물었다. 창고 관리는 "전에 제가 꺼내려고 했지만 실은 감히 하지 않았습니다."라고 말했다. 하지만 황문은 시인하지 않았다. 시중 조현과 장빈張邠이 "황문과 창고 관리의 말이 다릅니다. 재판관에게 사실을 규명하도록 하십시오."라고 계를 올렸다. 손량은 "이것은 간단히 알 수 있소."라고 말했다. 쥐똥을 가르도록 했는데 그 안은 말라 있었다. 손량은 크게 웃으며 조현과 장빈에게 말했다. "만일 쥐똥이 먼저 꿀 속에 들어 있었다면 겉과 속이 모두 축축했을 것이오. 지금 겉은 축축한데 속은 말랐으니 분명히 황문이 한 짓이오." 황문은 자기 죄를 시인했고, 주위 사람은 모두 놀랐다.

5) 전부前部 각 군의 지휘관으로서 군사를 출동시켜 적의 앞 진영을 공격한다.

풀도록 했다.

|8월| 회계 남쪽에서 반란을 일으켜 도위를 죽였다. 파양과 신도의 백성도 반란을 일으켰다. 정위廷尉 정밀丁密, 보병교위步兵校尉 정주, 장군 종리목鍾離牧이 군대를 이끌고 가서 그들을 토벌했다. 주이는 군사들의 식량이 부족하므로 이끌고 돌아왔는데, 손침은 매우 화를 내며 9월 초하루에 확리에서 그를 죽였다. 3일에 손침은 확리에서 건업으로 돌아왔고, 16일에 대사면을 실시했다.

|11월| 전서全緒의 아들 전의全禕와 전의全儀는 어머니를 모시고 위나라로 달아났다.

|12월| 전단과 전역全懌 등이 수춘성에서 사마소에게 달려왔다.

|태평 3년(258) 봄 정월| 제갈탄이 문흠을 죽였다.

|3월| 사마소가 수춘을 빼앗으니 제갈탄은 그의 측근과 함께 전사하고, 장수나 군리軍吏 이하는 모두 항복했다.

|가을 7월| 제나라의 원래 왕 손분孫奮을 장안후章安侯로 봉했다. 주와 군에 조서를 내려 궁전 건축용 목재를 벌채하도록 했다. 8월부터 하늘이 어두우면서도 비가 내리지 않은 지 40여 일이나 되었다. 손량은 손침의 전횡과 방자함을 보고 태상 전상, 장군 유승과 함께 손침을 주살하려고 모의했다.

|9월| 26일에 손침은 병사를 이용하여 전상을 체포하고, 동생 손은孫恩을 보내 창룡문蒼龍門 밖에서 유승을 쳐 죽이도록 했다. 또한 대신들을 궁문으로 불러 모이게 하고, 손량을 폐출시켜 회계왕會稽王으로 삼았는데, 그때 나이가 열여섯 살이었다.

가신에 의지하다 새 정치에 실패하다

손휴전孫休傳

손휴는 자가 자열子烈이고 손권의 여섯째 아들이다. 열세 살 때 중서랑 사자射慈, 낭중 성충盛沖에게 학문을 전수받았다.

| 태원 2년(252) 정월 | 낭야왕으로 봉해졌으며 호림에서 살았다.

| 4월 | 손권이 세상을 떠나자 손휴의 동생 손량이 제위를 잇고, 제갈각이 정권을 장악했다. 여러 왕이 장강 가의 군사 요충지에 있으려 했으므로 손휴도 단양군丹楊郡으로 옮겼다. 태수 이형李衡이 이 일로 인해 손휴를 범한 적이 여러 차례 있었다. 손휴는 편지를 올려 그를 다른 군으로 옮기게 할 것을 갈구했다. 손량은 조서를 내려 손휴를 회계로 옮기도록 했다. 몇 년이 지난 뒤, 그는 용을 타고 하늘로 오르는데 돌아보아도 용의 꼬리가 보이지 않는 꿈을 꾸었다. 꿈에서 깨어났는데도 매우 기이하게 여겨졌다. 손량이 폐출된 뒤, 27일에 손침은 종정宗正 손해孫楷에게 중서랑 동조董朝와 함께 손휴를 맞이하도록 했다. 손휴는 이 소식을 처음 들었을 때 마음속으로 의심했다. 손해와 동조가 손침 등이 그를 받들어 맞이하려는 본뜻을 상세하게 서술했기 때문에 하루 낮 이틀 밤을 머무른 다음에 출발했다.

| 10월 | 17일에 행차하여 곡아현에 이르렀을 때, 한 노인이 손휴에게 만나기를 청하고 머리를 조아리며 이렇게 말했다.

"일이 오래되면 사변이 일어날 것이고, 천하 사람은 모두 폐하께 의지할 것입니다. 원하건대 폐하께서는 재빠르게 행동하십시오."

손휴는 그의 말을 옳다고 여겨 이날 포새정布塞亭으로 나아갔다. 무위장군 손은이 승상의 일을 대행하여 백관을 거느리고 [의전용 수레인] 승여乘輿와 법가法駕를 이용해 영창정永昌亭에서 맞이했고, 궁궐을 짓고 군대 휘장으로 편전便殿을 만들었으며, 어좌御座를 두었다. 18일에 손휴가 이르렀다. 그는 멀리서 편전을 바라보다가 발길을 멈추고 손해에게 먼저 손은을 만나보도록 했다. 손해가 돌아오자, 손휴는 수레를 타고 앞으로 나아갔다. 신하들은 두 번 절하고 신臣이라고 칭했다. 손휴는 편전으로 들어가서 사양하며 어좌에 오르지 않고 동쪽 회랑에 서 있었다. 호조상서戶曹尚書가 앞 편전의 계단 아래로 가서 예절에 따를 것을 주상하고, 승상이 옥새와 부명符命을 바쳤다. 손휴는 세 번 사양하고, 신하들은 세 번 청했다. 손휴가 말했다.

"장군과 승상과 제후가 모두 과인을 추천했는데, 과인이 감히 옥새와 부명을 이어받지 않겠소?"

신하들은 지위에 따라 순서대로 행렬의 앞에 서고, 손휴는 수레를 타고, 백관이 그 곁에서 나아갔다. 손침은 병사 1천 명을 이끌고 수도의 교외에까지 나가 손휴를 맞이하고 길가에서 배례했다. 손휴도 수레에서 내려 답례했다. 이날 정전正殿으로 들어가 대사면을 실시하고 연호를 고쳤다. 이해는 위나라 감로甘露 3년에 해당한다.

| **영안永安 원년(258) 겨울 10월 21일** | 다음과 같은 조서를 내렸다.

덕이 있는 자를 기리고 공이 있는 자에게 상 주는 것은 예나 지금이나 보편적인 이치이다. 그러므로 대장군 손침을 승상 및 형주목으

로 삼고 식읍 5현을 더한다. 무위장군 손은은 어사대부御史大夫·위장군·중군독中軍督으로 삼고 현후縣侯로 봉한다. 위원장군威遠將軍 손거孫據는 우장군右將軍 및 현후로 삼는다. 편장군 손간孫幹은 잡호장군[6] 및 정후亭侯로 삼는다. 장수교위長水校尉 장포張布는 군왕을 도와 열심히 수고했으므로 보의장군保義將軍으로 삼고 영강후永康侯로 봉한다. 동조는 직접 맞이했으므로 향후鄉侯로 봉한다.

또 다음과 같은 조서를 내렸다.

단양 태수 이형은 지난 일의 죄로 자진하여 담당 관리에게 구속되어 있었다.[7] 이것은 관중管仲이 제나라 환공의 띠쇠를 명중시키고, 모시는 사람이 중이重耳의 옷깃을 벤 것과 같은 것으로 군주에게 있으면서 그 군주를 위하는 것이다. 이형을 단양군으로 돌려보내 의심이 생기지 않도록 하라.

28일에 손호를 오정후로 봉하고, 손하의 동생 손덕孫德은 전당후錢唐侯로, 손겸孫謙은 영안후永安侯로 봉했다.

| 11월 | 3일에 바람이 사방에서 일어나고 짙은 안개가 연일 계속되었다. 손침 일가에서 나온 제후 다섯 명은 각각 금병(禁兵, 근위병)을 지휘했고, 권력이 군주를 기울게 할 정도였다. 그들이 진술하는 것이 있으면 모두 공경하며 어기지 않으므로 더욱 방자해져갔다.

---

6) 고정된 명칭의 장군 이름 이외에 양무장군揚武將軍이나 분위장군奮威將軍과 같이 명칭이 불안정한 중급 장군을 일컫는데 전쟁이 끝나면 없겠다.

손휴는 그들이 변고를 일으킬까 걱정되어 수차례 상을 주었다. 5일에 손휴가 조서를 내렸다.

대장군(손침)의 충성심은 마음속에서 우러나온 것으로 먼저 원대한 계획을 세워 사직을 안정시켰고, 조정 안팎의 대신이 모두 그의 건의를 칭찬하고 있으며, 모두 공훈이 있다. 옛날 곽광霍光이 큰 계책을 정하고 백관이 마음을 같이했지만 지금 같은 상황을 넘는 것은 아니었다. 전날 대장군과 더불어 계책을 정하고 종묘에 고할 것을 논의한 사람들의 이름을 급히 조사하여 관례에 따라 마땅히 작위를 더해주어야

7) 이형은 양양의 병졸 집안에서 태어났으며, 한나라 말기에 오나라로 이주하여 무창 서민이 되었다. 그는 양도에게 인물을 감별하는 능력이 있다는 소문을 듣고 그곳으로 갔다. 양도는 "일이 많은 세상에서 상서尙書에 있으면서 어려운 일을 맡아 낭관郞官이 될 재능을 갖고 있소."라고 말했다. 이 무렵 교사校事 여일이 권력을 잡고 있었고, 대신들은 그 위세가 두려워 감히 말하는 자가 없었다. 양도는 "이형이 아니면 여일을 곤혹스럽게 할 자가 없다."라고 말했다. 그래서 공동으로 이형을 추천하여 낭관으로 삼았다. 손권이 불러 만나자 이형은 여일의 사악한 일과 실책을 수천 마디로 진술했고, 손권은 이에 부끄러운 낯빛을 했다. 수개월 뒤 여일은 주살되고 이형은 크게 발탁되었다. 이형은 나중에 제갈각의 사마가 되어 제갈각 막부의 모든 일을 처리했다. 제갈각이 주살되자 이형은 직접 구하여 단양 태수가 되었다. 그때 손휴는 단양군의 관소에 있었는데, 이형은 법에 따라 손휴의 잘못을 규명하는 일이 잦았다. 그 아내 습씨習氏가 늘 이형에게 간언했지만 듣지 않았다. 손휴가 제위에 오르자 이형은 속으로 두려웠다. 그는 아내에게 "당신 말을 듣지 않아 결국 이 지경에 이르렀소."라고 말하며 위나라로 달아나려고 했다. 그때 아내가 말했다. "안 됩니다. 당신은 본래 서민일 뿐입니다. 선제께서 과분하게 중시하여 발탁한 것입니다. 자주 무례하게 굴고 스스로 의심하여 달아나 살려고 하여도, 이와 같이 하여 북쪽으로 돌아가면 무슨 얼굴로 중국 사람들을 보겠습니까?" 이형이 "어떤 방법이 있겠소?"라고 묻자, 아내는 다음과 같이 말했다. "낭야왕(손휴)은 본래 선을 좋아하고 이름 있는 인물을 흠모하며, 지금은 천하에 자신을 좋게 드러내고 싶어 하므로 결국 사사로운 한으로 당신을 죽이지는 않을 것입니다. 스스로 죄인이 되어 옥으로 가서 지난 잘못을 밝히고 죗값을 받기를 분명히 청하십시오. 이와 같이 한다면 두터운 대우를 받지는 못해도 살 수는 있습니다." 이형이 아내 말대로 했더니 정말 벌을 받지 않고 위원장군으로 임명되어 계극(棨戟, 적흑색 비단으로 싼 나무창으로, 군주 앞에서 달려가는 자가 가짐)의 사용을 허락받았다.

하는 자에게는 빨리 시행하도록 하라.

7일에 또 조서를 내렸다.

대장군은 중앙과 지방의 군사에 관한 모든 일을 관장하므로 그 직책이 번다하다. 위장군, 어사대부 손은을 시중으로 삼아 대장군과 함께 모든 일을 분담하여 처리하도록 하라.

21일에 다음과 같은 조서를 내렸다.

모든 하급 관리의 집에는 다섯 명 중에서 세 명이 한꺼번에 관리가 되어 아버지와 형이 수도에 있고, 자식과 동생은 군이나 현의 관리로 있다. 이러한 집은 이미 부세를 내었는데 군대가 출정할 때 참가하게 되면 집안일을 돌볼 사람이 없어진다. 짐은 이 점이 매우 안타깝다. 다섯 명 중에서 세 명이 공사를 담당하고 있을 때 그 아버지나 형이 남기를 바라면 한 사람은 남도록 하고 부세를 면제하며 군대가 출정할 때도 참가하지 말도록 하라.

또 이렇게 말했다.

관리나 장수 중에서 영창정에서 맞이하여 모신 자에게는 모두 직위를 한 등급씩 올려주도록 하라.

오래지 않아, 손휴는 손침이 역모했다는 보고를 듣고 은밀히 장포와 일을 도모했다. 12월 8일 납일(臘日, 조상이나 종묘 또는 사직에 제사

지내던 날)에 백관이 입조하여 하례하고 공경들이 당에 올랐을 때 무사에게 조서를 내려 손침을 체포하도록 하고 그날로 사형에 처했다. 9일에 좌장군 장포에게 간신을 토벌하도록 명령하고 그에게 중군독을 더했으며, 그 동생 장돈張惇을 도정후都亭侯로 삼고 병사 3백명을 주고, 장돈의 동생 장순張恂을 교위로 삼았다. 그리고 다음과 같은 조서를 내렸다.

옛날에는 나라를 세우고 나서 가르치고 배우는 것을 으뜸으로 삼았다. 그것은 세상 사람들을 인도하고 성정을 도야하며 시대를 위해 인재를 기르기 위해서였다. 건흥 이래로 그 당시의 일에 변고가 많았기에 관리와 백성은 자못 눈앞의 이익을 목표로 하여 근본을 버리고 끝으로 달려가 옛 도의를 따르지 않았다. 사람들이 숭상하는 바가 돈후하지 못하면 교화를 손상시키고 풍속을 무너뜨린다. 옛 제도를 살펴보면 학교를 세우고 오경박사를 두며 시험을 통해 인재를 선발하여 그들에게 총애와 봉록을 더했다.

현직 관리와 앞으로 관리가 되는 자제 중에서 학문을 좋아하고 뜻있는 자를 가려서 각각 수업을 받도록 하라. 1년 동안 학습한 뒤 시험을 보아 그 등급을 매겨서 작위와 상을 주도록 하라. 그들을 보는 자가 그들의 영예를 좋아하게 하고, 그들을 들은 자가 그들의 명예를 흠모하도록 하라. 이로써 군왕의 교화를 넓히고 풍속을 융성하게 하라.

| 영안 2년(259) 봄 정월 | 지진과 번개가 있었다.
| 3월 | 구경九卿의 관제를 갖추고 다음과 같은 조서를 내렸다.

짐은 부덕하면서 왕공王公의 위에 있기 때문에 밤낮으로 전전긍긍

하며 잠자는 일과 먹는 것을 잊고 있다. 이제 전쟁을 그만두고 문덕文
德을 함양함으로써 위대한 교화를 확충하려 한다. 이 방법을 밀고 나
가려면 마땅히 백성의 넉넉함으로 말미암아야 하니 반드시 농업과 양
잠이 필요하다.《관자管子》에 이런 말이 있다. "창고가 충실해야 예절
을 안다. 입을 것과 먹을 것이 넉넉해야 영화와 치욕을 안다." 한 남자
가 밭을 갈지 않으면 굶주리는 자가 있으며, 한 아낙네가 길쌈을 하지
않으면 추위에 떠는 자가 있게 된다. 굶주림과 추위가 함께 이르렀는
데도 백성이 그릇된 행동을 하지 않는 경우는 일찍이 없었다.

요즘 들어 주나 군의 관리와 백성 및 여러 진영의 병사 대부분은
이 과업을 어기고 모두 배를 타고 장강으로 들어가 상류와 하류 사이
에서 장사를 하고 있다. 좋은 밭이 점점 황폐해지고 창고에 보관한 곡
식은 나날이 줄어드니 천하태평을 구하려 한들 어찌 얻을 수 있겠는
가? 거둬들이는 조세가 지나치게 무거워서 농부의 이익이 적은데 그
대로 둘 수 있겠는가! 이제는 농업을 널리 개척하고 농민들의 부세를
줄이며, 밭의 좋고 나쁨을 구별하여 경작지에서 세금을 매기고, 너그
럽고 공평하게 하도록 힘쓰려고 한다. 관청과 개인이 각기 얻는 바가
있게 될 것이다.

집집마다 수입이 충분하여 식구들에게 주기에 넉넉하다면 몸을 아
끼고 생명을 중시하여 법령을 어기지 않을 테니, 이와 같이 된 다음에
는 형벌을 사용하지 않고도 풍속을 바로잡을 수 있다. 신하들의 충성
심과 현명함에 의지하면서 그때그때 정치에 마음을 다한다면 비록 태
고의 성대한 교화가 갑작스럽게 이루어질 수는 없다 하더라도 한나라
문제(漢文帝, 23년 동안 재위하며 검소하고 중앙집권제를 강화한 인물) 때의 태평
스러움에는 미칠 수 있을 것이다. 만일 태평스러운 경지에 이르면 신
하와 군주는 함께 영화로울 것이나, 이르지 못한다면 국력이 쇠약해

지고 나라는 침범과 치욕을 받게 될 테니 어떻게 세상이 조용하고 여유로울 수 있겠는가? 여러 공경과 상서 들은 함께 자문하고 계획하여 가장 알맞은 방안을 선택하도록 힘써야 할 것이다. 농사짓고 양잠하는 계절이 벌써 왔으니 때를 늦출 수 없다. 일을 결정하여 시행하는 것, 이것이 짐의 뜻에 부합하는 것이다.

| **영안 3년(260) 봄 3월** | 서릉에서 붉은 새가 나타났다고 보고했다. 가을에 도위 엄밀嚴密의 건의를 받아들여 포리당浦里塘을 만들었다. 회계군에서 회계왕 손량이 수도로 돌아가 천자가 되어야 한다는 뜬소문이 있었다. 손량의 궁인宮人이 손량에게 무당을 보내 기도하도록 했는데, 기도하는 말 속에 사악한 말이 들어 있다 하여 고발했다. 담당 관리는 이 내용을 손휴에게 알렸다. 손량은 후관후候官侯로 폐출되어 다른 봉국으로 보내지게 되었다. 가는 도중 손량은 자살했고, 호송을 맡았던 관리는 처형되었다. 회계 남쪽을 건안군建安郡으로 만들고, 의도를 나누어 건평군建平郡을 두었다.

| **영안 4년(261) 여름 5월** | 폭우가 쏟아져 시내와 샘이 불어났다.

| **가을 8월** | 광록대부光祿大夫 주혁周奕과 석위石偉를 보내서 나라를 순시하며 풍속을 살피게 하고, 장수와 관리 들의 청렴함과 혼탁함 및 백성의 질곡을 살피도록 하는 조서를 내렸다.

| **9월** | 포산布山에서 흰 용이 나타났다고 보고했다. 이해에 안오安吳의 백성 진초陳焦가 죽어 땅속에 묻혔는데, 엿새 뒤에 다시 살아나 땅속에서 뚫고 나왔다.

| **영안 5년(262) 봄 2월** | 백호문白虎門의 북쪽 누각이 불에 탔다.

| **가을 7월** | 시신에서 황룡이 나타났다고 보고했다. 8월 13일에 폭우가 쏟아지고 천둥이 쳐 시내와 샘이 불어났다. 16일에 황후 주씨

朱氏를 세웠다. 19일에 아들 손만孫䕅을 태자로 세우고 대사면을 시행했다.

| **겨울 10월** | 위장군 복양흥濮陽興을 승상으로 삼고, 정위 정밀과 광록훈光祿勳 맹종을 좌우 어사대부로 임명했다. 손휴는 승상 복양흥과 좌장군 장포가 지난날 그에게 은혜를 베풀어준 일이 있으므로 그들에게 정무를 맡겼다. 장포는 궁궐의 부서를 주관하고, 복양흥은 군사나 행정에 관한 일을 맡았다. 손휴는 고전 문헌 연구에 뜻을 두고 제자백가의 말을 모두 읽으려고 했다. 그는 특히 꿩 사냥을 좋아하여 봄과 여름 사이에는 으레 새벽에 나갔다가 밤에 돌아오곤 했는데, 오직 이때만 책을 읽지 않았다. 손휴는 박사좨주博士祭酒[8] 위요韋曜, 박사 성충과 더불어 도덕과 육예六藝를 토론하고 싶어 했다. 위요와 성충은 평소 모두 성실하고 솔직했으므로, 장포는 그들이 궁궐로 돌아와 가까이에서 모시게 되면 다른 사람들이 알지 못하는 자신의 잘못을 발견해 자기가 전권을 휘두를 수 없게 될까봐 황당한 이유를 들어 손휴의 결정을 막으려고 했다. 손휴는 장포에게 이렇게 대답했다.

"나는 학문에 빠져 수많은 책을 개략적으로 읽으면서 본 것이 적지 않소. 현명한 군주와 어리석은 군주, 간신과 적, 고금의 현인과 어리석은 사람들의 성공과 실패를 보지 않은 게 없소. 지금 위요 등이 궁궐로 들어오면 그들과 책에 관해서만 논의할 뿐 그들을 따라 처음부터 다시 배우려는 게 아니오. 설령 다시 배운다 한들 또 손해

---

8) 박사의 제자를 교육하는 것을 담당하고 국가에 의심스러운 일이 있으면 답안을 책임진다. 원래는 복야僕射라고 칭했으나 후한 때 좨주라고 개칭한 것이다. 그 아래에 박사는 모두 14명이다. 태학박사좨주太學博士祭酒라고도 불렀다.

되는 것이 무엇이겠소? 그대는 위요 등이 신하들의 간사함과 변란을 일으키는 일에 관해 말할까 봐 두려워서 들어오지 못하도록 하는 것일 뿐이오. 이 같은 일에 대해서는 내가 이미 스스로 방비했으니 위요 등을 통한 다음에야 비로소 알게 되는 일은 없을 것이오. 이 일엔 어떠한 해로움도 없소. 그대가 마음속으로 특별히 꺼리는 바가 있기 때문일 것이오."

장포는 조서를 받은 뒤 깊이 사과하고 다시 자기 생각을 서술했으며, 또 정사를 방해하게 될까 두렵다고 말했다. 손휴가 대답했다.

"서적에 대한 일을 걱정하는 것은 사람들이 그것을 좋아하지 않기 때문이며, 그것을 좋아하면 해로울 것이 없소. 이는 그릇된 일이 될 것이 없는데, 오히려 그대는 적합하지 않다고 생각하고 있소. 이 때문에 나는 몇 가지 생각을 말하겠소. 정무와 학업은 각기 다른 흐름이 있으며 서로 방해하지 않소. 그대가 지금 정사를 처리하는 직책에 있으면서 다시 나에게 이렇게 처리하는 것은 진실로 받아들일 수 있는 것이 못 되오."

장포는 표를 바치고 고개를 조아리며 죄를 시인했다. 손휴는 다음과 같이 대답했다.

"잠시 서로 깨우쳐주는 것일 뿐인데 어찌하여 고개를 조아리기까지 하시오! 그대의 이 같은 충성은 먼 곳과 가까운 곳이 다 알고 있소. 과거에 서로 깨우친 까닭은 오늘의 웅대한 사업을 위해서였소. 《시경詩經》에 '누구든지 처음은 좋지만 좋은 결말은 드물다.'라고 했소. 좋은 시작을 끝까지 지키기란 정말 어려운 일이오. 그대는 끝까지 지키도록 하시오."

처음에 손휴가 낭야왕이 되었을 때, 장포는 좌우장독左右將督으로 있으면서 늘 손휴의 신임과 총애를 받았다. 손휴가 제위에 오르자,

총애와 대우가 더욱 두터워져 나라의 권력을 독점하도록 하여 무례한 행동을 많이 했다. 스스로 자신의 단점을 꺼리고 있으므로 위요와 성충이 이 일을 말할까 봐 두려워서 그들이 궁궐로 들어오는 일을 특히 걱정하며 꺼린 것이다. 손휴는 비록 그의 마음을 이해하기는 하면서도 마음이 좋지 않고 오히려 그의 의구심이 걱정되었으므로, 결국 장포의 의견대로 학문을 연구하는 계획을 없던 일로 하고 다시는 성충 등을 궁궐로 들어오지 않도록 했다. 이해에 전쟁을 살피는 자를 사자로 하여 교지로 보내 공작孔雀과 큰 돼지를 조달하게 했다.

| 영안 6년(263) 여름 4월 | 천릉泉陵에서 황룡이 나타났다고 보고했다.

| 5월 | 교지군交趾郡의 관리 여흥呂興 등이 모반하여 태수 손서孫諝를 죽였다. 손서는 전에 군에서 우수한 수공예인 1천여 명을 건업으로 보냈는데, 전쟁을 살피는 관리가 왔으므로 다시 이들이 징용될까 봐 두려워했다. 그래서 여흥 등이 병사와 백성을 선동하고 이민족을 꾀어 불러들인 것이다.

| 겨울 10월 | 촉나라에서 위나라의 공격을 받고 있음을 알렸다. 20일에 건업의 석두소성石頭小城에 불이 나서 서남쪽으로 180장丈을 태웠다. 22일에 대장군 정봉에게 여러 군대를 이끌고 위나라 수춘으로 향하도록 하고, 장군 유평留平에게는 남군의 시적施績을 찾아가 군대가 나아갈 방향을 상의하도록 하며, 장군 정봉丁封과 손이孫異에게는 면중沔中으로 가도록 했다. 이것은 모두 촉나라를 구하기 위한 행동이었다. 촉나라 군주 유선劉禪이 위나라에 항복했다는 소식이 전해지자 병사를 철수시켰다. 여흥은 손서를 죽이고 사자를 위나라로 보내 태수와 병사를 요청했다. 승상 복양흥이 둔전하는 농민 1만 명을 뽑아 병사로 만들자고 건의했다. 무릉을 분할하여

천문군天門郡을 만들었다.[9]

| 영안 7년(264) 봄 정월 | 대사면을 실시했다.

| 2월 | 진군장군鎭軍將軍 육항陸抗, 무군장군(撫軍將軍, 군수물자와 예비 병력의 공급 등을 담당하는 책임 장군) 보협步協, 정서장군征西將軍 유평, 건 평 태수建平太守 성만盛曼이 병사들을 이끌고 가서 촉의 파동巴東 수 비대장인 나헌羅憲을 포위했다.

| 여름 4월 | 위나라 장수 신부독(新附督, 막 투항한 관병을 데리고 작전을 짜는 관직) 왕치王稚가 바다를 건너 구장으로 들어가 그곳 장관을 체 포하고 재산과 남녀 2백여 명을 약탈했다. 장군 손월孫越이 이를 맞 아 공격하여 배 한 척을 나포하고 30명을 포로로 잡았다.

| 가을 7월 | 해적이 해염을 격파하고 사염교위(司鹽校尉, 식염의 생산 과 공급을 책임지는 벼슬 이름) 낙수駱秀를 죽였다. 중서랑 유천劉川을 여 릉으로 출병하게 했다. 예장의 백성 장절張節 등이 반란을 일으켰는 데 병력이 1만여 명이나 되었다. 위나라가 장군 호열胡烈에게 보병 과 기병 2만 명을 이끌고 서릉으로 쳐들어가 나헌을 구조하도록 하 니, 육항 등은 군대를 이끌고 물러났다. 또 교주를 분할하여 광주를 설치했다. 24일에 대사면을 실시했다. 25일에 손휴가 세상을 떠났 는데 나이가 서른 살이었다. 시호를 경황제景皇帝라고 했다.

---

9) 이해에 장사에 청룡이 나타났고, 자호慈胡에 흰 제비가 나타났으며, 예장에 붉은 참새가 나타났다.

포악하여 형벌을 남용하다가 나라를 망치다

손호전孫皓傳

손호는 자가 원종元宗·호종皓宗이고, 손권의 손자이며, 손화의 아들이다. 일명 팽조彭祖라고도 한다. 손휴가 즉위한 뒤, 손호를 오정후로 봉하여 봉국으로 나가 살도록 했다. 서호西湖의 백성 경양景養이 손호의 관상을 보고는 매우 고귀한 사람이 될 것이라고 했다. 손호는 속으로 기뻤지만 함부로 발설하지 않았다. 손휴가 세상을 떠났을 때 촉나라는 막 망하려 하고, 교지에서는 반란이 일어나 나라 안팎이 두려워 떨고 있었으며, 훌륭한 군주를 얻기를 희망했다. 좌전군(左典軍, 경성 주둔군의 지휘관) 만욱萬彧은 예전에 오정현烏程縣의 영을 지냈고 손호와 서로 친했는데, 손호를 재능과 식견과 영명함과 과단성이 있고 장사환왕 같은 부류의 사람인 데다가 학문을 좋아하고 법도를 받들어 준수한다고 여러 차례 승상 복양흥과 좌장군 장포에게 칭찬했다. 복양흥과 장포는 손휴의 비 태후 주씨에게 손호를 후사로 삼으라고 권유했다. 주씨가 말했다.

"나는 지아비를 잃은 과부인데 어찌 나라의 근심을 알겠습니까? 오로지 오나라가 멸망하지 않고 종묘가 의지할 곳이 있으면 됩니다."

그래서 곧 손호를 맞아들여 세웠다. 그때 손호는 스물세 살이었다. 손호는 연호를 바꾸고 대사면을 시행했다. 이해는 위나라의 함희 원년에 해당한다.

| 원흥元興 원년(264) 8월 | 상대장군 시적과 대장군 정봉丁奉을 좌우 대사마로, 장포를 표기장군으로 삼고 시중侍中을 더했으며, 많은 사람의 지위를 승진시키고 상을 주는 것은 한결같이 모두 옛 관례대로 했다.

| 9월 | 태후를 경황후景皇后로 낮추고, 아버지 손화의 시호를 문황제文皇帝라고 했으며, 어머니 하씨何氏를 존중하여 태후太后라고 했다.

| 10월 | 손휴의 태자 손만을 예장왕豫章王으로 삼고, 둘째 아들을 여남왕汝南王, 셋째 아들을 양왕梁王, 넷째 아들을 진왕陳王으로 삼았으며, 황후에는 등씨滕氏를 세웠다. 손호는 소원을 이루자 포학하고 교만해졌으며, 꺼리고 싫어하는 것이 많아지고 주색을 좋아하여 조정의 위아래 사람이 모두 실망했다. 복양흥과 장포는 속으로 매우 후회했다. 어떤 사람이 이 둘을 손호에게 무함하여 11월에 복양흥과 장포는 주살되고 말았다.

| 12월 | 손휴를 정릉定陵에 안장했다. 황후의 아버지 등목滕牧[10]을 고밀후高密侯로 봉하고, 외숙 하홍何洪 등 세 명을 모두 열후列侯로 봉했다. 이해에 위나라가 설치한 교지 태수交阯太守가 군에 도착했다. 진나라 문제(陳文帝, 사마소)가 위나라의 상국相國을 맡았다. 그는 전에 오나라의 수춘성을 지키다가 항복한 장수 서소徐紹와 손욱孫彧을 사자로 삼아 명령을 받아 편지를 갖고 오나라로 가서 형세의 이해관계를 진술하게 하여 손호에게 항복하기를 권했다.

---

10) 등목의 본명은 등밀滕密이었는데, 정밀丁密의 이름을 피하여 목牧으로 고친 것이다. 정밀도 목牧을 피하기 위하여 정고丁固라고 이름을 바꾸었다.

| **감로 원년(265) 3월** | 손호는 사자를 보내 서소와 손욱을 따라 위나라로 가 편지를 전하게 했다. 편지 내용은 다음과 같다.

나는 당신이 세상을 뛰어넘는 재능에 의지하고 있고, 재상의 중임에 있으면서 군주를 바르게 인도하는 공의 수고로움이 또한 지극함을 압니다. 나는 부덕하면서 등급은 나라의 대업을 계승하게 되었으며, 현인이나 훌륭한 사람들과 함께 세상의 이치를 구제하려고 생각했지만 당신 나라와는 멀리 떨어져 있어 아직 인연을 맺지 못했으며, 당신의 훌륭한 뜻이 분명하게 빛나고 있어 나는 깊이 흠모하고 있었습니다. 지금 광록대부 기척紀陟과 오관중랑장 홍구弘璆를 보내 내 진지한 마음을 밝힙니다.

그러나 서소는 유수까지 갔다가 오로 불려 돌아와 살해되고, 그 가족은 건안建安으로 강제 이주되었다. 전에 어떤 자가, 서소가 중국(中國, 위나라를 가리킴)을 칭찬했다고 보고했기 때문이다.

| **여름 4월** | 장릉에서 감로가 내렸다고 보고하여 연호를 바꾸고 대사면을 실시했다.

| **가을 7월** | 손호는 경후 주씨를 핍박하여 죽였는데, 주씨의 영구를 정전에 두지 않고 어원 안의 작은 방에서 상사를 처리하게 했다. 사람들은 경후가 질병으로 죽은 것이 아님을 알고 애통해하지 않는 이가 없었다. 또 손휴의 넷째 아들을 오군의 작은 성으로 보내고, 나이가 많은 두 아들도 찾아서 죽였다.

| **9월** | 서릉의 독 보천步闡이 표를 올려 건의한 대로 무창으로 수도를 옮겼다. 어사대부 정고丁固와 우장군 제갈정이 건업을 지켰다. 기척과 홍구가 낙양에 이르렀을 때 진나라 문제가 죽었다.

| 11월 | 두 사람은 비로소 돌려보내지게 되었다. 손호는 무창에 이르러 대사면을 시행했다. 영릉 남쪽을 시안군始安郡으로, 계양 남쪽을 시흥군始興郡으로 삼았다. 진이 위나라의 제위를 받았다.

| **보정寶鼎 원년(266) 정월** | 대홍려大鴻臚 장엄張儼과 오관중랑장 정충丁忠을 보내서 진나라 문제의 죽음에 조의를 표하게 했다. 돌아오다가 장엄은 길에서 병으로 죽었다. 정충은 손호를 설득하려고 이렇게 말했다.

"북방은 수비 장비가 세워지지 않아 익양을 습격하면 취할 수 있습니다."

손호는 여러 신하에게 이에 관한 의견을 구했다. 진서대장군鎭西大將軍 육개가 말했다.

"무릇 군대란 어쩔 수 없는 상황에서만 쓰는데, 삼국이 정립한 이래로 더욱 서로 침입하고 토벌하여 한 해도 편안한 때가 없었습니다. 지금 강대한 적군은 막 파촉巴蜀을 병탄하여 토지를 겸병한 사실이 있으면서 우리에게 사자를 보내 화친을 구하며 전쟁을 멈추려고 하는 것은 우리에게 원조를 구하는 것이라 할 수 없습니다. 지금 적군의 세력은 강한데 우리가 요행히 승리를 얻으려 하니 이익이 보이지 않는다고 생각합니다."

거기장군 유찬劉纂이 말했다.

"하늘이 오행五行을 낳았는데 누가 전쟁을 없앨 수 있겠습니까?(오행 중 금金의 용도가 병기를 만드는 것이므로 이런 말을 한 것임) 거짓 수단에 의지하여 서로 다투는 것도 종래에 있었습니다. 만일 그들이 누설하는 바가 있다면 어찌 놓칠 수 있겠습니까? 마땅히 첩자를 보내 그들의 정세를 살펴야만 합니다."

손호는 마음속으로 유찬의 견해를 받아들였다. 촉은 막 평정되었기 때문에 움직이지 않을 테고, 그렇게 되면 진나라를 자연스럽게 단절시키게 된다고 생각한 것이다.

|8월| 여러 곳에서 커다란 솥이 발견되었다고 보고하여 연호를 바꾸고 대사면을 실시했다. 육개를 승상으로 삼고, 상시 만욱을 우승상右丞相으로 삼았다.

|겨울 10월| 영안永安의 도적 시단施但 등이 무리 수천 명을 모아 손호의 이복동생 영안후 손겸을 위협하여 오정으로 나왔으며, 손화의 능묘에 있는 고취(鼓吹, 궁중 악대)와 곡개(曲蓋, 굽은 자루가 달린 양산)를 취했다. 그들이 건업에 이르자 병력은 수만 명이나 되었다. 정고와 제갈정은 우둔牛屯에서 맞아 공격했다. 쌍방이 격전을 벌였는데 시단 등이 패하여 달아났다. 손겸은 붙잡히자 자살했다. 회계를 분할하여 동양군東陽郡으로 삼았고, 오군과 단양군을 분할하여 오흥군吳興郡으로 삼았으며, 영릉 북부를 소릉군邵陵郡으로 만들었다.

|12월| 손호는 수도를 건업으로 돌이켰고, 위장군 등목이 남아 무창을 지켰다.

|보정 2년(267) 봄| 대사면을 실시했다. 우승상 만욱이 장강을 거슬러 파구에 주둔하여 지켰다.

|여름 6월| 현명궁顯明宮을 수축했다.

|겨울 12월| 손호는 현명궁으로 옮겨 머물렀다. 이해에 예장·여릉·장사를 분할하여 안성군安成郡을 만들었다.

|보정 3년(268) 봄 2월| 좌우 어사대부 정고[11]와 맹인孟仁이 사도司

---

11) 전에 정고가 상서로 있을 때, 소나무가 그의 배 위에서 자라는 꿈을 꾸었다. 그래서 그는 사람들에게 이렇게 말했다. "송松이라는 글자는 열 십十, 여덟 팔八, 공평할 공公이니 18년이 지나면 나는 아마 삼공三公이 될 것이다!" 결국 꿈과 같이 되었다.

徒, 사공이 되었다.

| **가을 9월** | 손호는 동관東關으로 출전했고, 정봉丁奉은 합비에 이르렀다. 이해에 교주 자사交州刺史[12] 유준劉俊과 전부독 수칙脩則 등을 보내 교지를 습격하게 하여 진나라 장수 모경毛炅 등을 격파하고, 모두 죽었으므로 병사들은 흩어져 합포로 돌아왔다.

| **건형建衡 원년(269) 봄 정월** | 아들 손근孫瑾을 태자로 세우고, 회양왕淮陽王과 동평왕東平王을 따로 세웠다.

| **겨울 10월** | 연호를 바꾸고 대사면을 실시했다.

| **11월** | 좌승상(左丞相, 손호 때 설치되었으며 황제의 국사를 보좌한 관직. 좌우 두 승상을 두었다) 육개가 죽었다. 감군 우사虞汜와 위남장군(威南將軍, 오나라에서 설치했고 정벌을 담당한 관직) 설우薛珝와 창오 태수蒼梧太守 도황陶璜을 보내 형주에서 출발하도록 하고, 감군 이욱李勖과 독군 서존徐存에게는 건안에서 바닷길로 출발하도록 하여 모두 합포에 이르러 교지를 치게 했다.

| **건형 2년(270) 봄** | 만욱이 무창에서 건업으로 돌아왔다. 이욱은 건안 길이 통하지 않아 불편하므로 길 안내를 맡았던 장수 풍비馮斐를 죽이고 군대를 이끌고 돌아왔다.

| **3월** | 우레가 쳐서 1만여 호가 불타고 7백 명이 죽었다.

| **여름 4월** | 좌대사마 시적이 죽었다. 전중열장殿中列將 하정何定이 말했다.

"소부少府 이욱은 마음대로 풍비를 죽이고 독단적으로 군대를 철

---

12) 본래 한나라 무제가 여가呂嘉를 주살하고 9군(九郡, 담이·주애·남해南海·창오·구진九眞·울림·일남日南·합포·교지)을 열었는데 그중 하나가 교지군이다. 이곳의 자사가 곧 교지 자사交阯刺史인데, 나중에 교주 자사로 바뀌었다. 예: 유준·주부朱符

수시켜 돌아왔습니다."

이욱과 서존의 가족은 모두 사형을 당했다.

| 가을 9월 | 하정이 장수와 병사 5천 명을 이끌고 장강을 거슬러 올라가 하구에서 사냥을 했다. 도독 손수孫秀가 진나라로 달아났다. 이해에 대사면을 실시했다.

| 건형 3년(271) 봄 정월 30일 | 손호는 많은 사람을 들어 화리華里까지 나왔다. 손호의 어머니와 비첩도 모두 동행했다. 동관東觀의 현령 화핵華覈 등이 강경하게 저항했으므로 이내 돌아왔다. 이해에 우사와 도황이 교지를 격파하고 진에서 세운 수비대장을 포로로 잡거나 죽였다. 구진과 일남은 모두 오나라의 땅이 되었다. 대사면을 실시하고 교지를 나누어 신창군新昌郡을 만들었다. 장수들은 부엄扶嚴을 격파하고 무평군武平郡을 두었다. 무창의 독 범신范愼을 태위太衛로 삼았다. 우대사마 정봉丁奉과 사공 맹인이 죽었다. 서원에 봉황이 모여들었다고 보고하여 이듬해에 연호를 바꾸었다.

| 봉황鳳皇 원년(272) 가을 8월 | 서릉의 독 보천을 초빙하려고 했으나, 보천은 부름에 응하지 않고 성읍을 바치고 진나라로 투항했다. 낙향樂鄉의 도독 육항을 보내서 보천을 체포하도록 하자, 보천의 병력이 모두 투항했다. 보천과 함께 모의한 수십 명의 삼족을 멸했다. 대사면을 실시했다. 이해에 우승상 만욱이 견책을 받아 근심으로 죽었고, 그 자제들은 여릉으로 이주했다. 하정은 사악한 일이 발각되어 주살되었다. 손호는 그 죄악이 장포와 비슷하다고 여겨 그가 죽은 뒤 하정의 이름을 하포何布로 고쳤다.

| 봉황 2년(273) 봄 3월 | 육항을 대사마로 삼았다. 사도 정고가 죽었다.

| 가을 9월 | 회양왕을 노왕으로 바꿔 봉했고, 동평왕을 제왕으로 봉했으며, 진류왕陳留王과 장릉왕章陵王 등 아홉 명의 왕을 봉하여 총

11명의 왕을 두고 왕에게는 병사 3천 명씩 주었다. 대사면을 실시했다. 손호의 애첩 가운데 어떤 이가 사람을 시장에 보내 백성의 재물을 빼앗도록 했다. 사시중랑장司市中郞將 진성陳聲은 평소 손호가 총애한 신하인데, 손호의 총애와 대우에 의지하여 그러한 사람들을 법으로 다스렸다. 첩이 이 일을 손호에게 말하자, 손호는 매우 노여워하며 다른 일을 빌려 진성의 머리를 불태우고 도끼로 잘랐으며 그 몸을 사망산四望山 아래에 두었다. 이해에 태위 범신이 죽었다.

| 봉황 3년(274) | 회계에 장안후 손분이 천자가 되어야 한다는 뜬소문이 있었다. 임해 태수臨海太守 해희奚熙는 회계 태수 곽탄郭誕에게 편지를 보내 나라의 정치를 비판했다. 곽탄은 오직 해희의 편지만 고발했을 뿐 헛소문에 관해서는 알리지 않았으므로 해희는 건안으로 보내져 배 만드는 노역을 하게 되었다. 삼군독三郡督 하식何植을 보내 해희를 붙잡도록 했으나, 해희는 병사를 일으켜 스스로 지키고 바닷길을 봉쇄했다. 해희의 부하가 그를 죽이고 그 머리를 건업으로 보냈으며 삼족을 멸했다.

| 가을 7월 | 사자 25명을 주나 군에 나누어 보내 도망자나 반란자를 적발하게 했다. 대사마 육항이 죽었다. 연호를 고친 때부터 이해까지 역병이 대규모로 계속 번졌다. 울림을 분할하여 계림군桂林郡을 만들었다.

| 천책天冊 원년(275) | 오군에서 땅을 파 은을 얻었는데, 길이가 1자이고 넓이가 3푼이며 그 위에 연월年月의 글자가 새겨져 있다고 보고하여 대사면을 실시하고 연호를 바꾸었다.

| 천새天璽 원년(276) | 오군의 임평호臨平湖는 한나라 말년부터 잡초가 무성하여 통하지 않았는데 이제 다시 개통되었다고 보고했다. 노인들이 서로 전하는 말에 따르면 이 호수가 막히면 천하가 혼란

스러워지고, 개통되면 천하가 태평스럽다고 했다. 또 호숫가에서 돌함을 얻었는데, 길이가 4치이고 넓이가 2치 남짓 되며 위에 황제라는 글자가 새겨진 청백색 작은 돌이 들어 있었다. 연호를 바꾸고 대사면을 실시했다.

회계 태수 거준車浚과 상동 태수湘東太守 장영張詠은 산민(算緡, 중국 전한의 무제武帝 때인 기원전 119년에 실시된 상인의 영업자산에 대한 특별과세)을 내지 않았기 때문에 목이 베어졌고, 그 머리는 여러 군에 보내져 사람들에게 보였다.

| 가을 8월 | 경하독(京下督, 오나라 경하 전투 지역의 지휘 감독관) 손해가 진나라로 투항했다.

파양에서 역양 사이의 산속에 돌무늬가 글자를 이루는데 모두 20글자로 "초楚는 9주九州의 물가이고, 오는 9주의 수도이며, 양주揚州 선비가 천자가 되어 네 대를 다스려야 태평스러운 시대가 시작된다."라고 되어 있다고 보고했다. 또 오흥의 양선산陽羡山에 길이가 10여 장丈 되는, 석실石室이라고 불리는 속이 텅 빈 돌이 있었는데, 돌 표면에 상서로운 징조가 나타났다. 그래서 사도를 겸하는 동조와 태상을 겸하는 주처周處를 양선현에 보내서 국산國山으로 봉선封禪했다. 다음 해에 연호를 바꾸고 대사면을 시행한 것은 돌의 문자에 부응한 것이다.

| 천기天紀 원년(277) 여름 | 하구독夏口督 손신孫愼이 강하와 여남汝南에서 진격하여 그곳 백성을 말살하고 약탈했다. 처음에 추자騶子 출신 장숙張俶이 여러 차례 다른 사람을 모함해서 거듭 승진하여 사직 중랑장(司直中郎將, 악을 저지르거나 불법을 저지른 관원을 조사하는 책임자)이 되었고, 제후로 봉해져 각별한 총애를 받았다. 이해에 그의 죄가 드러나 사형에 처해졌다.

| 천기 2년(278) 가을 7월 | 성기成紀와 선위宣威 등 왕 11명을 세우고, 왕에게 병사 3천 명을 주고 대사면을 시행했다.

| 천기 3년(279) 여름 | 곽마郭馬가 모반했다. 곽마는 본래 합포 태수合浦太守 수윤脩允 수하의 사병 대장이었다. 수윤은 계림 태수桂林太守로 전임되었지만, 질병으로 광주에 머무르면서 먼저 곽마를 보내 병사 5백 명을 이끌고 군에 이르러 이민족들을 어루만지게 했다. 수윤이 죽자 병사들은 당연히 다른 곳으로 분배되어야 했다. 곽마 등은 몇 대에 걸쳐 군대에서 오랜 정을 쌓았으므로 헤어지기 싫었다. 손호는 이때 또 광주의 호구를 정확히 조사하여 그에 따라 과세하려고 했다. 곽마는 이 때문에 사병 가운데 부장 하전何典·왕족王族·오술吳述·은흥殷興 등과 더불어 병사와 백성을 불안하게 하고 동요시켜 병력을 모아 광주독 우수虞授를 공격하여 죽였다. 곽마는 스스로 도독교·광이주제군사·안남장군安南將軍[13]이라 일컫고, 은흥은 광주 자사廣州刺史가 되었으며, 오술은 남해 태수南海太守가 되었다. 하전은 창오군蒼梧郡을 치고, 왕족은 시흥군을 쳤다.

| 8월 | 군사 장제張悌를 승상으로 삼고, 우저牛渚의 도독 하식을 사도로 임명했다. 집금오 등순滕循을 사공으로 임명했지만 받지 않았다. 또 진남장군·가절영광주목으로 직책을 바꿔 임명하고, 병사 1만 명을 이끌고 가서 동쪽 길에서 곽마를 토벌하게 했다. 등순이 시흥에서 왕족과 부딪혀 앞으로 나아갈 수 없었다. 곽마는 남해 태수 유략劉略을 죽이고, 광주 자사 서기徐旗를 쫓아냈다. 손호는 또 서릉독

---

13) 도적의 정벌을 담당한 관직. 위·촉·오 세 나라에 다 있었다. 예: 곽익(霍弋, 유비 때 태자 사인에 임명된 자로 제갈량이 죽고 나서는 황문시랑이 된 인물이다)·곽마·마충

西陵督 도준陶濬을 보내 병사 7천 명을 이끌고 서쪽 길에서 진군하도록 하고, 교주목 도황에게는 그의 수하 및 합포나 울림 등 여러 군의 병사들을 이끌고 가서 동쪽과 서쪽 군대가 함께 곽마를 치라고 명령했다.

귀목채(鬼目菜, 채소 이름)가 장인 황구黃耈의 집에서 자라 대추나무를 따라 의지해 있었는데, 길이가 1장 남짓 되고 줄기는 4치이며 두께는 3푼이나 되었다. 또 매채(買菜, 채소 이름)가 장인 오평吳平의 집에서 자랐는데 높이가 4자에 두께가 3푼이나 되어 모양이 마치 비파 같으며, 위쪽 가지의 넓이는 1자 8치이고 아래쪽 줄기의 넓이는 5치나 되며 양쪽으로 녹색 잎이 자랐다. 동관의 관리는 그림에 근거하여 귀목채를 지초芝草라고 부르고, 매채를 평려초平慮草라고 불렀다. 그리고 황구를 시지랑(侍芝郎, 임시로 오나라 때 설치한 관직)으로, 오평을 평려랑平慮郎으로 삼았으며, 두 사람 모두에게 은으로 된 인印과 청색 수綬를 주었다.

| 겨울 | 진나라는 진동대장군 사마주司馬伷에게 도중涂中으로 진군하라고 명령하고, 안동장군安東將軍 왕혼王渾과 양주 자사 주준周浚에게는 우저로 진군하도록 했으며, 건위장군建威將軍 왕융王戎에게는 무창으로, 평남장군 호분胡奮에게는 하구로, 진남장군 두예杜預에게는 강릉으로, 용양장군龍驤將軍 왕준王濬과 광무장군廣武將軍 당빈唐彬에게는 장강을 건너 동쪽으로 내려가도록 하고, 태위 가충賈充을 대도독大都督[14]으로 삼아 중대한 일을 처리하도록 하고 군대 세력의

---

14) 정세를 살펴 중대한 일을 처리하는 군대의 핵심이다. 오나라에서는 대군을 거느리고 중요한 작전을 수행하는 자에게 주는 벼슬로 전용되어 전쟁과 동시에 직책을 주었다가 전쟁이 끝나면 없애버렸다. 예: 주유·두예·가충

핵심에 있게 했다. 도준은 무창에 이르러 북방의 군대가 대규모로 출동했다는 보고를 듣고 멈춰 주둔한 채 앞으로 나아가지 않았다.

처음에 손호는 신하들을 모아놓고 연회를 열 때마다 모든 사람을 잔뜩 취하게 하지 않는 경우가 없었다. 그는 황문랑黃門郎 열 명을 배치하여 특별히 그들에게는 술을 주지 않고 곁에 온종일 서 있도록 했는데, 관리들의 잘못을 살피기 위함이었다. 연회가 끝난 뒤 그들은 각자 자기들이 발견한 관리들의 잘못을 아뢰어서 불만스러운 얼굴을 짓는 잘못을 한 자, 망언하는 실수를 저지른 자로서 적발되지 않은 자가 없었다. 큰 잘못을 저지른 자는 곧장 엄벌에 처하고, 작은 잘못을 저지른 자는 반드시 그 죄를 시인하게 했다. 후궁은 수천 명이나 되므로 민간에서 새로 뽑지는 않았다. 또 궁 안으로 거센 물살을 끌어들여 궁녀들 가운데 마음에 들지 않는 자는 모두 죽여 그 물에 휩쓸리어 가게 했다. 어떤 때는 사람의 얼굴을 벗기고, 어떤 때는 사람의 눈을 뽑기도 했다.

잠혼岑昏은 음험하고 아첨을 잘하여 총애를 받아 구경의 자리까지 올라갔는데, 부역을 일으키기 좋아해서 사람들이 근심하고 고통을 받았다. 이 때문에 조정의 윗사람과 아랫사람의 인심이 떨어지고, 누구든지 손호를 위해 힘을 다하는 이가 없었다. 아마 사악한 일이 이미 극까지 쌓여 다시는 천명을 받을 수 없게 되었기 때문인 듯하다.

| 천기 4년(280) 봄 | 중산왕中山王과 대왕代王 등 왕 11명을 세우고 대사면을 시행했다. 왕준과 당빈이 이르는 곳마다 무너지고 흩어져서 저항할 수 있는 자가 없었다. 두예는 강릉독 오연伍延의 목을 베고, 왕혼은 승상 장제와 단양 태수 심영沈瑩 등의 목을 베었으며, 그들이 있는 곳마다 싸워 이겼다.

|**3월**| 9일에 궁전 안의 신임하는 수백 명이 머리를 조아리며 잠혼을 죽이라고 손호에게 요청했다. 손호는 당황하고 혼란스러운 가운데 그들의 요구에 따랐다.

11일에 도준이 무창에서 돌아오자 곧바로 그를 불러서 수군의 상황을 물었다. 도준은 다음과 같이 대답했다.

"촉군의 배는 모두 작습니다. 지금 병사 2만 명을 얻어 큰 배를 타고 싸운다면 충분히 그들을 물리칠 수 있습니다."

그래서 손호는 병사들을 모으고 도준에게 절과 월을 주었다. 다음 날 마땅히 출발해야 하는데 그날 밤에 병사들이 모두 달아났다. 그러나 왕준은 강물의 흐름을 따라 거의 도착했고, 사마주와 왕혼은 모두 오나라 변방 근처에까지 다다랐다. 손호는 광록훈 설영薛瑩과 중서령(中書令, 비밀문서를 관리하는 오늘날 비서와 같은 관직) 호충胡沖 등의 계책을 써서 왕준과 사마주와 왕혼에게 각각 사자를 보내 편지를 받들도록 했다. 편지 내용은 이렇다.

지난날 한나라 왕실이 천하를 다스릴 능력을 잃고 9주가 분열되었을 때 우리 조상들은 이때를 틈타 강남을 차지했고, 산천을 분할하여 차지해 위나라와 떨어지게 되었소. 지금 대진大晉에는 천자가 일어나 은덕을 사해에 펼치고 있소. 나는 어둡고 우매하며 구차하게 편안하려고 하여 천명을 아직 깨닫지 못했소. 오늘에 이르러서야 천자의 육군을 두려워하게 되었고, 수레는 원정길을 가득 메우고 멀리 장강 가까지 나아가게 했으며, 온 나라가 두려워하자 순식간에 숨을 돌리게 되었소. 감히 천조天朝의 넓은 도량과 빛나는 은덕에 기대 삼가 내 관리 태상 장기張夔 등을 보내 두르고 있던 인수를 받들어 돌려보내고 머리를 숙여 귀순하여 명령을 청하겠소. 오직 신임을 얻어 받아들여

저 백성을 구제하기를 바랄 뿐이오.

15일에 왕준이 가장 먼저 도착했다. 그리고 손호의 투항을 접수하고서는 손호의 결박을 풀어주고 관을 불태우고 나서 초청하여 만났다. 사마주는 손호가 자신에게 인수를 주었기 때문에 사자를 보내 손호를 돌려보냈다. 손호는 가족을 데리고 서쪽으로 옮겨 태강太康 원년(280) 5월 1일에 수도까지 왔다.

| 4월 | 4일에 다음과 같은 조서를 내렸다.

손호가 달아날 길이 없자 귀순하여 투항했다. 전 조서에 그가 항복하면 사형에 처하지 않고 대우하기로 했는데, 이제 손호가 막 이르려 하니 내 마음에 연민의 정이 있다. 그에게 귀명후歸命侯라는 칭호를 내리겠다. 그에게 옷과 수레와 밭 30경頃을 주고 해마다 곡물 5천 석, 돈 50만 전, 비단 5백 필, 솜 5백 근을 주도록 하라.

손호의 태자 손근을 중랑(中郞, 황궁의 전당 경비를 담당)으로 임명하고, 아들 중에서 왕으로 봉해진 자는 낭중으로 임명했다.

| 천기 5년(281) | 손호는 낙양에서 죽었다.

【평하여 말한다】
손량은 나이가 어리지만 현명하게 보좌해줄 신하를 얻지 못했다. 그가 황제 자리를 대신했지만 끝까지 지키지 못한 것은 필연적인 추세였다. 손휴는 과거의 친밀한 관계에 의지하여 복양홍과 장포를 임

용했다. 그는 우수한 인재를 발탁하여 새로운 자세로 정치를 할 수 없었다. 비록 지조를 갖고 학문을 좋아했을지라도 나라를 구제하는 데 무슨 이로움이 있었으랴? 또 이미 폐출된 손량을 죽지 못하게 한 것은 형제간의 정이 엷은 것이다. 손호는 형벌을 남용하여 죽거나 쫓겨난 사람이 헤아릴 수 없을 정도였다. 이 때문에 신하와 사람들은 모두 두려워하며 하루하루 생명을 보존하기를 원하고, 아침에 저녁 일을 헤아리지 못했다. 화성이나 무축巫祝이 한꺼번에 상서로운 징조를 보인 것은 급박한 정세를 나타낸 것이다. 전에 순舜과 우禹는 직접 농사를 짓고 지극히 신성한 덕행을 갖추었어도 오히려 신하들에게 맹세하여 "내가 잘못하면 그대들이 바로잡아주고 그대들의 진언을 건의할 수 있어야 한다."라고 했으며, 그들은 늘 자신들이 미치지 못한다고 느꼈다. 하물며 손호는 흉포하고 고루하며, 잔혹한 법령을 마음대로 시행하여 충성스럽고 간언하는 자를 주살하고, 참언하고 아첨하는 자는 승진시켰으며, 포악한 수단으로 백성을 부리고, 음란하고 사치스러움이 극에 달했으니 마땅히 허리와 머리를 분리시켜(목을 벤다는 뜻) 백성에게 사죄하게 해야 한다. 그러나 이미 사형시키지 않는다는 조서를 받았고 귀명후의 영예를 더했으니, 어찌 지나치게 너그러운 은혜와 두터운 은택이 아니랴!

4

유요태사자사섭전劉絲太史士爕傳

능력보다 높은 지위에 오른 자들

예장을 근거지로 하여 손책과 싸우다

유요전劉繇傳

유요는 자가 정례正禮이고 동래군東萊郡 모평현牟平縣 사람이다. 제나라 효왕孝王의 작은아들이 모평후牟平侯로 봉해졌고, 그 자손들이 그곳에 집을 짓고 살았다.[1] 유요의 큰아버지 유총劉寵은 한나라 태위였다. 유요의 형 유대劉岱는 자가 공산公山이고 시중과 연주 자사兗州刺史를 지냈다.

유요가 열아홉 살 때 아버지 유위劉韙가 도적들에게 붙잡혀 인질이 되었는데, 유요가 도적들에게서 아버지를 구하여 돌아왔다. 이로 말미암아 이름이 알려지게 되었다. 그는 효렴으로 천거되고 낭중이 되었다가 하읍현下邑縣의 장으로 임명되었다. 그때 군수가 그가 조정 중신의 친척이라는 점 때문에 의탁하려고 하자 곧 관직을 버리고 떠났다. 주의 관소에서는 그를 불러 부제남部濟南[2]에 임명했다. 제남의 상相은 중상시의 아들인데 뇌물을 받고 법을 따르지 않으므로 유요가 상주하여 그를 파면시켰다. 평원국平原國의 도구홍陶丘洪

---

1) 유요의 할아버지 유본(劉本, 유비劉조)은 학자에게 정식으로 경서 해석을 배우고 여러 책을 두루 배웠으므로, 넓은 학식을 가진 학자라는 뜻의 통유通儒로 일컬어졌다.

2) 부군국종사部郡國從事의 간칭이다. 주 자사의 관할지에서 문서 처리나 불법 관리를 감찰하는 직책으로 군국의 문서를 책임 감독했다.

이 유요를 무재로 추천하려고 했다. 자사가 말했다.

"작년에는 유공산을 추천했는데, 어찌하여 또 유정례를 추천하십니까?"

도구흥이 대답했다.

"명사군(明使君, 주 자사의 존칭으로 현명한 자사라는 의미)께서 앞서 유공산을 임명했고 뒤에 유정례를 발탁한다면, 이른바 용 두 마리를 몰고 먼 길을 가는 것이며 기린을 부려 천 리를 가는 것인데 또한 가능하지 않겠습니까!"

마침 이 무렵에 조정에서 유요를 사공연으로 초빙하고 또 시어사侍御史를 제수했으나 취임하지 않았다. 그가 회포淮浦에서 난을 피하고 있을 때, 양주 자사로 삼는다는 조서가 내려왔다. 그때 원술이 회남에 있으므로 유요는 두렵고 꺼려서 감히 양주로 가지 못했다. 유요가 남쪽으로 장강을 건너려고 하자 오경과 손분孫賁이 그를 맞아들여 곡아에 머무르게 했다. 원술은 황제라 참칭하려고 꾀하며 여러 군현을 쳐서 함락시켰다. 유요는 번능과 장영張英을 보내 장강가에서 주둔하며 원술에게 대항하게 하고, 오경과 손분은 원술에게서 관직을 받았기 때문에 억지로 내쫓았다. 이에 원술은 스스로 양주 자사를 두었고, 오경·손분과 힘을 합쳐 장영과 번능 등을 공격했지만 1년여가 지나도 이기지 못했다. 한나라 조정은 유요에게 양주목, 진무장군(振武將軍, 위나라에만 있었고 정벌을 담당한 관직)을 더하고 병력 수만 명을 주었다. 손책이 동쪽으로 장강을 건너 장영과 번능 등을 격파하자 유요는 단도로 달아났다가,[3] 결국에는 장강 남쪽으로 거슬러 올라가 예장을 지키려는 생각으로 팽택彭澤에 주둔했다. 작융笮融이 먼저 와서 태수 주호朱晧를 죽이고 성으로 들어가 군의 관소를 점거하고 있었다. 유요는 군대를 진군시켜 작융을 토벌하려다가 오히려 그에게 격파되었다. 그러나 그는 또다시 부속 현의 병력을 불러 모아 작융을 쳐 깨뜨렸다. 작융은 져서 산속으로 달아났지만 백성에게 살해되었다. 유요는 오래지 않아 질병으로 죽었는데, 그때 나이가 마흔둘이었다.

작융은 단양 사람으로, 처음에는 병사 수백 명을 모집하여 서주목 도겸에게 의탁했다. 도겸은 그에게 광릉과 팽성의 물자를 나르는 일을 감독하게 했다. 그는 끝내 방종한 행동을 하고 마음대로 사람들을 죽이는가 하면 위탁받은 3군의 수송 물자를 쉽게 절취하여 자기 것으로 삼았다. 그런 다음 거대한 불사佛祠를 만들고 동으로 사람 모양을 만들어 그 몸을 황금으로 칠하고 비단옷을 입혔다. 아홉 겹의 동으로 만든 쟁반을 늘어뜨리고, 그 아래에 몇 층 누각과 각도(閣道, 2층으로 된 회랑)를 만들어 3천여 명을 수용할 수 있도록 했다. 사람들은 모두 불경을 외우고 읽는 것을 의무로 삼았고, 그 군대와 주위 군의 사람으로 불교를 믿는 자들에게 불경을 들고 도를 받아들이도록 했으며, 또 다른 노역을 면제해줌으로써 사람들을 끌어들였다. 이에 멀고 가까운 곳, 앞뒤에서 온 자가 5천여 가구나 되었다. 언제나 욕불(浴佛, 석가가 탄생한 4월 8일에 석가의 상像에 물을 뿌리는 행사로 관불회灌佛會라고도 함) 의식을 할 때마다 술과 밥을 많이 차

---

3) 유요는 원래 회계로 도망치려고 했는데, 허소許邵가 이렇게 말했다. "회계는 부유하고 튼실하여 손책이 탐내는 곳이고, 또 바다 한쪽에 있어 궁벽하니 가면 안 됩니다. 그러므로 예장으로 가는 게 낫습니다. 예장은 북쪽으로 예주 땅과 인접하고 서쪽으로는 형주와 이어져 있습니다. 만일 관리와 백성을 거두어들이고 사신을 보내 조공을 바치면 조조와 서로 연락할 수도 있을 것입니다. 비록 원소가 그 사이에 끼어 있다 해도 그는 시랑 같은 사람이므로 오래 지속될 수 없습니다. 그대는 왕명을 받았으니 조조와 유표가 반드시 구제해줄 것입니다." 이 말을 들은 유요는 허소의 말대로 했다.

렸고, 길가에 펼친 자리가 수십 리나 되었다. 백성은 와서 구경하고 음식을 먹었는데 그 수가 1만 명이나 되어 어마어마한 비용이 들었다. 조조가 도겸을 쳐서 서주 땅이 소란스러워지자 작융은 남녀 1만 명, 말 3천 필을 이끌고 광릉으로 달아났다. 광릉 태수 조욱趙昱은 빈객을 대하는 예절로 그를 대우했다. 이보다 앞서 팽성의 상相 설례薛禮가 도겸에게 핍박을 받아 말릉에 주둔하고 있었다. 작융은 광릉에 인구가 많음을 탐하여 주흥을 틈타 조욱을 죽이고 병사를 풀어 크게 약탈한 다음 가득 싣고 떠났다. 도중에 설례를 죽이고, 그 다음에 주호를 죽였다.[4]

그 뒤 손책은 서쪽으로 강하를 토벌하고 돌아오는 길에 예장을 지나면서 유요의 시신을 거두어 운반해주었으며, 그의 가족을 정성껏 보살폈다. 왕랑王朗은 손책에게 보내는 편지에서 이렇게 말했다.

유정례가 예전에 막 주로 부임하려고 할 무렵, 혼자 힘으로는 이를 수가 없었습니다. 사실 그대의 가문에서 그를 위해 앞뒤로 달아나게 한 것에 의지하여 장강을 건너 다스릴 곳을 세울 수 있었으며 거처할 곳이 정해졌던 것입니다. 이처럼 경계를 뛰어넘는 예우는 맺은 우정을 십분 느끼게 하며, 우정에는 시작과 끝이 있을 수 있습니다. 나중에 원씨와 원수가 되어 당신들의 관계는 조금씩 멀어졌습니다. 다시

---

4) 이때 유요는 팽택에 군영을 두고, 한편으로는 작융에게 명하여 주호를 도와 유표가 임명한 제갈현을 토벌하도록 했다. 허소가 유요에게 다음과 같이 말했다. "작융이 군대를 이끌고 나갔지만 그는 대의명분을 돌아보지 않는 자입니다. 주호는 성실하고 사람들을 믿으므로 마땅히 은밀히 막도록 해야 합니다." 작융은 주호가 있는 곳에 이르자 정말로 주호를 죽이고 대신 군의 지배권을 장악했다.

당신이 원씨와 동맹을 맺으면서 당신들은 원수지간으로 바뀌었습니다. 그의 본심을 살펴보면 사실 원해서 한 것이 아닙니다. 정세가 안정된 뒤에는 언제나 다시 화목을 실현하고, 또 지난날의 긴밀하던 관계를 회복하기를 원했습니다. 그런데 갑자기 우리를 떠났습니다. 그의 진실한 마음이 겉으로 분명히 나타나지 않은 채 질병으로 총총히 세상을 떠났으니 슬프고 한스럽습니다!

두터움으로 엷음을 대하고, 덕으로 원수를 갚아 유골을 거두고, 죽은 자를 애도하며 산 자를 연민하여 지난날의 의심을 버리고, 성년이 되지 않은 고아를 보살필 줄 아니, 진실로 은정이 깊고 아름다운 이름이 두텁습니다. 옛날 노魯나라 사람은 제나라에 원망이 있었지만, 제나라 군주가 죽었을 때 상기(喪紀, 상사喪事라는 말이며, 여기서는 상복을 입고 효를 다하는 것을 말함)를 폐지하지 않았습니다. 《춘추》에서는 노나라의 태도를 칭찬하여 "예의를 깨달았다."라고 했습니다. 이는 실제로 훌륭한 사관史官을 마땅히 귀감으로 하여 적어야 되는 것이고, 향교鄕校에서 칭찬해야 하는 것입니다. 유정례의 맏아들은 지조가 있으니 틀림없이 사람들과 다른 점이 있으리라 생각됩니다. 그대는 위엄을 크게 떨치고 형법을 시행하며 아울러 은혜를 베풀어서 훌륭함을 나타내지 않겠습니까!

유요의 맏아들 유기劉基는 자가 경여敬輿이다. 열네 살에 유요의 상을 지키며 예절을 다하고, 유요의 옛 관리들이 음식물을 보내왔지만 모두 받지 않았다.[5] 그는 자태와 용모가 아름다웠다. 손권은 그를 아끼고 존경했다. 손권이 표기장군이 되었을 때 그를 불러 동조연으로 삼았으며 보의교위輔義校尉, 건충중랑장(建忠中郎將, 정벌을 담당한 관직)을 제수했다. 손권이 오왕이 되었을 때는 유기를 대농大農[6]

으로 승진시켰다. 손권이 일찍이 연회를 열었을 때 기도위騎都尉 우번虞翻이 술에 취하여 손권을 범하는 행동을 했다. 손권은 그를 죽이려 하며 매우 노여워했는데, 유기가 간곡히 간언하여 우번은 죽음을 면했다.

손권이 일찍이 한여름에 배 위에서 연회를 베푼 적이 있었다. 배 안의 누각 위에서 뇌우를 만났는데, 손권은 우산으로 자신을 가리고 유기에게도 몸을 가리도록 했다. 하지만 나머지 사람들은 이런 대우를 받을 수 없었다. 손권이 유기를 대우함이 이와 같았다. 후에 유기를 낭중령으로 바꿔 임명했다. 손권은 제위에 오르자 유기를 광록훈으로 바꿔 임명하고 상서의 일을 나누어 처리하도록 했다. 그는 마흔아홉 살에 세상을 떠났다. 뒤에 손권은 아들 손패를 위해 유기의 딸을 맞아들이고 집 한 채를 내려주었으며, 철마다 특별히 내리는 것을 전종이나 장승과 똑같이 했다. 유기의 두 동생 유삭劉鑠과 유상劉尚은 모두 기도위가 되었다.

---

5) 유기는 많은 어려움을 만나고 고통스러웠지만 숨어 살면서 도道를 음미하며 자기 처지를 슬퍼하지 않았다. 동생들과 함께 살면서 늘 늦게 자고 일찍 일어났으며, 처첩들도 그의 얼굴을 보는 일이 드물었다. 동생들은 그를 외경畏敬했으며, 아버지를 섬기듯 대했다.

6) 대사농大司農의 준말로 국가의 돈·곡식·비단·베의 제조와 생산 및 저장, 운반 등을 책임졌다. 황제 시위대 중 기병의 소분대를 다스리기도 했다.

신의와 의기가 넘쳤던 활의 명수

태사자전太史慈傳

태사자는 자가 자의子義이고 동래군 황현黃縣 사람이다. 그는 어려서부터 공부하기를 좋아했으며, 군의 관소에 임명되어 주조사(奏曹史, 군 태수부 소속으로 상부로 올리는 공문서를 책임짐)가 되었다. 마침 군과 주(청주) 사이에 틈이 벌어져 옳고 그른 것이 분명하지 않게 되자 조정에서는 먼저 보고하는 쪽이 [말하는] 것을 정확하다고 여겼다. 그때 주목이 군수를 탄핵하는 장(章, 표장表章)이 이미 발송된 터라, 군수는 자신이 주목을 탄핵하는 장이 늦게 도착할까 봐 걱정되었으므로 이 일을 할 만한 자를 찾았다. 그 무렵 태사자는 스물한 살이었는데 선발되어 수도로 가게 되었다. 그는 낮이고 밤이고 길을 갔다. 그가 낙양에 이르러 공거문公車門7)까지 왔을 무렵, 주의 관리가 막 표를 갖고 가려는 것을 보았다. 태사자는 관리에게 물었다.

"당신은 장을 올리려고 하는가?"

관리가 대답했다.

"그렇소."

태사자가 다시 물었다.

---

7) 궁궐 남문으로 지방 관원이나 백성이 황제나 상서대에 상서할 때 드나들던 문이다.

"장은 어디 있소?"

관리가 말했다.

"수레 위에 있소."

"장의 겉봉에는 틀린 것이 없소? 가져와 보여주시오."

관리는 태사자가 동래 사람임을 알지 못하므로 장을 갖다주었다. 태사자는 벌써 가슴속에 칼을 품고 있었으므로 장을 받자마자 곧 찢어버렸다. 관리가 펄쩍 뛰며 큰소리로 말했다.

"어떤 사람이 내 장을 찢었다!"

태사자는 그를 수레 중간으로 데려가 이렇게 말했다.

"만일 당신이 나에게 장을 주지 않았다면 나도 그것을 찢을 수 없었을 것이오. 이제 길흉화복이 생길 가능성은 똑같아졌으니 나 혼자만 죄를 받지는 않을 것이오. 어찌 침묵을 지키며 함께 나가서 삶을 죽음과 바꾸는 것과 같겠소. 함께 가서 형벌을 받을 필요는 없소."

관리가 말했다.

"당신은 군을 위해 내 장을 훼손하여 이미 임무를 완수했는데도 달아나려고 하시오?"

태사자는 이렇게 대답했다.

"애초에 군수의 파견을 받은 것은 오로지 장이 바쳐졌는지 아닌지를 와서 보면 되는 것이었소. 나는 뜻이 너무 지나쳐 급기야 장을 훼손하고 말았소. 지금 돌아가면 또 이 때문에 죄를 추궁받게 될 테니 두려워서 함께 떠나려는 것이오."

관리는 태사자의 말이 옳다고 생각하고 그날 함께 떠났다. 태사자는 관리와 함께 성을 나왔지만 기회를 보아 돌아가 군수의 장을 올렸다. 주목은 이 일을 들은 다음 다시 관리를 보내 장을 올렸다. 담당 관리는 앞서 장이 왔다는 이유로 다시 받지 않았다. 주는 이 사건으로 불리한 처분을 받았다. 이 일로 태사자는 이름이 알려지게 되었지만 주에서는 미움을 받게 되었다. 그는 화를 당할까 두려워 곧 요동으로 피해 갔다.

북해국北海國의 상相 공융은 이 이야기를 듣고 태사자를 남다른 인물로 여겨 여러 차례 사람을 보내 그 어머니를 위로하고, 아울러 예물을 보냈다. 이 무렵 공융은 황건적이 쳐들어와 폭동을 일으켰기 때문에 군대를 출동시켜 도창현都昌縣에 주둔했다가 적 관해管亥에게 포위되었다. 마침 태사자가 요동에서 돌아왔다. 그 어머니는 태사자에게 이렇게 말했다.

"너는 일찍이 공 북해孔北海를 만난 적이 없을 것이다. 네가 떠난 다음에 나를 성심성의껏 돌보고 위로해주었는데 오랜 친구보다 더 나았다. 지금 그가 적들에게 포위되어 있으니 너는 마땅히 그를 도우러 가야 한다."

태사자는 사흘 동안 머문 뒤 혼자 걸어서 도창까지 갔다. 그때는 포위가 삼엄하지 않아서 어두운 밤을 틈타 성으로 들어가 공융을 만날 수 있었다. 그리고 병사들을 내어 적을 격파하자고 했다. 공융은 그의 말을 듣지 않고 외부의 구원병을 기다리려고 했으나, 구원병은 오지 않고 포위망은 나날이 좁혀졌다. 공융은 평원국의 상相 유비에게 긴급함을 알리려고 했지만 성 안의 사람 중에 나갈 만한 이가 없었다. 태사자가 이 임무를 맡겠다고 자청하자, 공융이 말했다.

"지금 적들의 포위가 매우 엄밀하여 사람들이 모두 불가능하다고 말하고 있소. 그대 뜻은 비록 장하지만 실제로 어렵지 않겠소?"

태사자가 공융에게 대답했다.

"전에 당신은 제 노모에게 마음을 써주셨습니다. 노모께서는 이러한 대우에 감격하여 당신의 위급한 상황을 풀어주도록 저를 보내셨으니, 저에게도 취할 만한 점이 있고 앞으로 반드시 이로움이 있을 것입니다. 지금 사람들이 불가능하다고 말하는데 저까지 불가능하다고 말한다면, 어찌 당신이 두터운 사랑으로 돌보아주신 정의와 노모께서 저를 보내신 뜻이겠습니까? 사태가 이미 황급하니 당신은 의심하지 마시기 바랍니다."

공융은 비로소 태사자의 말대로 하기로 했다. 그래서 태사자는 가볍게 여장을 꾸리고 밥을 배불리 먹고 나서 날이 밝기를 기다렸다가 화살통을 두르고 활을 손에 쥐고 말에 올라탔다. 그리고 기병 둘에게 자기 뒤를 바짝 따라오게 하고 각각 과녁을 하나씩 쥐고 성문을 열고 곧장 나가도록 했다. 성 밖에서 포위하고 있던 양쪽 사람들은 모두 놀라며 병마를 서로 출동시켰다. 태사자는 말을 성벽 아래 참호 안으로 끌고 가 기병이 잡고 있던 고삐를 각각 하나씩 세우고 참호에서 나와 활을 쏘았다. 화살을 다 쓰자 곧장 성문으로 들어왔다. 다음 날 아침에도 이와 같이 했다. 포위하고 있던 사람들 중 어떤 이는 몸을 일으키고 어떤 이는 누워 있었다. 태사자는 또 고삐를 세우고 화살을 다 쏜 다음 다시 성으로 들어왔다. 사흘째 되는 날 아침에도 나와서 이와 같이 했는데 일어나는 자가 없었다. 그래서 말에 채찍질을 하여 직접 포위망을 뚫고 질주했다. 적이 이것을 깨달았을 때 태사자는 벌써 빠져나갔고, 또 활을 맞아 몇 사람이 죽었으며, 모두 활시위에 응하여 엎어졌기 때문에 감히 뒤쫓는 자가 없었다. 그래서 평원국에 이르러 유비를 설득하여 말했다.

"저는 동래군의 미천한 사람으로서, 공 북해와는 친척도 아니고 가까운 고향 사람도 아닙니다. 오로지 명성과 지조로 마음을 이끌어 재앙을 나누고 근심을 함께하는 뜻을 맺게 되었습니다. 지금 관해가 포학한 행동으로 소란스럽게 하여 공 북해는 포위되고 고립되어 원조 없이 아침저녁으로 위험에 처해 있습니다. 당신은 인의仁義의 명성을 갖고 있어 다른 사람의 위급함을 구할 수 있으므로, 북해에서는 한마음으로 흠모하며 목을 길게 빼고 의지하고 있습니다. 제게 날카로운 칼날을 무릅쓰고 두터운 포위망을 뚫고 구사일생 중에 당신에게 의탁하도록 한 것은 당신만이 오로지 그를 구원할 수 있기 때문입니다."

유비는 공손히 대답했다.

"공 북해는 세상에 유비가 있음을 아는구나."

그러고는 곧장 정예 병사 3천 명을 보내 태사자를 따르도록 했다. 적은 병사들이 온다는 소식을 듣고 포위를 풀고 흩어져 달아났다. 공융은 구원을 받은 뒤 태사자를 더욱더 귀하게 여기며 말했다.

152

"그대는 내 어린 시절 친구요."

사태가 수습되어 태사자가 돌아와 그 어머니에게 알리니, 어머니는 이렇게 말했다.

"나는 네가 공 북해에게 보답하여 기쁘다."

양주 자사 유요는 태사자와 같은 군 사람이다. 태사자가 요동에서 돌아왔을 때에는 아직 서로 만난 일이 없었다. 오래지 않아 장강을 건너 곡아로 가서 유요를 만나려 했다. 그곳에 다다르기 전에 마침 손책의 군대가 이르렀다. 어떤 사람이 유요에게 태사자를 대장군으로 임명할 만하다며 권유하자, 유요가 말했다.

"내가 만일 자의를 쓴다면 허자장(許子將, 허소)이 당연히 나를 비웃지 않겠소?"

그는 태사자에게 적군을 정찰만 하도록 했다. 당시 태사자는 독자적으로 기병 1명과 출발했다가 길에서 손책을 만났다. 손책은 기병 13명을 데리고 있었는데 모두 한당·송겸·황개의 무리였다. 태사자는 곧 앞으로 가서 싸우다가 마침 손책과 정면으로 대하게 되었다. 손책은 태사자의 말을 찌르고 그가 들고 있던 수극手戟을 빼앗았다. 태사자도 손책의 투구를 빼앗았다. 이때 양쪽의 보병과 기병이 한꺼번에 달려와서 흩어지게 되었다.

태사자는 유요와 함께 예장으로 달려가야 했지만 도중에 무호현蕪湖縣으로 달아나 산속에서 떠돌면서 단양 태수라고 일컬었다. 이때 손책은 이미 선성宣城 동쪽을 평정하고, 경현涇縣 서쪽 여섯 현만 항복시키지 못하고 있었다. 태사자가 이러한 정세를 보고 경현까지 가서 주둔하여 둔부(屯府, 병영에 있는 부서)를 세우니 산월 사람들이 다수 귀속해왔다. 손책이 직접 공격하여 토벌하니, 마침내 태사자는 포로가 되었다. 손책은 바로 태사자의 결박을 풀어주고 그 손을 잡으며 말했다.

"신정神亭의 일을 어찌 기억하지 않을 수 있겠소? 만일 그대가 그때 나를 붙잡았다면 어떻게 했겠소?"[8]

태사자가 말했다.

---

8) 태사자는 신정 싸움에서 져 손책에게 붙잡혔다. 손책은 평소 그의 명성을 듣고 있었으므로 곧 결박을 풀어주고 만나기를 청하여 나아가 취하는 방법을 물었다. 태사자는 "싸움에 진 장수는 함께 일을 논의할 자격이 없습니다."라고 대답했다. 손책은 "옛날 한신韓信은 광무군廣武君에게 의견을 구하여 계책을 정했소. 지금 나는 확신하지 못하는 점을 결정하지 못하고 있는데, 그대는 어찌 사양하시오?"라고 말했다. 태사자는 "주의 군사는 막 격파되었으므로 사졸의 마음이 떨어졌습니다. 만일 이대로 흩어진다면 다시 합치기 어려울 것입니다. 내가 나가서 당신의 은혜를 전하여 안정시켜 모이도록 하고 싶지만 그대의 의도에 부합되지 못할까 두렵습니다."라고 말했다. 손책은 무릎을 세워 꿇고 "진실로 내가 마음속으로 바라던 것입니다. 내일 정오에 병사들을 위로하고 돌아오기 바랍니다."라고 말했다. 장수들이 모두 의심했지만 손책은 "태사자의太史子義는 청주의 명사로서 신의를 우선으로 여기니 끝까지 나를 속이지 않을 것이오."라고 말했다.

"상상도 할 수 없습니다."

손책은 크게 웃으며 말했다.

"오늘 일은 마땅히 그대와 함께 축하해야 할 것이오."

손책은 그 자리에서 태사자를 문하독門下督의 관리로 임명하고, 오나라로 돌아와서는 병사를 주고 절충중랑장折衝中郎將으로 임명했다. 나중에 유요가 예장에서 죽자, 그 수하의 병사와 백성 1만여 명은 의지할 곳이 없게 되었다. 손책은 태사자에게 가서 그들을 위로하도록 명했다. 주위 사람들이 다 말했다.

"태사자는 반드시 북쪽으로 가서 돌아오지 않을 것입니다."

손책이 말했다.

"자의가 나를 버리면 또 누구와 함께할 수 있겠소?"

그는 창문閶門에서 태사자를 전송할 때, 그의 팔을 잡고 헤어지며 말했다.

"언제 돌아올 수 있겠소?"

태사자가 대답했다.

"60일이면 됩니다."

태사자는 정말 기약한 대로 돌아왔다.

유표의 조카 유반劉磐은 매우 용맹하고 애현艾縣과 서안현西安縣 등을 여러 번 침공했다. 그래서 손책은 해혼과 건창建昌 및 주위의 여섯 현을 나누어 태사자를 건창 도위로 삼았고, 해혼에 관소를 설치하도록 했으며, 한꺼번에 여러 병사를 이끌고 가서 유반에게 대항하게 했다. 이에 유반은 자취를 감추고 다시는 쳐들어오지 않았다.

태사자는 키가 7자 7치이며, 아름다운 수염이 나 있고, 팔은 원숭이처럼 길며, 활을 잘 쏘아 백발백중이었다. 일찍이 손책을 따라 마둔麻屯과 보둔保屯의 적을 토벌하러 갔는데, 그중 어떤 적이 군영 안의 누각 위에서 욕을 했다. 그 적은 손으로 누각 기둥을 잡고 있었는데, 태사자가 그를 향해 활을 쏘았다. 화살은 손을 꿰뚫고 기둥에 박혔다. 밖에서 군영을 포위하고 있던 병사 1만 명은 그를 칭찬하지 않을 수 없었다. 그의 묘기는 이와 같았다. 조조는 그의 명성을 듣고 태사자에게 편지를 써서 봉한 후 상자에 넣었다 그가 열어보니 말하는 바는 없고 오로지 당귀當歸가 들어 있을 뿐이었다. 손권이 정사를 통솔한 뒤, 태사자가 유반을 통제할 힘이 있으므로 남방의 일을 맡겼다.

| 건안 11년(206) | 태사자는 마흔한 살에 세상을 떠났다.[9] 아들 태사향太史享은 관직이 월기교위越騎校尉[10]까지 올라갔다.

---

9) 태사자는 임종에 즈음하여 "대장부로 세상에 태어나 일곱 자 되는 칼을 지니고 천자의 계단에 올라야만 하거늘, 아직 그 뜻을 이루지 못했는데 어찌 죽으랴!"라며 탄식했다.

10) 수도의 특수부대인 북군北軍 오교위五校尉의 하나로서 황궁의 경비를 담당한다. 예: 양홍楊弘·태사향

높은 학식과 노련한 처세로 장수한 남월의 지배자

사섭전士燮傳

사섭은 자가 위언威彦이고 창오군 광신현廣信縣 사람이다. 그 선조는 본래 노나라 문양현汶陽縣 사람인데, 왕망王莽의 난에 이르러 그곳을 피해 교주로 왔다. 그 이후 6대가 사섭의 아버지 사사士賜인데, 그는 환제(桓帝, 유지劉志) 때 일남 태수日南太守를 지냈다. 사섭은 어린 시절 경사로 나와 유학하여 영천의 유자기劉子奇에게 사사하여 《좌씨춘추左氏春秋》를 연구했다. 사섭은 효렴으로 천거되고 상서랑尙書郞으로 임명되었다가 공적인 일로 인해 관직에서 쫓겨났다. 아버지 사사의 장례가 끝난 뒤, 그는 무재로 천거되고 무현巫縣의 영으로 임명되었다가 교지 태수로 승진했다.

동생 사일士壹은 처음에 군의 독우督郵였다. 자사 정궁丁宮이 부름을 받아 경도로 돌아갈 때, 사일이 매우 은근하고도 공경스럽게 모셨으므로 정궁은 감동하여 헤어지면서 이렇게 말했다.

"내가 만일 삼공의 직책을 맡게 되면 반드시 그대를 부르겠소."

나중에 정궁은 사도가 되자 사일을 불렀다. 사일이 경도에 이를 즈음, 정궁은 벌써 파직되고 황완黃琬이 대신 사도가 되었는데 사일을 매우 예우했다. 동탁이 난리를 일으키자 사일은 고향으로 도망쳐 돌아왔다.[11]

교주 자사 주부朱符가 이민족에게 죽임을 당하자 주와 군은 소란스러웠다. 사섭은 곧 표를 올려 사일을 합포 태수로 임명하고, 서문현徐聞縣의 영으로 있는 둘째 동생 사유士䵃에게는 구진 태수九眞太守를 겸하게 했으며, 그 아래 동생 사무士武에게는 남해 태수를 겸하게 했다.

사섭은 마음이 너그럽고 온후하고 겸허하며 선비들을 예우했으므로 중원의 사인으로서 전에 그에게 의탁해 난을 피한 자가 수백 명이나 되었다. 그는 《춘추》 연구에 깊이 빠져 그 주석註釋을 만들었다. 진국陳國의 원휘袁徽는 상서령尚書令 순욱荀彧에게 다음과 같은 편지를 썼다.

> 교지의 사부군(士府君, 사섭)은 학문이 뛰어나고 박식하며 정치적인 업무에도 정통하여 아주 혼란스런 가운데서도 한 군을 보전했으며, 20여 년 동안 그의 영내에 일이 없고 백성은 가업을 잃지 않았으니 타향을 떠도는 사람은 모두 그의 은혜를 입었습니다. 비록 두융이 하서河西를 보존했을지라도 어찌 그보다 더하겠습니까? 공무가 한가하여 경전을 학습하고 연구했는데, 《춘추좌씨전》에 대해서는 특히 정미했습니다.
>
> 나는 여러 차례 그에게 《좌전》 가운데서 궁금한 점을 자문했는데, 그의 설명에는 모두 근본이 있으며 뜻이 매우 정밀했습니다. 또 《고문상서古文尚書》와 《금문상서今文尚書》에도 매우 정통하여 그 근본 뜻을

---

11) 황완과 동탁이 서로 해치려고 할 때 사일은 황완에게 마음을 다했고, 이 때문에 높은 평판을 얻었다. 동탁은 이를 증오하여 "사도연司徒掾 사일은 관직을 승진시켜 임용할 수 없다."라고 포고를 내렸다. 그 때문에 몇 해가 지나도록 사일은 승진하지 못했다. 마침 동탁이 수도를 관중으로 옮겼으므로 관직을 버리고 고향으로 돌아온 것이다.

상세히 파악하고 있었습니다. 듣건대 경사에는 고문과 금문의 학설 사이에 옳고 그름에 대한 논쟁이 분분하다고 하기에, 이제 《좌씨전》 과 《상서》에 관한 사섭의 의론 중에서 특히 뛰어난 부분을 몇 개 바치려고 합니다.

사섭이 사람들에게 칭송받은 것이 이와 같았다.

사섭의 형제는 나란히 군 태수가 되었고, 모든 주에서 가장 영향력이 있었다. 그들이 있는 곳은 매우 멀어서 위세와 존엄을 뛰어넘을 자가 없었다. 외출하거나 돌아올 때는 종이나 경(磬, 옥이나 돌로 만든 타악기)을 울리고 의장을 모두 갖추고 피리를 불고 북을 두드리며 거마와 기마가 길에 가득하고, 늘 호인胡人 수십 명이 길 양쪽에서 향을 태웠다. 처첩들은 치병거(輜軿車, 덮개가 있는 부인용 수레)를 타고, 자제들은 보병과 기병을 거느리고 다녔으니, 한 시대의 귀중함을 받고 모든 오랑캐를 복종시킨 점은 위타(尉佗, 한나라 남월왕 조타趙佗)도 넘을 수 없었다.[12] 사무는 일찍 병으로 죽었다.

주부가 죽은 뒤 한나라 조정에서는 장진張津을 보내 교주 자사로 삼았는데, 그는 나중에 또 그의 부장 구경區景에게 살해되었다. 형주목 유표는 영릉의 뇌공賴恭을 보내 장진을 대행하게 했다. 이때 창오 태수 사황史璜이 죽었으므로, 유표는 또 오거吳巨를 보내 그를 대행하여 뇌공과 함께 가게 했다. 한나라 조정에서는 장진이 죽었

---

12) 사섭이 병으로 죽어 사흘이 지났을 때, 신선 동봉董奉이 환약을 하나 주어 먹게 했다. 물과 함께 환약을 입에 넣고 사섭의 머리를 잡고 흔들어 삼키게 하자, 조금 뒤 눈을 뜨고 손을 움직이며 얼굴빛도 점점 좋아지고 반나절이 지나서는 일어나 앉을 수 있었고, 나흘째에는 말도 할 수 있었으며 정상으로 회복되었다.

다는 소식을 듣고 사섭에게 황제의 봉인이 찍힌 조서를 내려 다음 과 같이 말했다.

교주는 단절된 지역으로서 남쪽으로 강과 바다를 대하고 있어 황 상皇上의 은혜가 전달될 수 없고 신하의 충의가 가로막히게 되었다. 또 역적 유표가 뇌공을 보내 남쪽 땅을 엿보고 있음을 안다. 지금 사 섭을 수남중랑장綏南中郎將으로 삼으니 일곱 군(남해·창오·울림·합포·교지 ·구진·일남)을 다스리고 교지 태수는 전처럼 겸하도록 하라.

뒤에 사섭은 관리 장민張旻을 보내 공납품을 바치고 경도로 가서 알현하게 했다. 이 무렵 천하는 매우 혼란스럽고 길이 끊어졌지만, 사섭이 공납품을 바치는 일을 폐하지 않았으므로 특별히 또 조서 를 내려 안원장군安遠將軍을 제수하고 용도정후龍度亭侯로 봉했다.

나중에 오거는 뇌공과 화합하지 못하고 병사들을 들어 뇌공을 내쫓으니, 뇌공은 영릉으로 도망쳐 돌아왔다.

| 건안 15년(210) | 손권은 보즐을 보내 교주 자사로 삼았다. 보즐이 오자 사섭은 형제를 데리고 받들어 모셨다. 그러나 오거가 다른 마 음을 품고 있다고 여겨 보즐은 그의 목을 베었다. 손권은 사섭에게 좌장군 지위를 더했다.

| 건안 말년(220) | 사섭이 아들 사흠士廞을 인질로 보냈다. 손권은 사흠을 무창 태수로 삼고, 남쪽에 있는 사섭과 사일의 아들을 모두 중랑장으로 임명했다. 또 사섭은 익주의 호족 옹개雍闓 등을 회유하 여 익주군의 백성을 이끌고 멀리 동쪽으로 의지하도록 했다. 손권 은 이 일로 사섭을 더욱 칭찬하고 위장군으로 승진시켰으며 용편 후龍編侯로 봉하고, 동생 손일을 편장군 및 도향후都鄉侯로 삼았다.

사섭은 사자를 손권에게 보내 알현할 때마다 각종 향료와 촘촘한 갈포 수천 개를 보냈으며, 명주明珠·대패·유리·비취·대모·무소뿔·상아 등의 보물과 기이한 물건이나 진기한 과일, 파초芭蕉·야자椰子·용안龍眼을 한 해라도 손권에게 이르지 않게 한 적이 없었다. 사일은 계절마다 말 수백 필을 바쳤다. 손권은 늘 그들에게 편지를 보내고, 두터운 총애와 상을 내려 그들에게 보답하고 위로했다. 사섭은 군에서 40여 년 있다가 황무 5년(226)에 아흔 살의 나이로 세상을 떠났다.

　손권은 교지가 너무 멀어서 합포 북쪽을 나누어 광주를 만들고 여대를 그곳 자사로 삼았으며, 교지 남쪽을 교주로 만들어 대량戴良을 자사로 삼았다. 또 진시陳時를 보내서 사섭 대신 교지 태수로 삼았다. 여대는 남해에 머무르고, 대량과 진시는 함께 앞으로 나아가 합포에 이르렀다. 사섭의 아들 사휘士徽는 스스로 교지 태수를 맡아 수하의 부족 병사들을 움직여 대량을 저지했다. 대량은 합포에 머물렀다. 교지의 환린桓鄰은 사섭이 천거한 관리인데, 사휘에게 대량을 맞이하라고 머리를 조아리며 간언했다. 사휘는 화가 나서 그를 때려 죽였다. 환린의 형인 환치桓治의 아들 환발桓發이 수하의 부족 병사들을 규합하여 사휘를 공격하자, 사휘는 성문을 굳게 닫고 지켰다. 환치 등은 그를 공격한 지 몇 달이 지나도록 함락시키지 못하자 화친을 맺고 각각 파병했던 병사를 거두어 돌아갔다.

　그리고 여대는 사휘를 죽이라는 조서를 받고 광주에서부터 병사들을 이끌고 밤낮으로 달려와 합포를 지나 대량과 함께 전진했다. 사일의 아들로서 중랑장이던 사광士匡이 여대와 오래 사귄 터라 여대는 그를 사우종사師友從事로 임명했다. 이때 여대는 먼저 교지로 편지를 보내 이해관계를 깨우쳐주고, 또 사광을 보내 사휘를 만나

죄를 시인하도록 설득하게 했으며, 비록 군수 자리는 잃게 될지라
도 다른 걱정은 없음을 보증한다고 했다. 여대는 사광의 뒤를 따라
갔고, 사휘의 형 사지士祗, 동생 사간士幹, 사송士頌 등 여섯 명이 사
죄의 표시로 웃옷을 벗고 몸을 드러내며 받들어 맞이했다. 여대는
사절하고 그들에게 다시 옷을 입도록 하고 앞으로 나아가 군부에
까지 이르렀다.

다음 날 아침, 장막을 설치하고 사휘 형제에게 순서대로 들어오
도록 청했다. 장막은 빈객으로 가득 찼다. 여대는 일어나 부절을 잡
고 조서를 읽어가며 사휘의 죄과를 하나하나 진술했다. 그 주위에
있던 자들이 그의 말에 응하여 사휘 등을 포박하여 끌고 나와 즉시
모두 사형에 처했으며, 머리를 무창으로 보냈다. 사일과 사유, 사광
은 나중에 출두했는데, 손권은 그들의 죄를 용서했다. 그들과 인질
이 되었던 사섭의 아들 사흠은 모두 면직되어 평민이 되었다. 몇 년
뒤에 사일과 사유는 법을 어겨 주살되었다. 사흠은 병으로 죽고 아
들이 없었으므로, 사흠의 처는 혼자 살았다. 손권은 조서를 내려 그
녀에게 매달 관리에게 봉급으로 주는 쌀을 공급하도록 하고 40만
전을 내렸다.

【평하여 말한다】

유요는 명예를 아끼고 품행을 닦았으며 [다른 사람에 대해] 옳고 그
름을 바르게 판단하기를 좋아했는데, 혼란스러운 시대에 이르러 만
리 땅을 제어한 것은 그의 훌륭한 점이 아니다. 태사자는 신의가 있고
의기가 열렬하며 옛사람의 정의가 있었다. 사섭은 남월을 지키며 마

음대로 하고 생을 마쳤지만, 그 아들에 이르러서는 신중하지 못하여 스스로 화를 초래했다. 평범한 재능으로 부귀함을 즐기고 험한 지세를 부지한 것이 그를 이런 결과에 이르게 한 듯하다.

5

비빈전妃嬪傳

오나라 절대 권력자들의 여인들

군사와 행정에 밝았던 손견의 어진 내조자

오 부인전吳夫人傳

손파로(孫破虜, 손견)의 오 부인은 오나라 군주 손권의 어머니이다. 그녀는 본래 오군 사람이지만 전당현으로 이사했으며, 어려서 부모를 여의어 동생 오경과 함께 살았다. 손견은 그녀의 재능과 외모를 듣고 아내로 삼고자 했다. 오씨의 친척들은 손견의 경솔함과 교활함을 혐오하여 그의 구혼을 거부했으므로, 손견은 매우 부끄럽고 원통하게 생각했다. 그러나 오 부인이 친척들에게 말했다.

"어찌하여 한 여자를 사랑함으로써 화를 불러일으키겠습니까? 제가 만일 시집가서 불우해진다면 그것은 제 운명입니다."

그러자 친척들도 마침내 결혼을 허락했다. 그녀는 4남 1녀를 낳았다.[1]

오경은 늘 손견을 따라 정벌에 나가 전공을 세웠으므로 기도위에 제수되었다. 원술은 오경을 승진시켜 단양 태수를 겸하게 하고,

---

1) 처음 오 부인이 아이를 가졌을 때, 달이 배 속으로 들어오는 꿈을 꾸고는 손책을 낳았다. 손권을 가졌을 때는 해가 배 속으로 들어오는 꿈을 꾸었다. 오 부인이 손견에게 말했다. "전에 손책을 임신했을 때는 꿈에 달이 제 배 속으로 들어오더니, 지금은 꿈에 해가 제 배 속으로 들어왔으니 무슨 까닭일까요?" 손견이 말했다. "해와 달은 음양의 정기로서 지극히 존귀한 형상이니, 우리 자손들이 아마 흥성할 것이오."

전임 태수 주흔周昕[2]을 토벌하여 드디어 그의 군을 점령했다.

손책이 손하, 여범과 더불어 오경에게 의지하여 부하들을 모아 합동으로 경현의 산적 조랑祖郞을 토벌하니 조랑은 져서 달아났다. 때마침 유요에게 핍박을 받고 있던 오경은 다시 북쪽으로 가서 원술에게 의탁했다. 원술은 그를 독군중랑장으로 삼고 손분과 함께 횡강橫江에서 번능과 우미를 토벌하고, 또 말릉에서 작융과 설례를 쳤다. 이때 손책은 우저에서 부상을 입었고 항복한 도적들도 다시 모반했는데, 오경이 이들을 쳐서 모두 사로잡았다. 오경은 유요를 토벌할 때 참가했는데 유요가 예장으로 달아나자, 손책은 오경과 손분을 수춘으로 보내 원술에게 보고했다. 원술은 바야흐로 서주를 차지하기 위해 유비와 싸우려고 했으므로 오경을 광릉 태수로 삼았다.

원술이 나중에 참람하게도 제帝라고 일컫자 손책은 편지로 원술을 깨우치려고 했다. 그러나 원술이 받아들이지 않았으므로 곧장 장강 입구를 끊어버리고 원술과 오가지도 않고 사람을 보내 이 사실을 오경에게 알렸다. 오경이 곧 광릉군을 버리고 강동으로 돌아오자 손책은 다시 그를 단양 태수로 삼았다. 한나라 조정은 의랑 왕보王誧를 보내 왕명을 받들어 남하하게 하고 오경을 양무장군으로 삼았으며, 그가 군수를 겸한 것은 전과 같게 했다.

손권이 어린 나이에 대업을 이을 때, 오 부인이 군사와 행정을 다

---

2) 주흔은 자가 대명大明이며, 어려서 경사京師에 유학하여 태부 진번陳蕃에게 사사받았다. 여러 서적을 두루 읽었고, 풍각(風角, 바람을 보아 길흉을 점치는 방술)에 밝았으며, 재앙을 잘 예언했다. 나중에 조조가 의병을 일으켰을 때는 몇 차례에 걸쳐 병사 1만여 명을 보내 정벌을 돕기도 했다. 그러나 원술과는 서로 교유하지 않았다.

스리는 일을 도와 매우 큰 보완과 이로움이 있었다.[3]

| 건안 7년(202) | 그녀는 죽음에 임박하여 장소 등을 불러 뒷일을 부탁했다. 그녀는 죽은 뒤 고릉에 손견과 합장되었다.

| 건안 8년(203) | 오경은 재임 중에 죽었다. 그 아들 오분吳奮이 병권을 받아 부장이 되었으며, 신정후新亭侯에 봉해졌다가 세상을 떠났다. 아들 오안吳安이 뒤를 이었는데, 오안은 노왕 손패와 붕당을 만들다가 죄에 연루되어 죽었다. 오분의 동생 오기吳祺가 뒤를 이었으며, 도정후에 봉해졌다가 죽었다. 아들 오찬吳纂이 뒤를 이었다. 오찬의 아내는 곧 등윤의 딸인데, 등윤이 주살되자 오찬도 함께 해를 입었다.

---

3) 손책의 공조 위등魏騰이 손권의 뜻을 어겨 손책이 그를 죽이려 하자, 사대부는 모두 두려워만 할 뿐 묘안이 없었다. 이때 오 부인이 큰 우물에 몸을 기대고 손책에게 말했다. "너는 강남을 겨우 경영하기 시작하여 그 일을 완성하지도 못했다. 지금은 뛰어난 선비를 예우함에 허물은 버리고 공만 보아야 한다. 위 공조는 공적인 일에 계책을 다했거늘 네가 오늘 그를 죽이면 내일 모두 너를 배반할 것이다. 나는 차마 네게 화가 미치는 것을 보지 못하겠다. 먼저 이 우물 속으로 뛰어들 뿐이다." 이 말을 듣고 크게 놀라 위 공조를 풀어주었다.

손권의 총애를 잃고 요절하다

사 부인전謝夫人傳

오나라 군주 손권의 사 부인은 회계군 산음현山陰縣 사람이다. 그녀의 아버지 사경謝煚은 한나라 조정의 상서랑과 서현의 영이었다. 손권의 어머니 오 부인은 손권을 위해 그녀를 불러 비로 삼았고, 그녀는 손권의 총애와 사랑을 받았다. 나중에 손권은 고모의 손녀 서씨徐氏를 맞아들이고는 사 부인을 그녀보다 아래에 두려 했으나, 사 부인이 이를 받아들이지 않았으므로 손권의 총애를 잃고 요절했다. 그 이후 10여 년이 지나 사 부인의 동생 사승謝承이 오관낭중五官郎中에 임명되었고, 점점 승진하여 장사군의 동부도위東部都尉 및 무릉태수武陵太守로 옮겼으며,《후한서後漢書》1백여 권을 지었다.

끝내 황후에 오르지 못한 비운의 여인

서 부인전徐夫人傳

오나라 군주 손권의 서 부인은 오군 부춘현富春縣 사람이다. 그녀의
할아버지 서진徐眞은 손권의 아버지 손견과 서로 친했으므로 손견
은 누이동생을 서진에게 시집보냈고, 그녀는 서곤徐琨을 낳았다. 서
곤은 젊어서 주군에서 벼슬을 했는데, 한나라 말기에 소요가 일어
나자 벼슬을 버리고 손견을 따라 정벌을 나가 공을 세웠으므로 편
장군에 임명되었다. 손견이 세상을 떠나자 횡강에서 번능과 우미
등을 토벌하고, 당리구에서 장영張英을 쳤다. 그는 배가 부족하므로
군대를 주둔하고 배를 보충하자고 요구하려 했다. 이때 서곤의 어
머니가 군 안에 있었는데 서곤에게 일렀다.

"아마 주 자사가 수군을 파병하여 적을 막으려는 모양인데 이는
불리하다. 어떻게 주둔할 수 있겠니? 마땅히 갈대를 베어 부(泭, 갈대
나 나무를 엮어서 강물을 건너는 떼)를 만들어 배를 보좌하여 군대가 건
너도록 해야 한다."

서곤이 이 말을 손책에게 모두 알리니 손책은 바로 이 방법을 실
행하여 무리가 모두 강을 건너가 마침내 장영을 깨뜨리고, 작융과
유요를 물리쳐 대업을 이룰 수 있었다. 손책은 서곤에게 단양 태수
를 겸하라고 표를 올렸는데, 마침 오경이 광릉을 버리고 강동으로
돌아와 다시 단양 태수가 되었다. 서곤은 독군중랑장 신분으로 군

대를 다스려 여강 태수 이술李術을 쳐부수는 데 참가해 광덕후廣德侯
로 책봉되었고, 평로장군平虜將軍[4]으로 옮겨졌다. 나중에 황조를 토
벌하는 데 참가했다가 화살에 맞아 세상을 떠났다.

　서곤이 서 부인을 낳았다. 서 부인은 처음에 같은 군의 육상陸尙
에게 시집을 갔다. 육상이 세상을 떠나자 오나라에서 토로장군으로
있던 손권이 그녀를 불러 비로 삼고, 그녀에게 아들 손등을 기르도
록 했다. 나중에 손권이 오군을 떠난 것은 서 부인의 질투 때문이었
으므로 그녀를 오군에 내팽개쳐두었다. 10여 년이 지난 뒤 손권은
오왕이 되었다가 제위에 올랐으며, 손등은 태자가 되었다. 모든 신
하가 서 부인을 황후로 세우라고 요청했으나 손권은 보씨步氏에게
뜻이 있으므로 끝내 허락하지 않았다. 나중에 서 부인은 질병으로
죽었다. 그녀의 오라버니 서교徐矯가 아버지 서곤의 후侯 지위를 이
어받아 산월을 쳐서 평정하여 편장군에 임명되었다. 그러나 서 부
인보다 먼저 죽었고 아들이 없었다. 동생 서조徐祚가 작위를 이었는
데 전공으로 무호독蕪湖督, 평위장군平魏將軍에까지 이르렀다.

---

4)　오랑캐 등 이민족 정벌을 담당한 관직. 촉나라에는 없었고, 위나라와 오나라에는 있었다.

손권의 총애를 얻으려고 첩실을 권하다

보 부인전步夫人傳

오나라 군주 손권의 보 부인은 임회군臨淮郡 회음현淮陰縣 사람이며, 승상 보즐과 같은 종족이다. 한나라 말에 어머니가 그녀를 데리고 여강으로 이사했는데, 여강이 손책에게 무너지자 모두 동쪽으로 장강을 건넜다. 보 부인은 아름다워 손권에게 총애를 받았으며, 그 총애는 후궁 중에서 으뜸이었다. 그녀는 딸 둘을 낳았는데, 맏딸은 노반魯班이라 하며 자는 대호大虎인데 먼저 주유의 아들 주순周循에게 시집갔다가, 나중에 전종에게 시집갔다.[5] 작은딸 이름은 노육魯育이고 자는 소호小虎이며 먼저 주거에게 시집갔다가, 나중에 유찬劉纂에게 시집갔다.

보 부인은 질투심이 없어서 손권에게 추천하여 바친 후궁이 많았으므로 오랫동안 손권에게 총애를 받았다. 손권이 오왕 및 제帝가 되자 그녀를 황후로 세우려는 뜻을 가지고 있었으나 여러 신

---

5) 이러한 면모는 손권이 비록 아무런 기반도 없는 듯했으나 강북과 강동의 대족들의 지지를 얻었는데, 이는 조조의 정책과 상반된 것이었다. 조조는 북방을 통일하면서 부곡部曲의 발전을 철저히 억제하고 세족과 호족들의 사병들을 국가의 통제 하에 두거나 둔전민으로 편입시켰다. 반면 손권은 호족의 세력 확장을 통하여 자신과의 긴밀한 유대를 맺어 함께 공존을 모색하는 전략을 펼쳤다.

하의 의중은 서 부인에게 있었으므로, 손권은 10여 년을 주저하며 결정을 내리지 못했다. 그러나 궁궐 안에서는 모두 그녀를 황후라고 일컬었으며, 친척이 상소할 때도 중궁中宮이라고 했다. 그녀가 세상을 떠나자 신하들은 손권의 뜻에 따라 그녀에게 확정된 명칭을 추서하도록 요청했다. 이에 손권은 인수를 주고 책명을 내리며 말했다.

적오 원년(238) 윤閏 10월 1일에 황제는 말한다. 아아! 황후여! 황후야말로 내가 천명을 수행하는 것을 도와주고 함께 천지의 질서를 계승했노라. 이른 아침부터 저녁까지 경건하고 공경스럽게 짐과 더불어 수고로움을 나누었도다. 안으로는 후궁의 가르침을 엄정하게 닦고 예의에 어긋남이 없었다. 관용을 베풀고 자애롭고 은혜로워 맑고 고운 덕망이 있었다. 백성과 신하들이 원하는 바를 나타냈고 멀건 가깝건 마음을 귀의했다.

짐은 세상의 혼란을 평정하지 못했고, 천하를 통일하는 일도 완성하지 못했으며, 황후의 고아한 뜻을 좇아 언제나 겸양하며 자신을 누르려고 생각했다. 그러므로 그때 황후에게 명칭과 호칭을 주지 않았다. 나는 또 황후는 반드시 향년이 영원하며, 영원히 짐과 마주 보며 하늘이 내린 복을 누릴 줄로 여겼다. 꿈에나마 잠시라도 생각도 못한 사이에 목숨이 이미 멈추었구나.

짐은 본뜻을 일찌감치 밖으로 드러내지 못한 것을 한스러워하며, 황후가 죽어 하늘의 복을 마치지 못했음을 상심한다. 애도함이 지극하여 이 마음이 통한하다. 이제 사지절, 승상인 예릉정후醴陵亭侯 고옹은 책서策書를 받들어 존호를 수여하며, 먼저 죽은 황후와 함께 배향하라. 혼백에 만일 영혼이 있다면 반드시 그녀가 받은 총애와 영예를 기릴 것이다. 아아! 슬프구나.

보 부인은 장릉에 안장되었다.

대의황후로 추존된 손화의 어머니

왕 부인전王夫人傳

오나라 군주 손권의 왕 부인은 낭야국琅邪國 사람이다.[6] 왕 부인은 후궁으로 들어가 황무 연간(222~228)에 손권의 총애를 얻어 손화를 낳았다. 그의 총애는 보씨에 버금갔다. 보씨가 죽은 뒤 손화가 태자가 되자 손권은 왕 부인을 세워 황후로 삼고자 했으나, 전 공주(보부인의 맏딸 노반)가 평소 부인을 미워했으므로 그녀는 손권이 병들었을 때 왕 부인이 기뻐하는 기색이 있더라고 말했다. 이로 말미암아 손권은 노여워하며 왕 부인을 매우 꾸짖었다. 왕 부인은 이 때문에 근심하다가 죽었다. 손화의 아들 손호가 황제로 세워지자 부인을 추존하여 대의황후大懿皇后라고 했으며, 그녀의 세 동생을 모두 열후에 봉했다.

---

6) 왕 부인 아버지의 이름은 노구盧九이다.

경회황후로 추존된 손휴의 생모

왕 부인전王夫人傳

오나라 군주 손권의 왕 부인은 남양군 사람인데, 후궁으로 들어온 뒤 가화 연간(232~237)에 총애를 받았고 손휴를 낳았다. 손화가 태자가 되었을 때, 손화의 어머니가 존귀해져서 여러 후궁 가운데 총애를 입던 자들은 쫓겨나 궁궐 밖에서 살았다. 부인은 공안에 나갔다가 죽었으며 안장되었다. 손휴가 즉위하자 사신을 보내 추존하여 경회황후敬懷皇后라 부르고, 다시 경릉敬陵에 매장했다. 왕씨에게는 후손이 없으므로 왕 부인과 어머니가 같은 동생 문옹文雍을 정후로 삼았다.

손량을 낳고 황후에 올랐으나 첩들에게 죽다

반 부인전潘夫人傳

오나라 군주 손권의 반 부인은 회계군 구장현句章縣 사람이다. 그녀의 아버지는 지위가 낮은 관리였는데 법을 범하여 사형을 당했다. 반 부인은 언니와 함께 궁중의 직실(織室, 실을 잣는 방)로 호송되어왔다. 손권이 보더니 그녀를 기특하게 여겨 불러서 후궁으로 채워 넣었다. 총애를 얻어 임신하게 되었는데 꿈에 어떤 사람이 용머리를 자신에게 주려고 하여 자기 앞치마로 그것을 받았고, 마침내 손량을 낳았다.

| 적오 13년(250) | 손량이 태자로 세워지자 반 부인의 언니를 출가시키기를 청하니, 손권은 그것을 듣고 허락했다. 이듬해에 반 부인을 황후로 세웠다. 반 부인은 성품이 음험하고 질투하며 아첨을 좋아하여 처음부터 끝까지 원 부인袁夫人[7] 등 많은 후궁을 참언하여 음해했다. 손권이 위독해지자 부인은 사람을 보내어 중서령 손홍孫弘에게 여 태후가 정치를 전횡한 옛일을 묻기도 했다. 그녀는 병든 손권을 보살피느라 피로하여 결국 병에 걸리게 되었는데, 여러 후궁

---

7) 원 부인은 원술의 딸이다. 절개가 있고 행동도 곧으나 자식이 없었다. 손권이 여러 번 자기 후궁들의 자식을 그녀에게 주어 기르도록 했으나 그녀는 그렇게 하지 않았다. 보 부인이 죽었을 때 그녀가 뒤를 잇게 하려고 했지만 부인은 자식이 없다고 한사코 거부했다.

이 그녀가 잠자리에 누워 있는 것을 엿보다가 함께 그녀를 묶어서 죽이고는 사악한 질병에 걸렸기 때문이라고 말했다. 나중에 일이 들통나서 연좌되어 사형당한 자들이 예닐곱 명이나 되었다. 손권도 얼마 뒤 세상을 떠나 장릉에 합장했다. 손량이 즉위하여 반 부인의 형부 담소譚紹를 기도위로 삼고 병권을 주었다. 손량이 폐출되자 담소와 그의 가솔들은 고향인 여릉으로 보내졌다.

오의 두 번째 황후였다가 폐위된 후 피살되다

전 부인전全夫人傳

손량의 전 부인은 전상의 딸이다. 전상의 종조모였던 전 공주가 그녀를 좋아하여, 매번 손권에게 나아가 만날 때 그녀와 함께 있었다.

반 부인 모자가 총애를 얻었을 때, 전 공주는 자신이 손화의 어머니와 틈이 있다고 여기고는 손권에게 권하여 반 부인의 아들 손량을 전 부인에게 장가들도록 했다. 손량이 제위를 이었다.

전 부인이 황후로 세워진 다음 손량은 전상을 성문교위城門校尉[8]로 삼고 도정후에 봉했으며, 등윤 대신 태상 및 위장군이 되게 했다. 나아가 영평후永平侯, 녹상서사錄尙書事에 봉했다. 이때 전씨 가족 중에서 후侯로 봉해진 사람이 다섯 명이었는데, 그들 모두 군사를 주재했고, 나머지 가족 중에서 시랑, 기도위, 황궁 주변의 숙위宿衛가 된 사람들이 있었다. 오나라가 흥기한 이래 외척들 중에서 아무리 고귀하고 흥성해도 전씨 가족을 따를 수가 없었다.

위나라 대장 제갈탄이 수춘성을 바치고 귀순하기를 청했을 때 전역·전단·전의全褘·전의全儀 등은 나란히 이때를 틈타 위나라에

---

8) 수도 낙양의 12성문의 경비 책임자로서 행인들의 조사까지 맡아보는 관직이다. 위나라와 오나라에는 있었고, 촉나라는 분명하지 않다.

투항했고, 전희全熙는 음모가 누설되어 피살당했다. 이로 말미암아 모든 전씨가 쇠약해졌다.

손침이 손량을 폐위하여 회계왕으로 삼고, 나중에 다시 내쫓아 후관후로 삼자, 전 부인은 손량을 따라서 봉국에 이르러 후관에서 살다가, 전상이 가솔들을 데리고 영릉으로 옮겼을 때 피살되었다.[9]

---

9) 손량의 아내는 뛰어난 두뇌와 아름다운 용모를 지녔으며, 후관에 살다가 오나라가 평정되자 곧 돌아가 영녕永寧 연간(301~302)에 죽었다.

손호에게 핍박받아 죽다

주 부인전朱夫人傳

손휴의 주 부인은 주거의 딸로, 손휴의 누이 주 공주(노육)의 소생이다.

| **적오 말년(250)** | 손권은 손휴를 위해 그녀를 맞아들여 비妃로 삼았다. 손휴가 낭야왕에 봉해지자, 그녀는 단양에 살았다.

| **건흥 연간(252~253)** | 손준이 정권을 휘두르자 왕공王公의 가족은 모두 근심했다. 전상의 아내는 곧 손준의 누이였으므로 오직 전 공주만이 손준을 도왔다. 처음 손화가 태자가 되었을 때 전 공주는 왕 부인을 참언하고 해를 끼쳐 손화의 태자 신분을 폐하고 노왕(魯王, 손패)을 태자로 세우려고 했지만, 주 공주가 이 말을 듣지 않았으므로 이로 말미암아 사이가 벌어졌다.

| **오봉 연간(254~256)** | 손의는 손준을 죽이려고 모의했으나 일이 발각되어 주살당했다. 전 공주가 주 공주와 손의가 함께 모의했다고 상주했기 때문에 손준은 주 공주를 까닭 없이 죽였다.[10] 손휴는 두려워 주 부인을 건업으로 돌려보내면서 손을 붙잡고 울며 헤어

---

10) 손준이 주 공주를 죽여 석자강石子岡에 묻었다. 귀명후(손호)가 즉위하자 주 공주의 무덤을 옮기려고 했다.

졌다. 건업에 이르자 손준은 또 그녀를 손휴에게 돌아가도록 했다.

| 태평 연간(256~258) | 손량이 주 공주가 전 공주 때문에 죽은 것을 알고는 주 공주의 사망 원인을 묻자, 전 공주는 두려워하며 말했다.

"저는 실제로 알지 못합니다. 모두 주거의 두 아들 주웅朱熊과 주손朱損이 자백한 것입니다."

손량은 주웅과 주손을 죽였다. 주손의 아내는 손준의 누이동생이다. 손침은 더욱더 손량을 꺼려 마침내 손량을 폐위하고 손휴를 세웠다.

| 영안 5년(262) | 손휴는 주 부인을 황후로 세웠다. 손휴가 세상을 떠나자 군신들은 주 부인을 황태후로 추천했다. 손호는 즉위한 지 한 달 남짓 되었을 때 그녀를 경황후로 폄적시켜 안정궁安定宮에 거주하도록 했다.

| 감로 원년(265) 7월 | 핍박을 받아 죽었으며 정릉에 손휴와 합장되었다.

소헌황후로 추존된 손호의 어머니

하희전何姬傳

손화의 하희는 단양군 구용현句容縣 사람이다. 아버지 하수何邃는 원래 기병이었다. 손권이 일찍이 여러 군영을 시찰하다가 길에서 하희를 보게 되었다. 손권은 멀리서 그녀를 바라보고는 특이하다고 생각하여 궁중으로 불러들여 아들 손화에게 주었다. 하희는 사내아이를 낳았다. 손권은 기뻐하며 그 이름을 팽조라고 했으니, 곧 손호이다. 태자 손화가 폐위된 뒤 남양왕이 되어 장사에서 살았다. 손량이 즉위하자 손준이 정치를 도왔다. 손준은 평소에 전 공주를 잘 섬겼는데 전 공주가 손화의 어머니와 틈이 생기자 마침내 손준에게 권하여 손화를 신도에 옮겨 살도록 하고는 사신을 보내 사약을 먹게 하니, 적비嫡妃 장씨張氏도 스스로 목숨을 끊었다. 하희가 말했다.

"만일 모두 따라 죽는다면 누가 고아들을 키우겠습니까?"

마침내 손호와 그의 세 동생을 길렀다. 손호가 즉위하자 손화를 추존하여 소헌황제昭獻皇帝라 했으며, 하희는 소헌황후가 되었고 승평궁升平宮으로 일컬어졌다. 그녀는 한 달 남짓 있다가 황태후로 올라갔다. 아우 하홍을 영평후로, 하장何蔣을 율양후溧陽侯로, 하식을 선성후宣城侯로 봉했다. 하홍이 죽자 아들 하막何邈이 뒤를 이어 무릉감군(武陵監軍, 무릉 전투 지역의 군사 감독을 일컬음)이 되었으나, 진나라에 의해 피살당했다. 하식의 관직은 대사도大司徒[11]까지 이르렀다. 오나라 말 혼란스러울 때 하씨들은 교만하고 윗사람을 범하며 자제들은 방자했으므로, 백성은 이를 걱정했다. 따라서 민간에 떠도는 말은 이러했다.

"손호가 죽은 지 오래되어 자리에 있는 자들이 하씨의 자식들이구나."

---

11) 삼공의 하나로서 백성과 관련된 사무를 관장했다. 오나라에서는 승상제를 시행했는데, 손권은 제갈탄에게 대사도라는 관직을 주었으며 실권은 없었다.

손호와 고락을 함께한 오의 마지막 황후

등 부인전滕夫人傳

손호의 등 부인은 태상 등윤의 동족同族의 딸이다. 등윤이 멸족당한 뒤에 등 부인의 아버지 등목은 등윤과 관계가 소원하여 변방 군으로 옮겨졌다. 손휴가 즉위해서 대사면을 실시하여 그들은 겨우 돌아왔다. 손휴는 등목을 오관중랑五官中郎으로 삼았다. 손호가 오정후에 봉해지고 난 다음 등목의 딸을 불러 비로 삼았다. 손호가 즉위하자 황후로 세워졌으며, 등목은 고밀후에 봉해지고 위장군 및 녹상서사에 임명되었다.

나중에 조정의 대신들은 등목이 존귀한 인척이라고 생각하여, 그를 손호에게 추천하여 간언하도록 했다. 그러나 등 부인에 대한 총애가 점차 식자 손호는 기뻐하지 않았으며, 손호의 어머니 하씨가 늘 그의 행위를 좌우했다. 태사들도 역법曆法의 운세를 말하며 황후를 바꾸면 안 된다고 했다. 손호는 무술巫術을 믿었으므로 등 황후를 폐위하지 않았으며 늘 승평궁에서 공양했다. 등목은 창오군으로 보내져 살게 되었는데, 비록 작위는 빼앗기지 않았다고 해도 사실은 유랑하는 것이었으므로 창오군의 길을 따라가다가 근심으로 죽었다.

황후의 궁중 관원들은 오로지 명목적인 관리로 숫자만 채웠을 뿐인데, 손호는 전처럼 그들의 하례와 표와 소疏를 받았다. 그러나 손호의 많은 총희 가운데에는 황후의 옥새와 수綬를 차고 있는 자가 많았다.

| 천기 4년(280) | 등 부인은 손호를 따라 낙양으로 옮겼다.

【평하여 말한다】

《주역周易》에 "집안을 바르게 해야 천하가 안정된다."라고 했고,《시경》에 "예법으로 첩을 대하고 형제를 대하는 데 이르러야 나라를 다스릴 수 있다."라고 했다. 진실하구나, 이 말이여! 멀리는 제나라 환공桓公을 바라보고 가까이는 손권을 살펴보아도 무릇 식견 있는 선비들의 명철함과 호걸의 의지를 갖고 있는 자들은 오히려 적자와 서출의 구분이 없어 내실이 어지러워져 고금 사람들의 웃음거리가 되었고, 재앙을 후세까지 남겼다. 이로 말미암아 논하건대 오로지 도덕과 예의를 중심으로 삼고, 공평과 전일함을 주인으로 삼는 자가 된 다음에야 이런 허물을 극복하고 면할 수 있겠구나!

6

종실전宗室傳

오나라 황실의 친족들

벼슬에 뜻을 두지 않고 고향을 지키다

손정전孫靜傳

손정은 자가 유대幼臺이고 손견의 막내(셋째) 동생이다. 손견이 처음 일을 도모할 때 손정은 고향과 종실의 무리 5백~6백 명을 규합하여 후방의 수비를 공고히 했는데, 사람들이 모두 그에게 복종했다.

손책이 유요를 쳐부수고 여러 현을 평정하자, 다시 군대를 진격하여 회계를 공략하려고 하면서 사람을 보내 손정을 부르게 했다. 손정은 일가권속을 데리고 와서 전당에서 손책을 만났다. 이때 회계 태수 왕랑이 고릉固陵에서 손책을 막고 있었으므로, 손책이 여러 차례 물을 건너 싸워도 이길 수 없었다. 손정은 손책을 설득하여 말했다.

"왕랑이 험준한 데 의지하여 성을 지키고 있으므로 신속하게 공략할 수는 없다. 사독査瀆은 남쪽으로 거리가 여기서부터 수십 리이지만 길의 요충이다. 마땅히 그곳을 좇아 왕랑의 내부를 공략해야 한다. 이른바 그가 방비하지 못한 곳을 공격하고 생각지도 못한 것을 이끌어내는 것이다. 내가 마땅히 스스로 무리를 이끌고 전군(典軍, 군사 업무를 담당함)의 선봉이 되면 그를 무너뜨리는 것은 필연적일 것이다."

손책이 말했다.

"좋습니다."

그러고는 거짓으로 군에 명을 내렸다.

"요즈음 비가 연이어 내려 물이 혼탁한데, 병사들이 그것을 마시고 대부분 복통을 일으킨다. 명하건대 항아리 수백 개를 급히 갖추어서 물을 정화하도록 하라."

황혼이 되자, 불을 연이어 붙여놓아 왕랑을 속이고는 곧바로 군대를 나누어 밤에 사독의 길로 진격하여 고천둔高遷屯을 습격했다. 왕랑은 크게 놀라 전 단양 태수인 주흔 등을 보내 군대를 이끌고 앞으로 나아가 싸우게 했다. 손책은 주흔 등을 무찌르고 마침내 회계군을 평정했다. 손책은 표를 올려 손정을 분무교위奮武校尉에 제수하고 그에게 중임을 주고자 했으나, 손정은 조상의 분묘와 종족에 미련을 두고 나아가 벼슬하는 것을 좋아하지 않아 고향에 남아 굳게 지키기만을 원했다. 손책은 그의 바람에 따랐다.

손권이 집권한 뒤 손정은 곧 소의중랑장昭義中郎將으로 자리를 옮겼으며 집에서 세상을 떠났다. 손정에게는 다섯 아들이 있었으니 손호孫暠·손유·손교·손환孫奐·손겸이다. 손호에게는 세 아들이 있었으니 손작孫綽·손초孫超·손공孫恭이다. 손초는 편장군이 되었다. 손공은 손준을 낳았고, 손작은 손침을 낳았다.

행군 중에도 경전을 외다

손유전孫瑜傳

손유는 자가 중이仲異이고, 공의교위(恭義校尉, 정벌을 담당한 관직) 신분으로 처음 군대를 통솔했다. 그 무렵 그의 빈객과 장수 들은 대부분 강서江西 사람이었는데, 손유는 마음을 비우고 그들을 달래주어 환심을 샀다.

| 건안 9년(204) | 손유는 단양 태수에 임명되었는데, 그에게 의탁한 무리가 1만여 명이나 되었다. 따라서 그에게 수원장군綏遠將軍의 직위를 더했다.

| 건안 11년(206) | 주유와 함께 마둔과 보둔 두 진지를 쳐서 그들을 깨뜨렸다. 뒤에 그는 손권을 따라 유수에서 조조에게 대항했는데, 손유는 손권을 설득하여 자중하도록 했으나 손권은 그 의견을 따르지 않았고, 군대는 과연 성과가 없었다. 손유는 분위장군으로 옮겼으며 전처럼 군郡을 다스렸고, 율양溧陽에서 옮겨 우저에 주둔했다. 손유는 영안 사람 요조饒助를 양안현襄安縣의 장으로 삼고, 무석無錫 사람 안련顏連을 거소현居巢縣의 장으로 삼아 구강과 여강 두 군에서 두 마음을 품은 자들을 받아들이도록 했는데, 각자 항복하여 귀의하는 자들을 얻었다.

제음濟陰 사람 마보馬普는 학문을 돈독히 하고 고문을 좋아했다. 손유는 그를 후하게 예우하고 군부郡府와 군부軍府 장리들의 자제

수백 명을 나아가 수업을 받게 하고는 마침내 학관學官을 세우고, 제헌祭獻할 때에도 그에게 예의를 강의하도록 했다. 이 무렵 장수들은 모두 군사 일을 능사로 삼았으나, 손유는 경전을 꽤 즐겨 군대가 행군하는 도중에도 낭독하는 소리가 끊이지 않았다.

| 건안 20년(215) | 그는 서른아홉 살에 죽었다. 손유에게는 다섯 아들이 있었으니 손미孫彌, 손희孫熙, 손요孫燿, 손만孫曼, 손굉孫紘이다. 손만은 관직이 장군에 이르렀으며 후侯로 봉해졌다.

여몽과 함께 관우를 사로잡고 형주를 평정하다

손교전孫皎傳

손교는 자가 숙랑叔朗이고, 처음에는 호군교위(護軍校尉, 오나라의 관직으로서 군대를 거느리고 적의 공격에 대항하는 관직)에 임명되어 무리 2천 명을 통솔했다. 이때 조조가 여러 번 유수를 공격했는데, 손교는 매번 달려나가 저항하여 정예精銳라는 호칭을 얻었다. 도호정로장군都護征虜將軍으로 승진했으며, 정보를 대행하여 하구를 다스렸다. 황개와 형 손유가 세상을 떠나자, 또다시 그들의 군대를 합병했다. 조정에서는 사선·운두雲杜·남신시南新市·경릉竟陵을 그에게 주어 식읍으로 삼게 하고 스스로 장리를 두도록 했다.

손교는 재물을 가벼이 여기고 베풀기를 잘하며 교유를 맺는 데 뛰어나 제갈근과도 매우 돈독했다. 여강 사람 유정劉靖에게는 일의 득실을 맡기고, 강하 사람 이윤李允에게는 보통 사무를 맡겼으며, 광릉 사람 오석吳碩과 하남 사람 장량에게는 군대를 맡기고 이들에게 마음을 기울여 친하게 우대하니, 그들은 스스로 다하지 않음이 없었다. 손교가 일찍이 정찰병을 보냈는데, 위나라 변방의 장리와 미녀 들을 붙잡아서 손교에게 바쳤다. 손교는 오히려 그들의 옷을 갈아입히고 돌려보내며 부하들에게 명을 내렸다.

"지금 우리가 주살하려는 자는 조씨(조조)이거늘 그 백성에게 무슨 죄가 있는가? 지금부터는 그의 노약자들을 공격하지 않는다."

이로 말미암아 장강과 회수 일대의 많은 사람이 귀의했다. 손교는 일찍이 사소한 일로 감녕과 다투었는데, 어떤 사람이 감녕에게 간언하자 감녕이 말했다.

"신하는 모두 동등하거늘 정로장군이 비록 공자이지만 어찌하여 함부로 행동하고 사람을 모욕할 수 있소! 나는 영명한 군주를 만났으니, 마땅히 공적을 세우고 목숨을 바쳐 군주에게 보답해야 할 뿐 진실로 세간의 관례에 따라 몸을 굽힐 수는 없소."

손권이 이 말을 듣고 편지를 써서 손교를 꾸짖어 말했다.

우리가 북방(조조)과 적이 된 이래 이미 10년이 지났으며, 처음에 서로 대치할 때는 그대의 나이가 어렸으나 지금은 서른이 가까워지려 한다. 공자가 말한 "서른 살이면 서게 된다(三十而立)."라는 말은 오직 오경五經을 배우라는 것만이 아니다. 그대에게 정예병을 주고 막중한 임무를 맡겨 천 리 밖에 있는 여러 장수까지도 감독하게 했으니, 이는 마치 초나라가 소해휼(昭奚恤, 초나라 대신으로 북방 변경을 굳게 지켰음)을 임명하여 북쪽 변경까지 위세를 떨치게 한 것과 같은 것이지, 그대더러 사사로운 뜻을 펼치라고 한 것이 아니다.

요즈음 들기로 그대가 감흥패(甘興霸, 감녕)와 술을 마시다가 술로 인하여 발작을 일으켜 그 사람을 능멸했다고 하는데, 그 사람은 여몽의 감독 하에 있기를 원했던 사람이다. 그 사람됨이 비록 거칠고 호방하여 다른 사람의 마음에 들지 못할 경우도 있지만 비교적 대장부라고 할 만하다. 내가 그를 가까이했지만 사사롭게 대한 것이 아니다. 내가 그를 가까이하고 아끼는데, 그대는 그를 멀리하고 미워하고 있다. 그대는 번번이 나와 어긋나기만 하니 우리의 대업이 오래갈 수 있겠는가?

대체로 스스로 공경스럽게 머물면서 다른 사람에게 행하는 것을 간략히 하면 백성에게 임할 수 있고, 사람들을 아끼고 포용력이 많으면 무리를 얻을 수 있다. 오히려 이 두 가지 이치도 알지 못하는데 어찌 먼 곳에 있는 사람들을 통솔하여 도적을 막아 위험을 구하겠는가? 그대가 자라서 특별히 중대한 임무를 받아 위로는 먼 곳에 있는 사람들이 촉망하는 시선이 있고, 아래로는 부하들과 아침저녁으로 논의해야 할 일이 있거늘 어찌하여 제멋대로 크게 성을 내는가?

사람이 누가 허물이 없겠는가? 능히 고치는 것을 귀하게 여긴다. 그대는 마땅히 지나간 허물을 되씹어 스스로 깊이 꾸짖어야 한다. 이제 일부러 제갈자유(諸葛子瑜, 제갈근)를 번거롭게 하며 내 뜻을 거듭 알린다. 편지에 임하니 마음이 매우 슬프고 서글퍼서 눈물이 흘러내린다.

손교는 편지를 받자, 상소하여 잘못을 사죄하고 마침내 감녕과 두터운 교분을 맺었다. 나중에 여몽이 남군을 습격하려고 하자, 손권은 손교에게 명을 내려 여몽과 더불어 좌우 부대의 대독(大督, 총지휘관)으로 삼으려고 했다. 여몽이 손권을 설득하여 말했다.

"만일 폐하께서 생각하시기에 정로장군(손교)이 유능하다면 마땅히 그를 임용하시고, 제가 능력이 있다면 마땅히 저를 임용하십시오. 옛날에 주유와 정보가 좌우 부대의 대독이 되어 함께 강릉을 공격했을 때 비록 일은 주유가 결정했지만, 정보는 스스로 노장(老將)이라고 인정하고 둘이 모두 대도독이 되어 함께 일했습니다. 하지만 결국 화목하지 못하여 나라의 큰일을 거의 그르쳤습니다. 이것은 지금의 경계가 됩니다."

손권은 깨달은 바가 있어 여몽에게 고마워하며 말했다.

"그대를 대독으로 삼고 손교를 후속 부대로 삼는다."

나중에 손교는 관우를 붙잡고 형주를 평정하는 데 공을 세웠다.

| **건안 24년(219)** | 손교가 죽었다. 손권은 그의 공적을 거슬러 기록하여 아들 손윤孫胤을 단양후丹楊侯로 봉했다. 손윤이 죽자 자식이 없어 그 동생 손희孫晞가 작위를 이어받아 군대를 통솔했으나, 죄를 지어 자살했으므로 봉국은 없어졌다. 손윤의 동생인 손자孫咨, 손미孫彌, 손의는 모두 장군이고 후에 봉해졌다. 손자는 우림독(羽林督, 우림의 분대를 지휘하는 관직), 손의는 무난독無難督이 되었다. 손자는 등윤에게 살해되고, 손의는 손준에게 살해되었다.

아둔했으나 노력하여 명장에 오르다

손환전孫奐傳

손환은 자가 계명季明이다. 형 손교가 이미 세상을 떠나자 그의 무리를 대신 통솔했고, 양무중랑장揚武中郎將 신분으로 강하 태수江夏太守를 겸했다. 그는 재임한 지 1년 만에 손교의 옛 행적을 좇아 유정과 이윤, 오석, 장량,[1] 그리고 강하 사람 여거閭擧 등을 예우하고 아울러 그들의 뛰어난 점을 받아들였다. 손환은 긴급한 상황에 대응하는 것은 잘하지 못했으나 맡은 일에는 기민하여 병사들과 백성이 그를 칭송했다.

| **황무 5년(226)** | 손권이 석양을 칠 때 손환은 그곳 지주였으므로 배속된 장수 선우단에게 5천 명을 거느리고 먼저 회하淮河의 길을

---

1) 손권이 무창에 있을 때 수도를 건업으로 바꾸려고 했는데, 무창에서 건업에 이르는 수로를 2천 리나 거슬러 올라가야 하므로 긴급사태가 발생해 경보를 해도 서로 미치지 못할 것이기 때문에 회의적이었다. 하구까지 왔을 때 백관을 불러 모아 이 일을 논의하도록 하고, 손권 자신이 조서를 내려 "부장이나 군리 들도 그 관위나 임무에 구속되지 말고 좋은 의견이 있으면 나를 위해 말하시오."라고 했다. 부장 중 어떤 이는 목책을 만들어 하구를 견고하게 지켜야 한다고 하고, 어떤 이는 물속에 철 그물을 만들어야 한다고 했는데, 손권은 모두 좋은 의견이 아니라고 생각했다. 그 무렵 장량은 작은 부대의 장수로 아직 이름이 알려지지 않았는데, 자리에서 앞으로 나와 다음과 같이 말했다. "신은 향기 있는 음식은 연못의 물고기를 유인하고, 두터운 은혜와 상은 용사를 구한다고 들었습니다. 오늘 마땅히 상벌 규율을 분명하게 세워 장수들을 면수沔水 유역으로 보내 적과 이로움을 다투도록 한다면 형세가 유리할 것이며, 적은 감히 행동하지 못할 것입니다."

끊어버리게 하고, 자신은 오석과 장량 등 5천 명을 거느리고 선봉에 서서 고성高城 땅을 항복시키고 세 장수를 붙잡았다. 대군을 이끌고 돌아올 때, 손권은 명을 내려 손환에게 군대를 멈추게 하고는 말을 타고 그 군대를 지나며 매우 질서정연한 것을 보고는 기뻐하며 말했다.

"처음에 나는 그가 더디고 아둔한 것을 걱정했는데, 지금 군대를 다스림에 여러 장수 가운데 그를 따를 자가 적으니 나는 걱정거리가 없다."

양위장군襄威將軍에 제수하고 사선후沙羡侯에 봉했다. 오석과 장량은 모두 비장군飛將軍이 되어 관내후關內侯 작위를 받았다. 손환도 유생들을 좋아하여 부하의 자제들에게 학업에 나아가라고 거듭 명을 내렸다. 뒤에 조정에 나가 벼슬을 한 자가 수십 명이나 되었다.

| 가화 3년(234) | 그는 마흔 살에 세상을 떠났다. 아들 손승孫承이 대를 이었으며, 소무중랑장昭武中郞將이 되어 대신 병사를 통솔하고 군郡을 다스렸다.

| 적오 6년(243) | 손승이 세상을 떠났으나 자식이 없으므로 손승의 이복동생인 손일을 봉하여 손환의 후인으로 받들게 한 다음 손환의 공업을 계승하여 장군이 되게 했다.

손준이 제갈각을 주살했을 때 손일은 전희, 시적과 함께 제갈각의 동생인 공안독公安督 제갈융諸葛融을 공격했다. 제갈융은 자살했다. 그 공로로 손일은 진남장군에서 진군장군으로 자리를 옮겼으며, 가절을 받고 하구독이 되었다.

손침이 등윤과 여거를 주살했을 때, 여거와 등윤이 모두 손일의 매부였으므로 손일의 동생 손봉孫封도 등윤과 여거가 음모를 꾸몄음을 알고는 자살했다. 손침은 주이를 보내어 몰래 손일을 습격하게 했다. 주이가 무창에 이르렀을 때, 손일은 그 자신이 공격받을 것을 알고는 부하 1천여 명과 등윤의 처자도 데리고 위나라로 달아났다. 위나라에서는 손일을 거기장군 및 의동삼사儀同三司[2]로 삼았으며, 오후吳侯에 봉하고는 옛 군주 조방曹芳의 귀인(貴人, 관직명으로 황제의 소첩) 형씨邢氏를 그에게 시집보냈다. 형씨는 용모가 아름다우나 질투심이 깊어 아랫사람들이 명을 감당할 수 없었으므로 마침내 손일과 형씨를 함께 죽였다. 손일은 위나라에 온 지 3년 만에 죽었다.

---

2) 줄여서 의동儀同이라고도 한다. 후한과 위진남북조 시대부터 사용된 관직 명칭으로 문산관文散官의 최고 품계 대우를 받았다. 위나라에만 있고, 촉과 오에는 없었다.

손견과 함께 거병하고 손책을 도와 강동을 평정하다

손분전孫賁傳

손분은 자가 백양伯陽이다. 그 아버지 손강孫羌은 자가 성대聖臺이며 손견과 같은 어머니에게서 태어난 형이다. 손분이 일찍 부모를 여의었을 때 동생 손보는 어린아이였다. 그래서 손분이 직접 그를 길렀으므로 형제간의 우애가 매우 돈독했다. 손분은 군의 독우와 현장縣長을 지냈다. 손견이 장사에서 의병을 일으켰을 때 손분은 직책을 버리고 정벌에 참가했다. 손견이 세상을 떠난 뒤, 손분은 손견의 직무를 대행하여 남아 있는 무리를 이끌고 손견의 영구靈柩를 지켜 고향으로 후송했다. 나중에 원술이 수춘으로 옮기자 손분도 그에게 의탁했다. 원술의 사촌 형 원소가 회계의 주앙周昂을 구강 태수로 임명하자 원소와 원술 사이에 불화가 생겼다. 원술은 손분을 보내어 음릉陰陵에서 주앙을 공격하여 깨뜨렸다.

원술은 손분을 예주 자사로 삼고 단양 도위로 전임시켰으며, 정로장군을 대행해 산월을 평정하도록 선포했다. 양주 자사 유요에게 핍박받아 쫓겨나게 되자, 손분은 사졸들을 거느리고 역양으로 돌아와 살았다. 얼마 뒤 원술은 다시 손분과 오경을 보내서 함께 번능과 장영張英 등을 공격하게 했으나 함락시킬 수 없었다. 손책이 강동으로 건너가 손분과 오경을 원조하고서야 장영과 번능 등을 깨뜨릴 수 있었으며, 마침내 유요에게 나아가 공격할 수 있었다. 유요는 예장으로 달아났다. 손책은 손분과 오경을 보내서 수춘으로 돌아가 원술에게 보고하도록 했는데, 마침 원술이 제帝를 참칭하고서 부서와 백관百官을 설치하고 있을 때였으므로 손분은 구강 태수에 제수되었다. 그러나 손분은 취임하지 않고 처자식을 버리고 장강 남쪽으로 돌아왔다. 이때 손책은 이미 오군과 회계 두 군을 평정했고, 손분은 손책과 더불어 여강 태수 유훈과 강하 태수 황조를 정벌하러 가서 이기고 돌아오다가 유요가 병으로 세상을 떠났다는 소식을 듣고는 예장을 지나면서 평정했다. 손책은 손분에게 태수직을 겸하도록 했으며, 나중에 도정후에 봉했다.

| 건안 13년(208) | 사자 유은劉隱이 조서를 받들고 와서 손분을 정로 장군에 봉했는데, 군을 다스리는 것은 전과 같았다. 손분은 관직에 11년 동안 있다가 죽고 아들 손린孫鄰이 뒤를 이었다.

손린은 아홉 살 때 아버지 대신 예장을 다스리고 승진하여 도향후에 봉해졌다. 군에서 재임한 지 거의 20년이 되었는데, 그사이에 반란자를 토벌하여 공적을 세웠다. 손린은 부름을 받아 무창으로 돌아와 요장독繞帳督에 임명되었다. 이 무렵 태상 반준이 형주의 일을 관장하고 있었다. 중안현重安縣의 장이며 진류陳留 출신인 서섭舒燮이 죄를 지어 옥에 갇히게 되었는데, 반준은 일찍이 서섭 때문에 피해를 본 일이 있으므로 그를 법에 따라 조처하려고 했다. 논의하는 자들은 대부분 서섭을 위해 말했으나 반준은 여전히 풀어주지 않았다. 손린이 반준에게 말했다.

"서백응(舒伯膺, 서소舒邵의 형) 형제가 서로 죽기를 다투자, 세상 사람들은 그들을 의롭게 여겨 미담으로 상기했습니다. 중응(仲膺, 서소)도 지난날 나라를 위해 몸을 바친 뜻을 갖고 있습니다. 지금 당신은 그 자제들을 죽이려고 하는데 만일 천하가 통일되어 황상께서 북방을 순시하게 되면 중원의 사인들은 반드시 중응의 후사를 이었는지 묻게 될 터인즉, 그들이 대답하여 반승명(潘承明, 반준)이 서섭을 죽였다고 하면 일이 어떻게 되겠습니까?"

반준이 곧바로 그 뜻을 깨달아서 서섭은 구제될 수 있었다. 손린은 또 하구와 면구의 독 및 위원장군으로 자리를 옮겼으며, 그의 거처에서 직책을 수행했다.

| 적오 12년(249) | 손린이 죽고 아들 손묘孫苗가 대를 이었다. 손묘의 동생 손려孫旅와 작은아버지 손안孫安, 손희孫熙, 손적孫績은 모두 요직을 지냈다.

조조와 밀통하다가 유폐되다

손보전孫輔傳

손보는 자가 국의國儀이고 손분의 동생이며, 양무교위揚武校尉 신분으로 손책이 3군(단양·오·회계)을 평정하는 것을 도왔다. 손책이 단양의 7현을 토벌할 때 손보에게 서쪽 역양에 주둔하여 원술을 막게하고, 아울러 그 땅에 남아 있던 민중을 설득하여 뿔뿔이 흩어진 자들을 모았다. 또 손책을 따라 능양陵陽을 쳐서 조랑 등을 산 채로 붙잡았다. 손책이 서쪽으로 여강 태수 유훈을 습격할 때 손보가 따라가 사졸보다 앞장서 나가 공을 세웠다. 손책은 손보를 여릉 태수로삼아 딸린 성城들을 어루만져 안정시키도록 하고, 성안에 장리를두었다. 손보는 평남장군으로 자리를 옮기고 가절을 받고 교주 자사 직무를 수행했다.

손보는 사자를 보내 조조와 몰래 관계를 맺으려 했는데, 일이 발각되어 손권에 의해 유폐되었다. 몇 년 뒤에 세상을 떠났다. 아들손흥孫興·손소孫昭·손위孫偉·손흔孫昕은 모두 관직을 지냈다.

과감하고 날래었으나 종에게 암살되다

손익전孫翊傳

손익은 자가 숙필叔弼이며 손권의 동생으로, 날래고 과감하여 형 손책의 풍모가 있었다. 오군 태수 주치가 그를 효렴에 추천하여 사공에 초빙되었다.

| 건안 8년(203) | 편장군이 되어 단양 태수 직무를 수행했는데, 이때 나이가 스무 살이었다. 나중에 측근 변홍邊鴻에게 피살되었는데, 변홍도 곧 주살되었다.

아들 손송孫松은 사성교위射聲校尉, 도향후가 되었다가 황룡 3년(231)에 세상을 떠났다. 촉나라 승상 제갈량이 형 제갈근에게 편지를 써서 말했다.

저는 이미 동조(東朝, 그 당시 촉한 사람들은 오나라를 '동조'라고 했음)의 두터운 대우를 받았기에 그 자제를 깊이 생각하고 있습니다. 또한 자교(子喬, 손송)는 훌륭한 인재이므로 그의 죽음을 생각하면 측은하고 비통합니다. 그가 제게 보낸 물건들을 바라보면서 느끼는 바 있어 눈물을 흘립니다.

제갈량이 손송을 이와 같이 애도한 것은 제갈량의 양자인 제갈교諸葛喬가 보충하여 서술했기 때문이라고 한다.

나이 스물에 세상을 떠나다

손광전孫匡傳

손광은 자가 계좌季佐이고 손익의 동생이다. 효렴과 무재에 추천되었으나 임명되지도 못하고 세상을 떠났는데, 그때가 스무 살 무렵이었다. 아들 손태孫泰는 조씨(조조)의 외조카로서 장수교위가 되었다.

| 가화 3년(234) | 손태는 손권을 좇아 신성을 포위하고 있던 중 쏟아지는 화살에 맞아 죽었다. 손태의 아들 손수는 전장군 및 하구독이 되었다. 손수가 황실과 매우 친하고 외곽에서 병권을 장악하고 있으므로 손호는 마음이 평온할 수 없었다.

| 건형 2년(270) | 손호는 하정에게 5천 명을 거느리고 하구에 가서 약탈하게 했다. 이보다 앞서 민간에서는 손수가 음해를 당하게 될 것이라고 말했는데, 하정이 멀리서 약탈하러 왔으므로 손수는 두려워 마침내 밤에 처자와 믿는 병사 수백 명을 거느리고 진나라로 달아났다. 진나라에서는 손수를 표기장군 및 의동삼사로 삼고 회계공會稽公에 봉했다.

수십 년 동안 오의 변방을 지킨 명장

손소전孫韶傳

손소는 자가 공례公禮이다. 그의 큰아버지 손하는 자가 백해伯海이
고, 원래 성은 유씨兪氏로 오나라 사람이다. 손책이 손하를 아껴서
성姓을 주어 孫이라 하고, 그를 종실의 계보에 소속시켰다. 나중
에 손하는 장군이 되어 경성京城에 군대를 주둔시켰다.

처음에 손권이 오군 태수 성헌盛憲을 죽였을 때, 성헌의 선임 효
렴인 규람嬀覽과 대원戴員은 도망가서 산속에 숨었다. 그러나 손하
가 단양 태수가 되자 이들을 모두 예의를 갖추어 맞아들였다. 규람
을 대도독으로 삼아 병사들을 지휘하게 하고, 대원은 군승(郡丞, 군
태수의 부관, 곧 군 태수의 보좌관인 셈)으로 삼았다.

손익이 해를 입게 되었을 때, 손하는 말을 달려 완릉으로 가서
규람과 대원을 심하게 꾸짖으며 그들이 직권을 다하지 않아 간악
한 자들이 변고를 일으킬 수 있었다고 했다. 두 사람은 의논하여
말했다.

"백해(손하)는 장군과 먼 사이인데도 우리를 이토록 꾸짖으니, 만
일 토로(討虜, 손권)가 오면 우리는 살아남지 못할 것입니다."

마침내 손하를 죽이고 사람을 북방으로 보내 양주 자사 유복劉馥
을 맞이하여 그를 역양에 주둔하게 하고, 자신들은 단양에서 그에
게 호응했다. 때마침 손익의 부하 서원徐元·손고孫高·부영 등이 규

람과 대원을 죽였다.

손소는 열일곱 살 때 손하의 남은 무리를 거두어들여 경성을 보수하고 누각을 일으켜 세우며 병기와 비품들을 갖추어서 적을 방비했다.

손권은 단양에 변란이 일어났다는 소식을 듣고 초구椒丘에서 돌아오는 길에 단양을 지나면서 평정하고는 군대를 이끌고 오나라로 돌아왔다. 오나라로 돌아오는 도중 밤에 경성에 이르러 진영을 치고 시험 삼아 공격하여 놀라게 해보았다. 그러자 성안의 병사들은 모두 성벽 위로 나가 격(檄, 명령서)을 전하고 경계를 하면서 땅이 진동할 만큼 소리를 지르며 밖에 있는 사람들을 향해 화살을 쏘아댔다. 손권이 사람을 보내어 상황을 알려주자 비로소 그들은 그쳤다. 이튿날 손권은 손소를 만나보고 그를 큰 그릇으로 여겨 곧바로 승렬교위承烈校尉를 제수해서 손하의 부하들을 통솔하게 하고, 곡아와 단도 두 현을 식읍으로 주고 스스로 장리들을 두게 했으니 모든 것이 손하가 예전에 했던 것처럼 하게 했다. 뒤에 광릉 태수 및 편장군이 되었다. 손권이 오왕이 되자, 그는 양위장군으로 승진하고 건덕후建德侯에 봉해졌다. 손권은 제帝라고 일컫게 되면서 그를 진북장군鎭北將軍으로 삼았다.

손소는 수십 년 동안 변방 장수로 있으면서 병사들을 잘 훈련시켜 죽을힘을 다해 서로 돕도록 했다. 그는 늘 변방을 경계함에 멀리까지 정탐하는 것을 임무로 삼아 먼저 동정을 알고 그에 대비했으므로 지는 경우가 드물었다. 청주·서주·여남·패군沛郡 일대의 사람들이 자못 와서 귀의했다. 그 결과 회남 땅과 장강 연안에 주둔해 있던 병사와 척후병도 모두 군대를 철수하고 멀리 이주하여 서주·사수·장강·회수 일대에 사람이 살지 않는 곳이 각기 수백 리나 되었다. 손권이 서쪽 정벌에서 돌아와 무창에 도읍을 정했지만 손소는 10여 년 동안 나아가 만나지 않았다. 손권이 건업으로 돌아오자 곧바로 알현했다. 손권이 그에게 청주와 서주의 여러 주둔병의 요해처要害處나 멀고 가까운 곳의 인마人馬의 많고 적음이나 위나라 장수의 성명을 물어보면 묻는 것마다 모두 대답했다. 손소는 키가 8자이고 행동거지와 용모가 매우 우아했다. 손권이 기뻐하며 말했다.

"나는 오랫동안 공례(公禮, 손소)를 만나지 못했는데, 그는 나아가 이로움을 도모하지는 않는 사람이오."

손권은 그에게 유주목幽州牧을 겸하게 하고 가절을 주었다.

| **적오 4년(241)** | 세상을 떠났다. 아들 손월이 대를 이었으며 우장군까지 이르렀다. 손월의 형 손해는 무위대장군武衛大將軍 및 임성후臨成侯로서 손월을 대행하여 경하(京下, 경성)의 도독이 되었다. 손해의 동생 손이孫異는 영군장군領軍將軍에 이르렀고, 손혁孫奕은 종정경宗正卿, 손회孫恢는 무릉 태수가 되었다.

| **천새 원년(276)** | 손해를 불러 궁하진宮下鎭의 표기장군으로 삼았다. 처음에 영안의 도적 시단 등이 손호의 동생 손겸孫謙을 핍박하고는 건업을 습격했을 때, 어떤 이가 손해에게 두 마음이 있어서 곧장 나가 토벌하지 않았다고 아뢰었다. 손호는 여러 차례 사람을 보내 손해에게 따져 물었다. 손해는 늘 두려웠는데 갑자기 소환을 당하자 처자식과 근위병 수백 명을 거느리고 진나라로 귀의했고, 진나라에서는 그를 거기장군으로 삼고 단양후로 봉했다.

육손과 함께 유비의 대군을 물리치다

손환전孫桓傳

손환은 자가 숙무叔武이고 손하의 아들이다. 스물다섯 살 때 안동중
랑장安東中郞將에 제수되어 육손과 함께 유비를 막았다. 유비의 군대
는 매우 강성하여 산골짜기에 꽉 차 있었는데, 손환이 무기를 들고
목숨을 다하여 육손과 온 힘을 다하자 유비는 마침내 패하여 달아
났다. 손환은 패주하는 유비를 뒤쫓아가서 기성夔城에 이르는 길과
탈출로 곳곳을 끊어놓았다. 유비는 산을 넘고 험준한 곳을 지나 가
까스로 목숨을 건질 수 있었다. 그는 성이 나서 탄식하며 말했다.

"내가 예전에 처음 경성에 왔을 때 손환은 아직 어린아이였으나,
지금은 나를 핍박하여 이 지경에 이르렀구나!"

손환은 이 공으로 건무장군建武將軍에 제수되고 단도후丹徒侯로 봉
해졌으며, 장강 하류로 내려가 우저를 감독하며 횡강에서 보루를
수축하다가 죽었다.

【평하여 말한다】

친척을 가까이하는 은혜와 정의는 예부터 지금까지 언제나 있었다.
황실의 자제가 성城을 지켰던 것은 《시경》 시인들도 일컬은 바이다.

하물며 여기에 기록한 여러 손씨孫氏는 어떤 이는 흥성의 기틀을 마련하고, 어떤 이는 변방 요새를 지키기도 하여 그 임무를 충분히 수행해 그들의 영예에 욕됨이 없게 했다. 따라서 여기에 상세히 적어 말한다.

7

장고제갈보전 張顧諸葛步傳

오나라의 동량들

평생 목숨을 걸고 직언을 하다

장소전張昭傳

장소는 자가 자포子布이고 팽성 사람이다. 어려서부터 학문을 좋아
했으며 예서隸書에 뛰어났다. 백후자안白侯子安에게 《좌씨춘추》를 배
우고 많은 종류의 책을 두루 보았기 때문에 낭야의 조욱, 동해의 왕
랑과 함께 명성을 떨치고 친밀한 관계를 맺었다. 약관의 나이로 효
렴 자격을 받았지만 취임하지는 않았다. 옛 군주가 왕랑과 함께 휘
諱를 피하던 일을 논의했는데, 주 안의 재사 진림陳琳 등은 모두 그
를 칭찬했다. 자사 도겸이 그를 무재로 천거했지만 응하지 않았다.
도겸은 장소가 자신을 가볍게 여긴다고 생각하여 그를 붙잡아 가
두었다. 조욱이 힘을 다해 구출하여 비로소 풀려났다.

한나라 말기는 매우 혼란하여 서주 방면의 사인과 백성이 대부
분 혼란을 피해 양주 땅으로 갔고, 장소 일족도 남쪽으로 장강을 건
넜다. 손책이 공업을 세우자 장소를 장사長史 및 무군중랑장撫軍中郞
將[1]으로 삼고[2] 장소의 집으로 가서 그 어머니에게 인사했는데, 마
치 동년배의 옛 친구 같았으며, 문무文武의 일을 모두 장소에게 맡

---

1) 벌을 담당하며 무군장군보다 품계가 좀 낮은 벼슬이다. 경우에 따라서는 한직에 불과한
경우도 있었다.

겼다. 장소가 북방 사대부의 편지나 상소를 받으니, 전적으로 장소에게 공로가 돌아가도록 써 있었다. 장소는 숨기며 드러내지 않자니 사사로운 감정이 있다고 의심을 받게 될까 두려웠고, 드러내자니 적당하지 않음을 걱정하며 나아가지도 물러나지도 못해 불안했다. 손책은 이 말을 듣고 기쁘게 웃으며 말했다.

"옛날에 관중이 제나라 재상이 되었을 때 사람들은 첫째도 중부(仲父, 관중)요, 둘째도 중부라고 했지만 제나라 환공은 천하를 제패한 사람으로 존중되었소. 이제 자포가 현명하여 내가 능히 그를 등용했으니 그 공명은 오로지 나에게 있지 않겠는가!"

손책은 임종할 무렵 장소에게 동생 손권을 부탁했다.[3] 장소는 관리들을 이끌고 가서 손권을 옹립하고 보좌했다. 표를 올려 한나라 조정에 알리고 수하의 각 성에 전했으며, 내외 부장과 그 부관 들에게 각각 직무를 받들도록 명령했다. 손권이 마음이 비통하여 아직 정사를 살피지 못하고 있을 때, 장소가 손권에게 말했다.

"무릇 선인의 뒤를 잇는 사람은 전인이 제정한 규범을 이어받아 크게 발전시켜 위대한 공업을 완성하는 것이 가장 중요한 일입니다. 바야흐로 지금 천하는 혼란하여 도적이 산에 가득한데, 당신은 어떻게 자리에 누워 슬퍼하며 필부의 감정을 그대로 드러내고 있

---

2) 손책은 장소를 얻게 되자 매우 기뻐하며 말했다. "지금 나는 사방에 사업을 확장하려고 사인과 현인 들을 존중하니, 그대를 경시할 수 없소." 그러고는 표를 올려 교위로 삼고 사우師友의 예의로 대우했다.

3) 손책은 손권의 능력을 그다지 신뢰하지 않았다. 그래서 손책은 장소에게 이렇게 말했다. "만일 중모(仲謨, 손권)가 일을 맡을 수 없다면 그대가 곧 스스로 권력을 취하시오." 이는 촉나라 유비가 임종하면서 승상 제갈량에게 한 말과 비슷하다. 장소가 이 말대로 실행하지 않았음은 물론이다.

습니까?"

장소는 직접 손권을 부축하여 말에 오르게 하고 열병閱兵하여 나가도록 했다. 이와 같이 한 다음에야 사람들의 마음이 돌아갈 곳이 있음을 알게 되었다. 장소는 또 손권의 장사長史가 되었으며 받은 임무는 전과 같았다. 나중에 유비가 표를 올려 손권이 거기장군을 겸하도록 했을 때 장소는 군사軍師가 되었다. 손권은 사냥을 하며 언제나 말을 타고 호랑이를 화살로 쏘았는데, 어떤 때는 호랑이가 갑자기 앞으로 뛰쳐나와 말안장을 잡아당기기도 했다. 장소는 얼굴 빛이 바뀌어 앞으로 나가 말했다.

"장군께서 이와 같이 해야 할 무슨 까닭이 있습니까? 다른 사람의 군주가 된 자는 영웅들을 부리고 현인들을 쓸 수 있는데, 어찌 들판에서 질주하며 쫓아 맹수와 용맹을 겨루십니까? 만에 하나 불행이 생기면 천하의 웃음거리가 될 텐데 어째서 그러십니까?"

손권은 장소에게 고마워하며 말했다.

"나이가 젊어서 일을 생각하는 것이 깊지 못했소. 이 때문에 그대에게 부끄럽소."

그러나 그는 여전히 그만둘 수 없으므로 호랑이 사냥 수레를 만들고, 그 수레에는 네모난 구멍을 내고 수레 덮개를 설치하지 않았으며, 한 사람에게 몰게 하고 손권 자신은 그 중앙에서 호랑이를 쏘았다. 어떤 때는 무리에서 벗어난 짐승이 갑자기 수레를 범하기도 했지만, 손권은 늘 손으로 쳐버리는 것으로 즐거움을 삼았다. 장소가 비록 간곡히 간언했지만 언제나 웃으면서 응답하지 않았다.

| 황초 2년(221) | 위나라는 사자 형정을 보내 손권에게 오왕의 작위를 주었다. 형정이 궁궐 문으로 들어가서도 수레에서 내리지 않자, 장소가 그에게 말했다.

"무릇 예절이란 공경하지 않음이 없기 때문에 법이 시행되지 않음이 없는 것이오. 그러나 그대는 감히 스스로 존대하고 있으니 설마 강남이 작고 약하여 한 치 되는 칼날조차 없다고 생각하기 때문이오?"

형정은 곧바로 수레에서 내렸다. 손권은 장소를 수원장군으로 삼고 유권후由拳侯로 봉했다.

손권이 무창에 있을 때 조대釣臺에 나가 흠뻑 취할 만큼 술을 마셨다. 손권은 사람을 시켜 여러 신하에게 술을 따르도록 하고는 말했다.

"오늘 술을 한껏 즐기며 마실 것이오. 오직 취하여 조대에서 떨어져야만 그만 마실 것이오."

장소는 낯빛을 바로 하고 말없이 밖으로 나와 수레 안에 앉아 있었다. 손권은 사람을 보내 장소를 불러 돌아오도록 하고는 말했다.

"함께 즐기려는 것일 뿐인데, 그대는 어찌 노여운 기색을 하시오?"

장소가 대답했다.

"옛날 주왕은 술지게미로 언덕을 만들고 술로 연못을 만들어놓고 긴 밤 동안 마셨습니다. 그때도 즐기는 것이라고 여겼을 뿐 나쁜 일이라고는 생각지 않았습니다."

손권은 묵묵히 있다가 부끄러워하는 낯빛으로 곧 술자리를 끝냈다. 처음에 손권이 승상을 두기로 결정하자 사람들의 의견은 장소에게로 돌아갔다. 손권이 말했다.

"지금 천하에는 일이 많아 통치하는 자는 책임이 중대하니 그를 우대하는 것이 아니오."

나중에 손소가 죽었을 때 모든 관료가 다시 장소를 천거하자, 손권이 말했다.

"내가 어찌 자포를 아끼겠소? 승상의 일은 번다한데 이 사람의 성정은 강직하오. 그가 말한 바를 따르지 않으면 원망과 허물이 생길 것이오. 이는 그를 이롭게 하는 방법이 아니오."

그러고는 고옹을 임용했다.

손권이 제위에 오른 뒤, 장소는 늙고 병들었다며 관위와 다스리던 병마를 반환했다.[4] 손권은 장소를 다시 보오장군으로 임명하고, 지위는 삼사三司 다음가게 했으며, 누후(婁侯, 정벌을 담당한 관직)로 바꿔 봉하고 식읍 1만 호를 주었다. 그는 집 안에서 일 없이 있으므로 《춘추좌씨전해春秋左氏傳解》와 《논어주論語注》를 지었다. 손권은 일찍이 위위 엄준嚴畯에게 물었다.

"그대는 어릴 때 외운 책을 외울 수 있소?"

그래서 엄준은 《효경孝經》의 〈중니거仲尼居〉를 외웠다.

장소가 말했다.

"엄준은 비루한 서생입니다. 신이 폐하를 위하여 외우기를 청합니다."

그러고는 곧 〈군자지사상君子之事上〉을 외웠는데, 모두 장소가 외우고 있는 부분을 이해한다고 여겼다.

장소는 언제나 조정에서 알현할 때마다 어조가 웅장하고 엄하며, 표정은 강개하고 의기가 있었다. 일찍이 직언을 하여 손권의 뜻을

---

4) 손권은 제위에 오르자 백관을 모아놓고 주유에게 모든 공을 돌렸다. 그러자 장소는 홀笏을 들어 스스로의 공적을 칭찬했다. 장소의 말이 다 끝나기도 전에 손권이 말했다. "만일 장공(張公, 장소)의 계책을 썼더라면 지금쯤은 이미 음식을 구걸하고 있을 것이오." 장소는 크게 부끄러워하면서 땅에 엎드려 땀을 비 오듯 흘렸다. 사실 손권은 장소를 매우 존경했지만 그가 자화자찬하자 눈에 거슬려 이렇게 말한 것이지 본의는 아니었다.

거스른 일이 있었는데, 손권은 그에게 앞으로 나와 알현하지 못하도록 결정했다. 뒤에 촉나라 사자가 와서 촉나라의 덕행이 고상함을 칭찬했지만 신하들 중에 감히 대항할 자가 없었다. 손권은 탄식하며 말했다.

"만일 장공이 자리에 있었더라면 그자가 꺾이거나 패했을 텐데, 어찌 또 스스로 자랑하겠는가?"

다음 날 궁궐 안의 사신을 보내 그를 위로하고, 이 기회에 장소를 초청하여 만났다. 장소가 자리를 떠 손권에게 사죄하려고 하자 손권은 무릎을 구부리고 말렸다. 장소는 자리를 잡고 앉아 고개를 들고 말했다.

"옛날에 태후와 환왕(桓王, 손책)은 노신老臣을 폐하에게 의탁시키지 않고 폐하를 노신에게 의탁했습니다. 그러므로 신하는 절개를 다하여 두터운 은혜에 보답하여 죽은 뒤에도 칭송할 만한 바가 있게 하려고 생각했습니다. 그러나 제 식견과 생각이 얇고 짧아 폐하의 성스러운 뜻을 어기게 되었으며, 영혼은 어둠 속에 잠기고 해골은 영원히 웅덩이 속에 빠져 다시 부름을 받아 폐하의 휘장 곁에서 모시게 되리라고는 생각지도 못했습니다. 그러나 신의 어리석은 마음은 나라를 섬기고 뜻은 충성을 더하는 데 있으며 목숨을 다할 뿐입니다. 만일 마음이 변하고 생각이 바뀌어서 눈앞의 영예를 구하고 폐하에게 받아들여지기를 구한다면, 이것은 신이 할 수 있는 일이 아닙니다."

손권은 잘못을 말하고 사과했다.

손권은 공손연이 오나라의 번국이 되겠다고 하므로 장미와 허안을 요동까지 보내 공손연을 연왕으로 임명하려고 했는데, 장소가 간하여 말했다.

"공손연은 위나라를 배반하여 토벌당할까 봐 두려워서 멀리 와서 구원을 요청한 것일 뿐 본뜻이 아닙니다. 만일 공손연이 생각을 바꿔 위나라에 자기 마음을 분명히 하려고 한다면 두 사자는 돌아오지 못할 것이며, 또 천하 사람들의 비웃음을 받지 않겠습니까?"

손권이 장소와 논쟁을 계속하면 할수록 장소의 생각은 더욱 간곡했다. 손권은 감당할 수 없게 되자 노여워 칼을 만지며 말했다.

"오나라 사인들은 궁궐로 들어오면 나를 배알하고 궁궐을 나가면 그대를 배알하오. 그대에 대한 나의 존경도 지극하오. 그러나 그대는 여러 차례 사람들 앞에서 나를 모욕했고, 나는 늘 계책을 잘못 세워 그대를 죽이게 될까 걱정했소."

장소는 손권을 오랫동안 바라보고는 말했다.

"신이 비록 제 말이 쓰이지 않을 줄을 알면서도 언제나 어리석은 충성을 다한 것은, 진실로 태후께서 붕어하시려 할 즈음에 노신을 침상 아래로 불러 유언으로 남긴 명이 귀에 쟁쟁했기 때문입니다."

그러고는 눈물을 쏟았다. 손권은 칼을 던지고 땅바닥으로 와서 장소와 마주 보고 울었다. 그러나 그는 결국 장미와 허안을 보내 가도록 했다. 장소는 자기 말이 받아들여지지 않은 것을 한탄스러워하며 질병을 핑계 삼아 조정에 나가지 않았다. 손권도 이를 한스러워하여 흙으로 그 문을 막았다. 장소도 안에서 흙으로 문을 봉했다. 공손연은 정말 장미와 허안을 죽였다. 손권은 장소에게 여러 번 위로하고 사과했지만 장소는 완강히 일어나지 않았다. 그래서 손권은 궁궐을 나와 그 문을 지나치며 장소를 불렀다. 장소는 질병이 심하다며 사양했다. 손권은 그의 집 문을 불태웠다. 장소는 다시 방문을 닫았다. 손권은 사람을 시켜 불을 끄고 문밖에 오랫동안 서 있었다. 장소의 여러 아들이 그를 함께 부축하여 일으켰다. 손권은 그를 수레에 태우고 궁궐로 돌아왔으며 자신을 깊이 꾸짖었다. 장소는 이 뒤로 어쩔 수 없이 조회에 참석했다.

장소는 용모가 당당하고 근엄하며 위엄 있는 풍모를 지녔다. 손권은 늘 말했다.

"나는 장공과 말할 때는 감히 망언하지 못하오."

온 나라가 그를 꺼렸다.

| 가화 5년(236) | 여든한 살에 세상을 떠났다. 임종할 때 폭건(幅巾, 은둔지사들이 머리를 뒤로 묶어 올려 덮는, 비단으로 만든 두건)과 기름칠을 하지 않은 소박한 관으로 하고 평상복으로 염하도록 유언했다. 손권은 소박한 옷을 입고 와서 조문했으며, 시호를 문후文侯라고 했다. 맏아들 장승은 이미 후로 봉해졌으므로 작은아들 장휴張休가 그 작위를 이었다.

장소의 동생 아들 장분張奮은 스무 살 때 성을 공격하는 대공거大攻車를 만들어 보즐의 추천을 받았다. 그러나 장소는 달가워하지 않으며 말했다.

"너는 나이가 아직 어린데, 어찌 자신을 군대에 맡기려 하느냐?"

장분이 대답했다.

"옛날에 어린아이 왕기汪踦는 국난으로 죽었고, 자기子奇는 동아東阿를 다스렸습니다. 저는 확실히 재능은 없지만 나이로 말하면 적지는 않습니다."

결국 병사를 이끌고 가서 장군이 되었고, 이어 공을 세워 반주半州의 도독[5]까지 되었으며 낙향정후樂鄕亭侯로 봉해졌다.

장승은 자가 중사仲嗣이고 어려서부터 재능과 학식으로 이름이 알려졌으며, 제갈근·보즐·엄준과 서로 친밀한 우정을 맺었다. 손권이 표기장군이 되었을 때, 장승은 서조연으로 초빙되었으며 지방으로 나가 장사長沙의 서부도위로 임명되었다. 그는 산월의 도적들을 토벌하고 평정하여 정예 병사 1만 5천 명을 얻었다. 뒤에 유수 도독 및 분위장군으로 임명되었고, 도향후로 봉해져 군사 5천 명을 통솔했다. 장승은 사람됨이 장중하고 강인하며 충성스럽고 정직한 데다 인물을 잘 식별했다. 그는 팽성의 채관蔡款과 남양의 사경謝景을 지위가 낮고 어릴 때 발탁했는데, 나중에 이 두 사람은 모두 나라를 위하는 선비가 되었으며, 채관은 위위까지 오르고 사경은 예장 태수까지 올라갔다. 또 제갈각이 어릴 때 사람들은 그의 탁월한 재능을 높이 평가했지만, 장승은 결국 제갈씨를 멸망시키는 자는 원손(元遜, 제갈각)이라고 말했다. 그는 자신을 향상시키는 일에 부지런하고 친구들에게 정성을 다했으므로 위대한 현인들 가운데 그 집을 방문하지 않는 이가 없었다.

| 적오 7년(244) | 예순일곱 살로 죽었으며, 시호를 정후定侯라고 했다. 아들 장진張震이 대를 이었다.

처음에 장승이 상처하자 장소는 제갈근의 딸을 맞이하려고 했으나, 장승은 제갈근과 서로 왕래하며 좋은 교분이 있었으므로 곤란하다고 생각했다. 손권은 이 소식을 듣고 그에게 권했다. 그래서 제갈근의 사위가 되었다. 장승이 딸을 낳자, 손권은 아들 손화를 위해 그녀를 맞이했다. 손권은 손화에게 장승에게 정중한 예의를 갖추고 사위로서 예절을 지키도록 여러 차례 명했다. 제갈각이 살해되었을 때 장진도 죽었다.

---

5) 반주 전투 지역의 지휘관이다. 예를 들면 임준任峻과 함께 조조에게 귀의한 장분이 반주의 도독이었다.

장휴는 자가 숙사叔嗣이다. 약관에 제갈각, 고담 등과 함께 태자 손등의 동료가 되었으며, 손등에게 《한서漢書》를 강의했다. 나중에 중서자(中庶子, 태자의 시종 겸 고문)를 거쳐 우필도위右弼都尉[6]로 전임되었다. 손권은 늘 사냥을 나가 날이 저물어서야 돌아왔는데, 장휴는 상소하여 이것을 간언했다. 손권은 장휴의 상소문이 매우 뛰어나다고 여겨 장소에게 보여주었다. 손등이 죽은 뒤 시중 및 우림羽林의 도독으로 임명되었고, 평삼전군사平三典軍事[7]가 되었으며, 양무장군으로 승진했다. 나중에 노왕 손패 무리에 의해 참언을 받았으니 그가 고담, 고승顧承과 함께 작파 싸움의 논공행상 때 장휴와 고승은 전군 진순陳恂과 마음을 합쳐 거짓으로 공적을 더했다고 고발하여 모두 교주로 이주되었다. 중서령 손홍은 간사하고 거짓되고 음험하므로, 장휴는 평소에도 그를 원망했다. 손홍이 이 때문에 장휴를 참소하여 당시 마흔한 살에 장휴는 명을 받아 죽었다.

6) 손권이 제帝라고 일컫고 나서 태자 손등을 위해 좌보左輔·우필右弼·보정輔正 등에 도위를 설치하여 관원들을 지도한 데서 나온 것이다.

7) 오나라 때 중中·좌左·우右 등 삼전군三典軍을 설치하여 전군의 군사 업무를 나누어 처리하게 했다. 이 세 사람이 군수를 처리하는 복합적 의미를 담고 있다.

슬기로움으로 최상의 지위에 오르다

고옹전顧雍傳

고옹은 자가 원탄元歎이고 오군 오현 사람이다. 채백개蔡伯喈와 채옹
蔡邕은 삭방군朔方郡에서 일찍이 사람들의 원망을 피해 오현으로 왔
는데, 고옹은 그에게 거문고와 학문을 배웠다.[8] 주와 군에서 표를
올려 그를 추천하여 약관의 나이에 합비현의 장으로 임명되었다가
뒤에 누현婁縣·곡아현·상우현上虞縣으로 전임되었는데 모든 곳에서
치적이 있었다. 손권은 회계 태수를 겸할 때, 군에는 오지 않고 고
옹을 군의 승으로 삼아 태수의 일을 대행하게 했다. 그가 도적들을
토벌하여 군의 경내를 안정시켰으므로 관리와 백성이 귀순했다. 몇
해가 지난 뒤에 손권이 있는 곳으로 들어가 좌사마가 되었다. 손권
은 오왕이 되자 그를 거듭 승진시켜 대리봉상大理奉常으로 삼고 상
서령을 겸하게 했으며, 양수향후陽遂鄕侯로 봉했다. 후로 봉해지고
관부로 돌아왔을 때, 집안사람들은 이 사실을 모르고 있다가 뒤늦
게 듣고는 놀랐다.

| 황무 4년(225) | 고옹은 오현에서 어머니를 맞이했다. 어머니가 오

---

8) 고옹이 채옹에게 학문을 배울 때 온 마음을 기울이므로 빨리 익혔다. 채옹은 그를 높이 평
가하여 다음과 같이 말했다. "그대는 반드시 크게 성공할 테니, 이제 내 이름(옹邕)을 그
대에게 주고자 한다." 그래서 고옹은 채옹과 이름이 같다. '雍'과 '邕'은 뜻이 서로 통한다.

시자 손권이 와서 경하하고 직접 마당에서 어머니께 인사를 했다. 공경 대신이 모두 모여 있었고, 뒤에 태자가 또 가서 축하했다. 고옹은 사람됨이 술을 마시지 않고 말수가 적으며 행동거지가 때에 맞았다. 손권이 일찍이 감탄하여 이렇게 말했다.

"고군顧君은 말을 하지 않지만 말을 하면 꼭 핵심이 있다."

연회석에서 술을 마시며 즐길 때도, 고옹의 주위 사람들은 술을 마시다 실수하면 고옹이 반드시 보게 될까 봐 걱정되어 감히 마음대로 하지 못했다. 손권은 또 말했다.

"고군이 자리에 있으면 사람들을 즐겁게 하지 않는다."

그가 사람들에게 두려움을 갖게 하는 바가 이와 같았다. 이해에 태상으로 바뀌어 임명되었고, 예릉후醴陵侯로 승진하여 봉해졌으며, 손소 대신 승상이 되어 상서의 일을 총괄했다. 그가 무관과 문관을 뽑아 임용할 때는 각자의 능력에 따라 임무를 맡겼으며 자기감정에 좌우되는 일이 없었다. 그는 언제나 백성 사이로 들어가 의견을 구하고, 정치적 일에 마땅히 취해야 할 것이 있으면 비밀리에 보고했다. 만일 그 의견이 받아들여 쓰이면 공을 손권에게 돌리고, 쓰이지 않으면 끝까지 세상에 알리지 않았다. 손권은 이 때문에 그를 중시했다. 그러나 조정에서 의견을 말할 때에는 말투나 얼굴빛은 비록 공손할지라도 고집하는 주장은 곧았다. 손권이 일찍이 조정의 득실을 자문한 일이 있었다. 장소는 자신이 수집한 의견에 근거하여 말했는데, 법령이 지나치게 세분화되었고 형벌이 조금 무거우므로 마땅히 삭감하는 것이 있어야 한다고 했다. 손권은 묵묵히 있다가 고옹 쪽으로 고개를 돌려 바라보며 말했다.

"그대는 어떠하다고 생각하시오?"

고옹이 대답했다.

"신이 들은 바도 장소가 말한 것과 같습니다."

그래서 손권은 재판 법령을 상의하고 형벌을 줄였다. 오랜 시간이 지나 여일과 진박秦博을 중서中書로 삼아 여러 관청과 주와 군의 문서를 감독하게 했다. 여일 등은 이 때문에 점점 위세와 복을 누리게 되었고, 마침내 술을 파는 이권과 세금 징수의 권한을 휘두르며 죄악을 적발하고 간사함을 규탄했으며, 작은 잘못도 반드시 보고했다. 중대한 사안도 추악하게 했으며, 대신들을 비방하고 무고한 자들을 참언했다. 고옹 등은 모두 그들에게 고발당하여 견책을 당했다. 나중에 여일의 간악한 죄상이 드러나 정위에 구속되었다. 고옹이 가서 죄상을 심의했고, 여일은 죄인 신분으로 고옹을 보았다. 고옹은 화사한 낯빛으로 그 사안을 묻고 옥을 나오면서 또 여일에게 말했다.

"그대 마음속에는 말하고 싶은 것이 없소?"

여일은 머리를 조아릴 뿐 말하지 않았다. 그 무렵 상서랑 회서懷敍가 여일에게 면전에서 욕을 했는데, 고옹이 회서를 꾸짖어 말했다.

"관부에는 정해진 법이 있는데 어찌하여 이렇게 하시오!"

| 적오 6년(243) | 고옹은 승상이 된 지 19년 만에 일흔여섯 살로 세상을 떠났다. 처음에 그의 질병이 가벼울 때 손권은 의원 조천趙泉에게 명하여 진찰하게 했으며, 그의 막내아들 고제顧濟를 기도위로 삼았다.

고옹은 이 일을 듣고 슬프게 말했다.

"조천은 생사를 식별하는 데 뛰어나다. 내가 틀림없이 일어나지 못할 터이므로 황상께서는 내가 살아 있는 동안에 고제가 관직에 오르는 것을 보도록 한 것이다."

손권은 소복 차림으로 조문하러 왔으며, 시호를 숙후肅侯라고 했

다. 맏아들 고소顧邵는 요절했고, 둘째 아들 고유顧裕는 질병이 심해
서 막내아들 고제가 뒤를 이었다. 고제에게는 후사가 없으므로 대
가 끊겼다.

| **영안 원년(258)** | 조서가 있었다.

전 승상 고옹은 덕망이 지극하고 충성스럽고 어질며 예법에 따라
나라를 보좌했는데, 그 뒤를 이을 자가 끊겼기 때문에 짐은 이것을 매
우 가련하게 여기고 있다. 고옹의 둘째 아들 고유에게 작위를 잇도록
하여 예릉후로 삼고, 고옹의 지난 공훈을 빛내도록 하라.

고소는 자가 효칙孝則이고 경전을 폭넓게 읽었으며, 인물 품평을
좋아했다. 어렸을 때 외숙 육적陸績과 함께 나란히 이름이 있었다.
육손·장돈張敦·복정卜靜 등은 모두 그만 못했다. 주나 군의 위대한
현인이나 사방의 인사들은 고소와 왕래하며 서로 만났는데 어떤
사람은 의론을 말하고 떠나고 어떤 사람은 두터운 정을 맺고 헤어
졌으므로 명성이 사방으로 퍼졌으며, 먼 곳이든 가까운 곳이든 간
에 모두가 그를 칭찬했다. 손권은 손책의 딸을 그에게 시집보냈다.
스물일곱 살에 집안을 일으키고 예장 태수가 되었다. 그는 수레에
서 내려 전 현인 서유자徐孺子의 묘에 제사 지내고 그 후예들을 우
대했으며, 음란한 제사나 예의가 아닌 제사는 금했다. 지위가 낮은
관리 중 자질이 뛰어난 이가 있으면 학문을 하도록 시키고, 그중 성
적이 좋은 자를 뽑아 중요한 직책에 배속했다. 선행을 들어 가르쳤
으므로 풍속의 교화가 널리 시행되었다.
당초 전당의 정서丁諝는 병졸 출신이고, 양선의 장병張秉은 서민
태생이며, 오정의 오찬吳粲과 운양의 은례殷禮는 미천한 신분에서

일어났는데, 고소는 이들을 모두 발탁하여 친하게 지냈으며, 그들을 위해 영예를 세워주었다. 장병이 중대한 상사를 당했을 때에는 직접 상복을 입고 베띠를 매었다. 고소가 예장군으로 가려고 가까운 길로 출발하는데 마침 장병에게 질병이 있어 전송하러 나오지 못했다. 그때 전송하는 자가 수백 명이었지만 고소는 빈객들에게 사과하며 말했다.

"장중절張仲節은 질병이 있어서 와서 이별할 수 없음을 마음 아파하고 있습니다. 나도 그를 만날 수 없음이 유감스러워 잠시 돌아가 그와 이별할 테니 여러분은 조금만 기다려주십시오."

그가 아래의 현사賢士들에게 마음을 기울여 곳곳마다 은혜를 편 것이 모두 이와 같았다. 정서의 관직은 전군중랑典軍中郎까지 이르렀고, 장병은 운양 태수雲陽太守가 되었으며, 은례는 영릉 태수가 되었고, 오찬은 태자소부太子少傅가 되었다. 세상 사람들은 고소에게 인물을 알아보는 능력이 있다고 생각했다. 고소는 관직을 마친 지 5년 만에 죽었다. 아들로는 고담과 고승이 있었다.

고담은 자가 자묵子默으로 약관에 제갈각 등과 태자의 네 친구가 되었으며, 중서자에서 보정도위輔正都尉로 전임되었다. 적오 연간에는 제갈각을 대행하여 좌절도左節度9)가 되었다. 고담은 늘 문서를 살펴볼 때마다 일찍이 주판을 사용하여 계산한 적이 없고, 단지 손가락을 굽혀 마음속으로 헤아려서 의심이 나거나 잘못된 점을 모두 찾아냈다. 수하의 관리들은 이 일로 인해 그에게 복종했다. 그에게 봉거도위奉車都尉가 더해졌다. 설종이 선조상서選曹尙書로 임명되

---

9) 군량미의 조달이나 운송 책임을 겼으며, 오나라 때 설치되었다.

자, 고담에게 완강히 사양하며 말했다.

"고담은 생각이 치밀하고 행동이 주도면밀하며 도의에 관통하고 미묘한 감정에 밝으며 재능이 다른 사람을 비출 수 있고 덕행은 여러 사람의 소망을 허락하고 있으므로, 실제로 어리석은 신이 뛰어넘어 앞설 수 있는 바가 아닙니다."

뒤에 결국 고담이 설종을 대행하게 되었다. 할아버지 고옹이 죽은 지 몇 달 뒤에 고담은 태상으로 임명되었고, 고옹을 대행하여 평상서사平尚書事가 되었다. 이 무렵 노왕 손패가 성대한 총애를 받았고, 태자 손화와 나란히 대우를 받았다. 고담이 상소하며 말했다.

신이 듣기로는 나라가 있고 집이 있는 자는 반드시 적출과 서출의 한계를 분명히 하고, 존비尊卑의 예절을 구분하여 상하에 차이를 두고 계급 사이의 차이를 멀게 해야 한다고 합니다. 이와 같이 하면 골육 사이에 은정이 생겨나게 되고 분별없는 기도와 희망이 끊어질 것입니다.

옛날 가의賈誼[10]가 치안의 방책을 말하고 제후의 형세를 평론했는데, 제후의 권세가 무거우면 비록 친근하게 하더라도 반드시 절개를 거스르는 폐단이 있고, 권세가 가벼우면 비록 소원하게 하더라도 자신을 보전하는 복이 있다고 했습니다. 그러므로 회남왕淮南王은 한나

---

10) 전한 때의 문학가이며 정치 평론가이다. 어려서부터 문명文名을 떨쳤으며, 스무 살에 한나라 무제에게 부름을 받아 박사博士가 되었다. 후에 대중대부大中大夫로 승진했다. 그는 여러 차례 상소하여 제후 왕의 세력을 약화시키고 농업을 근본으로 세워 떠도는 백성을 논밭으로 돌아가도록 하고 흉노의 침략을 막자고 건의했다. 〈과진론過秦論〉·〈치안책治安策〉·〈조굴원부弔屈原賦〉 등을 지었다. 양회왕梁懷王의 태부가 되었는데 그가 말에서 떨어져 죽자 비통해하다가 울분을 끌어안고 서른세 살에 죽었다.

라 문제의 친동생으로 끝까지 봉국을 누리지 못하고 무거운 권세를 잃은 것입니다. 오예吳芮가 소원한 신하로 장사왕 작위를 후세에 전할 수 있었던 것은 권세가 가벼운 데서 얻은 것입니다.

옛날 한나라 문제가 신 부인愼夫人을 황후와 같은 자리에 앉히려고 했을 때 원앙袁盎이 신 부인의 자리를 뒤로 물렸습니다.[11] 문제는 얼굴 가득 노기를 띠었지만 원앙은 그에게 상하의 예의를 말하고, 사람 돼지[人彘]의 교훈[12]을 진술했습니다. 그러자 문제는 기뻐했고, 부인도 그것을 깨달았습니다. 지금 신이 말하는 것은 치우친 것이 아닙니다. 진실로 태자를 안정시키고 노왕을 편하게 하려는 것입니다.

이로 인해 손패와 고담 사이에 틈이 생겼고, 당시 맏공주의 사위인 위위장군衛尉將軍 전종의 아들 전기全寄가 손패의 빈객이 되었다. 전기는 평소 편협하고 간사했으므로 고담은 받아들이지 않았다. 이보다 앞서 고담의 동생 고승은 장휴와 함께 북쪽으로 수춘을 정벌

11) 이 당시 상황은 이렇다. "황제가 상림원上林苑으로 나들이를 갔을 때 두 황후竇皇后와 신 부인도 따라갔다. 이 두 사람은 궁궐에서 항상 같은 줄에 자리를 하고 앉았다. 낭서장廊署長이 자리를 같이 마련하자 원앙은 신 부인의 자리를 당겨 아래로 내렸다. 신 부인은 기분이 상하여 앉으려 하지 않았고, 황제도 화가 나서 일어나 궁궐로 돌아가려 했다. 원앙은 곧바로 황제 앞으로 나아가 말했다. '신이 듣건대 높고 낮음에 질서가 정해지면 위아래가 모두 화목하다고 합니다. 지금 폐하께서는 황후를 세우셨으니 신 부인은 겨우 첩에 지나지 않습니다. 첩과 처가 어찌 같은 자리에 앉을 수 있겠습니까? 이러한 것이 높고 낮음의 질서를 잃는 근원이 됩니다. 만일 폐하께서 신 부인을 총애하신다면 많은 상을 내리십시오. [지금] 폐하께서 신 부인을 위해 하는 행동은 도리어 화를 부르는 원인이 됩니다. 폐하께서는 인체人彘의 일을 보지 못하셨는지요?' 황제가 기뻐하며 신 부인을 불러 이 말을 들려주자, 신 부인은 원앙에게 황금 50근을 내렸다."(《사기》〈원앙조조열전〉)

12) 총애를 받던 척 부인戚夫人이 참수된 비참한 최후를 가리킨다.

하러 갔다. 전종은 그때 대도독이 되어 위나라 장수 왕릉과 작파에서 싸우고 있었는데 전세가 불리했고, 위나라 병사들은 승기를 타고 오영장五營將 진황의 군대를 괴멸시켰다. 장휴와 고승은 맹렬히 싸운 끝에 마침내 위나라 군대의 공격을 막아냈다. 그때 전기의 아들 전서와 전단도 한꺼번에 부장으로 임명되었는데, 적군이 이미 멈춘 틈을 이용하여 곧 진격하니 왕릉의 군대는 물러났다. 당시 공을 논하여 포상을 하면서 적의 공격을 그만두게 한 공로는 크고 적을 물러나게 한 공로는 작다고 평가하여 장휴와 고승은 나란히 잡호장군으로 삼고, 전서와 전단은 장수들 중에서 지위가 낮은 편장군과 비장군으로 삼았다. 전기 부자는 원망이 더욱 커져서 함께 고담을 해치려는 계획을 짰다. 고담은 죄를 지어 교주로 귀양 갔는데, 조용히 살면서도 발분하여 《신서新書》 20편을 지었다. 그중 〈지난편知難篇〉은 대체로 자기 처지를 슬퍼한 것이다. 유배된 지 2년 만에 마흔두 살로 교지에서 죽었다.

고승은 자가 자직子直이다. 가화 연간에 외숙 육모陸瑁와 함께 예절을 갖추어서 초빙되었다. 손권은 승상 고옹에게 내린 편지에서 이렇게 말했다.

그대의 손자 자직은 아름다운 명성이 있다고 들었는데, 그와 서로 만나서 보니 들은 것을 뛰어넘소. 그대를 위해 기쁜 일이오.

그리고 고승을 기도위로 임명하고 우림병羽林兵을 지휘하게 했다. 뒤에 오군 서부도위가 되어 제갈각 등과 함께 산월을 평정하고, 따로 정예 병사 8천 명을 얻어 장갱章阬으로 돌아와 군대를 주둔시켰다. 소의중랑장으로 임명되고 중앙으로 들어가 시중이 되었다. 고승은 작파 싸움 이후 분위장군으로 임명되었으며, 지방으로 나와 경하독을 겸했다. 몇 년 뒤 형 고담, 장휴 등과 함께 교주로 쫓겨났다가 서른일곱 살에 세상을 떠났다.

주군의 심중을 먼저 읽고 덕으로써 섬기다

제갈근전諸葛瑾傳

제갈근은 자가 자유子瑜이고 낭야군 양도현陽都縣 사람이다.[13] 한나라 말에 난리를 피해 강동으로 이주했다. 마침 손책이 죽고, 손권의 매형인 곡아 사람 홍자弘咨가 제갈근을 만나보고 매우 기이한 인물로 여겨 손권에게 추천했다. 제갈근은 노숙 등과 함께 빈객 대접을 받았고, 나중에 손권의 장사長史가 되었다가 중사마(中司馬, 군사軍事를 주관한 관직)로 전임되었다.

| **건안 20년(215)** | 손권은 제갈근을 사자로 삼아 촉으로 보내 유비와 우호 관계를 맺도록 했다. 그는 동생 제갈량과 함께 공적인 일로서로 만날 뿐 공적인 일이 끝나면 사사로이 만나는 일은 없었다.

제갈근은 손권과 이야기를 하며 풍간할 때 일찍이 강하고 직선적인 말을 한 적이 없고 풍채를 미미하게 나타내고 뜻을 조잡하게 말했으며, 손권의 생각과 부합되지 않으면 그 내용을 버리고 다른 화제로 들어가서 서서히 다른 일에 기탁하여 실마리를 만들고 같은 종류의 사물을 빌려 손권의 이해를 구했다. 그래서 손권의 마음

---

13) 그의 선조 갈씨葛氏는 본래 낭야의 여러 현 사람이지만 나중에 양도로 집을 옮겼다. 양도에는 전부터 갈씨 성을 가진 자가 있었는데, 그 당시 사람들이 여러 현에서 옮겨 온 갈씨를 제갈諸葛이라고 불러서 씨氏가 되었다.

이 이따금 풀리곤 했다.

오군 태수 주치는 손권을 [효렴으로] 천거한 적이 있는 장수이다. 손권은 일찍이 이 일 때문에 주치를 원망하고 있었지만 평소 존경을 더하며 직접 책임을 묻기 어려웠으므로 성난 마음을 풀지 못했다. 제갈근은 그 까닭을 살펴 알고 있으면서도 감히 드러내어 말하지는 못했다. 그러다가 자신이 직접 손권의 견해에 근거하여 주치를 심문하기를 구하며 손권의 면전에서 편지를 써서 사물의 이치를 폭넓게 논의하고, 이 기회에 자기 생각으로 손권의 생각을 우회적으로 추측하는 편지를 써서 손권에게 바쳤다. 손권은 기뻐서 웃으며 말했다.

"내 마음이 풀렸소. 안씨(顏氏, 안연)의 덕망은 사람을 더욱 친하게 하지만 어찌 이 일을 말하겠소?"

손권이 또 교위 은모殷模를 꾸짖고 예측할 수 없는 죄를 내리고자 했다. 신하들이 대부분 은모를 위해 말하므로 손권의 노여움은 더 심해졌다. 신하들과 손권의 논쟁이 거듭되었으나 오직 제갈근만이 묵묵히 있었다. 손권이 말했다.

"자유는 어찌 혼자만 말을 하지 않는가?"

제갈근은 자리를 떠나며 말했다.

"저는 은모 등과 우리 주가 기울어 엎어지고 살아 있는 사물이 모두 사라지는 사태를 만나 조상의 묘를 버리고 노약자를 부축하여 풀 더미를 헤치고 길을 내어 성인의 교화로 돌아왔던 것이며, 떠도는 천한 신분인데도 살아나는 복을 받았습니다. 그러나 직접 그들을 감독하고 이끌어서 만 분의 일이라도 은혜를 갚을 수 없었으며, 은모가 은혜를 등지고 스스로 죄악에 빠지게 하기에 이르렀습니다. 신은 잘못에 용서를 빌 겨를도 없어서 진실로 감히 말하지 못했던 것입니다.”

손권은 이 말을 듣고 슬퍼하며 곧 말했다.

“특별히 그대를 보아서 은모를 사면해주겠다.”

뒤에 제갈근은 관우를 토벌하는 데 참가하여 선성후로 봉해졌고, 수남장군綏南將軍 신분으로 여몽을 대행하여 남군 태수를 겸했으며, 공안에 머물렀다. 유비가 동쪽으로 오를 치려고 하자, 오왕은 화해를 요청했다. 제갈근이 유비에게 편지를 보내 말했다.

문득 들으니 군대의 깃발과 북이 백제성까지 이르렀다고 합니다. 어떤 이는 오왕이 이 주로 쳐들어와 취해서 관우를 위하여 원망이 깊고 화가 크므로 화해하는 것은 마땅치 않다고 걱정하기도 했다는데, 이는 작은 것에 마음을 쓰고 커다란 것에는 마음을 두지 않은 것입니다. 폐하를 위해 이것의 가벼움과 무거움 및 크고 작음을 논의해보겠습니다. 폐하께서 위세를 누르고 분노를 삭이며 잠시 제 말을 살핀다면 결정할 수 있어, 다시 제후들에게 의견을 묻지 않아도 될 것으로 생각됩니다.

폐하께서는 관우와 친근한 정도가 선제와 비교할 때 어떻다고 생각하십니까? 형주의 크기는 천하와 비교할 때 어떻습니까? 똑같이 보복해야 하지만 누가 먼저이고 뒤여야 하겠습니까? 만일 이 이치를 헤아린다면 손바닥을 뒤집는 것처럼 쉬울 것입니다.

그때 어떤 사람은 제갈근이 따로 신임하는 사람을 보내 유비와 소식을 통했다고 말했다. 손권이 말했다.

“나는 자유와 생사를 바꾸지 않는 맹세를 했다. 자유가 나를 등지지 못하는 것은 내가 자유를 등지지 않는 것과 같다.”

| **황무 원년(222)** | 좌장군으로 승진하고 공안독이 되었으며, 가절을 받고 완릉후宛陵侯로 봉해졌다.

우번이 고지식하고 솔직하여 쫓겨났을 때 제갈근만이 그를 위해 여러 차례 말을 했다. 우번은 친하게 지내는 이에게 보내는 편지에 이렇게 썼다.

제갈자유는 돈후하고 인자하며 하늘의 법칙을 본받아 만물을 살리고 어리석은 자를 가까이 오게 하여 맑게 논의하여 명분을 지키는 방법이 있습니다. 나는 나쁜 행동이 쌓여 죄가 깊고 꺼리며 원망하는 것이 많고도 깊으니, 비록 기로(祁老, 진나라 대부)의 구원이 있을지라도 나에게는 양설적(羊舌赤, 진나라의 대부이자 현신) 같은 덕행이 없기에 사면되기를 기대하기는 어렵습니다.

제갈근은 당당한 용모에 생각이 깊었으므로, 당시 사람들은 그에 대한 존경이 넓고도 고아했다. 손권도 그를 중시했으며, 중대한 일은 몸소 그를 찾아가 자문했다. 또 따로 제갈근에게 편지를 보내 자문하기도 했다.

최근 백언의 표를 받았는데, 조비가 이미 죽어 고통스런 혼란 속에 있는 백성은 마땅히 우리의 깃발을 멀리서 바라보고 와해될 것이라 생각했는데 더욱 안정되었소. 듣건대 모두 충성스럽고 어진 자를 뽑아 쓰고 형벌을 느슨히 하여 은혜를 베풀고 부세와 부역을 줄여 백성의 마음을 기쁘게 했다고 하니, 위나라에 대한 걱정은 조조 때보다 더욱 깊어졌다고 주장했소.

그러나 나는 그렇지 않다고 생각하오. 조조가 시행한 것은 오로지 죽이고 토벌함에 조금 한계를 넘어 다른 사람의 골육지친 사이를 이간시킨 것이니 혹독하다고 생각될 뿐이오. 조조가 장수를 거느리는 일에 이르러서는 예부터 보기 드문 것이었소. 조비는 조조에 비해 만에 하나에도 미치지 못하오. 지금 조예가 조비만 못한 것은 조비가 조조만 못한 것과 같소. 작은 은혜를 힘쓰고 숭상하는 까닭은 반드시 그 아버지가 막 죽자 스스로 자신의 쇠미함을 깨닫고 곤궁하고 고통을 받는 백성이 하루아침에 무너질까 두려워서 힘껏 자신을 굽혀 민심을 구하여 스스로 안주하려고 한 것일 뿐 어찌 흥성의 연속이겠소!

들건대 진장문(陳長文, 진군)과 조자단(曹子丹, 조진) 같은 부류의 사람들을 임용했다고 하는데 이들 가운데 어떤 이는 문인이나 서생이고, 어떤 이는 황실이나 외척인데 어찌 위대한 재능을 가진 자나 용맹한 장수를 이끌어 천하를 제압할 수 있겠소? 무릇 위엄과 권력이 한 사람에게 집중되지 않으면 그 일은 어그러지고 잘못되게 마련이오. 가령 옛날 장이張耳와 진여陳餘는 화목하지 않으려고 한 것은 아니지만 권세를 잡게 되자 서로 상처를 입혔는데, 이는 만물의 이치가 그렇게 만든 것이오. 또 장문의 무리가 지난날 선善을 지킬 수 있었던 까닭은 조조가 그들의 머리를 눌러 조조의 위엄을 두려워했기 때문에 마음을 다하고 뜻을 다하여 감히 나쁜 일을 하지 못했을 뿐이오.

조비가 대업을 이었을 때, 그 나이가 이미 많으며 조조의 뒤를 이어 은정을 더했으므로 은덕을 느끼도록 할 수 있었소. 지금 조예는 어리고 약하여 사람들을 따라 좌지우지되고 있소. 이 무리는 반드시 이 기회를 이용하여 잔꾀를 써서 행동하고 서로 당을 만들어 각각 의지하는 세력을 보조할 것이오. 이와 같이 되는 날 간사함과 참언이 함께 일어날 것이며, 그들은 서로 해치고 적대시하여 싫어하고 의심하게 될 것이오. 이처럼 되면 아래에 있는 자들도 이익을 다투게 될 것이고, 나이 어린 군주는 제어할 수 없을 것이오.

그들이 실패하는 것이 어찌 오래 걸리겠소? 그들이 반드시 그렇게 될 것을 안 것은 옛날부터 지금까지 네다섯 명이 법령과 정권을 쥐고 있으면서 갈라져 상처를 입혀 서로 밟고 씹지 않는 자가 없었기 때문이오. 강자는 마땅히 약자를 능멸하고 약자는 반드시 구원을 찾게 되는데, 이것이 혼란스러워지고 멸망하는 이치요. 자유, 그대는 귀를 기울여 들으시오. 백언은 언제나 시비를 헤아리는 데는 뛰어나지만 아마 이 한 가지 일에서는 보는 안목이 짧은 것 같소.

손권이 제帝라고 일컫게 되자 제갈근은 대장군, 좌도호左都護[14]로 제수되었으며, 예주목을 겸했다. 여일이 주살되었을 때, 손권은 또 조서를 내려 제갈근 등과 일을 상의하도록 했다. 이 일은 〈오주전〉에 있다. 제갈근은 곧 상황에 근거하여 대답했는데, 그의 말은 공손하고 이유가 명확했다.

제갈근의 아들 제갈각은 당대에 명성이 대단했으며, 손권도 그를 매우 귀중하게 생각했다. 그러나 제갈근은 늘 아들을 싫어하며 가문을 보전하지 못할 자식이라고 말하고, 이 때문에 걱정했다.[15]

| 적오 4년(241) | 제갈근은 예순여덟 살에 죽었다. 그는 기름칠을 하지 않은 관에 평상시 옷으로 염하고 모든 일은 검소한 원칙에 따르라고 유언했다. 제갈각은 이미 자기 노력으로 후에 봉해졌기 때

---

14) 황룡 원년(229) 손권이 제帝를 칭한 후 건업에 도읍을 정하면서 형주의 강을 따라 올라가 방어선을 구축하고는 우도호右都護를 상단에 설치하여 제갈근을 총책임자로 삼았고, 하단은 좌도호를 두어 육손을 총지휘관으로 삼았다. 두 사람이 세상을 뜬 이후에 이 관직은 바뀌었다.

문에 동생 제갈융이 작위를 잇고 병사 업무를 취해 공안에 주둔했다. 딸린 관리와 병사들은 그에게 순종했다.

변방에 일이 없으므로 가을과 겨울이 되면 사냥을 하며 군사훈련을 하고, 봄과 여름이 되면 빈객을 초청하여 성대한 연회를 열어 휴가 중인 관리나 병사 가운데 어떤 이는 천 리를 멀다 않고 오는 자도 있었다. 그는 연회 때마다 빈객들을 찾아다니며 각각에게 그 재능을 말하도록 하고 나서 곧 탑(榻, 그 위에 앉도록 한 낮은 대)을 합쳐 자리를 가까이하고 적수를 헤아려 선택했다. 어떤 이는 쌍륙雙六과 바둑에 참가하고, 어떤 이는 저포(樗蒲, 주사위를 던져 승부를 다투는 놀이)를 하고, 투호投壺나 궁탄弓彈을 하는 자도 있었는데, 각각 나누어 경기를 하게 했다. 이때 맛있는 과일을 계속 내며 청주淸酒는 천천히 마시도록 했다. 제갈융은 두루 돌아다니며 구경하면서도 종일 피곤해하지 않았다. 제갈융의 아버지와 형은 질박하여 비록 군대에 있어도 몸에 무늬 있는 장식을 하지 않았다. 그러나 제갈융은 비단과 담, 자수로 수를 놓은 옷을 입으면서 혼자 지나치게 화려한 장식을 했다. 손권이 죽은 뒤 분위장군으로 옮겼다.

뒤에 제갈각이 회남을 정벌하러 갈 때, 제갈융에게 가절을 주어 군대를 이끌고 면수로 들어가 사방의 적군을 치게 했다. 제갈각이 주살되자 무난독 시관을 장군 시적·손일·전희 등이 있는 곳으로

---

15) 당초 제갈근이 대장군으로 있을 때 동생 제갈량은 촉의 승상으로 있었고, 두 아들 제갈각과 제갈융은 모두 병마를 총괄하고 장사將士들을 이끌었으며, 사촌 동생 제갈탄도 위나라에서 명성을 떨쳤다. 한 가문에 있는 자가 세 나라에서 각각 대표적인 지위를 얻은 것을 천하 사람들은 영예라고 평가했다. 제갈근은 재략 면에서 비록 동생에게 미치지 못했지만 덕행 면에서는 순수했다. 아내가 죽었지만 재혼하지 않았고, 총애하는 첩이 아들을 낳았어도 천거하지 않았다. 그의 신중하고 독실한 행동은 모두 이와 같았다.

보내서 제갈융을 체포할 준비를 하도록 했다. 제갈융은 갑자기 병사들이 왔다는 말을 듣고 당황하고 불안하여 머뭇거리며 어찌할 바를 몰랐다. 군대가 성을 에워싸자 약을 먹고 죽었다.[16] 그의 세 아들은 모두 주살되었다.

---

16) 이보다 앞서 공안에서 신령스런 악어가 울었는데, 동요에 "흰 악어가 운다. 거북 등은 평평하다. 남군 성안에 있으면 장수할 수 있지만, 지키다 죽어 가지 못한다면 대의가 이루어지지 않는다."라고 했다. 제갈각이 주살되자 제갈융은 정말 금으로 된 인印의 거북 모양을 얻었고, 그 금가루를 먹고 죽었다.

능력 위주의 인재 등용을 건의하다

보즐전步騭傳

보즐은 자가 자산子山이고 임회군 회음현 사람이다. 세상이 혼란스러우므로 난을 피해 강동으로 갔다. 광릉의 위정衛旌과 나이가 같고 서로 친했으므로 함께 오이를 심어 자급했으며, 낮에는 육체노동에 힘쓰고 밤에는 경전을 외웠다.

회계의 초정강焦征羌은 군의 호족인데, 그 문객들도 무례했다. 보즐과 위정은 그 땅에서 먹을 것을 구하고 있으므로 그들이 침범할까 봐 두려웠다. 그래서 함께 명함을 지니고 오이를 가지고 초정강에게 진상하려고 했다. 초정강이 마침 잠을 자고 있어서 오래 기다려야 했다. 위정이 돌아가려 하자 보즐이 그를 말리며 말했다.

"본래 우리가 여기에 온 까닭은 그가 강성함을 두려워했기 때문이오. 그런데 지금 떠나가서 고상함을 나타내려고 한다면 원수만 맺게 될 뿐이오."

오랜 시간이 지나서야 초정강이 창문을 열고 이들을 보았다. 그는 자신은 휘장 안의 책상에 기대 앉아 있으면서 땅에 자리를 두도록 하여 보즐과 위정을 창문 밖에 앉게 했다. 위정은 더욱 치욕을 느꼈지만 보즐의 말투와 낯빛은 자연스러웠다. 초정강은 식사를 준비하게 했는데, 자신은 커다란 상을 펴서 그 위에 산해진미가 가득하도록 했지만, 보즐과 위정에게는 작은 소반에 밥과 오직 푸성귀

만 주었다. 위정은 먹을 수 없었지만 보즐은 남김없이 배불리 먹고 나서 감사하다는 말을 하고 나왔다. 위정은 보즐에게 화를 내며 말했다.

"어떻게 이것을 참을 수 있었소?"

보즐이 말했다.

"우리는 가난하고 미천하오. 그러므로 주인은 가난하고 미천함으로 우리를 대우했으니 진실로 마땅한 것이오. 무엇 때문에 부끄러워하시오?"

손권이 토로장군이 되었을 때, 보즐을 불러 주기主記로 삼고 해염현의 장으로 제수했으며, 다시 불러서 거기장군 동조연으로 삼았다.

| 건안 15년(210) | 밖으로 나와 파양 태수를 겸했다. 그해 중에 교주 자사 및 입무중랑장(立武中郎將, 정벌을 담당한 관직)으로 전임되었으며, 무장하고 활을 지닌 관리 1천 명을 이끌고 곧장 남쪽으로 갔다. 이듬해에 사지절 및 정남중랑장征南中郎將의 관직을 더 받았다. 유표가 배치한 창오 태수 오거는 속으로는 다른 마음을 품고 겉으로만 보즐에게 복종했다. 보즐은 자신을 낮추어 오거를 회유하고 서로 만나자고 요청한 다음 기회를 보아 목을 베어 사람들에게 보였다. 이 일이 있은 뒤부터 보즐의 명성이 크게 떨쳐졌다. 사섭의 형제도 서로 이끌어 보즐의 명령을 들었고, 남방 지역이 복종한 것도 이부터 시작되었다. 익주의 부호 옹개 등은 촉에서 임명한 태수 정앙正昂을 죽이고 사섭에게 통보하여 오나라로 귀순하기를 구했다. 그래서 보즐은 명령을 받들어 사자를 보내 성은을 나타내고 어루만지도록 했다. 이로 말미암아 보즐은 평융장군(平戎將軍, '오랑캐를 정벌한다'는 의미로 정벌을 담당)의 관직을 더하고 광신후廣信侯로 봉해졌다.

| 연강 원년(220) | 손권이 여대를 보내 보즐을 대행하게 하고, 보즐

에게는 교주의 의로운 병사 1만 명을 이끌고 장사長沙로 나오도록
했다. 마침 유비가 동쪽으로 내려왔고, 무릉의 이민족이 움직이려
하고 있었다. 그래서 손권은 보즐에게 익양으로 진군하라고 명령했
다. 유비가 참패한 뒤에도 영릉과 계양 각 군에서는 여전히 서로 겁
먹고 동요하고 있었으며, 곳곳마다 무력을 의지하고 있었다. 보즐
이 두루 돌며 토벌하여 모두 평정했다.

| 황무 2년(223) | 우장군좌호군右將軍左護軍으로 승진했고, 임상후臨湘
侯로 바꾸어 봉해졌다.

| 황무 5년(226) | 가절을 받고 구구漚口로 옮겨 주둔했다.

손권은 제帝라 일컬어지자, 보즐을 표기장군으로 임명하고 기주
목冀州牧을 겸하게 했다. 이해에 그는 서릉으로 가서 도독이 되어 육
손을 대행하여 두 나라의 접경지대를 진무했다. 오래지 않아 기주
가 촉의 세력 아래에 있게 되어 기주목 직책은 해임되었다. 그때 손
권의 태자 손등은 무창에 주둔하고 있었다. 그는 사람들을 아끼고
선행을 좋아했다. 보즐에게 편지를 보내 이렇게 말했다.

무릇 현인이나 군자가 위대한 교화를 일으키고 흥성시키는 까닭은
당시의 중대한 사무를 보좌하여 처리할 수 있는 자이기 때문이오. 나
는 천성이 아둔하고 이치에 통하지 않아 도리를 깨닫지 못했소. 비록
확실히 구구하게 밝은 덕에 마음을 다하여 군자에게 돌아가려고 해
도, 먼 곳과 가까운 곳의 사인들에 이르러서는 먼저와 나중의 마땅함
이 오히려 실제와 너무 먼 차이가 있기 때문에 상세히 이해할 수 없
소. 경전《논어》에서는 "그를 아끼면서 수고롭게 하지 않을 수 있는
가? 그에게 충성하면서 가르치지 않을 수 있는가?"라고 말했소. 이 말
의 뜻이 어찌 군자들에게 바라는 바가 아니겠소?

이 때문에 보즐은 당시 형주 경내에서 임무를 맡고 있던 제갈근·육손·주연·정보·반준·배현裴玄·하후승夏侯承·위정·이숙李肅·주조周條·석간石幹 등 11명을 나열하고 그들의 행장을 분석했으며, 상소하는 기회에 손등에게 권면하여 말했다.

신이 듣기로 군주는 사소한 일을 몸소 하지 않고, 백관이나 담당 관리들이 각각 그 직책을 맡는다고 합니다. 그러므로 순은 아홉 현인을 임용하여, 그 자신은 마음을 쓴 바가 없이 오로지 다섯 현의 금슬을 타고 남풍南風의 시를 읊으며 당묘堂廟로 내려오지도 않았지만 천하가 다스려졌습니다. 제나라 환공은 관중을 임용하고서 머리를 풀고 수레를 타고 노닐었지만 제나라는 다스려졌고, 또 천하를 바로잡아서 제후들을 규합했습니다.

근래에 한나라 고조는 세 호걸 소하蕭何[17]·한신·장량을 취하여 제왕의 대업을 일으켰고, 서초(西楚, 항우가 서초의 패왕임을 자칭한 데서 유래한 말로 항우를 가리킴)는 영웅과 호걸을 잃어 성공하지 못했습니다. 급암汲黯이 조정에 있었기에 회남왕은 음모를 잠재웠고, 질도郅都가 변방을 지키고 있었기에 흉노가 자취를 숨겼던 것입니다. 그러므로 현인이 있는 곳은 만 리 밖에서도 적을 막게 됩니다. 그들은 진정으로 나라의 이익이 되는 그릇으로, 나라의 흥망이 이들로 말미암았습니다.

마침 지금 왕의 교화는 한수 북쪽까지 아직 미치지 못하고, 하수와

---

17) 유방을 도와 한나라 왕조를 세우는 데 큰 도움을 준 인물이다. 《정관정요》에 나오는 소하의 공에 대한 기록은 이러하다. "그래서 한나라의 소하는 비록 전쟁터에서 공을 세우지는 않았지만 전시에는 후방에서 지령을 내리고, 전후에는 한나라 고조를 천자로 추대했기 때문에 그 공이 첫 번째가 될 수 있었다." 이렇듯 그는 지략가였다.

낙수 유역에는 오히려 참위하고 반역하려는 무리가 있으니 실제로 영웅을 불러 모으고 준걸을 선발하여 현인을 임용할 때입니다. 영명한 태자께서는 이 일을 많이 유념하시기 바랍니다. 이와 같이 하면 천하는 매우 행복해질 것입니다.

나중에 중서 여일이 전교典校의 문서를 작성하게 되었는데, 보즐이 탄핵한 자가 많았다. 보즐은 상소하여 말했다.

신이 듣기로 여러 전교가 미미한 잘못을 전문적으로 찾아내고 털을 불어 흠을 찾고 안건을 확대하여 무고함을 깊게 하며, 다른 사람을 해롭게 하여 위력으로 복을 삼으려 하여 죄 없고 허물이 없는 사람이 무리하게 큰 형벌을 받는다고 합니다. 이러하니 백성이 드넓은 천지 사이에 몸을 두게 한다면 어느 누가 전율하지 않겠습니까? 옛날 옥의 관리는 오직 현명한 자라야만 임명되었습니다. 그러므로 고요皐陶는 법관으로 임명되었고, 여후(呂侯, 여거에 대한 존칭)가 벌금 제도를 정했으며, 장석지張釋之나 우정국于定國이 정위가 되어 백성이 억울함을 당하지 않았으니, 사실 나라의 태평스러운 운세는 이에서 흥기한 것입니다.

지금 하찮은 신하들은 행동이 옛날과 다르고, 재판이 뇌물로 이루어지며, 사람 목숨을 가벼이 여기면서 그 허물은 천자에게 돌려 나라에 대한 원망을 재촉하고 있습니다. 무릇 탄성을 지르는 자가 한 사람이라도 있다면 왕도王道가 이지러지고 원망이 깊어질 것입니다. 덕을 밝히고 벌을 신중히 하며 밝은 사람이 형법을 주관하는 것은 경전에서 찬미하는 바입니다. 지금부터 재판 판결은 도성 안의 안건이면 마땅히 고옹에게 자문하시고, 무창에서는 육손과 반준에게 물어야 합니다. 마음을 평안하게 하고 뜻을 전일하게 하여 실제 상황을 얻는 데 힘쓰십시오. 제가 신명神明에 아부하는 것이면 죄를 받은들 무슨 한이 있겠습니까?

또 말했다.

천자는 하늘을 아버지로 삼고 땅을 어머니로 삼기 때문에 궁실의 백관은 늘 하늘의 각 별자리를 본받아서 움직입니다. 만일 정책과 법령을 시행하여 시절을 공순하게 따르며 관직에서 바른 인물을 얻는다면 음양은 조화롭고 일곱 천체는 정상 궤도를 따를 것입니다. 오늘날 관료들에게는 결점이 많아 비록 대신이 있을지라도 신임하지 못하고 있습니다. 이와 같이 하고도 천지에 어찌 변고가 없겠습니까? 그러므로 해를 이어 심한 가뭄이 들었는데, 이는 양기陽氣가 매우 성한 반응입니다.

또 가화 6년(237) 5월 14일, 적오 2년(239) 정월 1일과 27일에는 땅이 모두 진동했습니다. 땅은 음陰의 종류에 속하며 신하를 상징합니다. 음기가 성하므로 진동한 것이고, 이는 신하가 정권을 독점했기 때문입니다. 무릇 하늘과 땅에 이변이 나타나는 까닭은 군주를 깨우치려고 경고하는 것이니 그 의미를 깊이 생각지 않을 수 있겠습니까!

또 말했다.

승상 고옹과 상대장군 육손과 태상 반준은 걱정이 깊고 책임이 중대하며 마음은 충성을 다하는 데 있으므로, 아침저녁으로 전전긍긍하며 잠자는 것도 밥 먹는 것도 편안하지 못하고 나라를 안정시키고 백성을 이롭게 하려고 영원한 계획을 세우기를 염원하고 있습니다. 이들은 심장과 팔다리라고 할 만한 나라의 신하입니다. 마땅히 각각에게 임무를 맡겨 다른 관원들이 그들이 맡은 일을 감독하지 못하도록 하고, 그들에게 일의 성과를 요구하며 그 일의 득실과 우열을 살펴야만 합니다. 이 세 신하는 생각이 미치지 못하면 그만둘 것이니 어찌 감히 독자적인 세력으로 위협하여 하늘을 저버리겠습니까?

상을 내걸어 선행을 드러내고 형벌을 정하여 간사한 사람을 위협하며, 지혜로운 사람을 임용하고 능력 있는 자를 부려 법률 제도를 밝히고 그들에게 알도록 한다면 무슨 공적인들 이루지 못하고 무슨 일인들 할 수 없으며 무슨 소리인들 들을 수 없고 무슨 현상인들 볼 수 없겠습니까? 만일 오늘 백 리의 군수가 모두 각기 그 사람을 얻어 함께 서로 협력하여 일을 다스린다면, 모든 정사가 어찌 흥성하지 않겠습니까?

제가 듣기로 여러 현에는 모두 예비 관리가 있다고 하는데, 관리가 많으면 백성을 번거롭게 하며 사회 기풍이 파괴됩니다. 오직 소인만이 군주의 명령을 받을 기회가 있으므로 공사를 힘껏 받들지 않고 세력으로 위협하는 것입니다. 그들은 눈과 귀를 확대하지 않고 오히려 백성을 해롭게 합니다. 저는 이러한 관리들은 모조리 파면시켜야 한다고 생각합니다.

손권은 크게 깨닫고 여일을 주살시켰다. 보즐은 앞뒤로 신분이 낮으나 지혜롭고 능력 있는 자를 추천하고, 무고하게 환난 받은 자를 구하기 위해 수십 번 글을 올렸다.[18] 손권은 비록 다 받아들일 수는 없었지만 언제나 그의 건의를 듣고 취했으며, 그에게 많은 도움을 받아 이익을 얻었다.

| 적오 9년(246) | 보즐은 육손을 대행하여 승상이 되었으나 여전히 문하생들을 가르치며 손에서 책을 놓지 않았고, 옷 입는 것이나 거처하는 것은 유생과 같이 했다. 그러나 그 집안 처첩들의 복식은 매우 사치스럽고 화려했으므로 이 때문에 자못 사람들에게 비방을 받았다. 서릉에 있은 지 20년이 되자 부근에 있는 적들은 그의 위세와 신의를 존경했다. 그의 성품은 관대하고 넓어서 인심을 얻었으며, 기뻐하거나 노여워하는 기색이 목소리나 얼굴빛에 나타나지 않으며 안팎으로 숙연했다.

| 적오 10년(247) | 보즐이 세상을 떠나자 아들 보협이 후사가 되어 그가 다스리던 곳을 통솔했으며, 무군장군을 더했다. 보협이 죽자 아들 보기步璣가 후 작위를 이었다. 보협의 동생 보천은 업을 이어 서릉독이 되고 소무장군(昭武將軍, 정벌을 담당한 관직)을 더했으며, 서정후西亭侯에 봉해졌다.

| 봉황 원년(272) | 보천을 불러서 요장독으로 삼았다.

보천은 대대로 서릉에서 살았는데, 갑자기 부름을 받자 스스로 직무를 버리려고 생각하면서도 참언의 화가 있을까 봐 두려웠다.

---

18) 보즐은 표를 올려 다음과 같이 말했다. "북방에서 투항한 왕잠王潛 등이 말하기를 북방에서는 대오를 정돈하고 동쪽으로 진출할 뜻을 갖고, 베로 된 주머니를 많이 만들어서 모래를 넣어 강을 막아 대대적으로 형주로 향하려고 한답니다. 미리 준비하지 않으면 긴급한 사태에 대응하기 어려울 것입니다. 마땅히 방비해야만 합니다." 이에 손권은 다음과 같이 말했다. "이들은 쇠약해져 있는데 어떻게 도모함이 있을 수 있겠소? 반드시 감히 오지 못할 것이오. 만일 내 말과 같지 않다면 소 수천 마리를 죽여서 그대를 주인으로 삼겠소."라고 했다. 뒤에 여범과 제갈각이 보즐의 말을 듣고 "보즐의 표를 읽을 때마다 웃음을 참지 못했습니다. 이 강은 천지개벽과 함께 태어났는데, 어찌 모래주머니로 막을 수 있겠습니까!"

이 때문에 성을 바치고 진나라에 투항했다. 보기와 동생 보선을 낙양으로 보내 인질로 삼게 했다. 진나라에서는 보천을 도독서릉제군사都督徐陵諸軍事·위장군·의동삼사로 삼고 시중 관직을 더했으며, 가절을 주고 교주목을 겸하게 하고 의도공宜都公으로 봉했다. 보기를 감강릉제군사監江陵諸軍事와 좌장군으로 삼고 산기상시散騎常侍 직을 더하고 여릉 태수를 겸하게 했으며, 강릉후江陵侯로 바꿔 봉했다. 보선을 급사중給事中과 선위장군(宣威將軍, 정벌을 담당한 관직)으로 삼고 도향후로 봉했다. 거기장군 양호(羊祜, 위나라 말기에 사마소의 막료에서 기밀에 관여한 사람)와 형주 자사 양조楊肇에게 명하여 가서 보천을 구원하도록 했다. 손호가 육항에게 서쪽으로 가게 하니 양호 등은 물러났다. 육항은 성을 함락시키고 보천 등의 목을 베었다. 보씨는 전멸하고 오직 보선만이 후사가 되었다.

영천의 주소周昭는 책을 지어서 보즐과 엄준 등을 칭찬하여 다음과 같이 기록했다.

예나 지금이나 지혜로운 사대부가 명성을 떨어뜨리고 몸을 잃으며 집안을 기울게 하고 나라를 해롭게 하는 이유는 한 가지가 아니다. 그러나 그 대체적인 귀결을 요약하고 흔히 보이는 근심을 총결해보면 네 가지뿐이다. 자기 의견을 고집스럽게 주장하는 것이 첫째요, 명리를 다투는 것이 둘째요, 당파를 중시하는 것이 셋째요, 빨리 하려고 힘쓰는 것이 넷째이다. 자기 의견을 고집스럽게 주장하면 다른 사람을 상하게 하고, 명리를 다투면 친구를 파괴하며, 당파를 중시하면 군주를 가리게 되고, 빨리 하려고 힘쓰면 덕을 잃게 된다. 이 네 가지가 제거되지 않으면 온전할 수 없다.

당대의 군자 중 그렇게 하지 않을 수 있는 자도 있는데, 어찌 유독 옛사람에게만 한정하겠는가! 그러나 그중에서도 특출한 사람들을 논한다면 고 예장(顧豫章, 고소), 제갈 사군(諸葛使君, 제갈근), 보 승상(步丞相, 보즐), 엄 위위(嚴衛尉, 엄준), 장 분위(張奮威, 장승)같이 완미함을 이룬 자는 없었다. 《논어》에서는 "우리 선생님은 성실하게 학생들을 이끄는 데 뛰어나다."라고 말했고, 또 "다른 사람의 선행은 이루도록 해야 하지만 다른 사람의 악행은 이루어지지 않도록 해야 한다."라고 했는데, 고 예장이 이것을 갖고 있다. "멀리서 바라보면 엄숙하고, 가까이서 보면 온화하며, 그 말을 들으면 엄격하다."라고 했는데, 제갈 사군이 이 특징을 나타냈다. "공손하면서도 편안하며 위엄이 있으면서도 사납지는 않다."라고 했는데, 보 승상이 이러한 풍모를 나타냈다. 학문에서 녹祿을 추구하지 않고 마음으로 구차하게 이익을 얻으려 함이 없는 것은 엄 위위와 장 분위가 나타냈다. 이 다섯 군자는 비록 덕행의 내용에서는 차이가 있고, 지위가 가볍고 무거움의 차이가 있지만 처세의 큰 방침에 이르러서는 네 가지를 범하지 않았으므로 모두 똑같은 원칙을 따른 것이다.

지난날 정서는 신분이 낮은 집안 출신이고, 오찬은 목동 출신이었지만, 고 예장은 그들의 뛰어난 점을 발휘시켜 육씨나 전씨와 같은 반열에 서게 했다. 이 때문에 재능 있는 자가 깊숙한 곳에 있지 않으며 풍속이 순후해졌다. 제갈 사군과 보 승상과 엄 위위 세 군자는 예전에 평민 신분으로서 서로 좋은 친구가 되었고, 논의하는 자들은 각각 그 우열을 서술했다. 처음에는 엄 위위가 앞이고, 다음이 보 승상, 그 뒤가 제갈 사군이었는데 나중에는 다 같이 영명한 군주를 섬겨 나라의 일을 경영했으며, 그들 사이에 나아가고 물러나는 재간에 차이가 있으므로 앞뒤 서열은 필연적으로 그 처음과 상반되었다. 이것은 세상의 보통 사람들의 판단이 얕은 결과이다. 세 군자의 우정은 끝까지 손상되지 않았으니 어찌 옛사람의 사귐이 아닌가!

또 노 횡강(魯橫江, 노숙)은 옛날 병사 1만 명을 이끌고 가서 육구에 주둔하며 지켰는데, 이것은 그 당시 아름다운 일이었다. 능력이 있는 자든 없는 자든 누가 이것을 바라지 않았겠는가? 그러나 횡강이 죽자 엄 위위가 그 후임으로 선발되었는데, 자기는 장수 재능이 없다고 생각하여 깊고 완곡하게 사양하여 끝내 취임하지 않았다. 뒤에 그는 구경으로 승진했고 각료 여덟 명을 취하는 자리에 올랐지만 영예는 자신을 빛나게 하기에 부족했고, 봉록도 자신을 받들기에는 부족했다. 군자 두 명에 이르러서는 모두 상장(上將, 거기장군과 표기장군을 가리킴) 지위가 되었으며 부귀함이 극에 이르렀다. 엄 위위는 공명을 구하려는 욕심이 없었고, 두 군자도 적절히 추천되지 않았으므로 각자 뜻하는 바를 지키며 자신의 명예를 보전했다. 공자는 "군자는 긍지를 갖고 다투지 않고, 무리를 짓기는 하지만 당을 만들지는 않는다."라고 말했는데, 이 세 군자가 그러한 풍모를 갖추었다.

또 장 분위의 명성은 세 군자 다음이었다. 한쪽 수비를 맡고 상장 직무를 받은 점에서는 제갈 사군, 보 승상과 차이가 없다. 그러나 나랏일에 참여하여 공로를 논함에서는 확실히 앞뒤가 있었으므로 작위의 영광 정도에는 차이가 있었다. 그러나 장 분위는 이 위치에 있으면서 결심은 이 부분을 명확히 할 수 있었고, 마음에는 도의를 잃는 사욕이 없었으며, 일에서는 욕망을 채우려는 뜻이 없었다. 늘 조정에 올라갈 때마다 예의를 따라 행동했으며, 말의 어조가 진실하고 간절하여 충성을 다하지 않음이 없었다. 숙사(叔嗣, 장휴)는 비록 그와 친근하며 지위가 높았지만 그의 패망을 걱정했고, 채문지蔡文至는 비록 그와 소원하고 지위가 낮았지만 그의 현명함을 칭찬했다. 자기 딸이 태자의 배필이 되었을 때 태자에게 예를 받을 때는 마치 조문하는 것처럼 했으며, 의기가 양양하고 다른 사람에게 후하게 했다. 일의 성공과 실패, 얻는 것과 잃는 것은 모두 생각한 바와 같았다. 도의를 지키고 기회를 보며 옛것을 좋아한 선비라고 말할 수 있다.

나라를 경영하고 군대를 관장하며 동분서주하여 패왕霸王의 공을 세우는 것에서 이 다섯 사람은 다른 사람을 넘는 일이 없었다. 이들은 순수하게 도의를 실행하고 정당한 이유 없이 이익을 구하지 않았으며, 세상 변화에 순응하고 이름과 행동을 보전한 점에서 아득히 세상을 초월하여 진실로 본받을 점이 있다. 그러므로 그들의 사적을 조잡하게나마 논하여 후세 군자들에게 보이려 한다.

주소는 자가 공원恭遠이고 위요·설영·화핵과 함께 《오서吳書》를 지었다. 뒤에 중서랑이 되었지만 어떤 사건에 연루되어 옥에 갇혔다. 화핵이 표를 올려 그를 구하려 했지만 손휴가 듣지 않아서 결국 처형되고 말았다.

【평하여 말한다】

장소는 손책의 유언을 받아 군주를 보좌하고, 공훈을 세우고 충성하며 직언하고 자신을 위해 행동하지 않았다. 그러나 그는 엄한 태도 때문에 손권에게 꺼림을 받았고, 고상한 행동 때문에 소원해져 재상 자리에 오르지 못했다. 또 사보(師保, 천자의 교육 고문)에 오르지 못하고 조용히 집에서 만년을 보냈다. 이로 보아 손권이 손책에 미치지 못함이 분명하다. 고옹은 평소의 대업을 슬기로움에 의거하여 운용했기 때문에 영예와 지위가 최상에 오를 수 있었다. 제갈근과 보즐은 나란히 덕과 규범적인 행동으로써 그 당시 세상에서 유능한 인물로 여겨졌고, 장승과 고소는 마음을 비운 인격자로서 인물을 좋아하고 숭상했다. 주소의 논의는 이러한 사람들의 아름다움을 칭찬했으므로 상세히 기록한 것이다. 고담은 공직에 있으면서 계책을 바쳤고 충성과 정조의 절개가 있었다. 장휴와 고승은 뜻을 닦아 모두 훌륭한 사람이 되기를 바랐다. 이들이 사람들에게 원망을 받고 서로 공격하여 남쪽 땅으로 유배당한 것은 애석한 일이다!

8

장엄정감설전 張嚴程闞薛傳

경전과 문장에 밝은 유림들

전쟁에 앞서 늘 수성을 건의한 행정의 달인

장굉전張紘傳

장굉은 자가 자강子綱이며 광릉군 사람이다. 경도에 유학했으며,[1] 본 군으로 돌아와 무재로 천거되고 관부의 초빙을 받았지만 모두 나가지 않았다.[2] 뒤에 난을 피해 강동으로 갔다. 손책이 창업하자, 곧 그에게 투항하여 의탁했다. 손책은 표를 올려 장굉을 정의교위正議校尉[3]로 삼았다.[4] 그는 단양 토벌에 참가했다. 손책은 몸소 전쟁

---

1) 장굉은 태학太學에 입학하여 박사 한종韓宗에게 사사하여 경방京房의 해석이 붙은《역경易經》과 구양歐陽의 해석이 붙은《서경書經》을 익혔고, 뒤에 진류군陳留郡 외황外黃에 있는 복양개濮陽闓에게서 한영韓嬰이 해석한《시경》과《예기禮記》및《좌씨춘추》를 배웠다. 참고로 태학박사太學博士는 224년에 건립된 위나라 교육기관인 태학에서 관료의 자제들에게 오경五經을 가르치는 교수이다. 촉나라와 오나라에서는 박사라고 불렀다.

2) 대장군 하진何進, 태위 주준朱儁, 사공 순상荀爽의 세 부에게서 연참으로 임명되어 초빙되었지만 모두 질병을 이유로 나가지 않았다.

3) 한 말 손책의 참모 벼슬로 '논의를 올바르게 하는 교위'라는 뜻이다.

4) 장굉은 장소와 더불어 손책의 참모였다. 손책은 늘 두 사람 중 한 명을 남겨 지키게 하고 다른 한 사람에게는 정벌을 따라 나가도록 했다. 뒤에 여포呂布가 서주를 습격하여 취하고 그대로 자기가 서주목이 되고, 장굉이 손책 때문에 일을 따르지 않으려고 하자 그를 무재로 천거하여 공문서를 보내 장굉을 부르게 했다. 장굉은 마음속으로 여포를 싫어하며 그의 수하에 있게 되는 것을 부끄럽게 생각했다. 손책도 장굉을 높이 평가하여 아까워하며 자기 보좌역으로 두고자 했다. 그래서 답장하여 장굉을 보내지 않으려는 뜻을 적었는데 "바다에서 난 아름다운 진주는 어느 곳에 있든 진중하게 여겨지는 법이오. 초가 비록 재능 있는 인재를 낳았지만 진나라가 그 인물을 임용했소. 비범한 군주는 돌아다니며 진주를 찾지만 하필 고향 주란 말이오?"라고 했다.

터로 와서 싸움을 했다. 장굉은 그에게 다음과 같이 간언했다.

"무릇 주장主將은 모략을 직접 만들어내는 자이며 삼군三軍이 운명을 걸고 있으므로 경솔하게 몸소 소수의 적을 막는 것은 옳지 않습니다. 당신께서는 하늘이 내린 자질을 귀중히 여기시고 사해의 기대에 부응하여 나라 안의 윗사람과 아랫사람을 위태롭거나 불안에 떨지 않도록 하시기 바랍니다."

| 건안 4년(199) | 손책은 장굉을 보내 허창궁許昌宮으로 가서 장章을 바치도록 했는데, 그곳에서 머물며 시어사가 되었다. 소부 공융 등은 모두 그와 가까이 지냈다. 조조는 손책이 죽었다는 소식을 듣고 상사를 틈타 오를 토벌하려고 했다. 장굉은 간언하여 다른 사람의 상사를 틈타 공격하는 것은 고대의 도의가 아니며, 만일 공격했다가 이기지 못하면 원수가 되고 우호 관계가 깨지게 될 테니 이 기회에 차라리 두터운 예를 펴는 게 낫다고 주장했다. 조조는 그 말을 받아들여 곧장 표를 올려서 손권을 토로장군으로 삼고 회계 태수를 겸하도록 했다. 조조는 장굉에게 손권을 귀순하도록 설득시키려 생각하고, 장굉을 회계 동부도위로 삼아 지방으로 내보냈다.[5]

뒤에 손권은 장굉을 장사長史로 삼아 합비 정벌에 참가하도록 했다. 손권이 가볍게 무장한 기병을 이끌고 가서 적을 무찌르려고 하자, 장굉은 이렇게 간언했다.

"병기는 상서롭지 못한 기구이고, 전쟁은 위험한 일입니다. 오늘 당신이 왕성하고 웅장한 기백에 의지하여 강대하고 포악한 적을

---

5) 원래 손권은 신하들을 부를 때 대부분 자字로 불렀는데 장소를 부를 때만 '장공張公'이라 했고, 장굉을 부를 때는 그가 회계 동부도위로 있었기 때문에 '동부東部'라고 불렀다. 이는 손권이 두 사람을 존중해서 부른 것이다.

홀시한다면 삼군의 군사들 가운데 마음이 섬뜩하지 않은 자가 없을 것입니다. 비록 적군 장수의 목을 베고 깃발을 빼앗아 취하고 적군의 전쟁터에서 위세를 떨친다고 할지라도, 이것은 오로지 편장군의 임무이지 주장이 꼭 해야만 하는 일은 아닙니다. 맹분孟賁과 하육夏育의 용기를 억누르고 패왕으로서의 계획을 마음속에 품으시기 바랍니다."

손권은 장굉의 간언을 받아들여 행동을 멈추었다. 그는 돌아온 다음, 이듬해에 다시 출병 준비를 했다. 장굉이 또 간언했다.

"옛날부터 제왕은 천명을 받은 군주로서 비록 신령이 위에서 보좌하고 문덕이 아래에서 발양될지라도, 또한 무공에 의지하여 그들의 공훈을 나타냈습니다. 그러나 가장 귀한 것은 시기를 잡아 행동을 한 뒤 위세를 세우는 것뿐입니다. 이제 명공은 한 왕조 4백 년의 액운을 만나 위급함을 도운 공로가 있으니 조용히 군대를 쉬게 하면서 널리 땅을 일구어 씨를 뿌리고, 현명한 자를 임용하고 재능 있는 자를 등용하여 관용과 은혜를 받드는 데 힘쓰며, 천명에 순응하여 처벌을 실행해야만 수고롭지 않고도 천하를 평정할 수 있습니다."

이에 손권은 행동을 멈추고 출병하지 않았다. 장굉이 마땅히 오군을 나와 말릉군秣陵郡에 수도를 정해야 한다는 계책을 내놓자, 손권은 그 제의를 따랐다. 손권은 장굉에게 오군으로 돌아와 식구를 맞이하도록 했는데 길에서 병사하고 말았다. 그는 병세가 위독할 때 아들 장정張靖에게 유서를 주었는데, 거기에는 다음과 같이 쓰여 있었다.

예부터 나라가 있고 집이 있는 자는 모두 덕망 있는 정치를 실행하여 융성한 세상에 이르려고 했다. 그러나 그들이 다스린 것에 이르면 대부분 이상적인 결과를 얻지 못했다. 결코 충성스러운 신하나 현명한 보좌가 없어서가 아니며, 나라를 다스리는 근본을 깨닫지 못해서도 아니다. 군주가 자신의 감정을 제어하지 못하고 다른 사람의 의견을 받아들이지 못한 데서 말미암은 것이다. 사람의 감정은 어려운 것은 꺼리고 쉬운 쪽으로 향하며, 서로 같은 의견은 좋아하지만 상반된 의견은 싫어하는데, 이것은 정사를 다스리는 규율과는 반대이다. 경전에서 "좋은 것을 따르는 것은 산에 오르는 것과 같고, 나쁜 것을 따르는 것은 산이 무너지는 것과 같다."라고 했는데, 이는 좋은 일을 하기가 어려움을 말한 것이다.

군주는 몇 대의 기업基業을 받들고 천연의 세력에 의지하여 전권의 위엄을 장악하고 있고,[6] 쉬운 일을 하는 데 길들여지고 같은 의견을 듣고 다른 사람에게 빌리거나 취하는 것이 없다. 그런데 충신은 받아들이기 어려운 통치 방식을 품고 있으며 귀에 거슬리는 말을 토로하니, 양자가 합쳐질 수 없는 것은 또한 당연하지 않겠는가! 합쳐질 수 없으면 모순이 있게 되고, 아첨하는 자들이 빈틈을 타서 들어오면 군주는 작은 충성에 미혹되며 소인의 은애에 연연하게 될 것이다. 그러면 지혜로운 자와 어리석은 자가 뒤섞이고, 나이 많은 사람과 아랫사람이 순서를 잃게 된다. 이런 상황이 생긴 원인은 인정이 혼란스럽기

---

6) 《주례》천관天官 태재직太宰職에 의하면 여덟 가지 군주권을 발동하여 왕을 보좌하는 신하들을 다스렸다고 한다. 여덟 가지란 첫째가 작위로 신하의 신분을 높여주는 것이고, 둘째는 봉록으로 신하를 부유하게 하는 것이며, 셋째는 물건을 내려 신하들의 언행이 군주를 평가하도록 하는 것이고, 넷째는 직무로 행동을 제어하는 것이다. 다섯째는 나이 든 공신을 존중하는 것으로 후손까지 복을 받도록 하는 것이고, 여섯째는 몰수하여 신하들을 가난하게 하는 것이며, 일곱째는 내쫓아서 신하들의 죄를 다스리는 것이고, 여덟째는 주살하여 허물을 다스리는 것이다.

때문이다.

그러므로 영명한 군주는 이 이치를 깨닫고 굶주리거나 갈증이 나는 것처럼 지혜로운 자를 구하며, 간언을 받을 때 싫어하지 말고, 감정을 누르고 사욕을 줄이며, 의義로 은혜를 나누어 위로는 편파적이고 황당한 요구가 없고 아래로는 그릇된 데로 들어가려는 바람이 없어지게 해야 한다. 너는 마땅히 세 번 생각하고 부끄러움을 참아내어 인仁을 이루고 천하의 대업을 이루어야 한다.

그는 예순 살에 죽었다. 손권은 그의 유서를 되새기며 눈물을 비 오듯 흘렸다.

장굉은 시와 부賦, 명뢰(銘誄, 죽은 자의 공로나 행적을 기리기 위해 짓는 글) 10여 편을 지었다.[7] 그 아들 장현張玄은 남군 태수, 상서까지 관직이 올랐다. 장현의 아들 장상張尙은 손호 때 시랑이 되었다가 말이 분명하고 명쾌한 것으로 알려져 시중, 중서령으로 발탁되었다. 손호가 장상에게 금슬을 타도록 하자, 장상은 이렇게 대답했다.

---

7) 장굉은 녹나무로 만들어진 베개를 보고 그 무늬를 좋아하여 부를 지었다. 진림이 북쪽에서 이 작품을 읽고 다른 사람들에게 보여주며 "내 고향 사람 장자강張子綱이 지은 것이오."라고 말했다. 뒤에 장굉은 진림이 지은 〈무고부武庫賦〉와 〈응기론應機論〉을 읽고 진림에게 편지를 보내 찬탄하며 칭찬했다. 진림은 다음과 같이 답장했다. "나는 황하 북쪽으로 온 이래 천하와 격리되었고, 이곳은 문학적 풍토도 그다지 두텁지 않으므로 두각을 나타내기 쉬웠소. 따라서 내가 과분한 칭찬을 듣는 것은 실질이 아니오. 지금 경흥景興, 낭월琅月이 이곳에 있고, 그대와 자포(장소)는 그쪽에 있으니, 이른바 하찮은 박수무당이 뛰어난 박수를 보았으니 신령스러운 기운이 다한 것이오." 장굉은 문학을 좋아하고, 또 해서楷書와 전서篆書를 잘 썼다. 공융에게 보낸 편지는 자필로 쓴 것이었다. 공융은 장굉에게 보내는 편지에서 "전에 수고롭게 자필로 쓴 편지는 대부분 전서로 되어 있었소. 늘 편지를 들고 글자를 볼 때마다 기뻐 혼자 웃었는데, 마치 그 사람을 보는 것과 같았소."라고 했다.

"본래부터 탈 줄을 모릅니다."

손호는 그에게 배우라고 명령을 내렸다. 그 뒤 연회석에서 금슬의 정묘함을 순서대로 말할 때, 장상은 이같이 말했다.

"진나라 평공平公이 사광(師曠, 춘추시대 진나라의 음악가로 소리를 듣고 길흉을 점쳤음)에게 맑은 각음角音을 타도록 했을 때, 사광은 '우리 군주는 덕행이 엷어서 이것을 듣기에 부족하다.'라고 했습니다."

손호는 마음속으로 장상이 이것으로 자신을 비유하고 있다고 생각하여 불쾌했다. 나중에 다른 일이 쌓이자 옥에 가두고 모든 것을 이 일에 의거해서 죄명을 정하여 건안으로 보내 배를 만들게 했다. 오랜 뒤에 사형에 처했다.

처음에 장굉과 같은 군의 진송과 진단은 모두 장굉과 더불어 손책에게 대우를 받았으며 대계大計를 정하는 데 참여했다. 이들은 각기 요절했다.

노숙의 후임을 사양한 정통 경학자

엄준전嚴畯傳

엄준은 자가 만재曼才이고 팽성국彭城國 사람이다. 그는 어려서부터 학문에 깊이 몰입하여 《시경》과 《서경》, 삼례(三禮, 《의례儀禮》·《주례》·《예기》)에 정통했으며, 《설문해자說文解字》도 좋아했다. 그는 난리를 피해 강동으로 가서 제갈근, 보즐과 이름을 나란히 하고 우정을 나누었다. 그는 성격이 소박하고 솔직하고 순후하여 재능을 갖고 있는 사람에게 완미한 도의로써 성실하게 충고해 그들이 도움을 받아 진보하도록 하는 데 뜻이 있었다. 장소가 엄준을 손권에게 추천하자 손권은 그를 기도위 및 종사중랑從事中郎으로 삼았다. 횡강장군橫江將軍 노숙이 죽었을 때, 손권은 엄준에게 노숙을 대행하여 병사 1만 명을 지휘해 육구에서 주둔하게 했다. 사람들은 모두 엄준이 임명된 것을 기뻐했지만 그는 몇 번이나 간곡하게 사양했다.

"제 본분은 책 읽는 것으로서 군사에는 익숙하지 못합니다. 재능이 없으면서 그 자리를 차지하면 허물과 후회가 반드시 이를 것입니다."

엄준의 말은 강개했고, 눈물을 흘리기까지 했다. 손권은 마침내 그의 뜻을 받아들였다. 세상 사람들은 이런 사실에 근거하여 엄준의 겸양을 칭찬했다.

손권이 오왕이 되고 황제로 일컬어졌을 무렵, 엄준은 일찍이 위

위가 되어 사자로 촉나라에 갔다. 촉의 재상 제갈량은 그를 매우 아
꼈다. 엄준은 봉록과 상을 쌓아두지 않고 모두 친척이나 친구 및 인
연이 있는 이들에게 나누어주어 언제나 살림이 넉넉하지 못했다.

광릉의 유영劉穎은 엄준과 교분이 있었다. 유영은 한가롭게 집에
있으면서 학문에 정통했다. 손권이 그에 대한 평판을 듣고 초빙했
지만 질병을 핑계로 나아가지 않았다. 그 동생 유략이 영릉 태수로
있다가 임지에서 죽자 유영이 장례식장으로 달려가니, 손권은 이
일로 그가 꾀병을 부렸음을 알게 되어 황급히 체포해서 심문하도
록 명령했다. 엄준도 유영에게 급히 달려가 손권에게 사죄하라고
설득했다. 손권은 노여워하며 엄준을 면직시켰지만 유영은 죄를 사
면받았다. 오랜 시간이 지나서야 엄준은 상서령이 되었고, 그 뒤에
죽었다.[8]

엄준은 《효경전孝經傳》과 《조수론潮水論》을 지었으며, 또 배현 및
장승과 함께 관중과 계로季路에 대해 논의했는데, 이 내용은 모두
세상에 전한다. 배현은 자가 언황彦黃이고 하비 사람이다. 학문과
품행이 있으며, 관직은 태중대부까지 올라갔다. 배현이 아들 배흠裴
欽에게 제나라 환공과 진나라 문공과 이공(夷公, 백이) 및 혜공(惠公, 유
하혜) 네 사람의 우열을 묻자, 배흠은 자신이 생각한 대로 대답하여
아버지와 서로 되풀이하며 논쟁했는데 각자의 말에 문채文彩와 이
치가 있었다. 배흠은 태자 손등과 사귀었으며, 손등은 그의 문필이
우아하고 아름답다고 칭찬했다.

유학자로 3만여 자의 저술을 남기다

정병전程秉傳

정병程秉은 자가 덕추德樞이고 여남군汝南郡 남둔현南頓縣 사람이다. 그는 일찍이 정현鄭玄을 섬겼고, 뒤에 난리를 피해 교주로 이주하여 유희劉熙와 함께 경전의 근본 의미를 고찰하고 논의했으며, 마침내 오경에 두루 정통하게 되었다. 사섭은 그를 장사長史로 임명했다. 손권은 그가 저명한 유학자라는 말을 듣고 예의를 다하여 초빙했다. 정병은 손권에게로 가서 태자태부로 임명되었다.

| 황무 4년(225) | 손권이 태자 손등을 위해 주유의 딸을 맞이하려고 할 때, 정병은 태상 직책을 겸하여 오군으로 가서 비를 맞이하게 되었다. 손권이 몸소 정병의 배에까지 왔으므로 [정병이] 후한 예우를 받고 있음이 알려졌다. 돌아온 뒤에 정병은 조용히 손등에게 나아가 이렇게 말했다.

"혼인은 인륜의 시작이며 왕의 교화의 기초입니다. 이 때문에 영명한 군왕은 이것을 중시했고, 사람들에게 솔선하여 보여주고 천하를 교화시켰습니다. 그래서 《시경》에서 〈관저 편關雎篇〉을 찬미하여 첫머리에 일컬은 것입니다. 원컨대 태자께서는 집안에서 예교를 존중하고 《시경》의 〈주남周南〉에서 노래한 바를 마음속에 간직하십시오. 그러면 도의와 교화는 위에서 흥성하고, 칭송하는 소리가 아래에서 일어날 것입니다."

손등은 웃으며 말했다.

"훌륭한 점을 도와 발양시키고 결점을 제지하여 바로잡는 것은 진실로 태부 그대에게 의지하는 바이오."

그는 질병으로 관직에서 죽었다. 그는 《주역적周易摘》·《상서박尙書駮》·《논어필論語弼》 등 총 3만여 자를 지었다. 정병이 태부로 있을 때, 솔경령率更令[9]으로 있던 하남의 징숭徵崇[10]도 깊은 학문을 닦아 실행했다.

---

9) 태자솔경령太子率更令의 준말이다. 태자궁 시위대의 장관이다.

10) 징숭은 자가 자화子和이고 《주역》과 《춘추좌씨전》에 뛰어났다. 본래 성이 이李씨였으나, 난을 만나 성을 바꾸고 회계군에 숨어 살며 밭을 갈면서 자신의 뜻을 구했다.

남에게 경전을 필사해주면서 외워 큰 학자가 되다

감택전闞澤傳

감택闞澤은 자가 덕윤德潤이고 회계군 산음현 사람이다. 집안 대대로 농민이었다. 감택은 학문을 좋아했지만 살림살이가 넉넉하지 못해 학비가 없으므로 늘 다른 사람을 위해 필경筆耕을 하여 종이와 붓의 비용을 제공받았는데, 베끼는 일을 마치고 나서는 또 그 전체를 외웠다. 그는 스승을 좇아 토론하고 연구했으며, 많은 서적을 두루 열람하고 아울러 역법과 천문에도 통달하여 이로 인해 명성이 드러났다. 감택은 효렴으로 천거되었고, 전당현의 장으로 임명되었으며, 침현郴縣의 영으로 승진했다. 손권이 표기장군이 되었을 때 감택을 초빙하여 서조연을 돕게 했다. 손권이 황제로 일컬어진 뒤에는 감택을 상서로 삼았다. 감택은 가화 연간에 중서령이 되고 시중을 더했다.

| 적오 5년(242) | 감택은 태자태부로 제수되었으며, 전과 마찬가지로 중서령을 겸했다.

감택은 경전의 문장이 번다하여 다 응용하기는 곤란하다고 생각해 여러 사람의 견해를 참작하고 곧《예기》의 문장과 여러 주석서를 간략하게 만들어 두 궁의 왕자(손화와 손패)에게 가르쳤으며, 두 사람이 드나들거나 빈객과 회견할 때의 의식을 제정했다. 또《건상역주乾象曆注》를 지어 계절과 날짜를 바로잡았다. 조정에서 중대한

일을 논의하다가 경전에서 의문점이 있으면 언제나 모두 그를 찾아가 의견을 구했다. 그는 유학 방면에 성실히 힘써서 도향후에 봉해졌다. 그는 성정이 겸허하고 공경스러우며 독실하고 신중했으므로 궁부(宮府, 태자궁의 관리 부서)의 낮은 관리들을 불러 응대할 때도 모두 예의를 갖추어 대했다. 다른 사람이 그릇되거나 결점이 있을 때도 일찍이 입으로 직접 말한 적이 없었다. 그의 용모는 부족한 듯하지만 견문에서는 막히는 것이 적었다. 손권은 일찍이 그에게 이렇게 물었다.

"경서나 그 해석, 시, 부 중에서 어떤 것이 가장 뛰어나오?"

감택은 혼란을 다스리는 이치를 밝혀 풍유하려고 생각했기 때문에 가의의 〈과진론過秦論〉이 가장 좋다고 대답했다. 손권은 이 글을 읽었다.

처음에 여일의 사악한 죄가 발각되었을 때, 담당 관리들이 그 죄상을 철저하게 조사하고 사형에 처하라고 상주했다. 어떤 이는 당연히 화형을 시키고 찢어 죽이는 형벌을 더하여 사악한 자들에게 보여야 한다고 주장했다. 손권은 이 일을 감택에게 자문했다. 감택은 이렇게 말했다.

"번성하고 광명한 시대에 다시 이런 형벌을 있게 하는 것은 마땅치 않습니다."

손권은 그의 의견을 따랐다. 또 여러 관청에서 병폐가 생겨나자 감시하는 관리를 늘려 신하들을 조사하여 제지하려고 했다. 감택은 언제나 이렇게 말했다.

"예의와 법도에 따라 해야 합니다."

그의 평화로움과 정직함은 모두 이와 같았다.[11]

| 적오 6년(243) 겨울 | 세상을 떠났다. 손권은 비통해하고 애도하며

며칠 동안 음식도 먹지 않았다.

감택과 같은 주 안의 선배인 단양의 당고唐固도 자신을 수양하고 학문을 쌓아 유학자로 일컬어졌는데,《국어國語》·《공양전公羊傳》·《곡량전穀梁傳》의 주석을 달았으며, 그의 강의를 받는 사람이 늘 수십 명씩 있었다. 손권은 오왕이 되자 당고에게 의랑을 제수했다. 육손·장온·낙통駱統 등은 모두 처음부터 그를 존중했다.

| **황무 4년(225)** | 당고는 상서복야로 임명되었다가 죽었다.

---

11) 우번은 감택을 칭찬하기를 "감씨는 사람들을 뛰어넘을 만큼 우수한데 촉의 양웅(揚雄, 전한의 경학가이자 사상가이며 언어학자)과 같다."라고 했고, 또 "감씨는 유학과 덕행에도 우수하여 현대의 동중서董仲舒이다."라고 했다. 위나라 문제가 즉위했을 때, 손권이 일찍이 신하들에게 조용히 말했다. "조비는 나이가 들어 즉위했는데, 나는 그에게 미칠 수 없음이 걱정되오. 경들은 어떻게 생각하시오?" 신하들은 아무도 대답하지 않았는데, 감택이 "10년이 못 되어 조비는 죽을 것입니다. 대왕께서는 걱정하지 마십시오."라고 말했다. 손권이 "어찌 그것을 아시오?"라고 묻자, 감택은 "그의 자字로 말하면 불不과 십十이 비조 자를 이루고 있으니, 이것은 그의 운명입니다."라고 대답했다. 문제는 정말 마흔 살에 죽었다.

높은 학문과 뛰어난 문장으로 명성을 떨치다

설종전薛綜傳

설종은 자가 경문敬文이고 패군 죽읍현竹邑縣 사람이다. 어릴 때 종족 사람을 따라 난을 피해 교주로 왔고, 유희에게 학문을 배웠다. 사섭이 손권에게 의지한 다음 설종을 불러 오관중랑장으로 삼고, 합포 및 교지 태수를 제수했다. 그때 교주 땅이 막 개발되기 시작했으므로 자사 여대가 병사들을 이끌고 나아갔다. 설종은 그와 함께 움직여 바다를 건너 남쪽을 토벌하여 구진까지 이르렀다. 임무를 마치고 도성으로 돌아와 알자복야謁者僕射[12]를 겸했다. 서촉西蜀의 사자 장봉張奉이 손권 앞에서 상서 감택의 성명을 들어가며 조롱했지만, 감택은 응답할 수 없었다. 설종은 자리에서 일어나 사자에게 술을 주며, 술을 권하는 기회를 틈타 말했다.

"촉蜀이란 글자는 무엇입니까? 견犬 자가 있으면 독獨이 되고, 견犬 자가 없으면 촉蜀이 되며, 눈[目]이 옆으로 있고 몸을 구차하게 [勹] 하니 벌레가 배 속에 있군요."

---

12) 고관의 임명이나 백관의 서열을 담당한다. 또한 황제가 출행할 때 거가를 인도하기도 하고, 조회 시 예의를 주관하기도 하며, 중급 관원이 죽었을 때 황제를 대신하여 조문하기도 한다. 후한시대 광록훈 아래 알자들이 있어 의식을 거행할 때 주도하는 일을 맡았는데, 그 수장은 대알자大謁者라고도 한다. 위나라와 촉나라에도 이 관직이 있었다.

장봉이 말했다.

"당신네 오吳나라 글자도 분석해야 마땅하지 않습니까?"

설종은 이 소리에 응하여 말했다.

"입[口]이 없으면 하늘[天]이 되고, 입이 있으면 오吳가 됩니다. 군주가 만방에 군림하며 천자의 수도가 됩니다."

그러자 좌중에 있던 자들은 기뻐서 웃고 장봉은 응대하지 못했다. 설종의 생각이 민첩하기가 모두 이와 같았다.

여대가 교주에서 불려왔을 때, 설종은 여대의 후임자로 적합한 자가 없음을 걱정하며 상소했다.

옛날에 황제 순은 남쪽을 순시하는 도중 창오에서 죽었습니다. 진秦은 계림군·남해군南海郡·상군象郡을 설치했습니다. 그렇다면 네 군국이 중앙 정권에 귀속된 것은 유래가 있는 것입니다. 조타는 번우番禺에서 일어나 백월의 군주를 어루만져 항복시켰는데, 주관의 남쪽 지역입니다. 한나라 무제는 여가를 주살하고 9군(담이·주애·남해·창오·구진·울림·일남·합포·교지)을 열고 교지 자사를 두어 진무하고 감독했습니다.

이러한 땅은 산천이 요원하고 습속이 통일되지 않았으며 말이 서로 달라서 여러 번 번역을 거쳐야 비로소 통합니다. 백성은 마치 금수처럼 어른과 어린이의 구별이 없고, 머리는 정수리에 묶고 맨발로 걸으며 관두(貫頭, 천에 구멍을 뚫어 머리를 내놓는 식의 간편한 옷)의 옷섶은 왼쪽으로 여미고, 장리를 설치했으나 비록 있어도 없는 것과 같습니다. 이때부터 중국의 죄인을 자못 많이 옮겨 이들 사이에 섞여 살게 해서 점차 글을 배우도록 하여 조략粗略하게나마 언어를 알게 했으며, 사자나 역마를 왕래시켜 예의와 교화를 보도록 했습니다. 뒤에 석광錫光이 교지 태수가 되고 임연任延이 구진 태수가 되어서 그들에게 농사짓고 쟁기질하는 것을 가르치고, 모자를 쓰고 신을 신게 했습니다. 그들을 위해 매관媒官을 설치하여 처음으로 정식 혼인법을 알게 하고, 학교를 세워 경전의 사상으로 그들을 훈도했습니다. 이 뒤부터 4백여 년 동안 중국 사람과 많이 비슷해졌습니다.

그러나 신이 지난날 나그네 신분으로 이곳을 찾았을 때 주애군珠崖 郡에서는 주나 현의 결혼을 제외하면 모두 8월이 되어야만 호적에 들어가게 되었는데, 백성은 모임 때마다 남녀가 자연스럽게 서로 몸을 허락하여 곧 부부가 되고 부모도 이것을 막을 수 없었습니다. 교지군의 미령麋泠, 구진군九眞郡의 도방都龐 두 현에서는 모두 형이 죽으면 동생이 그 형수를 아내로 삼았는데, 대대로 이것을 습속으로 삼고 장리들도 흘러가는 대로 방임하며 금지하거나 제한하지 못했습니다. 일남군日南郡에서는 남녀가 알몸을 하고도 부끄럽게 생각하지 않았습니다. 이로 보면 그들은 들짐승으로 오직 인간의 얼굴을 하고 있을 뿐이라고 말할 수 있습니다.

이곳의 땅은 광활하고 인구가 많으며 지세가 험준하고 산림이 좋지 못하므로 이 조건을 이용하여 소란을 일으키기는 쉽지만, 이곳 사람들을 다스림에 복종시키기는 어렵습니다. 현의 관리들은 그들을 통제하면서 나라의 법령을 보여주어 위엄에 복종하게 하고, 농가의 조세 징수는 바치는 물품을 재단하여 취하고 함께 분별해야 합니다. 중요한 것은 먼 곳의 진기한 보물과 유명한 진주·향약香藥·상아·무소뿔·대모·산호·유리·앵무·비취·공작 그리고 기이한 물건을 내오도록 하여 진귀한 장신구를 가득 채우는 것이지, 그들의 부세 수입에 의지하여 중원을 이롭게 할 필요는 없습니다.

구전九甸 밖에 있는 지역의 관리 선발은 대체로 엄정하지 못합니다.

한나라 때 법령이 느슨하므로 관원 대부분이 자연스럽게 방자해져서 여러 차례 법령을 어겼습니다. 주애군이 황폐해진 것은 장리들이 그곳 사람들의 머리카락이 아름다운 것을 보고 그것을 잘라 가발을 만든 데서 비롯되었습니다. 신이 본 바로도 남해의 황개가 일남 태수가 되어 임지에 이르러 수레에서 내리자마자 준비한 것이 풍족하지 못하다며 주부를 죽여 곧 쫓겨났습니다.

구진 태수 담맹儋萌이 장인 주경周京을 위해 주인이 되어서 고급 관리들을 초청했을 때도 술을 마시며 감미로운 음악이 연주되자 공조 번흠番歆이 일어나 춤을 추며 주경에게도 청했는데, 주경이 일어나지 않으니까 번흠이 억지로 시키려고 했습니다. 그때 담맹이 화가 치밀어 몽둥이로 번흠을 때려 군의 관부 안에서 죽였습니다. 번흠의 동생 번묘番苗가 병사들을 이끌고 관부를 공격하여 독화살을 담맹에게 쏘아 담맹도 죽고 말았습니다. 교지 태수 사섭이 병사를 보내 번묘를 토벌하려 했지만 끝내 이길 수 없었습니다.

또 옛 자사였던 회계의 주부朱符는 고향 사람 우포虞褒와 유언劉彦의 무리를 분별하여 장리로 삼았는데, 그들은 백성을 괴롭히고 학대하며 억지로 세금을 거두었으며, 황어黃魚 한 마리에 쌀 한 곡斛, 열 말을 거두었으므로 백성이 원망하여 반란을 일으키고 산적들도 아울러 나와서 주를 공격하고 군을 침범했습니다. 주부는 바다로 달아났다가 표류하다 죽었습니다. 그 뒤를 이은 남양의 장진張津은 형주목 유표와 틈이 벌어져 있었는데, 그의 병력은 약하고 적의 병력은 강한데도 해마다 군대를 일으켜서 장수들이 이를 매우 싫어하여 가거나 머무르기를 마음대로 했습니다. 장진은 조금씩 정돈해나갔지만 위엄과 무용이 부족하므로 부하들에게 능멸과 모욕을 당하다가 결국 살해되고 말았습니다. 그 뒤를 이은 영릉의 뇌공은 전 무리보다는 인자하고 근신했지만 당시 일에 밝지는 못했습니다.

유표는 또 장사의 오거를 보내 창오 태수로 삼았습니다. 오거는 무사로서 경솔하고 사나우므로 뇌공에게 신임을 받지 못했습니다. 그는 뇌공을 원망하여 한을 품었다가 쫓겨나자 보즐에게 구원을 요청했습니다. 이때 장진의 옛 장수 이요夷廖와 전박錢博의 무리가 오히려 많았기 때문에 보즐은 하나씩 순서대로 줄여 처리해나갔습니다. 이렇게 하여 기강이 비로소 안정되었는데, 마침 중앙으로 불려가게 되었습니다. 여대가 온 다음에는 사씨士氏의 변란이 있었습니다. 월 땅의 군대가 남쪽으로 나아가 반란군을 평정한 날, 장리들을 바꿔 배치하여 천자의 법령을 드러내고 위풍을 만 리에 더했으며 크고 작은 곳이 모두 교화를 받았습니다. 이로부터 말하면 변방 지역을 안정시키기 위해서는 확실히 적절한 사람이 있어야 합니다. 주목을 임명할 때는 마땅히 청렴하고 유능한 자를 선발해야 하는데, 변방 지역에서는 화와 복의 차이가 더욱 심하기 때문입니다.

오늘 교주는 비록 명목상 평정되었지만 여전히 고량군高涼郡에는 오래된 도적이 있고, 남해와 창오와 울림과 주관 네 군의 경내도 아직 안정되지 못하여 도적들이 활동하고 있으며, 전적으로 반란을 일으키고 도망친 자와 법을 어기고 달아난 자가 모이는 곳이 되었습니다. 만일 여대가 다시 남쪽으로 오지 못한다면 새로 부임하는 자사는 마땅히 정밀함을 갖추어야만 여덟 군을 제어할 수 있을 것이고, 지략과 지모를 갖추어야만 점점 접근하여 고량군 사람을 다스릴 수 있을 것입니다. 그에게 권위와 총애를 주고 강대한 세력을 빌려주고서 탁월한 성과를 요구하면 여대의 빈자리를 메울 수 있다고 기대합니다.

만일 오로지 평범한 사람을 임명하여 눈앞의 보통 규칙만 고수하고 기묘한 책략이나 비범한 기술이 없다면, 무리를 이루고 있는 나쁜 사람들은 나날이 발전하고 오랫동안 반드시 해로움이 될 것입니다. 그러므로 나라의 평안함은 임용된 사람에게 달렸으니 이 점을 살피지 않을 수 없습니다. 저는 사사로이 조정에서 자사 선출을 홀시할까 걱정되어 감히 어리석은 감정을 다하여 천자의 생각을 넓히고자 합니다.

| **황룡 3년(231)** | 건창후 손려가 진군대장군鎭軍大將軍[13]이 되어 반주에 주둔했으며, 설종은 장사長史가 되어 밖으로는 여러 가지 일을 관장하고 안으로는 경전이나 전적을 전수했다. 손려가 죽자 설종은 궁궐로 들어가 적조상서賊曹尚書[14]를 겸했으며, 상서복야로 승진했다. 그 무렵 공손연이 투항했다가 또다시 반란을 일으켰기 때문에 손권은 매우 화가 나서 자신이 몸소 정벌에 나서려고 했다. 설종이 상소하여 이렇게 간언했다.

무릇 제왕이란 만국의 우두머리이며 천하의 운명이 걸려 있는 바입니다. 이 때문에 머물 때는 문을 몇 겹으로 설치하고 딱따기(야경을 돌 때 마주 쳐서 소리를 내는 나무토막)를 두들겨 뜻밖의 변고에 대비하고, 행동할 때는 길을 깨끗이 하고 속도를 조절하여 위엄 있는 기세를 갖춥니다. 이와 같이 하는 까닭은 온전한 복을 보존하여 사해의 민심을 진무하기 위해서입니다. 옛날에 공자께서는 병이 났을 때 뗏목을 타고 바다에 떠다닌다는 말에 기탁했는데 계유季由는 듣고서 기뻐했고,

---

13) 대장군의 아래 등급으로 황초 6년(225)에 설치되었고, 촉나라와 오나라에도 같은 이름이 있었다.

14) 각지의 무장 반란을 제압하는 것을 주관했다. 이 당시 반란자를 주로 적賊이라 표현한 데서 유래했는데, 정통인 위나라에 대항하는 세력을 적이라고 불렀다.

공자는 재목을 취할 곳이 없으므로 그를 거절했습니다. 한나라 원제元帝가 누선樓船을 타려고 하자 설광덕薛廣德은 목을 베어 피로 수레를 물들이기를 청했습니다. 무엇 때문이겠습니까? 물과 불은 가장 위험하므로 제왕이 당연히 접촉하면 안 되는 것이기 때문입니다. 속담에 "천금 같은 아들은 마루에 앉지 않는다."라고 했습니다. 하물며 큰 나라의 군주야 어떠하겠습니까?

지금 요동의 융족戎族과 맥족貊族의 작은 나라들은 성이나 연못의 견고함과 방어하는 기술도 없고, 무기는 예리하지 않으며, 군대는 개나 양처럼 규율이 없어 가기만 하면 반드시 이길 것이니 확실히 영명한 조서와 같습니다. 그러나 그 지방은 춥고 척박하여 곡식이 자라지 못하며, 백성은 말타기가 습관이 되어 규율 없이 왕래하고 있습니다. 이들은 갑자기 대군이 왔다는 말을 들으면 스스로 저항할 방법이 없다고 판단하여 깜짝 놀란 새나 짐승처럼 멀리 달아나 사람 하나, 말한 필도 볼 수 없게 될 것입니다. 비록 빈 땅을 얻는다고 하더라도 지켜보아야 이로울 게 없으므로 이것이 행동할 수 없는 첫 번째 까닭입니다. 게다가 흐르는 물이 깊고 넓으며 성산의 험난함도 있고, 바다의 항해에도 일정함이 없고 풍랑을 면하기 어려우며 순식간에 사람과 배는 특이한 상황에 맞닥뜨리게 됩니다. 비록 요순의 덕행이 있을지라도 지모를 사용할 곳이 없으며, 맹분과 하육의 용맹을 지녔을지라도 역량을 펴지 못할 것입니다. 이것이 행동할 수 없는 두 번째 까닭입니다. 더구나 짙은 안개가 하늘을 가득 덮고 있고 바닷물이 땅속에서 증발하여 사람들에게 쉽게 종기가 나 서로 옮습니다. 바다를 건너는 자 가운데 이 질병에 걸리지 않는 자는 드뭅니다. 이것이 행동할 수 없는 세 번째 까닭입니다.

하늘은 신성한 천자를 내려보내고 상서로운 징조를 나타내 반드시 환란을 평정하여 이 백성을 평안하게 하도록 했습니다. 길한 징조가 나날이 모여들고 있으니 천하는 앞으로 평정될 것이고, 천리를 거스른 자나 포악한 자의 멸망은 가까이 다가와 있습니다. 중국이 하나로 평정되면 요동은 자연스럽게 멸망할 테니 오직 손을 잡고 기다리면 됩니다. 지금 필연적인 규율을 어기면서 매우 위태로운 험난함을 찾고 9주의 안정을 가벼이 여기고 하루아침의 분노를 터뜨리는 것은 나라의 중대한 계책이 아니며, 또 창업 이래 일찍이 없던 것입니다. 이것은 진실로 신하들이 몸을 기울여 탄식하고 먹어도 단맛을 모르며 잠을 자도 자리가 편안하지 못한 까닭입니다. 오직 폐하께서 우레 같은 위세를 억누르고 치밀어오르는 노여움을 참으며, 다리를 지나는 것 같은 안전에 기대어 얇은 빙판 위를 걷는 것과 같은 위험을 멀리한다면, 신하와 자제들은 당신의 복에 의지하고 천하도 매우 행복할 것입니다.

그때 여러 신하가 대부분 간언했으므로 손권은 출정하지 않았다.

정월 22일에 손권은 설종에게 칙명을 내려 조상에 대한 축사祝詞에는 상투적인 문장을 쓰지 말라고 했다. 설종은 조서를 받아 창졸간에 문장 내용을 구상해냈는데, 말에 믿음이 있고 문채는 진실로 찬란했다.

손권이 말했다.

"다시 앞뒤 두 단락을 더하여 세 부분으로 채우시오."

설종은 축사 두 단락을 더 썼는데, 언사가 새로워서 사람들은 모두 훌륭하다고 칭찬했다.

| 적오 3년(240) | 설종은 선조상서로 승진했다.

| 적오 5년(242) | 설종은 태자소부가 되었고, 선조상서 직책은 전처

럼 겸했다.

| 적오 6년(243) 봄 | 세상을 떠났다. 그가 지은 시·부·논변은 몇만 글자인데 이름을 《사재私載》라고 했다. 또 《오종도술五宗圖述》과 《이경해二京解》를 완성했는데 모두 세상에 전해졌다.

설종의 아들 설우는 관직이 위남장군까지 올라갔고, 교지로 출정했다가 돌아오는 길에 병으로 죽었다.[15]

설우의 동생 설영은 자가 도언道言이고 처음에는 비부중서랑秘府中書郎으로 임명되었지만, 손휴가 즉위한 뒤에는 산기중상시散騎中常侍가 되었다. 몇 년 뒤에 질병으로 사직했다. 손호가 즉위한 초년에 [설영은] 좌집법(左執法, 사법의 심판 등 소송에 관한 일을 주관함)이 되었다가 선조상서로 승진했으며, 손호가 태자로 세워졌을 때는 소부를 겸했다.

| 건형 3년(271) | 손호는 설영의 아버지 설종이 남긴 문장을 읽고 찬탄했으며, 설영에게 이어서 짓도록 명했다. 설영은 다음과 같은 시를 바쳤다.

신의 조상들은
옛날 한나라 관리로서

---

15) 손휴 때 설우는 오관중랑장이 되어 말을 구하기 위해 촉으로 파견되었다. 촉에서 돌아온 설우에게 손휴가 촉의 정치 득실을 묻자 그는 이렇게 답했다. "주군은 어리석어 그 허물을 알지 못하고, 신하는 몸을 바쳐 죄를 받지 않기를 구하여 조정으로 돌아와도 바른말을 하지 않으며, 마을 백성은 모두 누르스름한 빛깔이었습니다. 신이 듣기로 제비나 참새처럼 작은 새가 인가에 둥지를 틀면 아들과 어머니가 서로 즐거워하며 안전하다고 생각하는데, 갑자기 기둥에 불이 나더라도 제비와 참새는 화가 임박했음을 알지 못한다고 합니다. 이것이 촉나라를 말하는 것입니다."

혁혁한 세상을 대대로 이어

자못 대관蘽觀까지 올랐다.

내 아버지 설종에 이르러

어려운 시대를 만나

유씨 왕실은 통제할 힘을 잃고

나라가 파괴되고 혼란스러워졌으니,

좋은 땅을 찾아

후사를 남기기를 바란다.

하늘은 그 마음을 열어

동남쪽에 의지하게 했다.

처음에는 표류하며 떠돌다가

만족 변방에서 곤궁에 빠졌다.

대황제(손권)가 기업을 열어

먼 곳까지 은덕을 베풀었고,

특별히 부름의 명을 받아

더러운 진흙 속에서 나오게 되었다.

두건을 풀고 옷을 벗어버리고

관직을 받고 부절을 새겼다.

합포를 지키는 임무를 맡아

바다 끝에 있다가,

승진하여 경성으로 들어와

중추의 관직에 올랐다.

마른 고목이 다시 무성해지고

끊어진 후사는 계통을 되찾았다.

미천한 데서 나와 귀해지는 것은

처음에 원했던 것이 아니다.
오직 두터운 총애와 예우에
마음속으로 만족한다.
다시 문황(文皇, 손화)을 세우고
동궁이라 부르자
곧 소부가 되어
영화는 더욱더 융성해졌다.
영명한 성사군(聖嗣君, 손호)은
덕망이 지극하고 겸손하고 고상하며
예우는 다방면으로 펼쳐
정말 두텁고도 넉넉하다.
애석하게도 선군先君은
마음으로 충성을 다했으나
넓은 은혜에 보답하지도 못하고
이 세상을 버리고 갔다.
아! 나는 비천하여
오직 형과 동생이 있을 뿐이다.
다행히 태어나고 자라서
아버지가 남긴 몸에 의탁했다.
정원을 지나며 훈시를 받았으나
완고한 어둠은 열기 어렵고
남긴 일을 완수할 수 없으며,
뜻은 농경에 있었다.
어찌 알겠는가, 성명한 조정에
은택이 가득 흐르고 있음을.

선군을 기리며 기록하고

이룰 자 없음을 안타까워하여

이에 구원하여

특별한 영광을 준다.

설우는 천 리를 더럽히고

명을 받아 남쪽으로 출정했는데,

깃발에는 의지가 갖추어져 있고

금 갑옷과 투구는 환성을 날린다.

신에 이르러 이처럼 비루하고

실제로는 무지하고 정녕 우매하지만

선친의 직책에 올라

인재 선발의 중추를 맡았고,

또 동궁소부東宮小傅로 임명되어

선친의 광휘를 이어받게 되었다.

재능은 선친을 따르지 못하거늘

성은을 입어 부끄럽다.

하늘의 덕은 넓고 아름다워

문아文雅함을 가장 귀히 여긴다.

선친을 추도하여

남긴 것을 마음에 담기를 희망했다.

어찌하여 어리석은 자손은

일찍이 닮은 점이 없었는가!

그의 옛 총애를 바라보고

내 우매함을 돌아본다.

어찌 부끄러움을 참으며

내가 같은 자리에 있을 수 있으랴.

아침저녁으로 뒤척이며 불안해하고

마음에 새겨 스스로 비평한다.

부모 자식 형 동생이

몇 대에 걸쳐 은혜를 입어

죽어서는 풀을 묶어 보답하고

살아서는 몸을 바치기로 맹세한다.

설령 재가 되어 없어지더라도

만 분의 일도 갚지 못하리.

이해에 하정이 성계聖谿를 뚫어 장강과 회수를 통하게 하자고 건의했다. 손호는 설영에게 명하여 1만 명을 이끌고 가도록 했는데, 결국에는 큰 돌이 너무 많아 시공이 어렵기 때문에 공사를 멈추고 돌아왔으며, 지방으로 나가 무창좌부독武昌左部督[16]이 되었다. 뒤에 하정이 주살되자, 손호는 성계의 일을 추적하여 조사하고 설영을 옥에 가두었다가 광주로 쫓아냈다. 우국사右國史[17] 화핵이 이렇게 상소했다.

신이 듣기로 오제 삼왕은 모두 사관을 세워 공훈이 두드러진 자를 기록하여 그 명성을 영원히 전하도록 했다고 합니다. 한나라 때 사마천司馬遷과 반고班固는 모두 한 세대를 뒤덮을 인재로 편찬한 것이 정

---

16) 오나라의 무창 이하 지역을 주로 감독했다. 육손이 죽고 나서 손권이 우도호의 자리를 대신 담당하도록 했다.

17) 오나라의 사관으로 사서 편찬을 담당했다. 상소하여 잘못을 지적하기도 했다.

미하고 오묘하여 육경六經과 함께 전해지고 있습니다.

위대한 오나라는 천명을 받아 남쪽 땅에 나라를 세웠습니다. 대황제 말년, 태사령 정부丁孚와 낭중 항준項峻에게 명하여 《오서》를 편찬하기 시작했습니다. 정부와 항준은 모두 사학적 재능이 없으므로 그들이 편찬하여 지은 것은 기록하기에 부족합니다. 소제少帝 때 이르러 다시 위요·주소·설영·양광梁廣 및 신하 다섯 명을 더 보내서 지난 일을 찾아 구하도록 했는데, 그들이 함께 산정刪定한 것은 본말本末을 갖추었습니다. 주소와 양광은 먼저 죽었고, 위요는 황은을 입었지만 죄를 범했으며, 설영은 지방으로 나가 장수가 되었다가 허물로 인해 귀양 갔으므로 이 책의 편찬이 멈춰져서 지금까지 편찬되었다고 보고할 수 없었습니다.

저는 재능이 우매하고 열등하여 설영 등을 위해 보충하여 기록할 수 있을 뿐입니다. 만일 제게 자료들을 엮어 완성하도록 한다면 반드시 정부와 항준의 자취를 따르게 될 텐데, 대황제의 공을 빠뜨려 당대의 융성함과 아름다움을 손상할까 봐 두렵습니다. 설영은 학문이 넓고 그 문장이 매우 오묘하여 동료들 가운데 그를 으뜸으로 치고 있습니다. 현재 관리가 된 자 중에는 비록 경학지사가 많지만 기술하는 재능이 설영만 한 이는 적습니다. 이 때문에 나라를 위해 이 인재를 간절히 아끼는 것입니다. 실제로 최근에 이루어진 편찬의 공을 전의 역사서 대열 끝에 놓으려고 합니다. 표를 올린 뒤, 저를 산 구렁에 묻는다고 하더라도 또 한스러울 것이 없습니다.

그래서 손호는 설영을 불러 돌아오게 해 좌국사左國史로 삼았다. 오래지 않아 선조상서이며 같은 군의 무의繆禕가 자기 의견을 고집하며 바꾸지 않아 소인들에게 공격을 받았기 때문에 형양 태수衡陽

太守로 좌천되었다. 그는 관직에 임명된 뒤, 또 직무상의 일로 인해 힐책을 받았다고 생각하고 표를 올려 잘못을 시인했다. 그는 이 기회에 설영을 만났는데, 또 사람들에 의해 무의는 죄를 두려워하지 않으며 많은 빈객을 설영의 집에 모이도록 청했다고 조정에 보고되었다. 그래서 무의는 붙잡혀 옥에 갇혔다가 계양으로 귀양 갔다. 설영은 광주로 돌아가려고 했는데, 설영이 광주에 오기 전에 불러서 돌아오도록 하여 복직시켰다. 이 무렵 법령과 정무에는 오류가 많고, 취한 정책은 복잡하고 가혹했다. 설영은 언제나 편리하고 타당한 건의를 하고, 형법을 느슨히 하며, 부역을 간단히 하자고 진술함으로써 백성을 구제하고 양육했다. 그의 의견 가운데 어떤 것은 시행되었다. 광록훈으로 승진했다.

| 천기 4년(280) | 진나라 군대가 손호 정벌에 나섰다. 손호는 사마주·왕혼·왕준에게 편지를 받들어 항복을 요청하도록 했는데 그 투항 편지를 설영이 만들었다. 설영이 낙양에 이르자, 특별히 먼저 고용되어 산기상시로 임명되었다. 설영이 질문에 대답하거나 일을 처리하는 것이 모두 조리가 있었다.[18]

| 태강 3년(282) | 설영이 죽었다. 그에게는 《신의新議》라는 여덟 편의 저작이 있다.

---

18) 진나라 무제가 조용히 설영에게 물었다. "손호가 망한 까닭이 무엇이오?" 설영은 다음과 같이 대답했다. "귀명후 손호가 오나라 군주일 때 소인을 가까이하고 형벌을 어지럽게 사용했으며, 중신들이나 대장들은 소외되고 신용 받지 못했고, 사람들은 모두 걱정하고 두려워하며 각자 자신을 지키지 못했습니다. 나라가 위급해지고 망하게 된 발단은 실로 이로 말미암은 것입니다."

【평하여 말한다】

장굉은 문리가 통하고 생각이 바르며 이 시대의 영재이다. 손책이 장소에 버금가게 그를 대우한 데는 진실로 이유가 있었다. 엄준과 정병 그리고 감택은 한 시대의 유림儒林이었다. 엄준이 자신의 영달을 버리고 옛 친구를 구한 것은 뛰어나지 않은가! 설종의 학문과 지식은 본보기가 될 만한 모범으로 일컬어졌고, 오나라의 훌륭한 신하가 되었다. 설영이 아버지의 사업을 계승한 것에 이르면 확실히 선친의 풍모가 있었다. 그러나 잔혹하고 포학한 조정에서 여러 차례에 걸쳐 높은 지위에 오른 것은 군자들이 위태롭게 여긴 바이다.

9

주유노숙여몽전 周瑜魯肅呂蒙傳

모사와 전략에 뛰어난 자들

적벽에서 조조를 물리쳐 강동 진출을 막아내다

주유전周瑜傳

주유는 자가 공근公瑾이며 여강군廬江郡 서현 사람이다. 종조부(從祖父, 조부의 형제) 주경周景과 주경의 아들 주충周忠은 모두 한나라 태위를 지냈고, 아버지 주이周異는 낙양현의 영을 지냈다.

주유는 건장하고 자태와 용모가 뛰어났다. 처음에 손견이 의병을 일으켜 동탁을 토벌할 때, 그는 집을 서현으로 옮겼다. 손견의 아들 손책은 주유와 나이가 같으며, 두 사람의 우정은 남달랐다. 주유는 길 남쪽의 큰 저택을 손책에게 주고 방으로 들어가 어머니께 절을 하고 서로 있는 것과 없는 것을 융통하며 돕고 살았다. 주유의 종부從父 주상周尙이 단양 태수로 있었는데, 주유는 그를 찾아가 안부를 물었다. 마침 손책이 역양까지 가 있으므로 급히 편지를 써서 주유에게 알렸다. 주유는 병사들을 이끌고 가서 손책을 맞이했다. 손책은 매우 기뻐하며 말했다.

"나는 그대를 얻었으니 대업이 순조로울 것이오."

그래서 주유는 손책을 따라 횡강과 당리를 쳐서 모두 함락시켰다. 그리고 또 강을 건너 말릉을 치고, 작융과 설례를 격파하며, 방향을 돌려 호숙湖孰과 강승江乘을 공격하고 곡아로 진입하자, 유요는 달아나고 손책의 병사는 이미 수만 명이 되었다. 그래서 손책은 주유에게 말했다.

"나는 이 병력이면 오군과 회계군을 취하고 산월을 평정하기에 충분하오. 그대는 돌아가 단양을 지키시오."

주유는 돌아왔다. 오래지 않아 원술이 주상을 대신할 태수로 사촌 동생 원윤袁胤을 보냈으므로 주유는 주상과 함께 수춘으로 돌아왔다. 원술은 주유를 부장으로 삼으려고 했지만, 주유는 원술에게는 끝내 성취할 것이 없음을 알았기 때문에 거소현의 장이 되기를 구하여 길을 빌려 강동으로 돌아가려고 했으며, 원술은 이에 동의했다. 그래서 주유는 거소에서 오로 돌아왔다. 이해가 건안 3년(198)이다. 손책은 몸소 주유를 맞이하여 건위중랑장(建威中郞將, 정벌을 담당한 관직)을 수여하고, 곧바로 병사 2천 명과 기마 50필을 주었다. 주유는 그때 스물네 살이었고, 오군 사람들은 모두 그를 주랑周郎이라고 불렀다. 주유의 은덕과 신의는 여강에서 빛났다. 손책은 그를 지방으로 내보내 우저를 지키게 하고, 뒤에 춘곡현春穀縣의 장을 겸하도록 했다. 오래지 않아 손책이 형주를 취하려고 할 때, 주유를 중호군中護軍으로 삼고 강하 태수를 겸하게 했다. 주유는 손책을 따라 환현皖縣을 쳐서 함락시켰다. 당시 교공橋公의 두 딸을 포로로 잡았는데 모두 절색絶色이었다. 손책은 대교大橋를 아내로 맞이하고, 주유는 소교小橋를 아내로 맞이했다. 또 주유는 심양으로 진격하여 유훈을 격파하고 강하를 토벌했으며, 예장과 여릉으로 돌아와 평정하고 파구에 남아서 지켰다.[1]

| 건안 5년(200) | 이해에 손책이 죽자 손권이 일을 통솔했다. 주유는 병사를 이끌고 조상하러 갔다가 오에 머물러 중호군으로서 장사長史 장소와 함께 모든 일을 관장했다.

| 건안 11년(206) | 주유는 손유 등을 이끌고 가서 마둔과 보둔 두 주둔지를 토벌하고, 그곳 우두머리의 목을 베어 나무에 매달았으며,

1만여 명을 사로잡아 군사를 돌려 궁정宮亭을 지켰다. 강하 태수 황조가 부장 등룡鄧龍을 보내 병사 수천 명을 이끌고 시상으로 진입하도록 했다. 주유는 추격하여 토벌했으며, 등룡을 사로잡아 오군으로 보냈다.

| 건안 13년(208) 봄 | 손권이 강하를 토벌하고, 주유를 전부대독前部大督[2]으로 삼았다.

| 9월 | 조조가 형주를 침공하자, 유종은 수하의 사람을 들어 투항했다. 조조가 그의 수군을 얻어 수병과 보병이 수십만 명이나 되니, 오나라 장수들은 이 소식을 듣고 모두 두려워했다. 손권은 신하들을 불러 모아 계책을 물었다. 논의하는 이들은 모두 이렇게 말했다.

"조조는 승냥이와 호랑이처럼 사악하고 무섭습니다. 그런데 그는 한나라 승상의 명의에 기대어 천자를 끼고 사방을 정벌하고 움직이면서 조정의 뜻이라고 하니, 오늘 그에게 저항한다면 일은 더욱 순조롭지 못할 것입니다. 게다가 장군에게 유리한 형세로 조조를 대항할 수 있는 곳은 장강인데, 지금 조조가 형주를 얻어 그 땅을 차지하고 있습니다. 유표는 수군을 훈련시켰고 몽충(蒙衝, 소가죽으로 겉을 두르고 칠을 하여 적의 칼이나 화살을 방비하는 배)이나 전투함이 수천 대인데, 조조가 이것을 모두 포획하여 장강 가에 늘어놓고 아울러 보병도 움직여 수군과 육군이 함께 내려온다면 이때는 장강이 위

---

1) 손책은 이때 처음으로 예장과 여릉을 얻었으나, 아직 강하는 평정하지 못했다. 이렇게 볼 때 주유가 군대를 주둔시킨 파구는 현재의 파구현(강서성江西省의 협강현峽江縣)에 있어야 하며, 뒤에 그가 죽은 파구(호남성의 악양岳陽)와는 다른 곳이다. 전하는 바에 의하면 주유의 부인 소교가 주유가 죽자 슬픔을 이기지 못하여 주유의 영전에서 스스로 목숨을 끊어 뒤뜰에 그녀의 시신을 매장했다고 한다.

2) 군대의 최전방 총지휘관인데, 전쟁이 발발하면 두었고, 상설은 아니었다.

험해지고 이미 우리도 함께 위험해질 것입니다. 그러나 양쪽 세력은 두드러지게 차이가 나므로 또 논할 수 없습니다. 가장 좋은 방법은 그를 맞아들이는 것이라고 생각합니다."

주유가 말했다.

"그렇지 않습니다. 조조는 비록 한나라 승상의 명의에 의탁하고 있지만, 사실은 한나라 조정의 적입니다. 장군은 신명스런 무위와 웅대한 재략을 가진 데다가 아버지와 형의 위세에 기대어 강동을 할거하며 수천 리를 차지하고 있고, 정예 병사에 식량도 풍족하고 영웅들은 공업을 이루기를 원하고 있으므로 오히려 마땅히 천하를 횡행하며 한나라 왕조를 위해 잔혹하고 더러운 것을 제거할 때입니다. 게다가 조조는 스스로 사지死地로 들어왔는데 맞아들일 수 있겠습니까? 장군을 위해 헤아려보시기 바랍니다.

지금 북방의 영토를 이미 안정시켰고 조조에게 내부의 근심이 없어 시일을 늘려 오랫동안 전쟁터로 와서 싸울 수 있다고 하더라도, 또 우리와 물 위에서 싸워 이길 수 있겠습니까? 지금 북쪽 땅은 아직 평안하지 못하고, 게다가 마초馬超와 한수가 오히려 동관 서쪽에 있으면서 조조의 후환이 되고 있습니다. 그리고 기병을 버리고 수군에 기대어 오나 월과 다투는 것은 본래 중원에서는 잘하는 방법이 아닙니다. 또 지금은 날씨가 몹시 추워 말에게 먹일 꼴이 없고, 중원의 병사들에게 멀리 강호의 땅을 건너도록 했으므로 물과 땅에 익숙지 못하여 반드시 질병이 생길 것입니다. 이러한 네 가지는 용병用兵의 근심거리입니다. 그러나 조조는 함부로 행동했습니다. 장군께서 조조를 잡으려 한다면 오늘이 마땅합니다. 저는 정예 병사 3만 명을 받아 하구로 나아가 주둔하고 싶습니다. 장군을 위해 조조를 무찌를 것을 확신합니다."

손권이 말했다.

"사악한 적이 한나라 왕실을 폐하고 스스로 황제로 일어서려고 한 지는 오래되었소. 단지 원씨 두 명과 여포, 유표 그리고 나만을 꺼렸을 뿐이오. 지금 몇몇 영웅은 이미 죽었고 나만 여전히 남아 있소. 나는 사악한 적과 양립할 수 없는 형세요. 그대가 당연히 공격해야 한다고 한 것은 내 생각과 매우 부합하며, 이는 하늘이 그대를 내게 준 것이오."[3]

이때 유비는 조조에게 격파되어 병사들을 이끌고 남쪽으로 강을 건너려고 생각했는데, 당양에서 노숙과 만나 함께 상의하고 계획하여 나아가 하구에 주둔하고는 제갈량을 보내 손권을 알현하게 했다. 손권은 곧 주유와 정보 등을 보내 유비와 힘을 합쳐 조조에게 대항하도록 했다. 두 군대는 적벽에서 만났다. 그때 조조의 병사들은 이미 질병에 걸렸으므로 처음 한 차례 싸움에서 조조의 군대가 패하여 장강 북쪽에 주둔했다. 주유 등은 남쪽 강기슭에 있었다. 주유의 부장 황개가 말했다.

"지금 적군은 많고 아군은 적어서 오랜 시간 싸우면 곤란합니다. 그러나 제가 보기에 조조 군의 배는 앞뒤가 서로 이어져 있으므로 불을 질러 달아나게 할 수 있습니다."

그래서 주유는 몽충과 전투함 수십 척을 취해 풀을 가득 싣고 그

---

3) 조조에게 대항할 방침을 세운 것은 사실상 노숙이 처음이었다. 그때 주유는 파양으로 파견되었는데, 노숙이 주유를 불러서 손권에게 권하도록 했다. 주유가 파양으로 돌아가게 되었지만 노숙과 은밀히 생각을 합쳤기 때문에 함께 공훈을 세울 수 있었던 것이다. 하지만 이 전傳에서는 손권이 신하들을 불러 모아 계책을 묻자 사람들의 의견을 제지하고 혼자만 거절할 계책을 말했다고 했으니, 이는 노숙보다 앞서 도모한 게 아니므로 노숙의 공을 가로챈 것이나 다름없다.

가운데에 기름을 부어 휘장을 씌우고 위에 아기(牙旗, 장군 깃발)를 세우고는, 먼저 편지를 써서 조조에게 거짓으로 항복한다고 알렸다.[4] 또 날랜 배를 미리 준비하여 각각 큰 배의 뒤에 매고 순서대로 함께 앞으로 나아갔다. 조조 군의 관리와 병사 들은 모두 목을 빼고 바라보며 황개가 투항한다고 말했다. 황개는 여러 배를 풀어 한꺼번에 불을 질렀다. 그때 바람이 매우 사나우므로 강안 위의 진영에까지 불길이 번졌다. 순식간에 연기와 불꽃이 하늘 가득 퍼져서 불에 타 죽거나 물에 빠져 죽은 병사와 말의 수는 이루 헤아릴 수가 없었다. 조조 군은 결국 져서 군사를 돌려 남군을 지켰다. 유비는 주유 등과 함께 또 힘을 합쳐 추격했다. 조조는 조인 등을 남겨 강릉성江陵城을 지키게 하고 자신은 곧장 북쪽으로 돌아갔다.

주유와 정보는 또 남군으로 전진하여 조인과 서로 대치했는데, 각 군은 대강을 사이에 두고 있었다. 병사들이 아직 싸움을 하기도 전에 주유는 곧장 감녕을 보내 먼저 이릉을 점거하게 했다. 조인은 보병과 기병을 나누어 따로 감녕을 치며 포위해 들어갔다. 감녕은 주유에게 위급함을 알렸다. 주유는 여몽의 계획을 써서 능통을 남

---

4) 이때 황개가 조조에게 보낸 편지는 이렇다. "저 황개는 손씨의 두터운 은혜를 받았으며 언제나 장수를 맡았고, 받은 예우가 얇지 않습니다. 그러나 돌아보면 천하가 이루어질 때에는 큰 형세가 있어야 하고, 강동의 육군과 산월 사람들로 중국의 백만 병력을 감당한다는 것이 중과부적임은 천하가 모두 보고 있는 바입니다. 동방오의 부장들도 어리석든 어질든 간에 모두 불가능한 줄 알고 있습니다. 오로지 주유와 노숙만이 편협하고 생각이 얇아 이해하지 못하고 있을 뿐입니다. 오늘 귀순하여 의탁하려는 것은 사실을 헤아린 바입니다. 주유가 이끄는 것은 쉽게 무너뜨릴 수 있습니다. 제가 선봉이 된다면 정세를 보고 변화하며 목숨을 바쳐 가까이 있겠습니다." 조조는 황개의 사자를 특별히 만나 자세히 묻고 말했다. "너희가 속일까 두렵다. 황개가 만일 신실하다면 당연히 앞뒤를 뛰어넘는 작위와 상을 받게 될 것이다."

겨 그 뒤를 지키게 하고, 자신은 여몽과 함께 감녕을 구하러 갔다. 감녕의 포위가 풀린 뒤, 주유는 강을 건너 북쪽 연안에 주둔하고 조인과 대전할 날을 정했다. 주유는 직접 말을 타고 싸움을 지휘하다가 날아오는 화살에 오른쪽 겨드랑이를 맞아 상처가 매우 심하므로 곧바로 돌아왔다. 뒤에 조인은 주유가 일어나지 못하고 누워 있다는 소식을 듣고 병사를 이끌고 진영으로 돌아왔다. 그러나 주유는 일어나서 몸소 군영을 시찰하고 관리와 병사 들을 격려했다. 이 때문에 조인은 후퇴했다.

손권은 주유를 편장군으로 제수하고, 남군 태수를 겸하게 했다. 하준下雋·한창·유양劉陽·주릉州陵을 그의 봉읍(封邑, 이곳에서 나오는 조세는 사사로이 사용할 수 있었음)으로 삼게 하고 강릉에 주둔하여 지키도록 했다. 유비는 좌장군 신분으로 형주목을 겸하고 공안에 주둔했다. 유비가 경(京, 진강鎭江)까지 와서 손권을 알현했을 때, 주유가 상소하여 말했다.

288
—

유비는 용맹하고 영웅다운 자태를 갖추고 있으며 관우와 장비처럼 곰과 호랑이 같은 장수를 끼고 있으므로 틀림없이 오랫동안 몸을 굽혀 다른 사람의 지배를 받지 않을 것입니다. 제 생각에 가장 좋은 방법은 유비를 오군으로 옮겨 그를 위해 궁전을 성대하게 짓고 아름다운 여자와 진귀한 것을 많이 주어서 그의 눈과 귀를 즐겁게 하고, 관우와 장비 두 사람을 나누어 각기 한쪽에 배치하고 저 같은 사람이 그들을 지휘하여 싸우게 한다면 대사가 안정될 수 있을 것입니다. 지금 땅을 나누어 그들이 기반을 세우도록 도와주고 이 세 사람이 함께 변방 땅에 있도록 한다면, 아마 교룡이 구름과 비를 얻어 끝내 연못 속의 물건이 되지는 않을 것입니다.

손권은 조조가 북방에 있기 때문에 마땅히 널리 영웅들을 초빙해야 한다고 생각하고, 또 유비를 끝까지 제압하기는 어려울 것이라고 보아 주유의 건의를 받아들이지 않았다.

이 무렵 유장劉璋은 익주목이 되었는데, 밖으로 장로張魯[5]의 약탈과 침략이 있었다. 주유는 경京으로 가서 손권을 알현하고 말했다.

"지금 조조는 막 좌절과 고통을 당하여 마침 마음속으로 걱정하고 있으므로 아직은 장군과 병사를 이어서 서로 싸우는 일은 할 수 없습니다. 저는 분위장군과 함께 촉을 취하러 나가고 싶습니다. 촉을 얻고 장로를 병합한 뒤에 분위장군을 남겨 그 땅을 단단히 지키도록 하고, 마초와 동맹 관계를 맺을 것입니다. 제가 돌아와 장군과 함께 양양을 점거하여 조조를 추격하면 북방도 도모할 수 있습니다."

손권은 주유의 의견에 동의했다. 그러나 주유는 강릉으로 돌아와 행장을 꾸려 파구를 지나다가 병으로 죽었다. 그때 그는 서른여섯 살이었다. 손권은 소복을 입고 애도하여 주위 사람들을 감동시켰다. 주유의 영구가 오나라로 돌아오자, 손권은 또 무호로 가서 맞이하고 모든 비용을 다 대주었다. 그런 다음 명령을 내려 말했다.

"고인이 된 장군 주유와 정보의 집안에 있는 모든 손님에게는 부세와 요역을 묻지 마라."

처음에 주유는 손책에게 좋은 친구로 대우받았고, 태비(太妃, 손견

---

5) 자는 공기公祺이고, 패국 사람으로 동한 말에 한중 일대에서 할거한 군벌이다. 전하는 바에 의하면 유후留侯 장량張良의 10세손이다. 장로는 오두미교의 제3대 천사天師로서 한중 일대에 오두미교를 전파한 핵심 인물이다. 그는 한중에서 30년이나 군림하다가 조조에게 투항하여 진남장군에 제수되었고 식읍을 1만 호나 받았다.

의 오 부인)도 손권에게 형의 예로 받들도록 했다. 이때 손권의 직위는 장군으로 그의 부장과 빈객 들은 그에 대한 예절이 오히려 간단했지만, 주유만은 유독 일찍부터 존경을 다하여 신하로서의 예절을 지켰다. 주유는 성격이 너그럽고 넓어서 대체로 인심을 얻었는데, 정보와는 화목하지 못했다.[6]

주유는 어릴 때부터 음악에 정통했다. 비록 술을 많이 마신 뒤일지라도 연주한 음악에 틀린 부분이 있으면 반드시 그것을 알아냈고, 그것을 알아내면 반드시 돌아보았다. 그래서 그때 사람들은 가요에서 이렇게 말했다.

"곡에 잘못된 점이 있으면 주랑이 돌아본다."

주유에게는 아들 둘과 딸 하나가 있었다. 딸의 배필은 태자 손등이었다. 아들 주순은 공주를 아내로 맞이하여 기도위로 제수되었고, 주유의 풍모를 지녔는데 요절했다. 주순의 동생 주윤周胤은 처음에 흥업도위(興業都尉, 정벌을 담당하며 1천 명 정도의 병사를 거느림)로 임명되었고, 종실의 딸을 아내로 맞이했으며, 병사 1천 명을 이끌고 가서 공안에서 주둔했다. 황룡 원년(229)에 도향후로 봉해졌으며, 나중에 죄를 범하여 여릉군으로 옮겼다.

| 적오 2년(239) | 제갈근과 보즐이 이름을 나란히 하여 상소해 다음과 같이 말했다.

---

6) 정보는 자신이 연장자이므로 자주 주유에게 모욕을 주었다. 주유는 몸을 낮추고 끝까지 거역하지 않았다. 정보는 나중에 감복하여 친하게 지낼 뿐 아니라 그를 존중했다. 그는 사람들에게 이렇게 말했다. "주공근(주유)과의 사귐은 마치 향기롭고 맛있는 술을 마시는 것 같아 스스로 취함을 느끼지 못한다." 그때 사람들은 주유가 겸양으로 사람을 감복시키는 것이 이와 같다고 생각했다.

고인이 된 장군 주유의 아들 주윤은 지난날 우대와 총애를 받아 장군으로 봉해졌는데 복록으로 길러서 공을 세울 것을 생각하지 못하고 도리어 방종하고 사용에 집착하여 매우 빨리 죄를 지어 처벌을 받기에 이르렀습니다. 신들이 사사로이 생각하기에 주윤은 예전에 총애와 신임을 받았고, 안으로 들어오면 심복이 되고 밖으로 나가면 보좌하는 장수가 되었으며, 명을 받아 출정하면 몸을 화살이나 돌로 여겨 죽음을 무릅쓰고 임무를 완성했으며 죽음을 보고 돌아오는 것처럼 했습니다.

그러므로 오림(烏林, 적벽)에서 조조를 이기고, 영도(郢都, 강릉)에서 조인을 물리쳐 나라의 위엄과 은덕을 떨쳐 온 나라가 진동했으며, 우매한 만형(蠻荊, 형주를 가리킴) 중에 복종하지 않는 자가 없도록 했습니다. 비록 주周의 방숙(方叔, 초나라를 무찌르고 험윤도 무찌른 대신大臣), [유방劉邦을 도와 항우를 멸망시키는 데 공헌한 인물들인] 한漢의 한신과 영포英布일지라도 진실로 그를 뛰어넘을 수는 없을 것입니다. 대체로 적군을 꺾고 나라의 어려움을 막아낸 신하로서 옛날부터 제왕들에게 귀하게 여겨지고 중요시되지 않은 이는 없었습니다.

따라서 한나라 고조는 작위를 봉하는 서약서에서 "설사 황하가 허리띠처럼 되고, 태산이 다 닳은 돌처럼 되더라도 그들의 봉국은 영원히 존재하게 하여 후대 자손들에게 전하도록 한다."라고 말했습니다. 아울러 단서(丹書, 군주가 공신에게 내리는 붉은 글씨의 문서)로 맹서 의식을 융숭히 하고, 종묘 안에 넣어두고 영원히 전해지게 했습니다. 이는 공신의 후대들이 대대로 계승하게 하여 자손뿐만 아니라 더욱 먼 후대에까지도 관심을 기울여 신하의 공덕에 보답하고 표창하며, 간절하게 이와 같은 경지에 이르려고 하는 것을 후세 사람들에게 권하고 경계하여 나라를 위해 충성하는 신하가 되어 죽어도 후회가 없도록 하려는 것입니다.

하물며 주유가 죽은 지 오래되지 않았는데, 그 아들 주윤을 강등시켜 평민이 되게 했으니 더할 나위 없이 슬픕니다. 저희 생각으로는 폐하께서 고대의 일을 잘 살펴서 정사를 영명하게 처리하며, 제후국을 일으키고 후계자를 세우는 것을 매우 중요시하므로, 주윤을 위해 청하오니 그 죄를 사면하고 병사들을 돌려주며 작위를 회복시켜주어서 아침을 잘못 알린 닭이 다시 한 번 울 수 있도록 하고, 죄지은 신하도 다음에 공을 펼 수 있도록 해주십시오.

손권이 대답했다.

"심복이 되어 전에 공을 세우고 나와 함께 협력하여 일한 자 중에 주공근(주유)이 있었는데 정말 잊지 못하오. 예전에 주윤이 나이가 어리고 처음에는 공로가 없었는데도 정예 병사를 받아 지휘하고 왕후 장군으로 봉해진 것은 주공근을 생각하여 주윤에게까지 미쳤던 것이오. 그런데 주윤은 이러한 것에 기대어 주색에 빠져 스스로 방자하며, 앞뒤로 몇 차례 말하여 깨우치게 하려고 했지만 일찍이 고친 적이 없었소. 내가 주공근에 대해서 의리로는 당신들 두 분과 같으니 주윤이 성취하는 바가 있기를 바라는 심정이 어찌 멈춰 있겠소? 주윤의 죄악을 구명하여 곧바로 돌아오지 못하도록 하고 있는 것은 그에게 고통을 받게 하여 스스로 깨닫게 하려는 것이오.

지금 당신들 둘이 한나라 고조의 황하와 태산의 맹서를 간절히 인용하니 나는 부끄럽소. 비록 내 덕행은 한 고조와 같은 범주는 아닐지라도 비슷해지려 하고 있는데 상황이 또한 이와 같으므로 여러분의 건의를 받아들이지 못한 것이오. 주공근의 자식이고 두 사람이 중간에 있으니 고치도록 할 수 있다면 또한 무슨 걱정이 있겠소!"

제갈근과 보즐이 여러 차례 표를 올리고, 주연과 전종도 함께 진술하여 요청하므로 손권은 비로소 이를 허락했다. 이때 마침 주윤은 병으로 죽었다.

주유의 조카 주준周峻도 주유의 탁월한 공로 때문에 편장군이 되었고, 관리와 병사 1천 명을 이끌게 되었다. 주준이 죽자, 전종은 표를 올려 주준의 아들 주호周護를 장수로 삼으려 했으나 손권이 말했다.

"전에 조조를 달아나게 하고 형주를 개척한 것은 모두 주공근이 한 일이니 영원히 그를 잊지 않겠다. 처음 주준이 죽었다는 소식을 들었을 때 주호를 임용하려고 했지만 그의 품성과 행실이 음험하다고 들었다. 그를 관리로 임명하면 화란을 일으킬 것이 뻔하므로 이 생각을 멈추었다. 그러나 내가 주공근을 생각하는 것은 어찌 그침이 있겠는가?"

유비와 연합하여 조조와 맞서게 하다

노숙전魯肅傳

노숙은 자가 자경子敬이고 임회군 동성현東城縣 사람이다. 그는 태어나면서 아버지를 여의고 할머니와 함께 살았다. 집안은 재산이 있어 부유했으며, 천성이 베푸는 것을 좋아했다. 그때는 세상이 혼란스러우므로,[7] 노숙은 집안일에는 힘쓰지 않고 재물을 많이 풀고 땅을 공개적으로 팔아서 가난한 이를 구제하고 인사들과 사귀는 것

---

[7] 노숙은 외모가 남다르고 어려서부터 큰일을 이룰 뜻을 갖고 있었으며, 기이한 계책을 생각하기를 좋아했다. 세상이 소란스러워지려고 하자 곧 검술과 말타기와 활쏘기를 익히고, 젊은이들을 불러 모아 그들에게 입을 것과 먹을 것을 주고 남산을 오가며 사냥하면서 그들을 지휘하여 병법을 연습시켰다. 부로父老들은 모두 "노씨 집도 대대로 쇠하더니 이 미치광이를 낳았구나!"라고 말했다.

뒤에 영웅과 준걸 들이 곳곳에서 일어나 중원이 소란스러워지자, 노숙은 그 부하들에게 말했다. "중원은 기강을 잃었고 도적들이 마구 포악하게 굴며, 회수와 사수 사이에는 자손을 남길 땅이 없다. 내가 들은 바로 강동은 기름진 들판이 만 리나 되어 백성은 부유하고 병사는 강하며 난을 피할 수 있다고 한다. 어찌 서로 따라서 함께 낙토에 이르러 시세의 변화를 보지 않겠는가?" 부하들은 모두 그의 명령을 따랐다.

그래서 약한 자는 앞세우고 강한 자는 뒤에 있게 하여 남녀 3백여 명이 출발했다. 주에서 추격한 기병이 이르렀으나 노숙 등은 천천히 갔다. 그들은 병기를 쥐고 활시위를 당기며 말했다. "그대들도 장부이니 시세의 흐름을 알아야 한다. 오늘 천하에 병란이 일어나 공이 있어도 상을 받지 못하고 추격하여도 처벌하지 못할 텐데, 어찌하여 서로 간섭하는가?" 또 직접 방패를 땅에 세우고 화살을 쏘아 모두 관통시켰다. 기병들은 노숙의 말을 칭찬하며 제지할 수 없다고 생각하고 곧 이끌고 돌아갔다. 노숙은 장강을 건너 손책이 있는 곳으로 가서 알현했다. 손책도 노숙의 비범함을 인정하고 특별히 중시했다.

을 일삼았다. 그러므로 고향 사람들의 환심을 더 얻게 되었다.

주유는 거소현의 장이 되자, 수백 명을 데리고 일부러 노숙을 방문해 자금과 식량을 청했다. 노숙의 집에는 곳간 두 개에 쌀이 각각 3천 곡씩 있었다. 노숙은 곧장 한 곳간을 가리키며 주유에게 주었다. 주유는 노숙이 비범한 인물임을 더욱 확신하게 되었다. 그래서 서로 친한 교분을 맺고 공손교(公孫僑, 춘추시대의 정치가)와 계찰(季札, 춘추시대 오왕의 동생) 같은 두터운 친구 관계를 맺었다. 원술은 노숙의 명성을 듣고 곧 동성현의 장으로 임명했다. 노숙은 원술이 기강도 없고 함께 공업을 세우기에는 부족하다고 여겨, 곧 노약자를 데리고 민첩하고 용감한 청년 1백여 명을 이끌고 남쪽으로 거소현까지 가서 주유에게 투항했다. 주유가 동쪽으로 장강을 건널 때, 그를 따라 함께 가다가 곡아현에 거처를 정하고 머물렀다. 마침 노숙의 할머니가 세상을 떠났으므로 동성현으로 돌아와 안장했다.

유자양劉子揚은 노숙과 친한 친구이다. 그는 노숙에게 편지를 보내 이렇게 말했다.

지금 천하의 호걸들이 한꺼번에 일어났으니, 그대의 자질과 재능은 특히 오늘날 이용해야만 하오. 급히 돌아와 노모를 맞이하고 동성현에서 머무르지 말도록 하시오. 요즘 정보鄭寶라는 자가 거소에서 1만여 명을 모았소. 그가 차지한 땅은 비옥하고 풍요로워 여강 일대의 사람이 대부분 그에게 의지하러 가고 있소. 하물며 우리 같은 무리는 어떠하겠소? 그 형세를 보니 또 현명한 선비를 많이 모이게 할 수 있소. 때를 잃을 수 없으니 그대는 빨리 가시오.

노숙은 그의 의견에 동의했다. 그래서 조모를 안장한 다음, 곡아현으로 돌아온 것이다. 노숙은 북쪽으로 가려고 했다. 마침 주유는 노숙의 어머니를 오군으로 이주시켜놓았다. 노숙은 그 상황을 주유에게 구체적으로 말했다. 그 무렵 손책은 이미 죽고 손권은 여전히 오군에 있었다. 주유가 노숙에게 말했다.

"옛날 마원馬援은 광무제에게 '지금의 정세는 군주가 신하를 선택할 수 있을 뿐만 아니라 신하도 군주를 선택해야 합니다.'라고 말했소. 지금 주인(손권)은 지혜로운 사람을 가까이하고 선비를 존중하며 특이한 재능이 있는 자를 등용하고 있소. 게다가 나는 전 철인들의 비밀스런 의론에서 천명을 이어 유씨를 대신할 자는 반드시 동남쪽에서 일어난다고 들었는데, 형세 변화를 추측해보면 지금은 한가漢家의 운수가 다한 때이므로 오의 군주가 나라를 창립하여 천명에 부합할 수 있소. 이는 봉황의 날개에 붙어(어진 군주를 섬겨 공명을 세운다는 뜻) 달릴 때인 것이오. 우리가 지금 중용된다면 그대는 유자양의 의견에 개의할 필요가 없소."

노숙은 주유의 말을 따랐다. 주유는 노숙을 추천하면서 재능은 이 시대를 보좌해야 되고, 마땅히 노숙 같은 인재를 널리 구하여 공업을 이루어야 하므로 그를 떠나게 할 수 없다고 했다.

손권은 곧장 노숙을 만나 함께 이야기를 나누고 매우 기뻐했다. 빈객들이 물러날 때 노숙도 인사하고 나가려고 했는데, 손권은 유독 노숙만 데리고 돌아와 함께 앉아서 술을 마셨다. 그러고는 은밀히 의논하며 말했다.

"지금 한나라 왕실은 기울고 위험한 상태이며, 천하 사방은 구름이 일어나는 것처럼 시끄럽고 어수선하오. 나는 아버지와 형이 남긴 기업을 계승하여 제나라 환공과 진나라 문공의 공업을 세우려 생각하고 있소. 그대는 몸을 굽혀 공손히 내게 왔는데 어떻게 보좌할 생각이오?"

노숙이 대답했다.

"옛날 한나라 고제(高帝, 고조)가 마음을 다하여 초나라의 의제(義帝, 명목뿐인 군주라는 뜻으로 초나라 회왕의 손자)를 존중하여 섬기려고 했으나 바라는 대로 얻을 수 없었던 것은 항우項羽[8]를 해악으로 여겼기 때문입니다. 오늘의 조조는 옛날 항우와 같습니다. 장군은 어떻게 환공과 문공처럼 될 수 있습니까? 제가 생각하기에 한나라 왕실은 다시 일어날 수 없고, 조조는 쉽사리 제거되지 않습니다. 장군을 위한 계획은 오직 강동을 차지하고 천하의 변화를 살피는 것뿐입니다. 기업의 규모가 이와 같으면 또 의혹을 받지 않을 것입니다. 무엇 때문이겠습니까? 북방에는 진실로 힘써야 할 일이 많기 때문입니다. 힘써야 할 일이 많을 때를 이용하여 황조를 제거하고 나아가 유표를 쳐서 장강 유역을 차지해 소유로 만든 다음 제왕이라 일컬으며 천하 통일을 꾀하는 것, 이것이 한나라 고제의 사업이었습니다."

손권이 말했다.

"지금은 한쪽으로만 힘을 다하여 한나라 왕실을 보좌하기만 바랄 뿐이오. 그대가 방금 한 이 말은 내가 미치는 바가 아니오."

장소는 노숙이 그다지 겸손하지 않다며 비난하고 자못 그를 헐

---

8) '서초패왕'으로 알려진 항우는 진나라를 멸망시킨 중요한 인물로, 초나라와 한나라 전쟁의 중심에 섰던 사람이다. 진나라 말 농민들이 반란을 일으키던 혼란기에 항우는 담력과 재능으로 매우 빠르게 두각을 나타냈다. 그는 어려움에 부닥쳐 결단력을 발휘하여 군권을 장악하고는 진나라 군대와 목숨을 건 싸움을 벌여, 일거에 진나라 군의 주력 부대를 섬멸하고 진나라의 폭정을 잠재워 큰 공을 세웠다.

뜯으며 나이가 어리고 거칠어서 임용할 수 없다고 했다. 손권은 이에 개의치 않고 노숙을 더욱 귀중히 여겼으며, 노숙의 어머니에게 옷과 휘장과 생활용품을 내려서 예전처럼 부유하게 했다.

유표가 죽자, 노숙은 손권에게 나아가 이렇게 말했다.

"형초荊楚 땅은 우리나라와 가까이 맞닿아 있고 강물은 북쪽으로 흘러내리며, 밖으로는 장강과 한수를 두르고 있고 안으로는 험준한 산이나 구릉이 있으면서 견고한 성이 있으며, 기름진 평야가 만 리나 되고, 관리와 백성은 부유합니다. 만일 이곳을 차지하여 소유한다면 이는 제왕의 자본이 될 것입니다.

지금 유표는 죽었고, 그의 두 아들은 평소 화목하지 못했으며, 군대 안의 장수들은 각각 두 파로 나누어져 대립하고 있습니다. 게다가 유비 같은 천하의 영웅이 조조와 불화가 있어 유표에게 의탁했지만 유표는 그의 재능을 질시하여 중용할 수 없었습니다. 만일 유비가 그들과 마음을 합쳐 위에 있는 자와 아래에 있는 자가 일제히 똑같이 된다면 마땅히 어루만져 안정시키고 동맹을 맺어야 하지만, 만일 그들 사이가 벌어지고 어그러진다면 마땅히 따로 계획하여 대업을 이루어야 합니다.

저는 명을 받들어 유표의 두 아들에게 가서 조문하고, 아울러 그 군대 안에서 실권을 쥐고 있는 자들을 위로하며, 유비에게 유표의 부하들을 어루만져 한마음 한뜻으로 함께 조조에게 대항하도록 설득하기를 원합니다. 유비는 반드시 기뻐하며 명을 따를 것입니다. 만일 성공한다면 천하도 평정할 수 있을 것입니다. 지금 곧장 가지 않으면 아마 조조가 먼저 기회를 잡게 될 것입니다."

손권은 곧바로 노숙을 보내 가도록 했다. 노숙은 하구에 이르러 조조가 벌써 형주로 향했다는 소식을 듣고 밤낮으로 길을 갔다. 노숙이 남군까지 왔을 때 유표의 아들 유종은 이미 조조에게 투항했고, 유비는 두려운 나머지 급히 달아나 남쪽으로 장강을 건너려고 했다. 노숙은 유비를 직접 나가서 맞이하려고 당양현 장판長阪까지 갔다. 그는 유비를 만나 손권의 뜻을 전하고, 아울러 강동이 강대하고 견고함을 설명했다. 그리고 유비에게 손권과 힘을 합치도록 권유했다. 유비는 매우 기뻐했다. 그 무렵 제갈량이 유비를 따라왔는데, 노숙은 제갈량에게 이렇게 말했다.

"나는 자유(子瑜, 제갈근)의 친구요."

그러고는 곧 우호 관계를 맺었다. 유비는 하구에 이르자 제갈량을 사자로 삼아 손권에게 보냈다. 노숙도 돌아가 복명復命했다.[9]

마침 손권은 조조가 강동으로 쳐들어올 준비를 하고 있다는 소문을 듣게 되어 장수들과 상의했는데, 모두 손권에게 조조를 맞이하여 항복하라고 권유했다. 그러나 노숙 혼자만은 한마디도 하지 않았다. 손권이 일어나 옷을 갈아입으려고 하자, 노숙은 그 뒤를 따라 처마 아래에까지 갔다. 손권은 노숙의 마음을 알고는 그의 손을 잡고 말했다.

"그대는 무슨 말을 하려 하오?"

노숙이 대답했다.

"사람들의 의견을 자세히 살펴보니 전적으로 장군을 잘못되게

---

9) 유비와 손권이 힘을 합쳐 함께 중원(조조)을 막으려고 한 일은 모두 노숙이 오랫동안 계획했던 것이다. 게다가 제갈량에게 "나는 자유의 친구요."라고 말했으므로 제갈량은 일찍부터 노숙의 의견을 들었던 것이다. 《촉서》〈제갈량전〉에 "제갈량이 연횡의 계책으로 손권을 설득하자, 손권은 매우 기뻐했다."라고 했다. 《촉서》에 따르면, 이 계획은 제갈량에게서 처음 나온 것이다.

만들려 하고 있습니다. 그들과는 큰일을 꾀할 가치가 없습니다. 지금 저 같은 사람은 조조를 맞아들일 수 있지만 장군 같은 사람은 할 수 없습니다. 무엇 때문에 이렇게 말하겠습니까? 지금 제가 조조를 맞이한다면 조조는 당연히 저를 고향으로 돌려보내 인물을 평가하여 하조종사下曹從事[10] 직책보다 낮추지는 않을 테니, 소가 끄는 수레를 타고 관리나 병사를 시종으로 따르게 하며 인사들과 교제하면서 관직에 있는 해가 쌓이면 주나 군을 잃지는 않을 것입니다. 장군께서 조조를 맞이한다면 어찌 돌아갈 곳이 있겠습니까? 원컨대 큰 계획을 일찍 정하여 사람들의 의견을 쓰지 마십시오."

손권은 탄식하며 말했다.

"이 사람들이 가진 생각은 내 소망을 크게 실망시키는 것이었소. 오늘 그대가 원대한 계획을 분명하게 밝힌 것은 내 생각과 일치하오. 이는 하늘이 그대를 내게 내려준 것이오."[11]

300

그때 주유는 사자의 임무를 받고 파양으로 갔는데, 노숙은 쫓아가서 주유를 불러 돌아오도록 하라고 권했다. 손권은 주유를 총지휘관으로 삼고 노숙을 찬군교위贊軍校尉로 삼아서 주유가 전략을 세

---

10) 각 조종사사曹從事史 중에서 지위가 낮은 자이다. 후한 때 하급 기관을 조曹라고 했는데, 각 조의 관원을 주관하는 자를 종사사從事史라고 불렀던 데서 유래한다.

11) 조조가 형주를 정벌하려고 하자 손권은 매우 두려웠다. 노숙은 내심 손권에게 조조를 거절하도록 권하려고 역설적으로 말했다. "그 조조라는 자는 사실 어려운 적입니다. 방금 원소를 병탄했고, 병마는 매우 정예이며, 전승의 위세를 타고 있으므로 혼란스런 나라를 토벌하려고 한다면 그의 승리는 필연적일 것입니다. 따라서 병사를 보내 그를 돕는 동시에 장군의 가족을 업으로 보내는 게 좋습니다. 그러지 않으면 앞으로 위험해질 것입니다." 손권은 매우 화가 나서 노숙을 베려고 했다. 그래서 노숙은 다음과 같이 말했다. "지금 사태가 벌써 급해졌고 다른 계책이 있다면 어찌하여 병사를 보내 유비를 돕지 않고 저를 참수하려 하십니까?" 손권은 그의 의견이 옳다고 생각하고 주유를 보내 유비를 돕게 했다.

울 때 돕게 했다. 조조가 싸움에서 져 달아나자 노숙은 곧바로 돌아왔다. 손권은 장수들에게 노숙을 맞이하도록 정중하게 요청했다. 노숙이 궁전으로 들어와 손권을 알현하려고 하자, 손권은 일어나 그에게 예의를 나타내고 곧 이렇게 말했다.

"자경子敬, 내가 안장을 짚고 말에서 내려 맞았다면 그대의 공을 충분히 빛낼 수 있지 않았겠소?"

노숙은 작은 걸음으로 급히 앞으로 나아가 말했다.

"충분하지 못합니다."

사람들은 이 말을 듣고 놀라지 않는 이가 없었다. 노숙은 자리에 앉은 다음 천천히 채찍을 들고 말했다.

"바라옵기는 존귀한 군주의 위엄과 덕망이 천하에 더해져 9주를 통일하여 제왕의 사업을 완수하고, 다시 특별한 수레로 현명한 인사들을 부르고 저를 부르신다면 비로소 빛날 뿐입니다."

손권은 손뼉을 치면서 기뻐하며 웃었다.

뒤에 유비가 경구京口로 와서 손권을 알현하고 주를 관할하기를 청했을 때, 노숙만이 유비에게 땅을 빌려주어 함께 조조에게 대항하라고 손권에게 권유했다. 조조는 손권이 땅을 유비에게 이용하도록 했다는 소식을 들었을 때, 마침 편지를 쓰고 있었는데 붓을 땅에 떨어뜨렸다.

주유는 질병이 깊어지자 상소하여 말했다.

지금 천하에는 사건이 많고 전쟁이 끊이지 않으니, 이는 제가 밤낮으로 걱정하는 바입니다. 원컨대 군주께서는 아직 일어나지 않은 일을 근심한 뒤에 즐거운 생활을 누리십시오. 지금 조조와는 적이 되었고, 유비는 가까이 공안에 있으며, 변방 지역과 가깝고 백성은 아직 귀의하지 않았으니 마땅히 훌륭한 장수를 얻어서 진무해야만 합니다. 노숙은 지혜와 지략이 있어 이 일을 맡기에 충분하니, 저를 대행하도록 해주십시오. 제가 죽는 날까지 마음에 걸렸던 것은 이 일이 전부입니다.

곧 노숙을 분무교위로 임명하여 주유를 대행해 병사들을 다스리게 했다. 주유의 병사 4천여 명과 봉읍 4현도 노숙에게 예속시켰다. 손권은 정보程普에게 남군 태수를 겸하게 했다. 노숙은 처음에는 강릉에 주둔했고, 뒤에 내려와서 육구에 주둔했다. 그가 다스린 곳은 위엄과 은혜가 크게 시행되었으므로 수하 사람들이 1만여 명으로 늘어났다. 그는 한창 태수漢昌太守 및 편장군으로 제수되었다.

| 건안 19년(214) | 노숙은 손권을 따라 환성을 깨뜨리고 횡강장군으로 전임되었다.

이전에 익주목 유장의 기강이 쇠퇴하고 느슨해졌으므로 주유와 감녕은 나란히 손권에게 촉을 취하도록 권유했다. 손권은 유비에게 자문을 구했다. 유비는 속으로 자신이 그 땅을 차지하려고 엿보고 있었기 때문에 거짓으로 보고했다.

"저와 유장은 똑같이 한 종실이며, 선조의 영령에 기대어 한나라 왕조를 보좌하기를 바랐습니다. 지금 유장은 당신들에게 죄를 지었고, 저는 매우 두렵기 때문에 감히 말씀드리지 못했는데 너그럽게 용서해주기를 원할 뿐입니다. 만일 제 청을 받아주지 않는다면 저는 관직을 버리고 산림 속으로 돌아가야만 합니다."

뒤에 유비는 서쪽으로 진군하여 유장을 병탄하려고 꾀하며 관우를 남겨 지키게 했다. 손권이 말했다.

"교활하게 포로가 감히 속이다니!"

관우와 노숙이 경계를 가까이 맞대고 있게 되자 자주 의심이 있었으므로 경계 지역에서 분쟁이 생겼는데, 노숙은 언제나 우호적으로 그들을 진무했다. 그러나 유비가 익주를 평정하자 손권은 장사·영릉·계양을 돌려달라고 요구했다. 유비는 이 요청을 거절했다. 손권은 여몽을 보내 병사들을 이끌고 진격하여 취하도록 했다. 유비는 이 소식을 듣고 직접 공안으로 돌아와서 관우를 보내 3군을 쟁취하도록 했다. 노숙은 익양에서 관우와 서로 대항했다. 노숙은 관우에게 서로 만나자고 요청하여 각각 병마를 1백 보 밖으로 주둔시키고 장군끼리만 단도를 갖고 함께 만났다. 노숙은 여러 차례 관우를 꾸짖으며 말했다.

"우리 군주가 본래 성의껏 그대들에게 땅을 빌려준 것은 그대들이 전쟁에서 져 멀리서 왔고 의지할 곳이 없었기 때문이오. 오늘날 벌써 익주를 얻었으면서 형주를 돌려주려는 뜻도 없고, 우리는 오로지 그대들이 3군만 돌려주기를 요청하는데도 명을 따르지 않고 있소."

노숙이 말을 마치기도 전에 자리에 앉아 있던 어떤 한 사람이 말했다.

"땅이란 덕 있는 사람에게 속하는 것일 뿐인데, 어찌하여 영원히 가지려 하시오!"

노숙은 벽력같은 소리를 질러 크게 꾸짖었는데 말투와 낯빛이 매우 절절했다. 관우는 칼을 잡고 일어나 말했다.

"이것은 나라의 일인데 이 사람이 무엇을 알겠소!"

눈빛으로 떠나가도록 했다. 그래서 유비는 상수湘水를 경계로 하여 나누었으며, 양쪽 군대는 대결을 끝냈다.

| 건안 22년(217) | 노숙은 마흔여섯 살로 세상을 떠났다. 손권은 그

를 위해 애도했으며, 장례식에도 참가했다. 제갈량도 그를 위해 애도했다. 손권은 제위에 올라 단에 올라갔을 때, 공경들을 돌아보며 이렇게 말했다.

"옛날 노자경(魯子敬, 노숙)은 일찍이 내가 제위에 오를 것이라고 말했는데, 그는 형세 변화에 밝았다고 할 만하오."

노숙의 유복자 노숙魯淑이 이미 장성하자, 유수독濡須督 장승은 결국 노숙이 당연히 이곳으로 와서 유수독이 될 것이라고 말했다.

| **영안 연간(258~264)** | 노숙은 소무장군·도정후·무창독이 되었다. 노숙은 건형 연간(269~271)에 가절을 받고 하구독으로 승진했다. 그는 임지에서 엄정했으며 지략과 재간이 있었다.

| **봉황 3년(274)** | 노숙이 죽고 아들 노목魯睦이 작위를 이었으며, 병마를 통솔했다.

계책으로써 관우를 죽이고 형주를 탈환하다

여몽전呂蒙傳

여몽은 자가 자명子明이고 여남군 부파현富陂縣 사람이다. 어릴 때 남쪽으로 건너와 매부 등당鄧當에게 의지했다. 등당은 손책의 부장으로 산월을 여러 차례 토벌했다. 여몽은 열대여섯 살 때 몰래 등당을 따라서 적을 공격하려고 했는데, 등당이 고개를 돌려 둘러보다가 그를 보고 깜짝 놀라 꾸짖었지만 말릴 수가 없었다. 돌아온 뒤 여몽의 어머니에게 이 사실을 말씀드렸다. 여몽의 어머니가 화를 내며 벌하려고 하자, 여몽이 말했다.

"가난과 미천함은 참아내기 어려운 것입니다. 잘못을 벗어버리고 공을 세우면 부귀가 이르게 할 수 있습니다. 또 호랑이 굴로 들어가지 않고 어찌 호랑이 새끼를 얻을 수 있습니까?"

어머니는 그를 불쌍히 여겨 벌주지 않았다. 그때 등당을 따르는 관리들은 여몽이 어리다고 경시하며 이렇게 말했다.

"그 아이가 무엇을 할 수 있을까? 이것은 굶주린 호랑이에게 고기를 주려고 하는 것이다."

다른 날 관리들은 여몽과 만나자 또 치욕을 주었다. 여몽은 매우 화가 나 칼을 가져다 관리를 죽이고 달아나 같은 마을 사람 정장鄭長의 집에 숨었다. 뒤에 교위 원웅袁雄을 통해 나와서 자수했는데, 원웅이 가운데에서 그를 위해 말을 해주었다. 손책은 그를 불러 만나

보고는 남다른 인물이라 여겨 자기 곁에 두었다.

몇 해가 지나 등당이 죽었다. 장소는 여몽을 추천하여 등당을 대행하게 하고, 별부사마를 제수했다. 손권이 정권을 잡았을 때, 군소 부장들 가운데서 이끄는 병사가 적거나 쓰임이 작은 자들의 군대를 병합하려는 계획이 있었다. 여몽은 남모르게 돈을 빌려 병사들을 위해 붉은 옷과 행전을 지급했다. 병사를 검열하는 날이 되자 정렬한 그의 군대는 빛났으며, 병사들은 잘 훈련되어 있었다. 손권은 이를 보고 매우 기뻐하며 그의 병력을 늘려주었다. 그는 단양 토벌에 참가하여 가는 곳마다 공을 세웠다. 그래서 평북도위平北都尉로 제수되었고, 광덕현廣德縣의 장이 되었다.

그는 황조 토벌에도 참가했다. 황조는 도독 진취陳就에게 반격하도록 하여 수군을 거느리고 출전했다. 여몽은 선봉대를 통솔하여 직접 진취의 목을 베었으며, 장수와 병사 들은 승기를 타고 진격하여 황조의 성을 공격했다. 황조는 진취가 죽었다는 말을 듣고 성을 버리고 달아났으나, 병사들이 뒤쫓아가서 붙잡았다. 손권이 말했다.

"이번 전쟁의 승리는 먼저 진취를 사로잡은 데서 비롯되었다."

그러고는 여몽을 횡야중랑장橫野中郎將으로 삼고 1천만 전을 내렸다.

이해에 그는 또 주유, 정보 등과 서쪽으로 오림에서 조조를 깨뜨리고 남군에서 조인을 포위했다. 익주의 장수 습숙襲肅이 군대를 들어 투항해오자, 주유는 표를 올려 습숙의 병사들로 여몽의 병력을 늘리도록 했다. 여몽은 습숙이 담력 있고 재능이 있다고 힘을 다해 칭찬하고, 아울러 교화를 흠모하여 먼 곳에서 왔으므로 도의상 마땅히 그의 병력을 늘려야지 그 병력을 빼앗는 것은 타당하지 않다

고 했다. 손권은 여몽의 말이 옳다고 생각하고 습숙의 군사를 돌려
주었다. 주유는 감녕에게 먼저 이릉을 점거하도록 했다. 조인이 병
사를 나누어 감녕을 치자, 감녕은 어려움에 빠져 위험해졌으므로
사자를 보내 구원을 요청했다. 장수들은 병력이 적어 나눌 수 없다
고 생각했는데, 여몽이 주유와 정보에게 말했다.

"능공적(淩公績, 능통)을 남기고 나와 여러분이 가서 포위를 풀어
위급함을 구해주는 데는 시간이 오래 걸리지 않을 것입니다. 나는
능공적이 열흘은 지킬 수 있다고 봅니다."

또 주유에게 3백 명을 나누어 보내 땔나무로 험한 길을 끊게 한
다면 적이 달아날 때 그들의 말을 얻을 수 있다고 설득했다. 주유는
그의 의견을 따랐다. 군대가 이릉에 이른 날 싸워서 적군의 과반수
를 죽였다. 적군은 밤을 틈타 달아나다가 땔나무로 막아놓은 길을
만나게 되었다. 기병들은 모두 말을 버리고 걸어서 달아났다. 군사
들은 이들을 뒤쫓아가 죽이고 말 3백 필을 얻어 배에 싣고 돌아왔
다. 이리하여 장수와 병사 들의 형세는 자연스럽게 배로 늘어나 곧
장강을 건너 군영을 세웠다. 적군을 향해 공격을 가하자 조인은 물
러나 달아났다. 결국 오나라는 남군을 점거하고 형주를 평정했다.
돌아온 뒤 편장군에 제수되었고, 심양현尋陽縣의 영이 되었다.

노숙은 주유를 대행하여 육구로 가는 길에 여몽의 군영 밖을 지
나게 되었다. 노숙은 마음속으로 여전히 여몽을 경시하고 있었는
데, 어떤 사람이 노숙을 설득하며 말했다.

"여 장군의 공명이 나날이 빛나고 있으니 마음대로 대할 수 없습
니다. 당신은 마땅히 그를 살펴야 할 것입니다."

그래서 노숙은 여몽에게로 가서 만났다. 술에 잔뜩 취했을 때, 여
몽이 노숙에게 물었다.

"당신은 중임을 받아 관우와 이웃하고 있는데, 어떤 계략으로 예기치 않은 상황에 방비하고 있습니까?"

노숙은 창졸간에 이렇게 대답했다.

"때에 따라 알맞은 방법을 취할 것입니다."

여몽이 말했다.

"지금 동쪽(오)과 서쪽(촉)이 비록 한집안이라고는 하지만, 관우는 사실 곰이나 호랑이 같은 사람입니다. 어찌 미리 계획을 정하지 않을 수 있습니까?"

그래서 노숙을 위해 다섯 가지 방법을 그렸다. 노숙은 이때 자리를 넘어 그에게 가까이 가서 그의 등을 치며 말했다.

"여자명呂子明, 나는 그대의 재략이 이 수준까지 이르렀는지 몰랐습니다."

그리고 여몽의 어머니에게 인사하고, 여몽과 교분을 맺고는 헤어졌다.

그때 여몽은 성당成當·송정宋定·서고徐顧의 진영과 가까운 곳에 있었는데, 세 장수가 죽고 자제들이 유약하므로 손권이 그들의 군대를 모두 여몽에게 주어 합치도록 했다. 여몽은 간곡히 사양하며 계를 올려 서고 등은 모두 나라를 위해 열심히 수고했으며, 자제들은 비록 어리지만 폐출시킬 수 없다고 진술했다. 여몽이 여러 차례 표를 올리고서야 손권은 그의 의견을 받아들였다. 여몽은 이때 또 그들을 위해 스승을 골라주고 스승에게 그들을 보좌하고 지도하도록 했다. 그가 다른 사람을 위해 삼가고 주의하는 바가 대부분 이와 같았다.

위나라는 여강의 사기謝奇를 기춘전농蘄春典農으로 삼아 환현의 전원 마을에 주둔하도록 하여 자주 변방을 쳐서 어지럽게 했다. 여몽이 사람을 보내 그들을 회유하려 했지만 따르지 않았다. 그래서 틈을 보아 습격하자 사기는 움츠려 물러나고, 그 부하 손자재孫子才와 송호宋豪 등은 모두 노약자를 부축하여 데리고 와서 여몽에게 투항했다. 뒤에 손권을 수행하여 유수에서 조조와 대항할 때도 기이한 계책을 여러 차례 진언했다. 또 손권에게 물의 입구를 좁혀 보루를 만들라고 권유하여 방어가 매우 정밀하므로[12] 조조는 내려오지 못하고 물러났다.

조조는 주광을 보내 여강 태수로 삼고 환현에 주둔시켜 농지를 대규모로 일구게 하고, 또 첩자를 보내 파양의 도적 우두머리를 회유하여 내부에서 호응하게 만들었다. 여몽이 말했다.

"환현 땅은 기름집니다. 만일 일단 수확을 하게 된다면 그들의 병력은 반드시 늘어날 것입니다. 이와 같이 하여 몇 해가 지나면 조조의 판도가 짜일 테니, 마땅히 일찌감치 제거해야 합니다."

그리고 그 상황을 구체적으로 말했다. 이에 손권은 직접 환현을 정벌하려고 장수들을 불러 계책을 물었다. 여몽은 곧 감녕을 추천하여 승성독升城督으로 삼아 앞에서 병사들을 이끌어 공격하게 하고, 자신은 정예부대로 그의 뒤를 이었다. 새벽에 진격하여 여몽이 직접 북채와 북을 잡았으며, 사졸들은 모두 기세등등하여 밥 먹는 시간에 격파했다. 뒤에 장료가 협석夾石에 이르렀을 때는 성이 이미

---

12) 손권이 보루를 만들려고 하자 부장들이 모두 "연안 위로 올라가 적을 공격하고 나서 물을 건너 배로 들어오면 되는데 보루가 무슨 소용이 있습니까?"라고 했다. 여몽은 "같은 병기에도 날카로운 것과 둔탁한 것이 있으며, 싸움에도 백 번 이기지는 못합니다. 만일 만에 하나라도 적의 보병과 기병이 육박하여 와서 물가까지 퇴각할 틈이 없을 경우에는 어떻게 배로 들어갈 수 있겠습니까?"라고 말했다. 손권도 "그렇소."라고 말하고는 보루를 만들었다.

무너졌다고 들었으므로 물러났다. 손권은 여몽의 공로를 치하하여 곧바로 여강 태수로 임명하고 얻은 인마人馬는 모두 나누어주고, 따로 심양의 둔전 일을 할 6백 명과 관속 30명을 주었다. 여몽이 심양으로 돌아가는 길에 올랐으나 다다르기 전에 여릉의 도적들이 일어났다. 많은 장수가 토벌에 나서 공격했으나 붙잡지 못했다. 손권이 말했다.

"사나운 새 백 마리가 물수리 한 마리만도 못하구나."

그리고 여몽에게 명령하여 토벌하도록 했다. 여몽은 그 우두머리를 주살하고, 나머지는 모두 풀어주어 다시 평민이 되게 했다.

이때 유비는 관우에게 명령해 수비를 공고히 하도록 하여 형주 전역을 촉이 차지하고 있었다. 손권은 여몽에게 명하여 서쪽으로 장사·영릉·계양 3군을 취하도록 했다. 여몽이 전하는 편지를 받은 두 군은 형세를 멀리서 보고 귀순하여 항복했지만, 영릉 태수 학보만은 성을 지키며 투항하지 않았다. 그런데 유비도 촉에서 직접 공안까지 와서 관우를 보내 3군을 쟁취하도록 했다. 손권은 그때 육구에 머물고 있었는데 노숙을 보내 1만 명을 이끌고 가서 익양에 주둔하며 관우에게 맞서게 하고, 여몽에게 급히 편지를 보내 불러 영릉을 버리고 빨리 돌아와 노숙을 도우라고 했다. 처음에 여몽은 장사를 평정하고 영릉으로 가려고 영현酃縣을 지나다가 남양의 등현鄧玄을 수레에 태우고 갔다. 등현은 학보의 옛 친구이므로 그에게 학보를 회유하도록 하려고 한 것이다. 이때 돌아오라는 편지를 받았다. 여몽은 이 일을 비밀로 하고 밤에 장수들을 불러 계책을 받고 새벽이 되면 성을 치기로 했다. 여몽이 등현을 돌아보며 말했다.

"학자태(郝子太. 학보)는 이 세상에 충의로운 일이 있음을 듣고 또 그것을 하려고 했지만 때를 알지 못했소. 좌장군은 한중에 있고 하후연夏侯淵에게 포위당했소. 관우는 남군에 있는데, 지금 우리 군주께서 직접 그곳에 임해 있소. 최근 그들은 번성의 본영을 쳐서 영현을 구하려다가 도리어 손규에게 격파되었소. 이것은 모두 눈앞의 일이니 그대도 직접 보았을 것이오. 그들은 머리와 꼬리가 거꾸로 매달려 있어서 목숨을 구하기에도 넉넉하지 않거늘 어찌 남은 힘이 있어서 다시 이 땅을 관리하겠소? 지금 내 사졸들은 정예이며 사람들은 목숨을 다하려 하고, 군주는 증원 부대를 보내 길에서 서로 잇도록 했소.

지금 학자태는 하루 목숨으로 희망 없는 구원을 기다리고 있소. 이것은 소 발굽 아래의 물고기와 같소. 장강과 한수에 기대기를 바라고 있지만 의지할 수 없음은 또한 분명하오. 만일 학자태가 반드시 병사들의 마음을 통일하고, 고립된 성을 튼튼히 지킬 수 있으며, 여전히 시간을 끌어 귀순하는 자를 기다릴 수 있다면 할 수 있소. 그러나 지금 내가 힘을 따져 헤아려보고 이를 공격한다면 하루를 넘기지 못하고 성은 반드시 무너질 것이오. 성이 무너진 다음에는 그 자신이 죽어도 사태에 무슨 도움이 있으며, 백 살 된 노모가 백발로 주살될 것을 걱정하게 해야 하니 어찌 가슴 아프지 않겠소! 이 사람은 바깥소식을 듣지 못하고 구원병에 의지할 수 있다고 생각했기 때문에 이 지경에 이르게 되었다고 여겨지오. 그대는 가서 그를 만날 수 있으니 그를 위해 재난과 복을 말해주시오."

등현은 학보를 만나 여몽의 생각을 다 말했다. 학보는 두려워 등현의 말을 들었다. 등현이 먼저 나와 여몽에게 보고하면서, 학보는 조금 뒤에 올 것이라고 했다. 여몽은 먼저 네 장수에게 명하여 각각 1백 명씩 뽑도록 하고 학보가 나오면 들어가 성문을 지키게 했다. 조금 있자 학보가 나왔다. 여몽은 그를 맞이하여 손을 잡고 함께 배에 올랐다. 말을 마치고 편지를 꺼내 보여주고는 손뼉을 치며 크게 웃었다. 학보는 편지를 보고 나서 유비는 공안에 있고, 관우는 익양에 있음을 알고 부끄러워 후회하며 땅속으로 들어가려고 했다. 여몽은 손교를 남겨 뒷일을 맡기고 그날 군대를 이끌고 익양으로 갔다. 유비가 맹약을 청해왔으므로 손권은 학보 등을 돌려보내고 상수를 경계로 하여 나누고, 영릉을 유비에게 돌려주었다. 심양과 양신을 여몽의 봉읍으로 삼게 했다.

군대가 돌아온 다음 합비를 정벌하러 갔다. 합비에서 병사를 철수시킨 뒤에 장료 등의 습격을 받았는데, 여몽과 능통은 목숨을 바쳐 손권을 호위했다. 뒤에 조조가 또 대규모의 병력으로 유수까지 나왔다. 손권은 여몽을 독으로 삼고 전에 세운 보루에 근거하여 강력한 활 1만 개를 그 위에 두어 조조에게 맞서도록 했다. 조조의 선봉대가 아직 진영을 세우지 않았을 때 여몽이 쳐서 깨뜨렸다. 조조는 군대를 이끌고 물러났다. 여몽을 좌호군 및 호위장군(虎威將軍, 후한 말 잡호장군의 하나로서 호위를 담당한 관직)으로 임명했다.

노숙이 세상을 떠나자 여몽은 서쪽으로 육구에 주둔했으며, 노숙의 군대 1만여 인마는 다 여몽에게 귀속되었다. 여몽은 또 한창 태수로 임명되었고, 하준·유양·한창·주릉을 식읍으로 삼았다. 그는 관우와 땅을 나누어 변방이 이어져 있고, 관우가 날쌔고 용맹하며 오나라 땅을 삼키려는 야심이 있는 데다가 국가권력의 상층에 있으므로 이 형세가 지속되기 어려울 것을 알았다. 처음에 노숙 등은 조조가 여전히 있으며 전쟁의 환란이 막 시작되었으니, 마땅히 서로 돕고 협력해야지 우호 관계를 잃을 수는 없다고 주장했다. 여몽은 남모르게 계책을 올려 다음과 같이 말했다.

"정로장군에게 남군을 지키게 하고, 반장은 백제에 주둔시키고,

장흠은 기동대 1만 명을 이끌고 장강을 따라 아래위로 움직이면서 적군이 있는 곳에서 적절히 대응하도록 하며, 저는 나라를 위해 앞에서 양양을 점령하겠습니다. 이와 같이 하면 무엇 때문에 조조를 걱정하겠습니까? 무엇 때문에 관우에게 의지하겠습니까? 게다가 관우 자신도 그의 신하들이 모략과 무력을 자만하고 곳곳에서 뒤집어 번복했으므로 심복으로서 기대할 수 없습니다. 지금 관우가 쉽게 동쪽으로 향하지 못하는 까닭은 당신의 영명함과 저희가 여전히 있기 때문입니다. 지금 역량이 강하지 않을 때 도모하여 하루아침에 무너뜨린다면 다시 무력을 펴려고 해도 할 수 있겠습니까?"

손권은 그의 계책에 찬성하고 받아들였다. 또 잠깐 동안 그와 서주를 취할 뜻을 의논했다. 여몽은 이렇게 대답했다.

"지금 조조는 멀리 황하 북쪽에 있으며, 방금 여러 원씨袁氏를 깨뜨리고 유주와 기주를 어루만지느라 강동을 돌아볼 틈이 없습니다. 서주 땅을 지키는 병사가 부족하다는 말을 들었으니, 가기만 하면 자연스럽게 이길 수 있을 것입니다. 그러나 그곳 지세는 육로의 요충지이며 용맹한 기병들이 달릴 만한 곳입니다. 당신이 오늘 서주를 얻는다면, 조조는 나중에 반드시 와서 쟁탈을 벌일 것입니다. 비록 7만~8만 명으로 그곳을 지킨다고 하더라도 당연히 걱정해야 할 것입니다. 관우의 땅을 취하여 장강을 다 차지해 형세를 더 넓히는 것만 못합니다."

손권은 특히 이 의견이 알맞다고 생각했다. 여몽이 노숙을 대행하여 막 육구에 왔을 때, 겉으로는 두터운 정과 후의를 다지고 관우와 우호 관계를 맺었다.

뒤에 관우는 번성을 토벌하러 가면서 병사와 장수를 남겨 공안과 남군을 지키게 했다. 여몽은 상소하여 이렇게 말했다.

관우가 번성을 토벌하러 가면서 많은 병력을 머물러 지키도록 한 것은 반드시 제가 그 뒤에서 모의할까 봐 두려웠기 때문입니다. 저는 늘 질병에 걸려 있으니, 병사들을 나누어 건업으로 돌아가게 하고 질병 치료를 명분으로 삼고자 합니다. 관우가 이 소식을 들으면 틀림없이 수비 부대를 거두어 모두 양양으로 가도록 할 것입니다. 우리 대군이 장강을 거쳐 밤낮으로 달려 올라와서 그의 텅 빈 성을 습격하면 남군을 항복시키고 관우를 붙잡을 수 있습니다.

　그래서 그는 질병이 위독하다고 알렸다. 손권은 곧 공개적으로 격문을 내려 여몽을 불러 돌아오게 하고, 은밀히 그와 계책을 도모했다. 관우는 정말 이 소식을 믿고 점점 병사를 거두어 번성으로 가게 했다. 위나라는 우금을 시켜 번성을 구하도록 했고, 관우는 우금 등 인마 수만 명을 다 포로로 잡았는데, 이로 인해 식량이 부족하므로 상관湘關의 쌀을 마음대로 빼앗게 되었다. 손권은 이 소식을 듣고 곧장 행동을 시작하여 먼저 여몽을 보내 앞에 가도록 했다. 여몽은 심양에 이르자 자신의 정예 병사를 모두 커다란 배 안에 숨게 하고 보통 백성이 노를 젓게 하여 장사꾼 옷차림으로 밤낮을 이어 갔다. 관우가 주둔하고 있는 장강 연안의 초소까지 이르러서는 보초병을 모조리 체포했기 때문에 관우는 알지 못했다. 그래서 그들은 남군까지 갔고, 사인士仁과 미방은 모두 항복했다. 여몽은 진군하여 성을 점거하고 관우와 장수의 가족들을 모두 붙잡았는데, 그들을 다 위로하고 군대 안에 엄격히 명령하여 인가로 들어가 요구하거나 강탈하는 일이 없도록 하라고 했다.

　여몽의 수하 병사인 여남 사람이 백성의 집에서 삿갓을 빼앗아 관의 갑옷을 덮어놓았다. 관의 갑옷은 비록 공적인 물건이지만 여몽은 이는 여전히 군령을 범한 것이며, 고향의 연고 때문에 법을 저버릴 수는 없다고 생각하여 눈물을 흘리며 그의 목을 베었다. 그래서 군대 안은 놀라 두려워 떨었으며, 길에서 다른 사람이 잃은 것을 줍지 않았다. 여몽은 아침부터 저녁까지 직접 노인들을 위문하고 부족한 점을 물었으며, 병든 자에게는 의약을 대주고 굶주린 자에게는 입을 것과 먹을 것을 주었다. 관우의 창고 안에 있는 재물은 모두 봉해져 보존된 채로 손권이 오기를 기다렸다.

관우는 돌아올 때 여러 차례 사람을 보내 여몽에게 통보했는데, 여몽은 언제나 그 사자를 후하게 대우하며 성안을 돌아보게 하고 집집마다 방문하도록 했다. 어떤 사람은 손수 편지를 써서 믿을 만함을 나타내기도 했다. 관우가 보낸 사람이 돌아오자, 사람들은 개인적으로 방문한 소식을 탐문하여 가족이 모두 무사하며 보통 때보다 더 나은 대우를 받고 있음을 알게 되었다. 그래서 관우의 관병들은 싸우려는 마음이 없어져 버렸다. 마침 손권이 오래지 않아 왔고, 관우는 자신이 홀로 곤궁하게 되었음을 알고는 곧 맥성으로 달아나 서쪽으로 장향漳鄉에 이르렀다. 병사들은 모두 관우를 버리고 투항했다. 손권이 주연과 반장을 시켜 그의 길을 끊도록 하니, 곧이어 관우 부자가 함께 붙잡혀 마침내 형주는 평정되었다.

손권은 여몽을 남군 태수로 삼고 잔릉후屛陵侯로 봉했으며, 1억 전과 황금 5백 근을 내렸다. 여몽은 간곡히 금전을 사양했지만 손권은 허락하지 않았다. 책봉한 작위를 아직 행하지도 않아서 마침 여몽이 질병에 걸렸다. 손권은 그때 공안에 있었는데 여몽을 내전으로 맞아들이게 하고 치료를 위해 온갖 처방을 다했으며, 나라 안에서 여몽의 질병을 고칠 수 있는 자에게 천금을 내리겠다고 포고하여 불러모았다. 어떤 때 침을 찌르면 손권은 그의 고통 때문에 슬퍼하곤 했다. 손권은 늘 그의 낯빛을 살피려 하면서도 그를 놀라게 할까 걱정되어 언제나 담 밖에서 창문을 통해 바라보았고, 그가 조금이라도 먹을 수 있는 것을 보면 기뻐하면서 주위를 돌아보고 말하며 웃고, 그러지 않을 경우에는 탄식하며 밤에 잠을 이루지 못했다. 질병을 앓는 중에 병세가 나아지면 그를 위해 사면령을 내렸고, 신하들은 모두 축하했다. 뒤에 병세가 더 나빠지자 손권은 몸소 가까이에서 지키고, 도사에게 명하여 성신星辰 아래에서 그를 위해 기도하여 그 생명을 지켜달라고 청하게 했다. 그는 향년 마흔두 살에 결국 내전에서 죽었다. 손권은 매우 애통하여 그를 위해 상복을 입고 먹는 것도 줄였다.

여몽은 죽기 전에 받은 금은이나 재물, 상을 모두 창고 속에 넣어두고 창고 관리자에게 자기 목숨이 다하는 날 다 조정으로 돌려보내도록 하고 장례식은 검소하게 하도록 힘쓰라고 했다. 손권은 이 말을 듣고 더욱더 슬퍼했다.

여몽은 어려서 경전을 배우지 않았으므로 큰일을 말할 때마다 언제나 구술로 대신 표를 올렸다. 그는 일찍이 부하의 일로 강하 태수 채유蔡遺에게 고발당했지만 원망하는 마음이 없었다. 예장 태수 고소가 죽었을 때 손권이 임명할 만한 자를 묻자, 여몽은 채유를 추천하면서 직무를 받드는 훌륭한 관리라고 했다. 손권은 웃으면서 말했다.

"그대는 기해(祁奚, 춘추시대 진나라 도공의 신하인데 원수인 해호解狐를 자기 후임자로 추천한 공평무사한 인물)가 되려고 하시오?"

그러고는 그를 임용했다. 감녕은 성질이 포학하고 살인을 좋아했으며, 늘 여몽의 생각을 거슬렀고, 또 어떤 때는 손권의 명령을 어기기도 했다. 손권은 그 때문에 노여워했다. 그러나 여몽은 언제나 그를 위해 진정하여 다음과 같이 말했다.

"천하는 아직 평정되지 않았으며, 감녕 같은 장수는 얻기 어려우니 그를 용서해야 합니다."

그래서 손권은 감녕을 후하게 대접했다. 감녕은 마침내 그 쓰임을 얻게 되었다.

여몽의 아들 여패呂霸가 작위를 이었다. 손권은 그에게 묘지를 지키는 3백 호戶를 주고, 농지 50경頃의 부세를 면제해주었다. 여패가 죽은 뒤 형 여종呂琮이 후 작위를 이었다. 여종이 죽은 다음에는 동생 여목呂睦이 후사를 이었다.

손권은 육손과 더불어 주유·노숙·여몽을 논할 때 다음과 같이 말했다.

"공근(公瑾, 주유)은 영웅답고 장렬하며 담력과 지략이 보통 사람을 뛰어넘었기 때문에 조맹덕(曹孟德, 조조)을 무찌르고 형주로 세력을 뻗쳤던 것이오. 오랜 시간 동안 어떤 사람도 그의 재능을 이을 수 없었는데 그대가 오늘 그를 잇고 있소. 공근은 전에 자경을 동쪽으로 오게 하여 내가 있는 곳으로 보냈소. 나는 그와 연회석에서 이야기를 나누게 되었는데, 그는 곧장 정사의 핵심과 제왕의 공업을 언급했소. 이것이 첫 번째로 기뻤던 일이오.

뒤에 맹덕은 유종의 세력을 손에 넣은 것으로 인하여 수군과 보병 수십만 명을 이끌고 함께 내려올 것이라고 말했소. 나는 각 장수를 두루 불러서 알맞은 대책을 물었으나 앞서 만족스럽게 말하는 이가 없었소. 자포(子布, 장소)나 문표(文表, 진송)는 마땅히 사자를 보내 격문을 받들고 조조를 맞이해야 한다고 함께 말했는데, 자경은 곧바로 안 된다고 반박하며 나에게 급히 공근을 불러 대군 통솔을 맡겨 적을 거꾸로 치도록 권했소. 이것이 두 번째로 통쾌했던 점이

오. 그리고 그가 결정한 계책은 멀리 장의張儀나 소진蘇秦을 뛰어넘었소. 나중에 비록 내게 땅을 유현덕劉玄德에게 빌려주게 한 것은 그의 한 가지 단점이지만, 두 가지 장점을 손상하기에는 부족하오.

주공은 한 사람에게 완벽함을 구하지 않았소. 그러므로 나는 그의 단점을 잊고 장점을 귀하게 여기면서 늘 등우(鄧禹, 후한의 광무제를 도와 천하를 평정한 인물)에 견주려고 했소. 또 자명(여몽)이 어릴 때, 나는 그가 곤궁함을 싫어하며 과감하고 담력이 있다고만 생각할 뿐이었소. 그런데 어른으로 자란 뒤에 그의 학문은 탁월한 재략이 있게 되었으므로 공근의 뒤에 놓일 수 있었소. 다만 말솜씨가 공근에게 미치지 못했을 뿐이오.

관우를 잡을 방법을 계획한 점에서는 자경을 이겼소. 자경은 내 편지에 대한 답장에서 '제왕이 일어날 때는 모두 환난을 제거함이 있으므로 관우는 걱정할 바가 못 됩니다.'라고 말했소. 이것은 자경이 속으로는 처치할 방법이 없으면서 겉으로 큰소리친 것이었소. 나는 또한 그를 용서하고 책임을 묻지 않았소. 그러나 그의 군대가 주둔할 군영을 만들면서는 명령이나 금령은 반드시 행하여 그가 관할하는 구역 안에서 법을 어겨 기강을 혼란스럽게 하는 자가 없었고, 길에 떨어져 있는 물건을 줍지 않았소. 그가 다스린 방법은 역시 아름다웠소."

【평하여 말한다】

조조는 한나라 승상의 지위를 이용하여 천자를 옆에 끼고 군웅들을 소탕했고, 막 형주성을 평정하고 위세에 기대어 강동을 겁박했다.

그 무렵 논의하는 자들 가운데 의심하지 않는 이가 없었다. 주유와 노숙이 독자적으로 결단하여 고명한 생각을 건의한 것은 보통 사람들을 뛰어넘음을 나타낸 것이며, 확실히 비범한 재능이 있었다. 여몽은 용감하고 지모가 있으며 군사의 계책을 결단할 줄 알았다. 학보를 속여 관우를 붙잡은 일이 가장 절묘했다. 처음에 그는 비록 경솔하고 사람을 헛되이 죽이기도 했지만, 끝내 자신을 억누를 수 있게 되어 한 나라를 짊어질 만한 기량을 갖추었다. 어찌 단순히 무장일 뿐이겠는가! 세 사람에 대한 손권의 논의는 우열이 공정하므로 여기에 실었다.

10

정황한장주진동감능서반정전

程黃韓蔣周陳董甘凌徐潘丁傳

제국을 가능하게 한 용장들

손씨 삼대에 걸쳐 난적을 토벌하다

정보전程普傳

정보는 자가 덕모德謀이고 우북평군右北平郡 토은현土垠縣 사람이다. 처음에는 주군의 관리가 되었는데, 용모와 계략이 빼어나고 사람들을 응대하는 데 뛰어났다. 그는 손견을 따라 출정하여 완성과 등현滕縣에서 황건을 토벌했고, 양인에서 동탁을 무찔렀으며, 성을 공격하고 들녘에서 싸우다가 몸에 상처를 입었다.

　손견이 세상을 떠난 뒤, 다시 손책을 수행하여 회남에 있다가 여강을 치는 데 참여했다. 여강을 점령한 다음 돌아와서 손책과 함께 강을 건너 강동으로 갔다. 손책은 횡강과 당리에 이르러 장영張英과 우미 등을 무찌르고 방향을 바꿔 말릉·호숙·구용·곡아로 내려왔다. 정보는 모든 곳에서 공로를 세웠으므로 병사 2천 명과 기병 50필을 늘리게 되었다. 손책은 진군하여 오정·석목石木·파문波門·능전陵傳·여항餘杭을 무찔렀는데 정보의 공이 많았다. 손책은 회계로 들어가자, 정보를 오군 도위로 임명하고 전당에 관소를 두어 다스리게 했다. 뒤에 단양 도위로 전임되어 석성石城에 머물렀다. 또 선성·경涇·안오·능양·춘곡의 여러 도적을 토벌하러 가서 모두 격파했다.

　손책이 일찍이 조랑을 치러 갔을 때, 조랑에게 몇 겹으로 포위된 적이 있었다. 정보는 기병 1명과 함께 손책을 보호했다. 그는 말을 사납게 달려 긴 창으로 도적들을 찔렀다. 도적들은 양쪽으로 나누어졌고, 손책은 이 틈을 타 정보와 함께 탈출했다. 그 뒤 정보는 탕구중랑장蕩寇中郞將으로 임명되었으며 영릉 태수를 겸했다. 손책을 수행하여 심양에서 유훈을 토벌하고, 진군하여 사선에서 황조를 친 다음, 돌아와 석성을 지켰다.

손책이 죽은 뒤에는 장소 등과 함께 손권을 보좌했으며, 3군(단양·오·회계)을 두루 다니면서 복종하지 않은 자들을 토벌하여 평정했다. 또 손권을 따라 강하 정벌에 나섰다가 돌아오는 도중에 예장을 지났는데, 따로 낙안을 토벌했다. 낙안이 평정되자 태사자를 대행하여 해혼을 수비했다. 정보는 주유와 좌우 독이 되어 오림에서 조조를 깨뜨리고, 또 진군하여 남군을 쳐서 조인을 도망치게 했다. 정보는 비장군으로 임명되고 강하 태수를 겸했으며, 사선에 관소를 두고 다스렸고, 4현을 식읍으로 받았다.

처음에 두각을 나타낸 장수들 가운데 정보가 가장 나이가 많아서 그때 사람들은 모두 정공程公이라고 불렀다. 그는 성격이 다른 사람에게 베풀기를 즐기고 사대부들을 좋아했다. 주유가 죽은 뒤, 그를 대행하여 남군 태수를 겸했다. 손권이 형주를 나누어 유비에게 주었으므로 정보는 또 돌아와 강하를 통솔했으며, 탕구장군蕩寇將軍으로 승진했다가 뒤에 세상을 떠났다.[1] 손권은 제를 칭한 뒤에 정보의 공로를 추론追論하여 그 아들 정자程咨를 정후로 봉했다.

---

1) 정보는 반역자 수백 명을 죽인 다음 모두 불 속에 던져 태우도록 했다. 이렇게 한 날 그는 문둥병에 걸려 1백여 일 뒤에 죽었다.

적벽에서 화공을 건의하여 대승을 거두다

황개전黃蓋傳

황개는 자가 공복公覆이고 영릉군 천릉현泉陵縣 사람이다.[2] 처음에는 군 관리가 되었다가 효렴으로 천거되었으며, 삼공의 관부에서 초빙을 받았다. 손견이 의병을 일으키자 황개는 그를 따라갔다. 손견은 남쪽으로 산적을 깨뜨리고, 북쪽으로 동탁을 쫓아낸 다음, 황개를 별부사마로 임명했다. 손견이 죽은 뒤 황개는 손책과 손권을 수행하면서 몸에 갑옷을 입고 두루 힘썼으며, 위험한 지역에까지 가서 성을 공략했다.

산월들이 복종하지 않고 도적들이 쳐들어와 어지럽힌 현이 있으므로 황개는 그곳을 지키는 장관이 되었다. 석성현石城縣의 관리들은 단속하고 제어하기가 유난히 어려웠다. 그래서 황개는 관리 두 명을 배치하여 나누어 관서關西를 다스리도록 했다. 그는 이때 다음과 같은 가르침을 내렸다.

---

2) 황개는 전에 남양 태수를 지낸 황자렴黃子廉의 자손이다. 황자렴의 자손은 여러 곳으로 뿔뿔이 흩어졌지만 황개의 집안은 할아버지 때부터 영릉에 옮겨 살았으며, 그곳에 집을 마련했다. 황개는 어려서 아버지를 잃어 어릴 때부터 불행했으며 고통을 겪었다. 하지만 큰 뜻을 지니고 있었으므로 가난하고 낮은 자리에 있으면서도 평범한 이들과 달랐으며, 늘 나무를 짊어지는 틈틈이 상소문 쓰는 법을 배우고 병법을 연마했다.

현령인 내 품행이 부덕하여 오직 무공으로 관리가 되었으니 걸맞지 않다. 현재 도적들은 아직 평정되지 않았으므로 군대의 일이 있다. 문서 처리는 다 두 관리에게 맡겼으니 마땅히 관서를 감독하고 잘못을 가려내서 따져야 한다. 두 관리가 처리하는 일, 수입과 지출의 인가에 만일 간사하게 속임이 있다고 하더라도 끝까지 채찍이나 곤장을 가하지는 않겠다. 마땅히 각자 마음을 다하여 보통 사람들보다 먼저 벌을 받는 일이 없도록 하라.

처음에는 모두 그의 위엄을 두려워하여 아침저녁으로 직책을 공손하게 지켰다. 시간이 오래 지나자 관리들은 황개가 문서를 보지 않는다고 생각하여 점점 사람들의 청탁을 받아들였다. 황개는 바깥일에 게을러지는 것이 싫어서 때에 따라 살폈으므로 두 관리가 각기 법을 받들지 않고 문서를 살핀다는 것을 알았다. 그래서 곧 관리들을 다 오라고 청하여 술과 음식을 내리고, 이 기회에 일을 들추어 그들에게 따져 물었다. 두 관리는 대답하지 못하고 모두 고개를 조아리고 용서를 빌었다. 황개는 이렇게 말했다.

"전에 이미 경고했소. 나는 끝까지 채찍이나 곤장을 쓰지 않을 것이오. 그대들을 속인 게 아니오."

그러고는 그들을 사형에 처했다. 현 관리들은 놀라 두려워 떨었다. 황개는 뒤에 춘곡현의 장, 심양현의 영으로 전임되었다. 그는 모두 아홉 현을 지켰으며 가는 곳마다 안정되었다. 황개는 단양 도위로 승진했다. 강한 자를 누르고 약한 자를 도왔으므로 산월 사람들은 그에게 마음을 기탁했다.

황개의 자태와 모습은 엄하고 강인했지만, 병사들을 보살피는 데 남달랐으므로 토벌하러 갈 때마다 사졸들은 모두 앞에 서려고 다투었다.

　건안 연간에 주유를 수행하여 적벽에서 조조와 싸울 때,[3] 불로 공격하도록 건의했다. 이 일은 〈주유전〉에 써 있다. 황개는 무봉중랑장武鋒中郎將으로 임명되었다. 무릉군의 소수민족이 반란을 일으켜 성읍을 쳐서 점령했을 때, 손권은 곧바로 황개에게 이 지역 태수를 겸하게 했다. 그때 무릉군의 병사는 겨우 5백 명이었다. 황개는 자기 역량으로는 적과 싸울 수 없다고 판단하고 성문을 열어 도적들이 반쯤 들어왔을 때 바로 공격하여 수백 명의 머리를 베었는데, 그 나머지는 모두 달아났다. 그래서 점령당했던 성읍을 완전히 되찾았다. 황개는 반란자의 우두머리를 주살했으나 복종하여 따르는 자는 사면해주었다. 봄부터 여름까지 일어난 반란은 모두 평정되었고, 먼 곳에 있는 파巴·예醴·유由·탄誕 등의 읍장이나 추장酋長도 모두 절개를 바꾸어 예절을 받들었으며, 황개를 불러 보기를 청하므로 무릉군 경내는 마침내 안정되었다. 뒤에 장사의 익양현이 산월 도적들에게 공격을 받자 황개는 또 토벌하여 평정했다. 황개는 편장군을 더했으며, 이 관직에서 병사했다.

　황개는 맡은 일을 처리할 때 결단하여 질질 끄는 일이 없으므로 오나라 사람들은 그를 사모했다. 손권은 제위에 오른 뒤, 그의 공로를 추론하여 아들 황병黃柄에게 관내후 작위를 내렸다.

---

3)　적벽 싸움에서 황개는 날아오는 화살에 맞아 물에 빠졌다. 오나라 군사가 구조했지만 그
　　가 황개인지 알지 못하므로 변소 안에 내팽개쳤다. 황개는 온 힘을 다해 한당을 불렀다.
　　한당이 이 소리를 듣고 "이것은 공복의 소리다."라고 하며 그를 보고 눈물을 흘렸다. 황개
　　는 이리하여 가까스로 목숨을 건졌다.

용맹과 지략으로 전쟁마다 승리를 이끌다

한당전韓當傳

한당은 자가 의공義公이고 요서군遼西郡 영지현令支縣 사람이다. 그는 활쏘기와 말타기에 뛰어나고 체력도 있으므로 손견에게 총애를 받았다. 그는 손견을 수행하여 정벌을 나가 여러 곳을 다녔다. 자주 위험하고 어려운 곳에 임하여 적을 깨뜨리고 포로를 잡아 별부사마가 되었다. 손책이 강동을 건넜을 때, 3군을 토벌하는 데 참가하여 선등교위先登校尉로 승진하고 병사 2천 명과 기마 50필을 받았다. 그는 유훈을 정벌하는 데도 참가했으며, 황조를 깨뜨리고 돌아올 때 파양을 토벌하여 낙안현의 장을 겸했다. 산월 사람들은 그를 경외하고 복종했다. 한당은 나중에 중랑장 신분으로 주유 등과 더불어 조조에게 대항하여 무찔렀고, 또 여몽과 함께 남군을 습격하여 취했다. 편장군으로 승진했으며, 영창 태수永昌太守를 겸했다. 의도 싸움에서는 육손 및 주연 등과 함께 탁향涿鄉에서 촉나라 군을 쳐서 크게 깨뜨렸으며, 이로 인해 위열장군(威烈將軍, 정벌을 담당한 관직)으로 승진하고 도정후로 봉해졌다. 조진이 남군을 칠 때 한당은 동남쪽을 지키고 있었다. 그는 밖에서는 장수가 되어 부장들과 사졸들을 격려하여 한마음으로 굳게 지키도록 했고, 또 상사를 존경하고 법령을 받들어 준수했다. 손권은 이 때문에 그를 좋아했다.

| 황무 2년(223) | 한당은 석성후石城侯로 봉해졌고 소무장군으로 승

진했으며, 관군 태수冠軍太守를 겸했다. 뒤에 또 도독 칭호가 더해졌다. 감사군敢死軍과 해번병(解煩兵, 손권이 만든 군대 이름) 1만 명을 거느리고 단양의 도적들을 토벌하러 가서 무찔렀다. 질병으로 죽자 아들 한종이 후 작위를 이어 군대를 통솔했다.

이해에 손권은 석양을 정벌하러 가면서 한종에게 상사가 있으므로 무창을 지키게 했다. 그러나 한종은 음란하고 정도를 따르지 않았다. 손권이 비록 그의 아버지 때문에 따지지는 않았지만, 한종은 속으로 두려웠다. 그는 아버지의 영구를 수레에 싣고 어머니와 식구들과 수하의 남녀 수천 명을 데리고 위나라로 달아났다. 위나라는 그를 장군으로 삼고 광양후廣陽侯로 봉했다. 그가 여러 차례 변방 지역에 쳐들어와 백성을 죽이곤 해서 손권은 늘 이를 갈았다. 동흥 싸움에서 한종이 선봉을 맡았는데 참패하고 말았다. 제갈각이 그의 머리를 베어 보내서 손권의 묘에 바쳤다.

강남의 도적들을 토벌한 청빈한 덕장德將

장흠전蔣欽傳

장흠은 자가 공혁公奕이고 구강군 수춘현壽春縣 사람이다. 손책이 원술을 습격할 때 장흠은 그를 따라가 복무했다. 손책이 강동을 건너자, 장흠은 별부사마로 임명되어 병사를 받았다. 그는 손책과 함께 두루 힘쓰며 3군을 평정하고, 예장을 평정할 때도 참가했다. 갈양현葛陽縣의 위尉를 받았고, 3현의 장을 지냈으며, 도적들을 토벌하여 평정하고 서부도위로 승진했다.

회계와 동야의 도적 여합呂合과 진랑秦狼 등이 난리를 일으키자, 장흠은 병사들을 이끌고 가서 이들을 토벌하여 마침내 여합과 진랑을 붙잡고 5현을 평정했다. 이 공로로 토월중랑장(討越中郎將, 군대를 거느리고 반란군을 진압하는 일을 담당함)으로 승진하고 경구經拘와 소양昭陽을 식읍으로 삼았다. 하제가 이현의 도적들을 토벌하려고 하자, 장흠도 병사 1만 명을 이끌고 가서 그와 힘을 합치니 이현의 적이 평정되었다. 장흠은 합비 정벌에도 참가했다. 위나라 장수 장료가 합비의 진津 북쪽에서 손권을 습격하자, 장흠은 힘껏 싸워 공을 세워 탕구장군으로 승진하고 유수독을 겸했다. 뒤에 수도로 부름을 받아 우호군右護軍으로 임명되어 소송 처리를 맡았다.

손권이 일찍이 그의 집 안으로 들어가 보니 그 어머니는 성긴 휘장과 옅은 청색 이불을 쓰고 있고, 처와 첩들은 무명 치마를 입고 있었다. 손권은 그가 높은 지위에 있지만 절약하는 것에 찬탄하여 곧장 어부御府에 명하여 그 어머니에게 비단 이불을 만들어주고 휘장을 바꿔주라고 했으며, 처와 첩의 옷도 모두 비단으로 만들어주게 했다.

처음에 장흠이 선성에 주둔했을 때 예장의 적을 토벌했다. 무호현의 영 서성이 장흠이 주둔하고 있는 곳의 관리를 체포하여 표를 올려 그 목을 베려고 했다. 손권은 장흠이 먼 곳에 있으므로 허락할 수 없다고 생각했다. 서성은 이로 말미암아 장흠에게 의심을 받는다고 여겼다. 조조가 유수로 진군하자, 장흠은 여몽과 군대의 총지휘관이 되었다. 서성은 늘 장흠이 그 일 때문에 자신을 해칠까 봐 두려워했다. 그러나 장흠은 매번 그가 잘한 점을 칭찬했다. 서성은 장흠의 덕에 감복했고, 논의하는 자들도 칭찬했다.

손권이 관우를 토벌할 때, 장흠은 수군을 이끌고 면수로 진입했다. 그는 돌아올 때 길에서 병으로 죽었다. 손권은 몸소 상복을 입고 애도했으며, 무호현의 백성 2백 호, 밭 2백 경을 그 처자식에게 주었다. 아들 장일蔣壹이 선성후로 봉해졌으며, 병사를 이끌고 유비에게 맞서 싸워 공을 세웠다. 장일은 남군으로 돌아와 위나라와 싸우던 중에 죽었다. 장일에게는 아들이 없으므로 동생 장휴蔣休가 병사를 이끌었는데, 나중에 죄를 지어 관직을 박탈당했다.

열두 군데 상처를 입으면서도 끝내 손권을 지키다

주태전周泰傳

주태는 자가 유평幼平이고 구강군 하채현下蔡縣 사람이다. 그는 장흠과 함께 손책의 측근이 되어 복종하여 섬기며 공경했고, 여러 차례 싸움에 나가 공로를 세웠다. 손책은 회계군으로 들어가자 그를 별부사마로 임명하고 병사를 주었다. 손권은 그의 사람됨을 좋아했으므로 손책에게 청하여 주태를 자기에게 달라고 했다. 손책이 6현의 산월 도적들을 토벌할 때, 손권은 선성에 주둔해 있으면서 자기를 호위하는 병사들을 사용했다. 병사 수는 1천 명도 되지 않았으나 그의 뜻은 오히려 컸다.

방어용 울타리를 미처 만들지 못했을 때 산월의 도적 1천 명이 갑자기 들이닥쳤다. 손권이 막 말에 올라탔을 때는 적의 예리한 칼날이 그 주위에서 부딪히고 있고, 그중 어떤 것은 그의 말안장을 뚫기까지 했다. 사람들은 정신을 못 차리고 당황했으나 주태만이 돌진하여 몸을 던져 손권을 보호했는데, 담력과 기세가 보통 사람의 배는 되었다. 주위 사람들은 주태 때문에 함께 나아가 싸울 수 있었다. 적이 흩어진 뒤 주태의 몸에는 열두 곳이나 상처가 나 있었으며, 매우 오랜 시간이 지나서야 나았다. 그날 주태가 없었다면 손권은 매우 위태로웠을 것이다. 손책은 그에게 깊이 고마워하며 춘곡현의 장으로 임명했다. 뒤에 주태는 환현을 치는 데 참가했고, 강하를 토벌하기도 했으며, 돌아오는 길에 예장을 지나게 되었는데 그 곳에서 의춘현의 장으로 다시 임명되었다. 임지의 부세를 모두 그에게 돌려 누리도록 했다.

그는 황조를 토벌하는 싸움에 참가하여 공을 세웠다. 뒤에 주유 및 정보와 함께 적벽에서 조조에게 대항했으며, 남군에서 조인을 쳤다. 형주가 평정되자 병사들을 이끌어 잠潛 땅에 주둔했다. 조조가 유수로 진출하자 주태는 또 달려가서 공격했다. 조조가 물러난 다음 유수에 남아서 감독했으며, 평로장군으로 제수되었다.

그때 주연과 서성 등은 주태의 수하이지만 복종하지 않았다. 손권은 특히 이 때문에 유수오로 와서 순시했다. 그는 이 기회에 장수들을 모아 큰 연회를 열어 즐기도록 했다. 손권은 직접 주태 앞까지 가서 술을 권하고 그에게 옷을 벗도록 명했다. 손권은 손으로 주태의 흉터를 가리키며 그것이 생긴 까닭을 물었다. 주태는 지난 싸움의 경력을 기억하여 대답했다. 질문이 끝나자 다시 옷을 입게 했다. 즐거운 연회는 밤늦게까지 계속되었다. 그다음 날 손권은 사자를 보내 주태에게 군주가 쓰는 덮개를 주었다. 이때서야 서성 등은 비로소 복종했다.

나중에 손권은 관우를 깨뜨리고 더 나아가 촉을 취하려고 하면서 주태를 한중 태수漢中太守 및 분위장군으로 임명하고 능양후陵陽侯로 봉했다. 주태는 황무 연간(222~229)에 세상을 떠났다.

아들 주소는 기도위 신분으로 병사들을 이끌었다. 조인이 유수를 침범했을 때 싸움에서 공을 세웠고, 또 조휴를 치는 데 참가하여 무찔렀으므로 비장군으로 승진했다.

| 황룡 2년(230) | 주소가 죽고, 동생 주승周承이 군대를 통솔하고 후 작위를 이었다.

합비 전투에서 장렬하게 전사하다

진무전陳武傳

진무는 자가 자열子烈이고 여강군 송자현松滋縣 사람이다. 손책이 수춘에 있을 때 그는 가서 손책을 배알했다. 그때 그는 열여덟 살로 키가 7자 7치였다. 그는 장강을 건너 토벌하여 공을 세웠으므로 별부사마로 임명되었다. 손책이 유훈을 격파하고 여강 사람들을 많이 얻었는데, 그 가운데서 정예를 뽑고 진무를 대장으로 삼았다. 그의 부대가 가는 곳에는 적이 없었다. 손권이 정권을 잡자 오교五校를 지휘하는 직책으로 전임되었다. 그는 인자하고 후덕하여 베풀기를 좋아하므로 고향이나 먼 곳의 나그네가 대부분 그에게 의탁했다. 특히 손권에게 총애를 받았으며, 손권은 여러 차례 그의 집에 왔다. 공로가 쌓여 편장군으로 승진했다.

| 건안 20년(215) | 진무는 합비를 치는 데 참가하여 목숨을 걸고 장렬하게 싸우다가 전사했다. 손권은 애도하며 몸소 그의 장례식에 참석했다.[4]

아들 진수陳脩에게는 진무의 풍모가 있었다. 손권은 열아홉 살인 그를 불러 장려하고 별부사마로 제수했으며, 병사 5백 명을 주었

---

4) 손권은 명을 내려 애첩을 순장하도록 하고, 또 소작인 2백 호의 조세를 면제해주었다.

다. 그때 새로 들어온 병사들 가운데 달아나거나 모반하는 자가 많았는데, 진수는 그들을 어루만져 마음을 얻었으므로 한 명도 잃지 않았다. 손권은 그를 남다른 인물로 보고 교위를 제수했다.

건안 말년에 공신의 후세들을 좇아 기록한 다음, 진수를 도정후로 봉하고 해번독解煩督으로 삼았다. 황룡 원년(229)에 세상을 떠났다.

그 동생 진표陳表는 자가 문오文奧이고 진무의 서자이다. 어릴 때부터 이름이 알려졌으며 제갈각·고담·장휴 등과 함께 동궁을 모셨고, 모두 가까운 친구 사이였다. 상서 기염曁艷도 진표와 친하게 지냈다. 나중에 기염이 죄를 지었을 때 사람들은 모두 자신을 보호하며 두터운 교제를 했음에도 냉담하게 말했지만, 진표만은 그렇게 하지 않았다. 이 때문에 사인들은 그를 존중했다. 태자중서자太子中庶子에서 익정도위翼正都尉로 임명되었다. 형 진수가 세상을 떠난 뒤, 진표의 어머니는 진수의 어머니를 모실 수 없었다. 진표는 그 어머니에게 이렇게 말했다.

"형이 불행히 일찍 죽었고 제가 집안일을 총괄하게 되었으니 마땅히 적모嫡母를 받들어야 합니다. 어머니께서 감정을 굽히고 적모에게 순종하는 것, 이것이 제가 간절히 바라는 바입니다. 만일 어머니께서 그렇게 할 수 없다면 따로 나가 살아야 합니다."

진표가 대의에 공정함이 이와 같았다. 이에 두 어머니는 감동을 받아 그의 마음을 이해하고 사이좋게 지냈다. 진표는 아버지가 적의 진영에서 죽었기 때문에 자신을 장수로 임용해달라고 청했다. 손권은 그에게 병사 5백 명을 이끌도록 했다. 진표는 병사들의 힘을 얻으려고 마음을 기울여 접대했으므로 병사들은 모두 그를 사랑하고 가까이 있으려 하며, 그를 위해 기꺼이 목숨을 걸었다.

그 무렵 어떤 사람이 관청 물건을 훔쳤는데 무난군無難軍의 병사

시명施明을 의심했다. 시명은 평소 용감했는데, 체포된 뒤 가장 잔혹한 형벌로 고문을 받았으나 말을 하지 않았다. 정위는 이것을 손권에게 보고했다. 손권은 진표가 병사들의 마음을 다루는 능력이 있다고 여기고 조서를 내려 시명을 진표에게 보내게 했으며, 진표에게 그 나름의 방법으로 진실을 알아내도록 했다. 진표는 곧 시명의 형틀을 풀어주어 목욕을 하도록 하고 옷을 바꿔주며 술자리를 성대하게 베풀어 즐거운 분위기에서 그를 회유했다. 시명이 곧바로 자백하여 그의 무리를 모두 열거하니 진표는 상황을 손권에게 보고했다. 손권은 그 방법을 특이하게 생각했으며, 그의 명성을 온전하게 하려고 특별히 시명을 사면해주고 시명의 무리를 사형에 처했다. 그리고 진표를 승진시켜 무난우부독無難右部督으로 삼고 도정후로 봉했으며, 진수의 원래 작위를 잇게 했다. 진표는 모두 사양한다고 말하고 진수의 아들에게 작위를 전해주기를 갈구했지만, 손권은 허락하지 않았다.

| **가화 3년(234)** | 제갈각이 단양 태수를 겸하여 산월을 토벌하고 평정하자, 진표에게 신안도위新安都尉를 겸하여 제갈각과 서로 원조하는 형세를 이루도록 했다. 처음에 진표는 부역을 면제받은 소작인 2백 호를 받아 회계군 신안현新安縣에 있었다. 진표가 그들을 살펴보니 모두 훌륭한 병사가 될 수 있을 것 같았다. 이에 상소하여 사양의 뜻을 아뢰고, 이들을 관으로 돌려보내서 정예부대를 채우도록 요구했다. 손권은 조서를 내려 이렇게 말했다.

고인이 된 장군은 나라에 공이 있었으며, 나라는 이에 보답하려고 했다. 그대는 어찌하여 사양하는가?

이에 진표는 다음과 같이 아뢰었다.

"지금 나라의 적을 없애고 아버지의 원수를 갚는 일에는 사람이 근본이 됩니다. 이처럼 강인하고 정예인 사람들을 헛되이 종으로 삼는 것은 제 뜻이 아닙니다."

그는 이러한 자들을 모두 조사해 가려내서 수하의 부대로 충원했다. 그 땅의 관부에게서 이 소식을 전해 들은 손권은 매우 기뻐했다. 군현에 명령을 내려 그곳 백성 중에서 신체가 좋은 자를 뽑아 진표가 병사로 충당한 자들의 뒤를 채우도록 했다. 진표는 관직에 3년 동안 있으면서 병사 1만여 명을 얻었다. 일을 끝마치고 나가려고 하는데, 마침 파양군의 백성 오거吳遽 등이 난리를 일으켜 성곽을 쳐서 함락시켰으므로 파양군에 속한 현들이 동요되었다. 진표는 곧 변방의 경계를 넘어 달려가 토벌했다. 오거는 져서 마침내 항복했다. 육손은 진표를 편장군으로 임명했으며, 나아가 도향후로 봉하고 북쪽 장갱에 주둔시켰다. 서른네 살에 세상을 떠났다. 집안의 재산은 다 병사들을 길러내는 데 썼으므로 진표가 죽은 뒤 그 처자식은 거리에 나앉게 되었다. 태자 손등은 그들을 위해 집을 마련해주었다.

아들 진오陳敖는 열일곱 살에 별부사마로 임명되어 병사 4백 명을 받았다. 진오가 죽은 뒤, 진수의 아들 진연陳延이 또 사마가 되어 진오를 대행했다. 진연의 동생 진영陳永은 장군이 되었으며 후로 봉해졌다.

시명은 진표에게 고마워하며 스스로 행동을 바꾸어 착한 일을 해 마침내 용맹한 장수가 되었으며 장군 지위에 올랐다.

황조를 토벌하는 선봉에 서다

동습전董襲傳

동습은 자가 원대元代이고 회계군 여요현餘姚縣 사람이다. 키는 8자이며 완력은 다른 사람들을 뛰어넘었다. 손책이 회계군으로 들어왔을 때 동습은 고천정高遷亭에서 맞이했다. 손책은 그를 보고 위대하다고 느꼈으므로 관부에 이르러 그를 문하적조(門下賊曹, 손책의 회계태수부의 하급 소속으로 무장 반란 진압을 주관한 관직)로 임명했다. 그때 산음에서는 오랫동안 도적 노릇을 한 황용라黃龍羅와 주발周勃이 무리수천 명을 모았는데, 손책이 직접 토벌하러 나갔다. 동습은 혼자 황용라와 주발의 머리를 베었으므로 돌아와서 별부사마로 임명되고 병사 수천 명을 받았으며 양무도위揚武都尉로 승진했다. 손책을 따라 환성을 치고, 또 심양에서 유훈을 토벌하고, 강하에서 황조를 토벌했다.

손책이 죽자 손권이 어린 나이에 막 정치를 통솔하게 되었다. 태비는 그를 걱정하여 장소와 동습 등을 불러 강동이 안전하게 보존될 수 있겠느냐고 물었다. 동습은 다음과 같이 대답했다.

"강동의 지세는 산천이 견고하고 토역장군의 은덕이 백성에게 미치고 있습니다. 토로장군이 기업을 이어받았고, 크고 작은 관원들이 명을 받들고 있습니다. 장소가 여러 가지 일을 관장하고, 저희도 손톱과 이빨 같은 장수가 되어 있습니다. 지금은 지세가 유리하고 사람들이 화합하고 있는 때이니 만에 하나도 걱정할 것이 없습니다."

사람들은 모두 그의 말이 장대하다고 생각했다.

파양의 적 팽호彭虎 등이 무리 수만 명을 모았다. 동습은 능통·보즐·장흠과 함께 각기 나누어 토벌했다. 동습이 이르는 곳은 어디나 격파되었으므로, 팽호 등은 멀리서도 그의 깃발을 보면 흩어져 달아나버렸다. 마침내 열흘 만에 모두 평정되었다. 동습은 위월교위威越校尉로 임명되고 편장군으로 승진했다.

| 건안 13년(208) | 손권이 황조를 토벌했다. 황조는 몽충 두 척을 면구에 비껴놓고 지켰으며, 종려나무의 커다란 새끼줄로 돌을 묶어 배가 움직이지 않게 했다. 배 위에는 병사 1천 명이 있었고, 화살을 한꺼번에 발사하여 나는 화살이 비 내리듯 했으므로 군대는 앞으로 나아가지 못했다. 동습은 능통과 함께 선봉대가 되어 각자 죽기를 각오한 병사 1백 명을 이끌었는데, 사람들은 두 겹의 갑옷을 입고 커다란 배를 타고 몽충 속으로 돌진했다. 동습이 직접 칼로 두 가닥의 새끼줄을 끊어 몽충이 표류하도록 했으므로 대군이 앞으로 나아갈 수 있게 되었다. 황조는 곧 성문을 열고 달아났지만 병사들이 뒤쫓아가서 그 목을 베었다. 다음 날 성대한 연회를 베풀었다. 손권은 술잔을 들어 동습에게 권하며 말했다.

"오늘 연회는 새끼줄을 끊은 공로를 축하하는 자리요."

조조가 유수로 쳐들어오자, 동습은 손권을 수행하여 달려갔다. 손권은 동습에게 누선 다섯 척을 이끌고 유수구로 가도록 했다. 밤에 갑자기 폭풍이 몰려와 누선 다섯 척이 뒤집혀 수하의 사람들은 큰 배로 뿔뿔이 흩어져 동습에게 탈출하기를 권했다. 동습은 성을 내며 이렇게 말했다.

"나는 장군의 임무를 받아 이곳에서 적을 막고 있는데, 어떻게 버리고 떠날 수 있단 말인가? 감히 또 이런 말을 하는 자는 목을 베어 버리겠다!"

이에 더는 감히 권하는 자가 없었다. 그날 밤 배가 부서지고 동습은 죽었다. 손권은 상복으로 갈아입고 장례식에 참석했으며, 물품을 아주 넉넉하게 대주었다.

관우의 간담을 서늘하게 만들다

감녕전甘寧傳

감녕은 자가 흥패興霸이고 파군巴郡 임강현臨江縣 사람이다.[5] 그는 어릴 때부터 기개가 있었고, 유협游俠을 좋아했으며, 무뢰한들을 불러 모아 그들의 우두머리가 되었다. 그들은 무리를 이루어 서로 따르며, 활과 화살을 지니고 깃털을 등에 꽂고 방울을 허리에 찼다. 백성은 방울 소리를 듣고 곧바로 감녕임을 알았다.[6] 사람들과 만나거나 그 성의 지방 관원과 만날 경우에 융숭하게 접대하면 곧 그와 즐겁게 사귀지만, 그러지 않는 경우에는 수하에 있는 자들을 풀어 그의 재물을 빼앗았다. 그래서 지방 관원 가운데 어떤 이는 그에게 박해를 받아 재산을 내놓아야 하는 부담이 있었다. 이런 행위는 20여 년 동안 지속되었다. 나중에 그는 이런 행위를 그치고 다른 사람의 물건을 빼앗지 않았으며, 제자백가의 책을 조금 읽고서 곧 유표에게로 가 의탁했다. 그래서 남양에서 살았는데 나아가 임용되지는

---

5) 감녕은 본래 남양 사람이었는데, 그의 선조가 파군에서 빈객으로 있었다.

6) 감녕은 경솔하게 사람을 죽이고 망명자를 집에 숨겨두어 온 군에 알려지게 되었다. 그는 외출할 때 땅에서는 거마나 기마를 타고 바다에서는 빠른 배를 탔다. 곁에서 따르는 자들도 무늬 있는 자수 옷을 입었으므로 길에서 빛이 나는 것 같았다. 머물러 있을 때는 비단 그물로 배를 매었다가 떠날 때는 그것을 잘라버림으로써 사치스러움을 나타냈다.

않았다. 뒤에 그는 몸을 돌려 황조에게 의탁했다. 황조도 보통 사람으로서 그를 공양했다.

그래서 감녕은 오나라로 귀순했다. 주유와 여몽이 모두 그를 천거했다. 손권은 그에게 옛 신하와 같이 특별한 대우를 해주었다. 감녕이 계책을 진술하여 말했다.

"지금 한나라는 나날이 쇠미해져가고 조조는 더욱더 교만해져 끝내 제위를 찬탈하려 할 것입니다. 남쪽 형주 땅은 산세가 편리하고 강과 하천의 흐름이 원활하니, 진실로 우리나라 서쪽의 유리한 형세입니다. 저는 이미 유표를 살펴보았는데, 그 생각이 원대하지 않고 자식들도 모자라서 기업을 이어받아 전할 수 있는 자가 아닙니다. 공께서는 마땅히 일찍이 그것을 살펴서 조조보다 뒤에 있으면 안 됩니다.

이 땅을 도모하는 계책은 마땅히 먼저 황조를 취하는 것입니다. 황조는 지금 연로하여 매우 혼미하고, 재물과 식량이 모두 부족하며, 수하의 사람들은 그를 속이고 재화를 탐하며 부하 장수들의 이익을 빼앗아 장수들의 마음에 원한이 있고, 배나 무기는 버려진 채 정리되어 있지 않으며, 농경에는 게으르고 군대에는 엄한 규율이 없습니다. 만일 공께서 지금 간다면 그들의 패배는 정해진 것입니다. 먼저 황조의 군대를 무너뜨리고 북을 치며 서쪽으로 나아가 초관楚關을 점거하여 대세를 넓히면 곧 점차 파군과 촉군을 도모할 수 있을 것입니다."

손권은 그의 의견을 칭찬하고 받아들였다. 장소도 그때 자리에 있었는데, 그를 책잡으며 다음과 같이 말했다.

"오나라는 지금 형세가 위급한데, 만일 군대가 과감히 출동한다면 반드시 어지러워질 것이오."

감녕이 장소에게 말했다.

"나라에서는 소하의 임무를 그대에게 맡겼거늘 그대는 남아서 지키며 혼란을 걱정하고 있으니, 어찌 옛사람을 배우기를 바라는 것이겠소?"

손권은 술을 들어 감녕에게 권하며 말했다.

"흥패, 올해 출정하여 토벌하는 것은 이 술과 같은 것이니 결정은 그대에게 맡기겠소. 그대가 오로지 계략을 짜는 일에 힘써 반드시 황조를 이기도록 한다면 그대의 공이오. 어찌 장 장사長史의 말을 의심하시오?"

그래서 손권은 서쪽으로 나아갔는데 과연 황조를 체포하고 그 병사들을 모두 붙잡았다. 손권은 곧 감녕에게 병권을 주고 당구當口에 주둔하도록 했다.[7]

뒤에 감녕은 주유를 수행해 오림에서 조조에 맞서 싸워 무찔렀다. 남군에서는 조인을 쳤으나 공략하지는 못했다. 감녕은 먼저 곧장 이릉으로 진군하여 취하자고 건의했다. 그는 가서 그 성을 얻었으며, 들어가서 굳게 지켰다. 그 무렵 수하에 병사가 수백 명 있었

---

7) 손권이 황조를 격파했을 때, 먼저 상자 두 개를 만들어 황조와 소비蘇飛의 머리를 넣으려고 했다. 소비는 사람을 시켜 급히 감녕에게 위급함을 알리게 했다. 감녕은 "소비가 말하지 않았어도 내가 어찌 잊겠는가?"라고 했다. 손권이 부장들을 위해 주연을 베푼 자리에서 감녕은 의자에서 내려와 머리를 조아리고 피눈물을 흘리며 손권에게 말했다. "소비는 옛날 제게 은혜를 베푼 자입니다. 제가 소비를 만나지 않았다면 예전에 길가에서 죽어 장군 휘하에서 목숨을 다하지 못했을 것입니다. 지금 소비의 죄는 죽어 마땅하지만 특별히 장군께서 그의 머리를 제게 주시기를 원합니다." 손권은 그 말에 감동하여 "오늘 그대를 위해 죄를 묻지 않았다가 달아난다면 어떻게 하겠소?"라고 했다. 감녕은 "소비는 찢기는 화를 면하고 다시 살 수 있는 은혜를 받는다면 오히려 달아나지 않을 것입니다. 어찌 도망칠 생각을 하겠습니까! 만일 그렇게 한다면 제 머리를 대신 상자 속에 넣겠습니다."라고 했다. 그래서 손권은 소비를 사면해주었다.

는데 새로 얻어서 1천 명을 채웠다. 조인은 곧 5천~6천 명을 시켜 감녕을 포위하도록 했다. 감녕은 며칠 동안 계속 공격을 받았는데, 적이 높은 누각을 세우고 성안으로 비가 내리듯이 화살을 쏘아대자 병사들은 모두 두려워했으나 감녕만은 태연하게 담소했다. 사자를 보내서 주유에게 상황을 알렸다. 주유는 여몽의 계책을 써서 장수들을 이끌고 가서 포위를 풀었다. 뒤에 노숙을 수행하여 익양을 진무하고 관우에게 대항했다. 관우는 병사 3만 명 가운데 정예 병사 5천 명을 뽑아 상류 10여 리의 얕은 여울에 배치하고 밤을 틈타 냇물을 건너려 한다고 말했다. 노숙이 장수들과 상의할 때 감녕은 당시 병사 3백 명만 있었으므로 다음과 같이 말했다.

"제게 5백 명을 더 늘려줄 수 있다면 제가 가서 그에게 대항하겠습니다. 관우는 제가 기침하며 가래침을 뱉는 것을 듣고 감히 물을 건너지 못할 것이라고 확신합니다. 물을 건너면 제 포로가 될 것입니다."

노숙이 곧바로 병사 1천 명을 뽑아 감녕에게 더해주니, 감녕은 그날 밤에 갔다. 관우는 이 소식을 듣고 건너지 못한 채 머물러 있으면서 땔나무를 엮어 진영을 만들었는데, 오늘날 이것을 관우뢰關羽瀨라고 부른다. 손권은 감녕의 공로를 칭찬하고 서릉 태수로 제수했으며 양신과 하치 두 현을 통솔하게 했다.

뒤에 감녕은 환현을 치는 데 참가해 승성독으로 임명되었다. 감녕은 직접 표백한 흰 명주明紬를 잡고 성벽을 기어 올라가 장사將士들의 선봉이 되어 마침내 주광을 깨뜨리고 포로로 잡았다. 공로를 평가할 때 여몽이 가장 컸고, 감녕이 그다음이므로 절충장군折衝將軍[8]으로 제수되었다.

나중에 조조가 유수로 출병했을 때, 감녕은 전부독이 되어 병사를 출동시켜 적의 앞 진영을 쳐부수라는 명령을 받았다. 손권은 특별히 쌀과 술과 많은 안주를 내렸다. 감녕은 이것을 수하 1백여 명에게 내려 먹도록 했다. 식사를 마치고 나서 감녕은 먼저 은 술잔에 술을 따라서 자기가 두 잔을 마신 다음 수하의 도독에게 따라주었다. 도독은 땅에 엎드려 있었으므로 곧바로 받을 수 없었다. 감녕은 칼을 꺼내 무릎 위에 놓고 꾸짖어 말했다.

"그대가 폐하께 인정을 받는 것이 나와 비교할 때 어떠한가? 나는 여전히 죽음을 아끼지 않는데, 그대는 어찌하여 유독 죽음을 아끼시오?"

도독은 감녕의 얼굴빛이 사나운 것을 보고 곧장 일어나 공손히 술을 받았고, 병사들에게도 각기 한 잔씩 따라주었다. 이경(二更, 밤 9시부터 11시 사이)이 되었을 때 나뭇가지로 위장하고 적을 쳐부수러 갔다. 적은 깜짝 놀랐으며, 마침내 물러갔다. 감녕은 이 때문에 더욱 중시되었고, 병사 2천 명을 증원할 수 있었다.

감녕은 비록 사납고 살생을 좋아했지만 호방하고 맑은 성정과 계략이 있었다. 그는 재물을 가벼이 여기고 장사將士들을 존중했다. 유능한 인물을 후하게 대우했으며, 병사들을 훈련시켰다. 병사들도 기꺼이 그를 위해 목숨을 바쳤다.

| 건안 20년(215) | 감녕은 합비를 치는 데 참가했다. 마침 역병이 돌아서 군대는 모두 물러났고 오직 수레 아래의 호사虎士 1천여 명과 감녕·여몽·장흠·능통만이 손권을 따라 소요진逍遙津 북쪽에 있었다. 장료는 멀리서 이러한 모습을 살펴보고 곧바로 보병과 기병을

---

8) 정벌을 담당한 관직. 위나라와 오나라의 잡호장군의 하나이다.

이끌고 급습했다. 감녕은 적에게 화살을 쏘았으며, 능통 등도 필사적으로 싸웠다.[9] 감녕은 군악대에게 무엇 때문에 북을 치고 피리를 불지 않느냐고 거세게 소리 질렀다. 그는 웅장하고 강인했다. 손권은 특별히 그를 칭찬했다.

감녕의 주방에서 일하던 아이가 일찍이 잘못을 저지르고 여몽에게로 달려가 투항했다. 여몽은 감녕이 그 아이를 죽일까 봐 걱정되어 곧바로 돌려보내지 않았다. 뒤에 감녕이 예물을 갖고 여몽의 어머니를 배알하고 직접 어머니와 당에 오른 다음에야 비로소 주방의 아이를 감녕에게 돌려보냈다. 감녕은 여몽에게 그 아이를 죽이지 않겠다고 응답했다. 조금 있다가 배로 돌아오자 그 아이를 뽕나무에 묶어놓고 직접 활을 당겨 쏘아 죽였다. 일을 마친 다음 뱃사람들에게 명하여 배의 닻줄을 내리게 하고는 옷을 벗고 배 안에 누웠다. 여몽은 매우 화가 나서 북을 쳐 병사들을 모아 배로 가서 감녕을 치려고 했다. 감녕은 이 소식을 들었지만 일부러 누운 채 일어나지 않았다. 여몽의 어머니는 맨발로 달려 나와 여몽에게 이렇게 권했다.

"황상께서는 너를 육친처럼 대우하며 나라의 큰일을 맡기셨는데, 어째서 사사로운 노여움 때문에 감녕을 쳐 죽이려 하느냐? 감녕이

9) 원래 능통은 감녕이 자기 아버지 능조淩操를 죽게 했으므로 원망하고 있었다. 그래서 감녕은 늘 능통을 경계하고 서로 만나지 않았다. 손권은 능통에게 한을 품지 말라고 명령했다. 일찍이 여몽의 집에서 연회를 열어 주흥이 무르익자 능통은 칼을 갖고 춤을 추었다. 감녕이 일어나서 "나도 쌍극무雙戟舞를 출 수 있소."라고 했다. 그러자 여몽이 "감녕도 할 수 있겠지만 내 기교보다는 못할 것이오."라고 말했다. 그러고 나서 칼을 잡고 방패를 쥐고서 스스로 그들을 떼어놓았다. 나중에 손권은 능통의 마음을 알고, 감녕에게 병사를 이끌고 반주로 옮겨 주둔하게 했다.

죽은 날 설령 황상께서 꾸짖지 않더라도 네 행동이 신하로서 법도에 맞겠느냐?"

여몽은 평소 지극한 효자였으므로 어머니의 말을 듣고는 곧 시원하게 원한을 풀어버렸다. 그는 직접 감녕의 배로 와서 웃으며 이렇게 외쳤다.

"흥패, 어머니께서 그대를 식사에 초대하셨으니 빨리 올라오시오!"

감녕은 눈물을 흘리고 흐느끼며 말했다.

"그대에게 부끄럽소."

감녕은 여몽과 함께 돌아와 여몽의 어머니를 보고 온종일 즐겁게 지냈다.

감녕이 죽자 손권은 매우 애통해했다. 아들 감괴甘瓌는 죄를 범하여 회계군으로 옮겨 살다가 오래지 않아 죽었다.

3백 병사와 함께 적진에 뛰어들어 손권을 구한 용장

능통전淩統傳

능통은 자가 공적公績이고 오군 여항현餘杭縣 사람이다. 아버지 능조는 사나이다운 것을 좋아하고 담력이 있었다. 손책이 처음 거사를 일으켰을 때, 그는 늘 따라서 정벌하러 나갔으며 언제나 선봉 부대가 되어 적진을 뚫었다. 그는 영평현永平縣의 장 직책을 지키면서 산월을 평정해 사악하고 교활한 자들을 손아귀에 넣어 파적교위(破賊校尉, 적을 쳐부순다는 의미를 가진, 정벌을 담당한 관직)로 승진했다. 손권이 군대를 통솔할 때에는 강하 토벌에 참가했다. 하구로 들어가서 먼저 강기슭에 올라가 적의 선봉대를 깨뜨리고 날랜 배로 홀로 질주하다가 날아오는 화살에 맞아 죽었다.

능통은 열다섯 살이었지만 손권 측근의 여러 사람이 그를 칭찬했으며, 손권도 능조가 나랏일을 위해 죽었기 때문에 능통에게 별부사마를 제수하고 파적도위를 겸하게 하여 아버지의 병사를 통솔하도록 했다. 나중에 그는 산월의 적을 치는 데 참가했다. 손권은 보둔을 깨뜨리고 먼저 돌아갔고, 마둔에 1만 명을 남겨 능통과 대장 장이張異 등에게 남아서 공격하여 포위하라고 했다. 그들은 기한 내에 공략했다. 기한 전에 능통은 대장 진근陳勤과 만나 술을 마셨다. 진근은 강직하고 용감하며 기분대로 하는 성격으로, 대장 신분으로 좨주가 되었는데 한자리에 있는 자들을 능멸하고 헌배獻杯도,

벌배罰杯도 통상적인 법칙에 따르지 않았다. 능통은 그의 오만함을 싫어했으므로 면전에서 꾸짖고 그의 지시를 따르지 않았다. 진근은 노기를 띠며 능통에게 욕을 하고, 또 능통의 아버지 능조의 험담까지 했다. 능통은 눈물이 났지만 대꾸하지 않았다. 그래서 사람들은 그 자리를 끝내고 떠났다. 진근은 술에 의지하여 흉포하고 야만스러웠으며, 또 길에서까지 능통을 모욕했다. 능통이 참지 못하고 칼을 가져다 진근을 찔러서 며칠 뒤에 죽었다. 마둔을 칠 때가 되자 능통은 이렇게 말했다.

"싸워서 죽지 않고는 진근을 죽인 죄에 용서를 빌 수 없다."

그러고는 사졸들을 이끌고 가서 격려하면서 자신이 직접 화살과 돌을 감당했다. 그가 공격하는 한쪽 면은 제때에 무너졌으며, 장수들은 승기를 타고 마침내 적을 크게 무찔렀다. 돌아올 때 스스로 군정軍正으로 가서 결박을 받았다. 손권은 그의 과감함과 강인함을 칭찬하고, 전공으로 인해 죄에 대한 벌을 면하도록 했다.

뒤에 손권이 또 강하를 정벌하러 갈 때 능통이 선봉이 되었다. 그는 믿을 만한 병사 수십 명과 함께 배 한 척에 타고 대부대를 떠나 수십 리를 갔다. 우강右江으로 진입하려고 할 때 그는 황조의 장수 장석張碩의 목을 베고, 배에 있는 사람을 다 포로로 잡았다. 돌아와 손권에게 보고한 다음 군대를 이끌고 함께 길을 가자 수군과 육군이 한꺼번에 모였다. 그 무렵 여몽이 적의 수군을 무찔렀으며, 능통이 먼저 황조의 성을 쳤으므로 크게 이긴 것이다. 손권은 능통을 승렬도위(承烈都尉, 적에게 대항하거나 정벌을 담당한 관직)로 삼고 주유 등과 함께 오림에서 조조에 맞서 공격하고, 또 이어서 조인을 치도록 했다. 그 결과 교위로 승진했다. 비록 그는 군대 안에 있었지만 현명한 자를 가까이하고 선비와 사귀었으며, 재물을 가벼이 여기고 도의를 중시하여 국사國士다운 풍모가 있었다.

능통은 또 환현을 치는 데 참가하여 탕구중랑장으로 제수되었고, 패국沛國의 상相을 겸하게 되었다. 그는 여몽 등과 함께 서쪽으로 가서 3군을 취했으며, 익양에서 돌아와 합비로 가서 참가했고 우부독이 되었다. 그때 손권은 군대를 철수시키려 하여 선봉 부대가 이미 출발했는데, 위나라 장수 장료 등이 갑자기 소요진 북쪽까지 엄습해왔다. 손권은 사람을 보내 선봉 부대를 돌아오게 하려고 했지만 병사들은 벌써 멀리까지 갔으므로 정세가 미치지 못했다. 능통은 믿을 만한 병사 3백 명을 이끌고 포위를 뚫고 들어가 손권을 도와 탈출시켰다. 적은 이미 다리를 부숴놓았지만 양쪽 기슭을 이어주는 판자 두 개는 여전히 있었다. 손권은 말에 채찍질을 하여 달려갔고, 능통은 다시 돌아와 싸웠다. 그 수하의 병사들은 모두 전사하고 그 자신도 상처를 입었지만 죽인 적도 수십 명이나 되었다. 그는 손권이 이미 화를 모면했을 것이라 생각하여 곧 돌아왔다. 그러나 다리가 부서지고 길이 끊어졌으므로 능통은 갑옷을 입은 채 물속으로 들어가서 건넜다. 손권은 배에 오른 뒤 그를 발견하고는 놀라며 기뻐했다. 능통은 신임하던 병사들 가운데 돌아온 자가 없음을 가슴 아파하며 슬픔을 억누르지 못했다. 손권은 옷소매를 당겨 그의 눈물을 닦아주며 말했다.

"공적, 죽은 사람은 이미 죽었으니 그대만 있다면 나에게 어찌 사람이 없음을 걱정하겠소?"

그러고는 그에게 편장군을 제수하고, 원래보다 배나 되는 병사를 주었다.

그때 어떤 사람이 능통과 같은 군의 성섬盛暹을 손권에게 천거하면서, 그의 기개가 장대함은 능통을 넘는 점이 있다고 했다. 손권은 이렇게 말했다.

"능통과 같을 수만 있다면 충분하다."

뒤에 성섬을 불렀는데 밤이 되어서야 왔다. 그때 능통은 벌써 누워 있었는데, 성섬이 왔다는 말을 듣고 옷을 입고 문밖으로 나가 맞이하여 손을 잡고 들어왔다. 그가 인물을 아끼고 시기하지 않음이 이와 같았다.

능통은 산속에 살고 있는 이들 가운데 용맹한 자가 여전히 많으므로 위세와 은혜로 그들을 회유할 수 있으리라 생각했다. 손권은 능통에게 명하여 동쪽으로 가서 형세를 살피고 점령하여 토벌하도록 하고, 수하의 성들에 명하여 능통이 요구하는 것은 모두 먼저 공급해주고 나중에 보고하라고 했다. 능통은 평소 유능한 인물들을 아꼈고, 그러한 인물들도 그를 흠모했다. 그는 정예 병사 1만여 명을 얻었다.

고향 현을 지나게 되었을 때, 절의 문으로 걸어 들어가 관리들이 판版 세 개를 끌어안고 있는 것을 보고 공손하게 예절을 다했다. 친척이나 옛 친구들에게도 은애의 정을 더욱 융성하게 했다. 일을 끝마친 다음 나오려고 했는데, 마침 질병으로 세상을 떠나게 되었다. 그때 나이가 마흔아홉 살이었다. 손권은 이 소식을 듣고 자리에서 일어나 앉아 스스로 슬픔을 억누르지 못하고 며칠 동안 먹는 양을 줄였으며, 그에 관한 이야기를 할 때마다 눈물을 흘렸다. 장승을 시켜 능통을 위해 명뢰를 짓도록 했다.

능통에게는 능렬凌烈과 능봉凌封 두 아들이 있었는데, 나이는 각기 몇 살밖에 안 되었다. 손권은 그들을 궁궐 안에서 길렀다.[10] 그들에 대한 총애는 자기 아들들과 똑같았다. 빈객들이 나아가 알현할 때, 그는 두 아이를 불러 빈객들에게 보여주며 이렇게 말했다.

"이들은 내 호랑이 새끼요."

그들이 여덟아홉 살이 되자 갈광葛光에게 명하여 책 읽기를 가르치도록 하고 열흘에 한 번은 말을 타게 했다. 그 뒤 능통의 공을 추록追錄하고 능렬을 정후로 봉했으며, 능통의 옛 병사들을 돌려주었다. 뒤에 능렬이 죄를 지어 면직되자 능봉이 다시 작위를 잇고 군대를 통솔했다.

10) 손권은 훌륭한 인물을 기르는 일에 온 마음을 다하고, 이렇게 함으로써 그들이 자신을 위해 죽을힘을 다하기를 기대했다. 가령 주태가 부상을 당했을 때는 눈물을 흘렸고, 진무가 죽자 첩을 순장시켰으며, 여몽이 위독해지자 신들에게 빌었고, 능통의 아이들을 기르는 등 아랫사람의 고통스런 마음을 달래는 데 진심을 다했다.

강변에 가짜 성을 지어 조비의 대군을 물리치다

서성전徐盛傳

서성은 자가 문향文響이고 낭야군 거현莒縣 사람이다. 전란을 만나 오군으로 옮겨 와 살았으며 용기가 알려졌다. 손권은 정권을 잡자 그를 별부사마로 삼아 병사 5백 명을 주고, 시상현의 장을 맡겨 황조에게 맞서도록 했다. 황조의 아들 황사黃射가 일찍이 수천 명을 이끌고 서성을 치러 내려왔다. 서성은 그때 수하의 병사가 2백 명도 안 되었지만 황사와 서로 부딪혀 싸웠다. 그는 황사의 병사 1천여 명에게 상처를 입혔다. 그런 다음 성문을 열고 나가 싸워서 크게 무찔렀다. 황사는 이로부터 자취를 감추고 다시는 쳐들어오지 않았다. 손권은 그를 교위 및 무호현의 영으로 삼았다. 또 임성 남쪽에 살고 있는 산월의 적들을 토벌한 공로가 있으므로 중랑장으로 임명되어 병사들을 감독하고 선발했다.

조조가 유수로 진출했을 때 서성은 손권을 수행하여 그를 방어했다. 위나라가 일찍이 횡강까지 대거 진출했을 때 서성은 장수들과 함께 토벌하러 갔다. 그때 그들은 몽충에 타고 있었는데 폭풍을 만나 배가 적의 강안에서 좌초되었다. 장수들은 두려워하며 뚫고 나가려는 자가 없었는데, 서성은 혼자 병사들을 이끌고 강안으로 올라가 적을 향해 돌진했다. 적은 흩어져 달아나다가 어떤 자는 상처를 입거나 죽기도 했다. 바람이 그쳐 곧 돌아오자 손권은 서성을 매우 칭찬했다.

손권의 오나라가 위나라에 의해 번국으로 일컬어졌을 때, 위나라는 사자 형정을 보내 손권을 오왕으로 임명하도록 했다. 손권이 도정都亭까지 나와 형정을 맞이했는데, 형정이 교만한 낯을 하고 있으므로 장소는 화가 났고 서성도 분노하여 동료들을 돌아보며 이렇게 말했다.

"우리가 몸을 떨치고 목숨을 바쳐 나라를 위해 허창과 낙양을 겸병하고 파군과 촉군을 삼키지 못하여, 오히려 우리 군주가 형정과 맹약을 맺도록 했으니 또한 치욕스럽지 않소?"

그러고는 눈물을 펑펑 쏟았다. 형정이 이 말을 듣고 동행하는 자에게 말했다.

"강동의 장수나 재상이 이와 같으니, 다른 사람의 아래에 오래 있을 자가 아니다."

뒤에 서성은 건무장군으로 승진하고 도정후로 봉해졌으며, 여강태수를 겸하고 임성현을 받아 식읍으로 삼았다. 유비가 서릉에 주둔하고 있을 때 서성은 여러 군영을 쳐서 빼앗았으며, 이르는 곳마다 공을 세웠다. 조휴가 동구로 출동하자 서성은 여범, 전종과 함께 장강을 건너 대항하여 지켰다. 그러나 뱃길에 폭풍을 만나 배에 타고 있던 자들 가운데 많은 수가 목숨을 잃게 되었다. 서성은 남은 병사들을 수습하여 조휴와 강을 끼고 있었다. 조휴는 병사들을 배까지 가도록 하여 서성을 공격했다. 서성은 적은 수로 많은 수를 대항했지만 적은 이길 수 없었고, 각기 군대를 이끌고 물러났다. 서성은 안동장군으로 승진했으며 무호후無湖侯로 봉해졌다.

나중에 위나라 문제가 대규모로 출병하여 장강을 건너려는 의도를 가졌는데, 서성은 건업을 따라 벽을 쌓아 울타리를 두르고 성벽

위에 가짜 누대를 만들어놓고 장강에는 배를 띄우자는 계획을 건의했다. 장수들은 이로울 것이 없다고 생각했지만 서성은 듣지 않고 자기 생각을 굳게 지키며 시행했다. 위나라 문제는 광릉에 와서 멀리 성벽을 보고 깜짝 놀랐는데, 그 성벽이 수백 리나 이어져 있고 장강 물이 가득 차 있으므로 군대를 이끌고 물러갔다.[11] 장수들은 그제야 서성에게 탄복했다.

서성은 황무 연간에 세상을 떠났다. 아들 서해徐楷가 작위를 이어받아 병사들을 통솔했다.

---

11) 이때 문제는 이렇게 탄식했다. "위나라에는 비록 무장한 기병 부대가 1천 개나 되지만 여기에서는 쓸모가 없구나."

관우를 사로잡고 유비를 쳐부순 호걸

반장전潘璋傳

반장은 자가 문규文珪이고 동군東郡 발간현發干縣 사람이다. 손권이 양선현의 장이 되었을 때 처음 나가 손권을 따랐다. 그는 성정이 호탕하고 술을 좋아했으나 집이 가난하므로 외상술을 즐겼다. 빚쟁이가 대문까지 쫓아오면 언제나 나중에 자기가 부귀해지면 다시 오라고 말했다.

손권은 그를 남다르게 여겨 아끼고, 그에게 병사를 모집하도록 하여 1백여 명을 얻게 되자 부장으로 삼았다. 산월의 적을 토벌하여 공로를 세웠으므로 별부사마에 임명되었다. 그 뒤 오군의 큰 저자에서 침입자를 죽이자, 이로부터 도적이 끊어졌다. 그는 이 일로 인해 이름이 알려졌으며 예장군 서안현의 장으로 승진했다. 유표가 형주에 있을 때 백성은 여러 차례 그들의 침략을 당했다. 반장이 일을 맡은 뒤부터 침략자들은 경내로 들어오지 않았다. 이웃하고 있는 현 건창에서 강도들의 폭도가 일어나자 전임되어 건창을 다스렸고, 무맹교위(武猛校尉, 폭도들을 정벌하거나 사악한 자들을 토벌하는 일을 담당한 관직)를 더했다. 그는 사악한 자를 토벌하여 다스려 한 달 만에 다 평정했다. 그리고 흩어져 떠도는 병사들을 모아 8백 명을 얻었으며, 그들을 데리고 건업으로 돌아왔다.

합비 싸움에서 장료가 급습했을 때 장수들은 무방비 상태였다.

진무는 있는 힘껏 싸우다 죽었고, 송겸이나 서성은 모두 후퇴했다. 반장은 후방에 있었지만 곧바로 급히 달려가서 말을 가로지르며 송겸과 서성의 병사들 중 달아나는 두 명의 목을 베었다. 그러자 병사들은 모두 돌아와서 싸웠다. 손권은 이 점을 특히 칭찬하여 그에게 편장군을 제수했다. 그래서 교관 1백 명을 통솔하여 반주에 주둔했다.

손권이 관우를 정벌할 때, 반장은 주연과 함께 관우가 달아나는 길을 차단했다. 그는 임저臨沮에 이르러 협석에 주둔했다. 반장의 부하 사마 마충이 관우와 관우의 아들 관평, 도독 조루 등을 붙잡았다. 손권은 의도군宜都郡의 무현과 자귀현秭歸縣 등 두 현을 나누어 고릉군固陵郡으로 만들고, 반장을 그곳 태수로 임명하고 진위장군振威將軍으로 삼았으며 율양후로 봉했다. 감녕이 죽자 또 감녕의 군대를 주어 합치도록 했다. 유비가 이릉으로 출병했을 때는 반장과 육손이 힘을 합쳐 대항했으며, 반장의 부하가 유비의 호군護軍 풍습馮習 등의 목을 베었고, 죽이거나 상처를 입힌 자가 매우 많았다. 반장은 평북장군(平北將軍, 정벌을 담당한 관직. 위나라·촉나라·오나라에 있었음) 및 양양 태수襄陽太守로 임명되었다.

위나라 장수 하후상 등이 남군을 포위하고, 선봉 부대 3만 명을 나누어 부교浮橋를 만들어 백리주(百里洲, 장강에서 1백 리 떨어진 곳이라는 뜻)를 건너왔다. 제갈근과 양찬이 함께 병사를 모아 구원하러 달려갔지만 그 사태에 대처할 바를 몰랐는데, 위나라 병사들은 날마다 끊임없이 건너왔다. 반장은 다음과 같이 말했다.

"위나라의 기세는 이제 막 흥성하기 시작했고, 강물도 얕으므로 그들과 싸우기는 불가능하다."

그는 병사들을 이끌고 위에서 상류로 50리 되는 곳까지 가서 갈대를 수백만 개 베어다가 커다란 떼를 만들어 물의 흐름을 따라 불을 놓아 부교를 모조리 불태워버리려 했다. 떼 만드는 작업이 막 끝나 강물이 가득 찬 것을 보고 띄우려고 할 때 하후상이 이를 알고 병사를 이끌고 물러났다. 반장은 말에 올라 육구까지 내려가서 막았다. 손권은 제위에 오른 다음 반장을 우장군에 제수했다.

반장은 사람됨이 거칠고 사나우나 금령은 매우 숙연했다. 그는 공업 세우기를 좋아했으며, 통솔하는 군대는 수천 명에 지나지 않지만 이르는 곳마다 언제나 1만 명이나 되는 것 같았다. 정벌이 멈추었을 때는 곧장 군대 시장을 세우고 다른 군에 없는 것은 모두 반장의 시장에서 충족시켰다. 반면 그의 성격은 사치스러웠는데, 이런 경향은 만년에 더욱 심해져 옷이나 물건은 그 신분을 넘는 것을 썼다. 관리들 가운데 부유한 자가 있으면 그를 죽이고 재물을 빼앗은 적도 있고, 법령을 받들지 않은 적도 여러 번 있었다. 감시하는 자가 이 일을 들어 상주했지만, 손권은 그의 공을 아껴 늘 용서하고 죄를 묻지 않았다.

| 가화 3년(234) | 반장이 죽었다. 아들 반평潘平은 품행이 좋지 않아서 회계군으로 쫓겨났다.

반장의 아내는 건업에서 살았는데, 밭과 집을 받았고, 또 소작인 50호의 부세를 면제받았다.

선봉에서 적을 물리치고 계책으로써 손침을 암살하다

정봉전丁奉傳

정봉은 자가 승연承淵이고 여강군 안풍현安豐縣 사람이다. 어려서부터 날쌔고 용맹했으므로 작은 군대의 장수가 되어 감녕·육손·반장 등의 수하로 들어갔다. 여러 차례 정벌에 참가했으며 싸울 때마다 언제나 대오의 맨 앞에서 적장의 목을 베고 깃발을 빼앗다가 몸에 상처를 입었다. 그는 점점 승진하여 편장군이 되었다. 손량이 즉위한 뒤 관군장군冠軍將軍이 되었고 도정후로 봉해졌다.

위나라에서 제갈탄과 호준 등을 보내 동흥을 치자 제갈각이 군대를 이끌고 가서 막았다. 장수들은 모두 다음과 같이 말했다.

"적은 태부(제갈각)가 직접 온다는 소식을 듣고 강안으로 올라가 반드시 달아날 것입니다."

그러나 정봉만은 이렇게 말했다.

"그렇지 않습니다. 그들은 경내의 병력을 움직이고 허창과 낙양의 군대를 대거 들여올 테니 반드시 분명한 계획이 있어야만 합니다. 어찌 헛되이 돌아가겠습니까? 적이 오지 않으리라고 믿기보다 우리가 이길 수 있음을 믿어야 합니다."

제갈각이 강안으로 올라온 다음 정봉은 장군 당자·여거·유찬留贊 등과 함께 산을 따라 서쪽으로 갔다. 정봉이 말했다.

"지금 각 부대의 행동은 더딥니다. 만일 적이 유리한 지역을 차지하게 된다면 그들과 싸우는 일이 어려워집니다."

그러고는 각 부대를 큰길로 가도록 하고, 자신은 부하 3천 명을 이끌고 곧장 앞으로 나아갔다. 그때 마침 북풍이 불어서 정봉은 돛을 달고 이틀 만에 이르러 끝내 서당徐塘을 점거했다. 날씨는 춥고 눈발이 날리는데, 적군의 장수들은 술을 놓고 성대한 연회를 열고 있었다. 정봉은 적군의 선두 부대 병사가 적은 것을 보고 부하들에게 말했다.

"공명을 취하고 봉후封侯를 얻으려면 바로 오늘뿐이다!"

그리고 병사들에게 갑옷을 벗고 두건을 쓰게 하고 짧은 병기를 쥐도록 했다. 적군은 따라오면서 비웃으며 방비를 하지 않았다. 정봉은 병사를 풀어 적을 죽이도록 하여 적군의 선두 부대를 크게 무찔렀다. 때마침 여거 등이 왔으므로 위나라 군대는 끝내 무너지고 말았다. 정봉은 멸구장군滅寇將軍으로 승진하고, 나아가 도향후로 봉해졌다.

위나라 장수 문흠이 투항해왔다. 정봉이 호위장군이 되어 손준을 수행하여 수춘까지 가서 문흠을 맞이하고 적의 추격병과 고정에서 싸웠다. 정봉은 창을 쥐고 말을 달려 적군의 진영으로 돌진해 수백 명의 머리를 베고 군수품을 얻었다. 나아가 안풍후安豐侯로 봉해졌다.

| 태평 2년(257) | 위나라 대장군 제갈탄이 수춘에 기대어 투항해왔는데, 위나라 사람들이 그를 포위했다. 조정에서는 주이와 당자 등을 보내 구하도록 하고, 또 정봉을 시켜 여비黎斐와 함께 포위를 풀도록 했다. 정봉은 선봉대장이 되어 여장黎漿에 주둔했다. 그는 힘껏 싸워 공을 세워서 좌장군으로 제수되었다.

손휴가 제위에 오른 뒤 장포와 꾀하여 손침을 죽이려고 했는데,

장포가 말했다.

"정봉은 비록 관리처럼 글을 쓸 수는 없지만 계략은 다른 사람보다 뛰어나므로 큰일에 결단할 수 있습니다."

손휴는 정봉을 불러 이렇게 말했다.

"손침이 나라의 권력을 쥐고 앞으로 반란을 일으키려 하므로 장군과 함께 그를 주살하려 하오."

정봉이 말했다.

"승상(손침)에게는 형제와 무리가 매우 많고 사람들의 마음도 다르므로 끝까지 제압할 수는 없을 것입니다. 납제臘祭 때의 연회를 이용하여 폐하의 병사로 그를 죽이십시오."

손휴는 그의 계책을 받아들였다. 모두 모이는 기회를 이용하여 손침을 초청하고, 정봉과 장포는 측근에게 눈짓하여 그를 죽였다. 정봉은 대장군으로 승진하고 좌우도호左右都護를 더하게 되었다.

| 영안 3년(260) | 그는 가절을 받고 서주목을 겸했다.

| 영안 6년(263) | 위나라가 촉나라를 토벌하려고 하자, 정봉은 군사들을 이끌고 수춘으로 향해 촉나라를 구원하는 형세를 이루었다. 촉나라가 망했으므로 군대는 돌아왔다.

손휴가 죽자, 정봉은 승상 복양흥 등과 만욱의 말을 따라서 함께 손호를 맞이하여 세웠다. 우대사마좌군사右大司馬左軍師로 승진했다.

| 보정 3년(268) | 손호는 정봉에게 제갈정과 함께 합비를 치라고 명했다. 정봉은 진의 대장 석포石苞에게 편지를 보내 그와 진나라 사이를 이간시켰다. 석포는 이 때문에 불려 돌아오게 되었다.

| 건형 원년(269) | 정봉은 또 군사들을 이끌고 가서 서당에 주둔했으며, 이 기회에 진의 곡양穀陽을 쳤다. 곡양 백성은 이 소식을 듣고 성을 떠났으므로 정봉은 얻은 것이 없었다. 손호는 매우 화가 나서

정봉의 도군導軍의 목을 베었다.

| 건형 3년(271) | 정봉이 죽었다.

정봉은 신분이 고귀하고 공로가 있게 되자 점점 교만해졌다. 이 일을 비방하는 자가 있어서 손호는 뒤에 지난 군사행동의 실패를 추궁하여 정봉의 가족을 임천으로 옮겨 살게 했다. 정봉丁奉의 동생 정봉丁封은 후장군後將軍까지 관직이 올라갔지만 정봉보다 먼저 죽었다.

【평하여 말한다】

이 장수들은 모두 강동의 용맹한 신하로서 손씨에게 두터운 대우를 받았다. 반장의 행동이 바르지는 못했지만 손권이 허물을 잊고 공을 기억했으니 그가 동남쪽을 보존할 수 있었던 것은 마땅하다. 진표가 무장 집안의 서출이었지만 적자나 명성 있는 자들과 어깨를 나란히 하고 똑같이 중시 받아 같은 무리 중에서 발탁된 것도 훌륭하지 않은가!

11

주치주연여범주환전 朱治朱然呂範朱桓傳

시대와 상황이 인재를 만들다

손책에게 강동 평정을 건의하다

주치전朱治傳

주치는 자가 군리君理이고 단양군 고장현 사람이다. 그는 처음에 현 관리가 되었다가 뒤에 효렴으로 추천받았는데, 주에서 불러 종사從事로 삼았다. 그 뒤 주치는 손견을 따라 정벌을 하러 나갔다.

| 중평 5년(188) | 주치는 사마로 제수되어 장사·영릉·계양 등 3군의 적 주조와 소마蘇馬 등을 토벌하는 데 참가해 공을 세웠다. 손견은 표를 올려 주치에게 도위의 직무를 대행하도록 했다. 그는 양인에서 동탁을 칠 때도 참가하여 무찌르고 낙양으로 들어갔다. 손견은 표를 올려 주치에게 독군교위(督軍校尉, 주장을 대신하여 각 군軍의 장령將領을 감독하며 정벌을 담당한 관직)의 임무를 대행하게 하고, 혼자 보병과 기병을 이끌고 동쪽으로 가서 서주목 도겸을 도와 황건을 토벌하도록 했다.

마침 손견이 세상을 떠났으므로 주치는 손책을 보좌하여 원술에게 가서 의탁하게 되었다. 나중에 주치는 원술이 정치적으로나 덕망 면에서 이룬 것이 없음을 알고 곧바로 손책에게 군사를 돌려 강동을 평정하도록 권유했다. 그때 태부 마일제가 수춘에 있으면서 주치를 초빙하여 연掾으로 삼았으며, 뒤에 오군 도위로 승진시켰다. 이때 오경이 단양에 있었는데, 손책은 원술을 위해 여강을 쳤다. 그래서 유요는 원술과 손책에게 병탄될까 봐 두려워 두 사람을 이간

시키려고 했다. 손책의 일가는 모두 원술의 통제를 받는 주에 있었으므로 주치는 곡아로 사람을 보내 태비와 손권 형제를 맞도록 하여 정중히 받들어 모시고 보호했는데 정이 깊고 두터웠다. 주치가 전당에서 진군하여 오군으로 가려고 하자, 오군 태수 허공이 유권에서 그를 저지하고 나섰다. 그래서 주치는 허공과 싸워 크게 무찔렀다. 허공은 남쪽 산적 엄백호에게로 달아나 기댔다. 주치는 마침내 오군으로 들어와 태수 일을 겸했다. 손책은 유요를 달아나게 한 뒤에 또 동쪽으로 가서 회계를 평정했다.

손권이 열다섯 살 때 주치는 그를 효렴으로 추천했다. 뒤에 손책이 죽자 주치는 장소 등과 함께 손권을 존중하며 받들었다.

| 건안 7년(202) | 손권이 표를 올려 주치를 오군 태수로 삼고 부의 장군扶義將軍을 겸하게 했으며 누현·유권현·무석현無錫縣·비릉현毗陵縣을 분할하여 그의 식읍이 되게 했다. 그래서 주치는 지방 관리를 두게 되었다. 그는 소수 민족이나 산월을 토벌하고 손권을 도와 동남쪽 지역을 평정했으며, 황건의 남은 세력인 진패陳敗와 만병萬秉 등을 포로로 잡아 근절시켰다.

| 황무 원년(222) | 주치는 비릉후毗陵侯로 봉해졌으며, 오군 태수 직책은 전처럼 겸했다.

| 황무 2년(223) | 주치는 안국장군安國將軍으로 임명되고 금인金印과 자수紫綬를 수여받았으며, 봉지封地가 고장으로 옮겨졌다.

손권은 상장上將을 지내고 오왕이 되었다. 그러나 주치가 나아가 만날 때마다 그는 언제나 주치를 몸소 맞이했으며 홀을 쥐고 서로 인사를 하고 향연을 베풀었다. 주치에 대한 손권의 은애와 존경은 매우 각별해서 주치를 수행하는 관리들까지도 모두 예물을 바치고 개인적인 일로 만나는 것이 허락되었다.

처음에 손권의 동생 손익은 성질이 급하고 너그럽지 못하며 기쁘든 노엽든 간에 마음의 통쾌함만 좇았다. 주치는 그를 여러 차례 질책하고 도의로 일깨워주었다. 손권의 사촌 형이며 예장 태수인 손분孫賁의 딸이 조조의 며느리가 되었다. 조조가 형주를 깨뜨리고 위세가 남쪽 땅을 진동시켰을 때 손분은 두려워서 아들을 보내 인질로 만들려고 했다. 주치는 이 말을 듣고 손분에게로 가 그와 면담을 요구하여 정세의 안정과 위태로움을 설명했다. 손분은 이 일로 아들을 보내려던 생각을 떨쳐버렸다.

손권은 주치가 나라의 큰일을 위해 걱정하며 부지런히 일하는 것을 늘 찬탄했다. 주치는 성격이 검소하여 비록 부귀한 자리에 있을지라도 수레와 복식은 공적인 일을 할 때만 썼다. 손권은 그를 각별하게 대우했지만 그는 오히려 직접 독군과 어사에게 성안의 문서를 처리하도록 명령하고, 4현의 조세만 다스렸다. 그러나 황족의 자제나 오군의 네 성姓이 대부분 그의 군에서 관리가 되어 군 관리는 언제나 수천 명씩 되었으며, 주치가 몇 년에 한 번씩 왕부王府로 파견할 때는 파견되는 자가 수백 명이나 되었다. 주치는 매년 철마다 손권에게 물품을 바쳤고, 손권은 주치가 바친 것보다 더 후하게 답례했다.

그 무렵 단양의 궁벽한 곳에는 사악하고 모반하는 자가 꽤 있었으며, 또 주치는 나이가 들어 늙어감에 따라 고향을 그리워하는 향수에 젖게 되었으므로 스스로 표를 올려 고장에 주둔하여 산월을 진무하고 싶어 했다. 그가 고장으로 오자 고향의 중추가 되는 노인이나 옛 친구 가운데 그를 방문하지 않은 이가 없었다. 주치는 이들을 다 들어오게 하여 함께 술을 마시고 즐거워했다. 고향 사람들은 이것을 영광으로 생각했다. 그는 고장에서 1년 남짓 살다가 오군으로 돌아왔다.

| 황무 3년(224) | 주치는 세상을 떠났다. 그는 군에서 31년 동안 있었고, 향년 예순아홉 살이었다.

그의 아들 주재朱才는 원래 교위를 맡아 병사들을 통솔했는데, 아버지의 작위를 이어 편장군으로 승진했다. 주재의 동생은 주기朱紀이다. 손권은 손책의 딸을 그에게 시집보냈다. 그는 교위 신분으로 병사들을 통솔했다. 주기의 동생 주위朱緯와 주만세朱萬歲는 모두 일찍 죽었다. 주재의 아들 주완朱琬은 작위를 이어받아 장수가 되었고, 관직은 진서장군鎭西將軍까지 이르렀다.

용맹으로써 나라의 대들보가 되다

주연전朱然傳

주연은 자가 의봉義封이고 주치의 누나 아들로 본래 성은 시씨施氏이다. 처음에 주치는 아들이 없어서 주연이 열세 살일 때 손책에게 그를 자기 후계자로 삼고 싶다고 아뢰었다. 손책은 단양군에 명하여 양고기와 술을 마련하고 주연을 불렀다. 주연이 오군으로 오자 손책은 융성한 예의로 축하해주었다.

주연은 일찍이 손권과 함께 공부하면서 은애의 정을 맺었다. 손권이 정사를 통솔하게 되자 주연을 여요현의 장으로 삼았다. 그때 주연은 열아홉 살이었다. 뒤에 그는 산음현의 영으로 승진했고, 절충교위를 더하여 5현을 감독했다. 손권은 그의 재능을 남다르게 생각하고 단양군을 분할해 임천군을 만들어 주연을 그곳 태수로 삼아 병사 2천 명을 주었다.

그때 마침 산적들이 분분히 일어났는데, 주연은 그들을 토벌하러 가서 한 달쯤 지나 평정했다. 조조가 유수로 쳐들어왔을 때 주연은 대오(大塢, 유수오)와 삼관둔三關屯을 지키고 있었고, 편장군으로 임명되었다.

| 건안 24년(219) | 주연은 관우를 토벌하는 데 참가하여 따로 반장과 같이 임저까지 가서 그를 사로잡았다. 이 때문에 소무장군으로 승진하고 서안향후西安鄕侯로 봉해졌다.

호위장군 여몽의 병세가 위중해지자 손권이 물었다.

"그대가 만일 일어나지 못한다면 누가 대신할 수 있겠소?"

여몽이 대답했다.

"주연은 대담함과 지조에 남음이 있습니다. 제가 생각하기로는 그를 임용할 만합니다."

여몽이 죽자 손권은 주연에게 절을 주고 강릉을 지키게 했다.

| 황무 원년(222) | 유비가 병사를 들어 의도로 쳐들어왔다. 주연은 병사 5천 명을 감독하며 육손과 힘을 모아 유비에게 맞섰다. 주연이 따로 유비의 선봉대를 쳐 무찌르고 그들의 퇴로를 막았으므로 유비는 져서 달아났다. 손권은 주연에게 정북장군征北將軍을 제수하고 영안후로 봉했다.

위나라에서는 조진·하후상·장합 등을 보내 강릉을 쳤고, 위나라 문제는 직접 완성宛城에 머물면서 그들을 지원했다. 위나라 군대는 서로 이어 주둔하여 강릉성을 에워쌌다. 손권은 장군 손성孫盛을 보내 병사 1만 명을 이끌고 가서 강릉 밖에서 방비하며, 강릉을 둘러 보루를 쌓아 주연의 바깥 구원병이 되게 했다. 장합이 병사를 움직여 손성을 치자 손성은 막아낼 수 없으므로 곧 뒤로 물러났다. 장합이 강릉을 에워싸고 지키던 보루를 차지하여 주연은 안팎의 구원이 끊기게 되었다. 손권이 반장과 양찬 등을 보내 포위를 풀도록 했지만 적군의 포위망은 풀리지 않았다. 그때 주연의 성안에 있는 병사들은 대부분 종창을 앓고 있어서 참고 싸울 만한 자는 겨우 5천명이었다. 조진 등이 흙산을 오르고, 땅굴을 파고, 성벽 가까이에 누대를 세우고, 화살을 비 오듯 쏘아대므로 장사將士들은 모두 아연실색했으나 주연은 침착하고 두려워하는 마음이 없었다. 그는 관리와 병사 들을 격려하며 적군의 약점을 찾아 진영 두 곳을 쳐서 무

찔렀다. 위나라는 주연을 포위해 공격한 지 무려 여섯 달이 되었지만 물러가지 않았다. 강릉현의 영 요태姚泰가 병사들을 이끌고 가서 성 북쪽 문을 지키고 있었다. 그는 바깥 병사는 많고 성안에는 사람이 적으며 식량이 바닥나려 하는 걸 보고 적과 내통하여 그들을 위해 안에서 호응하기로 음모를 꾸몄다. 그 음모가 시행되려고 할 무렵 일이 발각되었다. 주연은 요태를 죽음으로 다스렸다. 하후상 등은 이기지 못하자 곧 공격을 멈추고 물러났다. 이로부터 주연의 명성은 적국에까지 떨쳐졌으며, 당양후當陽侯로 바꾸어 봉해졌다.

| 황무 6년(227) | 손권이 몸소 병사들을 지휘하여 석양을 쳤는데, 군사를 돌릴 때는 반장이 적군의 추격을 막는 일을 맡았다. 밤에 행군하는 사이에 혼란이 일어났고, 적군이 반장을 뒤쫓았다. 반장이 추격을 막아내지 못하자, 주연이 곧장 돌아와 주둔하면서 적군에게 맞서서 앞에 있는 배를 아주 먼 곳까지 가도록 하고 자신은 천천히 뒤에 출발했다.

| 황룡 원년(229) | 주연은 거기장군 및 우호군으로 임명되었고 연주목을 겸했다. 오래지 않아 연주가 촉나라에 있게 되었으므로 주연이 맡았던 주목 직책은 없어졌다.

| 가화 3년(234) | 손권은 촉나라와 날짜를 약속하여 대거 군사를 일으키기로 했다. 손권 자신은 신성으로 향하고, 주연과 전종은 각기 부월을 받아 좌우 독이 되었다. 마침 관리와 병사 들이 질병에 걸렸기 때문에 공격하지 못하고 물러났다.

| 적오 5년(242) | 사중 정벌[1]에 나섰다. 위나라 장수 포충蒲忠과 호질胡質은 각자 병사 수천 명을 이끌고 맞섰는데, 포충은 요충지를 막아 주연의 퇴로를 끊으려 했고, 호질은 포충을 위해 계속 지원했다. 이때 주연이 지휘하는 병사들이 먼저 사방에서 나와 공격했으

므로 위나라 군대가 습격해온다는 소식을 들었지만 불러들일 시간이 없었다. 그래서 주연은 수하에 당장 있는 병사 8백 명을 이끌고 역습했다. 포충이 싸움에서 불리해지자 호질 등도 모두 물러났다.[2]

| **적오 9년(246)** | 주연은 또다시 사중으로 출정했다. 위나라 장수 이흥李興 등은 주연이 깊숙이 들어왔다는 소식을 듣고 보병과 기병 6천 명을 이끌고 주연의 퇴로를 끊었다. 주연은 밤에 출격해 이흥 등에게 반격하여 이기고 돌아왔다. 이보다 앞서 귀의한 마무가 간사한 마음을 품었다가 들켜서 주살당했다. 손권은 이 일에 매우 화가 났다. 주연은 사중으로 출발하려 하면서 상소하여 말했다.

마무는 소인인지라 감히 은혜와 양육을 저버렸습니다. 신은 오늘 천자의 권위를 받들어 싸움에서 이길 것입니다. 전리품으로 먼 곳과 가까운 곳을 진동시켜 빛내고, 배로 강을 가득 메워 장관을 만들어 오나라의 윗사람과 아랫사람의 분노를 없애주고 싶습니다. 폐하께서는 신이 앞서 한 말을 기억하셨다가 나중에 신의 행동 결과를 꾸짖으십시오.

---

1) 여기서 주연이 정벌한 때가 적오 5년이라고 되어 있는데, 사실은 적오 4년, 즉 241년이 맞는다.

2) 《위서魏書》와 〈강표전江表傳〉에서는 경초景初 원년(237)과 정시正始 2년(241)에 두 차례 출정했으며, 호질과 포충을 무찌른 것은 경초 원년이라고 했다. 《위지魏志》는 《위서》에 의거하여 호질 등이 주연에게 격파된 것은 말하지 않고 주연이 물러갔다고만 했다. 《오지吳志》에서는 적오 5년(242), 위나라 정시 3년(242)에 위나라 장수 포충이 주연과 싸웠는데 포충이 싸움에서 불리하여 호질 등도 모두 물러갔다고 했다. 《위지》의 〈소제기少帝紀〉 및 〈손권전〉에도 이해는 평온했던 것으로 적혀 있다. 이것은 진수가 오나라의 가화 6년(237)을 적오 5년으로 잘못 생각한 것일 뿐이다.

손권은 당시 주연의 상소를 공개하지 않았다. 주연이 승리를 알려오자 신하들은 천자에게 경하했다. 손권은 곧 연회를 베풀고 음악을 연주하게 하고는, 주연의 상소를 꺼내 보이며 말했다.

"이 사람이 전에 일찍이 표를 올렸는데, 나는 그 말대로 실현하기가 어렵다고 생각했소. 그런데 오늘 정말로 그 말과 같이 되었으니 그는 일을 살피는 데 밝다고 할 만하오."

그는 사자를 보내 주연을 좌대사마 및 우군사로 임명했다.

주연은 키가 7자도 안 되었지만 일의 옳고 그름에 대한 태도가 분명하고 생활에서는 수양을 하여 청결했으며, 아름답게 꾸미는 일은 오직 군대의 기계에만 하고 그 나머지는 모두 수수하게 했다. 그는 온종일 나라의 큰일을 걱정하며 언제나 전쟁터에 있었는데, 긴급한 사태에 맞닥뜨렸을 때에도 대담하고 침착한 점은 특히 다른 사람들을 뛰어넘는 모습이었다. 비록 세상에 일이 없을지라도 그가 매일 아침저녁으로 엄격한 규정에 따라 태고太鼓를 울리면 그의 진영에 있는 병사들은 모두 행장을 꾸려 대오에 섰다. 주연은 이 방법으로 적군을 놀려 그들이 어떻게 방비해야 할지 모르게 했기 때문에 출전할 때마다 공로를 세웠다.

제갈근의 아들 제갈융과 보즐의 아들 보협은 비록 각기 아버지의 직무를 이어받았지만, 손권은 특별히 주연에게 군사 업무를 총괄하도록 하고 대독으로 삼았다. 육손도 죽게 되어 공신이나 명장 가운데 생존하는 자는 주연뿐이므로 그와 견줄 만큼 융성한 대우를 받는 이가 없었다. 주연은 2년 동안 병상에 누워 있었는데, 그 뒤로 점점 병세가 나빠졌다. 손권은 그 때문에 낮에는 먹는 것이 줄고 밤에는 잠을 이루지 못했다. 궁중의 사자와 의약, 음식물을 그에게 보내며 길에서 연락이 끊이지 않게 했다. 주연은 그때마다 사자를 보내 질병 상태를 아뢰었고, 손권은 그 사자를 불러 만나 몸소 물어보았다. 사자가 궁궐로 들어오면 술과 음식을 내리고 궁궐을 나가면 삼베와 비단을 보냈다. 창업 공신으로 질병이 있을 때 손권이 마음을 기울인 점에서는 여몽과 능통에 대한 것이 가장 두터웠고, 주연이 그다음이었다.

주연은 향년 예순여덟 살로 적오 12년(249)에 세상을 떠났다. 손권은 상복을 입고 장례식을 거행하며 그를 위해 매우 슬퍼했다. 아들 주적朱績이 뒤를 이었다.

주적은 자가 공서公緒이고 아버지로 인해 낭이 되었으며, 뒤에 건충도위(建忠都尉, 정벌을 담당한 관직)로 제수되었다. 작은아버지 주재가 죽자 주적이 그의 병사들을 통솔하게 되었으며, 태상 반준을 수행하여 오계五溪를 토벌하러 가 담력으로 칭찬을 받았다. 그는 편장군 영하독偏將軍營下督으로 승진하고 도적들에 관한 일을 겸했다. 그는 법을 집행하면서 한쪽으로 기우는 일이 없었다. 노왕 손패는 주적과 사귀고 싶어서 마음을 두고 있다가 일찍이 주적의 관서에까지 와서 그와 한자리에 앉아 친밀한 사이를 맺으려고 했다. 그러나 주적은 땅으로 내려가 일어서서 사양하고 받지 않았다. 주연이 세상을 떠난 뒤, 주적은 아버지의 일을 이어받아 평위장군 및 낙향독樂鄉督으로 임명되었다. 그다음 해에 위나라의 정남장군 왕창이 병사들을 이끌고 강릉성으로 쳐들어왔지만 이기지 못하고 물러갔다. 주적은 분위장군 제갈융에게 보내는 편지에서 다음과 같이 말했다.

왕창은 멀리서 왔으므로 지쳐 있으며 그 말들은 먹을 것이 없고 힘이 꺾여 달아난 것입니다. 이는 하늘이 우리를 돕고 있는 것입니다. 지금 추격하는 병력이 적으므로 병사들을 이끌고 가서 서로 잇도록

할 수 있습니다. 내가 먼저 그들을 칠 테니 당신은 뒤에 이어서 공격
하도록 하십시오. 이것이 어찌 한 사람의 공로로 이루어지겠습니까?
마땅히 두 사람이 마음을 합쳐 금을 자르는 의리를 함께해야 합니다.

제갈융은 주적에게 허락한다고 답했다. 주적은 곧바로 병사들을 이
끌고 기남성紀南城까지 왕창을 뒤쫓아갔다. 기남은 강릉성에서 30리
떨어져 있었다. 주적은 처음에는 싸워서 이겼지만 제갈융이 앞으로
나오지 않으므로 나중에는 불리해졌다. 손권은 주적의 생각을 매우
칭찬했으므로 제갈융을 심하게 꾸짖고 노여워했다. 그러나 제갈융
은 형 대장군 제갈각이 권세가 있었기 때문에 면직되지는 않았다.
애당초 주적은 제갈각, 제갈융과 화평하게 지내지 못했는데, 이 일
이 생긴 뒤로 양쪽의 틈은 더욱더 벌어졌다.

| 건흥 원년(252) | 주적은 진동장군鎭東將軍으로 승진했다.

| 건흥 2년(253) 봄 | 제갈각이 신성으로 향하면서 주적에게 힘을 합
쳐 싸우자고 요청하며 그를 반주에 머물러 있게 하고, 제갈융에게
주적의 임무를 겸하도록 했다.

| 겨울 | 제갈각과 제갈융이 살해되었고, 주적은 다시 낙향으로 돌
아와 가절을 받았다.

| 태평 2년(257) | 주적은 표기장군으로 승진했다. 손침이 정권을 쥐
게 되자 대신들은 의심하고 다른 마음을 가졌다. 주적은 오나라가
틀림없이 혼란스러워져 중국(중원)이 그 틈을 타고 차지하려 할 것
을 걱정하여, 곧 은밀히 편지를 보내 촉과 연락하여 오나라를 겸병
할 계획을 만들도록 했다. 촉은 우장군 염우閻宇를 보내서 병사 5천
명을 이끌고 가 백제의 수비를 늘리고 주적의 다음 명령을 기다리
게 했다.

| **영안 초년(258)** | 주적은 상대장군 및 도호독으로 승진하여 파구부터 서릉까지 관할하게 되었다.

| **원흥 원년(264)** | 주적은 좌대사마로 승진했다. 처음에 주연은 주치의 상을 마쳤을 때 본래 성을 되찾고 싶었지만 손권이 허락하지 않았다. 주적은 오봉(五鳳, 폐제 손량의 연호) 연간에 표를 올려 성을 시씨施氏로 바꾸었다.

| **건형 2년(270)** | 주적은 세상을 떠났다.

유비를 붙잡아두라고 은밀히 간하다

여범전呂範傳

여범은 자가 자형子衡이고 여남군 세양현細陽縣 사람이다. 그는 젊어서 현 관리가 되었고 용모와 자태가 빼어났다. 그 읍 사람 가운데 유씨劉氏라는 이가 집안이 부유하고 예쁜 딸이 있어서, 여범은 유씨에게 구혼을 했다. 그 여자의 어머니는 여범이 마음에 들지 않아 딸을 주지 않으려 했지만, 유씨가 이렇게 말했다.

"여자형을 보건대 어찌 오랫동안 가난하겠는가?"

그러고는 딸과 결혼시켰다. 뒤에 여범은 난리를 피해 수춘으로 갔는데, 손책은 그를 보고 보통 사람과 다르다고 생각했다. 그래서 여범은 자기 몸을 굽혀 식객 1백 명을 이끌고 손책에게로 들어갔다. 그때 태비가 강도에 있었는데, 손책은 여범을 보내 맞이하도록 했다. 서주목 도겸이 여범은 원씨袁氏를 위해 정탐하는 것이라고 말하고 현 관리에게 여범을 고문하여 취조하도록 지시했다. 여범이 신임하는 식객 가운데 건장한 자들이 그를 빼내어 돌아왔다. 당시 여범과 손하만이 늘 손책을 수행하여 산 넘고 물을 건너며 꽤 고생을 했고, 위험하고 험난한 상황에서도 피하지 않았다. 손책도 그들을 친척처럼 대우하여 언제나 함께 당堂에 올라 태비 앞에서 술을 마시며 즐겼다.

뒤에 여범은 손책을 따라 여강을 무찌르고 군사를 돌려 함께 장

강을 건너 횡강, 당리까지 가서 장영과 우미를 무찔렀으며, 소단양
(小丹楊, 단양군의 단양현)과 호숙현湖孰縣을 함락시켰다. 그 뒤 여범은
호숙의 상相으로 임명되었다. 손책은 말릉과 곡아 두 현을 평정하여
작융과 유요의 나머지 세력을 거둬들여 여범의 군사 2천 명과 기마
50필을 늘렸다. 뒤에 여범은 완릉현宛陵縣의 영을 겸했고, 단양의 도
적을 토벌하여 무찌르고 오군으로 돌아와 도독으로 승진했다.[3]

이때 하비의 진우陳瑀라는 자가 자칭 오군 태수라고 하며 해서현
海西縣에 주둔하여 호족 엄백호와 내통했다. 손책은 직접 엄백호를
토벌하러 가고, 따로 여범과 서일徐逸을 보내 해서에서 진우를 치게
했다. 그들은 진우의 대장 진목陳牧의 목을 베었다. 또 여범은 능양
현陵陽縣에서 조랑을 치고 용리현勇里縣에서 태사자를 치는 일에도
참가했다. 7현을 평정한 다음 여범은 정로중랑장征虜中郎長으로 임명
되었고, 강하로 출정했다가 돌아올 때 파양을 평정했다.

손책이 세상을 떠나자 여범은 오군으로 달려와 상례에 참가했다.
뒤에 손권이 또다시 강하로 출정했을 때, 여범은 장소와 함께 남아
서 지켰다.

---

3) 손책이 한가할 때 여범과 바둑을 두었는데, 여범이 말했다. "지금 장군 사업이 나날이 커
지고 병력도 날로 성대해지고 있습니다. 저는 먼 곳은 아직 기강이 정돈되지 않았다고 들
었습니다. 제가 잠시 도독을 겸하여 장군의 부분을 보좌하고 싶습니다." 그러자 손책이 말
했다. "자형, 그대는 사대부인 데다가 수하에 벌써 많은 수가 있으며 밖에서 공을 세웠는
데, 어찌 또 작은 관직에 몸을 굽히게 하여 군대 안의 자질구레한 일까지 알도록 하는 것
이 마땅하겠소!" 여범이 말했다. "그렇지 않습니다. 지금 고향을 버리고 장군에게 의탁한
자는 처자식을 위하지 않습니다. 세상일을 하려고 하는 자는 배 한 척으로 바다를 건너는
것과 같은데, 만일 한 곳이라도 약한 부분이 있다면 곧바로 실패하게 됩니다. 이것도 저
를 위한 계획이며 장군만을 위한 것은 아닙니다." 손책은 웃으며 대답하지 않았다. 여범은
물러나자, 예복을 벗고 말 탈 때 입는 옷을 입고 채찍을 손에 쥐고 궁궐 문이 있는 곳으로
와서 자청 도독을 겸한다고 했다.

조조가 적벽에 이르자 여범은 주유 등과 함께 쳐서 무찔러 비장군으로 임명되고 팽택 태수彭澤太守를 겸했으며, 팽택·시상·역양을 봉읍으로 삼았다.

유비가 수도로 돌아와 손권을 만날 때, 여범은 유비를 붙잡아두도록 남몰래 요청했다. 여범은 나중에 평남장군으로 승진하여 군대를 시상에 주둔시켰다.

손권은 관우를 토벌하러 가면서 여범의 관소를 지나게 되었다. 그는 여범에게 이렇게 말했다.

"전에 일찍이 그대 말을 따랐더라면 이러한 수고로움은 없었을 것이오. 지금 나는 그들을 쳐서 취하려 하니, 그대가 나를 위해 건업을 지켜주시오."

손권은 관우를 무찌르고 돌아갔다. 그는 무창을 도읍으로 하고, 여범을 건위장군으로 임명하고 완릉후에 봉했으며 단양 태수를 겸하게 했다. 관소를 건업에 두어 부주扶州 아래로 바다에 이르기까지 다스렸으며, 바꿔서 율양·회안懷安·영국을 봉읍으로 삼았다.

조휴·장료·장패 등이 쳐들어오자 여범은 서성·전종·손소 등을 지휘해 수군으로 동구에서 그들을 막았다. 여범은 전장군으로 승진하고 가절을 받았으며, 남창후로 바꾸어 봉해졌다. 그때 태풍을 만나 배가 뒤집혀서 사람들이 물에 빠졌는데, 익사한 자가 수천 명이나 되어 군대를 돌렸다. 그는 양주목으로 임명되었다.

여범은 위엄 있는 모습을 좋아하는 성격이었다. 그가 관할하는 주의 백성 가운데 육손과 전종 그리고 귀공자 같은 이들은 모두 그를 공경하고 정중하게 대하며 감히 가볍게 행동하지 않았다. 그가 사는 집과 옷은 그 당시 사치스럽고 호화로운 것이었지만, 근면하게 일하고 법령을 받들었기 때문에 손권은 그의 충성심을 기뻐하

고 그가 사치하는 것을 나무라지 않았다.[4]

처음에 손책은 여범에게 재무와 회계를 주관하도록 했다. 손권은 그 무렵 나이가 어려서 사사로이 여범에게 지나친 요구를 하는 일이 있었다. 여범은 이 일을 반드시 손책에게 알리고 감히 혼자서만 대답하지 않았다. 그때 여범은 이 일로 손권에게 원망을 샀다. 손권이 양선현의 장 직무를 맡았을 때 공금을 사사로이 썼다. 손책이 때때로 회계 장부를 살펴보았으므로 공조 주곡周谷은 늘 장부를 보충하여 기록해서 문책을 당하지 않도록 했다. 손권은 그 당시에는 주곡을 매우 좋아했다. 그러나 뒤에 그가 오나라의 일을 총괄하게 되었을 때는 여범이 충성스러웠기 때문에 신임을 두텁게 했고, 주곡은 장부를 속여 고칠 수 있는 사람이므로 임용하지 않았다.

| 황무 7년(228) | 여범은 대사마로 승진했다.[5] 그러나 여범은 인수가 아직 그에게 전해지지 않은 채로 세상을 떠났다. 손권은 몸소 상복을 입고 애도를 표했으며, 사자를 보내 인수를 추증했다. 수도 건업으로 돌아왔을 때 손권은 여범의 묘를 찾아가 이렇게 불렀다.

"자형!"

---

4) 여범과 하제는 사치하며 화려한 것을 좋아했다. 어떤 사람이 그의 옷은 신분에 어울리는 것이 아니며 왕자로 의심된다고 말했다. 그러자 손권이 말했다. "옛날 관중에게는 예의를 넘는 행동이 있었지만 환공은 그의 탁월함을 보고 이것을 용납했다. 그 일은 환공이 패업을 이루는 데 어떠한 손해도 끼치지 않았다." 그리하여 일러바쳤던 자는 감히 다시는 아무 말도 하지 못했다.

5) 손권은 건업으로 수도를 옮기고 부장이나 대신, 문무백관을 불러 모아 성대하게 연회를 연 일이 있었다. 그때 손권은 엄준에게 이렇게 말했다. "나는 옛날에 노자경의 재능을 찬탄하며 등우에 비교했고, 여자형(여범)을 오한吳漢과 견주었는데, 듣기로 여러분은 이 평가를 납득할 수 없다고 했다. 지금은 어떻다고 말하겠는가?" 엄준은 자리에서 물러나며 말했다. "신은 아직 그 취지를 이해할 수 없는데, 노숙과 여범이 총애를 받은 것은 두터우며 실질 이상으로 칭찬을 받았다고 생각합니다."

그는 말을 하며 눈물을 흘렸고 태뢰太牢로 여범을 제사지냈다.

여범의 맏아들은 전에 죽었으므로 둘째 아들 여거가 뒤를 이었다. 여거의 자는 세의世議이고, 아버지가 높은 직책에 있었기 때문에 낭이 되었다. 뒤에 여범이 질병으로 누워 있게 되자, 여거는 부군교위(副軍校尉, 주主 장군의 군대 지휘를 보좌한 관직) 및 좌령군사佐領軍事로 임명되었다. 여범이 세상을 떠나자, 여거는 안군중랑장(安軍中郎將, 산월족 및 도적 등을 주로 정벌한 관직)으로 승진했다. 그는 산월의 도적들을 여러 차례 토벌했으며, 여러 교활한 적과 험난한 곳도 공격할 때마다 깨뜨렸다. 또 태상 반준을 따라 오계를 토벌하여 공로를 세웠다. 주연이 번성을 칠 때는 여거와 주이가 성 밖의 포위를 격파하여 돌아올 때 편장군으로 임명되었다. 여거는 궁궐로 들어와 마한우부독(馬閑右部督, 마한영馬閑營의 기병을 통솔하여 경성을 보위한 관직)으로 임명되고 월기교위로 승진했다.

₃₈₀

| **태원 원년(251)** | 폭풍이 불어 장강 물이 흘러넘쳐 점점 성문 안으로 들어왔다. 손권은 사람을 시켜 물의 움직임을 살피도록 했는데, 유독 여거만이 사람들을 시켜 큰 배로 침해를 막는 것이 보였다. 손권은 이를 기뻐하여 여거를 탕위장군(蕩魏將軍, 오나라에서 위나라와의 전투를 위해 특별히 둔 장군)으로 임명했다. 손권은 질병으로 눕게 되자 여거를 태자우부독太子右部督으로 삼았다. 태자가 즉위한 뒤에는 우장군으로 임명되었다. 위나라가 동흥으로 출동했을 때 여거는 달려나가 토벌하여 공을 세웠다. 다음 해에 손준이 제갈각을 죽이자 여거를 표기장군으로 승진시키고, 평서궁사(平西宮事, 서궁의 사무를 처리한 관직)를 맡도록 했다.

| **오봉 2년(255)** | 여거는 가절을 받고 손준 등과 수춘을 습격했다. 여거는 돌아오는 길에 위나라 장수 조진을 만나 고정에서 깨뜨렸다.

| **태평 원년(256)** | 여거는 병사들을 이끌고 위나라로 쳐들어갔다. 여거가 회하에 이르기도 전에 손준이 죽어 사촌 동생 손침에게 자기 직위를 잇도록 유언했다는 소식을 듣게 되었다. 여거는 매우 화가 나서 병사들을 이끌고 돌아가 손침을 폐출시키려고 했다. 손침은 이 소식을 듣고 중서랑에게 조서를 받들게 하고, 문흠과 유찬과 당자 등에게 여거를 사로잡도록 했으며, 또 종형從兄 손헌을 보내서 수도에 있는 병사들을 이끌어 강도에서 여거를 맞아 싸우게 했다. 주위 사람들이 여거에게 위나라로 투항하라고 권유했으나 여거는 이렇게 말했다.

"모반하는 신하가 되는 것은 부끄러운 일이오."

그러고는 자살했다. 손침은 여거의 삼족을 멸했다.

유수 전투에서 조인을 물리치다

주환전朱桓傳

주환은 자가 휴목休穆이고 오군 오현 사람이다. 손권이 장군이 되었을 때 주환은 그의 막부에서 일했으며, 뒤에 여요현의 장으로 승진했다. 그가 부임하러 갈 때, 마침 역병이 유행하고 곡식이 황폐하여 값이 뛰어올랐다. 주환은 유능한 관리들을 뽑고 의약으로 백성을 위로했으며 죽을 먹여 구제했다. 그래서 사인과 백성은 감격하여 그를 받들었다. 그를 탕구교위蕩寇校尉로 승진시키고, 병사 2천 명을 주어 오군과 회계군 두 군에서 부오(部伍, 정벌한 지역에서 건장한 자를 뽑아 사병으로 대체한 부대)를 편성하도록 했다. 그는 흩어졌던 병사들을 불러 모아 1년 사이에 정돈시켜 1만여 명을 얻었다. 뒤에 단양과 파양 일대의 산적들이 봉기해 성곽을 쳐서 함락시키고, 지방 관원들을 죽이고 포로로 잡아 곳곳에 집단을 이루었다. 주환은 장수들을 이끌고 적진으로 토벌하러 갔는데 이르는 곳마다 모두 평정했다. 그는 점점 승진하여 비장군이 되었고 신성정후新城亭侯로 봉해졌다. 뒤에 주환은 주태를 대행하여 유수독이 되었다.

| 황무 원년(222) | 위나라가 대사마 조인을 보내 보병과 기병 수만 명이 유수로 향했다. 조인은 주를 취하기 위해 먼저 위나라가 동쪽으로 선계羨溪를 치려 한다고 거짓으로 알리려 했다. 주환은 병사를 나누어 선계로 가도록 했다. 대오가 이미 출발한 뒤, 주환은 갑자기

조인이 유수로 진군하려고 하며 70리 떨어진 곳까지 이르렀다는 소식을 듣게 되었다. 주환은 사자를 보내 선계로 향해 가던 병사들을 쫓아가 돌아오도록 했다. 그러나 선계의 병사들이 오기 전에 조인이 재빠르게 도착했다. 그때 주환 수하의 병사와 그가 통솔하는 부대에 남아 있는 자는 5천 명이었다. 장수들은 불안하여 각기 두려워하는 마음이 있었다. 주환은 그들을 깨우쳐 말했다.

"양쪽 군대가 싸우는 데서 승부의 관건은 장수에게 있지, 병사들의 많고 적음에 있는 게 아니오. 여러분은 조인이 병사를 쓰고 지휘하는 것이 나와 비교하여 어떻다고 들었소? 병법에서 공격하는 쪽은 배가 되어야 하고 지키는 쪽은 절반이면 된다고 하는 것은 양쪽 군대가 모두 평원에 있고 성벽이나 못의 수비가 없음을 말하는 것이며, 또 양쪽 병사들이 용감하고 두려워하는 바가 똑같음을 말하는 것이오.

지금 적군 장수에게는 지혜도 없고 용기도 없는 데다가 사졸들은 매우 겁을 먹었고, 또 천 리를 걸어왔으므로 병사와 말은 아주 지쳐 있소. 나와 여러 부대가 함께 높은 성을 차지하고 남쪽으로는 대강에 임하고 북쪽으로는 산과 구릉을 등진 채 충분히 쉰 병사들로 지친 적군을 기다리도록 하는 것은 수비 쪽에서 공격 쪽을 제압하는 것이며, 이는 백전백승百戰百勝의 형세인 것이오. 비록 조비가 직접 왔을지라도 오히려 걱정할 바가 못 되거늘, 하물며 조인 등임에랴!"

그래서 주환은 깃발을 쓰러뜨리고 북을 울리지 않은 채 겉으로 허약함을 나타내어 조인을 꾀어 다가오게 했다. 조인은 정말 그 아들 조태를 보내서 유수성을 치게 했으며, 장군 상조를 나누어 보내 제갈건諸葛虔과 왕쌍王雙 등을 지휘하여 유선을 타고 따로 중주를 습격하도록 했다. 중주는 부대의 가족들이 살고 있는 곳이었다. 조인 자신은 1만 명을 이끌어 탁고에 머물렀고, 진태 등은 후방에서 막도록 했다. 주환 부대의 병사들은 유선을 공격하여 취하고, 때로는 따로 상조 등을 쳤다. 주환 등은 직접 조태에게 맞서서 그의 군영을 불태워 물러가도록 했다. 그래서 상조를 죽이고 왕쌍을 사로잡아 무창으로 보냈다. 이 싸움에서 머리를 베이거나 물에 빠져 죽은 자는 1천여 명이나 되었다. 손권은 주환의 공로를 칭찬하고 가흥후嘉興侯로 봉했으며, 분무장군奮武將軍으로 승진시키고 팽성국의 상相을 겸하게 했다.

| 황무 7년(228) | 파양 태수 주방은 위나라 대사마 조휴를 속여 유인했다. 조휴는 보병과 기병 10만 명을 이끌고 환성까지 이르러 주방을 맞으려고 했다. 그때 육손은 원수元帥였고 전종과 주환은 좌우독을 맡아 각각 3만 명씩을 지휘하여 조휴를 쳤다. 조휴는 자신이 속았음을 알고 군사를 돌리려다가 자기 병력이 많음을 믿고 상대방과 한번 겨뤄보기로 했다. 주환은 손권에게 다음과 같은 계책을 바쳐 말했다.

"조휴는 본래 친척 사이여서 임명되었을 뿐 지혜나 용기가 있는 명장은 아닙니다. 지금 싸운다면 그는 반드시 패할 것이고 패하면 틀림없이 달아날 것입니다. 달아나면 당연히 협석과 괘거挂車를 지나게 될 텐데, 이 두 길은 모두 험난합니다. 만일 병력 1만 명으로 길을 막는다면 그들의 병력을 전멸시키고 조휴를 사로잡을 수 있을 것입니다. 신은 수하의 병력으로 그들의 퇴로를 끊고자 합니다. 만일 하늘의 위력을 입어 [사로잡힌] 조휴를 이용하여 성과를 얻는다면, 승리를 타고 달려 수춘으로 나아가 취하고 회남을 차지하고 허창과 낙양을 도모하겠습니다. 이것은 만세에 한 번 있는 기회로

서 잃을 수 없습니다."

손권은 먼저 육손과 상의했다. 육손이 주환의 계책은 쓸 수 없다고 주장했기 때문에 계획이 시행되지 못했다.

| **황룡 원년(229)** | 주환은 전장군으로 임명되었고, 청주목을 겸했으며, 가절을 받았다.

| **가화 6년(237)** | 위나라 여강군 주부 여습呂習이 오나라의 대군을 요청하여 자신을 맞이하게 하고, 성문을 열어 호응하기로 했다. 주환은 위장군 전종과 함께 병사를 이끌고 맞이하러 갔다. 그들이 도착한 다음에 일이 발각되어 군대는 돌아와야만 했다. 여강성 밖에는 성에서 1리 떨어진 곳에 계수溪水가 있었는데, 너비가 30여 장이고 길이는 8~9자이며 얕은 곳은 깊은 곳의 절반쯤 되었다. 각 부대는 병기를 짊어지고 건너갔으며, 주환은 직접 뒤의 추격병을 차단했다. 그때 여강 태수 이응李膺이 병사와 기마를 정돈하고 격려하여 각 군대가 반쯤 건넜을 때 기회를 엿보다가 공격하려고 했다. 그러나 뒤에 주환의 절節과 산개(傘盖, 군주나 고급 관료의 장식물)가 있는 것을 보고는 끝내 출병하지 못하고 말았다. 적군들이 주환을 두려워하기가 이와 같았다.

이 무렵 전종이 독을 맡고 있었는데, 손권은 또 편장군 호종에게 명하여 조서의 명령을 선포하고 군사 일에 참여하도록 했다. 전종은 군대에서 병사를 내어 얻은 것이 없었으므로 상의하여 부서의 장수들에게 이익이 없던 곳을 채우려고 했다. 주환은 평소 기질이 고상하여 전종에게 지휘받는 것을 치욕스럽게 여기고 있었다. 그래서 전종을 찾아가 이와 같이 하는 의도를 묻고 감정이 격해져 그와 논쟁을 벌였다. 전종은 스스로 변호하려고 하며 이렇게 말했다.

"황상께서 직접 명하여 호종을 독으로 삼았고, 호종의 생각은 이와 같이 하는 것이 마땅하다는 것이오."

주환은 점점 더 분통이 터지고 한스러웠다. 그는 돌아와서 사람을 시켜 호종을 불렀다. 호종이 군영 문밖에 이르자, 주환은 나가 맞이하고 주위에 있는 자를 돌아보며 말했다.

"내가 행동을 개시하려는데 여러분이 스스로 떠나다니!"

어떤 한 사람이 곁에서 나오더니 호종에게 돌아가려 한다고 말했다. 주환은 나와서 호종을 만나지 않은 채 수하의 사람들이 한 일로 알고 목을 베어 죽였다. 주환은 좌군(佐軍, 군사 업무를 보좌하는 직책)이 나아가 간언하자 그를 찔러 죽였다. 그러고 나서 정신병이 발작한 것이라 하고는 건업에 이르러 질병을 치료했다. 손권은 그의 공로와 능력을 아꼈기 때문에 죄를 다스리지는 않았다. 손권은 그 아들 주이朱異에게 대신 군대를 통솔하게 하고, 의원에게 간호하도록 했으며, 몇 달 뒤에는 그를 보내 중주로 돌아가게 했다. 손권은 직접 나와 전송하며 말했다.

"지금 적이 여전히 있고 왕업을 세우는 길은 아직 하나로 확정되지 않았소. 나는 그대와 함께 천하를 평정해야 하므로, 그대에게 5만 명을 이끌어 한쪽 면을 도맡아 지모로써 나아가 취하도록 하려고 하오. 그대의 질병이 다시 발작하지 않기를 바라오."

주환이 말했다.

"하늘이 폐하께 성스러운 자태를 주셨으니, 폐하께서는 당연히 사해에 임해야만 합니다. 폐하께서 막중한 임무를 신에게 맡겨 간사한 반역자를 제거하도록 하시니 신의 질병은 당연히 좋아질 것입니다."

주환의 성품은 지난 잘못을 꺼리고 다른 사람들 아래에 있는 것을 치욕으로 여겼으며, 매번 적과 싸우면서 자기 뜻대로 군대를 지휘할 수 없으면 진노하고 격분했다. 그러나 그는 재물을 가벼이 여기고 의리를 귀중히 여겼으며, 기억력도 뛰어나 한 번 만난 사람은 수십 년 동안 잊지 않고 그의 군사 1만 명과 그들의 가족을 다 기억했다. 그는 관병을 아끼고, 그들의 친척들도 보살폈다. 그는 봉록과 산업을 모두 부하들과 함께 나누었다.

주환이 질병으로 어려울 때 모든 군영이 걱정과 슬픔으로 가득했다.

| 적오 원년(238) | 주환은 예순두 살로 세상을 떠났다. 관병이나 그들의 친척들은 남녀를 가리지 않고 그를 우러르지 않는 이가 없었다. 또 그의 집에는 남은 재산이 없었다. 손권은 소금 5천 곡을 내려 상사를 주재하도록 했다. 그 아들 주이가 뒤를 이었다.

주이는 자가 계문季文이고 아버지의 지위가 높았기 때문에 낭으로 임명되었다. 그리고 뒤에 기도위가 되어 주환을 대행해 병사들을 통솔했다.

| 적오 4년(241) | 주이는 주연을 수행하여 위나라 번성을 치러 갔을 때 번성의 포위 벽을 무찌를 계획을 건의했고, 돌아와서 편장군으로 임명되었다. 위나라 여강 태수 문흠이 진영을 육안에 두고 길의 요충지에 수많은 보루를 세워 도망자나 반란을 일으킨 자를 유인하여 변방의 피해를 만들었다. 주이는 곧바로 직접 수하의 2천 명을 이끌고 가서 문흠의 보루 일곱 개를 엄습하여 깨뜨렸으며, 수백 명의 머리를 베어 양무장군으로 승진했다. 손권은 그와 공전攻戰을 논의했는데 그의 대답이 손권의 뜻에 잘 맞았다. 손권은 주이의 숙부이며 표기장군인 주거에게 말했다.

"나는 본래 계문이 담대하고 침착하다는 것을 알고 있었는데, 그를 만나보니 또 듣던 것을 넘소."

| 적오 13년(250) | 문흠이 거짓으로 항복하고 은밀히 주이에게 편지를 보내 직접 맞이하도록 했다. 주이는 표를 올려 문흠의 편지를 바치고 문흠의 거짓을 말하며 맞이할 수 없다고 했다. 손권은 조서를 내려 말했다.

지금 북쪽 땅은 아직 통일되지 않았는데, 문흠이 천명으로 돌아오려 한다고 했으므로 맞이하는 게 마땅하다. 만일 그가 속이는 것이 있다고 의심하고 단지 그물을 펴서 잡으려면 병사들을 많이 배치하여 방비해야 할 뿐이다.

그리고 여거를 보내 2만 명을 지휘하여 주이와 함께 힘을 합치도록 했다. 그들이 북쪽 경계까지 이르렀는데 문흠은 정말로 투항하지 않았다.

| 건흥 원년(252) | 주이는 진남장군으로 옮겼다. 이해에 위나라에서는 호준과 제갈탄 등을 보내 동흥을 침범하게 했다. 주이가 수군을 이끌고 가서 그들의 부량浮梁을 부숴버렸으므로 위나라 군대는 크게 격파되었다.

| 태평 2년(257) | 주이는 가절을 받고 대도독이 되었으며, 에워싸인 수춘을 구원하려고 했으나 포위를 풀 수 없었다. 군사를 돌린 뒤 주이는 손침에게 까닭 없이 살해되었다.[6]

【평하여 말한다】

주치와 여범은 옛 신하 신분으로 임용되었고, 주연과 주환은 용감

함과 강렬함으로 빛났으며, 여거와 주이와 시적은 장수의 재능이 있
어 아버지를 이어 계속 나라의 대들보가 될 수 있었다. 여범과 주환
같은 이는 편협했지만 좋은 결말이 있었고, 여거와 주이는 이러한 허
물이 없지만 오히려 재앙을 당했으니, 이는 그들이 만난 때가 달랐기
때문이다.

6) 손침이 주이를 만나자고 청하여 주이가 회견장으로 가려고 할 때, 예기치 못한 일이 일어
   날까 봐 걱정한 육항이 그를 막아섰다. 그러나 주이는 "자통子通, 집안사람일 뿐이오. 어
   찌 의심할 필요가 있겠소!"라고 말하며 갔다. 손침은 힘이 센 자에게 회견장에서 주이를
   체포하도록 했다. 주이는 "나는 오나라 충신이다. 무슨 죄가 있는가?"라고 말했으나 그 자
   리에서 살해되고 말았다.

12

우육장낙육오주전虞陸張駱陸吾朱傳

재능을 펼치지 못한 비운의 인물들

고지식하여 손권에게 버림받다

우번전虞翻傳

우번은 자가 중상仲翔이고 회계군 여요현 사람이다. 태수 왕랑이 그를 공조로 임명했다. 손책이 회계를 정벌하려고 했을 때 우번은 아버지 상을 당했는데, 상복을 입은 채 군부의 문 앞까지 왔다. 왕랑이 우번을 맞이하려고 하자, 우번은 곧 상복을 벗고 들어가 왕랑을 만났다. 우번은 왕랑에게 손책을 피하도록 권유했다. 왕랑은 그의 권유를 받아들이지 않고 손책을 맞아 싸우다가 참패하여 바다로 달아나 표류하게 되었다. 우번은 그의 뒤를 쫓아가 보호하여 동부東部의 관할인 후관현候官縣까지 이르렀다. 후관현의 장은 성문을 닫고 이들을 받아들이지 않았으나, 우번이 가서 그들을 설득하자 성안으로 들어오도록 했다.[1] 왕랑이 우번에게 말했다.

"그대에게는 늙은 어머니가 계시니 집으로 돌아가시오."

우번은 회계군으로 돌아왔다. 손책은 우번을 다시 공조로 임명하

---

[1] 우번은 처음에 왕랑을 광릉으로 보내려고 했는데, 왕랑은 왕방평王方平의 예언서에 "빨리 와서 나를 맞으시오. 남악南岳에서 구하시오."라고 한 것을 의혹스러워하며 남쪽으로 향했다. 후관에 이르자 왕랑은 또 교주에 몸을 의탁하려고 했다. 우번은 왕랑에게 간언하여 "이것은 망령된 책일 뿐입니다. 교주에는 남악이 없는데 어째서 그곳에 의탁하려 하십니까?"라고 했다. 그래서 왕랑은 그만두었다.

고 친구의 예로 대우했으며, 직접 그의 집을 방문하기도 했다.

손책은 말을 달려 사냥 놀이 하는 것을 좋아했다. 우번은 손책에게 이렇게 간언했다.

"명부明府²⁾께서는 까마귀 떼 같은 병졸들을 사용하고, 흩어졌다가 모인 병사들을 달리게 하면서도 모두 그들이 죽을힘을 다하고 있으니 비록 한나라 고제高帝라고 할지라도 미치지 못할 것입니다. 가볍게 무장하고 외출하여 은밀히 행동하는 데에 이르러서는 수행하는 관리들이 경비할 틈도 없으니 관리나 병졸 들은 이 때문에 늘 고뇌합니다. 백성의 군주가 된 자는 장중하지 않으면 위엄이 있을 수 없습니다. 그러므로 흰 용이 물고기 모습으로 바뀌듯 존귀한 분이 평민의 옷을 입으면 예차豫且의 화살에 눈이 맞아 곤란해지고, 백제의 아들인 뱀이 스스로 방종했으므로 유계(劉季, 한 고조)가 그를 죽였습니다. 원컨대 다소나마 조심하십시오."

손책이 말했다.

"그대 말이 옳소. 그렇지만 나는 때때로 생각하는 것이 있어 단정히 앉아 번뇌하오. 비심(裨諶, 춘추시대 정나라 대부)이 초안한 계책 같은 것이 있기 때문에 나가는 것이오."

우번은 밖으로 나가 부춘현의 장이 되었다. 손책이 세상을 떠나자,³⁾ 많은 관리가 함께 임지에서 나가 장례식장으로 달려가려고 했

---

2) 군 태수에 대한 존칭이다. 본래 군 태수는 부군府君이라고 했는데, 명부란 현명한 부군이란 뜻이다. 임준, 환계 같은 이도 이 직위였다.

3) 손책이 죽고 손권이 정사를 통솔하게 되었을 때의 일이다. 정무중랑장定武中郞將 손호孫暠는 손책의 사촌 형으로 오정에 주둔하고 있었는데, 수하의 관리와 병사 들을 이끌고 가서 회계군을 취하려고 했다. 회계군에서는 이 말을 듣고 백성을 동원하여 성을 공고히 하고 군주의 명령을 기다렸다. 그러는 중에 사람을 시켜 손호를 깨우쳐 그렇게 하지 못하도록 했다.

다. 이에 우번은 다음과 같이 말했다.

"인근 현의 산월족이 혹시 변란을 일으킬 수 있습니다. 멀리 성곽을 떠나는 것은 틀림없이 뜻밖의 일을 부르게 될 것입니다."

그래서 우번은 임지에 머무르며 상복을 입고 손책을 위해 복상했다. 여러 현에서는 모두 그를 본받아 다 안녕을 지켰다. 뒤에 우번은 주에서 무재로 천거되었고, 한나라 조정에서는 그를 불러 시어사로 임명했으며, 조조는 그를 사공으로 임명하려 했지만 모두 취임하지 않았다.[4]

우번은 소부 공융에게 편지를 보내고, 아울러 자신이 지은《주역주周易注》를 보여주었다. 공융은 이렇게 답장했다.

춘추시대 오나라 연릉延陵의 계찰이 음악에 정통하다고 들었고, 지금 당신의《주역》연구를 보고서 비로소 동남쪽 지역의 아름다운 것이 오로지 회계의 죽전竹箭뿐이 아님을 알게 되었습니다. 또 구름의 모양을 통해 천상天象을 관찰하고 추위와 더위를 살펴서 그 안에 있는 화복禍福의 근원을 소급하면 음양 변화의 규율과 완전히 부합했으니 곤궁함과 영달의 이치를 탐색한 것이라고 할 수 있습니다.

회계 동부도위 장굉이 또 공융에게 편지를 보내서 말했다.

우중상虞仲翔은 전에 자못 평론가들에게 악평을 들었지만, 우수한

---

4) 우번은 조조가 자신을 그의 사공으로 초빙하려 한다는 소식을 듣자, "도척盜跖이 남는 재산으로 훌륭한 집안을 더럽히려고 하는가?"라며 거절했다.

품덕과 재능을 자질로 삼아 더욱더 갈고 닦아 광채를 더했으므로 그러한 비난이 그를 손상시키기에는 부족합니다.

손권은 우번을 기도위로 삼았다. 우번이 손권의 뜻을 여러 차례 거스르면서 간언했으므로 손권은 유쾌할 수 없었다. 또한 우번은 천성적으로 습속에 타협하지 못하여 매우 많은 비방을 받아 단양군 경현으로 좌천되었다. 여몽은 관우를 취할 계획을 세우고 질병을 핑계 삼아 건업으로 돌아왔는데, 이때 우번이 의술에도 두루 정통하다는 이유로 자신을 따르도록 할 것을 청했다. 또한 이 방법으로 우번을 풀어주려고 한 것이다. 뒤에 여몽이 군사들을 이끌고 서쪽으로 향하자, 남군 태수 미방이 성문을 열고 나와 투항했다. 여몽은 아직 군의 성을 점령하지는 않았지만 성 밖 광장에서 축하연을 열었다. 우번이 여몽에게 말했다.

"현재 충실한 마음으로 투항한 자는 미 장군뿐입니다. 성안 사람들을 어찌 다 믿을 수 있습니까? 어째서 빨리 성으로 들어가 그 성의 권력을 잡지 않으십니까?"

여몽은 곧장 그의 의견을 따랐다. 그때 성안에서 어떤 자가 은밀히 계획을 세우고 있었지만, 우번의 진언이 있었으므로 그 계획은 실행되지 못했다.

관우가 지자 손권은 우번에게 관우의 마지막을 점치도록 했다. 우번은 아래가 태兌이고 위가 감坎인 절괘節卦이고 오효五爻가 변하여 임괘臨卦가 되는 것을 얻고서 말했다.

"이틀을 넘기지 못하고 반드시 머리가 끊어질 것입니다."

정말 우번의 말처럼 되었다. 손권이 말했다.

"그대는 복희伏羲에는 미치지 못해도 동방삭東方朔[5]에게는 견줄 만하오."

위나라 장수 우금이 관우에게 붙잡혀 성안에 갇혀 있었다. 손권이 와서 그를 풀어주고 서로 만나보기를 요청했다. 그 뒤 어느 날, 손권은 말을 타고 우금과 나란히 외출하게 되었다. 우번은 우금을 꾸짖으며 이렇게 말했다.

"당신은 투항한 포로이거늘 어찌 감히 우리 군주와 말 머리를 나란히 하시오!"

그러고 나서 채찍을 들어 우금을 때리려고 했다. 이때 손권이 나무라며 이를 말렸다. 그다음에 손권이 누선에서 신하들을 모아 연회를 열자, 우금은 음악을 듣고 눈물을 흘렸다. 우번이 또 말했다.

"당신은 거짓으로 사면을 구하려 하시오?"

손권은 우번이 자기 뜻과 같지 않아 원망하고 불평했다.

손권이 오왕이 되고 나서, 연회가 끝날 무렵 직접 일어나 사람들

5) 효무제 때 제나라 사람으로 동방 선생東方先生이라는 자가 있었는데, 이름을 삭朔이라 했다. 옛날부터 전해 내려오는 책을 좋아하고 경술經術을 사랑했으며, 경사經史 이외의 전기나 잡설 등도 두루 읽었다. 동방삭은 장안으로 처음 들어왔을 때 공거公車에서 글을 올렸다. 그 글은 3천여 장의 주독(奏牘, 황제에게 상주할 때 쓰던 죽간)에 쓴 것으로 두 사람이 겨우 들어 옮길 수 있었다. 황제는 이것을 차례대로 읽었는데, 중간에 쉴 때는 부호를 만들어 그곳을 표시해놓았다. 이것을 두 달이 걸려서야 겨우 읽을 수 있었다. 황제는 조서를 내려 동방삭을 낭으로 삼았다. 그는 언제나 궁중에 들어와 황제를 가까이에서 모셨다. 그는 자주 어전으로 불려 나가 황제의 말 상대가 되곤 했는데 그때마다 황제가 기뻐하지 않은 적이 없었다. 가끔 조서를 내려 동방삭에게 어전에서 식사를 하게 했는데, 식사가 끝나면 먹다 남은 고기를 모조리 품속에 넣어 가지고 나오므로 옷이 모두 더러워지곤 했다. 황제는 또 자주 비단을 내려주었는데, 그때마다 어깨에 메고 물러갔다. 그는 하사받은 돈과 비단을 헛되이 써서 장안의 미녀들 가운데 젊은 여자를 아내로 맞이했다. 아내를 얻은 지 1년쯤 지나면 그 여자를 버리고 다시 다른 여자를 맞아들였다. 하사받은 돈과 재물을 모두 여자들에게 써버렸다. 황제 좌우에 있던 낭관의 절반은 그를 미치광이로 취급했다.

에게 술을 따라주었는데, 우번은 땅에 엎드려 취한 척하며 받지 않았다. 손권이 떠날 때쯤 우번이 일어나 앉았다. 손권은 이때 매우 화가 나서 직접 칼로 그를 찌르려고 했다. 곁에서 모시고 앉아 있던 자들 가운데 두려워하지 않는 이가 없었는데, 대사농 유기만이 일어나 손권을 끌어안으며 간언했다.

"대왕께서는 술을 석 잔 돌린 다음에 명망이 있는 선비를 죽여야 합니다. 비록 우번에게 죄가 있다고 할지라도 천하가 어찌 이것을 알겠습니까? 그리고 대왕께서 현명한 이들을 받아들이고 사람들을 기를 수 있기 때문에 사해 안에서 대왕의 풍채를 우러르고 있는데, 지금 하루아침에 이것을 버리는 것이 옳겠습니까?"

손권이 말했다.

"조맹덕은 오히려 공문거(孔文擧, 공융)를 죽였는데, 내가 우번을 죽이는 것은 어째서 합당하지 않소?"

유기가 말했다.

"맹덕은 재능 있는 선비를 가볍게 죽였기 때문에 천하 사람들이 그를 비난했습니다. 대왕께서는 몸소 덕행과 인의를 실행하여 요임금이나 순임금과 융성함을 비교하시려 하면서 어떻게 자신을 맹덕과 견주십니까?"

우번은 이 때문에 죽음을 면했다. 손권은 이 기회를 통해 옆에 있는 자들에게 명하여 오늘부터 술을 마시고서 죽인다고 말하는 경우는 모두 죽일 수 없다고 했다.

우번은 일찍이 배를 타고 가다가 미방과 만나게 되었다. 미방의 배 위에는 사람이 많았는데, 우번에게 자신들을 피하도록 하려고 앞에서 길을 여는 자가 소리쳤다.

"장군의 배를 피하십시오!"

우번은 사나운 소리로 말했다.

"충성과 신의를 잃고 어떻게 군주를 섬기시오? 사람들의 두 성을 기울게 하고도 오히려 장군이라고 일컫는 것이 옳소?"

미방은 창문을 닫아 응대하지 않고 황급히 우번을 피해 갔다. 나중에 우번은 수레를 타고 나갔다가 또 미방의 진영 문 앞을 지나가게 되었는데, 미방의 관리들이 문을 닫아 우번의 수레가 지나가지 못했다. 우번은 다시 화를 내며 이렇게 말했다.

"마땅히 닫아야 할 문은 오히려 열어놓고, 열어야 할 문은 오히려 닫으니 어찌 일을 처리하는 것이 옳겠는가?"

미방은 이 말을 듣고 부끄러운 기색이 있었다.

우번은 성품이 소략疏略하고 정직하여 술을 마시고서 여러 차례 실언을 했다. 손권이 장소와 신선을 논할 때, 우번은 장소를 손가락으로 가리키며 말했다.

"그들은 모두 죽은 사람입니다. 당신은 신선을 말하고 있는데, 세상에 어찌 선인仙人이 있겠습니까?"

손권은 우번에게 화난 것이 처음이 아니므로[6] 우번을 교주로 쫓아버렸다. 그는 비록 죄를 지어 쫓겨나게 되었지만 가르치고 배우는 데에는 지칠 줄을 모르므로 언제나 문하생이 수백 명씩 되었다.

---

6) 뒤에 손권이 위나라와 강화를 맺게 되자, 우금을 북쪽으로 돌려보내려 했다. 이때에도 우번은 다음과 같이 간언했다. "우금은 싸움에 져서 병력 수만을 잃었고, 자신은 포로가 되었으면서도 죽지 못했습니다. 북방 군대의 습속으로는 우금을 얻었을 때 반드시 규율로 처리할 수 있습니다. 그를 돌려보내도 손실될 것은 없으니 여전히 죄인을 방치한 것입니다. 그의 목을 베어 온 군사에게 보여 사람의 신하 된 자가 두 마음을 갖고 있음을 드러내는 것만 못합니다." 그러나 손권은 듣지 않았다. 신하들이 우금을 돌려보낼 때, 우번은 우금에게 말했다. "당신은 오나라에 인물이 없다고 생각하지 마시오. 내 의견이 쓰이지 않았을 뿐이오."

또 《노자》·《논어》·《국어》에도 주석을 달았는데, 이것은 모두 세상에 전해지고 있다.

처음 산음의 정람丁覽이나 태말太末의 서릉은 현 관리의 울타리 안에 있으면서 사람들에게 인정받지 못했는데, 우번은 이들을 한 번 보고 곧 우정을 나누었으며, 마침내 모두 이름을 빛냈다.

우번은 남쪽에서 10여 년 동안 있다가 일흔 살에 세상을 떠났다. 그의 영구는 고향으로 돌아와 안장되었고, 처자식도 고향으로 돌아왔다.

우번에게는 아들이 열한 명 있었는데, 넷째 아들 우사가 가장 이름이 알려졌다.[7] 영안 초에 그는 선조랑選曹郎에서 산기중상시가 되었고, 뒤에 감군사자가 되어 부엄을 토벌하다가 질병으로 죽었다. 우사의 동생 우충虞忠은 의도 태수宜都太守가 되었으며, 우용虞聳은 월기교위로 있다가 여러 번 승진하여 정위가 되었고, 상동 태수와 하간 태수河間太守가 되었다. 우병虞昺은 정위상서廷尉尙書 및 제음 태수濟陰太守가 되었다.

---

7) 손침이 어린 군주를 폐위시키고 낭야왕 손휴를 맞아 즉위시키려고 했다. 손휴가 아직 오지 않은 사이에 손침은 궁궐로 들어가 법도를 따르지 않고 백관을 불러 모아 의견을 구했는데, 백관은 모두 두려워 낯빛을 잃고 좋다고만 했다. 그때 우번의 넷째 아들 우사가 말했다. "명공께서는 오나라에서 이윤이나 주공이 되며 장군과 재상 지위에 있으면서 군주를 폐위시키고 즉위시키는 위세를 휘두르며, 위로는 종묘를 안정시키고 아래로는 백성에게 은혜를 베풀어주어서 귀한 자와 천한 자가 기뻐 날뛰며 이윤과 곽광이 이 세상에 다시 나타났다고 생각하고 있습니다. 지금 낭야왕은 아직 영접하여 이르지 못했는데 궁궐로 들어와 있으니, 이와 같으면 신하들이 동요하고 사람들은 의심할 것입니다. 영원히 충효를 하여 명성을 후세에까지 떨치는 것이 아닙니다." 손침은 불쾌하지만 결국 손휴를 즉위시켰다.

학문에만 힘썼는데 무장으로 잘못 쓰이다

육적전陸績傳

육적은 자가 공기公紀이며 오군 오현 사람이다. 아버지 육강은 한나라 왕조 말기에 여강 태수를 지냈다. 육적은 여섯 살 때 구강에서 원술을 만났다. 원술이 귤을 꺼내 그를 대접했는데, 육적은 인사를 하다가 숨겨 가려던 귤 세 개를 땅에 떨어뜨리고 말았다. 원술이 말했다.

"육랑陸郞은 손님이면서 귤을 품속에 숨겼는가?"

육적은 무릎을 꿇고 이렇게 대답했다.

"돌아가 어머니께 드리려고 했습니다."

원술은 육적을 매우 남다른 아이로 생각했다. 손책이 오군에 있을 때 장소·장굉·진송을 상빈上賓으로 삼았다. 이들은 한결같이 사해가 아직 안정되지 않았으므로 반드시 무력으로 다스려 평정해야 한다고 논의했다. 이때 육적은 나이가 어려 말석에 앉아 있었는데, 멀리서 큰소리로 이렇게 말했다.

"옛날에 관이오(관중)는 제나라 환공을 보좌하여 제후들을 여러 번 규합하고 천하를 통일했지만 전쟁용 수레를 쓰지는 않았습니다. 공자는 '먼 곳에 있는 사람이 복종하지 않으면 덕행을 닦아서 오게 한다.'라고 했습니다. 지금 논의하는 자들은 도덕으로 천하를 얻을 방법을 연구하는 데 힘쓰지 않고 무력만 숭상하고 있습니다. 저는

비록 어리고 몽매하지만 사사로이 이것은 알맞지 않다고 생각합
니다."

장소 등은 그에게 놀랐다.

육적은 용모가 건장하고 박학다식하며 천문역법이나 산수 등 읽
지 않은 것이 없었다. 우번은 예전부터 명성이 있었고, 방통은 형주
의 유명한 선비로서 나이 차이는 많지만, 모두 육적과 우정을 나누
었다. 손권이 정사를 통솔하게 되자 육적을 초빙하여 주조연(奏曹掾,
상주하는 일을 맡음)으로 삼았다. 그러나 그의 직선적인 태도가 다른
사람들에게 꺼림을 받아 지방으로 보내져 울림 태수鬱林太守가 되었
고, 편장군을 더했으며, 병사 2천 명을 받았다. 육적은 다리에 질병
이 있고 또 학문에 뜻이 있으므로, 병사들을 이끌고 가서 싸우는 것
은 그가 지향하는 바가 아니었다. 그는 비록 군사적인 일이 있을지
라도 저술을 멈추지 않았다. 그리하여 〈혼천도渾天圖〉를 짓고,《주
역》에 주를 달았으며,《태현太玄》을 풀이했는데, 모두 세상에 전한
다. 그는 자신이 죽을 날을 미리 알아 만사挽辭를 썼는데 내용은 다
음과 같다.

한대漢代의 지사志士인 오군의 육적은 어려서《시경》과《상서》를 좋
아했고, 자라서는《예기》와《주역》을 즐겨 읽었지만, 명을 받아 남쪽
으로 가서 정벌하다가 불행히 질병에 걸려 생명이 위독해졌다. 내가
만난 운명은 영원하지 못하다. 아! 세상과 영원하지 못함이 슬프구나!

또 이런 내용도 있다.

지금부터 육십 년 뒤에 천하는 수레가 궤를 같이하고 똑같은 문자

를 쓰게 될 텐데(천하가 통일된다는 뜻) 유감스럽게도 보지 못하는구나.

그는 서른두 살에 세상을 떠났다. 맏아들 육굉陸宏은 회계 남부도
위南部都尉였으며, 둘째 아들 육예陸叡는 장수교위였다.

드높은 명성 때문에 손권의 질투를 받아 쫓겨나다

장온전張溫傳

장온은 자가 혜서惠恕이고 오군 오현 사람이다. 아버지 장윤張允은 재물을 가벼이 여기고 선비를 중시하여 주군에서 이름을 빛냈으며, 손권의 동조연이 되었다가 세상을 떠났다. 장온은 어려서부터 절조가 있고 용모가 매우 두드러졌다. 손권은 그에 대한 말을 듣고 공경들에게 물었다.

"장온은 현재 누구와 견줄 만한가?"

대사농 유기가 말했다.

"전종 같은 무리가 될 수 있습니다."

태상 고옹이 말했다.

"유기는 그의 사람됨을 상세히 모르고 있습니다. 장온은 오늘날 그에게 필적할 만한 이가 없습니다."

손권이 말했다.

"이와 같다면 장윤이 죽지 않은 것이다."

손권은 장온을 불러 만났다. 그의 문장 표현과 점占으로 하는 대답이 보는 사람들로 하여금 탄복하고 존경하게 했다. 손권은 태도를 고쳐 예의를 더했다. 그가 접견을 마치고 나가자, 장소는 그의 손을 잡고 이렇게 말했다.

"늙은이가 마음을 의탁했으니 당신은 분명하게 해야 합니다."

장온은 의랑 및 선조상서로 임명되었다가 태자태부로 승진했으니 깊이 신임받고 존중받은 것이다.

그는 서른두 살 때 보의중랑장 신분으로 촉나라에 가는 사신이 되었다. 손권은 장온에게 말했다.

"그대가 멀리 나가는 일은 마땅하지 않지만, 제갈공명이 내가 조씨(조조)와 마음을 통하려고 하는 까닭을 모르는 것이 걱정되기 때문에 몸을 굽혀 그대가 가는 것이오. 만일 산월이 모두 제거된다면 조비와 대규모로 싸우게 될 것이오. 외교 사신의 도리는 명령은 받되 말은 받지 않는 것이오."

장온은 이렇게 대답했다.

"신은 조정에 들어와서는 충심으로 바른길로 나가도록 하는 신칙함이 없고, 밖으로 나와서는 독자적으로 대응하는 재능이 없어서 장로(張老, 춘추시대 진晉나라 대부로 여러 나라의 정치를 시찰함)가 군주의 명예를 넓힌 공이 없으며, 또 자산(子産, 춘추전국시대에 유명한 정치가)이 일의 정상을 진술한 효력이 없을까 두려워하고 있습니다. 그러나 제갈량은 계략을 통찰하므로 반드시 신성한 폐하께서 생각을 굽히고 편 것이 마땅함을 알 것이며, 게다가 하늘에서 내려준 것과 같은 조정의 은혜를 입었습니다. 제갈량의 마음을 미루어보건대 틀림없이 의심하지 않을 것입니다."

장온은 촉나라에 이르자, 궁궐로 나아가 장표章表를 올려 말했다.

옛날에 고종(高宗, 즉 무정武丁으로 상나라 국왕)은 상을 당했지만 오히려 은 왕조의 운명을 창성하게 하여 부흥시켰고, 성왕은 어리지만 주周의 덕행을 융성하게 하여 태평함에 이르게 했습니다. 이 두 사람의 공훈은 넓은 하늘을 덮었고, 명성은 끝없는 곳까지 흘렀습니다.

지금 폐하께서 총명한 자태에 의지하여 예전의 고종과 성왕의 실례를 그대로 시행하여 정치적인 업무를 우수하게 보좌하는 자에게 주고, 수많은 현명한 신하가 마음을 기울여 돕도록 하여, 각지 사람이 멀리서 당신 나라의 기세를 바라보고 위안과 신뢰를 느끼지 않는 이가 없습니다. 오나라는 부지런히 생각하고 힘을 펴서 장강 연안을 깨끗이 평정했습니다. 원컨대 도의 있는 군주와 함께 천하를 평정하고 통일시키는 일에 마음을 기울이십시오.

우리의 결심은 하수河水와 같습니다. 그러나 군사적인 일은 흥하고 복잡하며 우리가 사용할 수 있는 병력은 너무 적습니다. 이 때문에 미천하고 이치를 거스르는 무리의 치욕을 견뎌가며 신 장온에게 상황을 알려 우호적인 정의를 나타내도록 했습니다. 폐하께서는 예의를 가장 숭상하므로 이 때문에 치욕을 주거나 홀시하지는 않으실 것입니다.

신은 멀리 변방 지역에서부터 당신의 근교에까지 이르면서 폐하의 위문을 여러 차례 받았고, 은혜로 가득 찬 조서가 끊임없이 전해졌습니다. 신은 이러한 영광 때문에 스스로 두려움을 느끼게 되었으며, 이런 두려움은 뜻밖에 놀란 것과 같은 것입니다. 삼가 우리 군주가 폐하께 보내는 편지 한 통을 바칩니다.

촉나라에서는 그의 재능을 매우 귀중하게 여겼다. 장온은 나라로 돌아온 뒤 오래지 않아 예장군으로 들어가 대오를 편성하여 출병했지만, 그 일의 공적은 추구한 바가 없었다.

손권은 마음속으로 장온이 촉나라의 정치를 찬미한 데 불만을 품었고, 또 그의 명성이 너무 성대하여 백성이 그를 두려워하여 자기를 위해 결코 쓰이지 않을 것이라고 의심하여 그에게 심한 상해를 입힐 방법을 궁리하고 있었다. 마침 기염의 일이 생기자, 이 기회를 이용하여 장온을 들추어냈다.

기염은 자가 자휴子休이고, 역시 오군 사람이다. 장온이 그를 자기 수하로 불렀다. 손권은 그를 선조랑으로 삼았으며, 관직이 상서까지 이르게 되었다. 기염은 성격이 정직하고 엄하며 청의(淸議, 여기서는 인물 품평을 말함)를 발표하기 좋아했다. 그는 당시 낭관의 관소가 혼탁하고 마구 뒤섞여 있어 관원이 대부분 알맞게 인선되지 못했음을 알았다. 그래서 그는 착한 이와 사악한 자를 구별하고 어진이와 어리석은 자를 구별하여 쓰려고 생각했다. 어떤 이가 백관을 탄핵하고 삼서(三署, 오관중랑장서·좌중랑장서·우중랑장서)의 관리를 엄밀하게 선발해 대부분 높은 지위에 있는 자들을 폄하하여 낮은 지위로 강등시켰는데, 한 번에 몇 등급씩 강등되기도 하고 옛 지위를 지키고 있는 자는 열 명 가운데 한 명도 되지 않았다. 그중 관직에 있으면서 탐욕스럽고 비루하여 뜻이나 절개가 오염되고 낮은 자들은 모두 군영의 막부에 배치되어 병사들을 다스렸다. 따라서 원한과 분노의 소리가 쌓이고 점점 참언이 일어나게 되었다. 기염과 선조랑 서표徐彪는 전적으로 사사로운 감정을 사용하여 사랑하고 미워하는 바가 공평한 이치에서 나오지 않고 있다고 다투어 말했다. 기염과 서표는 모두 죄로 인정되어 자살하게 되었다. 장온은 줄곧 기염, 서표와 뜻을 같이했고 자주 편지를 주고받았으므로 곧바로 그에게도 죄가 씌워졌다. 손권은 관리에게 장온을 가두게 하고 다음과 같이 명했다.

"옛날에 명하여 장온을 불렀을 때는 텅 빈 마음으로 그를 대했고, 그가 오자 높은 관직을 주어 옛 신하들을 뛰어넘는 대우를 했다. 어떻게 그가 흉악하고 추악한 일을 꾀하고 혼자 다른 마음을 끼고 있었겠는가. 옛날에 기염의 아버지와 형이 흉악한 역적에 기대었지만 과인은 개의치 않고 선발하여 임용해 기염이 어떠한 사람인지 살펴보려고 했다. 그의 마음을 살펴보니 정말 형태가 드러났다. 그러나 장온은 그와 생사의 사귐을 맺었으니, 기염이 나아가고 물러난 것은 모두 장온에게서 비롯된 것이다. 더욱이 그들은 서로 겉과 속이 되고, 함께 배와 등이 되어 기염은 장온의 무리가 아니면 곧바로 털을 불어 흠집을 구하여 허무맹랑한 죄명을 씌웠다.

또 전에 나는 장온을 3군(예장·여릉·파양)을 감독하는 직책에 임명하여 그곳 관원과 나머지 병마를 지휘하도록 했다. 당시 문제가 생길까 봐 걱정되어 빨리 돌아오려고 했기 때문에 계극을 주고 권위로 그를 장려했다. 그러나 그는 곧장 예장으로 가서 표를 올려 오래된 사악한 무리를 토벌할 것을 요구했다. 나는 믿고 그의 말을 받아들였으며 특별히 요장繞帳과 장하帳下, 그리고 해번병 5천 명을 그에게 주었다. 그 뒤 조비가 직접 회수와 사수로 쳐들어왔다는 소식을 들어서 미리 장온에게 명하여 긴급 상황이 있으므로 곧장 출동하라고 했다. 그런데 장온은 데리고 있는 장수들을 모아 깊은 산속에 배치하고, 명령을 받았지만 전쟁터에 이르지 않았다. 조비가 스스로 물러난 것에 의지하지 않았다면 지나간 일이 어찌 깊은 계획이었다고 할 수 있겠는가.

또 은례라는 자는 본래 점후占候에 뛰어나므로 불렸는데, 장온은 앞뒤로 그를 촉나라로 데리고 가기를 원하고 다른 나라에 알리고 그를 과장하여 말했다. 또 은례가 돌아온 다음에는 당연히 친히 그의 본래 직무를 하게 해야 하는데, 장온은 그에게 상서호조랑尙書戶曹郞의 일을 하도록 했다. 이와 같은 부서 배치는 장온에게 있었을 뿐이다.

또 장온은 가원賈原에게 내가 그대를 추천해 어사로 삼아야 한다고 말했으며, 장강蔣康에게는 내가 그대를 임용하여 가원을 대신하게 해야 한다고 말했는데, 이것은 직접 나라의 은전을 팔아 자기 형세를 지키기 위한 것이다. 그의 사악한 마음을 살펴보면 하지 않은 것이 없다. 나는 차마 그에게 시신을 저자에 드러내게 할 수는 없기에 지금 내쫓아 본군으로 돌아가 하급 관원의 일을 하도록 하겠다. 아, 장온아, 죄를 면한 것이 다행이구나!"

장군 낙통이 표를 올려 장온을 변호하여 말했다.

엎드려 생각해보면 폐하께서는 하늘에서 만든 빛나는 덕행과 신령이 계시한 성스러운 마음을 갖고 사방에서 우수한 인재들을 불러 모아 조정에 걸출한 인물들을 안배하셨습니다. 수많은 선비가 넓고도 깊은 은혜를 받았으며, 장온은 가장 두텁게 받았습니다. 그러나 장온은 스스로 죄를 초래하여 쫓겨나게 되어 빛나는 은혜를 저버렸습니다. 그가 이와 같이 된 것을 생각하면 진실로 슬프고 통탄스럽기만 합니다.

그러나 신은 바쁘게 오가는 사이에 나라를 위해 살피고 들어서 그 상황을 잘 알기에 그 이치를 상세히 말씀드립니다. 장온은 확실히 마음속에 다른 마음이 없었으며, 일을 함에도 반역할 흔적이 없었습니다. 다만 그 나이가 아직 적고 중임을 맡을 자질이 부족한데도 오히려 혁혁하게 융성한 은총을 입고 탁월하고 위대한 재능을 드러내어 인물의 좋고 나쁨을 극단적으로 평가하고 포폄하는 의론을 내놓았습니다. 이리하여 권세에 힘쓰는 자는 그가 총애받는 것을 시기하고, 명성을 다투는 자는 그의 재능을 질투하며, 침묵하고 말이 적은 자는 그의 평론을 꾸짖고, 흠이 있는 자는 그의 의론을 기피했습니다. 이는 신이 마땅히 상세히 처리해야 할 것이고, 조정에서 자세히 논구하여 살펴야만 할 것입니다.

옛날에 가의는 지극히 충성스러운 신하였고, 한나라 문제는 영명한 군주였지만 주발과 관영(灌嬰, 유방의 공신이며 여씨呂氏를 주살하는 데 공을 세운 자)의 한마디 말로 가의는 멀리 물러나게 되었습니다. 무엇 때문입니까? 가의를 미워하는 자들의 증오하는 정도가 심하고 참언하는 자들의 말이 교묘했기 때문입니다. 그러나 천하에 잘못 전해지고 과실이 후대에까지 분명하기 때문에 공자는 "군주가 되는 것은 어렵고, 신하가 되는 것도 쉽지 않다."라고 했습니다. 장온의 지혜는 비록 전국시대의 책사에 미치지 못하고 무예는 울부짖는 호랑이에 미치지 못할지라도 그의 넓고 아정한 기질, 우수한 덕행, 문장의 정채, 의론의 분명함은 사람들을 뛰어넘을 만큼 탁월하고 세상에 화려하게 빛나므로 세상 사람들 가운데 그에게 미칠 자가 없습니다. 그러므로 장온의 재질을 논하면 안타깝고 그의 죄를 말하면 용서할 수 있는 것입니다.

만일 폐하께서 위세를 인내하며 성덕을 펴고, 현명하고 재능 있는 자를 길러 대업을 촉진시켜 진실로 조정의 미덕을 밝힌다면 사방에 있는 자들도 이를 우러러보게 될 것입니다. 나라는 기염을 반역자의 일족으로 받아들이지 않고 그를 평민과 똑같이 보았기 때문에 먼저는 주치에게 임명되었고, 그다음에는 사람들에게 천거되어 조정에서 임용되었으며, 장온과도 교제를 맺게 되었습니다. 군주와 신하의 의리는 의리 가운데 가장 중요하며, 친구 사이의 사귐은 교제 중에서 가장 가벼운 것입니다. 나라가 기염을 의심하지 않은 것은 가장 중요한 의리입니다. 이 때문에 장온이 기염과 사귀는 것을 의심하지 않은 것은 가장 가벼운 교제입니다. 당시 세상 사람들은 앞에서 기염을 총애했고, 장온은 뒤에서 사사로이 친근하게 지냈습니다.

오랫동안 사악한 행동을 해온 백성은 험한 산속에 풀어놓으면 강인한 도적이 되고, 평탄한 땅에 안배하면 강력한 병사가 됩니다. 그러므로 장온의 생각은 오래된 사악한 무리들을 취하여 강력한 도적들의 침해를 제거하는 동시에 강력한 병사의 역량을 증진시키려고 했던 것입니다. 다만 스스로 지휘하던 중 알맞은 때를 잃어 공로가 그가 말한 것과 부합되지 않았을 뿐입니다. 그가 보낸 병사들은 허안과 비교하면 숫자가 많고 적음에서 장온이 적었던 것이 아니며, 사용한 병사가 강하고 약함에서는 장온이 허안보다 아래가 아니었으며, 진군하는 속도가 느리고 빠름에서도 장온이 허안에게 뒤지지 않았습니다. 그러므로 그는 가을과 겨울이 교차하는 달이 되면 비상사태에 대비하기 위해 전쟁터로 달려갔고, 감히 은혜를 잊고 힘을 남기지 않았습니다.

장온이 촉나라로 갔을 때 그들과 함께 은례를 칭찬한 것은 비록 신이 국경 밖에 있는 자와 사사로이 사귄 일은 없을지라도 그 까닭을 헤아릴 수 있습니다. 국경 밖에서의 사사로운 사귐은 군주의 명령이 없이 개인적으로 서로 관계를 맺는 것으로, 나랏일을 위하는 것이 아니라 은밀히 서로 소식을 전하는 것입니다. 군주의 명령을 받들어 출행하여 한편으로는 두 나라 군주의 우호 관계를 맺고, 아울러 이 기회에 개인적인 교분을 나눈다면 이것 역시 사신의 통상적인 도리입니다. 그러므로 공자는 이웃 나라에 사자로 갔을 때 사사로이 사람들을 만나는 예의가 있었고, 계자季子가 중원의 여러 나라를 방문했을 때도 사사로이 연회를 열어 환담한 의례가 있었습니다.

옛사람들은 그 나라 군주를 이해하려면 그 나라 사신을 살펴보고, 그 나라 사신이 통찰력을 갖고 있음을 보면 그 나라 군주의 안목이 밝고 원대함을 안다고 말했습니다. 장온이 만일 은례를 칭찬하여 상대방이 은례를 찬탄하도록 할 수 있었다면 진실로 우리 대신들 중에 우수한 인재가 많음을 밝힌 것이며, 장온을 사신으로 내보낸 것은 적합한 인선이었음을 알 수 있고, 다른 지역에 나라의 미덕을 나타내며 다른 나라에 군주의 아름다운 명성을 드날리게 된 것입니다.

이 때문에 진나라의 조문자(趙文子, 조무趙武. 진나라 국정을 장악한 대부)가 송나라로 가서 결맹할 때 굴건屈建에게 수회(隨會, 사회士會. 범무자范武子라고도 함)를 칭찬했고, 초나라의 왕손어王孫圉가 진나라에 사신으로 갔을 때 조앙趙鞅에게 좌사左史 의상倚相을 칭찬했던 것입니다. 이들도 다른 나라의 중신에게 향했지만 자기 나라 신하를 찬탄하도록 한 것이며, 경전에서 나라를 빛낸 것으로써 찬미했고, 밖에서 사사로이 교제한 것으로 기롱하지는 않았습니다.

왕정王靖은 안에서 시세를 걱정하지 않고 밖에서는 전쟁에 관심이 없었습니다. 장온은 그를 사심 없이 탄핵했으며 거짓 없이 추궁했습니다. 이리하여 장온은 왕정과 큰 원수지간이 되었습니다. 이는 장온이 절개를 다한 명백한 증거입니다. 왕정의 병력이 성대하고 중요한 관직에 임용된 것은 모두 가원이나 장강보다 낫습니다. 하지만 장온은 오히려 개인적인 이익 때문에 왕정에게 안전을 구하지 않았습니다. 어찌 감히 은혜를 팔아서 가원이나 장강에게 협력했겠습니까? 또 가원은 직무에 근면하지 않았고 맡은 일을 감당하지 못했습니다. 장온은 여러 차례 보기 싫은 낯빛으로 그를 대하고 날카로운 소리로 비난했습니다. 만일 장온이 진실로 나라의 은혜를 팔아 혼란을 만들었다면 가원을 탐할 필요도 없었을 것입니다. 이러한 여러 가지는 사실과 맞지 않으며, 사람들에 대한 조사도 증거가 없습니다.

신이 사사로이 생각해보면 군주가 비록 신성하고 명철한 자태와 비상한 지혜를 갖고 있을지라도 한 사람의 몸으로 수많은 백성을 다스리고 층층 궁궐의 내부를 수행하고 나라의 사방 밖을 내려다보며, 수하 관원들의 감정을 돌아보고, 각종 국사의 규율을 구하는 것을 완전하게 하기가 쉽지 않으므로, 진실로 마땅히 여러 신하의 말을 듣고 살펴서 총명의 밝음을 넓혀야 합니다. 지금 장온에 대한 사람들의 비난은 은근하지만, 장온에 대한 신의 변호는 말이 매우 애절하고 그 내용은 매우 완정합니다. 각자 스스로는 나라를 위하려 한다고 말하지 누가 개인의 이익을 위하려 한다고 말하겠습니까?

짧은 시간에 바로 판별하기는 어렵습니다. 그러나 폐하의 총명함과 예지에 의지하여 논의의 시비를 자세히 살펴서 마음 깊숙이 들어가 사상을 집중하여 자세한 것과 개략적인 것을 연구 조사한다면 실정이 어찌 의심스러워 베풀어지지 않을 것이며, 일이 어찌 어두워져서 밝지 못하겠습니까? 장온은 신을 좋아하지 않았고 저도 장온을 좋아하지 않습니다. 옛 군자는 모두 개인적인 원망을 누르고 군주의 시야를 넓혔습니다. 그는 앞에서 탁월하게 행동했으니, 신은 뒤에서 그가 없어지는 것이 부끄러워 오늘 오랫동안 마음속에 품고 있던 감정을 서술하여 신의 어리석은 생각을 폐하께 바치는데, 이는 실재로 조정에 충심을 다하는 것일 뿐 장온 개인에게 연연해 하는 마음이 있는 것은 아닙니다.

손권은 끝내 낙통의 의견을 받아들이지 않았다.[8]

---

8) 여요의 우준虞俊이 탄식하면서 말했다. "장혜서(장온)는 재능은 풍부하지만 지혜가 적고 화려함은 있지만 실질적이지 못하다. 사람들의 원망을 모이게 하여 집을 멸망시키는 재앙을 입게 될 것이다. 내게는 그 징조가 보인다." 제갈량은 우준이 장온의 앞날을 걱정하고 있다는 말을 듣고도 마음으로 믿지 못했다. 그러다가 장온이 쫓겨나자 제갈량은 우준에게 선견지명이 있음을 찬탄했다. 제갈량은 장온이 실각했다는 소식을 처음 들었을 때는 그 까닭을 몰랐는데, 며칠 동안 생각하고 나서는 "나는 그 까닭을 알았다. 그 사람은 청탁清濁이 너무 분명하고, 선악의 구별이 매우 분명하기 때문이다."라고 말했다.

그 뒤 6년이 지나 장온은 질병으로 세상을 떠났다. 그의 두 동생 장지張祗와 장백張白도 재능으로 명망이 있었지만 장온과 함께 폐출되고 말았다.

수많은 정책을 올렸으나 거의 쓰이지 않다

낙통전駱統傳

낙통은 자가 공서公緖이고 회계군 오상현烏傷縣 사람이다. 아버지 낙
준駱俊은 관직이 진군陳郡의 상相까지 이르렀지만 원술에게 죽임을
당했다. 낙통의 어머니는 개가하여 화흠華歆의 소첩이 되었다. 그때
낙통은 여덟 살이었는데, 아버지의 식객이던 자와 함께 회계군으로
돌아왔다. 어머니가 그를 전송할 때, 낙통은 하직 인사를 하고 수레
에 오른 뒤 앞을 향한 채 돌아보지 않았다. 그의 어머니는 뒤에서
슬피 울고 있었다. 수레를 모는 이가 말했다.

"부인께서 여전히 그 자리에 있습니다."

낙통이 말했다.

"어머니를 생각하는 마음을 더하지 않으려고 돌아보지 않을 뿐
이오."

그는 적모(適母, 생모)를 매우 공경스럽게 섬겼다. 당시 기근이 들
어 고향이나 먼 곳의 식객은 대부분 곤궁하고 궁핍했는데, 낙통은
그들을 위해 음식을 줄였다. 그의 누이는 인자하고 사랑스러우며
품행이 훌륭했으나 과부가 되어 집으로 돌아와 있고 자식은 없었
다. 그녀는 낙통이 매우 슬퍼하는 것을 보고 그 까닭을 여러 번 물
었다. 낙통이 말했다.

"사대부들은 지게미조차 먹을 수 없는데, 나는 어찌하여 혼자 배

부르려는 마음을 갖고 있단 말입니까!"

누이가 말했다.

"진실로 이와 같다면 무엇 때문에 나에게 말하지 않고 스스로 이토록 괴로워했는가?"

그리고 자기 식량을 낙통에게 주고 또 이 일을 어머니에게 말하자, 어머니도 낙통을 어질다고 생각하여 자기 것을 나누어주도록 했다. 이로부터 그의 명성이 알려지게 되었다.

손권이 장군 신분으로 회계 태수를 겸했을 때, 낙통은 스무 살로 시험 삼아 오정의 상相으로 임명되었다. 당시 그곳 백성은 1만 호가 넘었는데 모두 그의 은혜로운 다스림에 감탄했다. 손권은 그를 칭찬하고 불러서 공조로 삼고 기도위를 겸하게 했으며, 사촌 형 손보의 딸을 그에게 시집보냈다. 낙통은 손권의 부족한 부분을 도와 만사를 통찰하는 데 뜻을 두었으므로 어떤 것을 보고 들으면 한밤중의 일을 아침까지 기다리지 않고 말했다. 그는 언제나 손권에게 현인을 존중하고 선비를 받아들이며, 그 시대 정치의 이로움과 폐단을 열심히 탐구하게 하고, 연회를 열고 상을 내릴 때는 한 사람 한 사람을 구별하여 의견을 진언하도록 하며, 그들에게 추운지 따뜻한지를 물어 친밀한 감정을 더하여 의론을 발표하게 하고, 그들의 취지를 살펴서 그들이 모두 은혜에 감사하고 의로움을 간직하고 보답하려는 마음을 품게 하도록 권유했다. 손권은 그의 건의를 받아들였다. 그는 지방으로 나가 건충중랑장이 되어 무사리武射吏 3천명을 통솔했다. 능통이 죽자, 다시 그의 병사들을 통솔했다.

이때에는 노역이 잦은 데다가 역병까지 유행하여 민호民戶가 줄어들었다. 그래서 낙통은 상소하여 다음과 같이 말했다.

신이 듣기로 군주는 드넓은 영토를 차지하는 것으로 부강함을 삼고, 권위와 복을 제어하는 것을 존귀하게 여기며, 도덕과 인의를 빛내는 것을 영예로 삼고, 영원히 대를 잇는 것을 복으로 삼는다고 합니다. 그러나 재물은 반드시 백성의 생산에 의지해야 하고, 강성함은 백성의 세력에 기대야 하며, 권위는 백성의 세력에 기대야 하고, 복은 백성의 번식으로 말미암으며, 덕은 백성의 흥성에 기대야 하고, 인의는 백성의 실행을 통해야만 합니다. 여섯 가지가 모두 갖추어진 다음에야 천명에 순응하고 복을 받으며 종족을 보전하고 나라를 공고히 할 수 있습니다.

《상서》에서는 "백성에게 군주가 없으면 서로 안정될 수 없고, 군주에게 백성이 없으면 사방을 다스릴 수 없다."라고 했습니다. 이로부터 추론하여 말하면 백성은 군주로 인해 안정되고, 군주는 백성으로 말미암아 일을 완성하는 것입니다. 이것은 바꿀 수 없는 이치입니다. 지금 강대한 적이 아직 소멸되지 않았고 사해 안은 아직 평정되지 않았는데, 삼군에게는 끝없는 노역이 있고 강가에는 놓아버릴 수 없는 방비가 있습니다. 번다한 조세 징수가 몇십 년에 걸쳐 내려온 데다가 재앙과 역병으로 죽어 군현은 텅 비었고, 들녘은 황폐해져 잡초만이 무성합니다.

제가 살피는 성읍의 보고를 들은 것에 따르면 민호는 점점 줄어들고, 또 대부분 늙고 병약하여 장부는 매우 적다고 합니다. 이 보고를 들었을 때 제 마음은 불타는 것만 같았습니다. 그러한 까닭을 깊이 생각하고 찾아보았습니다. 백성은 식견이 없고, 고향 땅을 편안히 지키며 다른 곳으로 옮기지 않으려는 습성이 있는 데다가 또 앞뒤로 하여 밖으로 나가 병사가 된 자는 살아 있어도 생활이 곤궁하여 따뜻한 옷이나 배불리 먹을 것이 없고, 죽으면 해골이 버려져서 고향으로 돌아오지도 못합니다. 이 때문에 그들은 더욱더 고향에 연연하고 먼 곳을 두려워하며 죽음도 함께하는 것입니다.

징발이 있을 때마다 가난한 사람이나 부담이 무거운 자가 먼저 수송됩니다. 식구가 적고 돈이 있는 자는 집안의 재산을 기울여 뇌물을 쓰며 가산을 죄다 탕진하는 것을 돌아보지 않습니다. 날래고 표독한 자는 깊은 산속 험한 곳으로 들어가 도적 무리로 나아갑니다. 백성은 허약하고 고갈되어 근심스럽고 혼란스러우며, 근심스럽고 혼란스럽기 때문에 산업을 경영하지 않으며, 산업을 경영하지 않아 곤궁함을 부르고, 곤궁함을 불러서 즐겁게 살지 못합니다. 그러므로 구복口腹이 굶주려 조급해지면 간사한 마음이 싹트고 마음을 떠나 반역하는 사람도 많아집니다. 또 듣기로 백성 사이에서는 생활에서 자급할 수 없는 이가 아이를 낳으면 대부분 양육하지 못하며, 둔전하는 가난한 병사들도 대부분 자식을 버린다고 합니다. 하늘은 그들을 낳았는데 부모는 그들을 죽입니다.

저는 이런 상황으로 말미암아 천지의 조화로운 기운을 거스르고 음양을 저촉할까 두렵기만 합니다. 게다가 폐하께서 기업을 창업하고 나라를 세우는 것은 끝없는 공업인데, 강성한 인근 나라의 방대한 적들은 단번에 소멸시킬 수 없고 변방의 정상적인 수비는 한 달의 임무가 아니니, 만일 병사와 백성이 계속 줄어들고 후대 자손이 양육되지 못한다면 오랜 세월 동안 굳게 지키며 성공에 이르기는 불가능할 것입니다. 무릇 나라에 백성이 있는 것은 물에 배가 있는 것과 같아 물이 멈춰 있으면 안전하지만 요동하면 위험해집니다. 백성은 어리석지만 속일 수 없고 연약하지만 제압할 수 없습니다. 이 때문에 영명한 군주들은 그들을 중시했습니다.

나라의 화복은 백성에게서 결정되기 때문에 군주는 백성과 흥하고 쇠함을 함께하고 때를 살펴서 정책을 세워야 합니다. 지금 지방 관원들은 백성을 가까이하는 직분인데 오직 거두어 갖추는 것만 힘쓰는 것을 능력이라 여겨 눈앞의 급급함에서 화를 취하고 다시 은혜로 다스릴 뿐, 하늘을 덮는 것과 같은 폐하의 어짊에 걸맞게 하여 구휼하는 덕을 부지런히 하는 자는 적습니다. 관리의 정무와 백성의 습속은 나날이 파괴되어 점점 쇠미해지니, 이러한 형세는 오래 유지될 수 없습니다.

질병을 다스리는 것은 질병이 아직 악화되지 않았을 때 해야 하고, 환란을 제거하는 것은 환란이 아직 만연되지 않았을 때가 중요합니다. 폐하께서는 다망한 정무 중에 시간을 내어 주의 깊게 생각하고 살펴서 부족한 부분을 채우고 원대한 계획을 깊이 도모하며, 남아 있는 백성을 양육하고 백성의 재산을 늘리시기를 바랍니다. 이와 같다면 우리의 사업은 일월日月과 더불어 빛나고 천지와 공존할 것입니다. 이는 신 낙통이 가장 소원하는 바이며, 신이 죽어도 영원할 수 있는 것입니다.

손권은 낙통의 말에 감동했고, 그의 의견을 특히 중요시했다.

낙통은 육손을 수행하여 의도에서 촉나라 군대를 깨뜨렸으므로 편장군으로 승진했다.

| 황무 초년(222) | 조인이 유수를 쳤을 때 다른 부대의 장수 상조 등에게 중주를 습격하게 했는데, 낙통은 엄규와 함께 이들을 막아 무찔렀다. 그리하여 신양정후新陽亭侯로 봉해졌으며 뒤에 유수독이 되었다. 그는 당시 정치에 이로운 견해를 자주 말했는데 앞뒤로 수십 번 글을 올렸고, 말한 것이 모두 훌륭했다. 그에 관한 글이 많아서 다 기록할 수 없다. 특히 소집하는 행위가 민간에서 사악함을 조장

하고 습속을 파괴하며 반역할 마음을 낳게 하므로 시급히 이런 사람에 대한 안배를 멈춰야 한다고 한 것에 대해서는 손권과 그가 되풀이하여 논쟁했는데 결국에는 그의 방법을 시행했다.

| 황무 7년(228) | 그는 향년 서른여섯 살로 세상을 떠났다.

손권의 공손연 정벌을 제지하다

육모전陸瑁傳

육모는 자가 자장子璋이고 승상 육손의 동생이다. 어려서부터 학문을 좋아하고 정의를 중시했다. 진陳나라의 진융陳融, 진류의 복양일濮陽逸, 패군의 장찬蔣纂, 광릉의 원적袁迪 등은 모두 가난한 집안 출신이지만 뜻하는 바가 있어 육모를 찾아와 교유했다. 육모는 적은 물건이라도 나누어주고 그들과 함께 동고동락했다. 같은 군 사람 서원徐原은 회계로 옮겨가 살며 평소 육모와는 한 번도 만난 적이 없었는데, 죽을 무렵 유서를 남겨 고아가 된 나이 어린 자식들을 그에게 맡겼다. 육모는 그를 위해 분묘를 세우고 그 자식들을 거두어 길렀다. 또 육모의 종부從父인 육적이 일찍 세상을 떠나고 뒤에 남겨진 아들 두 명과 딸 한 명은 모두 몇 년 동안 고향으로 돌아가 있었는데, 육모는 그들을 맞아 돌아오게 하여 길렀고, 그들이 다 자란 다음에야 헤어졌다. 주와 군에서 그를 불러 천거했지만 모두 취임하지 않았다.

당시 상서였던 기염은 인물 품평에 매우 뛰어났다. 그는 삼서의 관리들을 선발하여 결정할 때, 사람들의 어리석은 실책을 자못 드러내어 그 사람의 단점을 공개했다. 육모는 그에게 편지를 보내 이렇게 말했다.

성인은 잘하는 사람을 가상히 여기고 어리석은 사람을 불쌍히 여기며 다른 사람의 허물을 잊고 공적을 기억함으로써 아름다운 교화를 이루었습니다. 게다가 지금 왕법은 막 세워졌으며 앞으로 천하를 크게 통일해야만 합니다. 지금은 한나라 고조가 사람들의 단점을 버리고 장점을 쓴 때인 것입니다. 만일 선악을 분명히 구분하여 여·영(汝穎, 여남군과 영천군) 사람들이 매달 초하루에 인물을 평가하는 습속을 귀중히 여기게 된다면, 진실로 습속이 엄정하고 교화는 분명할 수 있을지라도 쉽게 시행하지는 못할 것입니다. 마땅히 멀리로는 공자의 큰 사랑을 배워야 하고, 가운데로는 곽태(郭泰, 후한 말 태학생의 우두머리였으나 벼슬에 나가지 않고 교학에 힘써 명성을 떨침)가 사람을 널리 구제한 것을 본받아야 하며, 가까이로는 커다란 도道를 이루는 데 이로움이 있어야만 합니다.

기염은 육모의 견해를 실행하지 못하여 결국 실패하고 말았다.

| 가화 원년(232) | 공거(公車, 공거사마령公車司馬令을 가리킴. 조정에서 민간의 인재를 초빙할 때 문서로 통지하는 직책)는 육모를 불러 의랑 및 선조상서로 임명했다. 손권은 공손연이 교묘하게 속이는 행위를 되풀이하는 데 화가 치밀어 직접 정벌하려고 했다. 육모는 상소하여 다음과 같이 간언했다.

신이 듣기로 영명한 군왕이 먼 이민족들을 다스리는 것은 매어놓은 것일 뿐 영원히 그곳을 가지는 게 아니라고 합니다. 그러므로 옛날에 국토를 정하는 일에서는 이것을 황복荒服이라고 했는데, 손에 잡히지 않고 영원함이 없으므로 지킬 수 없다는 말입니다. 지금 공손연은 동쪽 이민족 가운데서도 작은 세력으로 바다 구석에 있으므로, 비

록 사람 얼굴을 하고 있을지라도 금수와 다름없습니다. 나라가 재화를 아끼지 않고 멀리 그들에게 베푸는 것은 그들의 덕행과 도의를 가상히 여겨서가 아니라, 사실 그들의 사악한 행위를 수렴하여 회유함으로써 그들의 말[馬]을 구하려고 하는 것일 뿐입니다. 공손연이 오만하고 교활하게 먼 곳에 의지하여 명령을 저버리는 것, 이것은 변방 먼 곳 소수민족들의 통상적인 모습인데 어찌 놀라겠습니까?

옛날 한나라 왕조의 여러 황제도 일찍이 이민족을 다루는 데 깊이 주의하여 사자를 보내 재물을 흩어주어 서역西域을 가득 채웠는데, 어떤 때는 공손하게 따랐지만 사자를 죽이고 재화를 한꺼번에 빼앗는 경우도 그 수를 헤아릴 수 없을 정도였습니다. 지금 폐하께서 근심하며 분함을 견디지 못해 대해를 건너 직접 그곳 땅을 밟으려 하시는데, 신하들의 의론은 불안하다고 말하고 있습니다. 무엇 때문입니까? 북방의 적과 우리나라는 땅을 잇대고 있으므로 만일 틈이 생기면 기회를 틈타 이르게 될 것입니다. 우리가 바다를 건너서 말을 구하고 본의를 거스르는 공손연과 친교를 맺은 것은 눈앞의 위급함을 구제하기 위해서 마음속의 증오를 제거한 것입니다.

그런데 다시 근본을 버리고 끝을 좇으며 가까운 곳을 버리고 먼 곳을 다스리면 분하기 때문에 계획을 바꾼 것이며 몹시 화가 나 군대를 움직인 것으로서 이는 교활한 적이 듣고 싶어 하던 소식이지 대오大吳의 가장 좋은 계책은 아닙니다. 또 병가兵家의 전술에 공역功役으로 서로 지치게 하는 것과 위로와 안일함으로 서로 기다리는 것은 득실 면에서 차이가 많다고 했습니다. 게다가 답저遝渚는 공손연에게서 떨어져 있어 길이 오히려 멀고, 지금 연안에 다다른다면 병력을 셋으로 나누어 강력한 부대를 시켜 나아가 취하도록 하고, 그다음 부대에게는 배를 지키게 하며, 또 다음 부대에게는 식량을 나르게 해야 합니다.

출정하는 사람이 많을지라도 모든 인원을 쓰기는 어렵습니다. 또한 보병으로 식량을 짊어지고 먼 곳을 지나 깊숙이 들어간다면 적지에는 말이 많아 변화무쌍하게 공격해올 것입니다. 설령 공손연이 음모를 써서 북방과 끊어지지 않는다면, 우리가 많은 병력을 움직였을 때 그들은 입술과 이처럼 서로 도울 것입니다. 만일 확실히 그가 고립되어 의지할 곳이 없다면 두려워 멀리 달아날 게 뻔하여 한 번에 소멸시키기는 어려울 것입니다. 설령 폐하께서 죄인을 토벌하여 죽이려고 하는 것이 북방의 들녘에 있다고 하여도 산월의 도적들이 틈을 타서 일어날 테니, 절대적으로 안전한 계책은 아닐 듯합니다.

손권은 그의 간언을 받아들이지 않았다.
육모는 다시 상소하여 말했다.

무릇 전쟁은 본래 전 시대에 폭동과 난리를 일으킨 자를 토벌하고 사이四夷를 위협하여 복종시키는 데 이용했는데, 그것을 이용하여 기존의 간웅이 이미 제거되고 천하에 일이 없어지자 조정에서 한가로이 있으면서 전쟁으로 남겨진 화제를 논의할 뿐입니다. 중원이 어지럽고 9주가 뒤섞일 때는 대체로 근본을 깊고 공고히 하여 병력을 아끼고 비용을 아끼며 스스로 힘써 쉬면서 이웃하고 있는 적의 소홀함을 기다려야 하니 이때에 맞춰 가까운 곳을 버리고 먼 곳을 다스려 군대를 지치게 하는 이는 없었습니다.

전에 위타尉佗가 반역하여 황제를 참칭했을 때는 천하가 태평하고 백성은 부유하며 병사 수나 쌓아둔 식량이 많았다고 할 수 있습니다. 그러나 한나라 문제는 먼 곳까지 정벌하러 가기가 쉽지 않다고 생각하고 대규모로 병력을 일으켰지만 위타에게 이치를 깨우쳤을 뿐입니다. 지금 흉악한 적은 소멸되지 않았고 변방에서는 여전히 경보를 알려오고 있습니다. 이런 상황에서는 비록 치우蚩尤나 귀방鬼方이 난을 일으킨다고 해도 상황이 완만함과 급함의 차이에 따라 대응해야지 공손연을 우선시하는 것은 마땅치 않습니다. 원컨대 폐하께서는 권위를 누르고 행동을 멈추어 잠시 육군(六軍, 왕조의 군대)을 편안하게 하고, 깊이 생각하고 냉정하게 살펴서 앞날의 계획을 세우십시오. 이것이 천하 사람들에게 큰 행운이 될 것입니다.

손권은 육모가 올린 글을 읽고 나서 그 문장의 이치와 곧고 간절함을 칭찬하며 원정 계획을 실행하지 않았다.

당초 육모와 같은 군 사람인 문인민聞人敏이 도읍에서 특별한 대우를 받아 직위가 종수宗脩를 뛰어넘었다. 오직 육모만이 그렇지 않다고 생각했는데, 그 뒤의 일은 정말 그의 말과 같았다.

| 적오 2년(239) | 육모가 세상을 떠났다. 그 아들 육희陸喜도 경전을 섭렵했고 인륜(人倫, 여기서는 인물 품평을 말함)에 대해 토의하기를 좋아했다. 손호가 정권을 잡았을 때 그는 선조상서가 되었다.

손권의 황태자 교체에 반대하다가 처형되다

오찬전吾粲傳

오찬은 자가 공휴孔休이고 오군 오정현 사람이다. 손하가 현의 장이 되었을 때, 오찬은 낮은 관리가 되었고 손하는 그를 매우 중시했다. 손하는 뒤에 장군이 되어 스스로 지방 관원을 선발할 수 있게 되자, 표를 올려 오찬을 곡아현의 승으로 임명하고 장사長史로 승진시켰다. 오찬의 정치적 업적은 두드러졌다. 비록 그는 가난한 집 출신이지만 같은 군의 육손, 복정 등과 어깨를 나란히 하여 명성이 같았다. 손권이 거기장군이 되었을 때 그를 불러 주부로 삼았으며, 지방으로 나가 산음현의 영이 되었다가 돌아와서는 참군교위參軍校尉[9]가 되었다.

| 황무 원년(222) | 오찬은 여범, 하제 등과 함께 수군을 이끌고 동구에서 위나라 장수 조휴를 막았다. 마침 바람이 거세게 불어서 많은 배를 묶어놓은 줄이 끊어져 연안에서 표류하다가 위나라 군대에게 사로잡혔다. 작은 배는 바람에 뒤집혀 물속 깊이 가라앉았지만 큰 배는 여전히 그대로 있으므로 물속에서 살아 있던 자는 모두 줄

---

9) 본래 이 관직은 후한 말 손권이 노숙에게 준 관직으로, 노숙의 경력이나 지위가 장군이 되기에는 부족하여 장군보다 낮은 교위로 임명한 것이다.

을 잡고 소리를 질렀다. 큰 배에 있던 관리와 병사 들은 배가 기울어 가라앉을까 봐 두려우므로 모두 창과 방패로 물속에 있는 자들을 쳐서 받아들이지 않았다. 오찬과 황연黃淵만이 유독 배 위에 있는 사람들에게 그들을 이끌어 구하도록 했다. 주위에 있던 자들은 배가 무거워져 반드시 가라앉고 말 것이라고 했으나 오찬은 이렇게 말했다.

"배가 가라앉는다면 마땅히 함께 죽을 뿐이다! 다른 사람이 어려움에 빠졌는데 어떻게 그들을 버리겠는가."

오찬과 황연이 살린 사람은 1백여 명이나 되었다.

돌아온 뒤 그는 회계 태수로 승진했다. 그는 은둔 지사 사담謝譚을 초빙하여 공조로 삼았지만, 사담은 질병을 핑계로 나오지 않았다. 오찬은 그를 일깨우려고 이렇게 말했다.

"응룡(應龍, 날개가 긴 비룡)은 굽히고 펴는 것으로 신령스러워졌고, 봉황은 아름다운 울음으로 귀해졌는데, 무엇 때문에 하늘 밖에서 형체를 숨기고 깊은 연못에서 비늘을 숨기려 하시오?"

오찬은 많은 사람을 불러 모았으므로 소의중랑장으로 임명되어 여대와 함께 산월을 토벌하여 평정하고, 들어가서 둔기교위屯騎校尉 및 소부가 되었다가 태자태부로 승진했다. 그는 두 궁의 변란(손화와 손패의 왕위 계승 사건)을 만났을 때 맞서서 바른 것을 고집하여 말하고, 적자와 서자를 분명히 구분하여 노왕 손패를 밖으로 나가 하구에 주둔하게 하고, 양축楊竺을 보내 부득이 도읍에 있게 하려고 했다. 또 오찬은 여러 차례 육손에게 소식을 알렸다. 육손은 그때 무창에 주둔하고 있었는데 계속 표를 올려 간언했다. 이로 말미암아 오찬은 손패와 양축 등의 참언을 받아 옥에 갇혔다가 처형되었다.

신의를 다해 황태자를 옹호하다가 무고로 죽다

주거전朱據傳

주거는 자가 자범子範이고 오군 오현 사람이다. 그는 모습이 당당하고 근력이 있으며 변론에도 뛰어났다.

| 황무 초년(222) | 주거는 오관랑중五官郎中으로 임명되었고, 시어사로 충원되었다. 이 무렵 선조상서 기염은 탐욕스럽고 법을 오염시키는 자들이 관직에 있는 것을 싫어하여 그들을 깨끗이 씻어내려고 했다. 주거는 천하가 아직 평정되지 않았으므로 마땅히 공으로 허물을 덮고 결점이 있는 자를 버리고 쓸 만한 자를 취하며 청렴한 자를 천거하고 오염된 자를 발분시켜 저지하고 권면해야 한다고 생각하면서도, 만일 한꺼번에 그러한 자들을 폄적하고 내치면 후환이 있을까 봐 걱정스러웠다. 기염은 주거의 말을 듣지 않아서 결국 패하고 말았다.

손권은 그 당시 병사들을 이끌 장수들이 부족함을 걱정하여 떨쳐 일어나 탄식하고 여몽과 장온을 추념했다. 그는 주거가 문무를 겸하고 있어 이들을 이을 수 있다고 생각했다. 그래서 주거를 건의교위建議校尉로 임명하고 호숙에 주둔한 병사를 이끌도록 했다.

| 황룡 원년(229) | 손권은 수도를 건업으로 옮기고 주거를 불러 공주를 그에게 시집보냈다. 또한 그를 좌장군으로 임명하고 운양후雲陽侯로 봉했다. 그는 인사들과 사귀며 재물을 가벼이 여기고 베풀기

를 좋아하여 하사받은 봉록이 많아도 늘 부족했다.

| 가화 연간(232~238) | 큰 동전을 만들기 시작했는데 한 개에 5백 문文의 가치가 있었다. 뒤에 주거의 부곡에서 3만 꿰미를 받기로 했는데, 공인 왕수王遂가 속여서 그것을 받았다. 전교 여일은 주거가 취한 줄로 의심하고 재물을 주관하는 자를 고문하여 매질로 죽게 했다. 주거는 그의 무고함을 애석해하며 질이 좋은 관으로 염을 했다. 여일은 또 주거의 관리가 주거를 위해 함구했으므로 장례를 후하게 했다고 알렸다. 손권은 주거를 여러 차례 문책했지만 주거는 자신의 명백함을 밝힐 방법이 없으므로 풀 위에 앉아 다스려지기만 기다렸다. 몇 달 뒤에 전군리(典軍吏, 군대 업무를 책임지는 관리로서 관리의 부정을 밝히는 일도 담당함) 유조劉助가 진상을 밝혀 왕수가 취했다고 말했다. 손권은 크게 깨닫고 이렇게 말했다.

428

"주거마저도 억울하게 죄를 뒤집어썼는데 하물며 하급 관리와 백성이랴?"

그러고는 여일의 죄를 다스리고 유조에게는 1백만 전을 주었다.

| 적오 9년(246) | 주거는 표기장군으로 승진했다. 두 궁이 다툴 때 주거는 태자를 옹호했는데, 말을 하면 지극히 간절했고, 의로움이 얼굴빛에 나타났으며, 목숨을 걸고 태자를 지켰다.[10] 그 결과 주거는 신도군의 승으로 좌천되었다. 주거가 임지에 다다르기 전에 중

---

10) 주거가 항변한 말의 내용은 다음과 같다. "신이 듣건대 태자는 나라의 근본이며, 그 바탕이 인자하고 효성스러우므로 천하 사람들이 마음을 기탁합니다. 지금 갑자기 태자를 질책한다면 생각지 못한 사태가 있을 것입니다. 옛날 진나라 헌공獻公이 여희驪姬의 말을 믿어서 태자 신생申生이 살지 못했고, 한나라 무제가 강충江充을 믿어서 누戾 태자는 억울하게 죽었습니다. 신은 사사로이 태자가 이 고통을 이겨내지 못할까 두렵습니다. 비록 사자思子라는 이름의 궁궐을 세웠을지라도 미치지 못합니다."

서령 손흥이 그를 무함하여, 손권이 질병으로 누워 있는 기회를 틈타 거짓 조서를 만들어 그에게 죽음을 내렸다. 그때 주거는 쉰일곱 살이었다. 손량 때 그의 두 아들 주웅과 주손은 각각 또 부대를 통솔했지만 전全 공주의 모함을 받아 모두 처형되었다.

| **영안 연간(258~264)** | 조정에서는 주거의 공로를 추적하여 기록하고, 주웅의 아들 주선朱宣에게 운양후 작위를 잇게 하고 공주를 아내로 맞도록 했다. 손호 때 주선은 표기장군에 이르렀다.

【평하여 말한다】

우번은 고대의 지나치게 정직했던 무리로서 진실로 말세에는 화를 면하기 어려웠지만, 손권이 그를 받아들일 수 없었던 것은 마음이 넓지 않았기 때문이다. 양웅의《태현》에 대한 육적의 공헌은 공자의《춘추》에 대한 좌구명左丘明의 공헌이나 노담老聃의《도덕경道德經》에 대한 엄주(嚴周, 곧 장주莊周인데 서한 때 명제 유장劉莊의 휘를 피하기 위해 쓴 것임)의 공헌 같은 것이다. 이처럼 귀중한 인재에게 남월을 지키도록 한 것은 역시 인재를 해친 게 아니겠는가! 장온은 재능이 뛰어나지만 몸을 지키는 지혜를 갖추지 못했으므로 재난과 근심에 이르렀다. 낙통은 대의가 분명하고 언사가 간절하며 이치가 지극했지만 손권이 듣지 않고 닫아버리는 바람에 재능을 꽃피우지 못했다. 육모는 인의가 돈독하고 바르게 간언했으므로 군자가 칭찬했다. 오찬과 주거는 좌절을 만났을 때 정직해서 몸을 잃고 말았으니 슬프도다!

13

육손전陸遜傳

대기만성하여 큰일을 이룬 오나라의 국보

대기만성하여 큰일을 이룬 오나라의 국보

육손전陸遜傳

육손은 자가 백언伯言이고 오군 오현 사람이다. 그의 본명은 육의陸議이며 대대로 강동의 호족이었다. 육손은 어려서 아버지를 여의고 당조부이며 여강 태수였던 육강을 따라 임지에서 살았다. 원술은 육강과 틈이 있어서 앞으로 그를 치려고 했다. 그러므로 육강은 육손과 친척들을 오현으로 돌려보냈다. 육손은 육강의 아들 육적보다 몇 살 위이므로 육강 대신 집안을 관리했다.

손권이 장군이 되었을 때 육손은 스물한 살이었다. 그는 처음에 손권의 막부에 임명되었으며, 동·서 조령사東西曹令史를 지내고 지방으로 나와 해창현海昌縣 둔전도위屯田都尉가 되어 현의 정무까지 아울러 관리했다. 그 현에 해를 이어 큰 가뭄이 들자 육손은 관청의 곡식 창고를 열어 가난한 백성을 구제하고, 백성에게 농업과 양잠을 권유하고 감독했다. 백성은 매우 많은 혜택을 입었다. 그 무렵 오군·회계군·단양군에는 숲 속에 숨어 있는 사람이 많았다. 육손은 손권에게 지금 해야 할 일을 말하고 이런 사람들을 불러 모으도록 요청했다. 회계군 산적의 우두머리인 반림潘臨은 오랫동안 이 지역의 골칫거리였지만 여러 해가 지나도록 붙잡히지 않았다. 육손이 새로 불러 모은 수하의 병사들을 데리고 험준한 곳까지 깊숙이 들어가 토벌하자 이르는 곳마다 모두 항복했다. 육손 수하의 병사는 이미 2천여 명이 되었다.

파양군 도적 우두머리 우돌尤突이 난리를 일으키자, 육손은 또 그곳으로 가서 토벌했다. 그는 정위교위定威校尉로 임명되었고, 군대를 이포利浦에 주둔시켰다.

손권은 형 손책의 딸을 육손의 배필로 짝지어주고, 당대의 정치 문제에 관해 여러 차례 의견을 구했다. 육손은 이렇게 건의했다.

"지금 영웅들이 여러 곳에서 패권을 쥐고 대치하고 있고, 시랑 같은 자들은 호시탐탐 엿보며 관망하고 있습니다. 적을 무찌르고 혼란을 평정하려면 많은 사람이 없이는 성공할 수 없습니다. 산월의 도적은 오랜 원수인데 험한 지형에 의지하고 깊은 산속에 있습니다. 안에서 일어난 환란을 평정하지 않고 먼 곳을 도모하기란 어렵습니다. 우리는 대오를 확충하고 그 가운데서 정예를 뽑아야만 합니다."

손권은 그의 책략을 받아들이고, 그를 장하우부독(帳下右部督, 군주를 보위하고 유사시에는 작전에 참여한 관직)으로 삼았다. 마침 단양군의 도적 우두머리 비잔費棧이 조조의 인수를 받고 산월을 선동해 몰래 호응했다. 비잔의 무리는 많지만 그곳으로 간 육손의 병사는 적었다. 그래서 육손은 군기를 늘리고 군고軍鼓와 호각을 배치시켜놓고 밤에 산골짜기에 잠복해 있다가 갑자기 북을 치고 소리를 지르며 앞으로 나아갔다. 비잔의 무리는 순식간에 무너져 흩어졌다. 육손은 동방의 3군(단양·신도·회계)에서 부대를 편성하고 강인한 사람은 병사로 삼고 약한 사람은 민호에 편입시켰다. 이렇게 하여 결국 수만 명을 얻었고, 오랜 세월 지속된 환란은 다 잠잠해졌으며, 군대가 지나간 곳은 깨끗해졌다. 육손은 돌아와 무호에 주둔했다.

회계 태수 순우식淳于式이 손권에게 표를 올려 육손이 제멋대로 백성을 취하여 관할 지역을 소란스럽게 한다고 했다. 그렇지만 육손은 뒤에 도성으로 가서 손권과 말할 때 순우식을 훌륭한 관리라고 칭찬했다. 그러자 손권이 말했다.

"순우식은 그대를 고발했는데 그대는 순우식을 추천하니 무슨 까닭인가?"

육손은 이렇게 대답했다.

"순우식의 뜻은 백성을 기르려는 것이므로 저를 고발했습니다. 만일 제가 다시 순우식을 비방한다면 성덕을 어지럽히게 됩니다. 이러한 기풍을 조장할 수는 없습니다."

손권이 말했다.

"이것은 진실로 훌륭한 행위이다. 일반 사람들은 그리할 수 없는 것이다."

여몽이 질병을 이유로 건업으로 왔을 때, 육손은 가서 방문하고 이렇게 말했다.

"관우와 국경을 접하고 있으면서 어떻게 멀리 내려왔습니까? 나중에 걱정할 만한 것이 없겠습니까?"

여몽이 말했다.

"진실로 당신이 말한 것과 같습니다만 내 질병이 심합니다."

육손이 말했다.

"관우는 자기 용기에 기대어 다른 사람을 능멸합니다. 처음으로 큰 공을 세워 마음이 교만해지고 의지는 안일해졌으며 오직 북진에만 힘쓰고 우리에게는 경계하는 마음을 두지 않고 있습니다. 만일 당신이 질병에 걸렸다는 소식을 듣게 한다면 틀림없이 더욱 방비하지 않을 것입니다. 지금 생각하지 않고 있을 때 나가면 그를 붙잡아 제어할 수 있을 것입니다. 당신이 내려와 지존(至尊, 군왕에 대한 존칭)을 만나는 것은 마땅히 좋은 계략입니다."

여몽이 말했다.

"관우는 평소 용맹하여 그를 대적하기가 어렵습니다. 게다가 그는 벌써 형주를 점거하고 은혜와 신의를 대거 시행하고 있으며, 아울러 원래 공로가 있고 담력과 기세가 성대하여 도모하기가 쉽지 않습니다."

여몽이 도성에 이르자 손권이 물었다.

"누가 그대를 대신할 수 있겠소?"

여몽이 대답했다.

"육손은 사려 깊으며 재기가 중임을 맡을 만합니다. 그가 살피고 생각하는 것을 보면 큰일을 맡길 만합니다. 그리고 그는 아직 먼 곳까지 이름이 나 있지 않고 관우가 두려워하는 자가 아니므로 또 그를 뛰어넘을 자는 없습니다. 만일 그를 임용한다면 밖으로는 참된 의도를 숨기고 안으로는 유리한 형세를 살피도록 한 다음 관우를 무찌를 수 있습니다."

손권은 곧 육손을 불러 편장군우부독으로 임명하고 여몽을 대행하도록 했다.

육손은 육구에 이르러 관우에게 편지를 보내 이렇게 말했다.

전에 나는 당신이 적군의 움직임을 살피고 나서 일정한 법칙에 따라 군대를 지휘해 가볍게 일어나 큰 성공을 거두는 것을 보았는데, 어찌 그렇게 한결같이 위대하오! 적이 진 것은 동맹국에 이로운 일이므로 당신이 이겼다는 소식을 듣고 손뼉을 쳤고, 중원을 석권하는 대업을 이루어 함께 조정을 보좌하고 기강을 유지시키기를 바랐소. 최근 재능 없는 이 사람이 임명을 받아 서쪽으로 오게 되었소. 나는 당신의 풍채를 우러르며 좋은 대우와 가르침을 받기를 바라고 있소.

또 이렇게 말했다.

우금 등이 당신 포로가 되자 먼 곳이든 가까운 곳이든 간에 그대를
존경하고 찬탄했으며, 장군의 공훈은 세상에 영원하리라 생각하고 있
소. 비록 옛날 진나라 문공이 성복城濮 싸움에 참가시킨 군대나 회음
후(한신)가 조趙나라를 공격한 계략일지라도 그대를 넘을 수는 없을
것이오. 서황 등이 적은 기병을 진지에 주둔시켜 당신의 동향을 엿보
고 있다고 들었소. 조조는 교활한 적이오. 그는 실패했던 분노 때문에
어려움을 생각지 않고 아마 은밀히 병사를 늘려 그 뜻을 이루려 할 것
이오. 비록 그의 군대는 강하지 않을지라도 용맹하고 강인한 장수가
여전히 있소. 그리고 전쟁에서 이긴 뒤에는 으레 적을 경시하는 생각
이 생겼소.

옛사람의 용병술에 의지하여 싸움에서 이긴 다음에는 더욱 경계하
고, 장군이 여러 방면으로 방침을 만들어 완전히 이기기를 바라오. 나
는 서생으로 재능이 소원하고 학문이 얕으며 행동은 더딘데 감당하지
못할 직무를 맡게 되었소. 나는 위엄과 덕행이 있는 당신과 이웃이 되
어 기쁘고, 내 마음을 다 기울이고 싶소. 비록 당신 계책에 부합되지
못할지라도 오히려 받아들일 만할 것이오. 만일 당신의 관심을 얻게
된다면 이런 것을 밝힐 수 있을 것이오.

관우는 육손의 편지를 살펴보고 그가 겸손하게 몸을 낮춰 스스로
의탁하려는 뜻이 있고 매우 방심하고 있다고 생각했으므로 더는 경
계하는 바가 없어졌다. 육손은 이런 상황을 손권에게 구체적으로
보고하고 관우를 잡을 수 있는 요령을 말했다. 손권은 은밀하게 서
쪽으로 군사를 보내고, 육손과 여몽이 선봉 부대가 되게 하여 공안

과 남군을 재빠르게 점령하도록 했다. 육손은 곧장 진군했다. 그는 의도 태수를 겸하며 무변장군撫邊將軍으로 임명되고 화정후華亭侯로 봉해졌다. 유비의 의도 태수 번우樊友가 성을 버리고 달아났으며, 각 성의 관리나 이민족의 우두머리가 모두 투항했다. 육손은 금·은· 동의 관인을 청하여 막 귀순한 사람들에게 주었다. 이해는 건안 24 년(219) 11월이었다.

육손은 장군 이이李異와 사정謝旌 등을 보내 병사 3천 명을 이끌고 가서 촉나라 장수 첨안詹晏과 진봉陳鳳을 치게 했다. 이이는 수군을 지휘하고, 사정은 보병을 이끌고 가서 험한 요새를 끊어 곧바로 첨 안 등을 무찌르고 진봉을 사로잡았다. 또 방릉 태수房陵太守 등보鄧輔 와 남향 태수南鄉太守 곽목郭睦을 쳐서 크게 깨뜨렸다. 자귀현의 호족 문포文布와 등개鄧凱 등은 이족의 병사 수천 명을 규합해 서쪽의 촉 과는 머리와 꼬리가 되었다. 육손은 또 사정을 지휘하여 문포와 등 개를 토벌하여 무찔렀다. 문포와 등개가 달아나자 촉나라에서는 이 들을 장군으로 임명했다. 육손이 사람을 보내 이들을 회유하자 문 포는 병사들을 이끌고 돌아와 투항했다. 육손이 앞뒤로 목을 베거나 포로로 잡거나 회유하여 투항을 받은 자가 수만 명이나 되었다. 손 권은 육손을 우호군 및 진서장군으로 임명하고 승진시켜 누후婁侯로 봉했다.

그때 형주의 사인들이 막 오나라로 귀의했는데, 관직에 오른 자 도 있고 안배를 받지 못한 자도 있었다. 그래서 육손은 상소하여 말 했다.

옛날에 한나라 고조가 천명을 받았을 때는 남다른 재능이 있는 사 람들을 불러 임용했고, 광무제가 중흥했을 때는 매우 걸출한 사람들이 이르렀습니다. 진실로 도덕과 교화를 일으킬 수 있는 사람이라면 멀고 가까운 것은 필요가 없습니다. 지금 형주는 막 평정되었고 인물들은 현달하지 못했습니다. 신이 지성으로 바라는 바는 이들을 공양하고 발탁하는 은혜를 두루 주어 스스로 나아올 기회를 얻도록 하는 것입니다. 이와 같이 하면 천하 사람들은 목을 길게 빼고 우리의 커다란 교화로 돌아오려고 할 것입니다.

손권은 그의 건의를 공손하게 받아들였다.

| **황무 원년(222)** | 유비가 대군을 이끌고 서쪽 변방 지역을 향해오자 손권은 육손을 대도독으로 삼고 가절을 주어 주연·반장·송겸·한당·서성·선우단·손환孫桓 등에게 5만 명을 지휘하여 막도록 했다. 유비는 무협과 건평에서부터 이릉의 경계까지 이어 둔영 수십 개를 세우고 금·은·비단·작위·상으로 여러 소수민족을 회유했다. 그리고 장군 풍습을 대독으로 삼고 장남張南을 선봉으로 삼았다. 보광輔匡·조융趙融·요순廖淳·부융傅肜 등은 각각 별독別督으로 삼고 우선 오반吳班을 보내 수천 명을 이끌고 가서 평지에 군영을 세워 도전하게 했다. 오나라 장수들이 공격하려고 하자 육손이 말했다.

"이런 행동에는 반드시 음흉한 계획이 있을 것이다. 잠시 살펴보도록 하자."

유비는 그의 계획이 실현될 수 없음을 깨닫고 곧바로 복병 8천명을 데리고 산골짜기에서 나갔다. 육손이 말했다.

"오반을 치자는 여러분의 요청을 듣지 않은 까닭은 반드시 거짓이 있을 것이라고 추측했기 때문이다."

육손은 상소하여 다음과 같이 말했다.

이릉은 요충지이며 나라의 최전선에 있는 관문인데, 비록 쉽게 얻긴 했지만 잃기도 쉬운 곳입니다. 그곳을 잃게 되면 한 군의 땅을 잃을 뿐만 아니라 형주를 걱정하게 될 것입니다. 오늘 이곳을 다투어 마땅히 꼭 성취해야 합니다. 유비는 통상적인 이치를 어기고 자기 집을 지키지 않고 과감히 보냈습니다. 신은 비록 재능은 없지만 폐하의 위엄과 명성에 기대어 순리를 따라서 거역하는 자를 토벌하고 짧은 시간에 파괴했습니다. 유비가 앞뒤로 군사를 쓴 것을 살펴보면 실패가 많고 성공은 적었으므로 이로부터 걱정할 가치가 없다고 미루어 판단했던 것입니다.

신은 처음에 그가 강과 육지로 함께 진출할까 봐 걱정했습니다. 그런데 오늘 그는 오히려 배를 버리고 도보로 곳곳에 진영을 만들었습니다. 그가 배치한 것을 살펴보았는데 다른 변화는 반드시 있을 수 없었습니다. 폐하께서는 베개를 높이 베고 이 일에 괘념치 마시기를 엎드려 바랍니다.

육손 수하의 장수는 모두 이렇게 말했다.

"유비를 친다면 마땅히 그가 처음 병사를 내었을 때 했어야 합니다. 현재는 그가 오나라로 5백~6백 리를 들어오도록 하여 서로 대치한 지 7, 8개월이나 되었으며, 많은 요충지는 모두 그가 굳게 지키고 있으므로 그를 치면 반드시 불리할 것입니다."

육손이 말했다.

"유비는 교활한 적으로 매우 많은 일을 겪었고, 그 군대가 처음 집결했을 때 그의 생각은 조밀하고 전일했으므로 침범할 수 없었다. 현재는 매우 오랫동안 출병하여 우리의 편의를 차지하지 못했고, 병사들은 지치고 사기가 떨어졌으며, 새로운 계책도 없다. 앞뒤에서 협공하여 적을 잡을 때는 바로 오늘이다."

그러고 나서 육손이 먼저 유비의 한 진영을 쳤지만 불리했다. 장수들은 모두 이렇게 말했다.

"헛되이 병력을 소모할 뿐입니다."

육손이 말했다.

"나는 이미 유비 진영을 무너뜨릴 방법을 알고 있다."

그러고는 곧 병사 각각에게 띠풀을 하나씩 갖고서 화공火攻으로 무너뜨리도록 명령했다. 순식간에 형세가 이루어지자 육손은 각 군대를 이끌고 가서 한꺼번에 함께 공격해 장남과 풍습 그리고 호왕胡王 사마가沙摩柯 등의 머리를 베었으며, 진영 40여 곳을 무너뜨렸다. 유비의 장수 두로杜路와 유녕劉寧 등은 달아날 길이 없자 투항을 요청했다. 유비는 마안산馬鞍山에 올라 주위에 군대를 포진시켰다. 육손이 군대를 격려하고 지휘하여 사방에서 이곳으로 육박해오자 유비의 진영은 무너지고 와해되었으며, 죽은 자가 수만 명이나 되었다. 유비는 밤을 틈타 달아났는데, 역참의 관리가 직접 남아 있는 물건을 지고 요(鐃, 징)와 개(鎧, 갑옷)를 길에 쌓아놓고 불을 질러 적병의 추격을 끊었다. 유비는 겨우 백제성으로 들어갔다. 그의 배와 병기, 수군, 보병의 물자는 한 번에 거의 손실되었고, 병사들의 시신이 장강에 떠다녔다. 유비는 매우 부끄럽고 분하여 이렇게 말했다.

"내가 육손에게 좌절과 모욕을 당했으니, 어찌 하늘의 뜻이 아니겠는가?"

처음에 손환이 혼자 이도에서 유비의 선봉대를 토벌하려다가 그에게 포위된 적이 있었다. 그래서 육손에게 구원을 요청했는데, 그는 이렇게 말했다.

"안 된다."

장수들이 말했다.

"손안동(孫安東, 손환)은 손권의 동족인데, 그가 포위당한 것을 알고 어찌 구하지 않습니까?"

육손이 말했다.

"안동은 병사들의 마음을 얻었고 성이 튼튼하며 식량이 충분하므로 걱정할 것이 없다. 내 계책이 실시되기를 기다리면 안동을 구하지 않아도 그 포위는 자연스럽게 풀릴 것이다."

육손의 계책이 실시되자 유비는 정말 크게 패하여 달아났다. 손환은 나중에 육손을 만나 이렇게 말했다.

"전에 나는 사실 구원받지 못한 것을 원망했습니다. 대국이 결정된 오늘에 이르러서야 비로소 당신의 조처에는 방법이 있었음을 알았습니다."

유비에게 맞설 때 장군들 가운데 어떤 이는 손책 때의 노장이고, 어떤 이는 황실의 친척이므로 각자 긍지를 갖고 서로 듣고 따르려고 하지 않았다. 그러자 육손이 칼을 잡고 말했다.

"유비는 천하에 이름이 알려졌으며 조조도 그를 두려워하고 있다. 오늘 그가 우리 경내에 있는데, 이는 강대한 적수이다. 여러분은 모두 나라의 은혜를 받았으니 마땅히 서로 화목해야 하며, 함께 이 적을 무찔러서 위에서 받은 은혜에 보답해야 하거늘 서로 따르지 않고 있다. 이것은 우리가 할 일이 아니다. 나는 비록 서생일 뿐이지만 주상의 명령을 받았다. 나라에서 여러분을 굽혀 내 명령을 받도록 한 까닭은 내게 칭찬할 만한 장점이 조금 있어 부끄러움을 참아내고 중임을 담당할 수 있기 때문일 것이다. 각자 맡은 일을 해야지, 또 무슨 말을 하겠는가! 군령은 떳떳한 것이니 범할 수 없다."

유비를 무너뜨린 계책은 대부분 육손에게서 나왔다. 장수들은 그를 존경하여 따랐다. 손권은 이러한 상황을 듣고서 말했다.

"그대는 무엇 때문에 애초에 장수들이 지휘와 약속에 복종하지 않는 것을 알리지 않았소?"

육손이 대답했다.

"저는 두터운 은혜를 입어 임무가 제 재능을 뛰어넘는 것이었습니다. 또 이 장수들 가운데 어떤 이는 주군께서 신임하는 사람이고, 어떤 이는 유능한 장수이며, 어떤 이는 공신이었습니다. 이들은 모두 나라가 큰일을 이루는 데 함께할 사람들입니다. 신은 비록 재능이 낮지만 인상여藺相如와 구순寇恂이 겸허하게 자신을 낮춘 뜻을 사사로이 흠모하여 나라의 큰일을 이루려고 한 것입니다."

손권은 크게 웃으며 그의 행동이 옳았다고 칭찬했다. 그리고 그를 보국장군으로 임명하고 형주목을 겸하도록 했으며, 곧바로 강릉후로 바꾸어 봉했다.

또 유비가 백제성에 머물러 있자 서성·반장·송겸 등은 각각 다투어 표를 올려서 유비를 반드시 붙잡을 수 있다며 다시 치고 싶어 했다. 손권은 이를 육손에게 물었다. 육손은 주연과 낙통, 조비가 대군을 집결하여 겉으로는 우리나라를 도와 유비를 토벌하려 하지만 속으로는 사악한 마음이 있으므로 결정이 되면 곧바로 군대를 돌릴 것이라고 보았다.[1] 오래지 않아 위나라 군대는 정말 출동했

---

1) 유비는 위나라 군대가 대거 출동한다는 소식을 듣고 육손에게 편지를 보내 말했다. "적군은 지금 벌써 강릉에 있소. 이에 대응하기 위해 나는 다시 동쪽으로 갈 터인데, 장군은 이에 동의하시오?" 그러자 육손은 다음과 같이 답했다. "오로지 걱정되는 것은 당신 군대가 이제 막 져서 아직 상처가 낫지 않았으며, 두 나라의 화친 관계를 구하기 시작했다는 점이오. 지금은 스스로 보충해야 하지 병력을 궁핍하게 할 틈은 없소. 만일 충분히 헤아리지 않고 다시 뒤엎어지는 상황 속에서 생존자들을 멀리 보내서 오게 한다면 목숨을 보존하지 못할 것이오."

고, 오나라는 삼면에서 적의 공격을 받게 되었다.

유비가 질병으로 죽자 아들 유선이 자리를 이어받았다. 제갈량이 정권을 잡았고 손권과 결맹을 맺었다. 그 무렵 정사의 마땅한 바에 근거하여 손권은 육손을 통해 제갈량에게 설명하도록 하고, 아울러 손권의 인새를 새겨 육손의 관소에 두었다. 손권은 유선이나 제갈량에게 편지를 보낼 때에는 언제나 육손이 보게 하여 말투의 경중이나 시비의 타당성에 합당하지 못한 곳이 있으면 곧바로 고치게 한 다음 봉인하여 보냈다.

| **황무 7년(228)** | 손권은 파양 태수 주방에게 위나라의 대사마 조휴를 속이도록 했다. 조휴는 과연 병사들을 들어 환현으로 들어왔다. 그래서 손권은 육손을 불러 황월黃鉞을 주고 대도독으로 삼아 조휴를 맞아 공격하게 했다. 조휴는 사태를 알아차렸지만, 그에게 속은 일이 부끄럽고 자신의 병마가 정예이며 많음에 의지하여 육손과 싸우기로 했다. 육손 자신은 중앙의 군대를 지휘하고, 주환과 전종에게 왼쪽과 오른쪽 날개가 되도록 하여 세 갈래 길로 함께 나아가 조휴의 복병과 과감히 부딪혀 달아나는 조휴의 병사들을 추격해 곧장 협석까지 갔다. 여기서 죽이거나 사로잡은 사람은 1만여 명이고 소·말·노새·나귀가 끄는 수레를 1만 대나 얻었으며, 조휴 군대의 물자나 기계를 거의 빼앗았다. 조휴는 돌아간 뒤 등에 종기가 나서 죽었다.

육손은 각 군대를 정돈하여 무창을 지났는데, 손권이 주위 신하들에게 명령하여 자기 우산 덮개로 육손을 가리고 궁궐 문을 드나들게 했다. 육손에게 준 것은 모두 자신이 쓰는 상등의 진귀한 물품이었다. 그 당시에 육손과 견줄 만한 이가 없었다. 뒤에 육손은 서릉으로 돌아왔다.

| **황룡 원년(229)** | 육손은 상대장군 및 우도호로 임명되었다. 이해에 손권은 동쪽의 건업을 순시하고 태자와 황자 그리고 상서 구관九官[2]을 머물게 했는데, 육손을 불러 태자를 보좌하도록 하는 동시에 형주와 예장 등 3군의 일을 관장하며 군사 일이나 나랏일을 관리 감독하게 했다. 당시 건창후 손려가 전당 앞에 투압란鬪鴨欄을 만들어 매우 정교하게 설치했다. 육손은 정색을 하고 말했다.

"당신은 마땅히 경전을 두루 살펴보고 스스로 새로움을 더하도록 힘써야 하거늘, 어째서 이런 놀이를 하십니까?"

손려는 곧바로 그것을 부수고 철거했다.

사성교위 손송은 공자들 가운데 손권이 가장 친애하던 자인데, 병사들을 놀리며 훈련시키지 않았다. 육손은 이 일에 대해 그 수하 관리들의 머리를 깎는 형벌에 처했다. 남양의 사경이 형벌을 우선하고 예절을 뒤에 한다는 유이劉廙의 견해를 칭찬하자, 육손은 사경을 꾸짖으며 말했다.

"예절이 형벌보다 앞선 지 매우 오래되었다. 유이가 번잡한 궤변으로 옛 성인들의 가르침을 왜곡한 것은 모두 잘못이다. 그대는 지금 태자를 모시고 있으니, 마땅히 인의를 존중하여 덕음德音을 선양해야지 유이와 같은 말은 할 필요가 없다!"

육손은 비록 몸은 궁궐 밖에 있을지라도 마음은 나랏일에 가 있었다. 그는 상소하여 그 당시 일을 다음과 같이 말했다.

저는 법이 너무 엄하고 상세하여 아래에서 법을 어기는 자들이 많

---

2) 태상·광록훈·위위·태복太僕·정위·대홍려·종정·대사농·소부 등이다.

다고 생각합니다. 근래에 장수나 관리 들이 죄를 지은 것은 비록 그들이 신중하지 못한 점에서 추궁을 받을 만하지만, 천하가 아직 통일되지 않았으므로 마땅히 나아가 취할 것을 도모해야 하고 작은 허물은 은혜를 베풀어 용서해 아래의 정서를 안정시켜야만 합니다. 그리고 지금 세상에서 처리해야 할 일은 날마다 일어나고 있습니다. 훌륭하고 재능 있는 사람이 우선되어야 하므로, 사악하거나 음란하거나 용서받을 수 없는 죄를 지은 게 아니라면 다시 뽑아서 재능을 펼쳐 폐하께 보답하도록 하기를 요청합니다. 이는 성스러운 왕이 허물은 잊고 공로를 기억하여 왕업을 이루는 것입니다.

옛날 한나라 고조는 진평陳平의 허물을 버리고 그의 기묘한 재략을 써서 결국 한나라 왕조를 세우는 공훈이 있었고, 그의 공로는 천 년 동안 전해졌습니다. 엄격한 법과 가혹한 형벌은 제왕이 대업을 융성하게 하는 방법이 아닙니다. 징벌만 있고 용서가 없다면 이것은 먼 곳 사람들을 어루만지는 커다란 계획이 아닙니다.

손권은 한쪽 부대를 보내 이주夷洲를 취하려고 하면서 모두 육손에게 자문했다. 육손은 상소하여 말했다.

신의 어리석은 생각으로는 사해가 아직 평정되지 않았으므로 마땅히 백성의 힘을 동원하여 현재의 긴급한 임무를 처리해야만 합니다. 이제 병사를 일으킨 지 수년이 지나 인원이 줄었으며, 폐하께서는 이것을 우려해 침식을 잊고 앞으로 멀리 가서 이주를 취하여 큰일을 이루려고 하십니다. 신이 거듭 생각해보았지만 이것은 유리함이 보이지 않습니다. 만 리를 가서 땅을 탈취하여도 풍파를 예측하기 어렵고, 백성은 물과 풍토가 바뀌어 반드시 질병에 걸릴 것입니다. 지금 사병들을 달리게 하여 불모지를 건너 많은 이익을 얻으려고 하다가 더욱 손해를 보게 될 것입니다. 또 주애는 매우 험준한 곳이며 그곳 백성은 금수 같습니다. 그러므로 그곳 백성을 얻는다고 해도 큰일을 이루기에는 부족하고, 그곳 병사가 없어도 우리의 군대가 줄지는 않습니다. 지금 강동에 있는 병사들은 스스로 큰일을 도모하기에 충분하니 오직 병력을 축적한 뒤에 움직여야 합니다.

옛날 환왕이 오나라의 기업을 세웠을 때, 병사는 5백 명이 안 되었지만 대업을 열었습니다. 폐하께서는 천명을 받아 강남 지역을 개척하고 평정했습니다. 신이 듣기로 혼란한 세상을 다스리고 반역자를 토벌할 때는 반드시 군대의 위력에 의지해야 하는데, 농업이나 양잠에 종사하여 입을 것과 먹을 것을 풍족하게 하는 것이 백성의 근본적인 일이지만 전쟁이 끊이지 않아 백성은 굶주리고 추위에 떨고 있습니다.

신의 어리석은 생각으로는 마땅히 병사나 백성을 양육하고 조세를 적게 거둬들이면 백성이 매우 화목해지고, 도의로 용감함을 권한다면 황하와 위수 유역은 평정될 수 있으며 온 나라가 통일될 것입니다.

손권은 이주를 정벌하러 갔지만 얻은 것이 잃은 것을 보충하지 못했다.

공손연이 맹약을 어기자 손권은 가서 정벌하려고 했다. 육손은 상소하여 이렇게 말했다.

공손연은 험난한 곳에 의지하고 견고한 수비에 기대어 우리의 특사를 붙잡아둔 채 명마를 바치지 않고 있으니 참으로 원수로 여기고 분노할 만합니다. 만이蠻夷는 중원을 소란스럽게 하며 성왕의 교화를 받지 못하고, 새처럼 황폐한 변방에 숨어 있으면서 우리 군대에 맞서서 폐하를 진노케 해 작은 배를 타고 대해를 건너는 위험을 생각지 않고 예측하지 못하는 험난함을 결심하게 하는 데까지 이르렀습니다.

지금 천하는 구름처럼 어지럽고, 군웅들이 호랑이처럼 다투며, 영웅호걸들은 뛰어오르려 하여 크게 소리 지르며 눈을 크게 뜨고 바라보고 있습니다. 폐하께서는 신무神武의 자태로 하늘의 안배를 받아 오림과 적벽에서 조조를 무찔렀고, 서릉에서 유비를 이겼으며, 형주에서 관우를 붙잡았는데, 이 세 적은 당대의 영웅호걸이지만 모두 그 예봉을 부러뜨렸습니다. 폐하께서 성스러운 교화로 어루만지자 만 리 안의 백성은 바람이 풀을 움직이는 것처럼 되었습니다. 이는 중원을 평정하고 통일 대도大道를 실현할 때인 것입니다.

지금 폐하께서 작은 화를 참지 못하여 우레 같은 분노를 발산하는 것은 처마 밑으로 가까이 와서 앉지 못하도록 한 경계를 위배하고, 만승 군주의 지위를 가벼이 하는 것입니다. 이 점이 신을 의혹스럽게 합니다. 신이 듣기로 만 리를 가려는 뜻이 있는 자는 중도에 발을 멈추지 않고, 천하를 통일하려는 자는 작은 일을 생각하느라 큰일을 해치지 않는다고 합니다. 강대한 적이 우리 경내에 있고 변방 지역에 있는 자들이 아직 우리 조정으로 귀의하지 않았는데, 폐하께서 배를 타고 원정한다면 반드시 적에게 엿볼 기회를 주게 될 테니 걱정이 근심에 이르며 후회해도 미치지 못할 것입니다.

만일 통일 대업을 완성할 수 있다면 공손연은 토벌하지 않아도 자연스럽게 복종할 것입니다. 지금 먼 요동의 백성과 명마는 아까워하면서 어찌하여 유독 강동의 안정된 기업을 버리는 것은 아까워하지 않으십니까? 청컨대 병사들을 쉬게 하여 강력한 적군을 위압하고, 일찌감치 중원 지역을 평정하여 후세까지 빛내도록 하십시오.

손권은 그의 의견을 받아들였다.

| **가화 5년(236)** | 손권은 북쪽을 정벌하려고 육손과 제갈근에게 양양을 치게 했다. 육손은 신임하는 한편韓扁을 보내 표문表文을 갖고 손권에게로 가서 전쟁 상황을 보고하도록 했다. 그런데 한편은 돌아오는 길에 면중에서 적을 만나 붙잡히고 말았다. 제갈근은 이 소식을 듣고 매우 두려워서 육손에게 편지를 보내 다음과 같이 말했다.

주상은 이미 돌아왔고, 적군은 한편을 붙잡아 우리의 실정을 모조리 알게 되었습니다. 게다가 강물까지 말랐으니 급히 떠나야 합니다.

육손은 이 편지에 답장은 보내지 않고 사람들을 재촉하여 순무와 콩을 심게 했으며, 장수들과 보통 때처럼 바둑을 두고 활쏘기 놀이를 했다. 제갈근이 말했다.

"백언은 지략이 많으니 반드시 방법이 있을 것이다."

그러고는 직접 와서 육손을 만났다. 육손이 말했다.

"적군이 주상께서 돌아간 사실을 알았다면 걱정할 것도 없으며 우리에게 힘을 집중할 수 있습니다. 또 그들은 이미 요충지를 지키고 있고, 우리 병사들은 마음에 동요를 일으키고 있으므로 우리는 마땅히 스스로 진정하여 병사들을 안정시키고 다양하게 변하는 계책을 펼친 다음에 물러나야 합니다. 지금 곧바로 물러날 뜻을 내비치면 적군은 당연히 우리가 두려워하고 있다고 말하며 가까이 올 테니, 이것은 반드시 실패하는 형세입니다."

그리고 은밀히 제갈근과 계획을 세워 제갈근에게는 배를 감독하게 하고, 육손은 병마를 타고 양양성으로 향했다. 적들은 본래 육손을 꺼렸으므로 황급히 성으로 되돌아갔다. 제갈근은 배를 이끌고 나오고, 육손은 천천히 대오를 정돈하면서 세력을 부풀려 나타내고 배를 따라 걸었으므로 적군은 감히 침범하지 못했다. 대군이 백위白圍에 다다르자 육손은 사냥하러 간다고 말하고서 은밀히 장군 주준周峻과 장량 등을 보내 강하군의 신시新市·안륙安陸·석양을 치게 했다. 석양의 시장이 한창 시끄러울 때 주준 등이 엄습해왔으므로 사람들은 모두 물건을 버리고 성으로 들어가려고 했다. 성문이 닫혀 있으니까 적군은 직접 자기 백성을 죽이고 나서 성문을 열었다. 오나라 군대가 머리를 베거나 사로잡은 자는 모두 1천여 명이나 되었다.[3] 그리고 사로잡힌 자들은 모두 구호를 받았으며, 사병들로 하여금 침범하거나 속이지 못하도록 했다. 가족들을 데리고 투항해온 자들에게는 사람을 시켜 여러 방면으로 돌보아주게 했다. 만일 처자식을 잃었으면 곧바로 옷과 식량을 주고 두텁게 위로하여 돌려보냈는데, 어쩌다 감동하여 우러르며 서로 손을 잡고 되돌아오는 이도 있었다. 이웃 지역의 백성도 귀의했는데, 강하의 공조 조탁趙濯과 익양의 유비군 대장 배생裴生 그리고 이인夷人의 우두머리 매이梅頤 등은 모두 수하의 무리를 이끌고 육손에게 와서 귀의했다. 육손은 재물과 비단을 기울여 이들을 돌아보고 보살폈다.

---

3) 육손은 손권이 후퇴하여 위나라가 자기 쪽으로 온 힘을 기울일까 봐 걱정했는데, 그가 거대한 위세를 나타내어 적이 감히 침범하지 못하게 할 수 있었던 것은 배를 타고 물의 흐름을 따라가면 아무런 근심도 없으리라는 이유 때문이었다. 어찌 부장들을 보내서 작은 현을 급습하고, 저자에 있는 자들을 놀라 달아나게 하며, 부상당하거나 죽은 자까지 나오게 하겠는가? 1천 명을 포로로 잡았든 죽였든 위나라에 손해를 입힌 점에서는 부족한 것이므로 오직 무고한 백성을 까닭도 없이 가혹하게 처리한 셈이다. 제갈량이 위수 유역에서 펼친 군사행동과 무엇이 다른가! 용병의 이치를 거스르는 일은 규율을 잃어 흉악한 일이 이에 응한다. 그 집안이 뒤에 삼대까지 지속되지 못하고 손자 대에서 망한 것은 어찌 이 재앙이 미친 것이 아니랴!

또 위나라의 강하 태수 녹식逯式은 병마를 관리하는 권한을 쥐고 늘 오나라의 변방 지역을 소란스럽게 하면서, 위나라의 노장 문빙 文聘의 아들 문휴文休와 오랫동안 화합하지 못했다. 육손은 이러한 상황을 알고는 곧바로 녹식에게 거짓으로 회신하여 다음과 같이 말했다.

간절하고 측은한 편지를 받아보고 당신과 문휴가 오랫동안 불화로 틈이 벌어져 있으며 쌍방이 존재할 수 없는 형세이기 때문에 귀의하려 한다는 것을 알게 되었습니다. 나는 비밀리에 당신에게서 온 편지를 조정에 바치고 표를 올려 인마를 모아 맞이하도록 하겠습니다. 당신은 몰래 재빨리 준비를 끝내고 다시 귀의할 시간을 알려주십시오.

육손은 편지를 변방 지역에 놓도록 했다. 녹식의 병사가 편지를 주워 그에게 보여주었다. 녹식은 두려워서 직접 처자식을 호송하여 낙양으로 돌아왔다. 이로부터 녹식의 관리와 병사 들은 그에게 귀의하지 않았으므로 면직되었다.[4)]

| 가화 6년(237) | 중랑장 주지周祗가 파양에서 병사를 불러 모으자고 요청하자, 손권은 이 일을 육손에게 물었다. 육손은 이 군의 백성은 쉽게 동요하고 안정시키기 어려우므로, 소집에 응하도록 할 수 없으면 아마 도적이 될 것이라고 주장했다. 그러나 주지는 병사

---

4) 국경 지대에 있는 위나라 장수가 오나라에 손해를 입히는 것은 늘 있었던 일이며, 녹식이 죄를 지게 된 것도 그 뒤를 이은 자가 죄를 지게 된 것도 마찬가지였다. 교활한 수단을 쓰지 않고 큰 근심을 만드는 자가 어찌 전아한 생각을 손상하고 작은 속임수를 만들겠는가? 배송지裴松之는 이러한 일을 아름답게 기록한 진수의 태도를 받아들일 수 없다고 했다.

를 모집하기를 간곡히 요청했다. 그 군의 오거吳遽 등은 정말 도적이 되어 주지를 죽이고 여러 현을 쳐서 함락시켰다. 예장군과 여릉군에 옛날부터 있던 사악한 백성은 함께 오거에게 호응하여 도적이 되었다. 육손은 이 소식을 듣자마자 토벌에 나서 격파했다. 오거 등은 서로 이어서 항복했다. 육손은 정예 병사 8천여 명을 얻었으며, 3군을 평정했다.

그 무렵 중서전교中書典校로 있던 여일이 요직을 훔쳐 차지하고 권력을 남용하여 위세와 복을 마음대로 만들었다. 육손은 태상 반준과 함께 마음속으로 걱정하며 이 일을 말할 때마다 눈물을 흘렸다. 뒤에 손권이 여일을 주살하자 깊이 자책했다. 이에 관한 말은 〈손권전〉에 있다.

그때 사연謝淵[5]과 사굉謝宏 등이 각각 마땅히 해야 할 일을 말하여 이로운 일을 일으켜 바꿔보려고 했다. 손권은 이 일을 육손에게 심의하도록 했다. 육손은 이렇게 말했다.

"나라는 백성을 근본으로 삼고, 강성함은 백성의 힘에서 나오며 재력도 백성에게서 나옵니다. 백성이 풍족한데 나라가 빈약하거나

---

5) 사연은 자가 휴덕休德이며 어려서부터 직접 쟁기질을 하면서도 자기 처지를 슬퍼하는 기색이 없었고, 또 장래의 뜻을 바꾸지 않았으므로 이로 말미암아 이름이 알려졌다. 그는 효렴으로 천거되었다가 점점 승진하여 건무장군에 이르렀다. 그는 비록 군대에 몸담고 있으면서도 유능한 인물을 발탁하려는 데 마음을 두었다. 낙통의 아들 낙수는 일족에게 비방을 받았으며, 사람들의 평판도 그에 미혹되어 아무도 그의 결백을 증명해줄 이가 없었다. 사연은 이 이야기를 듣고 탄식하며 말했다. "공서(公緒, 낙통)가 요절했을 때 동맹국에 있는 자들까지 그의 죽음을 슬퍼했다. 그의 아들은 뜻있는 행동과 분명한 판단력을 지녔다고 들었는데 우매한 비방을 받고 있다. 식견 있는 사람들이 이 일의 흑백을 분명하게 판단하기를 바란다. 모든 사람이 마음속으로 의심하고 있는 것은 바라는 바가 아니다." 결국 낙수는 결백함이 밝혀졌고, 그 뒤 다시는 그의 행동을 비난하는 일이 없었으며, 끝내 훌륭한 인물이 되었다. 이것은 사연의 힘이 있었기 때문이다.

백성은 빈약한데 나라가 강한 일은 일찍이 없었습니다. 그러므로 나라를 다스리는 자는 백성을 얻으면 잘 다스리게 되고, 백성을 잃으면 혼란스러워집니다. 만일 백성이 이로움을 받고 있지 못한데도 힘을 다하여 나라에 보답하도록 한다면 이것도 곤란합니다. 그러므로 《시경》에서 "정치의 혜택이 백성에게 마땅하고 사람들에게 마땅하여 하늘에서 녹을 받는다."라고 찬탄했습니다. 바라건대 성상께서는 은혜를 베풀어 백성을 평안케 하고 구제하십시오. 이와 같이 하면 몇 년 사이에 나라의 재력은 조금씩 넉넉해질 것입니다. 그런 다음에 다시 생각하십시오."

| 적오 7년(244) | 육손은 고옹 대신 승상이 되었다. 그를 임명하는 조서에 다음과 같이 말했다.

짐은 부덕한 몸으로 천명에 순응하여 제위에 올랐지만 왕도王道로 천하를 통일하지 못해 간사한 자들이 길을 가득 메우고 있어 아침저녁으로 걱정스럽고 두려워서 잠자리를 돌아볼 틈이 없었다. 오직 그대는 천부적인 자질과 총명함이 있어 미덕을 빛냈으며, 상장으로 임명되어 나라를 보좌하고 재난을 없앴다. 세상을 뒤덮을 만한 공로가 있는 사람은 반드시 크나큰 총애를 받아야만 하고, 문무의 재능을 가진 자는 반드시 나라의 중임을 맡아야 한다. 옛날 이윤은 탕湯을 융성하게 했고, 여상呂尙은 주 왕조를 보좌했는데, 현재 조정 안팎의 임무는 사실상 그대가 겸하고 있다.

오늘 그대를 승상으로 삼아 사지절 및 수태상守太常인 부상傅常으로 하여금 인수를 수여하도록 한다. 그대는 미덕을 드날려 아름다운 공업을 세우고 공손히 왕의 명령을 집행하여 천하를 어루만지고 평정하라. 아! 삼공의 직책을 총괄하여 신하들을 훈도하니 공손하지 않을 수

있겠는가? 그대는 힘쓰라! 형주목, 우도호, 무창의 일을 겸하던 것은
예전대로 하라.

이보다 앞서 태자와 노왕의 두 궁궐이 함께 서고, 중앙과 지방의
관리가 대부분 자제를 보내 임무를 받도록 했다. 전종이 이 일을 육
손에게 알리자, 육손은 이렇게 주장했다.
"자제들에게 만일 재능이 있다면 임용되지 못함을 걱정하지 않
을 것이므로, 마땅히 사적인 청탁으로 관리가 되어 영리를 구하지
말아야 한다. 만일 이 일을 훌륭하게 실행하지 못한다면 결국 화를
얻게 될 것이다. 그리고 두 궁궐의 세력이 대적하고 있을 때는 반드
시 이쪽을 지지하는 파와 다른 쪽을 지지하는 파가 대립하게 된다
고 들었는데, 이는 옛사람들이 매우 꺼렸던 것이다."
전종의 아들 전기는 정말 노왕에게 아부하고 경솔하게 사귀었다.
육손이 전종에게 편지를 보내서 말했다.

당신은 김일제金日磾를 본받지 않고 아기(阿寄, 전기)를 비호했으니 결
국 당신 집안에 재앙이 이를 것입니다.

전종이 육손의 의견을 받아들이지 않으므로 오히려 다시 틈이
벌어졌다. 태자가 자리에 있는 것이 불안하다는 의론이 일자, 육손
은 상소하여 이렇게 말했다.

태자는 정통이므로 마땅히 반석 같은 견고함이 있어야 하고, 노왕
은 번신(藩臣, 왕실의 외부를 지키는 신하)이므로 총애와 대우에 차이가 있
어야 합니다. 두 사람이 서로 각각의 자리에 있어야 윗사람과 아랫사

람이 평안할 수 있습니다. 삼가 머리를 부딪쳐 피를 흘리며 제 의견을 말씀드립니다.

그는 여러 차례 상소하여 도성으로 가서 적자와 서자의 구분을 직접 논의하여 득실을 바로잡도록 요청했다. 그러나 손권은 그의 의견을 듣고도 따르지 않았다. 육손의 외숙인 고담·고승·요신姚信이 모두 태자에게 가까이 붙어 있었기 때문에 육손은 무고하게 쫓겨나고 말았다. 태자태부 오찬은 육손과 여러 차례 편지를 주고받은 일 때문에 옥에 갇혔다가 죽었다. 손권이 궁궐 안의 사자를 자주 보내 육손을 꾸짖자, 육손은 화가 나서 탄식하다가 죽음에 이르렀다. 그때 나이는 예순셋이고 집에는 남은 재산이 없었다.

처음에 기염이 진영의 부서를 세우자는 여론을 조성했을 때, 육손은 이것을 경계하는 간언을 하면서 틀림없이 재앙이 있을 거라고 주장했다.

육손은 또 제갈각에게 다음과 같이 말했다.

"나보다 높은 관직에 있는 자에게 반드시 받들어 함께 승진하고, 나보다 낮은 관직에 있는 자는 도와줍니다. 지금 당신을 보니 기세가 윗사람을 능멸하고 마음은 아랫사람을 멸시하고 있는데, 이는 덕행의 기초를 안정시키는 것이 아닙니다."

또 광릉 사람 양축이 젊을 때 명성을 얻었지만 육손은 그가 끝내 패망할 것이라 생각하고, 양축의 형 양목楊穆에게 그와는 따로 가문을 세우도록 권유했다. 그의 선견지명은 이와 같았다. 육손의 맏아들 육연陸延이 요절했으므로 둘째 아들 육항이 작위를 이었다. 손휴가 제위에 있을 때 육손을 추증하여 시호를 소후昭侯라고 했다.

육항의 자는 유절幼節이고 손책의 외손자이다. 육손이 죽었을 때

그는 스무 살이었으며, 건무교위建武校尉로 임명되어 육손의 병사 5
천 명을 이끌었다. 그는 아버지의 영구를 동쪽으로 돌려보내면서
도성으로 가서 손권의 은혜에 감사하다고 말했다. 손권은 이때 양
축이 고발한 육손에 관한 스무 가지 일을 가지고 육항을 문책했다.
손권은 그의 빈객들이 오가는 것을 금하고, 환관을 육항에게로 보
내 따져 물었다. 육항이 되물을 것도 없이 모든 일에 조리 있게 대
답하므로 손권의 의심은 점점 풀렸다.

| 적오 9년(246) | 육항은 입절중랑장(立節中郎將, 정벌을 담당한 관직)으
로 승진하고, 제갈각과 임지를 바꾸어 시상에 주둔했다. 육항은 임
지로 가서 모두 성벽을 다시 보수하고, 살고 있는 집의 담장과 가
옥을 고쳤으며, 오두막집에 살면서도 뽕나무와 과일나무를 멋대
로 훼손하는 것을 허락하지 않았다. 그래서 제갈각이 주둔지로 들
어왔을 때는 새것처럼 가지런히 정돈되어 있었다. 제갈각이 지난
날 시상에 주둔했을 때는 매우 심하게 파괴되어 있었으므로 아주
부끄러워했다.

| 태원 원년(251) | 육항은 도성에 이르러 병을 치료했다. 병에 차도
가 있어 돌아가려고 하자, 손권은 눈물을 흘리며 그와 헤어졌다. 그
리고 그에게 이렇게 말했다.

"나는 전에 참언을 듣고 그것을 믿어 그대 아버지와 군신 간의 대
의가 돈독하지 못했고, 이 때문에 그대를 등졌소. 앞뒤로 그대를 힐
문했던 글은 다 불태워 없애서 다른 사람이 보지 못하도록 하시오."

| 건흥 원년(252) | 육항은 분위장군으로 임명되었다.

| 태평 2년(257) | 위나라 장수 제갈탄이 수춘을 바치고 투항하자,
육항을 시상독(柴桑督, 시상 전쟁 지역의 지휘관)으로 임명하여 수춘으로
가게 했다. 육항은 위나라의 아문장과 편장군을 무찔러 정북장군으

로 승진했다.

| **영안 2년(259)** | 육항은 진군장군으로 승진했으며, 서릉 도독이 되어 관우뢰에서부터 백제성까지의 군사적인 일을 관리했다.

| **영안 3년(260)** | 육항은 가절을 받았다. 손호가 즉위하여 육항에게 진군대장군을 더했으며, 익주목을 겸하도록 했다.

| **건형 2년(270)** | 대사마 시적이 세상을 떠나자 육항을 신릉·서릉·이도·낙향·공안의 군사 임무를 총괄하는 직책에 임명하고 관소를 낙향에 두었다.

육항은 조정의 정치 명령에 문제점이 많다는 말을 듣고 깊이 근심하며 앞일을 생각하여 곧 상소했다.

신이 듣기로 군주의 덕행이 고르면 많은 사람이 적은 수를 이기고, 무력이 서로 같으면 안정된 나라가 혼란한 나라를 이긴다고 했습니다. 이것이 여섯 나라가 강력한 진秦나라에게 겸병된 까닭이며, 서초가 한나라 고조에게 진 원인입니다. 지금 적국은 사방 변방 지역을 차지하고 있고 관우關右 지역만이 그렇지 않은데, 9주를 할거하면 어찌 홍구鴻溝 서쪽 지역만 점령하겠습니까? 우리나라는 밖으로 동맹국의 구원이 없고, 안으로는 서초와 같은 강성함이 없어 모든 정사가 정체되어 있고 백성도 안정되어 있지 못합니다. 논의하는 자들이 지니고 있는 것은 오직 긴 하천이나 험준한 산이 우리나라의 변방 지역을 에워싸고 있다는 점인데, 이는 나라를 지키는 말초적인 일이지 지혜로운 자가 우선으로 여기는 것이 아닙니다.

신은 늘 멀게는 전국시대 존망存亡의 원인을 기억하고 가깝게는 유씨가 멸망한 징조를 보고 이러한 일들을 전적을 통해 고증하고 실제적인 일로 경험하며, 한밤중에도 베개를 어루만지며 잠들지 못하고

456

식사할 때에는 먹는 것을 잊었습니다. 옛날 흉노가 아직 멸망하지 않았을 때 곽거병霍去病은 그의 부서를 사직하고 떠났고, 한나라 왕조의 치도治道에 병폐가 있자 가생(賈生, 가의)은 슬피 울었습니다. 하물며 신은 왕실 출신으로 대대로 나라의 은혜를 입었고, 몸과 명성의 훼손이나 명예 여부는 나라와 운명을 같이했으며, 삶과 죽음이나 헤어지고 만남은 도의를 따르고 구차하지 않았고, 밤낮으로 걱정하고 두려워하며 생각은 극까지 이르러 마음이 처참했습니다. 무릇 군주를 받드는 대의는 직간直諫을 범하고 속이지 않는 것이고, 신하된 자의 절개는 자기 몸을 돌아보지 않고 군왕을 위해 충성을 다하여 몸을 바치는 것입니다. 지금 마땅히 해야 하는 열일곱 가지를 아래와 같이 삼가 말씀드립니다.

이 17가지는 이미 산실되었으므로 싣지 않는다.

이 무렵 하정이 정권을 잡고 있었고, 환관들이 조정의 정사에 간여했다. 그래서 육항은 상소하여 다음과 같이 말했다.

신이 듣기로 나라를 세우고 가업을 이으려면 소인을 임용하지 않으며, 소인의 참언에 안주하고 사악한 사람을 임용하는 것은 당요唐堯 때의 책에서도 경계한 바입니다. 이 때문에 고상한 사람들이 원망하고 풍자하는 시를 지었고, 중니(仲尼, 공자)가 이 때문에 탄식했습니다. 춘추시대 이래로 진秦, 한漢에 이르기까지 각 조대가 기울고 엎어진 징조가 이 점으로 말미암지 않은 적이 없었습니다.

소인은 나라를 다스리는 이치에 밝지 못하고 식견이 얕으므로 비록 마음을 다하고 절개를 다할지라도 오히려 임용되기에 부족한데, 하물며 보통 때 간사한 마음이 지속되고 애증의 감정이 쉽게 바뀜에 있어서야 어떠하겠습니까? 진실로 잃을 것을 근심하여 못하는 짓이 없습니다. 지금 그들에게 천자의 귀와 눈을 밝히는 임무를 맡기고 독단적으로 전횡할 수 있는 권력을 주고서 즐거운 세상이 오고 사회 기풍이 맑아지기를 바라지만 이는 얻을 수 없는 것입니다.

지금 직무를 맡고 있는 관리들은 특수한 재능을 가진 자가 비록 적지만 그들 가운데 어떤 이는 왕실이나 귀족의 후대로 어려서부터 도덕 교화에 물들었고, 어떤 이는 청렴하고 각고의 노력으로 자립할 수 있는 자로서 그들의 자질과 재능은 임용하기에 충분하므로 자연스럽게 그들의 재능에 따라 관직을 주고 소인들을 억누르고 내칠 수 있습니다. 이와 같이 한 다음에야 사회 풍속이 맑아질 수 있고, 모든 정치적인 사무에 오점이 없어질 것입니다.

| **봉황 원년(272)** | 서릉독 보천이 성을 점거하고 반란을 일으키고는 사자를 진으로 보내 투항하려고 했다. 육항은 이 소식을 듣고 그날 곧장 각 군대에 명령을 내려 장군 좌혁左奕과 오언吾彦 그리고 채공蔡貢 등에게 직접 서릉으로 달려가라고 했다. 그는 각 군영에 포위벽을 다시 튼튼하게 구축하라고 명령하고 적계赤谿부터 고시故市까지 이르게 하여, 안으로는 보천을 포위하고 밖으로는 이것으로 적군을 방어하려고 했다. 육항은 이 일을 밤낮으로 재촉하여 진행시켰는데, 마치 적군이 벌써 이른 것처럼 하여 병사들이 매우 고통스러워했다. 장수들은 모두 이렇게 간언했다.

"지금 삼군의 정예로 보천을 재빨리 친다면, 진나라에서 구원병이 오기만을 기다리는 보천을 틀림없이 공략할 수 있습니다. 무엇 때문에 포위 벽을 구축하는 일을 하여 병사들과 백성을 지치게 하십니까?"

육항이 말했다.

"서릉성이 있는 곳의 지세는 견고하고 식량도 충분하며, 게다가 방비하는 준비를 닦는 것은 모두 내가 전에 계획했던 것이오. 지금 몸을 돌려 공격한다면 즉시 공략할 수 없을 뿐더러 북쪽의 구원병이 틀림없이 이르게 될 것이고, 그들이 왔는데 우리가 준비하고 있지 않으면 안팎으로 어려움을 겪을 것이오. 어떻게 감당하겠소?"

그러나 장수들은 모두 보천을 공격하려 했고, 육항은 그때마다 허락하지 않았다. 의도 태수 뇌담雷譚의 말이 매우 간절하므로 육항은 모든 사람을 복종시키려고 그들의 의견을 받아들여 한 번 공격하도록 했다. 공격은 과연 불리했고, 포위 벽 공사가 비로소 끝났다. 진나라의 거기장군 양호가 군대를 이끌고 강릉으로 향했다. 장수들이 모두 육항에게 상류로 가는 것은 마땅하지 않다고 주장하자 육항은 이렇게 말했다.

"강릉성은 견고하고 병사들이 충분하므로 걱정할 것 없소. 설령 적군이 강릉을 공략할지라도 반드시 지킬 수 없을 것이므로 우리의 손실은 적소. 만일 서릉의 어떤 사람이 적과 결탁한다면 남쪽 산악 지대의 이민족은 모두 소란을 피우며 동요할 테고, 이렇게 되면 우려할 일은 말로 다하기 어렵소. 나는 차라리 강릉을 버리고 서릉으로 달려가려는데, 하물며 강릉이 견고하니 어떻겠소?"

당초 강릉은 지세가 평탄하고 도로도 소통이 원활했는데, 육항은 강릉독 장함張咸에게 거대한 제방을 만들어 물을 막아 평야를 물로 채워 도적의 반란을 근절시키라고 명령했다. 양호는 물을 막아놓은 곳을 이용해 배를 띄워 식량을 나르고 제방을 무너뜨려 보병을 지나가게 할 것이라고 떠들어대게 했다. 육항은 이 소식을 듣고 장함에게 곧장 제방을 무너뜨리도록 했다. 장수들은 모두 의아해하며 여러 차례 간언했지만 듣지 않았다. 양호는 당양에 이르러 제방이 무너졌다는 말을 듣고 배 대신 수레로 식량을 날랐으므로 큰 힘이 들게 되었다. 진나라의 파동 감군巴東監軍 서윤徐胤이 수군을 이끌고 건평에 다다르고, 형주 자사 양조는 서릉에 이르렀다. 육항은 장함에게 성을 굳게 지키라고 명령하고, 공안독 손준孫遵에게는 남쪽 연안을 따라 양호를 막도록 했으며, 수군독水軍督 유려留慮와 진서장군 주완에게는 서윤을 막게 하고, 육항 자신은 삼군을 이끌고 가서 포위 담에 기대어 양조에게 맞섰다. 장군 주교朱喬와 영도독營都督 유찬俞贊이 양조에게로 달아났다. 육항이 말했다.

"유찬은 우리 군대 안에서 예전부터 관리로 있었으므로 우리 군의 허실을 알고 있는 자이다. 나는 늘 이민족의 병사들이 보통 때 정련되지 못하여 적군이 공격하여 포위한다면 반드시 이곳부터 먼저 손에 넣을 것이라고 걱정해왔다."

그는 곧장 밤에 이민족 백성을 옮기고 모두 노장으로 대체시켰다. 이튿날 양조는 정말 예전에 이민족 병사들이 지키던 곳을 공격했다. 육항이 반격하라고 명령을 내리자, 돌과 화살이 비 내리듯 하니 양조의 병사들 가운데 부상을 입거나 죽는 자가 계속 나왔다. 양조는 서릉에 온 지 한 달이 지나 계획이 좌절되자 밤을 이어 퇴각했다. 육항은 이들을 뒤쫓으려고 했지만 보천이 역량을 집중시켜 빈틈을 타 요충지를 공격할까 봐 걱정되고, 병사들이 분산시키기에는 부족하므로 오직 북만 울려 병사들을 경계시키며 추격하려는 척했다. 양조의 부하들은 떠들썩하며 두려워서 모두 무기를 풀어놓고 달아나버렸다. 육항은 가볍게 무장한 병사들에게 뒤에서 추격하도록 했다. 양조는 크게 졌으며, 양호 등은 모두 군대를 이끌고 돌아갔다. 육항은 서릉성을 함락시켜 보천의 가족과 그 수하의 대장 및 관리들을 죽이고, 그 아래로는 사면을 요청하여 사면을 받은 자가 수만 명이나 되었다. 육항은 서릉의 성벽과 진지를 고치고 낙향으로 돌아왔다. 그의 모습에는 교만한 기색이 없으며 보통 때처럼 겸허했으므로 장사將士들의 환심을 샀다.

육항은 관직을 더하여 도호로 임명되었다. 무창좌부독 설영이 죄를 지어 하옥되었다는 소식을 듣고 육항은 상소하여 말했다.

재능과 덕망이 출중한 사람은 나라의 훌륭한 보배이고 사직의 귀중한 자본으로서 모든 정무를 조리 있게 처리하며 사방을 화목하고 맑게 합니다. 그러므로 대사농 누현樓玄, 산기중상시 왕번王蕃, 소부 이욱은 모두 당대의 걸출한 인재이며 한 시대의 저명한 인물입니다. 그들은 막 주상의 총애를 입고 종용하여 각자의 반열에 올랐으나 모두 주살되었고, 어떤 이는 멸족되어 후대가 끊겼으며, 어떤 이는 황량한 변방 지역으로 버림받았습니다. 《주례周禮》에 현명한 자는 특별히 잘못을 용서해준다는 규정이 있고, 《춘추》에는 선한 사람을 널리 용서한다는 이치가 있습니다. 《상서》에서도 "무고한 사람을 죽이느니 차라리 만들어진 법을 어기고 잘못을 범하는 것이 낫다."라고 말했습니다.

그러나 왕번 등의 죄명은 아직 확정되지 않았는데 사형을 집행하여, 마음속에는 충의를 품고 있는데 몸은 극형을 받았으니 어찌 통한스럽지 않겠습니까! 게다가 이미 사형에 처해져 본인들에게는 본래 느낌이 없겠지만, 사체를 불태우고 물에 떠내려 보내 물가에 버린 것은 선왕의 법전이 아닐까 두려우니 보후甫侯가 법을 세울 때 경계한 바입니다. 이 때문에 백성은 슬퍼하고 불안해하며, 관리와 백성은 매우 걱정합니다. 왕번과 이욱은 영원히 죽은 몸이 되었으므로 후회해도 미치지 못하지만, 폐하께서 누현을 사면하여 감옥에서 나오도록 하시기를 간절히 바랍니다.

최근에 저는 설영이 갑자기 체포되었다고 들었습니다. 설영의 아버지 설종은 선제 곁에서 납언(納言, 천자의 말을 신하들에게 전하거나 신하들의 말을 천자에게 아뢰는 관직)으로 있으면서 문황제를 보좌했고, 설영은 그 아버지의 기업을 이어 수양하는 일에 마음을 기울이고 절조 있는 행동을 했습니다. 지금 그가 연루된 죄는 이러한 이유로 용서받을 만합니다. 신은 담당 관리들이 그 일을 상세히 이해하지 못하여 다시 극형에 처한다면 더욱더 백성의 기대를 저버리게 될까 봐 두렵습니다. 원컨대 성상께서 은혜를 펼쳐 설영의 죄를 용서하시고, 많은 죄인을 불쌍히 여기고 형법을 분명하게 한다면 천하가 매우 다행스러워할 것입니다.

그 당시 군대의 출정이 잦으므로 백성은 황폐하게 살았다. 육항은 상소하여 이렇게 말했다.

신이 듣기로 《주역》에서는 시세에 순응하는 것을 중시하고, 《좌전》에서는 때를 엿보아 공격하는 것을 찬미했다고 합니다. 그래서 하夏 왕조의 죄악이 많아지자 은의 탕왕이 군대를 썼고, 주왕이 음란하고 포악해지자 주 무왕이 여상에게 황월을 주었던 것입니다. 만일 때가 미치지 않았다면 은의 탕왕은 옥대玉臺에 갇혀 근심만 했을 것이고, 맹진孟津에서 제후들이 모여 은의 수도를 공격할 때에 주 무왕은 깃발을 돌려 군대를 돌리는 일이 있었을 것입니다.

지금 나라를 부유하게 하고 병사들을 강하게 하며 경작에 힘쓰고 식량을 쌓아두며, 재능 있는 문무 대신에게는 그 능력을 한껏 발휘하게 하고 여러 관직에 있는 자들이 자기 직무를 가벼이 여기지 않도록 하며, 직위의 강등과 승진 규정을 명확히 하여 모든 관리를 격려하고 형법과 포상을 신중히 살펴 권장하고 금지하는 일을 나타내며, 각 관리의 교육은 도덕으로 하고 백성을 어루만지는 것은 인의로 한 다음 천명에 순응하고 좋은 때를 타서 천하를 석권할 수 있습니다.

그런데 오히려 장수들은 자기 명성을 좇아 병사들을 계속 동원하여 무덕武德을 더럽히고, 한 차례 동원될 때마다 수많은 비용이 들며, 사졸들은 초췌해져도 적군은 쇠락하지 않는다고 들었습니다. 그러므로 우리는 벌써 크게 병들어 있는 것입니다! 지금 제왕이 될 수 있는 자질을 다투면서도 오히려 커다란 이익에 어두운 것은 이런 신하들의 간사하고 편리한 수단일 뿐 나라를 위하는 훌륭한 계책이 아닙니다.

옛날 제나라와 노나라의 세 차례 싸움에서 노나라 사람들은 두 번 이겼지만 오래지 않아 멸망했습니다. 무엇 때문이겠습니까? 두 나라 실력의 형세에 차이가 있었기 때문입니다. 하물며 지금 병사들을 출동시켜 승리하여 얻은 것으로 잃은 것을 보충시키지 못함에랴! 그리고 병력을 의지하여 백성을 잃는 것은 옛날에 분명히 경계한 바입니다. 진실로 마땅히 공격하여 조금 취하는 것을 잠시 멈추고 병사와 백성의 역량을 비축하여 때를 기다린다면 아마 후회가 없을 것입니다.

| 봉황 2년(273) 봄 | 육항은 대사마로 승진하고 형주목이 되었다.
| 봉황 3년(274) 여름 | 육항은 병이 들자 상소하여 말했다.

서릉과 건평은 나라의 변방 장벽인데, 이곳은 장강 하류에 있어서 두 적국에게 위협을 받고 있습니다. 만일 적군이 배를 띄워 물의 흐름을 타고 내려오며 천 리에 걸쳐 배를 이어 번쩍이는 유성처럼 신속히 달려 눈 깜짝할 사이에 이른다면, 다른 곳의 구원병이 와서 위급한 상

황을 풀어주기를 기대할 수 없을 것입니다. 이는 나라의 안위가 달린 문제이지 단순히 변방 지역이 침해를 받는 자잘한 손해가 아닙니다.

신의 아버지 육손은 옛날 서쪽 변방 지역에 있을 때 상소하여 이런 말을 했습니다. "서릉은 나라의 서쪽 문으로서 비록 지키기 쉽지만 잃기도 쉽습니다. 만일 이곳을 지키지 못한다면 한 군을 잃는 것일 뿐만 아니라 형주는 오나라 차지가 되지 못합니다. 만일 이곳에 예측하지 못한 일이 생긴다면 마땅히 온 나라의 병력을 기울여 싸워야만 합니다." 신은 예전에 서릉에 있으면서 아버지의 사적을 보고 전처럼 정예 병사 3만 명을 얻기를 요구했습니다만, 군사 업무를 담당하는 사람은 보통 규칙에 따라 병사를 보내고 많은 군대를 파견하는 것은 허락하지 않았습니다. 보천이 반란을 일으킨 뒤부터 군대는 더욱더 손실을 입게 되었습니다.

지금 신이 다스리고 있는 천 리는 사방으로 적의 위협을 받고 있습니다. 밖으로는 강대한 적을 막아야 하고 안으로는 각 종족을 어루만져야 하는데, 위부터 아래까지 수하에 있는 병사는 수만 명이나 이 병사들도 늙고 지친 지 오래되어 변란에 대처하기가 어렵습니다. 신의 어리석은 생각으로는 각 왕의 나이가 어려 아직은 나랏일을 관리할 수 없으므로 부상(傅相, 궁궐에서 보육을 맡은 관직)을 세워 우수한 자질을 도와 끌어내도록 해야지 병마를 써서 큰일을 방해할 필요는 없다고 봅니다. 또 황문의 환관들이 지원병 모집 제도를 개설했는데, 병사와 백성은 부역을 원망하여 환관 문하로 달아나고 있습니다.

청컨대 특별히 조서를 내려 지원병들을 점검해서 모두 새로 배치함으로써 늘 적군의 압력을 받고 있는 변방 땅에 보충시키고, 신의 부하로 합쳐서 8만 명을 채우도록 하여 번다한 일을 줄이고 공로가 있으면 반드시 상을 주고 죄가 있으면 꼭 벌을 준다면 비록 한신이나 백기白起⁶⁾가 다시 살아난다 할지라도 그들의 기교를 펼칠 방법이 없을 것입니다. 만일 병사를 늘리지 않고 이 제도를 바꾸지 않으면서 큰일을 이루려고 한다면, 이것은 신이 깊이 우려하는 일입니다. 만일 신이 죽는다면 그 뒤에는 폐하께서 서쪽 변방 지역에 마음을 기울여주시기 바랍니다. 폐하께서 신의 말을 고려해주시기 바랍니다. 그러면 신은 죽어도 영원할 것입니다.

이해 가을에 육항은 마침내 세상을 떠나고, 아들 육안陸晏이 뒤를 이었다. 육안과 동생 육경陸景·육현陸玄·육기陸機·육운陸雲은 육항의 병사를 나누어 통솔했다. 육안은 비장군 및 이도감夷道監이 되었다.

| 천기 4년(280) | 진나라 군대가 오나라로 쳐들어왔는데, 용양장군 왕준이 물의 흐름을 따라 동쪽으로 내려와 이르는 곳마다 이겨, 결국 육항이 우려한 바와 같이 되었다.

육경의 자는 사인士仁으로 공주를 아내로 맞아 기도위로 임명되었고, 비릉후로 봉해졌으며, 육항의 군대를 통솔하게 된 다음에는 편장군 및 중하독中夏督으로 임명되었다. 그는 몸을 닦고 학문하기를 좋아했으며, 저서 수십 편이 있다. 2월 5일에 육안이 왕준의 별군別軍에게 살해되었다. 2월 6일에 육경도 살해되었는데 그때 서른한 살이었다. 육경의 아내는 손호의 친동생이며, 육경과 함께 장승의 외손자이다.

---

6) 백기는 전국시대 진나라의 유명한 장수로 공손기公孫起라고도 하며, 소왕昭王이 다스리던 때에 벼슬이 대량조大良造까지 이르렀다. 그는 여러 차례 전쟁에서 이겨 한·조·위·초 등의 영토를 빼앗았다. 진나라 소왕 29년에는 초나라 수도 영郢을 쳐서 이겨 무안군武安君으로 봉해졌다. 그러나 뒤에 상국上國 범수范雎의 시기를 받아 죽었다.

【평하여 말한다】

유비는 천하에서 영웅으로 일컬어져 당대 사람들이 두려워했다. 육손은 나이가 젊을 때는 위세와 명성이 드러나지 않았지만 적군을 쳐서 이기는 데는 뜻대로 되지 않은 적이 없었다. 나는 육손의 모략을 높이 평가하며, 또 손권이 인재를 알아보았기 때문에 큰일을 이룬 것을 찬탄한다. 육손은 충성스럽고 간절함이 지극하여 나랏일을 걱정하다 죽었으니 사직의 신하라고 할 만하다. 육항은 바르고 책략과 재간이 있었으며, 아버지의 풍모를 모두 갖추고 있어서 대대로 사람들에게 찬미되었고, 실제 행동에서는 선친보다 조금 뒤졌지만 아버지의 일을 완성한 이라고 할 만하다!

14

오주오자전 吳主五子傳

저마다 다른 길을 모색한 손권의 다섯 아들

나랏일을 근심하다 요절한 손권의 태자

손등전孫登傳

손등은 자가 자고子高이고 손권의 맏아들이다.

| **위나라 황초 2년(221)** | 손권을 오왕으로 삼고, 손등을 동중랑장(東中郎將, 당시 열세 살에 불과했으므로 명예직이었음)으로 임명하고 만호후萬戶侯로 봉했다. 그러나 손등은 작위를 사양하고 받지 않았다.[1] 이해에 손등을 세워 오왕의 태자로 삼고 사부師傅를 선정해두고 우수한 인재를 가려 뽑아서 그의 빈객 및 친구가 되도록 했다. 그래서 제갈각·장휴·고담·진표 등이 뽑혀 궁궐로 들어가게 되었다. 이들은 손등 곁에서 시서詩書를 가르쳤으며, 밖으로 나가면 말을 타고 활쏘기 하는 것을 수행했다. 손권은 손등에게 《한서》를 읽게 하여 근대의 역사를 익혀서 숙지하게 했다. 장소는 《한서》에 대해서 사법(師法, 경학의 전승 관계로서 경학의 대가가 박사가 된 뒤 그가 전수한 유가 경전의 해설을 가리킴)이 있었지만, 거듭 그를 번거롭고 수고롭게 해야 하므로 장휴가 장소에게 배우고 궁궐로 돌아와 손등에게 전하도록 명했다. 손등은 곁에서 모시는 관속들에 대해 간단히 평민의 예절을 사용

---

1) 이 당시 손등은 나이가 어려 손권이 그렇게 하도록 했다는 말이지, 손등 스스로 받지 않았다는 말이 아니다.

하게 하고 제갈각·장휴·고담 등과는 어쩌다 같은 수레에 타기도 했으며, 같은 침상에 누워 자기도 했다. 태부 장온이 손권에게 말했다.

"중서자라는 관직은 태자와 가장 친밀하며, 태자 가까이에 있으면서 모든 질문에 대답해야 하므로 마땅히 덕행이 뛰어난 사람을 임용해야 합니다."

그리하여 진표 등을 임용하여 중서자로 삼았다. 뒤에 또 서자(庶子, 태자의 관속)들이 군주와 신하의 예절에 구애되자, 또 두건을 쓰고 곁에서 모시도록 명령했다.

| **황룡 원년(229)** | 손권이 제로 일컬어지자 손등을 세워 황태자로 삼고 제갈각을 좌보(좌보도위左輔都尉)로, 장휴를 우필(우필도위)로, 고담을 보정(보정도위)으로, 진표를 익정(翼正, 익정도위)으로 삼았는데 이들을 사우四友라고 했다. 그리고 사경·범신·[2]조현·양도 등은 모두 손등의 빈객이 되었다. 이 때문에 동궁에는 인재가 많다고 알려졌다.

손권은 수도를 건업으로 옮기게 되자 상대장군 육손을 불러 손등을 보좌하며 무창을 지키고 옛 수도의 궁전이나 관소의 남은 일을 겸하게 했다. 손등은 때때로 사냥하러 나가 마땅히 지름길을 지

---

2) 범신은 자가 효경孝敬이고 광릉 사람이다. 자신을 인정하는 군주에게 충성을 다하고, 우수한 친구들과 두터운 친분을 맺었으므로, 당시 사람들은 그의 존재를 자신의 영광으로 생각했다. 범신은 논론 20편을 지어 《교비矯非》라고 했다. 나중에 시중이 되었다가 지방으로 나가 무창좌부독이 되기도 했다. 손호는 수도를 옮기고는 그의 존재를 꺼려서 "범신은 공훈과 덕행이 모두 성대하므로 짐이 공경하고 의지하고 있다. 마땅히 상공上公의 지위에 오르게 하여 사람들의 기대에 부합해야 한다."라는 조서를 내려 태위로 삼았다. 범신은 자신이 오랫동안 부장으로 있었던 것이 한스러워 늙고 쇠약해졌다는 핑계로 사퇴했다.

나야 할 때도 늘 기름진 밭을 멀리 피하고 농가를 밟지 않았으며, 쉬는 곳에 이르러서도 공한지를 선택했다. 그가 백성을 번거롭게 하지 않으려 함이 이와 같았다. 그는 일찍이 말을 타고 밖으로 나갔다가 몸 곁으로 탄환이 스쳐 지나가자 주위 사람들에게 탄환을 쏜 자를 찾도록 했다. 마침 탄궁彈弓을 손에 쥐고 탄환을 허리에 매고 있는 한 사람이 있어 모두가 이 사람이라고 주장했다. 사람들은 그를 심문했지만 시인하지 않았다. 손등을 따르던 자들이 그에게 매질을 하려고 하자, 손등은 이를 허락하지 않고 자기 몸을 스쳐 갔던 탄환을 찾게 하여 그 사람의 탄환과 비교해보자 같은 것이 아니므로 풀어주었다. 또 한번은 손등이 물을 담아놓는 금 그릇이 없어진 일이 있었다. 그것을 훔친 자를 찾아내보니 수하에 있던 자였다. 손등은 차마 벌을 내리지 못하고 그를 여러 차례 불러 나무라고는 집으로 돌려보냈으며, 측근에 있는 자들에게는 이 일을 발설하지 말라고 명령했다.

뒤에 손등의 동생 손려가 죽자, 손권은 그를 위해 식사를 줄였다. 손등은 밤낮을 겸하여 가서 뇌향賴鄉에 이르러 직접 알렸다. 손권은 곧장 그를 불러 만났다. 손등은 손권이 슬퍼하며 우는 것을 보고는 곧 다음과 같이 간언했다.

"손려가 질병으로 침상에 누워 일어나지 못한 것, 이것은 운명입니다. 지금 북쪽 영토는 아직 통일되지 않았고, 사해는 구제되기를 우러러 갈망하고 있습니다. 하늘은 폐하께 명을 주었는데, 폐하께서는 죽은 손려에 대한 감정 때문에 태관에게 음식을 줄이라고 하셨습니다. 이것은 예절을 넘어서는 요구입니다. 저는 사사로이 이 때문에 걱정스럽고 불안합니다."

손권은 그의 의견을 받아들이고, 그를 위해 음식을 늘렸다. 손등이 머문 지 열흘이 지나자 손권은 그를 서쪽으로 돌아가라고 했다. 손등은 오랫동안 부모 곁을 떠나 있어 안부를 살필 수 없었던 것은 자식 된 도리로 흠이 있는 것이라고 간절히 말하고, 또 육손은 충성스럽고 근면하므로 돌아보고 걱정할 것이 없다고 말하자 마침내 손권은 그를 머무르게 했다.

| **가화 3년(234)** | 손권은 신성으로 출정하면서 손등에게 남은 일을 도맡아 처리하도록 했다. 그해에는 식량이 넉넉하지 못하여 도적이 많았다. 손등은 이와 관련된 법령을 제정하여 방어했고, 그 법령으로 간사한 자들을 붙잡아 근절시키는 관건을 완전하게 얻었다.

당초에 손등의 생모는 신분이 미천하여, 손등이 어릴 때부터 서徐 부인이 어머니로서 길러준 은혜가 있었다. 뒤에 서 부인은 질투 때문에 폐출되어 오군에서 살게 되었고, 보 부인이 가장 총애를 받았다. 보씨가 내린 것이 있을 때 손등은 감히 사양하지 않고 정중히 받았다. 서 부인이 사람을 보내서 옷을 줄 경우에는 반드시 목욕을 하고 나서 입었다. 손등은 태자로 세워졌을 때 사양하며 이렇게 말했다.

"근본이 먼저 확립되고서 도의가 생깁니다. 태자를 세우려면 마땅히 먼저 왕후를 세워야 합니다."

손권이 말했다.

"네 어머니가 어디에 있느냐?"

손등이 대답했다.

"오군에 있습니다."

손권은 잠자코 있었다.

손등은 태자로 세워진 지 21년 만에 서른세 살로 세상을 떠났다. 그는 임종하기 전에 다음과 같이 상소했다.

신은 현명하지 못하고 중병에 걸렸으며, 스스로 반성해보면 품행이 비루한데 갑자기 죽음에 이를까 두렵기만 합니다. 신 스스로는 애석할 것이 없으나 부모를 떠나 흙 속에 묻혀 다시는 영원히 궁궐을 받들어 우러러보지 못하고, 해와 달과 함께 폐하와 왕후께 인사드릴 수 없으며, 살아서는 나라에 이익이 된 것이 없고 죽어서는 폐하께 깊은 슬픔만 남길 것을 생각하니 이 때문에 비애를 느낄 뿐입니다.

신이 듣기로 죽음과 삶은 운명이 있으며, 장수와 요절은 하늘에 달려 있다고 합니다. 주진(周晉, 동주東周 영왕靈王의 태자로 이름은 진晉. 여덟 살에 음악에 통달했다고 함)이나 안회顔回는 뛰어난 지혜를 지닌 인재이지만 오히려 요절했습니다. 하물며 신은 어리석고 비루한데도 나이는 그들의 수명을 넘었고, 살아서는 나라의 후사가 되었으며 죽어서는 존영의 지위를 누리게 될 테니, 신은 이미 많은 것을 얻었는데 또한 어찌 슬퍼하고 한탄하겠습니까!

지금 큰일이 아직 확정되지 않았고, 붙잡을 도적도 아직 토벌되지 않아 모든 나라 사람이 우러러 사모하며 폐하께 운명을 걸고 있습니다. 위험에 처한 자는 안전을 갈망하고, 혼란에 처한 자는 태평스럽게 다스려지기를 바랍니다. 원하건대 폐하께서는 신의 몸을 잊어버리고 자식에 대한 정감을 끊고 황제(黃帝, 중원 각 민족의 선조로서 웅熊족의 우두머리였으므로 웅씨라고 일컬어졌다)와 노자老子의 방술方術을 익혀 진심으로 정신을 보양하며 음식에 영양을 더하고 신성하고 영명한 사고를 널리 펼침으로써 무궁한 공업을 확립하십시오. 그러면 천하의 백성은 다행스럽게도 의지할 곳이 있게 되고, 신은 죽어도 여한이 없을 것입니다.

황자皇子 손화는 어질고 효성스럽고 총명하며 지혜롭고 덕행이 청명하고 풍부하므로 마땅히 일찍 세워 안배하여 백성의 희망을 붙들어 매야 합니다. 제갈각의 재략은 넓고 통달했으며, 기량은 시정時政을 보필하는 자리에 임명할 만합니다. 장휴·고담·사경은 모두 기민하고 식견이 있으므로 궁궐로 들어오면 측근의 심복으로 임명하는 것이 마땅하고, 지방으로 나가면 수족으로 삼을 만합니다. 범신과 화융華融은 보통 사람보다 무용이 뛰어나고 웅장하고 절개가 있으며 국사國士다운 풍모가 있습니다. 양도는 변설이 민첩하여 독자적으로 응대할 재능이 있습니다. 조현은 성정이 우수하고 넓으며, 지향하는 바가 도통道統의 진의를 실천합니다. 배흠은 식견이 넓고 기억력이 있으며 문채는 쓸 만한 가치가 있습니다. 장수와 우변은 지조와 절개가 분명합니다.

무릇 이런 여러 신하는 어떤 이는 조정의 신하로 임명해야 하고 어떤 이는 장수로 임명해야 하는데, 이들은 모두 시사時事에 밝고 법령을 분명하게 익혔으며, 신용을 지키고 도의를 지키며 빼앗을 수 없는 뜻이 있습니다. 이들은 모두 폐하께서 해와 달처럼 빛나는 지혜로서 신의 관리로 뽑아 안배하여 제가 함께 정사를 처리하도록 하셨습니다. 저는 이들의 마음을 상세히 알게 되었기에 감히 폐하께 아룁니다. 신이 깊이 생각해보았는데 지금 밖에는 일이 많고 전쟁이 끊이지 않고 있으므로 마땅히 육군六軍을 면려하여 나아가 취할 것을 도모해야 합니다. 군대는 사람들로 무리를 만들고, 이 무리는 재화를 보물로 여깁니다.

신이 듣기로 군이나 현에는 황폐한 곳이 많아 백성의 생활이 곤궁하고, 간사함과 환란이 싹트며, 이 때문에 법령이 복잡하게 늘어나고 형법은 더욱 가혹해진다고 합니다. 신은 정사를 잘하려면 백성의 뜻에 따라야 하고, 법령은 시대의 추이와 함께 변해야 한다고 들었습니다. 진실로 장상將相 대신들과 그 시대에 알맞은 것을 자세하게 선택하고, 사람들의 의견을 폭넓게 받아들이며, 형벌을 느슨하게 하고 부세를 가볍게 하며 노역을 적당히 조절함으로써 백성의 바람에 순응해야 합니다.

육손은 당대의 정치에 충성스럽고 근면하며, 몸을 바쳐 나라를 걱정하고 마음을 다하여 공적인 일을 했으며, 자신의 이익을 도모하지 않는 절개가 있습니다. 제갈근·보즐·주연·전종·주거·여대·오찬·감택·엄준·장승·손이는 나라를 위해 충성하고 나라를 다스리는 체제에 통달했습니다. 그들에게 지금 알맞은 방법을 바쳐 말하도록 하여 가혹하고 복잡한 정책을 없애고 병사와 말을 아끼고 길러 백성을 어루만지고 위로하십시오. 5년 뒤 10년 안에 먼 곳에 있는 자가 귀순하고 가까운 곳에 있는 자가 힘을 다하여 병기에 선혈을 묻히지 않고도 큰일을 확정할 수 있을 것입니다.

신은 "새가 죽으려면 울음소리가 슬프고, 사람이 죽으려면 말이 선량하다."라고 들었습니다. 그러므로 자낭(子囊, 초나라 대신으로 오나라를 공격하고 돌아와서 죽음)이 임종하기 전에 시정에 대해 경계하는 말(수도 영郢의 성지城池를 굳건히 하여 적의 공격에 방어하라는 말)을 남겼으며, 군자는 그가 충성스러운 인물이라고 평가했습니다. 하물며 신 손등이 어찌 입을 다물고 있을 수 있겠습니까? 원하건대 폐하께서는 제 의견을 유의하여 듣고 취하십시오. 신은 비록 죽더라도 살아 있을 때와 같습니다.

손등의 목숨이 끊어진 뒤에야 이 상소문이 보고되었다. 손권은 더욱더 슬퍼하며 손등에 관한 말만 하면 눈물을 흘렸다. 이해가 적오 4년(241)이다.

사경은 그 당시 예장 태수를 맡고 있었는데, 슬픔을 이기지 못해 관직을 버리고 자신을 탄핵하는 표를 올렸다. 손권은 다음과 같이 말했다.

"그대는 태자를 수행하여 정사를 다스렸으므로 다른 관리와는 차이가 있다."

그러고는 궁궐 안에 있는 사자에게 그를 위로하도록 하고 다시 본래 직책에 복직시켜 그를 군으로 돌려보냈다. 손등의 시호는 선태자宣太子라고 했다.

손등의 아들 손번孫璠과 손희孫希는 모두 요절했으므로 차남 손영이 오후吳侯로 봉해졌다.

| 오봉 원년(254) | 손영은 대장군 손준이 정권을 잡자 그를 주살하려는 음모를 꾸몄지만 일이 발각되어 자살했으므로[3] 봉읍이 취소되었다.

사경은 자가 숙발叔發이고 남양 완현 사람이다. 그는 군(예장군) 태수로 있으면서 치적이 있었다. 관리와 백성은 그를 칭찬하여 전에는 고소가 있었고 그다음에는 사경이 있다고 했다. 몇 년 뒤 관직에 있다가 죽었다.

---

3) 《오력吳歷》에서는 이 일을 다음과 같이 기록하고 있다. 손화가 죄를 짓지 않았는데도 죽임을 당하게 되자 사람들은 모두 격분하고 탄식했다. 전사마前司馬 환려桓慮는 이러한 사람들의 기대에 편승하여 장수와 관리 들을 규합해 손준을 죽이고 손영을 세우기로 공모했으나 일이 들통 나서 모두 죽임을 당했다. 손영은 사실 이 일을 알지 못했다.

재능이 있었으나 요절한 손등의 동생

손려전孫慮傳

손려는 자가 자지子智이고 손등의 동생이다. 그는 어려서부터 기민하고 재능과 기예가 있으므로 손권은 그를 그릇감으로 여겨 총애했다.

│ **황무 7년(228)** │ 손려를 건창후로 봉했다. 그 뒤 2년이 지나 승상 고옹 등이 손려는 선천적으로 총명하고 사리에 통달했으며 재능과 식견이 나날이 새로워지고 있으므로 최근 한 왕조의 예로 마땅히 작위를 승진시켜 왕으로 일컬어야 한다고 상주했다. 그러나 손권은 허락하지 않았다. 오래 뒤에 상서복야 존(存, 사람 이름인데 성은 없어 짐)이 상소하여 말했다.

제왕이 흥기할 때는 매우 가까운 자를 포상하고 추숭하여 각 후비의 광채를 빛나게 하지 않은 적이 없었습니다. 그래서 노나라와 위나라는 주 왕조 때의 제후들을 뛰어넘는 총애를 받았고, 한 고조의 다섯 왕은 한나라 왕조에서 봉해지고 작위를 받았으므로 중앙 조정의 막이가 되어 나라를 위해 호위하게 되었습니다.

건창후 손려는 천성이 총명하고 민첩하며 문무의 재능을 겸하고 있으므로 옛 전제典制에 따라 마땅히 명호名號를 바르게 해야 합니다. 폐하께서는 겸허하게 옛 제도처럼 하고 싶어 하지 않으시지만 크고 작은 신하들은 모두 이 때문에 걱정하고 있습니다. 지금 간사한 적이 창궐하고 전쟁이 그치지 않고 있으므로 군주의 심복과 수족은 가까운 자와 현명한 사람이어야 합니다. 신은 일찍이 승상 고옹 등과 이 일을 상의했는데, 모두 손려를 진군대장군으로 삼아 그에게 한쪽 직책을 주어서 대업을 빛나게 해야 한다고 말했습니다.

손권은 비로소 이 의견을 허락했다. 그리고 손려에게 부절을 주고 관소를 열도록 했으며, 반주를 다스리게 했다. 손려가 황자의 존귀한 신분이고 나이가 어리므로 먼 곳이나 가까운 곳의 사람들은 그가 아랫사람들에게 마음을 둘 수 없을 것이라며 걱정했다. 그러나 그는 임지에 이르러 일을 처리할 때 법도를 잘 지키고 받들며 사우師友를 공손히 맞이하여 사람들이 그에게 바라던 것을 넘었다.

| **가화 원년(232)** | 그는 스무 살에 세상을 떠났다. 그에게는 아들이 없었으므로 봉읍은 취소되었다.

폐태자가 되어 제갈각과 함께 억울하게 죽다

손화전孫和傳

손화는 자가 자효子孝이고 손려의 동생이다. 그는 어릴 때부터 어머니 왕씨(손권의 왕王 부인)에게 총애를 받았으므로 손권의 사랑을 받았다. 열네 살 때 그를 위해 궁위宮衛를 두었고, 중서령 감택을 시켜 경전과 육예六藝를 가르치게 했다. 그는 학문을 좋아하고 선비들에게 예의를 갖추었으므로 사람들에게 칭찬을 많이 들었다.

| 적오 5년(242) | 그는 태자로 세워졌는데 그때 열아홉 살이었다. 감택이 태부가 되고 설종이 소부가 되었으며, 채영蔡穎·장순張純·봉보封俌·엄유嚴維 등은 모두 곁에서 모시며 따랐다.

이때는 담당 관리가 안건을 만들어 그 일의 집행 여부를 묻는 일이 많았다. 손화는 이는 간사하고 요망한 사람들이 일을 이용하여 개인적인 뜻을 섞어서 재앙을 일으킬 마음을 싹틔우게 하는 것으로서 오랫동안 지속되게 놔둘 수 없다고 생각하고 마땅히 근절시켜야 함을 나타냈다. 또 도독 유보劉寶가 서자(庶子, 관직명. 즉 태자중서자) 정안丁晏을 고발하고, 정안도 유보를 고발했다. 손화는 정안에게 다음과 같이 말했다.

"문인과 무인으로 맡은 직책의 일을 제대로 할 수 있는 자가 몇 사람이나 되오? 틈이 벌어져 가리는 부분을 당겨 끌어내며 서로 해치려고 꾀하면서 어찌 복이 있겠소?"

그러고는 두 사람의 입장에서 설명하여 두텁게 왕래하도록 했다. 손화는 늘 당대의 선비들은 마땅히 학문을 탐구하고 연구하며 무예를 훈련하고 익혀서 그 시대의 일을 주재해야 하는데, 오로지 바둑 두는 것으로 교유하여 일을 방해하므로 나아가 취할 수 없다고 말했다. 뒤에 여러 관료가 그의 연회에 나와 바둑에 관해 이야기할 때도 손화는 다음과 같이 말했다.

"이것은 일을 훼방하여 시간을 낭비하고 실제 쓰임에는 이로움이 없으며 정력을 수고롭게 하고 사고력을 손상시키지만 결국 이루는 바가 없으니 덕행에 매진하고 공업을 닦아 공적을 쌓는 방법이 아니다. 그리고 뜻있는 선비들은 시간을 아끼고 힘을 아끼며, 군자는 그 큰 것을 흠모하며 고상하게 하여 그 대열에 들지 못함을 치욕스러워한다. 천지는 장구하고 사람은 그 사이에 있으므로 흰망아지가 틈새를 지나는 것 같다는 비유가 있다. 사람은 한 번에 늙고, 영화는 되풀이되지 않는다. 무릇 사람의 병폐는 인간의 정욕을 끊을 수 없는 곳에 있다. 만일 진실로 이로움이 없는 정욕을 끊어 도덕과 인의의 길을 받들 수 있고 긴급하지 않은 일을 버리고 공업의 기초를 닦을 수 있다면 사람의 명예와 품행에 어찌 좋은 일이 아니겠는가? 사람의 감정에 유희나 오락이 없을 수는 없지만 유희나 오락의 오묘함은 또한 술 마시고 연회를 열어 금슬을 타고 책을 읽으며 활쏘기나 말타기를 하는 사이에 있지, 하필 바둑을 둔 다음에 즐거워하겠는가?"

그러고는 곁에서 모시고 있는 자들 가운데 여덟 명에게 각기 바둑에 관한 의론을 지어 자기 생각을 보충하라고 명령했다. 그래서 중서자 위요는 물러나 논論하여 상주했고, 손화는 그것을 빈객들에게 보여주었다. 당시 채영이 바둑을 좋아하여 그의 관서에서 일하

는 자들 중 그에게 바둑을 배우는 자가 많았기 때문에 이로써 그를
풍자한 것이다.

이 뒤 왕 부인과 전 공주 사이에 틈이 생겼다. 손권은 일찍이 병
으로 자리에 누워 있었으므로 손화가 종묘에 제사를 지내게 되었
다. 손화 비妃의 숙부 장휴가 종묘 근처에 살고 있어서 손화를 초청
하여 머물게 했다. 전 공주는 사람을 시켜 몰래 감시하도록 하고는
태자가 종묘 안에 있지 않고 오로지 비의 집으로만 가서 일을 꾸민
다고 말하고, 또 왕 부인은 황상이 질병으로 누워 있는 것을 보고
기뻐하는 기색이 있더라고 했다. 손권은 이 일로 노여워했다. 왕 부
인은 걱정하다가 죽고, 손화를 향한 총애는 점점 줄어들어 폐출될
까 봐 두려워하는 지경까지 이르렀다.

노왕 손패는 태자 자리를 차지하려는 욕망이 더욱더 강해졌다.
육손·오찬·고담 등은 적자와 서자의 이치를 여러 차례 말하여 태
자 자리는 정리情理에 따라야지 탈취할 수 없다고 했다. 그러나 전
기와 양축 등은 노왕 손패의 무리가 되었고, 이들의 무함은 나날이
심해졌다. 오찬은 끝내 하옥되어 주살당했고, 고담은 교주로 쫓겨
났다. 손권은 몇 년 동안 이 일을 미루어두었지만 나중에는 마침내
손화를 유폐시키고 말았다. 이에 표기장군 주거와 상서복야 굴황屈
晃은 여러 장수와 관리 들을 데리고 머리에 진흙을 바르고 스스로
결박하고는 날마다 궁궐로 와서 손화를 석방시켜달라고 요청했다.
손권은 백작관(白爵觀, 오나라 궁궐의 누각 이름)에 올라 이 모습을 보고
는 그들을 매우 증오했으며, 주거와 굴황 등에게 쓸데없는 일을 찾
는다며 꾸짖었다.

손권이 손화를 폐하고 손량을 세우려고 하자 무난독 진정陳正, 오
영독(五營督, 오영의 군대를 통솔하고 군주를 보위하며 작전에 참여한 관직) 진

상陳象이 글을 올려 진 헌공이 신생을 죽게 하고 해제奚齊를 세웠기 때문에 진나라가 혼란스러워진 예를 인용하여 말했고,[4] 주거와 굴황도 간곡히 간언하는 일을 그치지 않았다. 손권은 매우 화가 나서 진정과 진상 일족을 모두 주살하도록 하고 주거와 굴황은 궁궐로 끌어다가 곧장 1백 대를 때리게 했다.[5] 끝내 손화는 고장으로 귀양을 가고 신하들 가운데 이 일에 연루되어 간언을 올리다가 주살되거나 좌천된 자가 수십 명이나 되었다. 사람들은 모두 그들이 억울하다고 느꼈다.

│ 태원 2년(252) 정월 │ 손화를 남양왕으로 봉하고 장사로 보냈다.[6]

│ 4월 │ 손권이 죽고 제갈각이 정권을 잡았다. 제갈각은 손화의 비 장씨의 외숙이다. 손화의 비는 황문 진천陳遷을 건업으로 가도록 하여 궁궐에 상소하고, 아울러 제갈각에게 안부를 묻게 했다. 진천이

---

4) 진 헌공은 애첩 여희를 총애했다. 여희가 그의 태자 신생을 죽이려 모함하자 신생은 자살했다. 헌공은 여희의 아들 해제를 후계자로 승계했으나 진나라에는 내란이 일어났다.

5) 굴황은 궁궐로 끌려 들어가자 직접 손권에게 간언하여 이렇게 말했다. "태자는 어질고 총명하며, 온 세상 사람들이 이것을 분명하게 들어 알고 있습니다. 지금 세 방면의 정권이 버티고 있는데, 태자를 바꿔 사람들의 마음을 낮게 하는 것은 마땅하지 않습니다. 원컨대 폐하께서는 이 일을 성스럽게 생각하십시오. 늙은 신하는 비록 죽더라도 살아 있는 것과 같습니다." 고개를 숙이고 피를 흘렸지만 말의 기운만은 누그러들지 않았다. 손권은 굴황의 의견을 받아들이지 않고 내쫓아 고향으로 돌아가게 했다. 손호가 즉위하자 조서를 내려 말했다. "예전의 복야 굴황은 사직을 바로잡으려는 뜻이 있어 충심으로 간언하면서 자신을 버렸다. 굴황의 아들 굴서屈緖를 동양정후東陽亭侯로 봉하고, 동생 굴간屈幹과 굴공屈恭을 입의도위立義都尉로 삼으라."

6) 손화가 장사로 가는 도중에 무호를 지날 때, 손화가 타고 있는 배의 돛에 까치가 둥지를 틀고 있었다. 옛 관료들은 이 말을 듣고 모두 걱정하며 참담해했다. 돛 끝은 위험한 곳이므로 손화가 오랫동안 안정되지 못할 징조라고 생각한 것이다. 어떤 이는 《시경》 〈작소鵲巢〉의 시에 있는 "덕행을 쌓고 공을 쌓아 작위에 이르렀다."라는 구절을 말하고, 지금 남양왕은 최고의 덕을 갖추었고 행동이 무성한 데다가 봉국을 받았으므로 신령스런 무리를 통해 우매한 사람들에게 알리려는 것이라고 했다.

오자 제갈각은 그에게 이렇게 말했다.

"나를 위해 비에게 전하시오. 때가 되면 반드시 다른 사람을 뛰어넘게 해주겠다고 하시오."

제갈각의 이 말은 누설되고 말았다. 또 제갈각은 천도하려는 뜻이 있어 무창궁을 손질하게 했으므로 민간에서 어떤 이는 그가 손화를 맞아들이려 한다고 말하기도 했다. 제갈각이 주살되자 손준은 이 기회를 틈타 손화의 옥새와 인수를 빼앗고는 손화를 신도로 옮기고, 또 사자를 보내 죽음을 내렸다. 손화가 비 장씨에게 이별의 말을 하자 장씨가 말했다.

"좋은 일이든 흉한 일이든 저는 당신을 따라야 합니다. 끝까지 혼자 살 수 없습니다."

장씨도 자살하니 온 나라 사람들이 슬퍼했다.

손휴가 즉위하여 손화의 아들 손호를 오정후로 봉하고, 신도에서 본래의 봉국으로 돌아오게 했다. 손휴가 죽자 손호가 황제로 즉위했다. 그해에 아버지 손화를 추증하여 시호를 문황제라 하고, 명릉明陵으로 이장하여 원읍團邑 2백 호를 배치했으며, 영令과 승을 두어 받들게 했다. 다음 해 정월에 또 오군과 단양의 9현을 분할하여 오흥군을 만들고, 오정에 관소를 두고 태수를 배치하여 철마다 제사를 받들게 했다. 담당 관리는 마땅히 경읍京邑에 묘를 세워야 한다고 상주했다.

│ **보정 2년(267) 7월** │ 수대장守大匠 설우에게 능묘 옆에 제전祭典을 행하는 당堂을 만들어 세우도록 하고 청묘淸廟라고 했다.

│ **12월** │ 수승상守丞相 맹인과 태상 요신 등을 보내 관료와 중군中軍의 보병과 기병 2천 명을 준비하여 임금의 시신을 태우는 수레로 동쪽 명릉으로 가서 손화의 영혼을 맞이하도록 했다. 손호는 맹인

을 불러 보고 직접 정원으로 정중히 전송했다. 상여가 이르려 할 즈음에 승상 육개를 시켜 세 가지 희생인 소·양·돼지로 근교에서 제사를 올리도록 했으며, 손호는 금성金城 밖에서 노숙했다. 다음 날 동문 밖에서 상여에 배례를 했다. 그다음 날 청묘에서 배알하고 제사를 올리며 슬피 울었다. 이레가 되었을 때는 이미 제사를 세 차례 지냈고, 창기들이 밤낮으로 연주하여 즐겁게 했다. 담당 관리가 상주하여 말했다.

"제사는 너무 잦지 않아야 합니다. 잦으면 장중하지 않게 되니 마땅히 예의로 감정을 끊어야 합니다."

이 말을 듣고서 멈추었다.

서자 신분으로 태자 자리를 노리다

손패전孫霸傳

손패는 자가 자위子威이고 손화의 동생이다. 손화가 태자가 되었을 때 손패는 노왕이 되었는데, 총애와 특별한 대우에는 손화와 다름이 없었다. 오래지 않아 손화와 손패가 화목하지 않다는 소리가 손권의 귀에까지 들려왔다. 손권은 사람들의 왕래를 금지시키고 그 시간에 학문에 정진하도록 했다. 독군사자督軍使者[7] 양도가 상소하여 다음과 같이 말했다.

　신이 듣기로 옛날에 천하를 가진 사람은 모두 먼저 적자와 서자를 분명하게 구별하고, 자제들에게 봉토를 나누어주어 나라를 세웠기 때문에 조종祖宗을 존중하며 나라의 울타리를 만들었다고 합니다. 두 궁궐(손화의 태자 궁과 손패의 노왕 궁)이 각기 태자와 노왕으로 책봉되었을 때 사해 안에서는 마땅한 처사라고 칭찬했으며, 이것은 대오가 흥성하여 융성해질 기초였습니다. 오래지 않아 두 궁궐이 동시에 빈객을 거절한다는 말을 듣고 먼 곳과 가까운 곳의 사람들은 놀랐으며, 크고 작은 관원들은 실망했습니다.

---

7) 군대를 감독하는 사자인데, 상소하여 왕에게 의견을 제시하기도 했다.

신은 사사로이 아랫사람들의 의론 중에서 여러 의견을 듣고 수집했는데, 모두 두 궁궐에 있는 자는 지혜가 통달하고 영재가 무성하며 신분을 세우고 명호를 확정시킨 이래로 오늘까지 3년이 되었는데 덕행이 안에서 빛나고 아름다운 명성은 밖에서 빛나 서쪽(촉나라)과 북쪽(위나라) 두 모퉁이에서 오래전부터 그들의 명망을 듣고 복종하고 있다고 했습니다. 그리고 폐하께서는 먼 곳과 가까운 곳의 사람들이 덕정德政에 귀순하기를 갈망하는 데 순응하여, 두 궁궐에서 사방 먼 곳의 빈객들을 초청하도록 명해 다른 나라가 명성을 듣고서 종이 되기를 원하도록 해야 한다고 말씀하셨습니다.

그런데 지금 이 점에 마음을 두지 않고 오히려 조서를 내려 그들의 방위를 줄이고 빈객을 거절하게 하여 사방의 예의와 경의가 다시는 통하지 못하게 하셨습니다. 비록 실제로 폐하께서 옛 도의를 숭상하여 두 궁궐이 학문에만 뜻을 전념하여 다시는 자잘한 일을 생각하고 살피거나 듣지 못하게 하고, 그들이 역사 경험을 익혀 폭넓은 사물을 숙지하기를 기대하시지만, 신들이 머리를 길게 하고 마음으로 간절히 바라는 바가 아닙니다. 어떤 사람은 두 궁궐이 전장 제도를 준수하지 않는다고 말하는데, 이 때문에 신은 앉으나 누우나 편안하지 못합니다. 설령 사람들이 의심하는 것과 같다고 하더라도 마땅히 보충하여 살피고 빈틈없이 고려하여 멀고 가까운 사람들이 유언비어를 믿지 않도록 해야 합니다.

신이 두려워하는 것은 의심이 쌓여 비방이 되고, 시간이 오래 흐르면 이 사실이 사방으로 전해질 것이며, 서쪽과 북쪽의 두 모퉁이는 우리나라에서 멀지 않은 곳에 있으므로 서로 다른 말은 쉽게 전해진다는 것입니다. 일단 전해지는 날이면 여론은 반드시 일어나 두 궁궐은 순리를 따르지 않은 죄가 있다고 말할 텐데, 모르겠습니다만 폐하께서는 그것을 어떻게 해결하지 않으십니까? 만일 이 점을 다른 나라에 설명할 방법이 없다면 나라 안의 백성에게도 설명할 방법이 없을 것입니다. 나라 안의 백성이 의심하고 다른 나라에서 훼방을 일으킨다면 웅대한 사업을 발전시키고 사직을 지키기란 불가능합니다.

원컨대 폐하께서는 일찌감치 우수한 조서를 발표하여 두 궁궐이 처음처럼 훌륭한 인물들과 예의로 오가도록 하십시오. 그러면 천지가 맑고 편안해지며 온 나라가 매우 다행스러워할 것입니다.

당시 전기·오안·손기孫奇·양축 등은 함께 손패에게 기대어 태자를 해칠 일을 은밀히 도모하고 있었다. 그들의 모함과 비방이 행해진 뒤 태자는 패하여 몰락했고, 손패도 죽음을 받았다. 양축의 시신은 강물에 버려졌고, 그의 형 양목은 양축에게 여러 차례 간언하여 경계시켰으므로 큰 형벌은 면했지만 남주(南州, 즉 교주)로 귀양을 갔다. 손패가 죽음을 받게 된 다음에 전기·오안·손기 등도 주살되었다. 모두 손패와 결탁하여 손화를 무함했기 때문이다.

손패에게는 두 아들 손기孫基와 손일이 있었다. 오봉 연간에 손기를 오후로 봉하고, 손일을 완릉후로 봉했다. 손기는 궁궐 안에서 손량을 모셨는데, 태평 2년(257)에 어마를 훔쳐 탔으므로 체포되어 감옥에 갇히게 되었다. 손량이 시중 조현에게 물었다.

"어마를 훔쳐 탄 죄는 어떻게 처리하는가?"

조현이 대답했다.

"법률에 따라 마땅히 죽여야 합니다. 그러나 노왕이 요절했으니 폐하께서는 그를 불쌍히 여겨 용서하십시오."

손량이 말했다.

"법이란 천하 사람들이 똑같이 지켜야 되는 것인데, 어떻게 가까운 사람을 아끼려고 치우치겠소? 당연히 그를 풀어줄 수 있다고 생각하여 어떻게 사사로운 감정으로 그 문제를 처리하겠소?"

조현이 말했다.

"예전에 사면에는 크고 작음이 있었는데, 어떤 것은 천하를 범위로 했고, 어떤 것은 1천 리나 5백 리 이내를 범위로 하여 자기 마음에 따라 사면하기도 했습니다."

손량이 말했다.

"사람들을 납득시키기에 충분하지 않다."

그리하여 사면의 범위를 궁궐 안으로 했고, 손기는 이 때문에 형벌을 면했다. 손호가 즉위하자 손화와 손패가 옛날에 틈이 있었던 것을 좇아 손기와 손일의 작위와 봉토를 줄이고, 할머니 사희謝姬와 함께 회계군 오상현으로 귀양을 보냈다.

법을 무시하고 사냥에 몰두하다 자멸하다

손분전孫奮傳

손분은 자가 자양子揚이고 손패의 동생이다. 손분의 어머니는 중희仲姬라고 불렸다.

| **태원 2년(252)** | 손분은 제왕으로 세워졌으며 무창에서 살았다. 손권이 세상을 떠난 뒤, 태부 제갈각이 여러 왕을 장강 가의 군사 요충지에 있지 않게 하려고 손분을 예장으로 옮겼다. 이에 손분은 화를 내며 명령에 따르지 않았고, 법도를 넘는 행동도 여러 차례 했다. 제갈각은 편지를 바쳐 간언했다.

제왕의 존귀함은 하늘과 같은 지위입니다. 그러므로 제왕은 천하를 집으로 여기고 부모와 형제를 신하로 여기며, 사해 안의 사람은 모두 그의 종입니다. 원수라도 선행을 하면 추천하지 않을 수 없고, 친척이라도 악행이 있으면 주살하지 않을 수 없습니다. 하늘을 받들어 만물을 다스리고 나라를 앞세우고 자신을 뒤에 두는 것은, 아마 성인이 법도를 세우더라도 백대에도 바뀌지 않는 이치일 것입니다.

옛날 한나라 왕조가 막 세워졌을 때 많은 자제를 왕으로 삼았는데, 이들의 힘이 너무 강하여 늘 불법적인 행동을 했으므로 위로 사직을 위태롭게 하고 아래로는 골육지친끼리 서로 살상을 했습니다. 이 뒤로 이 일을 인용하여 경계로 삼고 크게 꺼리게 되었습니다. 광무光武

이래로 각 왕에게 규제가 생겼는데 궁궐 안에서만 스스로 즐길 수 있을 뿐 백성과 접촉하거나 정사에 간여할 수 없게 했으며, 왕들과 왕래함에도 모두 엄격한 제한이 있어서 모두 안전해지고 각각 자신의 복을 누릴 수 있게 되었습니다. 이것은 전 시대의 성공과 실패의 실제적인 예입니다.

가까이로는 원소와 유표가 각기 국토를 점유하고 있으며 땅은 비좁지 않고 사람들도 허약하지 않았는데, 적자와 서자를 구분하지 않았기 때문에 결국 그 종묘의 제사가 끊어지게 되었습니다. 이는 천하의 어리석은 자든 지혜로운 자든 간에 다 같이 탄식하고 고통스러워한 것입니다. 고인이 된 황제께서 옛것을 보고 오늘날의 일을 경계하여 이러한 문제의 싹을 막으신 것은 천 년 뒤의 일을 생각했기 때문입니다. 이 때문에 그분은 병으로 누워 있을 때 각 왕을 나누어 보내 각기 일찍 봉읍으로 돌아가도록 명령했으며, 조서는 매우 간절하고 법률은 매우 엄격하여 그분이 경계하여 명령한 것이 이르지 못하는 바가 없었으니 진실로 확실히 위로는 종묘를 안정시키고 아래로는 각왕을 보전하여 백대가 서로 이어지게 하며 나라를 위태롭게 하는 후회가 없도록 하려고 한 것입니다.

대왕께서는 마땅히 위로 주대의 태백(太伯, 주대 오吳나라의 개국 군주)이 아버지의 뜻에 순종한 것을 생각하고, 중간으로는 하간헌왕河間獻王 유덕(劉德, 전한 무제의 이복형제)과 동해왕東海王 유강(劉彊, 후한 명제明帝의 이복형인데 태자였으나 동해왕으로 강등됨)이 공경한 절개를 생각하며, 아래로는 교만하고 방자하고 음란함을 눌러 경계해야만 합니다. 그러나 제가 듣기로 당신은 무창으로 온 지 오래지 않아 여러 조서를 어기고 제도에 구애받지 않으며 독자적으로 많은 장수와 병사 들을 동원하여 궁실을 보호했다고 합니다. 또 주위에서 늘 따르는 자들로 죄나 허물이 있는 자는 마땅히 표를 올려 보고하여 담당 관리에게 넘겨야 하는데, 마음대로 사사로이 죽여 사건을 명백히 하지 않았습니다.

대사마 여대가 선제의 조서를 직접 받아 대왕을 보좌하여 인도하는 일을 맡았지만, 당신은 그의 의견을 받아들여 쓰지 않으므로 그가 걱정하고 두려워하게 했습니다. 화기華錡는 선제의 측근에 있던 신하로 충성스럽고 선량하며 정직한 사람이므로 그가 말한 이치는 마땅히 받아들여 써야 하는데, 오히려 그의 말을 듣고 그에게 화를 내며 그를 붙들어 매야 한다고 했습니다. 또 중서 양융楊融은 직접 조서를 받았고, 그가 맡고 있는 일은 공경스럽고 엄숙한데도 당신은 "내가 스스로 금령을 듣지 않는데 당신이 나를 어떻게 할 것이오?"라고 말했습니다. 이 말을 듣고 크고 작은 관리가 다 놀라고 이상하게 여겼으며, 마음이 섬뜩함을 느끼지 않는 이가 없었습니다.

"밝은 거울은 형체를 비출 수 있고, 옛일은 현재의 일을 알 수 있다."라는 말이 있습니다. 대왕께서는 마땅히 노왕을 경계로 삼아 그 행동을 바꾸어 조심하고 삼가며 진심으로 조정을 공경해야만 합니다. 이와 같이 하면 당신은 구하여 얻지 못하는 바가 없을 것입니다. 만일 선제의 법제와 가르침을 버리고 잊어 경솔하고 오만한 마음을 품는다면 신하는 차라리 대왕을 저버리지, 감히 선제께서 남긴 조서를 저버리지 않을 것이고, 차라리 대왕에게 원망과 질시를 받을지언정 어찌 감히 존귀한 군주의 위엄을 잊어버리고 조서가 번신에게 실행되지 않게 하겠습니까? 이는 고금의 정확한 도의이며, 대왕께서 명백히 한 것입니다.

복이 올 때는 말미암는 바가 있고, 화가 올 때는 차츰차츰 생겨나는 것입니다. 걱정하지 않는다면 장래에는 후회할 수도 없을 것입니다. 만일 노왕이 일찍이 충직한 말을 받아들여 놀라고 두려워하는 생각을 품었다면 복을 끊임없이 누릴 수 있었지, 어찌 멸망의 재앙을 입었겠습니까? 좋은 약은 입에 써서 오직 병을 앓고 있는 자만이 단맛을 알 수 있습니다. 충성스런 말은 귀에 거슬리므로 오직 통달한 자만이 그것을 받아들일 수 있습니다. 지금 저 제갈각 등은 진심으로 대왕을 위해 위태로움의 싹을 없애서 행복과 길상의 근원을 확대하려고 하는 것입니다. 이 때문에 자신의 말이 분수에 넘음을 알지 못했는데 세 번 생각하시기를 바랍니다.

손분은 제갈각의 편지를 받고 두려워서 결국 남창으로 옮겼다. 그러나 그는 사냥 놀이에 더욱 심하게 빠져들었으며, 딸린 관원들도 그의 명을 감당하지 못했다. 제갈각이 주살되자 손분은 강을 따라 내려와 무호에 머무르면서 건업으로 가 변화 양상을 살피려고 했다. 부상傅相 사자謝慈 등이 손분에게 간언하자 손분은 그들을 죽였다. 그는 이 일로 인해 폐출되어 서민이 되었고, 장안현으로 쫓겨났다.

| 태평 3년(258) | 그는 장안후로 봉해졌다.

| 건형 2년(270) | 손호의 좌부인左夫人[8] 왕씨가 죽었다. 손호는 슬퍼하는 마음이 너무 심하여 아침저녁으로 곡을 하고 몇 달 동안 밖으로 나가지 않았다. 이로부터 민간에서는 손호가 죽었다 하여, 손분과 상우후 손봉 중에서 즉위해야 한다는 풍문이 돌 정도였다. 손분의 어머니 중희의 묘지는 예장에 있었는데, 예장 태수 장준張俊은 소문이 진짜인 줄 알고 묘지를 청소했다. 손호는 이 일을 듣고 장준

---

8) 오나라 궁정의 여관명女官名이다. 실제로는 황제의 소첩이다.

을 거열형車裂刑에 처하고 삼족을 멸했으며, 손분과 그의 다섯 아들을 주살하고 봉읍을 없앴다.[9]

【평하여 말한다】

손등은 마음속으로 생각하는 일이 있고, 아주 아름다운 덕행을 이루기에 충분했다. 손려와 손화는 모두 뛰어난 자질을 갖추었고 엄격하게 자신을 갈고닦았지만 어떤 사람은 단명하여 일찍 죽었고, 어떤 사람은 어쩔 수 없이 죽게 되었으니 애석하구나! 손패는 서자 신분으로 적자의 지위를 구했고, 손분은 법령과 제도를 따르지 않아 진실로 위험하고 멸망하는 길을 택했다. 그러나 손분과 그 일족이 주살된 것은 뜻밖에 날아온 재앙이었다.

9) 예장군의 관리 10명이 장준 대신 사형되기를 바랐지만 손호는 이를 허락하지 않았다. 손분은 이 일로 의심을 받게 되어 본래는 장안에 있었지만 오성吳城으로 돌려보내져 감금되었다. 그 아들과 딸들에게는 결혼이 금지되었으므로 어떤 이는 서른 또는 마흔 살이 되었어도 배우자를 얻지 못했다. 손분은 표를 올려 자신을 금수에 비교하고 아들딸이 서로 배우자를 얻도록 해달라고 빌었다. 손호는 매우 노여워하며 전쟁을 살피는 관리를 보내 손분에게 독약을 내렸다. 손분은 독약을 받지 않고 머리를 조아리며 말했다. "노신은 자식들에게서 생활을 구하고 나랏일에는 간여하지 않을 테니 여생을 보낼 수 있도록 허락해주십시오." 그러나 손호가 이를 허락하지 않아 부자가 모두 약을 마시고 죽었다.

15

하전여주종리전 賀全呂周鍾離傳

내란을 평정하여 국내를 안정시킨 인재들

신출귀몰한 용병술로 수많은 반란을 진압하다

하제전賀齊傳

하제[1]는 자가 공묘公苗이고 회계군 산음현 사람이다. 젊어서 군리郡吏가 되었고, 섬현剡縣의 장을 대행했다. 현리縣吏 사종斯從은 경솔하고 협기가 있어 간사하게 행동했다. 하제가 그를 다스리려고 하자 주부가 다음과 같이 간언했다.

"사종은 현의 호족이며 산월 사람들이 그를 의지하고 있으므로 오늘 그를 다스리면 내일 도적이 이를 것입니다."

하제는 이 간언을 듣고 매우 노여워하며 곧장 사종의 목을 베었다. 사종의 종족과 무리가 마침내 서로 규합하여 1천여 명이 병사를 들어 현을 공격했다. 하제가 관리와 백성을 이끌고 성문을 열고 돌격하여 크게 깨뜨리니 그 위세가 산월 사람들을 두렵게 만들었다. 그 뒤 태말현太末縣과 풍포현豐浦縣의 백성이 모반을 일으키자, 하제는 태말현의 장으로 전임되어 사악한 사람들을 죽이고 양민을 보호하여 한 달 만에 완전히 평정했다.

---

1) 하賀씨는 원래 성이 경慶씨였다. 하제의 큰아버지 경순慶純은 학자로서 사람들에게 높은 평판을 들었고, 한나라 안제安帝 때 시중 및 강하 태수가 되었다. 그 뒤 그는 관직을 떠났지만 강하의 황경黃瓊, 광한의 양후楊厚와 함께 공적인 수레로 부름을 받았다. 그때 안제의 아버지 효덕 황제孝德皇帝의 휘를 피해 성을 하씨로 바꾸었다.

| **건안 원년(196)** | 손책이 회계군에 임하여 하제를 눈여겨보고 효렴으로 천거했다. 이 무렵 왕랑이 동야현東冶縣으로 달아나자, 후관현의 장 상승商升이 왕랑을 위해 병사를 일으켰다. 손책은 영녕현永寧縣의 장 한안韓晏을 보내서 남부도위를 겸하도록 하고 병사를 이끌고 가서 상승을 토벌하게 했으며, 하제를 영녕현의 장으로 삼았다. 한안이 상승에게 지자 하제가 또 한안을 대행하여 도위 일을 겸하게 되었다. 상승은 하제의 위세와 명성을 두려워하고 있었으므로 사신을 보내 맹약을 맺자고 요청했다. 하제는 이 기회에 상승을 깨우치고, 아울러 화와 복이 만들어지는 것에 관해 말했다. 상승은 결국 인수를 보내오고 진영을 나와 투항하기를 구했다. 하지만 도적의 우두머리 장아張雅와 첨강詹疆 등은 상승이 투항하는 것을 원하지 않았다. 상승이 돌아오자 이들은 함께 상승을 죽이고 장아는 무상장군無上將軍이라 하고, 첨강은 회계 태수라 일컬었다. 당시 도적수가 워낙 많고 하제의 병사는 적으므로 토벌할 수 없어서 하제는 군대를 주둔시키고 병사들을 쉬게 했다. 장아와 사위 하웅何雄이 세력을 다투어 두 사람 사이가 어그러지자, 하제는 산월 사람들을 시켜서 이들의 불화를 틈타 양쪽이 동시에 다투도록 했다. 그래서 이들은 서로 의심하고 틈이 벌어져 각자 병력을 보내 상대방을 공격했다. 하제가 곧 진군하여 토벌하러 가서 한 번 싸움으로 장아를 크게 깨뜨리니, 첨강의 무리는 놀라고 두려워서 병사들을 이끌고 나와 항복했다.

후관현이 평정된 다음에 건안과 한흥현漢興縣, 남평현南平縣에서 또 소란이 일어났다. 하제는 건안으로 병사를 진군시키고 도위부都尉府를 세웠다. 이해는 건안 8년(203)이다. 군에서는 딸린 현의 병사 5천 명을 보냈는데 각각 그 본래 현의 장이 이들을 이끌도록 했

으며, 모두 하제의 지휘를 받았다. 도적 홍명洪明·홍진洪進·원어苑御·
오면吳免·화당華當 등 다섯 명이 각기 1만 호를 이끌고 가서 진영을
이어 한흥에, 오오吳五의 6천 호는 별도로 대담大潭에, 추림鄒臨의 6천
호는 따로 개죽蓋竹에 주둔했으며, 이들은 함께 여한餘汗으로 침범
했다. 대군은 한흥을 토벌하러 가면서 여한을 지나게 되었다. 하제
는 도적은 많은데 병사는 적으므로 깊숙이 들어갔다가 후원 부대
가 없으면 적에게 퇴로를 끊길 것으로 생각하여 송양현松陽縣의 장
정번丁蕃에게 여한에 남아 지키도록 했다. 정번은 본래 하제와 이웃
하는 성을 다스리고 있었는데, 하제의 지휘를 받게 된 것을 치욕스
럽게 여겨 남아서 지킬 수 없다고 말했다. 하제는 곧 정번의 목을
베었다. 그래서 군대 안의 사람들은 놀라 두려워 떨며 명령에 복종
하지 않는 이가 없게 되었다. 이와 같이 병사들을 나누어 여한에 남
아 지키도록 하고 나서 진군하여 홍명 등을 토벌했으며, 연이어 적
군을 크게 무찔렀다. 진지에 이르러 홍명의 목을 베자 오면·화당·
홍진·원어가 모두 항복했다. 이들은 방향을 돌려 개죽을 치고 대담
으로 진군했는데, 그곳의 두 장수도 항복했다. 이번 출동에서 토벌
하여 평정하고 머리를 벤 것이 6천 명이고, 유명한 장수를 다 붙잡
았으며, 현과 읍의 관소를 새로 세웠고, 출동시킨 병사는 1만 명이
었다. 하제는 평동교위平東校尉로 임명되었다.

| 건안 10년(205) | 하제는 방향을 돌려 상요현을 토벌하고, 그곳을
분할하여 건평현을 만들었다.

| 건안 13년(208) | 하제는 위무중랑장威武中郞將으로 승진하여 단양
군의 이현과 흡현을 토벌했다. 그때 무강武彊·섭향葉鄕·동양·풍포
등 네 향鄕이 먼저 투항했으므로 하제는 표를 올려 섭향을 시신현
으로 만들자는 의견을 제시했다. 흡현의 도적 우두머리 김기金奇의

1만 호가 안륵산安勒山에, 모감毛甘의 1만 호가 오료산烏聊山에, 이현의 도적 우두머리 진복陳僕과 조산祖山 등의 2만 호가 임력산林歷山에 주둔하고 있었다. 임력산 사방에는 절벽이 우뚝 서 있고 높이가 수십 장丈이며, 길이 위험하고 좁아 칼이나 방패를 쓸 수 없고, 적이 높은 곳에서 돌을 떨어뜨리면 공격할 수 없었다. 군대는 하루 동안 주둔해 있었고, 장수들은 걱정했다. 하제는 직접 나가 사방을 두루 다니며 지형을 살핀 다음 날쌔고 민첩한 병사들을 은밀히 모아 철제 주살을 만들게 했다. 그러고는 험악하므로 도적들이 방비하지 않는 곳에 주살로 산을 끊어 오르는 길을 만들고 밤에 몰래 올라가도록 했다. 이어서 수많은 삼베 끈을 던져 아래에 있는 사람들을 이끌어 오르게 하여 1백여 명이 올라가게 되었다. 이들은 사방으로 흩어져 한꺼번에 북을 울리고 피리를 불었다. 하제는 병사들을 이끌고 때를 기다렸다. 도적들은 한밤중에 사방에서 북소리가 일제히 울리는 것을 듣고 대군이 벌써 모두 올라왔다고 말하며 두렵고 혼란스러워 어찌할 바를 몰랐으며, 길을 지키고 험한 곳을 수비하던 자들은 모두 돌아와 무리에게 의지했다. 대군이 이 틈에 산으로 올라가 진복 등을 크게 무찌르자 그 나머지는 모두 투항했다. 목이 베인 자는 모두 7천 명이었다. 하제는 또 표를 올려 흡현을 분할하여 신정현·여양현·휴양현을 만들었다. 아울러 이현과 흡현 등 모두 여섯 현을 병합했다. 손권은 흡현을 분할하여 신도군을 만들어 하제를 그곳 태수로 삼고, 시신에 관소를 두게 하고 편장군을 더했다.

| 건안 16년(211) | 오군 여항현의 백성 낭치郎稚가 종족 사람들을 규합하여 반란을 일으켰는데 수천 명이 된다는 보고가 있었다. 하제는 출병하여 토벌하러 가서 즉시 낭치를 무찔렀다. 그는 표를 올려 여항현을 분할하여 임수현臨水縣을 만들자고 건의했다. 그가 손권이

머물고 있는 곳으로 가서 명을 받고 신도군으로 돌아가려고 할 때, 손권은 나와서 송별연을 열고 음악을 연주하며 춤을 추도록 했다. 그리고 하제에게 병거(軿車, 천막이 있는 화려한 수레)와 준마를 내렸으며, 송별연이 끝나 수레에 앉으면서 하제도 수레에 타도록 했다. 하제는 사양하고 감히 그렇게 하지 않았다. 그러자 손권은 주위에 있는 사람들에게 하제를 부축하여 수레에 오르게 하고, 길을 여는 관리와 보병 및 기병에게 군郡에서의 의식과 똑같이 하라고 명령했다. 손권은 하제를 바라보고 웃으면서 말했다.

"사람들은 마땅히 노력해야 한다. 덕행을 쌓고 공을 쌓지 않았다면 이런 대우를 얻을 수 없다."

하제의 수레가 1백여 보 떠난 뒤에 손권은 돌아갔다.

| 건안 18년(213) | 예장 동부의 백성 팽재彭材·이옥李玉·왕해王海 등이 1만여 명을 모아 반란을 일으켰다. 하제가 이들을 토벌하여 평정하고 그 우두머리의 목을 베자 나머지는 모두 항복했다. 하제는 이들 중에서 건장한 자들을 뽑아서 병사로 만들고, 그다음 사람들은 현의 민호로 만들었다. 그는 분무장군으로 승진했다.

| 건안 20년(215) | 하제는 손권을 따라 합비를 정벌하러 갔다.[2] 그때 성안에서 나온 적병과 싸우던 중 서성이 부상을 입어 창을 잃

2) 손권이 합비로 원정을 갔다가 돌아올 때, 소요진 북쪽에서 장료에게 급습을 받아 위태로웠다. 하제는 이때 병사 3천 명을 이끌고 가서 소요진 남쪽에서 손권을 맞이했다. 손권은 큰 배로 들어가 장수들을 모아 연회를 열었다. 하제는 눈물을 흘리며 말했다. "지존의 자리에 있는 군주는 늘 몸을 중시해야 합니다. 오늘 일은 거의 재앙이 이른 것으로 저희는 두려워 떨었으며, 천지가 없는 것과 같았습니다. 원컨대 이 일을 평생 교훈으로 삼으십시오." 손권은 앞으로 나아가 하제의 눈물을 닦아주며 말했다. "매우 부끄럽소! 삼가 마음에 새길 뿐만 아니라 큰 띠에 써서 달고 다니겠소."

었는데, 하제가 병사를 이끌고 대항하여 서성이 잃었던 것을 되찾았다.

| 건안 21년(216) | 파양의 백성 우돌이 조조의 인수를 받고 백성을 변화시켜 도적으로 만들었으며, 능양현·시안현始安縣·경현이 모두 우돌과 서로 호응했다. 하제와 육손이 우돌을 토벌하여 무찔러서 수천 명의 머리를 베자 나머지 무리는 두려워하며 복종했다. 단양의 세 현이 모두 투항하여 정예 병사 8천 명을 얻었다. 하제는 안동장군으로 임명되고 산음후山陰侯로 봉해졌으며, 밖으로 나가 장강가에 주둔하여 부주 상류 지역부터 환까지 지휘하게 되었다.

| 황무 초년(222) | 위나라가 조휴를 시켜 토벌하러 왔을 때, 하제는 길이 멀어서 늦게 도착했으므로 신시에 주둔하여 방어하게 되었다. 마침 동구에 있던 여러 군대가 폭풍을 만나 흩어지고 물에 빠져 과반수를 잃어 장수들은 아연실색했지만, 하제는 아직 강을 건너지 않아 그의 군대만 유독 온전하여 장수들이 그에게 의지하는 형세가 되었다.

하제는 성품이 사치스럽고 화려하며, 특별히 군사적인 일을 좋아하여 병기나 갑옷이나 기계가 매우 정교하고 훌륭했다. 타고 다니는 배는 정교하게 조각하고 무늬를 그려 채색했으며, 푸른색 덮개를 씌우고 붉은색 휘장을 늘어뜨렸으며, 노나 창에는 꽃 그림을 그려 넣고 활과 화살은 모두 상등품 재료를 썼다. 몽충이나 전투함 같은 것들의 모습은 마치 산을 바라보는 것 같았다. 조휴 등은 두려워서 곧장 군대를 이끌고 돌아갔다. 하제는 후장군으로 승진하고 가절을 받아 서주목을 겸했다.

처음에 진종은 희구를 지키는 장수였는데, 부하들을 데리고 모반하여 위나라로 갔다. 위나라에서는 그를 돌려보내 기춘 태수로 삼왔다. 임지에서 진종은 안락安樂을 습격하여 그곳에 있는 인질들을 탈취하려고 했다. 손권은 그의 행위에 치욕과 분노를 느꼈다.

｜6월｜ 한여름에 전쟁이 막 끝났으므로 뜻하지 않게 하제에게 미방과 선우단 등을 지휘하여 기춘을 습격하도록 조서를 내려 결국 진종을 사로잡았다. 이로부터 4년 뒤에 하제는 세상을 떠났고, 그 아들 하달과 동생 하경賀景은 모두 아름다운 명성이 있었으며 훌륭한 장수가 되었다.

당대의 존경을 받은 야전의 맹장

전종전全琮傳

전종은 자가 자황子璜이고 오군 전당현 사람이다. 그 아버지 전유全
柔는 한나라 영제 때 효렴으로 천거되었고 상서랑우승(尚書郎右丞, 관
리의 인수印綬 공급이나 봉록 지급 및 물자를 담당한 관직)을 맡았지만, 동탁
의 난 때 관직을 버리고 고향으로 돌아왔다. 주에서 그를 초빙하여
별가종사別駕從事로 임명하고, 조정에서도 조서를 내려 회계 동부
도위로 임명했다. 손책이 오군으로 오자 전유는 병사를 들어 먼저
그에게 투항했다. 손책은 표를 올려 전유를 단양 도위로 삼았다. 손
권은 거기장군이 되자 전유를 장사長史로 삼았다가 계양 태수로 옮
겼다.

전유는 일찍이 전종을 시켜 쌀 수천 곡을 오군으로 보내 물건과
바꾸게 했다. 전종은 오군에 가서 쌀을 모두 흩어주고 빈 배로 돌아
왔다. 전유가 매우 화를 내자 전종이 고개를 조아리고 말했다.

"제 생각에 바꿔 오려던 물건은 긴급히 쓰이는 것이 아니지만 사
대부들이 마침 최악의 고난과 위험을 맞고 있었기 때문에 그들에
게 나누어주어 구제했습니다. 이것을 알릴 틈이 없었습니다."

전유는 태도를 바꾸어 그를 기이하게 여겼다.

이 무렵 중주의 사인들로 난리를 피해 남쪽으로 내려와 전종의
집에 의탁하고 있는 자가 수백 명이나 되었다. 전종은 가산을 기울

여 구제했으며, 이들과 함께 동고동락했다. 그래서 먼 곳이든 가까운 곳이든 간에 그의 명성이 빛났다. 뒤에 손권은 그를 분위교위로 삼았으며 병사 수천 명을 주어 산월을 토벌하게 했다. 그는 이 기회를 이용하여 정예 병사 1만여 명을 얻어 진군하여 우저에 주둔했다. 그는 점점 승진하여 편장군이 되었다.

| 건안 24년(219) | 유비의 장수 관우가 번성과 양양을 포위하자, 전종은 상소하여 관우를 토벌할 계획을 말했다. 손권은 그때 벌써 여몽과 관우를 습격할 일을 은밀히 의논하고 있었으므로 일이 누설될까 봐 걱정하여 전종의 표를 받고도 대답하지 않았다. 관우를 붙잡고 나서 손권은 공안에서 주연을 베풀고는 전종을 돌아보며 말했다.

"그대가 전에 이 계획을 말했을 때 내가 비록 응답하지 않았지만 오늘 승리는 아마도 그대의 공로일 것이다."

그러고는 전종을 양화정후陽華亭侯로 봉했다.

| 황무 원년(222) | 위나라가 대규모의 수군을 통구洞口로 출동시켰다. 손권은 여범에게 장수들을 지휘하여 이에 맞서도록 했다. 양쪽 군영은 서로 대치하여 멀리서 바라보고 있었다. 적이 날랜 배로 몇 차례 공격할 때마다 전종은 늘 갑옷을 입고 무기를 손에 쥐고 끊임없이 경계하고 살폈다. 오래지 않아 적군 수천 명이 강에 나타나자 전종은 쳐서 무찌르고, 그들의 장군 윤로를 죽였다. 전종은 수남장군으로 승진했으며, 나아가 전당후로 봉해졌다.

| 황무 4년(225) | 전종은 가절을 받고 구강 태수를 겸했다.

| 황무 7년(228) | 손권은 환현에 이르러 전종과 보국장군 육손을 시켜 조휴를 치게 하여 석정에서 무찔렀다. 이때 단양·오·회계의 산월족이 또 반란을 꾀하여 딸린 현을 쳐서 함락시켰다. 손권은 세 군

의 험준한 곳을 나누어 동안군을 만들고, 전종에게 그곳 태수를 겸하도록 했다. 전종은 임지에 이르러 상벌을 분명히 하고 회유하여 투항하게 해서 수년 사이에 1만여 명을 얻었다. 손권은 전종을 불러 우저로 돌아오게 하고 동안군을 말소시켰다.

| **황룡 원년(229)** | 전종은 위장군·좌호군·서주목으로 승진했으며[3] 공주를 아내로 맞이했다.

| **가화 2년(233)** | 전종이 보병과 기병 5만 명을 지휘하여 육안현六安縣을 정벌하러 가니 육안 백성은 모두 흩어져 달아났다. 장수들이 병사를 나누어 그들을 붙잡으려고 하자 전종이 말했다.

"다른 사람의 위급함을 타고 요행히 성공했으니 행동할 때에 백배의 안전을 보장할 수 없는 것은 나라의 큰 정책이 아닙니다. 지금 병사를 나누어 백성을 좇아 붙잡아서 얻는 것과 잃는 것이 각기 절반씩이라면 어찌 온전하다고 할 수 있겠습니까? 설사 얻은 것이 있다고 해도 적을 약하게 하고 나라의 바람을 실현하기에는 충분하지 못합니다. 만일 적과 예기치 않게 만난다면 손실은 적을 수 있습니다. 뒤쫓아가서 붙잡지 않았다는 죄를 받게 되더라도 나는 차라리 스스로 이것을 받지, 감히 요행으로 얻은 성공으로 나라를 등지지는 못하겠습니다."

---

3) 이 무렵 손권이 아들 손등에게 출정을 명하여 그 군대가 출발하여 안락에 주둔했는데, 신하 중에서 이에 관해 감히 진언하는 자가 없었다. 전종은 표를 올려 말했다. "옛날부터 일찍이 태자가 혼자 출정하는 일은 없었습니다. 그래서 태자가 주군을 따라 출정할 경우는 무군撫軍이라 하고, 남아서 지킬 경우에는 감국監國이라고 했습니다. 지금 태자가 동쪽으로 출정한 것은 옛 제도가 아닙니다. 신은 이 일이 걱정되고 의심스럽습니다." 손권은 그 의견을 받아들여 손등에게 군대를 돌리라고 명했다. 천하를 논의하는 자들은 전종에게 나라 중신으로서의 절의가 있다고 평가했으며, 이로 인해 승진했다.

| 적오 9년(246) | 전종은 우대사마 및 좌군사로 옮겼다. 전종은 사람됨이 공순하고 낯빛을 살펴 간언을 바치는 데 뛰어나며, 언사는 일찍이 과격하거나 다른 사람을 범한 적이 없었다. 처음에 손권이 주애와 이주夷洲를 포위하려고 했을 때 사람들은 모두 먼저 전종에게 물었는데, 전종은 이렇게 말했다.

"성조聖朝의 위세로 한다면 어떤 곳으로 향하든지 이기지 못하겠습니까? 그렇지만 본토에서 멀리 떨어진 이역은 바다가 장애가 되어 그 사이를 끊어놓고, 물과 풍토에는 장기(瘴氣, 남방 산림 지역의 음습한 열기)가 있는데 이것은 예부터 있었던 것입니다. 병사들과 백성이 그곳을 드나들면 반드시 병이 생기고 서로 옮겨서 가는 자는 돌아올 수 없을까 봐 두려워할 것입니다. 우리가 얻는 것이 얼마나 많을 수 있겠습니까? 장강 연안의 병사들을 손상시켜 만 분의 일의 이익을 구하는 것, 이는 어리석은 신이 불안해하는 바입니다."

그러나 손권은 그의 말을 듣지 않았다. 군대가 출동한 지 1년이 지나자 병사들 가운데 질병으로 죽은 자가 10분의 8, 9는 되어 손권은 몹시 후회했다. 나중에 그는 전종과 이 일을 이야기했는데, 전종은 이렇게 대답했다.

"그때 신하들 가운데 간언하지 않은 자가 있다면 신은 그들이 충성하지 않은 것이라고 생각합니다."

전종에 대한 군주의 신임이 두터워지자, 그의 종족이나 자제들도 함께 총애를 받고 귀하게 여겨졌으며, 여러 차례에 걸쳐 천금을 받았다. 그러나 전종은 선비들을 겸허하게 대접하며 얼굴에 교만한 빛이 없었다.

| 적오 12년(249) | 전종이 세상을 떠나고 아들 전역이 후사가 되었다. 뒤에 그는 아버지의 일을 이어받아 군대를 통솔했다. 수춘에서

제갈탄을 구원할 때 그는 성을 나와 먼저 투항했으며, 위나라에서
는 그를 평동장군平東將軍[4]으로 삼고 임상후로 봉했다. 전역의 조카
전의全禕, 전의全儀, 전정全靜 등도 위나라에 투항하여 모두 군 태수
가 되고 열후를 받았다.

---

4) 동쪽의 적을 정벌한다는 의미이다. 위나라에는 있었고, 촉나라와 오나라에는 없었다.

남방 평정에 큰 공을 세운 백전노장

여대전呂岱傳

여대는 자가 정공定公이고 광릉군 해릉현海陵縣 사람이다. 그는 군과 현의 관리가 되었지만 난을 피해 남쪽으로 건너왔다. 손권이 정권을 총괄할 때 여대는 막부로 가서 그를 알현했다. 손권은 그를 지방으로 내보내 오현의 승으로 임명했다. 손권이 여러 현의 창고와 죄수에 관한 일을 직접 처리했으므로 그때가 되면 각 현의 장과 승은 모두 손권을 만났다. 여대의 법률 처리나 질문에 대한 답변이 손권의 뜻에 잘 맞았으므로 불러서 녹사(錄事, 문서 처리를 담당한 관직)의 일을 맡겼다. 또 그를 지방으로 내보내 여요현의 장으로 보충하여 임명했다. 그는 건강한 자들을 불러 모아 1천여 명을 얻었다. 회계와 동야 등 다섯 현의 도적 여합과 진랑 등이 소란을 일으키자, 손권은 여대를 독군교위로 삼아 장군 장흠 등과 병사를 이끌고 가서 토벌하게 했다. 그래서 여합과 진랑을 사로잡고 다섯 현을 평정하여 여대는 소신중랑장(昭信中郎將, 정벌을 담당한 관직)으로 임명되었다.

| 건안 20년(215) | 여대는 손무孫茂 등 장수 10명을 이끌고 가서 장사의 세 군을 취하는 일에 참가했다. 또 안성현安成縣·유현攸縣·영신현永新縣·다릉현의 관리가 모두 음산성陰山城으로 들어가 무리를 규합하여 여대에게 맞섰다. 여대는 이들을 쳐서 곧장 항복시키고 세 군을 평정했다. 손권은 여대를 남겨 장사를 지키게 했다. 안성현

의 장 오탕吳碭과 중랑장 원룡袁龍 등이 관우와 결탁하여 또 반란을 일으켰다. 오탕은 유현을 점거했고, 원룡은 예릉醴陵에 있었다. 손권은 횡강장군 노숙을 보내서 유현을 치게 했으나 오탕은 포위를 뚫고 달아났다. 여대는 예릉을 쳐서 마침내 원룡을 붙잡아 목을 베어 여릉 태수로 승진했다.

|연강 원년(220)| 여대는 보즐을 대행하여 교주 자사가 되었다. 여대가 교주에 이르자 고량의 도적 괴수 전박이 투항하기를 요청했다. 여대는 손권의 허락을 받아 전박을 고량 서부도위로 삼았다. 또 울림의 이민족과 도적들이 군과 현을 쳐서 포위하자 여대가 토벌하여 무찔렀다. 이때 계양과 정양湞陽의 도적 왕금王金이 남해 변방 지역에서 무리를 규합하여 먼저 난을 일으켜 피해를 입혔다. 손권은 또 여대에게 조서를 내려 이들을 토벌하도록 했다. 여대는 왕금을 사로잡아 경도로 보냈으며, 머리를 베거나 사로잡은 자가 1만여 명이나 되었다. 여대는 안남장군으로 승진하고, 가절을 받았으며 도향후로 봉해졌다.

교지 태수 사섭이 죽자 손권은 사섭의 아들 사휘를 안원장군으로 삼고 구진 태수를 겸하게 했으며, 교위 진시에게 사섭의 직무를 대행하도록 했다. 여대는 표를 올려 해남海南의 세 군을 나누어 교주를 만들고 장군 대량을 자사로 삼았으며, 해동海東의 네 군을 광주로 만들어 여대 자신이 그곳의 자사가 되었다. 그가 대량과 진시를 보내서 남쪽으로 들어가도록 했지만, 사휘가 명령을 받아들이지 않고 해구海口를 지키는 병사를 들어서 대량 등에게 대항했다. 그래서 여대는 상소하여 사휘의 죄행을 응징하도록 요청했다. 그는 병사 3천 명을 지휘하여 밤낮으로 항해했다. 어떤 사람이 여대에게 말했다.

"사휘는 몇 대에 걸쳐 입은 은혜에 의지하고 있고, 한 주의 사람들이 귀순했으므로 쉽게 경시할 수 없습니다."

여대가 말했다.

"지금 사휘는 비록 마음속으로 반역할 계획을 품고는 있을지라도 우리가 갑자기 이를 줄은 생각지도 못하고 있으니, 만일 우리가 은밀히 진군해서 재빠르게 움직여 무방비 상태인 그를 엄습한다면 반드시 무너뜨릴 수 있습니다. 머물러 신속하게 하지 않아서 그들이 경계하는 마음을 가져 성을 굳게 지키게 하면 일곱 군의 소수민족이 구름처럼 모이고 메아리처 호응할 테니 비록 지혜로운 자가 있을지라도 누가 여기에 대처할 수 있겠습니까?"

마침내 그들은 출발하여 합포를 지나 대량과 함께 진군했다. 사휘는 여대가 이르렀다는 소식을 듣자 정말로 매우 두려워 떨며 나아갈 바를 몰라 하다가 곧바로 형제 여섯 명을 데리고 웃옷을 벗고 맨살을 드러낸 채 여대를 맞이했다. 여대는 이들의 머리를 모두 베어 경도로 보냈다. 사휘의 대장 감례甘醴와 환치 등이 관리와 백성을 이끌고 가서 여대를 공격했지만, 여대는 분투하여 크게 무찌르고 승진하여 반우후番禺侯로 봉해졌다. 이리하여 광주는 없애고 교주는 전처럼 회복시켰다.

여대는 교주가 이미 평정되자, 또 나아가 구진군을 토벌하여 목을 베거나 사로잡은 수가 매우 많았다. 또 종사를 남쪽으로 보내서 나라의 교화를 알렸으며, 변방 밖의 부남扶南·임읍林邑·당명堂明의 각 왕에게는 각기 사자를 보내 공물을 바쳤다. 손권은 여대의 공을 칭찬하고 승진시켜 진남장군으로 임명했다.

| 황룡 3년(231) | 남쪽 땅이 맑고 안정되었으므로 여대를 불러 장사의 구구에 주둔시켰다. 마침 무릉의 이민족들이 은근히 움직이려고

했으므로 여대는 태상 반준과 함께 토벌하여 평정했다.

| 가화 3년(234) | 손권은 여대에게 명하여 반장의 병사들을 이끌고 가서 육구에 주둔하도록 했으며, 뒤에 포기蒲圻로 옮겼다.

| 가화 4년(235) | 여릉의 도적 이환과 노합路合, 회계군 동야의 도적 수춘隨春, 남해의 도적 나려 등이 한꺼번에 나란히 일어났다. 손권은 또 여대에게 조서를 내려 유찬, 당자 등을 지휘해 병사를 나누어 토벌하게 했는데, 수춘은 곧바로 투항했다. 여대는 수춘을 편장군으로 임명하고 그의 부대를 이끌도록 하여 결국 오나라 장수의 일원이 되게 했다. 이환과 나려 등은 모두 목이 베어진 후 머리만 경도로 보내졌다. 손권은 여대에게 조서를 내려 다음과 같이 말했다.

나려는 험난한 곳에 기대어 반란을 일으켜 스스로 머리가 잘리는 데 이르렀고, 이환은 흉악하고 교활하여 이미 투항했다가 또다시 모반했다. 앞뒤로 이들을 토벌하려고 했지만 여러 해 동안 붙잡지 못했는데, 그대의 계략이 아니었다면 누가 그들을 잡을 수 있었겠는가? 그대의 충성스럽고 용맹한 절개는 이 일에서 더욱 빛났다. 원흉은 이미 제거되었고 크고 작은 도적들은 두려워 떨고 있으며, 그 나머지 작은 무리들은 땅을 쓸듯 소멸할 것이다. 오늘부터 나라는 영원히 남쪽을 돌아보는 근심이 없을 테고, 세 군은 안정되어 걱정하다 놀라는 일이 없을 것이며, 또 복종하지 않던 백성을 얻어서 부세와 노역을 공급받게 되었으니 깊이 찬탄하고 감복할 만하다. 상은 그 달을 넘지 않는 것이 나라의 통상적인 규정이다. 알맞은 법령을 만들어 그대가 결정하라.

반준이 죽은 뒤에 여대는 반준을 대행하여 형주의 공문서를 결재하고, 육손과 함께 무창에 있으면서 여전히 포기를 다스렸다. 오

래지 않아 요식이 반란을 일으켜 성읍을 공격해 포위했고, 영릉·창
오·울림 각 군이 소란을 피웠다. 여대는 곧장 출병할 것을 요구하
고 밤낮을 이어 길을 갔다. 손권은 사자를 보내서 여대를 교주목으
로 임명하고, 당자 등 여러 장수를 보내 서로 이어지게 했다. 공격
하여 토벌에 나선 지 1년 만에 무찔렀는데, 요식 및 그가 관위를 주
어 각지로 보냈던 임하 태수 비양費揚 등을 베고, 아울러 그의 무리
를 제거했으며, 군과 현을 모두 평정했다. 여대가 무창으로 돌아왔
을 때 그는 벌써 여든 살이나 되었지만 몸은 여전히 정력이 넘치고
부지런하며 직접 맡은 일을 처리했다. 분위장군 장승이 여대에게
편지를 보내 말했다.

옛날 주공 단과 소공 석召公奭이 주 왕조를 보좌하여 《시경》〈이남
(二南, 주남과 소남)〉에서는 그들을 칭송하는 노래를 지었는데, 지금으로
말하면 당신과 육손이 그렇습니다. 충성과 근면함에서 서로 앞을 다
투고, 공로와 존귀함에서는 서로 양보합니다. 당신들의 공업은 권위
에 기대어 완성되었고, 교화는 도의와 부합됩니다. 군자들은 당신들
의 덕행을 찬탄하고 소인들은 당신들의 선량함을 좋아합니다. 게다가
문서 처리가 번잡하고 빈객들이 온종일 있지만 피로해도 일을 놓지
않으며 고달파도 피곤하다고 말하지 않습니다. 또 말을 탈 때에는 직
접 말 등에 올라타지, 양쪽에 걸쳐 밟는 것을 쓰지 않는다는 것을 알
았습니다. 이와 같은 점에서 당신들은 염파廉頗를 충분히 뛰어넘습니
다. 어떻게 매사를 마음대로 할 수 있습니까? 《주역》에 이런 말이 있
습니다. "예의에서는 공경함을 말하고, 덕행에서는 풍성함을 말한다."
당신은 어떻게 이 미덕을 다 갖추고 있습니까!

육손이 세상을 떠난 뒤 제갈각이 육손을 대행하게 되었다. 손권은 무창을 나누어 두 부분으로 만들고, 여대에게 우부右部를 통솔하도록 하여 무창 상류부터 포기까지 관할하게 했다. 여대는 상대장군으로 승진했고, 그 아들 여개呂凱는 부군교위로 임명되어 포기에서 병사들을 감독했다. 손량이 즉위한 뒤 여대는 대사마로 임명되었다.

여대는 청렴한 몸으로 공무를 받들어 있었던 곳마다 칭송할 만한 업적이 있었다. 처음에 교주에 있을 때는 여러 해 동안 집안을 보살피지 않아 처자식들이 굶주리고 궁핍했다. 손권은 이 사실을 듣고 탄식하며 신하들을 꾸짖어 이렇게 말했다.

"여대는 만 리 먼 곳에서 몸을 바쳐 나라를 위해 열심히 일하느라고 집안 살림이 어려워졌지만, 나는 이 사실을 일찍이 알지 못했소. 여러분은 내 팔다리이며 귀와 눈이니 책임이 있소."

그리고 여대의 집에 돈과 쌀, 베, 비단을 내려 해마다 고정적으로 보내주었다.

처음에 여대는 오군의 서원徐原과 친하게 지냈다. 서원은 강개하며 재능과 지향하는 바가 있었다. 여대는 그가 일을 이룰 수 있는 사람임을 알고 두건과 옷을 주고, 그와 함께 문제를 토론했다. 뒤에 그를 천거하여 관직이 시어사까지 이르게 했다. 서원은 성품이 충성스럽고 용감하며 직언하기를 좋아했다. 여대가 허물을 범하자 서원은 간언하여 논쟁했으며, 또 이 문제를 공개적으로 논의했다. 어떤 사람이 이것을 여대에게 알려주자, 여대는 찬탄하며 이렇게 말했다.

"이것이 내가 덕연德淵을 중시한 까닭이다."

서원이 죽자 여대는 곡을 하며 매우 슬퍼했다. 그리고 다음과 같이 말했다.

"덕연은 나에게 유익한 친구인데 오늘 불행을 당했으니, 나는 또 누구에게 허물을 들을꼬?"

담론하는 자들은 여대의 이런 모습을 찬미했다.

| 태평 원년(256) | 여대는 아흔여섯 살에 세상을 떠났으며, 아들 여개가 후사가 되었다. 그는 유언을 남겨 장례는 옻칠을 하지 않은 소박한 관으로 하고, 거친 두건과 마로 된 옷을 입어 절약하고 검소함을 따라 하도록 힘쓰라고 했다. 여개는 모든 것을 유언대로 했다.

일곱 통의 편지로 조휴에게 승리하다

주방전周魴傳

주방은 자가 자어子魚이고 오군 양선현 사람이다. 그는 어려서부터 학문을 좋아했고, 효렴으로 천거되었으며, 영국현寧國縣의 장이 되었다가 바꾸어 회안현懷安縣에 있게 되었다. 전당의 영향력 있는 사람인 팽식彭式 등이 개미처럼 모여 반란을 일으켰다. 주방은 전당후의 상相이 되어 한 달 사이에 팽식의 머리와 그 무리를 베어서 단양 서부도위로 임명되었다.

| 황무 연간(222~229) | 파양의 영향력 있는 사람인 팽기가 소란을 일으켜 딸린 성들을 공략했다. 조정에서는 주방을 파양 태수로 삼아 호종과 힘을 합쳐 토벌하게 했다. 마침내 팽기를 사로잡아 무창으로 보내서 주방은 소의교위(昭義校尉, 정벌을 담당한 관직) 직책을 더하게 되었다. 주방은 산월의 구족舊族이나 명장들 가운데서 북쪽의 적들에게 잘 알려진 자를 은밀히 구하여 이들을 시켜 위나라 대사마 양주목 조휴를 속여 유인하게 하라는 명령을 받았다. 주방은 이에 대답하고, 혹여 일이 누설되어 조휴에게 이를 수 없을까 봐 걱정되어 신임하는 사람을 보내 편지 일곱 통으로 조휴를 유인하도록 해달라고 요청했다.

첫 번째 편지에서 말했다.

저 주방은 천 년 만의 요행을 만나 당신 주의 백성이 되었지만 강물을 사이에 두고 멀리 떨어져 있어 존경하는 마음을 분명히 드러내지 못하고 멀리 바라보면 구름 경관뿐이니 하늘이 실제로 그렇게 한 것입니다. 저는 정성이 미약하고 명성과 지위는 밝게 드러나지 않는데, 비록 갈증이 나는 것 같은 앙모의 정이 있다고 하더라도 어찌 드러내겠습니까? 여우는 죽을 때 고향 언덕으로 머리를 향하고 사람의 감정은 근본에 연연하는데, 제약하는 것에 치여 받들고 알현하는 예를 어기게 되었습니다. 언제나 홀로 머리를 들어 서쪽을 돌아보면서 일찍이 자나 깨나 괴로워하며 탄식하지 않은 적이 없고 몸을 뒤척이며 잠을 이루지 못했습니다.

이제 짬이 나서 제가 줄곧 전부터 품어온 뜻을 말씀드리는 것입니다. 신령의 계시가 없다면 어찌 여기에 이를 수 있었겠습니까! 저는 앙모하는 마음을 이기지 못하여 만 리에서 목숨을 의탁합니다. 삼가 제가 신임하는 사람 동잠董岑과 소남邵南 등을 보내 모반하려는 마음을 기탁하여 편지를 바칩니다. 현재 일과 변고는 다른 편지에 열거하겠습니다. 명공군후(明公君侯, 조휴를 가리킴. 당시 그는 대사마 겸 장평후長平侯였음)께서 해와 달 같은 빛을 내려 멀리 있는 백성의 뜻을 비쳐 영원히 생명을 귀순하려는 자들이 존경하고 의지할 곳이 있게 해주십시오.

두 번째 편지에서 말했다.

저 주방은 멀리 변방 구석에 있으며 강과 그 지류로 인해 나뉘어 끊어져 있어 은택과 교화를 받은 적이 없습니다. 그렇지만 산과 계곡 사이에 있으면서 멀리 제 마음속의 생각을 말하면서도 대의에 비추어 신임을 얻어 용납되지 못할까 봐 걱정하고 있습니다. 무릇 사물에게도 감격하는 것이 있는데 변화가 생겨나는 까닭을 살펴보면 이것은 옛날이나 지금이나 같은 이치입니다.

제가 동오東吳의 한 군을 다스리는 직책에 임명되었을 때, 맨 처음 소원은 이미 실현되었으므로 마음에 새기고 공을 세워 보답하고 영원히 두 마음을 갖지 않기로 했습니다. 오래지 않아 불의의 재액과 견책을 당하여 재앙이 눈앞에 있게 되고, 위험이 계란을 던지는 것처럼 될 줄 어찌 헤아렸겠습니까? 나아가 생각하면 떠나고 합한 거취의 마땅함이 있고, 물러나 생각하면 속이고 죽음에 굽힌 허물이 있습니다. 제가 비록 뜻과 행동이 경솔하고 미천하지만 삶과 죽음의 한 단락이 명백하지 않음을 돌아보고 슬퍼하지 않을 수 있겠습니까! 감히 옛사람을 좇아가니 돌아갈 곳을 알게 되었고, 자신의 감정을 충성스럽게 드러내고 폐부의 말을 토로하여 말하게 되었습니다.

당신께서 봄날의 윤기를 내려 위급한 처지에 놓인 저를 불쌍히 여겨 구제하시고, 저를 의심하여 위탁한 목숨을 거절하지 말아주시기를 바랍니다. 일이 누설되면 제가 받게 될 죄는 예측할 수 없습니다. 당신에게는 첫째로 인자함에 상처를 입고 계획에 손해를 입을 것이며, 둘째로는 교화하려는 자들의 마음을 끊어놓게 될 것입니다. 당신께서는 멀리 전 시대의 경험을 살펴서 저를 동정하고 불쌍히 여겨, 묻고 싶은 것은 마음속에 담아두고 신속히 비밀 회신을 내려주시기를 바랍니다. 저 주방은 마땅히 멀리서 당신의 거동을 바라보며 당신과 합칠 날을 기다리겠습니다.

세 번째 편지에서 말했다.

저 주방이 대행하게 된 옛 태수 광릉군 사람 왕정은 전에 역시 군의 백성이 변란을 만들었기 때문에 견책을 당했습니다. 왕정은 그 일을 스스로 풀어보려고 애썼지만 끝내 용서받지 못했습니다. 그래서 그는 비밀리에 계획을 세워 북쪽으로 운명을 돌리려다가 불행히도 일이 탄로 나 그의 어린 자식까지 죽임을 당했습니다.

저는 왕정의 일을 직접 보았고, 또 동오의 군주(손권)에게 일단 경시받으면 다시는 두터운 대우를 받지 못함을 보았습니다. 비록 혹시라도 잠시 남아 쓰인다 할지라도 결국에는 제거될 것입니다. 지금 그는 또 저에게 군을 관리하도록 했는데, 이는 이후의 공적을 질책하여 반드시 저를 죽이려는 뜻일 것입니다. 비록 여전히 눈을 뜨고 숨을 쉬고 있지만 제 목숨이 언제 끝나게 될지 몰라 걱정스럽고 불안하고 두렵습니다.

인간이 세상에서 사는 것은 마치 흰 말이 터진 틈을 지나가는 것과 같습니다. 이런 짧은 시간에 늘 위험과 두려움을 끌어안고 있는 것이 말이 됩니까! 저는 제 마음을 말하고 거듭 털어놓았는데 비천함으로 인해 받아들여지지 않을까 봐 두렵기만 합니다. 원컨대 당신께서 조금만 유의하여 상세히 살피시고 제 뜻을 헤아려주십시오. 지금 이 군의 백성은 비록 겉으로나 명목상 머리를 숙이고 있지만 진실로 산과 들녘에서 빈틈을 엿보며 다시 반란을 일으키려고 합니다. 그들이 반란을 일으키는 날 제 목숨은 끝납니다.

동오의 군주는 얼마 전에 장수들을 은밀히 보내서 북쪽으로 진격하려고 도모했습니다. 여범과 손소 등은 회하로, 전종과 주환은 합비로, 제갈근과 보즐과 주연은 양양으로, 육의와 반장 등은 매부를 토벌하러 갔습니다. 동오의 군주는 중군을 이끌고 직접 석양을 엄습하고, 따로 사촌 동생 손환孫奐을 보내 안륙성安陸城을 다스리면서 저각(邸閣, 식량이나 물자를 보관하는 창고)을 세우고 물자와 식량을 날라 군량을 비축하도록 했습니다. 또 제갈량에게 명하여 관서로 진군하게 했습니다. 장강 가에 있던 장수들은 그곳에 더 머물러 있지 않고 겨우 병사 3천 명만이 남아 무창을 지킬 뿐입니다.

만일 당신이 병사 1만 명을 이끌고 환현에서 남쪽으로 장강 가까지 온다면 저는 곧 이곳에서 관리와 백성을 이끌고 가서 당신을 위해 안쪽에서 호응하겠습니다. 이 일대의 여러 군은 앞뒤로 일을 일으켜 성공하다가 실패했는데, 이는 외부의 원조가 없었기 때문입니다. 만일 북쪽 군대가 변방에 나타나서 이 군에 딸린 성으로 격문을 전한다면 북방을 그리워하고 있던 백성이 누가 북방의 치하로 들어가는 것을 바라지 않겠습니까? 바라건대 당신이 위로 하늘의 때를 살피고 아래로는 인사人事를 살피며 가운데로는 시초와 거북으로 본 점을 참고하시면, 지금까지 한 말이 허망한 것이 아님을 충분히 알 수 있을 것입니다.

네 번째 편지에서 말했다.

제가 보낸 동잠과 소남은 어릴 때부터 우리 집에서 자랐으므로 그들을 아끼고 믿는 바는 마치 아들과 같습니다. 이 때문에 특별히 그들에게 편지를 갖고 가도록 했습니다. 그들에게 모반할 것을 의탁하여 말할 때 눈으로 말하고 마음속으로 헤아려 입술과 이를 사용하지 않았으므로 골육지친이라도 이 일을 아는 이가 없습니다. 또 이미 이들에게 명령하여 주로 가서 반드시 투항하러 간다고 말하여 북쪽에서 모반을 일으키고 온 자들이 이 말을 듣게 하라고 했습니다.

저는 이 계획을 세우면서 하늘에 맡겼습니다. 만일 이것이 성공한다면 목숨을 보전하는 복이 있을 것이고, 우연히 기밀이 누설된다면 멸족되는 재앙을 받게 될 것입니다. 저는 늘 밤마다 하늘을 우러러보고 별들에게 고하고 맹세했습니다. 제 정성이 부족하니 어찌 하늘을 감동시킬 수 있겠습니까? 그렇지만 사태가 위급하고 제 힘이 약하여 오직 하늘에만 하소연할 뿐입니다. 제가 사자를 보내던 날, 살아 있는 것 같기도 하고 죽은 것 같기도 하여 모양은 있지만 정신은 사라지고 혼백이 황홀했습니다.

저는 당신이 제 말을 완전히 믿지 않을까 걱정되어 동잠과 소남 두 사람 중 한 명을 남겨 훗날 보증이 되게 하겠습니다. 일단 편지를 보내고, 그들을 돌아가도록 해 모반한 일을 후회하여 돌아와 자수한다고 말하도록 하십시오. 동오의 군주에게는 고정된 법령이 있어 모반한 것을 후회하여 돌아온 자는 모두 원래의 죄로 처리됩니다. 이와 같이 하여 서로 함께 막히게 되면 영원히 연락할 짬이 없을 것입니다.

운명을 걸고 서쪽을 바라보니 눈물이 붓을 따라 함께 떨어집니다.

다섯 번째 편지에서 말했다.

파양 백성은 사실 대부분이 우매하고 사나워 이들을 이끌고 싸우러 가도 곧바로 호응하지 않을 테고, 그들을 불러 변고를 만들면 소리를 듣고 움직일 것입니다. 지금은 비록 머리를 숙였지만 그 안의 결속은 없어지지 않았습니다. 이들은 산과 들에 숨어 살면서 반란을 일으킬 마음을 여전히 갖고 있습니다. 그런데 지금 동오의 군주는 대규모로 병사를 일으킬 계획을 짜놓고 온 나라의 병력을 들어 모두 내보내 장강 가는 텅 비었고 군영에 주둔하고 있는 사람은 줄어서 오직 자간(刺奸, 군대의 동태를 감시하고 반란자 색출을 맡아보던 관직)들만 있을 뿐입니다.

만일 이때를 틈타 이곳 백성을 움직여 소란스럽게 하면 하루아침에 손에 넣을 수 있을 것입니다. 그러나 이것은 바깥의 원조에 의지하여 안팎이 긴밀하게 협조해야만 합니다. 그러지 않으면 성공할 기회가 없을 것입니다. 지금 당신이 만일 환현의 길에서 진군하여 장강 가에 주둔한다면 저는 마땅히 남쪽 기슭 역구歷口에서 호응하겠습니다. 만일 장강 가로 곧장 오지 못하고 백리주에 머물 수 있다면, 이곳 백성이 북쪽 군대가 그쪽에 있음을 알도록 하여 그들 스스로 때를 파악해 움직이게 하십시오.

이곳 백성은 굶주림과 추위를 고통스러워하지 않고 병사의 침입을 달가워하며, 정벌하고 토벌하는 일을 고통스러워합니다. 그러므로 그들은 북방에 귀속되는 것을 기뻐합니다. 다만 곤궁할 때 일을 일으켰다가 제때에 북방의 호응을 받지 못할 경우에는 빠르게 화를 입게 될 것입니다. 만일 석양·청주·서주의 각 대군이 수미가 서로 이어지게 하여 동오에서 보낸 군대를 견제해 신속히 물러날 수 없게 한다면 금상첨화일 것입니다. 저는 장강과 회하에 살아서 현재 일에 밝으며, 그곳 지형의 유리한 점을 잘 알고 있으므로 백 번 싸워도 백 번 이길 것입니다. 때는 다시 오지 않기 때문에 감히 가슴속의 마음을 말씀드립니다.

여섯 번째 편지에서 말했다.

동오의 군주는 전에 석양을 뿌리 뽑지 못한 일을 한스러워하며, 이제 그 일 이후로 새로운 병사를 대규모로 모으고 아울러 반준에게 이민족 백성을 징발하도록 하여 사람 수가 매우 많아졌습니다. 듣건대 작전 조항에 신병 가운데서 약한 자는 앞에 세우고 정예 병사는 뒤에 두며, 성을 공격할 때는 약한 병사에게 참호를 파게 하여 곧장 격파하려 한다고 합니다. 비록 이와 같이 할 수 없을지라도 이 전쟁의 큰 취지입니다.

제가 걱정하는 바는 석양의 성이 작아 오랫동안 병사들을 머물러 있게 할 수 없다는 점입니다. 당신이 재빨리 구원해야 합니다. 진실로 신속함과 기밀이 필요합니다. 왕정이 변을 당한 것은 멀지 않은 때에 있었던 교훈입니다. 지금 제 귀순의 성공 여부는 또 하늘에 달려 있는 것이 아니라 바로 당신에게 달렸습니다. 만일 당신의 구원을 받아 북방으로 가게 된다면 공은 반드시 이루어질 수 있습니다. 만일 당신의 구원이 때에 미치지 못한다면 하정 등과 똑같은 재앙을 만나게 될 것입니다.

전에 팽기가 직책에 있을 때 그의 진영이 봉룡逢龍에 있다는 말을 듣고 이 군 백성은 나이가 많건 적건 간에 기뻐했으며, 아울러 곧 효력이 있을 것으로 생각했습니다. 만일 그가 한 달 동안 머물 수 있었다면 일은 당연히 크게 성공했을 텐데, 애석하게도 당신이 너무 빨리 떠나버려 동오가 병력을 늘려 팽기를 토벌했으므로 그는 비로소 실패하게 되었을 뿐입니다. 당신은 이 말을 깊이 살피시기 바랍니다.

일곱 번째 편지에서 말했다.

지금 큰일을 일으킴에 작위나 칭호를 사용하지 않는다면 사람들을 장려할 방법이 없습니다. 당신에게 장군과 후侯의 인印 각기 50개, 낭장(郎將, 중랑장)의 인印 1백 개, 교위와 도위의 인 각기 2백 개를 간절히 요청합니다. 저는 이것을 얻어 장수들에게 주어서 그들의 뜻을 장려하겠습니다. 동시에 깃발 수십 개로 표식을 만들어 산월의 병사와 관리와 백성이 이것을 바라보고 거취가 벌써 분명하게 결정되었고, 당신 군대의 구원을 받기로 확실하게 약정되었음을 알리기를 요청합니다. 또 서로 투항하고 모반하는 사람은 날마다 달마다 있으므로 작은 틈이라도 있으면 이 일이 전해져 알려지게 될 것입니다. 오늘의 큰일도 특별히 기밀을 요합니다. 만일 제 편지를 본다면 더욱더 잘 숨기고 비밀로 해야 합니다. 저는 당신의 지혜에 일정함이 있고 방비하는 생각에 반드시 깊이가 있음을 압니다. 제가 마음속으로 걱정하고 두려워하며 불안한 것은 일을 너무 자주 보고한 것인데 꾸짖지 마시기를 바랍니다.

주방은 따로 은밀히 표를 만들어 다음과 같이 말했다.

지금 북방에는 체포할 도적들이 있어 황하와 낙수를 튼튼히 지키고, 오랫동안 왕의 주살을 받은 일이 없으며 북방의 땅을 마음대로 하고 있습니다. 신은 일찍이 기이한 계책을 내고 우수한 인물을 천거하여 위로는 웅대한 교화를 빛나게 하고 아래로는 만 분의 일의 공헌이라도 펼 수 없었기에 걱정하는 마음이 무엇인가에 얻어맞은 것 같아 밤이 되어도 잠을 잊고 있습니다. 신성한 조정은 하늘처럼 덮고 있으면서 신을 감싸주었으나 갚을 도리가 없습니다.

외람되게도 조정에서는 무거운 명령을 내려 신에게 전에 도적 조휴를 유인해오도록 했는데 유감스럽게도 계획대로 하지 못했습니다. 지금 군 안에서 북방의 도적들에게 잘 알려져 있는 산과 계곡 속의 괴수들을 구하여 북방과 내통하게 하려고 합니다. 신이 엎드려 생각해보건대 기쁨과 두려움이 엇갈립니다. 신이 두려워하는 바는 이런 사람을 급히 얻을 수 없으며, 설사 얻는다고 하더라도 믿을 수 없을 것이라는 점입니다. 신에게 적 조휴를 속여 오도록 명하셨으나 유감스럽게도 방법만 그럴듯하다는 것입니다. 신의 이러한 여러 해 동안의 바람이 천 년에 한 번 있는 기회를 만났으므로 독자적으로 결단하고 고집스런 식견을 다하여 편지를 써서 조휴를 속여 유인하기로 했으며, 그것은 별지別紙와 같습니다.

신은 제게 옛사람의 간단하고 복잡한 책략이 없음을 알고 있는데, 더군다나 창졸간에 큰 계략을 바치게 되어 불안하고 역량이 마음을 따르지 못하고 있으며, 경솔하고 우매함으로 인해 조정의 특별한 안배를 욕되게 할까 봐 걱정되어서 벌써부터 근심하며 초조합니다. 신이 듣기로 당요는 먼저 하늘에 알려 하늘이 그의 의견을 반대하지 않았고 하층 백성에게 폭넓게 물었으므로 위대한 공훈을 세웠다고 합니다. 조정의 영명한 계획은 반드시 조휴가 계략의 그물 속으로 들어오도록 하고, 신령의 도움과 성인의 규범이 있어 그는 반드시 스스로 보내올 것입니다. 육군六軍에게 일망타진하도록 하면 포로들은 그물을 빠져나가지 못할 것입니다. 우리의 위세는 번개처럼 빛나고 천하는 매우 다행스러워할 것입니다. 삼가 표를 올려 아뢰고 아울러 편지의 초고를 바칩니다. 신은 미천함을 걱정하고 불안하여 탄식합니다.

그는 시행할 준비를 하라는 회답을 받았다. 조휴는 정말로 주방을 믿고 보병과 기병 10만 명을 이끌고 군수물자를 가득 싣고 환현으로 직접 들어왔다. 주방도 군사들을 모아 육손을 따라 조휴를 옆에서 공격하여 끊어놓았다. 조휴의 군대는 비단이 찢어지고 기와가 깨지는 것 같은 형세가 되었다. 목을 베거나 포로로 잡은 자의 수는 헤아릴 수 없을 정도였다.

주방이 처음 비밀 계책을 세웠을 때, 낭관이 조서를 받들고 와서 여러 가지 일을 힐문하는 일이 자주 있었다. 주방은 부군(部郡, 부군국종사사部郡國從事史의 준말)에게로 가서 머리를 풀어헤치고 사죄했으므로, 조휴는 이 소식을 듣고 또 의심하는 생각이 없어졌다. 일이 성공한 뒤 군대가 개선하자 손권은 장수들을 모아 성대한 연회를 열었다. 주흥이 무르익었을 때 손권이 주방에게 말했다.

"그대는 머리를 풀어헤치고 도의를 다하여 내 대업을 이루었다. 이것은 그대의 공명이니 마땅히 역사책에 적어야만 한다."

손권은 주방에게 비장군을 더해주고 관내후 작위를 내렸다.

도적의 우두머리 동사董嗣가 험난한 땅에 의지하여 위협하고 약탈하여 예장군과 임천군5)이 모두 그 피해를 입었다. 오찬과 당자는 일찍이 병사 3천 명을 거느리고 그들의 소굴을 공격했지만 몇 달이 되도록 함락시키지 못했다. 주방은 표를 올려 공격을 멈추고 기회를 봐서 적당한 대책을 취해 행동하도록 요청했다. 주방은 첩자를 보내 방책을 주어서 동사를 유인하여 죽이게 했다. 동사의 동생은 매우 두려워서 무창으로 가 육손에게 투항해 평지로 나와 행동을 고쳐 착한 일을 하고 싶어 했다. 이때부터 몇 군에는 걱정거리가 없어졌다.

주방은 군에서 13년 동안 재임한 뒤에 세상을 떠났다. 그는 선善을 장려하고 악행을 벌했으며, 위엄과 은혜를 동시에 시행했다. 그 아들 주처도 문무의 재간이 있었으며, 천기天紀 연간(277~280)에 동관령東觀令6) 및 무난독이 되었다.

---

5) 배송지의 고찰에 따르면, 손량 태평 2년(257)에 처음으로 임천군을 세웠으므로, 이때에는 아직 임천군이 없었다고 한다.

6) 국가의 진귀한 도서와 문헌 관리를 담당했는데, 상소하여 국가의 근본 원리와 관리 등에 관한 평가를 황제에게 보고하기도 했다.

대담한 기략으로 무릉의 난을 평정하다

종리목전鍾離牧傳

종리목은 자가 자간子幹이고 회계군 산음현 사람으로 한 왕조 때에 노나라의 상相으로 있던 종리의(鍾離意, 상서복야로서 청렴하고 직간하여 노나라 재상에 임명됨)의 7대 손이다. 그는 어릴 때 영흥永興에 살면서 직접 밭을 일구어 20여 무畝에 벼를 심었다. 벼가 익을 무렵이 되자 현의 백성 가운데 이곳을 자기 땅이라고 주장하는 이가 있었다. 종리목은 이렇게 말했다.

"본래는 황폐한 밭이었기 때문에 일구었을 뿐이오."

그러고는 벼를 그 사람에게 주었다. 현의 장이 이 일을 듣고 그 백성을 불러 옥에 가두고 법에 따라 처리하려고 하자, 종리목이 그를 위해 청원했다. 현의 장이 말했다.

"그대는 승궁(承宮, 서한의 관리로서 각고면려하여 시중좨주侍中祭酒까지 올라감)을 흠모하여 자신도 똑같은 행동하려고 하지만, 나는 백성의 주인이므로 마땅히 법률에 따라 아랫사람들을 통솔해야 한다. 어떻게 나라의 법령을 버리고 그대의 의견을 따르겠는가?"

종리목이 말했다.

"이곳은 군의 경계이며, 당신의 배려 덕분에 잠시 와서 머물러 있는 것입니다. 지금 적은 양의 벼 때문에 이 백성을 죽인다면 어떻게 더 머물 마음이 있겠습니까?"

그러고는 나와서 행장을 꾸려 산음으로 돌아가려고 했다. 현의 장은 직접 가서 그를 만류하고 압송했던 백성을 풀어주었다. 백성은 부끄럽고 두려워서 처자식을 데려가 벼를 빻아 얻은 쌀 60곡을 종리목에게 돌려주려고 했다. 그러나 종리목은 문을 닫고 받지 않았다. 그 백성은 쌀을 길가에 놓아두었는데 그것을 가져가는 이가 없었다. 종리목은 이로부터 이름이 알려졌다.

| **적오 5년(242)** | 종리목은 낭중에서 태자보의도위(太子輔義都尉, 태자의 시종을 지도하는 관직)로 임명되었다가 남해 태수로 승진했다. 또 승상장사(丞相長史, 승상부의 속관. 각 부서의 공무를 담당함)가 되었으며, 사직司直으로 전임되었다가 중서령으로 승진했다. 마침 건안·파양·신도 세 군의 산월족들이 난을 일으켰으므로 종리목을 감군사자로 삼아 내보내 이들을 평정하게 했다. 도적의 우두머리 황란黃亂과 상구常俱 등은 그들의 부대를 내어 병역兵役을 충원하도록 했다. 그래서 종리목은 진정후秦亭侯로 봉해지고 월기교위로 임명되었다.

| **영안 6년(263)** | 촉이 위나라에 병탄되자, 무릉군 오계의 이민족은 촉과 경계를 접하고 있으므로 당시 사람들이 이들의 반란을 두려워하는 논의를 하게 되었다. 그래서 종리목을 평위장군으로 삼고 무릉 태수를 겸하도록 하여 그 군으로 가게 했다. 위나라는 한가현漢葭縣의 장 곽순郭純을 보내 무릉 태수를 겸하게 하고, 부릉涪陵의 백성을 이끌고 촉의 천릉遷陵 경계로 들어가 적사赤沙에 주둔하며 각 이민족의 우두머리를 회유하도록 했다. 이들 가운데 어떤 이는 일어나 곽순에게 호응했으며, 곽순이 또 유양현酉陽縣으로 진격하자 군 안이 두려워 떨었다. 종리목이 군 관리에게 물었다.

"서쪽의 촉이 기울어 엎어지고 변방 지역은 침입을 당했는데, 이를 어떻게 막을 것입니까?"

모두 다음과 같이 대답했다.

"지금 이 두 현의 산세는 험준하고 각 이민족이 병마로 지키고 있으므로 군대를 이용하여 놀라게 하고 소란스럽게 할 수 없습니다. 그들을 놀라게 하고 소란스럽게 한다면 각 이민족이 서로 결탁하게 될 것입니다. 마땅히 서서히 위로하여 은혜와 신의가 있는 관리들을 보내서 가르침을 나타내고 위로해야 합니다."

종리목이 말했다.

"그렇지 않습니다. 국경 밖에서 안으로 쳐들어와 백성을 속이고 유혹했으므로 마땅히 그들의 근본이 깊지 않을 때 쳐서 취해야 합니다. 이는 불을 구함에 신속한 정세를 귀히 여기는 것과 같은 이치입니다."

그는 재빨리 출동 준비를 하라고 명령하고 관리 가운데 이에 반대하는 자는 군법에 따라 처리했다. 무이장군撫夷將軍 고상高尚이 종리목을 설득하며 말했다.

"옛날 반 태상은 병사 5만 명을 지휘한 다음 오계의 이민족을 토벌했습니다. 당시 유씨는 우리와 연맹을 맺고 있었고 각 이민족은 교화에 따랐습니다. 지금은 이미 지난날의 원조가 없고 곽순이 벌써 천릉을 차지하고 있는데, 당신은 병사 3천 명으로 깊숙이 들어가려고 하시니 저는 이 일이 유리하다고 생각지 않습니다."

종리목이 말했다.

"비상시의 일을 어찌 옛일을 따라 하겠습니까?"

종리목은 곧장 자신이 지휘하는 병사들을 이끌고 밤낮으로 길을 나아갔다. 산속의 험준한 곳을 따라 행군하여 2천 리 떨어진 곳까지 가서 변방 지역으로 달려가 다른 마음을 품고 있는 사악한 백성의 우두머리 1백여 명과 남은 무리 1천여 명의 머리를 베었다. 곽순

등은 흩어지고 오계는 평정되었다. 종리목은 공안독 및 양무장군으로 승진하고 도향후로 봉해졌으며 유수독으로 옮겼다. 또 종리목은 전장군으로서 가절을 받고 무릉 태수를 겸했다. 그는 임지에서 죽었다. 그의 집에는 남은 재산이 없었고, 관리와 백성은 그를 그리워했다. 아들 종의鍾禕가 작위를 이어받아 병사들을 통솔했다.

【평하여 말한다】

산월족은 반란을 일으키기 좋아하여 안정시키기는 어려워도 동요시키기는 쉬웠다. 이 때문에 손권이 바깥의 적을 대항함에 적극적이지 못하여 비루한 말로 위씨(魏氏, 위나라)를 대했다. 무릇 이런 여러 신하는 모두 내란을 평정하여 나라 안을 안정시키기 위해 힘쓴 인재들이다. 여대는 청명하고 공손하게 공적인 일을 위했고, 주방은 상대방을 속이는 책략과 탁월한 재능이 있었으며, 종리목은 훌륭한 인물의 선례를 그대로 좇고, 전종은 당대의 재능을 갖추고 있어 당시에 귀중함을 받았지만 자식의 사악한 행동을 살피지 못해 비평을 받고 명예가 훼손되었다.

16

반준육개전潘濬陸凱傳

절개와 기백을 보여준 이들

간신 여일을 끝내 처단한 우국충정의 신하

반준전潘濬傳

반준은 자가 승명承明이고 무릉군 한수현漢壽縣 사람이다. 그는 약관의 나이에 송중자(宋仲子, 서한 말의 저명한 학자)에게 학문을 전수받았다. 나이가 서른이 채 못 되었을 때 형주목 유표가 초빙하여 형주에 있던 강하군의 종사로 삼았다. 그때 사선현沙羨縣의 장이 뇌물을 받는 등 품행이 단정치 못하므로 반준이 그를 법에 따라 죽이자 온 군이 들썩였다. 그 뒤 반준은 상향현湘鄕縣의 영이 되어 치적으로 명성을 얻었다. 유비는 형주를 다스릴 때 반준을 치중종사(治中從事, 주관리들의 선발과 임용을 담당한 관직)로 삼았고, 촉으로 들어가면서 그를 남겨 형주의 일을 처리하도록 했다.

손권은 관우를 죽이고 형주 땅을 병탄한 다음,[1] 반준을 보군중랑장(輔軍中郎將, 정벌을 담당한 관직)으로 임명하고 병권을 주었다. 반준을 분위장군으로 승진시키고 상천정후常遷亭侯로 봉했다. 손권은 제로 일컬은 뒤 반준을 소부로 임명하고 유양후劉陽侯로 승진시켜 봉했으며, 태상으로 승진시켰다. 오계의 이민족들이 반란을 일으켜 결탁했을 때 손권은 반준에게 절을 주어 각 군대를 지휘하여 토벌하게 했다. 그는 공로가 있는 자에게는 반드시 상을 주고 법령을 범하는 것은 허락하지 않았다. 이 싸움에서 머리를 베거나 사로잡은 자는 대체로 수만 명이나 되었다. 이때부터 각 이민족은 쇠약해지고 모든 곳이 안정되었다.

전에 반준은 육손과 함께 무창에 주둔해 남은 일을 관리했으며, 반준이 출정했다가 돌아온 뒤에도 전처럼 했다. 그때 교사 여일이 위세 있는 정권을 마구 휘둘러 승상 고옹과 좌장군 주거 등을 질책하는 상주를 올려 모두 연금되었다. 황문시랑黃門侍郎 사굉이 여일에게 물었다.

"고공顧公의 일이 어떻게 되겠습니까?"

여일이 대답했다.

"상황이 좋을 수 없습니다."

사굉이 또 물었다.

"만일 고공이 파면되어 물러나면 누가 그를 대행하겠습니까?"

여일이 대답하지 않자 사굉이 다시 물었다.

"반 태상이 그 직책을 맡을 수 있지 않겠습니까?"

여일은 한참 있다가 이렇게 말했다.

"당신 말이 거의 맞습니다."

사굉이 말했다.

---

1) 손권이 형주를 합락하자, 장수와 관리는 모두 오나라로 귀순했지만 반준만 혼자 병을 일컬어 손권을 만나지 않았다. 손권은 사람을 보내 평상을 그의 집에 날라다 그 위에 태워 오게 했다. 반준은 얼굴을 평상 위에 가린 채 일어나지 않고 눈물을 흘렸는데 그 스스로 슬픔을 이기지 못했다. 손권은 위로하는 말을 건네며 자字를 불러서 말했다. "승명, 옛날 관정보觀丁父는 약鄀나라의 포로가 되었지만 무왕은 그를 군사로 삼았고, 팽중상彭仲爽은 신申나라의 포로가 되었지만 문왕은 영이(令伊, 재상)로 삼았다. 이 두 사람은 당신과 같은 고향의 형荊나라 선현들인데, 처음에는 비록 죄수가 되었지만 나중에는 모두 등용되어 초나라의 명신이 되었다. 그대가 유독 이와 같이 하지 않고 마음을 굽히지 않는 것은 나에게 옛사람의 도량이 없다고 생각하기 때문인가?" 그러고는 측근에 있는 자에게 수건으로 그의 얼굴을 닦아주라고 하자 반준은 일어나 절을 했다. 손권은 그 즉시 반준을 치중으로 삼고, 나중에 형주의 모든 군사 일은 그에게 자문을 구했다.

"반 태상은 늘 당신에게 이를 갈고 있었습니다. 다만 길이 멀어 기회가 없었을 뿐입니다. 오늘 그가 고공을 대행한다면 아마 다음 날에는 곧장 당신을 치려 들 것입니다."

여일은 매우 두려워서 고옹에 대한 일을 해결하여 취소했다. 반준은 조정에 요청하여 건업으로 가서 손권을 만나 힘을 다해 간언하려고 했다. 그는 건업에 이르러 태자 손등이 이미 여러 차례 말을 했으나 받아들여지지 않았다는 사실을 듣게 되었다. 반준은 신하들에게 요청하여 연회를 이용해 칼로 여일을 죽이고 자신이 죄를 뒤집어씀으로써 나라를 위해 환란을 없애려고 했다. 여일은 은밀히 이 소식을 들어 알았으므로 병을 핑계로 가지 않았다. 반준은 손권에게 나아가 알현할 때마다 여일의 간사함과 음험함을 말하지 않은 적이 없었다. 이로부터 여일의 총애는 점점 시들었으며, 나중에는 끝내 주살되었다. 손권은 허물을 자신에게 돌리고 자책했으며, 이 때문에 대신들을 꾸짖었다. 이에 관한 기록은 〈손권전〉에 있다.

| 적오 2년(239) | 반준이 세상을 떠났다. 아들 반저潘翥가 작위를 이었다. 반준의 딸은 건창후 손려의 아내가 되었다.

손호의 전횡을 죽음으로 견제한 지사

육개전陸凱傳

육개는 자가 경풍敬風이고 오군 오현 사람이다. 승상 육손의 동족 자손이다.

| **황무 초년(222)** | 영흥현永興縣과 제기현諸暨縣의 장이 되었으며 다스린 곳마다 치적이 있었다. 육개는 건무도위로 승진하여 군대를 거느렸다. 그는 비록 군대를 통솔했지만 손에서 책을 놓지 않았다. 그는 《태현》을 좋아하여 그 뜻을 분석하고 논술하며, 이것으로 점을 쳐 증험을 얻었다. 적오 연간에 그는 담이 태수로 승진했다. 주애를 토벌할 때 목을 베고 사로잡은 공로가 있었으므로 건무교위로 승진했다.

| **오봉 2년(255)** | 영릉에서 산월의 도적 진비陳毖를 토벌하여 그를 죽이고 크게 이겼으므로 파구독巴丘督 및 편장군으로 승진했고, 도향후로 봉해졌으며, 전임되어 무창우부독武昌右部督[2]이 되었다. 그는 여러 장수와 함께 수춘으로 달려가 적을 무찌르고 돌아와 여러 번 승진하여 탕위장군 및 수원장군이 되었다. 손휴가 즉위한 뒤 정북

---

2) 오나라의 무창 이상 지역을 주로 감독했다. 육손이 죽고 나서 손권이 우도호의 자리를 대신 담당하도록 했다.

장군으로 임명되고 가절을 받았으며 예주목을 겸하게 되었다. 손호가 즉위한 뒤에는 진서대장군으로 승진했고, 파구 도독이 되어 형주목을 겸했으며 나아가 가흥후로 봉해졌다.

손호가 진과 강화를 맺을 때, 사자 정충이 북쪽에서 돌아와 손호에게 익양은 습격할 만하다고 설득했다. 육개의 간언이 있은 뒤에 손호는 행동을 멈추었다. 이에 관한 기록은 〈손호전〉에 있다.

| 보정 원년(266) | 육개는 좌승상으로 승진했다.

손호는 다른 사람들이 자신을 바라보는 것을 좋아하지 않는 성품이었다. 그래서 신하들은 그를 모시고 알현할 때 모두 감히 그의 성품을 어기지 못했다. 육개는 손호를 설득하여 이렇게 말했다.

"무릇 군주와 신하는 서로 알지 못할 이치가 없습니다. 만일 갑자기 생각지 못한 일이 생긴다면 갈 바를 모를 것입니다."

534

손호는 육개에게 자신을 바라보도록 허락했다.

손호가 무창으로 도읍을 옮긴 뒤 양주 땅 백성은 역류逆流하여 그의 생활용품을 대주어야 했으므로 이들은 걱정하며 고통스러워했다. 게다가 조정의 일에 많은 잘못이 있으므로 백성은 곤궁한 처지가 되었다. 육개는 상소하여 다음과 같이 말했다.

신이 듣기로 도道가 있는 군주는 백성을 즐겁게 하는 것을 즐거움으로 삼고, 도가 없는 군주는 자신을 즐겁게 하는 것을 즐거움으로 삼는다고 합니다. 백성을 즐겁게 하는 이는 자신의 즐거움도 영원하지만 자신을 즐겁게 하는 자는 즐거움을 얻지 못하고 멸망합니다. 무릇 백성이란 나라의 근본이므로 진실로 그들의 음식을 중시하고 그들의 목숨을 아껴야 합니다. 백성이 편안하면 군주도 편안하고 백성이 즐거우면 군주도 즐겁습니다.

요즘 들어 군주의 위세가 걸桀과 주紂 같은 행동 때문에 손상되었고, 군주의 눈과 귀는 간사한 영웅들에 의해 막혀버렸으며, 군주의 은혜는 소인들에 의해 가려졌습니다. 재앙이 없는데 백성의 생명이 다하고, 하는 일이 없는데 나라의 재물은 텅 비었습니다. 죄 없는 사람을 처벌하고 공로가 없는 사람을 장려하여 군주에게 황당한 허물이 있게 하고, 하늘이 괴이한 현상을 낳게 했습니다. 각 왕공과 대신 들이 황상에게 아첨하여 총애를 구하고 백성을 곤궁하게 하여 풍요로움을 구하며, 의롭지 못한 곳으로 군주를 인도하고 음란한 풍속으로 조정의 정치를 무너뜨리고 있습니다. 그래서 신은 사사로이 마음이 아픕니다.

지금 이웃 나라와는 우호 관계를 맺었고 사방 변방에는 일이 없으므로 마땅히 노역을 멈추고 병사를 기르며 곡식 창고를 충실하게 하는 데 힘써 하늘의 때를 기다려야 합니다. 그런데 천심(天心, 민심)을 더욱 기울게 하고 동요시켜 백성을 소란스럽게 하고 백성을 불안하게 하여 늙은이와 어린아이가 탄식하고 있습니다. 이것은 나라를 보호하고 백성을 기르는 방법이 아닙니다. 신이 듣기로 길흉이 하늘에 달려 있는 것은 마치 그림자가 형체를 따르고 울림이 소리를 따르는 것과 같아서 형체가 움직이면 그림자도 움직이고 형체가 멈추면 그림자도 멈추게 되며, 이러한 운수는 일정한 규약에 있는 것이지, 사람들이 말로 나아가고 물러나는 게 아니라고 합니다.

옛날 진秦나라가 천하를 잃게 된 까닭은 오로지 상을 가벼이 여기고 벌을 중시하여 정치와 법령이 혼란스럽게 뒤섞이고 백성의 힘이 군주의 사치로 인해 다 소모되고, 군주의 눈은 미색에 미혹되고 뜻은 재물과 보물에 오염되며, 간사한 신하가 지위에 있고 현명하고 총명한 사람은 숨어 있으며, 백성은 불안해하고 천하 사람들은 고통스러위했기 때문에 결국 둥지를 엎어 알을 깨는 우환이 생겼던 것입니다. 한나라 왕조가 강성해진 까닭은 군주가 몸소 성실함과 신의를 실행하고 간언을 듣고 현인을 맞이했으며, 은혜가 땔나무를 등에 지는 자에게까지 미치고, 직접 은둔 지사들을 초빙하여 널리 받아들이고 정책을 두루 살핌으로써 나라를 세울 계책을 만들었기 때문입니다. 이것은 전 시대의 일이 확실한 증거입니다.

최근 한나라가 쇠미해지자 세 나라가 정립하게 되었습니다. 조조는 나라의 기강을 잃었고, 진이 그들의 정권을 탈취했습니다. 또 익주의 지세는 위험하고 험난하며 병사들은 대부분 정예이고 강했으므로 문을 닫고 굳게 지키면 만대를 보존할 수 있었겠지만 유씨는 주고 빼앗는 문제에서 뒤죽박죽 섞여 있고 상벌에 마땅함을 잃었으며, 군주는 마음대로 사치하고 백성의 힘을 긴급하지 않은 곳에서 고갈시켰습니다. 이 때문에 그들은 진에게 토벌되고 군주와 신하는 포로가 되었습니다. 이것이 눈앞의 분명한 증거입니다.

신은 커다란 이치에 어둡고, 문장은 바른 뜻에 미치지 못하며, 지혜는 얕고 열등하여 더는 바라는 것이 없고 사사로이 폐하를 위하여 천하를 아낄 뿐입니다. 신이 삼가 귀와 눈으로 듣고 본 것을 상주하건대 백성이 하는 일이 번잡하고 가혹하며 정사는 혼란스럽습니다. 원컨대 폐하께서는 거대한 공정을 멈추고 수많은 노역을 줄여 정책을 너그럽게 하는 데 힘쓰고 가혹한 정치를 줄이십시오.

또 무창 땅은 확실히 위험하고 빈약하여 수도로 세워 나라를 안정시키고 백성을 기를 만한 곳이 아닙니다. 배를 정박해두면 격류 속에 침몰하고, 구릉지에 거주하면 산세가 험준하여 위험합니다. 그리고 동요에서도 "차라리 건업의 물을 마시지, 무창의 물고기는 먹지 않을래요. 차라리 건업으로 돌아가 죽지, 무창에 남아 살지 않을래요."라

고 했습니다. 신은 익성翼星에 변화가 생기고 형혹(熒惑, 화성)에 괴이함
이 생겼다고 들었습니다. 동요에서 말한 것은 하늘의 뜻에서 나온 것
으로, 무창에서 편안히 사는 것으로 건업에서 죽는 것과 비교했으니
하늘의 뜻을 충분히 밝힌 것이며 백성이 고통스러워하는 바를 알 수
있습니다.

신은 나라에 3년 동안의 준비가 없으면 나라로 일컫지 못한다고 들
었는데 지금 1년 동안의 비축도 없으니 이것은 신하의 책임입니다.
각 공경은 사람들의 윗자리에 있으며 그 이익이 자손들에게까지 이어
지고 있는데, 이들은 목숨을 바치는 절개나 나라를 구하는 계책이 없
이 오직 군주에게 자그마한 이익만 바침으로써 총애를 얻고자 하고
있습니다. 그들은 백성에게 해독을 끼치며 군주를 위한 계획을 하지
않습니다. 손홍이 의병을 조직한 뒤로 농업은 이미 황폐해졌으며, 그
들이 있는 곳에서는 또 부세 수입이 없어져 한 집안의 아버지와 아들
이 다른 곳에서 부역을 하게 되었고, 나라에서 지출하는 식량은 나날
이 늘어 쌓아둔 것을 날마다 소모시켰으니 백성에게는 헤어져 흩어지
게 된 원망이 있고 나라에는 근본이 무너질 조짐이 생겼습니다.

그러나 이 때문에 애통해하는 이가 없습니다. 백성은 힘이 부치니
까 자식들을 팔고, 거두어가는 조세가 잦아져서 나날이 황폐함이 극
에 이르고 있습니다. 그곳에 있는 장리들은 이런 사태를 개선하려고
하지 않는 데다가 감독하는 관리들은 백성을 아끼지 않고 위엄 있는
세력을 행사하는 데만 힘쓰며 곳곳에서 소란을 일으키므로 더욱더 번
잡하고 가혹해지기만 했습니다. 백성은 양쪽에서 고통을 받아 재력이
또다시 소모되었습니다. 이는 나라를 위해 이익은 없고 손해만 있는
것입니다. 원컨대 폐하께서는 이런 무리를 철저히 끊어버리고 의롭고
미약한 백성을 불쌍히 여기고 백성의 마음을 어루만지도록 하십시오.

그러면 물고기나 자라가 독사가 살고 있는 연못을 탈출하고, 새와 짐승이 그물 쳐진 망을 벗어나는 것처럼 사방 백성이 어린아이를 등에 업고 이를 것입니다. 이와 같이 된다면 백성이 보존될 수 있고, 선왕의 나라는 존재하게 될 것입니다.

신이 듣건대 오음五音은 사람들의 귀를 맑게 하지 않고, 오색五色은 사람들의 눈을 밝게 하지 않는다고 하니 이런 것은 정치에 이로움이 없고 나랏일에 손해만 끼칩니다. 옛날 선제 때는 후궁의 궁녀와 길쌈하는 노복 수가 백 명이 넘지 않았지만 식량이 축적되고 재화도 넉넉했습니다. 선제께서 붕어하신 뒤 유주(幼主, 손량)와 경제(景帝, 손휴)가 제위에 있을 때는 절약과 근검을 다시 사치로 바꾸어 선제의 자취를 밟지 않았습니다. 신이 사사로이 듣기로는 길쌈하는 자와 특별히 일을 맡지 않은 여자가 천 명이나 되며, 그들의 재능을 헤아려보면 나라의 재산을 만들기에는 부족하지만 앉아서 나라의 식량을 먹으면서 해마다 이와 같이 지냈다고 합니다. 이는 나라에 이롭지 않습니다. 원컨대 폐하께서는 그녀들이 제공한 노동을 헤아려 출가하도록 허락해서 아내가 없는 자에게 주십시오. 이와 같이 하면 위로는 하늘의 마음에 순응하는 것이고, 아래로는 땅의 뜻에 부합하는 것이니 천하가 매우 다행스러운 일입니다.

신이 듣건대 은나라의 탕왕은 상인들 사이에서 인재를 취하고, 제나라 환공은 부역하는 사람들 가운데서 인재를 얻었으며, 주나라 무왕은 땔나무를 지는 사람들 가운데서 인재를 취했고, 위대한 한 왕조는 노복(계포를 가리킴) 가운데서 인재를 얻었다고 합니다. 영명한 왕과 신성한 군주가 인재를 취할 때는 현명함으로 하지 비천함에 구애되지 않았으므로 그들의 공덕이 천하에 가득 차고, 명성이 역사책에 전해지게 된 것입니다. 이들은 안색을 구하고 좋아하는 복식을 취하며 구변이 좋고 영접하는 데 뛰어난 자가 아닙니다. 신이 사사로이 보건대 지금 내전에서 총애받는 신하들은 지위에 마땅한 사람이 아니며, 직무상 알맞은 역량이 아닙니다. 그래서 이들은 나라를 보좌하며 시정을 도울 수 없고, 서로 무리를 만들어 결탁하여 충신을 해치고 현인을 가리기만 합니다.

원컨대 폐하께서는 문무 관리들을 살펴서 각각 그 관직에서 부지런히 힘쓰도록 하고, 주목이나 각지의 군대를 지휘하는 자들은 변방 밖의 번진藩鎭이 되게 하며, 공경과 상서는 인의와 교화를 확충하는 데 힘쓰게 하면서 위로는 폐하를 보좌하고 아래로는 백성을 구제하며 각자 충성을 다하도록 하고 만에 하나라도 소홀함이 있으면 보충하도록 하십시오. 이와 같이 하면 즐거운 악곡이 연주될 것이며, 형법은 이치가 분명해질 것입니다. 원컨대 폐하께서는 신의 어리석은 말에 마음을 기울여주십시오.

그 무렵 전상렬장(殿上列將, 궁궐의 전당에서 호위를 담당하는 장수) 하정이 아첨하며 기교 부린 말로 부름을 받아 손호의 총애를 얻었으며 정사를 마음대로 했다. 육개는 면전에서 하정을 질책하여 다음과 같이 말했다.

"당신은 앞뒤로 군주를 모시면서 충성하지 않아 나라의 정치를 기울이고 혼란스럽게 한 자로서 편안히 천수를 다한 자가 있음을 보았습니까? 어찌하여 오로지 아첨하고 사악한 행동만 하여 황상의 귀를 더럽히십니까? 마땅히 잘못을 고쳐야 합니다. 그러지 않으면 당신에게 예측하지 못한 재앙이 미치게 됨을 볼 것입니다."

하정은 육개를 매우 원망하며 마음속으로 그를 해치려고 생각했다. 그러나 육개는 끝까지 마음에 담아두지 않고 오로지 한마음으로 나라를 위했으며, 마음속의 정의가 얼굴에 나타났다. 그는 표나 상소를 올릴 때 모두 일을 직접적으로 말하고 꾸미지 않았다. 그의 충성과 간절함은 가슴속에서 우러나왔다.

| 건형 원년(269) | 육개의 병이 위독해지자, 손호는 중서령 동조를 보내서 하고 싶은 말을 물어보도록 했다. 육개는 다음과 같이 말했다.

"하정을 임용하면 안 됩니다. 그에게 바깥일을 맡기면 괜찮지만 나라의 큰일을 맡기는 것은 마땅하지 않습니다. 해희는 작은 관리로서 포리浦里의 초야에서 집을 일으켜 엄밀의 옛 자취를 밟으려고 하지만 역시 들어줄 수 없습니다. 요신·누현·하소賀邵·장제·곽탁郭逴·설영·등수滕脩 및 동족 동생 육희·육항陸抗은 어떤 자들은 청렴결백하고 충성하며 근면하고 어떤 자들은 천부적인 재능이 풍부하여 모두 사직의 근간이 되며 나라의 훌륭한 보좌가 됩니다. 원컨대 폐하께서는 이들을 깊이 유의하여 생각하시고, 이 시대의 정무를 물어서 각자 충성을 다하도록 해 만일의 허물을 보충하도록 하십시오."

그러고는 세상을 떠났다. 그때 육개는 일흔두 살이었다.

육개의 아들 육의陸褘는 처음에 황문시랑이 되었다가 지방으로 나가 부곡(部曲, 여기서는 육개의 옛 부하들)을 통솔했으며, 편장군으로 임명되었다. 육개가 죽은 뒤에 육의는 중앙으로 들어가 태자중서자가 되었다. 우국사 화핵이 표를 올려 육의를 추천하면서 다음과 같이 말했다.

육의는 체질이 강성하고 신체가 굳세고 단단하며 부대를 통솔하는 재능이 있어, 노숙도 그를 능가하지 못합니다. 그가 부름을 받아 장강

아래 지역으로 내려갔을 때에도 직접 수도로 달려 돌아와 도중에 무창을 지나면서도 일찍이 부모를 돌아본 일이 없었습니다. 무기나 군수물자에서는 일절 취하는 것이 없습니다. 전쟁터에서는 과감하고 강인했으며, 재산에 임해서는 절약합니다. 하구는 적의 요충지이니 마땅히 명장을 뽑아 그곳을 지키게 해야 합니다. 신의 개인적인 생각으로는 육의보다 알맞은 이가 없습니다.

처음에 손호는 육개가 자주 자기 얼굴을 범하고 뜻을 어기자 늘 마음속으로 불만스러운 데다가 하정이 육개를 참언한 일이 한 번이 아니었다. 그러나 육개는 중신이므로 법에 따라 제재하기가 곤란하고, 또 육항이 마침 변방 지역에서 대장으로 있었기 때문에 이러한 정황을 헤아려 용서하고 참곤 했다. 육항이 죽자 결국 육개의 집을 건안으로 내쫓았다.

어떤 사람이 보정 원년(266) 12월에 육개는 대사마 정봉丁奉, 어사대부 정고와 모의하여 손호가 종묘를 알현하는 기회를 이용해 손호를 폐출시키고 손휴의 아들을 옹립할 것이라고 말했다. 그때 좌장군 유평이 병사를 이끌고 앞에서 가게 되었으므로 그에게 은밀히 말했다. 유평은 이를 거절하고 동의하지 않았지만 누설하지는 않기로 맹세했다. 이 때문에 도모한 일은 성과를 거두지 못했다.[3]

태사랑(太史郞, 천문을 관찰하고 역법을 제정하는 태사령에 협력하는 관직) 진묘陳苗가 오랫동안 어둡고 비가 내리지 않으며 바람이 거꾸로 불고 있으니 앞으로 음모가 있을 것이라고 손호에게 상주했다. 손호는 매우 경계하며 두려워했다.

나는 형주와 양주에서 온 사람들에게 육개가 손호에게 간언한 20가지 일을 듣고 이 일의 진위를 오군 사람들에게 널리 물었는데,

대부분 육개에게 이런 표가 있다는 말을 듣지 못했다고 했다. 또 그 문자를 살펴보면 유난히 솔직하고 직선적이므로 아마 손호가 받아들일 수 없었을 것이다. 어떤 사람은 육개가 책장 속에 감춰두고 감히 공개하지 않고 있었는데, 병으로 위독할 때 손호가 동조를 보내 그가 하고 싶은 말을 살펴 묻도록 했으므로 그에게 건네준 것이라고 주장하기도 한다. 이 일이 진짜인지는 판별하기 어려우므로 이 편에 쓰지 않았지만 나는 그가 손호를 질책한 일을 좋아하며, 이런 질책은 후대에 경계가 되기에 충분하므로 〈육개전〉의 뒷면에 베껴 나열한다.

손호가 측근 조흠趙欽을 보내 육개의 이전 표에 대한 답장을 구두로 전하게 하여 다음과 같이 말했다.

"내 행동은 반드시 선제를 존경하여 따랐는데 무엇이 잘못되었소? 당신의 간언에는 이치가 없소. 또 건업의 궁궐은 이롭지 않기 때문에 피하고, 서궁(西宮, 서도西都, 즉 무창의 궁궐)은 방이 부서져서 수도를 옮기는 일이 불가피한데 어째서 옮길 수 없다고 하는가?"

육개는 상소하여 이렇게 말했다.

---

3) 옛날 종묘에 참례할 때는 적당한 자를 뽑아서 대장군의 임무를 겸하도록 하고 병사 3천 명을 이끌고 호위하게 했다. 육개는 이 일을 생각하고 선조에게 정봉을 그 직책에 임용하도록 했다. 손호는 그렇게 하지 않으려고 "다른 자를 뽑으시오."라고 말했다. 육개는 선조의 관리에게 지시하여 비록 잠시 대장군을 겸하는 것이지만 알맞은 인물로 뽑아야 한다고 주장하게 했다. 손호는 "유평을 임용하시오."라고 했다. 육개는 아들 육의에게 명하여 손호를 폐위시킬 일을 유평에게 전하게 했다. 유평은 평소 정봉과 틈이 벌어져 있던 터라, 육의가 육개의 뜻을 미처 전하기도 전에 육의에게 "멧돼지가 정봉의 진영으로 들어갔다는 말을 들었는데, 이것은 흉악한 징조입니다."라며 기쁜 낯빛을 했다. 육의는 감히 말하지 못하고 돌아와 육개에게 상황을 설명했다. 그 때문에 계획은 수포로 돌아가고 말았다.

신이 폐하께서 정치를 잡은 이래의 상황을 사사로이 살펴보니 음양이 조화를 이루지 않고 오성(五星, 오행성)은 빛을 잃었으며, 관리들은 충성하지 않고 간사한 무리들은 서로 결탁했는데, 이것은 폐하께서 선제가 이루어놓은 것을 준수한 게 아닙니다. 무릇 왕 된 자가 흥기하는 것은 하늘에게 받는 것이며, 덕으로 말미암아 닦는 것이지 어찌 궁전에 있겠습니까? 그리고 폐하께서는 나라를 보좌하는 신하들에게 자문을 구하지 않고 마음대로 달려가지만 육군(六軍, 천자의 군대)은 고향을 떠나 떠돌아다니게 되어 슬퍼하고 두려워하고 있습니다. 폐하께서 천지를 거슬러 범했으므로 천지가 재앙을 내리며 어린이들이 그 노래를 부르는 것입니다. 설령 폐하의 한 몸이 편안함을 얻는다고 해도 백성은 근심과 고통 속에 있으니 어찌 다스려지는 것입니까? 이것이 선제의 자취를 준수하지 않은 것 가운데 첫 번째입니다.

신이 듣건대 나라를 소유하고 있는 자는 현인을 근본으로 한다고 했습니다. 하나라는 용봉(龍逄, 하나라 걸왕에게 간언한 대신)을 죽였고, 은나라는 이지(伊摯, 이윤. 탕왕에게 중용되어 걸왕을 타도하는 데 기여함)를 얻었습니다. 이것은 전 세상의 분명한 증거이며 오늘의 교훈입니다. 중상시 왕번은 중용中庸의 입장을 지키고 사리에 통달했으며 조정에 몸을 두고 충성스럽고 솔직하므로, 그는 나라의 중요한 초석이며 위대한 오나라의 용봉인 셈입니다. 그런데 폐하께서는 그의 쓴 말을 노여워하고 그가 직접적으로 하는 대답을 싫어했으며, 궁전의 당에서 죽여 머리를 베어 내다 걸고 그의 시신을 들에 드러나게 버렸습니다. 나라 안의 백성은 이 때문에 상심하고, 식견 있는 자들은 슬퍼하고 애도하며 모두 오吳나라의 부차가 다시 살아났다고 합니다. 선제께서는 현인을 가까이했는데 폐하께서는 그와 반대로 하고 있습니다. 이것이 폐하께서 선제의 자취를 준수하지 않은 것 가운데 두 번째입니다.

신은 재상이란 나라의 기둥이라고 들었습니다. 기둥은 강하지 않을 수 없습니다. 이 때문에 한나라 왕조에는 [유방을 따라 기병했던] 소하와 조참曹參의 보좌가 있었고, 선제에게는 고옹과 보즐이 재상으로 있었습니다. 그러나 지금 재상인 만욱은 재능이 보잘것없고 평범한 자질을 갖고 있으며, 예전에는 노예였는데 크게 승진하여 조정에 있게 되었습니다. 이것은 만욱에게 이미 충분하며 그릇이 이미 가득 찬 것과 같습니다. 그러나 폐하께서는 그의 미세함만 좋아하여 큰 취지는 살피지 못하고 그에게 보필하는 신하로서의 영광을 주어 오히려 옛 신하를 넘도록 했습니다. 어질고 선량한 사람은 분개하고, 지혜로운 선비는 치욕스러워하고 있습니다. 이것이 선제의 자취를 준수하지 않은 것 가운데 세 번째입니다.

선제께서 백성을 아끼는 것은 어린아이를 사랑하는 것보다 더했고, 백성 가운데 아내가 없는 자에게는 자신의 첩을 주어 아내로 삼도록 했으며, 홑옷을 입은 사람을 보면 비단을 주고, 마른 유골이 거두어지지 않았으면 취하여 묻어주었습니다. 그러나 폐하께서는 이와 반대로 했습니다. 이것이 선제의 자취를 준수하지 않은 네 번째 것입니다.

옛날 걸과 주의 멸망은 요사스러운 아내로 말미암았고, 유왕幽王과 여왕厲王의 혼란은 애첩에게 있었습니다. 선제께서는 이것을 귀감으로 삼아 자신을 경계했기 때문에 주위에 음란하고 사악한 여색을 두지 않았으며 후궁에 할 일 없는 여자가 없었습니다. 지금 궁궐에는 만을 헤아리는 여자들이 있는데 비빈妃嬪의 행렬 속에 들지 못했습니다. 궁궐 밖에는 아내를 얻지 못한 남자가 많고, 궁궐 안에서는 여자들이 신음하고 있습니다. 비바람이 보통 때와 다른 것도 바로 여기서 말미암은 것입니다. 이것이 선제의 자취를 준수하지 않은 것 가운데 다섯 번째입니다.

선제께서는 여러 가지 나랏일을 우려하고 수고하면서도 혹여 잘못이 있을까 봐 두려워했습니다. 폐하께서는 즉위한 이래 후궁에서 희롱하며 여색에 미혹되었으므로 모든 일이 헛되게 되는 경우가 많아지고 하급 관리들은 서로 간사한 행동을 눈감아주게 되었습니다. 이것이 선제의 자취를 준수하지 않은 여섯 번째 것입니다.

선제께서는 소박한 것을 매우 숭상하여 옷은 모두 화려하지 않았고 궁궐에는 높은 누대가 없으며 물건에는 조각이나 장식이 없었습니다. 그러므로 나라가 부유해지고 백성이 충족했으므로 간사한 도둑도 일어나지 않았습니다. 그러나 폐하께서는 주와 군에서 재산을 징수하여 백성의 재산과 힘을 고갈시키고 토지를 검정이나 황색으로 덮고 궁궐은 자주색이 되게 했습니다. 이것이 선제의 자취를 준수하지 않은 일곱 번째 것입니다.

선제께서는 바깥으로는 고옹·육손·주치·장소에게 의지하고 안으로는 호종과 설종을 신임했습니다. 이 때문에 모든 일이 생기 있게 일어나고 나라 안은 맑고 안정되었습니다. 지금 지방에 있는 신하들은 그 직무를 담당하지 못하고 궁궐 안에 있는 관리들은 적합한 인물을 얻지 못했습니다. 진성과 조보曹輔는 재주와 식견이 얕은 작은 관리로 선제께서는 그들을 버렸는데 폐하께서는 총애하고 있습니다. 이것이 선제의 자취를 준수하지 않은 것 가운데 여덟 번째입니다.

선제께서는 여러 신하와 연회를 열 때마다 주량을 제한하여 신하들이 종일 잘못을 범하는 일이 없었으며, 관리들은 모두 자신의 의견을 마음껏 이야기했습니다. 그러나 폐하께서는 시선을 공경하도록 구속하여 술을 다 마시지 않고 남기는 것을 두려워하게 했습니다. 무릇 술은 예절을 이루는 것으로서 양이 지나치면 덕행을 무너뜨립니다. 이러한 것은 상신(商辛, 상나라 주왕)의 기나긴 밤 연회와 다름이 없습니다. 이것이 선제의 자취를 준수하지 않은 아홉 번째 것입니다.

옛날 한나라 환제와 영제는 환관을 신임하고 가까이하여 민심을 크게 잃었습니다. 지금 고통高通·첨렴詹廉·양도羊度는 환관의 소인배인데 폐하께서는 상을 내려 존귀한 작위에 오르게 했으며 군대의 권력을 주었습니다. 만일 장강 가에서 어려움이 생겨 봉화가 서로 일어난다면 양도 등의 무공으로는 막을 수 없음이 분명합니다. 이것이 선제의 자취를 준수하지 않은 열 번째 것입니다.

현재 궁녀들은 대다수가 일을 하지 않고 한가하게 있는데도 환관들은 또 주나 군으로 달려가 민간의 여자들을 명부에 등록하며, 돈이 있는 자는 뇌물을 받고 피하게 하고 돈이 없는 자는 궁궐로 불러들이기 때문에 길에서 원망하며 외치고 어머니와 자식이 죽을 때까지 생이별을 합니다. 이것이 선제의 자취를 준수하지 않은 것 가운데 열한 번째입니다.

선제께서는 이 세상에 있을 때 또한 각 왕과 태자를 길렀는데, 만일 유모를 얻게 되면 유모의 남편에게는 부역을 면제해주고 돈과 재물을 내리고 물자와 식량을 대주었으며, 때때로 유모를 집으로 돌려보내 그의 어린 자식을 보살피도록 했습니다. 지금은 이와 같지 않아 부부가 생이별을 하고, 지아비는 여전히 노역에 복무하며, 아들은 뒤를 따라 죽어가고 있어 집이 텅 비게 되었습니다. 이것이 선제의 자취를 준수하지 않은 것 가운데 열두 번째입니다.

선제께서 탄식하기를 "나라는 백성을 근본으로 하고, 백성은 음식을 하늘로 여기며, 옷은 그다음으로 중요하게 여기는데, 나는 이 세 가지를 마음속에 간직하고 있다."라고 했습니다. 오늘날은 이와 같지 않아 농업과 양잠이 한꺼번에 황폐해졌습니다. 이것이 선제의 자취를 준수하지 않은 열세 번째 것입니다.

선제께서는 인재를 선발할 때 신분이 낮고 천함에 구애받지 않고 민간에서 그들을 임용하여 일로 평가했습니다. 추천하는 자는 거짓으로 하지 않고 추천받는 자도 망령되지 않았습니다. 오늘날은 이와 같지 않아 실속이 없고 겉만 번드르르한 자가 등용되고, 붕당을 만든 자들이 승진하고 있습니다. 이것이 선제의 자취를 준수하지 않은 것 가운데 열네 번째입니다.

선제께서는 전쟁터에 있는 병사들에게는 다른 부역을 주지 않았고, 그들이 봄이면 경작하고 가을이 되면 벼를 수확할 수 있게 했으며, 장강 연안에 일이 있으면 그들에게 죽을힘을 다하라고 요구했습니다. 오늘날 전쟁터의 병사들은 온갖 노역을 해야 하고 공급받는 식량은 부족합니다. 이것이 선제의 자취를 준수하지 않은 것 가운데 열다섯 번째입니다.

상을 줄 때는 공로를 고려하고 벌을 내릴 때는 사악함을 금지하므로 상벌이 마땅하지 않으면 병사와 백성은 흩어지게 될 것입니다. 지금 장강 가의 장사將士들은 죽어도 애도받지 못하고 노고에도 상을 받지 못하고 있습니다. 이것이 선제의 자취를 준수하지 않은 열여섯 번째 것입니다.

지금 지방에서 감찰을 맡고 있는 관리는 벌써 복잡한데, 게다가 궁궐 안의 사자를 두어 그 속을 혼란스럽게 합니다. 백성 한 명에 관리가 열 명이나 되니 이 부담을 어떻게 감당하겠습니까? 옛날 경제景帝 때 교지가 반란을 일으킨 것은 실로 이로부터 야기된 것입니다. 이는 경제의 잘못을 따른 것으로서 선제의 자취를 준수하지 않은 열일곱 번째 것입니다.

무릇 교사校事는 관리와 백성의 원수입니다. 선제 말년에 비록 여일과 전흠이 있었지만 오래지 않아 모두 주살되었고, 선제께서는 이들을 신임했던 일을 백성에게 사과했습니다. 지금 또 교조(校曹, 관리의 잘못을 감찰함)를 세워 관리들의 일 처리를 마음대로 하도록 했으니 이것이 선제의 자취를 준수하지 않은 열여덟 번째 것입니다.

선제 때 관직에 있던 자는 모두 그 자리에 오랫동안 있은 다음에야 공적을 살펴서 승진이나 강등을 결정했습니다. 지금 주와 현의 관리 가운데 어떤 이는 관직에 있은 지 며칠 안 되어 곧바로 불려가 승진하여 전임되기도 합니다. 그래서 신임자를 맞이하고 옛 관리를 전송하기 위해 길에는 사람들이 분분하며 재산을 낭비하고 백성을 해롭게 하는데 그 정도가 매우 심합니다. 이것이 선제의 자취를 준수하지 않은 열아홉 번째 것입니다.

선제께서 판결을 보고하는 상주문을 상세히 살필 때는 언제나 유심히 보고 세세히 연구했기 때문에 감옥에 억울한 죄인이 없고 사형 당하는 자도 납득하여 처벌을 받았습니다. 오늘날은 이와 서로 반대입니다. 이것이 선제의 자취를 따르지 않은 스무 번째 것입니다.

만일 신의 말에서 취할 만한 것이 있다면 맹부(盟府, 맹약 등의 중요 문서를 보관하는 부서)에 넣어두십시오. 만일 이 말이 허망하다면 신의 죄를 다스려주십시오. 폐하께서는 신의 말을 유념하시기 바랍니다.

육윤陸胤은 자가 경종敬宗이고 육개의 동생이다. 그는 처음에 어사 및 상서선조랑尚書選曹郎이 되었으며, 태자 손화가 그의 명성을 듣고 남다른 예절로 대우했다. 마침 전기와 양축 등이 노왕 손패에게 붙어 아부하고 손화와 분쟁이 생겨 은밀히 서로 모함하게 되자, 육윤은 여기에 연루되어 옥에 갇혔다. 가혹한 형구를 모두 사용했지만 그는 끝까지 다른 말을 하지 않았다.[4]

육윤은 나중에 형양 독군도위(衡陽督軍都尉, 형양 지역의 군대를 감독한 관직)가 되었다.

| 적오 11년(248) | 교지나 구진의 이민족 도적들이 성읍을 쳐서 점령했고, 교주에 소동이 일어났다. 육윤을 교주 자사 및 안남교위(安南校尉, 교주의 반란군 진압을 맡은 관직)로 삼았다. 육윤은 남쪽 경계로 들어가 은혜와 신의로 이들을 일깨우고 불러 받아들이는 일에 힘을 다해 고량의 우두머리 황오黃吾 등의 무리 3천여 호가 모두 나와 투항했다. 군대를 이끌고 남하하여 더욱더 지극한 정성을 펴고 재물과 예물을 보냈다. 도적의 우두머리 1백여 명, 백성 5만여 호는 깊은 산속에 숨어 살았으므로 지배를 받지 못했는데, 명령에 따르지 않는 자가 없어져서 교주 지역은 맑아지고 안정되었다. 육윤은 안남장군을 더하게 되었다. 또 창오와 건릉建陵의 도적들을 토벌하러 가서 무찔러 앞뒤로 항복한 자들 중에서 8천여 명을 병사로 삼아 군사상의 필요를 채웠다.

| 영안 원년(258) | 육윤은 부름을 받아 서릉독이 되었고 도정후로

---

4) 태자는 폐출될까 봐 두려워했고, 노왕은 불손한 태도가 더욱 심했다. 손권은 그때 양축을 보고 측근에 있는 자들을 물린 다음 손패의 재능을 논의했다. 양축은 손패가 문무 양 방면에 우수한 자질을 갖고 있으므로 마땅히 정식 후계자로 삼아야 한다고 강력히 말했다. 그래서 손권은 손패를 태자로 세우기로 약속했다. 한 측근이 평상 밑에 엎드려 있다가 이 말을 듣고 태자에게 알렸다. 마침 육윤은 무창에 이르러 태자에게 인사하러 갔다. 태자는 평상복으로 육윤의 수레에 올라가 함께 은밀히 의논하고, 육손에게 표를 올려 간언하도록 했다. 그 뒤 육손이 표를 올려 강력히 진언하자 손권은 양축이 이 사실을 누설했을 것으로 의심했으나 문책을 받게 된 양축은 부인했다. 손권은 양축을 풀어주고 이 일이 누설된 경위를 알아내도록 했다. 양축은 육윤만이 서쪽으로 갔으니 반드시 그가 말했을 것이라고 아뢰었다. 또 사자를 보내 육손에게 그것을 어떻게 알았는지 묻자 육손은 육윤이 말했다고 했다. 그래서 육윤을 불러 고문하게 되었다. 육윤은 태자에게 죄가 미치지 않도록 하기 위해 "양축이 신에게 말했습니다."라고 하여 모두 감옥에 갇혔다. 양축은 고통을 이기지 못해 시인하고 말았다. 처음에 손권은 양축이 누설했으리라고 의심했는데 그가 시인하자 생각했던 대로라며 양축의 머리를 베었다.

봉해졌으며, 뒤에 전임되어 호림에 있게 되었다. 중서승中書丞 화핵이 표를 올려 육윤을 천거하면서 다음과 같이 말했다.

육윤은 천부적인 자질이 총명하고 재능은 모든 일에 통하며 품행이 깨끗하고, 전에 선조 직책을 지내면서 남긴 사적은 후세의 모범으로 기록할 만합니다. 교주로 돌아와 있으면서 조정의 은전을 베풀어 떠도는 백성이 그에게 돌아와 의탁하게 되어 바다 구석이 정숙해졌습니다. 창오와 남해에는 해마다 장기瘴氣의 독해가 있습니다. 폭풍이 불면 나무가 부러지고 모래가 날리며 돌이 뒹굽니다. 장기는 안개처럼 조밀하여 날아가던 새도 길을 가지 못합니다.

육윤이 교주에 온 뒤부터 폭풍과 장기가 끊어져 상인들이 평안하게 오가고 백성에게는 역병이 없어졌으며 농가에는 풍부한 수확이 있게 되었습니다. 교주의 관소는 바다에 임해 있어 바닷물이 흘러들 때에는 염해를 입었는데, 육윤은 또 물을 저장하여 백성에게 맛난 식사를 하도록 했습니다. 은혜로운 바람이 대지를 두루 뒤덮고 인간과 신령을 감화시키며, 결국에는 황상의 위세에 의지하여 유리된 백성을 불러 모은 것입니다. 그가 조서를 받고 임지로 떠날 때 백성은 그의 은혜에 감격하여 옛 땅에 연연해하는 마음을 잊고 노인을 등에 업고 어린아이를 붙들고 즐거운 마음으로 그림자처럼 따랐으며, 사람들 가운데 두 마음을 품는 이가 없었고, 호위를 맡은 병사들을 번거롭게 하지 않았습니다. 장수들이 무리를 모은 이래로 모두 위세로 상대방을 협박했지 육윤처럼 은혜와 신의로 단결시킨 적은 없었습니다.

육윤이 교주에서 명을 받은 지 10여 년이나 되었고, 빈객들에게는 남다른 풍속이 있으며, 진귀한 보석이 생산되었는데 그의 집안에는 화장하여 꾸민 처첩이 없고 실내에는 무늬 있는 거북이나 무소뿔이나 상아 같은 진귀한 물건도 없었습니다. 지금 신하들과 비교하면 진실로 많이 얻기 어려운 사람입니다. 마땅히 그를 수도에 두어 왕실을 보좌하여 당唐이나 우虞 시대처럼 편안한 송가頌歌를 바치도록 하십시오. 장강 연안의 임무는 가벼워 그의 재능을 다 발휘하게 하지 못하며, 호림독虎林督 중에 임무를 어기는 사람이 많습니다. 만일 그를 불러 경도로 돌아오게 해서 고급 관직으로 임용해 총애한다면 하늘이 내려준 사명이 모두 잘 이루어지고 모든 공적이 활발히 흥성할 것입니다.

육윤이 세상을 떠나자 아들 육식陸式이 작위를 이었으며, 시상독과 양무장군이 되었다.

| 천책 원년(275) | 육식은 사촌 형 육의陸褘와 함께 건안으로 쫓겨났다.

| 천기 2년(278) | 육식은 건업으로 불려 돌아왔으며, 장군의 직무와 후 작위가 회복되었다.

【평하여 말한다】

반준은 공정하고 청렴하며 과단성이 있었다. 육개는 충성스럽고 호방하며 질박하고 솔직했다. 이 두 사람은 모두 절개가 빛났으며 대장부의 기백이 있었다. 육윤은 자기 몸을 청결히 하며 일을 이루었고, 남쪽 땅에서 명성이 빛났으므로 훌륭한 목牧이었다고 할 수 있다.

17

시의호종전是儀胡綜傳

오나라를 일으키는 데 참여한 사람들

청렴하고 강직해 국가 기밀을 도맡다

시의전是儀傳

시의는 자가 자우子羽이고 북해군北海郡 영릉현營陵縣 사람이다. 그의 본래 성은 씨氏이다. 그는 처음에 현 관리가 되었다가 뒤에 북해군의 관리로 임명되었다. 그 군상郡相[1]으로 있던 공융이 시의를 조롱하면서 '씨氏' 자는 '민民'의 위쪽 부분이 없는 것이므로 '시是'로 바꿀 수 있다고 했다. 그래서 성을 바꾸었다.[2] 나중에 시의는 유요에게 의탁했고, 전란을 피해 강동으로 갔다. 유요의 군대가 지자 시의는 회계로 옮겨갔다.

손권이 대업을 이어 관장하게 되자 우대하는 문서로 시의를 초빙했다. 시의는 손권이 있는 곳으로 와서 신임을 받았으며, 기밀을

---

1) 군의 장관, 곧 국상國相이라는 관직이다. 삼국시대에는 모든 군郡이 봉국封國으로 되면, 군은 '국'으로 바뀌고 태수도 국상으로 바뀌었다.

2) 옛날에 성姓을 정할 때는 태어난 땅 이름을 취하거나 관직 이름 또는 선조의 이름을 취하여 모두 의미 있는 내용이 있어 씨족을 분명히 했다. 그래서《춘추좌씨전》에서도 "하사받은 땅으로 명명하여 씨氏를 갖는다."라고 했는데, 이것은 선왕의 규범이다. 그러므로 근본을 분명히 하고 시작을 존중하며 조상이 세운 공덕을 나타내어 자손들이 잊지 않도록 했다. 여기서 공융이 문자를 분해하고 불길한 글자로 해석하여 씨의氏儀에게 그 성을 고치도록 한 것은 그 근본을 잊고 선조를 무함한 것으로 부당한 일이다. 다른 사람에게 성을 바꾸도록 한 것은 공융의 잘못이며, 권유하는 자를 따라 종족을 바꾼 시의도 해서는 안 되는 일을 한 것이다.

도맡아 처리했고 기도위로 임명되었다.

여몽이 관우를 습격할 계획을 세우고 있을 때, 손권은 시의에게 의견을 물었다. 시의는 여몽의 계획을 칭찬하고 손권에게 그 의견을 받아들이도록 권유했다. 그는 관우를 토벌하는 데 참가해 충의교위忠義校尉로 임명되었다. 시의가 사양하는 뜻을 말하자 손권이 말했다.

"내가 비록 조간자(趙簡子, 조앙. 사후에 받은 시호임)는 아니지만 당신은 어찌 자신을 굽혀 주사(周舍, 조간자의 신하)가 되지 못하오?"

손권은 형주를 평정하고 나서 무창을 수도로 하고 시의를 비장군으로 임명했다. 뒤에 그를 도정후로 봉했으며 시중의 일을 처리하도록 했다. 손권은 또 병권을 주려고 했지만, 시의가 자신에게는 장수의 재능이 없다면서 간곡히 사양하고 받지 않았다.

| 황무 연간(222~229) | 손권은 시의를 환현으로 보내 장군 유소에게로 가서 조휴를 회유하여 이르도록 했다. 조휴가 오자 그를 크게 무찔렀다. 시의는 편장군으로 승진하고 궁궐로 들어가 상서의 일을 맡았으며, 이 밖에 모든 관원을 관리하고 송사 처리를 겸했다. 또 모든 공자公子에게 학문을 가르쳤다.

황제의 대가大駕가 동쪽으로 옮기게 되면서 태자 손등을 무창에 남겨 지키게 하고, 시의가 태자를 보좌하도록 했다. 태자는 시의를 존경하며, 어떤 일이 있으면 먼저 그에게 자문한 다음 시행했다. 나아가 시의를 도향후로 봉했다. 뒤에 시의는 태자를 수행하여 건업으로 돌아왔으며, 또 시중 및 중집법(中執法, 사법을 주관한 관직)으로 임명되어 전처럼 모든 관리의 일과 송사를 다스렸다. 전교랑(典校郎, 중서전교랑中書典校郎. 관리의 위법행위를 감찰한 관직) 여일은 강하 태수 조가刁嘉가 나라의 정치를 비방했다고 무고했다. 손권은 노여워서 조가를 붙잡아다 옥에 가두고 철저히 심문했다. 그때 함께 앉아 있던 사람들은 모두 여일이 두려우므로 하나같이 조가가 비방하는 것을 들었다고 했는데, 시의 혼자만 들은 일이 없다고 말했다. 그래서 시의는 며칠 동안 심문을 받게 되었고, 손권의 조서는 엄하게 바뀌었으며, 신하들은 시의 때문에 두려워하며 숨을 죽였다. 시의가 대답했다.

"지금 칼과 톱이 이미 신의 목에 있는데 신이 어찌 감히 조가를 위해 사실을 숨겨 스스로 멸망을 취하여 충성스럽지 못한 귀신이 되겠습니까! 돌이켜 생각하면 사람이 들어 아는 것에는 마땅히 처음과 끝이 있습니다."

그는 사실에 근거하여 묻는 말에 대답하고 말을 바꾸는 일이 없었다. 손권은 결국 그를 풀어주고 조가도 사면했다.

촉나라 승상 제갈량이 죽자, 손권은 서쪽에 있는 주(익주)에 마음을 두고 시의를 사자로 보내 동맹 관계를 공고히 하여 우호를 다지도록 했다. 시의는 사자의 임무를 받들어 손권의 마음에 들게 하여 뒤에 상서복야로 임명되었다.

남양왕과 노왕의 두 궁궐이 처음 세워졌을 때 시의는 본래 직책 위에 또 노왕의 부상傅相을 겸했다. 시의는 두 궁의 지위가 비슷함을 꺼려 다음과 같이 상소했다.

신이 개인적으로 생각하기에 노왕은 천부적인 미덕을 갖추고 문무의 자질을 겸했으니 현재 상황에 근거하여 적절한 것은 마땅히 사방을 지키도록 하여 나라의 방어를 돕게 해야 합니다. 노왕에게 아름다운 덕행을 선양하고 권위 있는 명성을 널리 빛내도록 하는 것, 이것이 나라의 훌륭한 법도이며 사해 안의 사람들이 우러러 바라는 바입니다. 다만 신의 말이 조잡하고 거칠어서 생각을 다 잘 나타낼 수 없을 뿐입니다. 신은 두 궁에 대해 총애와 대우에 차등을 두어 위아래의 질서를 바르게 하고 교화의 근본을 밝혀야 한다고 생각합니다.

그는 이러한 내용의 표를 서너 번 올렸다. 그는 노왕의 부상으로 있으면서 충성을 다하고 늘 간언했다. 그리고 군주를 섬기는 데 근면하고 사람들과는 존경하는 마음으로 사귀었다.

시의는 산업을 다스리지 않았고 다른 사람들이 베푸는 은혜를 받지 않았으며, 집과 방은 그 자신을 받아들일 만한 크기로 만들었다. 그의 이웃에 큰 저택을 짓는 이가 있었는데, 손권이 궁궐에서 나와 멀리서 바라보더니 큰 집을 짓는 이가 누구인지 물었다. 주위에 있던 자들이 대답했다.

"시의의 집 같습니다."

손권이 말했다.

"시의는 검소하니 반드시 그의 집이 아닐 것이다."

물어본 결과 정말로 다른 사람의 집이었다. 시의가 인정받고 신임을 받은 것이 이와 같았다.

시의는 옷에 정밀하고 섬세함을 구하지 않았고, 음식에 많은 요리를 구하지 않았으며, 언제나 가난한 사람을 구제하여 집에는 쌓아놓은 것이 없었다. 손권은 이 이야기를 듣고 시의의 집으로 행차하여 거친 음식 보기를 구하고 직접 먹어보고는 이를 탄식하며 곧장 봉록과 상을 늘리고 밭과 집을 더해주었다. 시의는 여러 차례 사양하며 은혜를 걱정스러워했다.

시의는 때때로 손권에게 나아가 건의를 올리면서 일찍이 다른 사람의 단점을 말한 적이 없었다. 손권은 늘 시의를 책망하며 구체적인 일을 말하지 않고 일의 옳고 그름에 대한 태도가 없다고 했다. 시의가 대답했다.

"성스런 군주가 위에 있고 신하가 직책을 지키면서 두려워하는 것은 직무를 수행하지 못하는 것이므로, 실제로 감히 어리석은 제 의견으로 군주의 귀를 어지럽힐 뿐입니다."

그는 나라를 섬긴 지 수십 년이 되었지만 일찍이 잘못을 범한 적이 없었다. 여일이 장군과 재상, 대신을 탄핵하자 어쩌다 한 사람이 네 번씩이나 죄행을 고발당하기도 했는데, 유독 시의만은 고발되지 않았다. 손권이 찬탄하며 말했다.

"만일 사람들이 모두 시의만 같다면야 어찌 법령을 쓰겠는가?"

시의는 병으로 자리에 눕자 미리 유언을 남겨 옻칠하지 않은 관을 쓰고 평상복으로 염하여 절약에 힘쓰도록 했다. 그는 여든한 살에 세상을 떠났다.

문장으로써 천하에 명성을 떨치다

호종전胡綜傳

호종은 자가 위칙偉則이고 여남군 고시현固始縣 사람이다. 그는 어려서 아버지를 여의었다. 어머니는 그를 데리고 난을 피해 강동으로 갔다. 손책이 회계 태수를 겸할 때 호종은 열네 살로 문하순행(門下循行, 해당 군의 순찰을 관할한 관직)이 되었고, 오군에 남아 손권과 함께 글을 읽었다. 손책이 세상을 떠나고 손권이 토로장군이 되자 호종을 금조종사(金曹從事, 화폐와 소금과 철 만드는 일을 주관한 관직)로 삼았다. 호종은 황조를 토벌하는 데 참가하여 악현鄂縣의 장으로 임명되었다.

손권이 거기장군이 되어 경京에 수도를 정하자 호종을 불러 돌아오도록 하여 서부(書部, 문서를 책임지는 관직)로 삼고 시의, 서상과 함께 군사와 국정의 기밀 사항을 처리하게 했다.

유비가 백제까지 공격해 내려왔을 때 손권은 신변에 있는 병사가 적으므로 호종에게 각 현으로 가서 병사들을 선발하도록 하여 6천 명을 얻어서 두 해번병을 설치하여 서상이 좌부독을, 호종이 우부독을 겸하게 했다. 오나라 장수 진종이 모반하여 위나라로 귀순하자 위나라에서는 그를 기춘 태수로 삼았다.

진종의 근거지는 장강에서 수백 리 떨어진 곳으로 자주 오나라 변방 지역으로 쳐들어와 해를 끼쳤다. 손권은 호종과 하제에게 갑

자기 습격하도록 하여 진종을 사로잡았다. 그래서 호종은 건무중랑
장을 더하게 되었다. 위나라가 손권을 오왕으로 임명했을 때 호종·
시의·서상을 모두 정후로 봉했다.

│ **황무 8년(229) 여름** │ 황룡이 하구에 나타났다. 이 때문에 손권은 제
로 일컫고 이 길조에 따라 연호를 바꾸었다. 또 황룡을 그린 큰 아기
牙旗를 만들어 늘 본 진영에 두었으며, 모든 군대의 앞으로 나아가고
뒤로 물러남은 이 깃발이 향하는 쪽을 보고 움직이게 했다. 그리고
호종에게 부賦를 짓도록 명하니, 호종은 다음과 같이 노래했다.

> 건乾과 곤坤이 세워지자,
> 삼재(천·지·인)가 생겨났다.
> 낭성狼星과 호시성弧矢星의 징조를 드리우는데,
> 실재로는 강한 병사를 상징한다.
> 성인은 하늘의 형상을 관찰하고
> 본받기도 하고 경영하기도 하여
> 처음으로 무기를 만들어
> 공을 이루기를 구했도다.
> 황제黃帝와 신농神農[3]은 창업하여
> 제왕의 초석을 다졌으며,
> 위로 하늘의 뜻에 순응하고
> 아래로는 백성의 재앙을 멈추게 했다.

560

---

3) 신농은 오장이 훤히 들여다보이도록 특이하게 생겼고, 병을 고칠 수 있는 약을 발명했다
고 한다.

고신씨는 공공을 주살했고,

우순은 유묘有苗를 토벌했으며,

하계夏啓가 감甘 땅에서 출정시키자

성탕成湯은 명조鳴條로 출정시켰다.

주대周代에는 목야牧野 싸움이 있었고,

한대漢代에는 해하垓下 싸움이 있었으니

무력을 쓰지 않고

공업의 기초를 정한 때는 없었다.

밝게 빛나는 대오大吳는

실재로 하늘에서 덕을 내렸고,

신령스런 무예로 사업을 바르게 하며

오직 황천皇天의 법칙만 취했다.

이것은 옛날부터 있었는데,

황제와 유우씨有虞氏를 시조로 하여

다섯 조대(하·상·주·진·한)를 지나

대대로 이어져 지금까지 이르렀다.

때(왕조 교체기)에 순응하여 천명을 받아

남쪽 땅에서 대업을 시작하여

장차 정도正道를 회복하고

우리 중원을 개혁하려고 한다.

그래서 하늘의 때를 준수하여

신령스런 군대를 만들고,

태일(太一, 천제의 거처)에서 형상을 취해

오장삼문(五將三門, 중군대장 주위의 호위 군영과 군영 구역의 대문大門)을 두

었다.

빠를 때는 번개 같고

느릴 때는 구름 같으며

나아가고 멈춤에 법도가 있고

간략하며 번잡하지 않다.

사령(四靈, 네 가지 영물)이 배치되고

황룡이 그 가운데에 놓인다.

일월을 주재하는 것은

사실 태상이라고 한다.

태상은 높이 우뚝 서 있으므로

육군六軍이 바라보게 된다.

신선은 위에 있으면서

사방을 살펴보고,

신령이 진실로 그를 시켜

나라를 위해 길상을 내린다.

대군이 방향을 바꾸려고 할 때

황룡이 먼저 옮겨가고,

종이나 북을 울리지 않고

숙연히 변화를 행한다.

은연중에 신과 같은 것을 도모하니

신비하고 기이하다고 할 만하다.

옛날 주나라 왕실에서는

붉은 까마귀가 편지를 물어왔고(천하를 얻었다는 뜻),

오늘 위대한 오나라에서는 황룡이 부명을 토해냈다.

이러한 것은 하도河圖와 낙서洛書에 부합되며

행동은 도道와 함께하고

하늘이 사람들의 화합을 도왔으니

모두 길한 징조라고 말한다.

촉은 손권이 제위에 올랐다는 소식을 듣고 사자를 보내 전의 우호 관계를 더욱 발전시켰다. 호종이 맹약하는 글을 만들었는데 문채와 내용이 매우 아름다웠다. 이 기록은 〈오주전〉에 있다.

손권이 건업에 수도를 정하자 서상과 호종은 나란히 시중이 되었으며, 나아가 향후로 봉해지고 좌우령군左右領軍을 겸했다. 그 무렵 위나라에서 투항해온 사람들 가운데 어떤 이가 위나라 도독 하북 진위장군 오질吳質이 자못 모반하려는 마음을 품고 있다고 말했다. 그래서 호종은 오질이 오나라에 항복하는 글 세 편을 거짓으로 만들었다. 그중 첫 번째 글에서 말했다.

하늘의 기강(국법)이 무너져서 끊어지고 사해는 분리되어 붕괴되었으며, 백성은 고통을 이겨내지 못하고 사인士人들은 곳곳으로 떠돌아 다니며, 병사들은 늘어나는 바가 없고 성읍에는 백성이 살지 않으며, 바람에 날리는 티끌과 연화煙火는 어느 곳에서나 볼 수 있습니다. 삼대(하·상·주) 이래로 큰 혼란이 극에 이르렀을 때도 오늘과 같지는 않았습니다. 신 오질은 뜻이 천박하고 그 시대에 대처하는 방도도 없으며, 머물고 있는 땅에 국한되어 날개를 펴고 날 수 없어 결국 조씨를 위해 군사 일을 맡게 되었습니다.

저는 멀리 하삭(河朔, 하북)에 있어 경사京師로 가는 길이 끊어져 비록 당신 나라의 바람을 바라보고 대의를 사모하여 천명을 의탁하려고 했지만 인연이 없어 그 뜻을 펴지 못했습니다. 저는 언제나 오나라를 오가는 자에게 은밀히 그곳 풍속과 교화를 듣고 폐하께서는 천지와 덕을 함께하고 일월과 똑같이 빛나며, 신령스러운 무예에 정통한 자태는 자연에게서 받은 것이고, 하늘의 도를 펴서 만 리까지 교화를 흐르게 하여 장강 남쪽에서부터 가가호호 은택을 입고 있음을 알았습니다. 영웅과 준걸, 도를 얻은 인사들 가운데 마음속으로 노래하고 귀순을 달가워하지 않는 이가 없습니다.

올 6월 말에 길일이 있어 황룡이 일어나고, 폐하께서 제위에 올라 광대한 도를 회복하고 국법을 온전하게 다스려서 유민들이 진정한 군주를 보도록 했다고 들었습니다. 옛날 무왕이 은나라를 토벌했을 때 은나라 백성은 창을 뒤집었고, 한나라 고조가 항우를 주살할 때는 사방에 초나라 노래가 있었습니다. 오늘의 형세와 비교하면 같은 날이라고 할 수는 없습니다. 신 오질은 드넓은 하늘 같은 지극한 소원을 이기지 못하고 삼가 신임하는 같은 군의 황정黄定을 보내서 공손히 표를 받들도록 하고, 아울러 폐하께 의탁하여 항복하고 모반하기로 했습니다. 한가한 틈을 타서 이르기를 구합니다. 진술하려는 것은 뒤에 적어 열거하겠습니다.

두 번째 글에서 말했다.

옛날 이윤은 하 왕조를 버리고 상으로 들어갔고, 진평은 초나라를 등지고 한나라로 돌아갔는데 이들의 공적은 역사책에 실렸으며 명성은 후대에까지 전해졌습니다. 그때 군주가 이들에게 배반 행위를 한 자라고 말하지 않은 것은 천명을 알았기 때문입니다. 신은 옛날에 조씨(조조)에게 받아들여져 겉으로는 군주와 신하의 관계에 의탁했어도 안으로는 골육지친과 같았으며, 은혜와 정의가 깊고 두터워 합칠 수는 있지만 분리될 수 없었으므로 한 방면의 책임을 받아 황하 북쪽의 군대를 통솔했습니다. 이런 상황 아래서 제가 지향하는 것은 높고 컸으며, 영원히 조씨와 생사를 함께하기로 하고 공을 세우지 못하고 일을 다 이루지 못하는 것만 걱정했습니다.

조씨가 세상을 떠나고 후사가 자리를 이었는데, 어린 나이로 정치를 하게 되어 여기저기서 참언이 일어났습니다. 함께 관리로 있던 자들이 세력에 의지하여 서로 박해하고, 뜻을 달리하는 자들은 그들의 말로 이간질했습니다. 그러나 신은 간략한 성격으로 평소 다른 사람에게 굽히지 않았는데, 이러한 자를 계속 보게 되자 뜻이 실로 다다르게 되었습니다. 이것은 또한 신의 잘못입니다. 끝내는 사악한 의론에 의해 침해를 받아 군주의 의심을 사게 되었고, 신이 모반하려 한다는 모함을 듣게 되었습니다. 비록 진실을 아는 자들은 제 마음이 깨끗함을 보증했지만 세상이 혼란하고 참언이 흥성하여 저에 대한 군주의 의심은 여전히 남았습니다. 저는 늘 하루아침에 억울함을 당하게 될까 봐 두렵고 근심스러운 마음은 극도의 고통이 되어 마치 살얼음이나 재를 밟고 지나는 것만 같았습니다.

옛날에 낙의(樂毅, 전국시대의 명장)는 제나라에서 연나라 소왕昭王을 위해 공을 세웠는데 혜왕惠王이 즉위한 뒤 그를 의심하고 직위를 빼앗아 결국 연나라를 떠나 조나라로 갔으나 그의 공업은 줄어들지 않았습니다. 그가 어찌 연나라에 대해 덕을 저버리려고 했겠습니까. 그는 공명을 다시 세우지 못할까 봐 두렵고 장차 화가 미칠까 봐 두려웠던 것입니다. 옛날에 저는 위군의 주광周光을 보내서 장사를 한다는 명목으로 남쪽에 의탁하여 모반할 생각을 알리고 은밀한 계획을 전하도록 했습니다. 그때는 창졸간이라 감히 곧장 장표章表를 만들지 못하고 주광에게 구두로 전하게 했을 뿐입니다.

저는 천하의 대체적인 추세를 볼 수 있다고 생각하는데, 하늘의 뜻이 있는 곳은 오나라가 아니면 또 어디겠습니까? 이곳 백성은 폐하의 신하와 종이 되려고 목을 길게 빼고 발꿈치를 들고서 오나라 병사들이 더디 오는 것만 걱정하고 있습니다. 만일 폐하께서 성은을 내려 저에 대한 신임을 조금만 더한다면 저는 반드시 황하 북쪽의 땅으로 천자의 대군이 이르기를 기다리겠으며, 신의 일편단심의 충성심은 하늘의 태양이 비출 것입니다.

그러나 주광이 남쪽으로 내려간 지 1년이 지났지만 조그만 소식조차 듣지 못했습니다. 신의 이러한 마음이 결국 전달되지 못한 게 아닌지요? 저는 남쪽을 우러러 바라보며 길게 탄식하고 매일 매달 갈망하고 있는데, 노나라 사람이 고자高子를 바라던 것으로 어찌 신의 마음을 충분히 비유하겠습니까! 또 신은 현재 대우가 점점 엷어져 가는데 소인배들이 참소하는 소리는 면면히 이어져 끊어지지 않고 있으니 반드시 이 화를 받게 될 것이며, 오로지 일이 더디거나 빠르게 진척되든가 하는 것뿐입니다.

신이 사사로이 헤아려보면 폐하께서 아직 분명한 위로를 내리지 않은 것은 틀림없이 신 오질이 인의의 도를 관철시키고 있어 이와 같은 일을 실행하지 못하리라 여겨 주광이 전달한 것은 대부분 거짓이고 실질이 적다고 생각하거나, 또는 이 안에 다른 소식이 있을 거라고 생각하는 것이니 신 오질이 참언으로 의심을 받고 있으며 아마 큰 피해를 받게 될 줄을 모르고 계신 듯합니다. 그리고 신 오질이 만일 죄가 있는 날이면 당연히 직접 가마솥으로 달려가서 스스로 몸을 구속하고 형 집행을 기다릴 것이니, 이것은 신하라면 마땅히 해야 할 일입니다. 오늘 저는 죄가 없는데 뜻밖의 참언과 훼방을 입어 앞으로 상앙商鞅과 백기의 화를 당할 것입니다.

일의 형세를 헤아려보면 위나라를 떠나는 것은 마땅합니다. 죽어도 의롭지 못하게 될 텐데 무엇 때문에 떠나지 않겠습니까! 낙의가 나라를 나오고, 오기吳起가 달아난 것에 대해 군자들은 그들의 불우함을 슬퍼했지 그들의 행위를 비방하지는 않았습니다. 원컨대 폐하께서는 옛일로 오늘의 일을 비교하여 신 오질을 의심하고 꾸짖지 말아주십시오. 또 생각하면 사람의 신하로서 죄를 지으면 마땅히 오원(伍員, 춘추시대 오나라 대부)처럼 자신을 받들어 스스로 힘을 다해야지, 요행히 사태를 이용하여 이익을 꾀하는 것은 마땅치 않은 일입니다.

그러나 예와 지금의 형세는 같지 않습니다. 남쪽과 북쪽의 거리는 매우 멀고 강과 호수가 그 사이를 끊어놓았으므로 직접 군사를 들지 않는다면 어찌 화를 면하고 구제되겠습니까! 이 때문에 저는 뜻있는 선비의 절개를 잊고 공을 세우려는 뜻을 생각한 것입니다. 그리고 신 오질은, 또 조씨의 후사는 천명이 있는 곳이 아니고, 정사가 빈약하고 형벌은 어지러우며, 조정의 권세를 신하에게 빼앗겨서 많은 장수가 궁궐 밖에서 위세를 남용하며, 각자 정치를 하고 혹시라도 마음을 같이하는 자가 없으며, 사졸들은 쇠약하고 지쳤고, 창고는 텅 비었으며, 국법은 훼손되고 폐기되어 군주와 신하가 똑같이 어리석다고 생각합니다. 폐하께서 앞뒤로 투항하는 반란자들을 많이 얻는다면 이런 소문을 모두 들으시리라 생각합니다.

약소한 자를 겸병하고 어리석은 군주를 공격하는 것은 마땅히 하늘의 때에 따르는 것입니다. 이는 확실히 폐하께서 나아가 취할 때이며, 이 때문에 감히 그 계획을 구차하게 바칩니다. 지금 만일 병사들을 회수와 사수로 나아가게 하여 하비를 차지한다면 형주와 양주 두 주에서는 이 소리를 듣고 움직여 응할 것입니다. 신이 황하 북쪽에서부터 석권하여 남쪽으로 내려가서 형세가 하나로 이어진다면 뿌리와 새싹이 영원히 견고해질 것입니다. 관서의 군대는 촉나라에 대한 방위에 얽매여 있어, 청주와 서주 두 주는 감히 수비를 철수시키지 못하며, 허창과 낙양에 남아 있는 병사들은 1만 명도 안 되니 누가 동쪽으로 와서 폐하와 다투겠습니까? 이것은 실제로 천 년에 한 번 만나는 기회이니 깊이 생각하고 세세하게 계획하지 않을 수 있겠습니까!

신이 있는 곳은 본래 말이 많은 데다가 강인羌人과 호인은 늘 3, 4월 중에 수풀이 풍성할 때 말을 달려 오가므로 눈앞의 상황을 은밀히 헤아려보면 3천여 필을 얻을 수 있습니다. 폐하께서 군대를 내보내 마땅히 이때를 이용하여 많은 기사騎士를 데리고 와서 말을 취해야 합니다. 이것은 모두 제가 미리 알고 있는 구체적인 상황에 근거하여 정한 것입니다. 양쪽 군대는 상대방의 상황에 대해 서로 허실虛實을 철저하게 파악할 수 없습니다. 지금 폐하께서는 이곳 상황이 확실히 허약함을 알고 있으므로 쉽게 무너뜨려 평정할 수 있을 것이며, 폐하께서 움직이기만 하면 호응하는 사람이 반드시 많을 것입니다.

위로는 위대한 사업을 확정하고 천하 통일을 이루며 아래로는 신오질이 평범하지 않은 공로를 세우도록 하는 것, 이것이 하늘의 뜻입니다. 만일 제 의견이 받아들여지지 않는다면 이 역시 하늘의 뜻인 것입니다. 원컨대 폐하께서는 생각해보십시오. 더 많은 말을 하지 않겠습니다.

세 번째 글에서 말했다.

옛날 허자원(許子遠, 허유)은 원소를 버리고 조씨(조조)에게 나아가서 계책을 짜내고 이해관계를 분석했는데, 그 의견이 모두 받아들여져 결국 원소 군대를 깨뜨려 조조의 기업을 확정했습니다. 만일 조씨가 허자원을 믿지 않고 의심하여 머뭇거리며 마음으로 결정하지 못했다면 오늘의 천하는 원씨 소유가 되었을 것입니다. 원컨대 폐하께서는 이 점을 생각하십시오.

저는 변방에 있는 장수 염부關浮와 조즙趙楫이 귀순하려고 했지만 호응하는 것이 늦어서 실패하여 멸망했다고 들었습니다. 지금 신은 충심으로 먼 곳에서 목숨을 바치는데, 만일 또 의심을 품어 제때에 행동을 일으키지 않아 신이 고립되고 단절되게 하여 이처럼 무거운 화를 받게 한다면 아마 천하의 영웅과 장사將士 가운데 공을 세우려는 자들은 감히 또 폐하께 목숨을 의탁하려고 하지 않을 것입니다. 원컨대 폐하께서는 이 점을 생각하십시오. 천지도 제 말을 확실히 들었습니다.

이 글이 널리 유포된 뒤, 오히려 오질은 벌써 조정으로 들어가 시중이 되었다.

| **황룡 2년(230)** | 청주 사람 은번隱蕃이 오나라로 귀순해왔다. 그는 다음과 같이 상소했다.

신은 주紂가 무도無道를 행했을 때 미자(微子, 주대 송나라의 개국 군주)가 먼저 나라를 나왔고, 한나라 고조가 관대하고 영명함을 시행했을 때 진평이 먼저 들어왔다고 들었습니다. 신은 스물두 살에 나라를 버리고 도가 있는 군주에게 귀순하여 폐하의 신령스러움에 기대어 평안하게 되었습니다. 신은 이곳에 와서 며칠 머물렀는데 일을 주관하는 사람이 저를 투항한 사람과 똑같이 여겨 정밀한 구별을 받지 못했으며, 신의 미묘한 말이 폐하께 전달되지 않았습니다. 저는 침울하여 늘 탄식하고 있으니 언제나 다하겠습니까? 삼가 궁궐로 와서 장章을 올리며 신의 소견이 받아들여지기만을 갈망할 따름입니다.

손권은 곧장 은번을 불러 들어오게 했다. 은번은 감사하며 손권이 묻는 말에 대답하고 당시의 정무에 대해 진술했다. 그의 말은 매우 식견이 있었다. 호종이 그때 곁에 앉아 있었는데, 손권은 은번의 말이 어떠냐고 그에게 물었다. 호종이 대답했다.

"은번이 올린 상소는 과장된 말이 마치 동방삭 같은 데가 있고 교묘한 말과 궤변은 마치 예형禰衡 같음이 있지만 재능은 모두 이 두 사람에 미치지 못합니다."

손권이 또 호종에게 은번이 어떤 관직을 감당할 수 있을지 묻자 그가 대답했다.

"그는 백성을 다스릴 수는 없으니, 시험 삼아 잠시 수도의 작은 직책을 맡겨보십시오."

손권은 은번이 형옥刑獄 문제를 왕성하게 논의했으므로 그에게 정위감廷尉監[4]을 맡도록 했다. 좌장군 주거와 정위 학보는 은번에게 왕을 보좌할 만한 재능이 있다고 칭찬했으며, 학보는 특히 그와 친밀하게 지내며 늘 은번의 재능이 꺾인 것을 원망하고 한탄했다. 뒤에 은번은 모반을 꾀했다가 일이 발각되어 주살당했고,[5] 학보는 질

---

4) 정위가 낸 사법 안건에 대해 판결이나 심의의 진행을 담당했다. 조정 대신들의 죄를 심문하기도 했다. 위나라와 오나라에는 있었고, 촉나라에는 있었는지 분명치 않다.

5) 은번은 말재주가 있어서 위나라 명제明帝는 그에게 거짓으로 모반하여 오나라로 가서 정위의 직책을 구하여 대신들의 죄를 취조해 그들 사이를 이간시키도록 명했다. 은번은 정위감이 되었고, 사람들은 주거나 학보가 은번과 친하게 지냈으므로 늘 거마로 구름처럼 모여들어 빈객들이 집에 가득 찼다. 일이 발각되자 은번은 달아났다가 붙잡혀서 이 음모에 가담한 자들에 대해 고문을 받았지만 아무도 말하지 않았다. 손권은 그를 데리고 들어오게 하여 "어째서 육체의 고통을 직접 감당하시오?"라고 말했다. 은번은 "손군孫君, 대장부가 일을 도모하면서 어찌 동반자가 없겠습니까! 그러나 열사는 죽으면서 다른 사람을 연루시키지 않습니다."라며 끝까지 입을 다물고 죽었다.

책을 받고서 자살했다. 주거는 연금되었다가 많은 시간이 흐른 뒤에 사면되었다. 손권은 호종을 편장군으로 임명하고 좌집법을 겸하며 소송에 관한 일을 처리하게 했다.

요동 사건 때 보오장군 장소가 손권의 말이 지나치게 급하다고 간언하자 손권은 매우 화를 냈다. 이들이 화합하고 틈이 생기지 않게 된 것은 호종의 힘이 있었기 때문이다.

호종은 술을 좋아했다. 그는 술을 마신 다음에는 환호성을 질러 마음속에 있는 것을 드러내거나 술잔을 밀고 당기며 주위에 있는 사람을 때렸다. 손권은 그의 재능을 아꼈으므로 그것을 나무라지는 않았다.

손권이 정치를 잡은 이래 각종 문서나 임명서, 이웃 나라로 보내는 편지는 거의 호종이 만들었다. 처음에 나라 안팎으로 일이 많았으므로 특별히 법령을 정해 중요한 관원들이 상사를 당해도 모두 관직을 떠나지 못하도록 했는데, 법령을 여러 차례 어기는 자가 있었다. 손권은 이를 걱정하며 조정의 신하들에게 상의하도록 했다. 호종은 마땅히 법조문을 만들어 극형을 한 사람에게 시행하면 그 다음부터는 반드시 근절될 것이라고 주장했다. 그래서 호종의 말을 받아들인 결과 이때부터 관원들이 장례식장으로 달려가는 일이 없어졌다.

| 적오 6년(243) | 호종이 세상을 떠나고, 그 아들 호충이 작위를 이었다. 호충은 성정이 온화하고 문학적 재능이 있었다. 그는 천기 연간에 중서령이 되었다.

서상은 자가 자명子明이고 오군 오정현 사람이다. 그는 호종보다 먼저 죽었다.

【평하여 말한다】

　시의·서상·호종은 모두 손권 때 사업을 일으키는 데 참여한 사람들이다. 시의는 청렴하고 삼가며 곧고 소박했으며, 서상은 여러 차례 사자로 나가 사명을 다했고, 호종은 문채가 뛰어나고 재능이 있었기에 각기 신임을 받았다. 큰 건물에 비유하자면 이들은 서까래처럼 군주를 보좌했구나!

18

오범유돈조달전吳範劉惇趙達傳

법술에 정통하여 이름을 알린 자들

점으로 앞일을 내다본 신복神ト

오범전吳範傳

오범은 자가 문칙文則이고 회계군 상우현 사람이다. 그는 역법을 익히고 바람과 운기雲氣에 밝았기 때문에 군郡에서 이름이 알려졌다. 그는 유도(有道, 인재를 선발하는 방법의 하나)에 천거되어 경도로 가야 했지만 세상이 어지러워서 가지 않았다. 마침 손권이 동남쪽에서 일어났으므로 오범은 그에게 몸을 의탁하고 일을 했다. 오범은 언제나 재앙의 징조가 있을 때마다 미리 구체적인 상황을 말했는데, 그의 방술은 효험이 많아서 마침내 명성이 빛나게 되었다.

처음에 손권이 오군에 있으면서 황조를 토벌하려고 하자, 오범이 말했다.

"올해에는 이로움이 적어 내년만 못합니다. 내년은 무자년(戊子年, 건안 13년, 즉 208년)으로 형주의 유표는 물론 나라도 망할 것입니다."

손권은 황조를 정벌하러 갔지만 끝내 이기지 못했다. 다음 해에 군대를 출동시켜 심양까지 달려갔을 때, 오범은 기상의 조짐을 살피고 손권의 배에까지 와서 축하했다. 오범이 병사를 재촉해서 재빠르게 움직여 도착한 즉시 황조 군대를 무찌르니 황조는 밤에 달아났다. 손권이 황조를 놓쳐서 걱정하니까 오범이 말했다.

"멀리 가지 못했으니 반드시 그를 사로잡을 것입니다."

오경五更이 되자 정말로 황조를 사로잡았다. 유표는 결국 죽었고,

형주는 분할되었다.

임신년(壬辰年, 건안 17년, 즉 212년)이 되자 오범이 또 이렇게 말했다.

"갑오년(甲午年, 건안 19년, 즉 214년)에는 유비가 반드시 익주를 얻을 것입니다."

뒤에 여대는 촉나라에서 돌아오는 길에 백제에서 유비를 만났다. 유비의 부대는 흩어져 유리되었고 죽은 자가 거의 절반이므로 일은 분명히 성공할 수 없다고 말했다. 손권이 여대의 말에 근거하여 오범을 힐난하자, 오범은 이렇게 말했다.

"신이 말한 것은 천도天道이고, 여대가 본 것은 인사人事일 뿐입니다."

유비는 정말로 촉을 차지했다.

손권이 여몽과 함께 관우를 습격할 일을 모의하고 믿을 만한 가까운 신하들과 상의했는데 대부분 불가능하다고 말했다. 손권이 이일을 오범에게 물으니 그가 말했다.

"관우를 잡을 수 있습니다."

그 뒤 관우는 맥성에 있으면서 사자를 보내 항복을 요청했다. 손권은 오범에게 물었다.

"그가 결국 본심으로 투항하려는 것이겠소?"

오범이 말했다.

"그에게는 달아나려는 징후가 있습니다. 투항한다는 말은 거짓일 뿐입니다."

손권은 반장을 시켜서 관우의 길을 끊도록 했다. 정찰하는 이가 돌아와 관우는 이미 떠났다고 아뢰었다. 오범이 말했다.

"비록 떠났을지라도 모면하지는 못할 것입니다."

손권이 언제쯤 관우를 붙잡게 될지 묻자 오범이 말했다.

"내일 정오입니다."

손권은 해시계와 물시계를 놓아두고 그때를 기다렸다. 정오가 되었는데도 관우가 붙잡혀 오지 않자 손권이 그 까닭을 물었다. 오범이 대답했다.

"아직 정오가 안 되었습니다."

조금 있다가 바람이 불어 휘장을 움직이자, 오범은 손을 치며 말했다.

"관우가 붙잡혀 왔습니다."

금세 밖에서 만세 소리가 들려오고 관우를 붙잡았다는 말이 전해졌다.

뒤에 손권이 위나라와 우호 관계를 맺을 때 오범이 말했다.

"바람의 징후로 보건대 그들은 예절 있는 모습으로 왔지만 사실은 음모가 있으니 마땅히 대비해야 합니다."

유비가 서릉에서 병사를 많이 일으키자 오범이 말했다.

"뒤에 반드시 화친을 맺을 것입니다."

결과는 모두 그가 말한 것과 같았다. 그 점의 징험은 이처럼 분명했다.

손권은 오범을 기도위로 삼고 태사령을 겸하도록 했으며, 여러 차례 방문하여 점의 비결을 알고 싶어 했다. 오범은 자신의 법술을 비밀로 하고 아꼈으므로 정작 중요한 대목에 이르러서는 손권에게 말하지 않았다. 손권은 이 때문에 그를 한스러워했다.

처음에 손권이 장군이 되었을 때 오범은 일찍이 강남에 제왕의 기운이 있으며, 해년亥年과 자년子年 사이에 큰 복과 경사가 있을 것이라고 말했다. 손권이 말했다.

"만일 결과가 당신 말과 같으면 당신을 후侯로 삼겠다."

손권이 오왕으로 세워지자 오범은 그때 연회에 참석하여 말했다.

"예전에 오중(吳中, 오현)에 있을 때 일찍이 이 일을 말했는데, 대왕께서는 기억하십니까?"

손권이 말했다.

"기억한다."

그리고 수하 사람들을 불러 오범에게 후작의 수대를 주도록 했다. 오범은 손권이 이것으로 전에 한 약속을 막으려는 줄을 알고서 손으로 밀고 받지 않았다. 뒤에 공로를 논하여 작위를 봉할 때 오범을 도정후로 삼았다. 그러나 조서가 공포되기 직전에 손권은 오범이 자신에게 법술을 아끼는 것을 한탄하며 그의 이름을 빼버렸다.

오범은 사람됨이 강직하며 자신을 뽐내기를 좋아했지만 가까운 친구와 왕래하는 데에는 시작과 끝이 있었다. 그는 평소 위등 같은 읍 사람과 좋은 관계를 맺었다. 위등이 일찍이 죄를 짓자 손권은 노여워하며 매우 심하게 꾸짖고 감히 간언하는 자는 죽여버렸다. 오범은 위등에게 말했다.

"나는 당신과 함께 죽겠습니다."

위등이 말했다.

"죽어도 이로움이 없는데 무엇 때문에 죽으려 합니까?"

오범이 말했다.

"어떻게 이 점을 생각하고 당신 일을 앉아서 보기만 합니까?"

그리고 머리를 자르고 직접 결박하여 궁궐 문밖으로 와서 영하(鈴下, 전령 통보 담당관)를 시켜 간언하러 왔음을 알리게 했다. 영하는 감히 하지 못하고 이렇게 말했다.

"반드시 죽게 될 것이므로 감히 알리지 못하겠습니다."

오범이 말했다.

"당신은 자식이 있습니까?"

그가 말했다.

"있습니다."

오범이 말했다.

"만일 당신이 나 오범 때문에 죽는다면, 자식을 내게 주십시오."

그가 말했다.

"좋습니다."

그는 문을 밀고 들어갔다. 영하의 말이 끝나지도 않았는데, 손권은 매우 노여워하며 창을 그에게 던져 찌르려고 했다. 그는 몸을 돌려 달려나갔고, 오범이 그 기회를 틈타 갑자기 들어와 머리를 찧고 피를 흘리며 말하고 눈물을 흘렸다. 매우 오랜 시간이 지나서야 손권은 마음이 풀렸고, 비로소 위등을 풀어주었다. 위등은 오범을 만나 고마워하며 이렇게 말했다.

"부모님은 나를 낳고 기를 수 있었지만 죽음에서 모면시켜줄 수는 없었습니다. 장부의 지기知己로는 당신 같은 한 사람이면 충분하거늘 어찌 많이 얻겠습니까!"

| 황무 5년(226) | 오범은 병으로 세상을 떠났다.[1] 오범의 맏아들은 그보다 먼저 죽었고 작은아들은 아직 어리므로, 그의 사업은 끊어지고 말았다. 손권은 그를 추념하고, 관할하는 세 주(형주·양주·교주)

---

1) 오범은 자신이 죽을 날을 미리 알고 손권에게 "폐하께서는 모일某日에 군사軍師를 잃을 것입니다."라고 했다. 손권이 "나에게는 군사가 없는데 어찌 잃는 일이 있겠소?"라고 하자, 오범은 "폐하께서 군대를 출동시켜 적군에 임할 때 반드시 신이 말한 다음에 움직였으니, 신이 곧 폐하의 군사입니다."라고 말했다. 그날이 되자 정말로 오범이 죽었다. 배송지는 오범이 죽었을 때 손권은 아직 帝로 일컬어지지 않았으므로 여기서 폐하라고 말한 것은 잘못이라고 지적했다.

에서 오범과 조달처럼 술수(術數, 천문·역법·음양오행 등과 산술법)를 알
고 있는 자를 천거하도록 하여 천호후千戶侯로 봉하려고 했지만 끝
내 얻지 못했다.

천문에 밝고 점술에 통달한 모사

유돈전劉惇傳

유돈은 자가 자인子仁이고 평원국 사람이다. 난을 만나자 고향을 떠나서 여릉군에서 객客으로 살며 손보를 섬겼다. 유돈은 천문天文에 밝고 점술에 통달했기 때문에 남쪽 땅에서 이름이 빛났다. 그는 수재·한재·도적이 있을 때마다 모두 미리 그때를 말했는데, 알아맞히지 못한 적이 없었다. 손보는 그를 남다르게 여겨 군사軍師로 삼았고, 군대 안에서는 모두 그를 존경하고 섬기며 '신명神明'이라고 불렀다.

| 건안 연간(196~220) | 손권이 예장군에 있을 때 때때로 별의 모양이 달라져서 유돈에게 묻자, 그는 이렇게 말했다.

"단양에 재난이 있습니다."

손권이 말했다.

"어떠한 재난이오?"

유돈이 말했다.

"손님이 주인을 이기려는 것입니다. 모일某日이면 소식이 들려올 것입니다."

이 무렵 변홍의 난(손권의 동생인 단양 태수 손익을 죽인 사건)이 있었고, 결과는 유돈이 말한 것과 같았다.

유돈은 여러 가지 법술에 모두 뛰어났는데, 특히 태을(太乙, 점복술의 일종. 태일太一)에 밝아 나타날 일을 모두 추측하여 헤아리고 미묘한 요점을 철저히 파악할 수 있었다. 저서 1백여 편을 써서 유명한 유학자 조현은 그를 재능이 남다르다며 칭찬했다. 유돈도 조현의 법술을 진귀하게 여겼으므로 다른 사람에게 말하지 않았다. 그러므로 세상에 조현의 법술을 알 수 있는 이가 없었다.

자신이 죽는 날까지 예견한 법술가

조달전趙達傳

조달은 하남군河南郡 사람이다. 그는 어릴 때 한나라 왕조의 시중 선보單甫에게 학문을 배웠고 생각하는 것이 정밀했다. 그는 동남쪽에 제왕의 징후가 있으므로 난을 피할 수 있다고 여겨 혼자서 장강을 건넜다. 조달은 구궁일산(九宮一算, 고대에 구격九格이라는 숫자 표를 사용한 계산법)의 법술을 익히고 그 미묘한 이치를 연구하여 임기응변에 능하게 되었고, 사람들이 묻는 것에 마치 신처럼 대답했다. 그가 황충蝗蟲의 발생 정도를 예측하고 숨겨놓은 물건을 추측함에 적중하여 징험이 없는 적이 없었다. 어떤 사람이 조달을 비난하여 말했다.

"날아다니는 것은 본래 셀 수 없는데, 누가 그 수를 안다면 이것은 아마 망령된 것일 뿐입니다."

조달은 그 사람에게 작은 콩 몇 두斗를 가져오라고 하여 자리 위에 흩어놓게 하고 곧바로 그 개수를 추측했는데, 확인해본 결과 정말 똑같았다. 조달은 일찍이 오랫동안 알고 지낸 친구를 방문한 적이 있는데, 그 친구는 조달을 위해 음식을 마련했다. 음식을 먹고 나서 그 친구가 조달에게 말했다.

"창졸간이라 술도 없고 맛난 안주도 없어 마음을 나눌 방법이 없으니 어떻게 하지?"

조달은 곧 쟁반 위의 젓가락을 집어 두세 번 가로세로로 긋더니 이렇게 말했다.

"그대의 동쪽 벽 아래에는 맛난 술이 한 곡 있고, 또 사슴 고기가 세 근 있는데 어찌 없다고 하나?"

그때 그 자리에는 다른 손님도 있었고, 속으로 주인의 감정을 헤아렸으므로 주인은 부끄러워하며 말했다.

"자네가 유무有無를 추측하는 데 뛰어나기 때문에 시험해보려고 했을 뿐일세. 결국 이와 같이 징조를 경험했네."

그러고 나서 술을 내와 맛있게 마셨다. 또 어떤 사람이 서간書簡 위에 천만千萬의 숫자를 써서 텅 빈 창고 속에 넣어 밀봉한 다음, 조달에게 그것을 셈해보도록 했다. 조달이 셈한 것은 그 수와 같았다. 그는 말했다.

"이 창고는 다만 유명무실할 뿐입니다."

그의 정확하고 미묘함이 이와 같았다.

조달은 자신의 법술을 중시하고 아꼈다. 감택과 은례 같은 유명한 유학자와 우수한 선비 들이 직접 몸을 굽혀 이것을 배우러 왔지만 조달은 비밀로 하며 말하지 않았다. 태사승(太史丞, 태사령을 보좌하거나 궁정의 제사와 혼사 등의 시간을 선택하는 관직) 공손등公孫滕은 어릴 때부터 조달을 스승으로 섬기며 몇 년 동안 각고의 노력을 했다. 조달은 그에게 자신의 법술을 가르쳐주기로 응낙한 지 몇 해가 지나 전수하려고 할 때마다 으레 멈추곤 했다. 공손등은 다른 날 조달에게 술을 주고 낯빛을 살핀 다음 무릎을 꿇고 전수해주기를 요청했다. 조달은 이렇게 말했다.

"내 선조들은 이 법술을 얻어 제왕의 스승이 되기를 추구했지만 관직에 오른 이래 삼대에 이르기까지 태사랑에 지나지 않았다. 나는 진실로 너에게 전수하고 싶지 않다. 게다가 이 법술은 미묘하여 처음에는 승법乘法으로 하고 나중에는 제법除法으로 하므로, 이 계산 방법은 부자 사이라도 서로 말하지 못한다. 그러나 너는 학문하기를 매우 좋아하여 지칠 줄을 모르니 오늘 진정으로 철저히 전해 주겠다."

술을 몇 잔 마시고 나서 조달은 일어나 비단에 쓴 책 두 권을 가져왔는데 두께가 손가락 굵기와 같았다. 조달이 말했다.

"만일 이것을 쓰고 읽을 수 있다면 스스로 이해할 수 있을 것이다. 나는 오랫동안 버려두고 다시 살펴보지 않았다. 이제 한 차례 잘 검토해보고 며칠 뒤에 반드시 너에게 주겠다."

공손등은 약속한 날에 갔다. 그가 이르자 조달은 책을 찾는 척하더니 깜짝 놀라며 책을 잃어버렸다고 하고 이렇게 말했다.

"사위가 어제 다녀갔는데 틀림없이 그가 훔쳐갔을 것이다."

그래서 이로부터 전수하는 일은 끊겼다.

처음에 손권은 병사를 내어 정벌하러 갈 때마다 으레 조달에게 앞일을 헤아려보도록 했는데, 모든 것이 그의 말처럼 되었다.[2] 손권이 그 법술에 관해 물었지만 조달은 끝까지 말하지 않았다. 이로부터 그는 냉대를 받아 봉록이나 작위와는 인연이 없어지고 말았다.

조달은 늘 점성술과 풍술風術하는 이들을 비웃으면서 이렇게 말했다.

"마땅히 휘장 안에서 계산하고 문을 나가지 않고서 하늘의 이치

---

2) 손권이 제위에 올라서 처음에 조달에게 천자로서 몇 년 동안 자리에 있겠는지 점치도록 했다. 조달은 "한나라 고조는 왕조를 세운 후 12년 동안 자리에 있었는데 폐하는 그 배가 될 것입니다."라고 말했다. 손권은 매우 기뻐했고 주위에 있는 자들은 만세를 외쳤다. 정말 조달의 말대로 되었다.

를 알아야 하는데, 오히려 낮이나 밤이나 몸을 밖으로 드러내어 기상의 징후를 바라보아야 하니 또한 어렵지 않겠습니까?"

그는 일이 없어 한가하게 있을 때 법술로 자신을 헤아려보고는 탄식하며 말했다.

"내 운수는 모년 모월 모일에 다하여 그때 죽을 것이다."

조달의 아내는 그가 앞일을 헤아리는 징험을 자주 보아왔으므로 그가 탄식하는 소리를 듣고 소리 내어 울었다. 조달은 아내의 마음을 위로하기 위해 다시 헤아려보고는 이렇게 말했다.

"이전 것은 잘못이오. 아직 죽을 날이 안 되었소."

나중에 그는 예측했던 날짜에 죽었다. 손권은 조달이 점술에 관한 책을 갖고 있다는 말을 듣고 뒤져보게 했지만 얻지 못하자 그 딸을 심문했고, 또 관까지 뒤져보았지만 얻지 못했다. 그의 법술은 끊어지고 말았다.

【평하여 말한다】

이 세 사람은 각자 자신의 법술에 정통했으며 사고가 현묘했다. 그러나 군자란 심신을 수고롭게 하는 것은 마땅히 크고 먼 곳에 두어야 한다. 이 때문에 식견 있는 선비들은 그 법술을 버리고 이러한 학문을 취했다.

19

제갈등이손복양전諸葛滕二孫濮陽傳

자기 관리에 실패한 자들

재주가 넘쳤으나 교만하여 집안을 망치다

제갈각전諸葛恪傳

제갈각은 자가 원손元遜이고 제갈근의 맏아들이다. 그는 어릴 때부터 이름이 알려졌다. 약관의 나이에 기도위로 임명되었고, 고담·장휴 등과 함께 태자 손등을 모시면서 도리나 육예를 강론했으며, 나란히 태자의 빈우賓友가 되었다. 그는 중서자에서 좌보도위로 전임되었다.

제갈각의 아버지 제갈근은 얼굴이 마치 당나귀처럼 길었다. 손권은 많은 신하가 대거 모인 자리에서 사람을 시켜 당나귀 한 마리를 끌고 들어와 그 당나귀의 얼굴에 긴 봉투를 붙이고 제갈자유諸葛子瑜라고 쓰도록 했다. 제갈각이 무릎을 꿇고 말했다.

"붓으로 두 글자를 더하도록 허락해주십시오."

그래서 손권은 허락하고 붓을 주었다. 제갈각은 그 아래에 이어서 다음과 같이 썼다.

'지려之驢.'

그곳에 앉아 있던 사람들은 즐겁게 웃었다. 그래서 손권은 당나귀를 제갈각에게 내렸다. 다른 날 또 만났을 때 손권은 제갈각에게 물었다.

"그대 아버지와 작은아버지(제갈량) 중에서 누가 현명한가?"

제갈각이 대답했다.

"신의 아버지가 뛰어납니다."

손권이 그 까닭을 물으니 제갈각이 대답했다.

"신의 아버지는 일을 맡을 만한 자를 알지만 작은아버지는 모르기 때문에 뛰어나다고 한 것입니다."

손권은 또 크게 웃었다. 손권은 제갈각에게 다니면서 술을 권하도록 명했다. 제갈각이 장소의 앞에 이르렀을 때, 장소는 벌써 취기가 있어 마시고 싶어 하지 않았으며 제갈각에게 이렇게 말했다.

"이것은 노인을 공양하는 예의가 아니다."

손권이 말했다.

"그대가 장공을 말로 굽힐 수 있으면 마땅히 마실 것이다."

제갈각은 장소를 반박하여 말했다.

"옛날 사상부(師尙父, 여망인데, 서주 초 태사를 맡아 상나라 멸망에 기여하여 붙여진 이름)는 아흔 살에도 깃발을 잡고 월을 가지고는 오히려 아직 늙지 않았다고 말했습니다. 지금 군사적인 일에서 장군은 후방에 있지만, 술 마시고 밥 먹는 일에서는 앞에 있으면서 어찌 노인을 공양하지 않는다고 말합니까?"

장소는 끝내 할 말이 없어서 술잔 가득 마시게 되었다. 그 뒤 촉나라 사자가 와서 신하가 모두 모이게 되었는데, 손권이 사자에게 이렇게 말했다.

"이 제갈각은 말타기를 매우 좋아한다. 돌아가서 승상에게 말하여 좋은 말을 보내오도록 하라."

그러자 제갈각은 곧장 무릎을 꿇고 감사드렸다. 손권이 말했다.

"말이 아직 오지도 않았는데 무엇을 감사하시오?"

제갈각은 이렇게 대답했다.

"촉나라는 폐하의 바깥 마구간인데, 오늘 은혜로운 조서를 내렸으므로 말은 반드시 이를 것입니다. 어찌 감히 감사드리지 않겠습니까?"

제갈각의 재능과 민첩한 사고는 모두 이와 같았다.[1] 손권은 그를 매우 특이한 인물로 여겨 구체적인 일로 시험해보려고 절도의 직책을 대행하도록 했다. 그 직책은 군대의 식량을 관장하며 문서가 번잡하므로 제갈각이 좋아하는 일이 아니었다.[2]

제갈각은 단양은 산이 험하고 백성 대부분이 과감하고 강인하여 비록 전에 병사들을 출동시켰어도 오로지 변방 현의 평민만 얻었을 뿐 그 밖에 깊고 먼 산속에 있는 자들은 다 붙잡을 수 없었다면서 직접 단양 관리로 임명되어 나가기를 여러 차례에 걸쳐 요청하며 3년 만에 무사 4만 명을 얻을 수 있다고 했다. 사람들의 중론은 모두 다음과 같았다.

"단양군은 지세가 험준하고 오·회계·신도·파양 네 군과 인접해

---

1) 일찍이 머리가 흰 새가 궁전 앞 정원으로 모여들었다. 손권이 "이게 무슨 새인가?"라고 묻자, 제갈각이 "백두옹白頭翁입니다."라고 대답했다. 장소는 그 자리에 있는 사람들 가운데 자신이 가장 늙었으므로 제갈각이 새로 자신을 조롱한다고 생각하고, "제갈각은 폐하를 속이고 있습니다. 백두옹이라는 새 이름은 일찍이 들어보지 못했습니다. 제갈각에게 백두모白頭母라는 새를 구하도록 하십시오."라고 했다. 제갈각은 "앵모鸚母라는 새가 있는데, 이것과 대對를 이루는 새가 반드시 있지는 않을 것입니다. 보오(輔吳, 장소)에게 앵부鸚父를 구하도록 하십시오."라고 했다. 장소가 대답하지 못하자 자리에 있던 사람이 모두 웃었다.

2) 손권은 오왕이 되자 처음으로 절도라는 관직을 두어 군량미를 관리하게 했는데, 이것은 한나라 제도에는 없던 것이다. 처음에는 시중이며 편장군이던 서상을 이 직책에 임용했고, 서상이 죽자 제갈각을 대신 임명했다. 제갈량은 제갈각이 서상의 뒤를 잇는다는 말을 전해 듣고는, 육손에게 편지를 보내 다음과 같이 말했다. "우리 형(제갈근)은 연로하고, 그 아들 제갈각은 거친 성격을 갖고 있는데, 오늘 그에게 식량을 관리하도록 했습니다. 식량은 군사적인 일에서 가장 중요한 것입니다. 나는 먼 곳에 있지만 사사로이 불안을 느낍니다. 당신이 특별히 폐하께 알려서 그의 임무를 바꾸도록 해주십시오." 육손이 손권에게 아뢰자, 곧바로 제갈각에게 병사를 지휘하는 관직으로 바꾸도록 했다.

있으며, 주위가 수천 리에 산과 계곡이 무수히 포개져 있고, 외지고 깊은 산속에 살고 있는 사람들은 일찍이 성읍으로 들어오지 않았으며, 장리를 보지도 못했고 모두 들녘에서 무기를 쥐고 있으며, 마지막에는 수풀 속에서 늙어 죽습니다. 도망자나 오랫동안 사악한 행위를 한 자는 모두 함께 이곳으로 달아나 숨어 있습니다. 산속에서는 구리와 철이 생산되므로 직접 병기를 만듭니다. 그곳 습속은 무예를 좋아하고 싸움을 익히며 기력氣力을 높이 숭상합니다. 그들이 산을 오르고 험난한 곳을 넘으며 가시덤불을 뚫고 지나가는 것은 마치 물고기가 연못 속에서 질주하고 원숭이가 나무에 오르는 것과 같습니다. 그들은 때때로 틈을 살펴 나와서 소란을 일으키고 약탈하므로 번번이 병사들이 출정하여 토벌하려고 그들이 숨어 있는 소굴을 찾습니다. 그들은 싸울 때는 벌이 이르는 것처럼 하고 지면 새처럼 사방으로 달아나버립니다. 그래서 전 시대부터 지금까지 제어할 수가 없었습니다."

모두 어려운 일이라고 했다. 제갈각의 아버지 제갈근도 이 이야기를 듣고 이 일을 끝마치기란 어렵다고 생각하여 탄식하며 다음과 같이 말했다.

"제갈각은 우리 집안을 크게 일으키지 못하고 앞으로 우리 종족을 망하게 할 것이다."

제갈각은 반드시 이길 것이라며 있는 힘을 다해 말했다. 손권은 제갈각을 무월장군(撫越將軍, 산월족 토벌을 담당한 관직)으로 임명하고 단양 태수를 겸하도록 했으며, 적흑색 비단으로 싼 나무창을 쥔 기병 3백 명을 주었다. 관직에 임명하는 일을 끝마치고 제갈각에게 위의를 갖추고 북을 치고 피리를 불며 행렬을 이끌고 집으로 돌아가도록 명했다. 그때 제갈각은 서른두 살이었다.

제갈각은 임지에 이르러 네 군에 딸린 성의 장리들에게 편지를 보내 각자 자신들이 관할하는 지역을 지키고 군대를 정돈하여 세우며, 평민들을 복종시키고 교화하여 모두 안정되게 머물러 거주하도록 하라고 했다. 그리고 관소의 장수들을 나누어 보내고 병사들을 험난한 곳에 배치하여 오직 방어 진지만 수리하고 그들과 교전하지 말도록 했으며, 곡식이 장차 익으려고 할 때를 기다렸다가 병사들을 풀어 베게 하여 씨를 남기지 않게 했다. 산속에 있는 자들은 옛 곡식을 이미 다 소비했으나 새 곡식을 얻지 못하게 되었다. 평민들은 안정되게 거주하며 약탈하여 손에 넣는 이가 없었다. 그리하여 산속의 백성은 굶주리고 곤궁해지자 점점 나와서 투항했다. 제갈각은 또 수하 사람들에게 명령을 내려 다음과 같이 말했다.

"산속의 백성은 악을 버리고 복종하여 교화되었으니 모두 마땅히 위로해야 한다. 그들을 바깥 현으로 옮겨 살게 하고 의심하여 잡아다 가두지 마라."

구양(臼陽, 단양丹陽)현의 장 호항胡伉이 항복한 백성 주유周遺를 체포했다. 주유는 예전의 사악한 백성으로 상황이 어려워져 핍박을 받게 되자 잠시 산을 나왔지만 속으로는 반역을 꾀하고 있었다. 호항이 그를 붙잡아 제갈각의 관소로 보내왔다. 제갈각은 호항이 명령을 어겼으므로 목을 베어 사람들에게 돌려 보이고는 표를 만들어 이 일을 조정에 보고했다. 백성은 호항이 사람을 체포하는 죄를 범하여 주살당했다는 소식을 듣고 관에서 산속의 백성을 나오도록 하려는 것임을 알았다. 이리하여 노인과 어린아이들이 서로 손을 잡고 나오게 되었다. 1년이 지나자 사람들 수는 모두 제갈각이 원래 생각했던 것처럼 되었다. 제갈각은 직접 1만 명을 거느리고, 그 밖의 사람들은 여러 장수에게 나누어주었다.

손권은 그의 공로를 기뻐하며 상서복야 설종을 보내 제갈각의 군대를 위로하도록 했다. 설종은 먼저 제갈각 등에게 편지를 보내 이렇게 말했다.

산월 백성은 험난한 지세에 의지하고 있어 복종시키지 못한 지 몇 해가 지났습니다. 그들을 느슨하게 하면 의심 많은 쥐가 머리를 내놓고 관망하는 것처럼 하고, 급박해지면 이리같이 뒤를 돌아보며 두려워했으므로 황제께서는 매우 노여워하여 장수들에게 서쪽을 정벌하도록 했습니다. 신기한 책략이 조정 안에 전해지고 군대의 무용은 먼 곳까지 떠들썩하게 했습니다. 병기에는 혈흔이 없고 갑옷도 땀으로 젖지 않았습니다. 원흉과 사악한 자의 목을 베어 내다 걸자 무리는 정의로 귀순했으며, 깊은 산속의 도적들은 소탕되었고 포로 10만 명을 바쳤습니다.

들에는 남은 도적이 없고, 성읍에도 간사한 사람이 더는 없습니다. 흉악한 자들을 소탕했을 뿐만 아니라 군대 비용도 충실해졌습니다. 명아주와 강아지풀은 이로운 풀로 변했고, 도깨비는 다시 용감한 병사가 되었습니다. 비록 실제로는 나라의 위엄과 신령스러움이 더해졌을지라도 확실히 원수元帥가 직접 이르러 만든 것입니다. 《시경》에서는 포로를 심문한 것을 찬미하고 《역경》에서는 목을 벤 일을 칭찬했지만 주 왕조의 방숙과 소백호召伯虎, 한 왕조의 위청衛青과 곽거병[3]을 어찌 나란히 논할 수 있겠습니까?

---

3) 위청은 한나라 무제와 같은 나이로 일곱 차례 정벌에 나서 적군 5만여 명의 머리를 얻었고, 곽거병은 청년 장군으로 네 번의 싸움에서 적군 11만여 명의 머리를 얻었으니 두 사람의 공적은 상당하다. 《사기》〈위장군 · 표기 열전衛將軍驃騎列傳〉에 자세히 나와 있다.

공적은 옛사람을 뛰어넘고 공훈은 전 시대를 초월합니다. 주상께서는 기뻐하며 멀리서 감탄하고 있습니다.《시경》〈사두四牡〉편의 유전遺典에 감동하여 승리하고 돌아오는 병사들에게 연회를 내린 옛날 예의 제도를 사모했습니다. 그러므로 중대中臺[4]에서 가까이 있는 관리를 보내 장군을 맞이하고 상을 내려서 위대한 공적을 빛내고 수고를 위로하도록 했습니다.

제갈각을 위북장군으로 임명하고 도향후로 봉했다. 제갈각은 병사들을 이끌어 여강군의 환구에서 둔전하기를 원했다. 그래서 가볍게 무장한 병사들로 서현을 습격하여 그곳 백성을 체포해 돌아왔다. 또 먼 곳으로 정찰할 사람들을 보내서 도로와 요충지를 살피게 하여 수춘을 취하려고 꾀했으나, 손권은 불가능한 일이라고 생각했다.

| 적오 연간(238~251) | 위나라의 사마의가 제갈각을 치려고 도모했을 때, 손권은 마침 병사를 출동시켜 이에 대응하려고 했지만 점을 쳐서 형세를 살피는 자가 불리하다고 주장했다. 그래서 제갈각에게 시상으로 옮겨 주둔하라고 했다. 제갈각은 승상 육손에게 편지를 보내 다음과 같이 말했다.

양경숙楊敬叔이 고아한 이론을 강술하여 전했는데, 바야흐로 현재 인물들이 죽어서 모두 없어지면 다시 많아지지 못할 것이니 마땅히 서로 돕고 의지하여 위로는 나랏일을 빛내고 아래로는 서로 보배처럼

---

4) 즉 상서대이다. 황궁에 설치되어 있다고 붙여진 이름이다.

아껴야 합니다. 또 세상 풍속이 서로 훼방하기를 좋아하여 이미 성취한 것이 있는 사람이 중도에 손상을 입도록 하니, 앞으로 나아가려는 무리는 마음으로 즐거워하며 웃지 못할 것이라 했습니다. 저는 이러한 일을 듣고 탄식했으며 진실로 혼자 손을 치며 격분했습니다.

어리석은 생각으로는 군자는 한 사람에게 완전히 갖추기를 요구하지 않으며, 공자의 문하생 3천여 명 가운데 특별하게 두드러지는 72명에서부터 자장子張·자로子路·자공子貢 등 70명의 무리5)에 이르기까지는 아성亞聖의 덕을 갖추고 있지만 각기 단점이 있어 전손사(顓孫師, 자장)는 치우쳤고, 중유(仲由, 자로)는 거칠었으며, 단목사(端木賜, 자공)는 자신의 운명을 받아들이지 못했습니다. 하물며 어찌 이들보다 아래에 있는 사람들에게 결점이 없겠습니까? 그리고 중니(仲尼, 공자)는 이런 제자들이 갖추고 있지 못함을 문제 삼지 않고 손을 이끌어 친구로 여겼으며, 사람들의 단점 때문에 그들의 장점을 버리지 않았습니다. 게다가 지금은 인재를 채용함에 마땅히 지난날보다 너그럽게 해야 하는데 왜 그러겠습니까?

지금은 세상이 복잡하지만 훌륭한 인물은 적으며 나라 각 부처의 관리들은 늘 충분히 채워지지 않아서 고통스러워하고 있습니다. 만일 성정이 사악하지 않고 재력을 다하려는 뜻이 있으면 곧 임용을 장려

---

5) 《사기》의 〈중니 제자 열전〉에 의하면, 공자는 "내 문하에서 학업에 힘써 육예에 통달한 사람은 77명이다."라고 말했는데, 그들은 모두 재능이 뛰어난 사람이었다. 이 가운데 덕행으로는 안연顏淵과 민자건閔子騫과 염백우冉伯牛와 중궁仲弓이 있고, 정치로는 염유冉有와 계로가 있으며, 언변으로는 재아宰我와 자공이 있고, 문학으로는 자유子游와 자하子夏가 특히 뛰어났다. 그러나 전손사는 생각이 치우친 데가 있고, 증삼은 어리석으며, 고시高柴는 우직하고, 중유는 거친 데가 있었다. 안회는 자주 끼니를 거를 만큼 가난했고, 단목사는 가르침을 따르지 않고 재물만 모았지만 세상의 흐름을 정확히 파악했다.

하여 본래 직책에서 재능을 발휘하도록 할 수 있습니다. 만일 작은 것에서는 취할 만한 재능이 있지만 개인적인 행동에 부족한 점이 있다면 모두 마땅히 너그럽게 용서해야지, 하나하나 꾸짖어서는 안 됩니다. 그리고 재능 있는 사람에게는 세미하게 논의하고 가혹하게 요구하면 안 됩니다. 만일 가혹하게 요구하면 옛 현인과 성인도 오히려 완미完美하지 못할 텐데, 하물며 그들과 거리가 먼 사람들에게야 어떻겠습니까? 따라서 도덕으로 사람을 바라보면 어렵고, 보통 사람을 표준으로 바라보면 쉽습니다. 이와 같으면 현명한 사람이든 어리석은 사람이든 간에 알 수 있습니다.

한 왕조 말년 이래로 중국 사대부, 가령 허자장의 무리 가운데서는 더욱 서로 비방했기 때문에 어떤 때는 화를 낳기도 했는데, 이 일이 일어나게 된 까닭을 살펴보면 크게 원수진 것이 아니라 오로지 자신을 억제하는 예절은 다하지 못하면서 다른 사람에게만 바른 도의로 질책했기 때문입니다. 자신의 행위가 예의에 맞지 않으면 다른 사람들은 복종하지 않습니다. 공정한 도의로 다른 사람을 꾸짖으면 사람들은 참아내지 못합니다. 속마음으로는 다른 사람의 행동에 복종하지 않고, 겉으로 다른 사람이 질책하는 것을 받아들이지 못하면 서로 원수가 되지 않을 수 없습니다. 서로 한 차례 원수가 되면 소인들이 그 사이에 끼어들게 됩니다. 두 사람 사이에 끼어들게 되면 뜬소문이 여러 차례 전해지며 나날이 참언이 쌓여 혼란스럽게 뒤섞입니다. 비록 아주 현명하고 매우 가까운 사람일지라도 이 말을 듣게 되면 스스로 진위를 결정짓기 어려울 텐데, 하물며 이미 틈이 생긴 데다가 사리를 명백히 할 수 없는 자는 어떠하겠습니까?

이 때문에 [진나라 말 함께 기병했던] 장이와 진여는 서로 피를 흘리는 지경에 이르렀고, [어려서부터 친한 사이였던] 소육(蕭育, 전한 후기에 지방과 중앙의 관직을 지냈음)과 주박(朱博, 전한 사람. 빈천하나 구경까지 지냈음)이 끝까지 좋은 사이가 될 수 없었던 것은 본래 이로부터 말미암은 것일 뿐입니다. 다른 사람의 조그만 허물은 버리지 않고 미미한 일에서 서로 꾸짖으며, 이것이 오랫동안 지속되면 가가호호 원수가 되어 한 나라에 품행이 완전한 선비가 더는 없게 될 것입니다.

제갈각은 육손이 이것으로 자신을 책망하고 있음을 알았기 때문에 이 이치를 다방면으로 서술하고 그의 취지를 칭찬했다. 마침 육손이 죽자, 제갈각은 대장군으로 승진하고 부절을 받았으며 무창에 주둔해서 육손을 대행하여 형주 자사의 일을 겸하게 되었다.

시간이 오래 지나 손권이 뜻밖에 중병이 들었는데 태자의 나이가 어리므로 제갈각을 불러 대장군 신분으로 태자태부를 겸하도록 했으며, 중서령 손홍에게 태자소부를 겸하게 했다. 손권은 병이 심해지자 제갈각과 손홍, 태상 등윤, 장군 여거, 시중 손준을 불러 뒷일을 부탁했다.[6]

다음 날 손권은 세상을 떠났다. 손홍은 평소에 제갈각과 조화를

---

6) 손권은 질병이 심해지자 뒷일을 누구에게 의탁하면 좋을지 논의하도록 했다. 그때 조정 신하가 모두 제갈각에게 주의하고 있었는데, 손준이 표를 올려 제갈각의 기량은 군주를 보좌하여 정치를 하기에 충분하므로 큰일을 맡길 만하다고 했다. 손권은 제갈각이 자기 의견을 고집하여 일을 처리하므로 그를 꺼렸으나, 현재 조정의 신하가 모두 그에게 미치지 못함이 확실하게 보증할 만하다고 여겨져 제갈각을 불렀다. 그 뒤 상태가 악화되자 제갈각 등을 병상으로 불러 침대 아래에서 조서를 받도록 했다. 손권은 조서에서 말했다. "내 병세는 절망적이다. 아마 여러분과 다시는 만나지 못할 것이다. 모든 일을 여러분에게 부탁한다." 제갈각은 눈물을 흘리며 말했다. "신 등은 모두 두터운 은혜를 입었으므로 마땅히 죽음으로써 조서를 받들 것입니다. 원컨대 폐하께서는 마음을 진정하시고 바깥일은 걱정하지 마십시오." 손권은 담당 관리들에게 조서를 내려 모든 일을 제갈각에게 결재받도록 했으며 국가시험 같은 것만 사후에 제갈각에게 보고하도록 했다.

이루지 못했으므로 그에게 처벌될까 봐 두려워했다. 손홍은 손권이
죽은 일을 비밀에 부치고 거짓 조서로 제갈각을 제거하려고 했다.
손준이 이 일을 제갈각에게 알리니, 제갈각은 손홍에게 어떤 일에
대해 자문을 요청하고는 대답하지 못하자 그 자리에서 주살시켰다.
그리고 손권의 부음을 선포하고 상복을 입었다. 제갈각은 동생 공
안독 제갈융에게 다음과 같은 편지를 보냈다.

이달 16일 을미乙未시에 대행황제大行皇帝가 만국萬國을 버리고 떠나
지위가 높고 낮은 신하들은 슬퍼하며 애도하지 않는 이가 없었다. 우
리 부자와 형제에 이르러서는 한결같이 특별한 은혜를 받아 단지 평
범한 신하가 아니었다. 이 때문에 매우 슬퍼서 간과 심장이 찢어지는
듯하다. 황태자는 정유丁酉일에 황제 자리에 오르니 내 슬픔과 기쁨이
엇갈리며 공존해 어찌할 바를 모르겠다.

내 몸은 임종할 때 남긴 명령을 받아 어린 군주를 보좌하고 있는데,
스스로 사사로이 헤아려보면 재능은 박육(博陸, 곽광. 박육후博陸侯에 봉해
져 붙여진 이름)에 미치지 못하는데 희공姬公이 어린 성왕成王을 보좌하
여 제후들의 알현을 받는 것 같은 부탁을 받았으니 승상이 한 왕조를
보좌한 공을 더럽힐까 두렵고, 선제께서 중임을 맡긴 영명함을 손상
시키게 될까 두렵다. 이 때문에 걱정하며 두려워 매우 많은 것을 생각
하게 되었다. 그리고 백성은 위에 있는 자를 싫어하여 행동하면 주시
를 받게 되는데 언제나 이것을 바꾸겠는가? 지금 어리석고 노둔한 자
질로 보부(保傅, 태자나 제후 자제의 스승)의 위치에 있어서 어려움이 많고
지모는 부족하며, 임무는 무겁고 모략은 얕으니 누가 입술과 이처럼
되어 돕겠는가?

가까이로는 한 왕조 때 연왕 유단劉旦과 개장공주(蓋長公主, 유단의 큰

누이로서 개후蓋侯 왕충王充에게 시집가서 붙여진 이름)가 결탁하여 상관걸上官 桀이 곽광을 죽이려고 한 변란이 있었다. 지금 내 처지가 그때와 거의 같은데 어찌 감히 편안히 머뭇거리고 있겠는가? 또 동생이 있는 곳은 적과 경계가 교차되어 있으니, 이러한 때에는 군수물자를 정돈하고 장수와 병사 들을 격려하여 보통 때보다 경계와 방비를 강화하고, 만 번이라도 나와 함께 죽을 생각을 하여 한 번의 삶을 돌아보지 않음으로써 조정에 보답해 조상에게 부끄러움이 없어야만 한다. 또 각 장수는 각기 자신의 지역을 지키며 적군이 황제가 서거했다는 소식을 듣고 멋대로 쳐들어올까 걱정해야 한다.

변방의 각 관소에는 이미 별도로 약속한 문서를 내려 수하의 독이나 장將은 마음대로 자신의 방위 임무를 버리고 직접 달려오지 못하게 했다. 비록 마음속에는 참지 못할 처참한 심정이 있을지라도 공의 公義로 사사로운 감정을 다스려야 하니 백금(주공 단의 큰아들)이 상중에 출정한 것이 만일 공의를 어겼다면 단지 작은 잘못이 아니었을 것이다. 가까운 사람의 모양으로 소원한 사람을 바로잡는데, 이것은 옛사람들이 분명히 경계했던 것이다.

제갈각은 다시 태부로 임명되었다. 그래서 관리들의 상태를 보고 듣는 교관(校官, 중서전교랑) 제도를 폐지하고, 납부하지 못한 세금을 면제해주고 관세關稅를 없앴다. 모든 일을 처리함에 은혜와 혜택을 숭상했으므로 백성은 기뻐하지 않는 이가 없었다. 제갈각이 드나들 때면 백성은 으레 고개를 길게 빼고 그의 모습을 보고 싶어 했다.

처음에 손권은 황룡 원년(229)에 수도를 건업으로 옮기고, 2년 (230)에 동흥제東興隄를 만들어 호수를 막았다. 그 뒤 회남군으로 출정했을 때 호수 안의 배 때문에 졌는데, 이때부터 더는 수리하지 않고 내버려두었다. 제갈각은 건흥 원년(252) 10월에 동흥에 사람들을 모아 다시 큰 제방을 만들어 왼쪽과 오른쪽은 산으로 이어지고, 그 제방을 긴 형태로 두 성을 쌓았다. 각 성에는 1천 명을 남겨 전단과 유략에게 지키도록 하고는 군대를 이끌고 돌아왔다. 위나라는 오나라 군대가 그들의 변방 지역을 쳐들어오고 모욕받은 것을 치욕스러워했기 때문에 대장 호준과 제갈탄 등에게 명하여 무리 7만 명을 이끌고 두 보루를 포위해 호수를 막고 있는 제방을 무너뜨리려 했다. 제갈각은 군사 4만 명을 일으켜 밤낮으로 달려가 구원하려고 했다. 호준 등은 각 부대에게 부교浮橋를 만들어 호수를 지나 제방 위에 진을 치고 병사를 나누어 두 성(동관과 서관西關)을 공격하도록 명령했다. 성이 높고 험준한 곳에 세워져 있으므로 순식간에 함락시키지 못했다.

　제갈각은 장군 유찬·여거·당자·정봉을 선두 부대로 삼아 파견했는데, 그때 날씨는 춥고 눈이 내리고 있었다. 위나라 장수들은 모여 술을 마시면서 유찬 등의 병사가 적은 것을 보고는 오직 두건을 쓰고 칼과 방패만 갖고 무장을 푼 몸으로 제방 곁에서 크게 웃고 즐기며 군대를 엄격하게 정돈하지 않았다. 유찬 등의 병사들은 기슭으로 올라오면서 곧장 북을 치고 함성을 지르며 어지러이 베어버렸다. 위나라 군대는 놀라 흩어져 달아나 다투어 부교를 건너려고 했으므로 다리가 부서져서 저절로 물속으로 빠지고, 또 서로 밟았다. 낙안 태수 환가 등이 한꺼번에 익사했고 죽은 자가 수만 명이나 되었다. 예전에 모반한 장수 한종은 위나라의 전군독前軍督이 되었는데 그도 목이 베어졌다. 거두어들인 수레와 소, 말과 당나귀가 각기 수천 마리씩 되고 물자와 기계는 산처럼 쌓였다. 제갈각은 군대를 정돈하여 돌아왔다. 제갈각은 승진하여 양도후陽都侯로 봉해졌고, 형주와 양주목과 독중외제군사督中外諸軍事를 더했으며, 금 1백 근, 말 2백 필, 비단과 베 1만 필씩을 받았다.

이때부터 제갈각은 속으로 적을 경시하는 마음이 생겨 12월에 전쟁에서 이기고, 이듬해 봄에 또 군대를 출정시키려고 했다. 여러 대신은 자주 출병하면 병사들이 지친다며 한결같이 제갈각에게 간언했지만 그는 듣지 않았다. 중산대부中散大夫[7] 장연蔣延은 완강히 다투어 간언하다가 사람들에게 부축되어 나갔다.

제갈각은 글을 지어 사람들의 마음을 깨우치려고 다음과 같이 말했다.

무릇 하늘에는 두 태양이 없고, 땅에는 두 마리 용이 없다. 왕 된 자가 천하를 겸병하는 일에 힘쓰지 않고 그 자리만 후세에 남기려 하는 것은 예나 지금이나 없었다. 옛날 전국시대에 각 제후는 스스로 강력한 병사와 넓은 땅에 의지하여 서로 구원했는데, 이와 같은 정권 은 충분히 대대로 전할 수 있고 사람들이 위태롭게 할 수 없다고 말 한다. 자신의 감정과 생각을 방종하게 하고 노고를 꺼려서 진秦나라 를 점점 강대하게 하여 결국 그들을 병탄하게 했으니, 이것은 과거의 사실이다.

근래에 유경승(劉景升, 유표)은 형주에서 병사 1만 명을 가지고 있고 재물과 곡식은 산만큼 있지만 조조는 아직 미미할 때에 그와 힘을 다 투지 않고, 그의 세력이 강대해져 여러 원씨(원소, 원술)를 병탄하여 멸

---

7) 황제의 곁에서 고문에 응대하며 물음에 대답하는 관직이다. 특별히 고정된 업무는 없었으 며 상설이 아니었다.

망시키는 것을 좌시하고 있었다. 북방이 다 평정된 뒤 조조는 30만 병사를 이끌고 형주를 향해 왔다. 그때는 비록 지혜로운 자가 있으나 또 계획을 만들어낼 수 없었다. 그래서 유경승의 아들이 어깨를 교차시켜 투항을 요청해 결국 포로가 되었다. 적대국이 서로 병탄하려고 하는 것은 원수가 서로 제거하려는 것과 같다. 원수가 있는데 그를 자라나게 하면 화가 자기에게 미치는 것이 아니라 후손에게 이르게 되니 멀리 생각하지 않을 수 없다.

옛날 오자서(伍子胥, 춘추시대 오나라 대부. 오왕에게 자결하라는 명을 받은 인물)는 "월越나라가 10년 동안 백성을 길러 모으고, 10년 동안 가르치고 훈련시키면 20년 뒤에는 오나라가 전쟁에서 져 소택지가 될 것이다!"라고 말했다. 부차는 오나라의 강대함에 의지하여 이 말을 듣고도 막연하게 생각했기 때문에 오자서를 주살하고 월나라에 대비하려는 마음이 없었다. 싸움에 지고 나서 후회함에 이르면 어찌 미칠 수 있겠는가? 월나라는 오나라보다 작은데도 여전히 오나라의 화근이 되었거늘 하물며 월나라보다 강대한 나라는 어떠하겠는가?

옛날에 진나라는 오로지 관서關西만 갖고 있었을 뿐인데 오히려 육국六國을 삼켰으며 현재 적들이 모두 진秦·조趙·한韓·위魏·연燕·제齊 등 아홉 주의 땅을 얻었다. 이 땅은 모두 전쟁용 말이 나는 곳이며 유능한 인재를 낸 지역이다. 지금 위魏나라를 옛날 진秦나라와 비교하면 땅은 배나 되고, 오와 촉을 고대의 육국과 비교하면 절반도 되지 않는다. 그러나 오늘 위나라를 대적할 수 있는 까닭은 단지 조조 때의 병사들은 오늘 마침 힘을 다했고, 그 뒤에 태어난 자는 아직 자라지 않아 바로 적군이 쇠약해지고 수가 적으며 아직 왕성해지지 않았기 때문이다.

게다가 사마의는 전에 왕릉을 주살하고 이어서 자신도 죽었으며,

그의 아들은 어리고 약한데 혼자서 큰일을 맡고 있으므로 비록 지혜와 계책이 있는 선비가 있을지라도 임용하지 못한다. 마땅히 오늘 정벌하러 가야 하며, 바로 그들이 액운을 만날 때이다. 성인은 때를 긴급히 붙잡는데, 진실로 오늘을 말한 것이다. 만일 사람들의 감정에 따라서 편안함을 도모하는 계책을 품고서 장강의 험준함은 대대로 전할 수 있다고 주장하고, 위나라의 과거와 현재를 논의하지 않고 오늘의 상황으로 훗날의 변화를 경시한다면 이것이 내가 길게 탄식하는 까닭일 것이다.

고대 이래로 위정자들은 사람을 낳아 기르는 일에 힘썼는데, 지금 적의 백성은 해마다 달마다 늘어나고 있지만 나이가 어려 아직 쓸 수 없을 뿐이다. 만일 또 10년이 지나면 위나라 백성은 틀림없이 지금의 배가 될 테고, 우리나라의 강인한 병사가 주둔해 있는 곳은 모두 이미 공허해질 것이다. 오직 지금 백성이 있으면 큰일을 정할 수 있을 뿐이다. 만일 그들을 일찍이 쓰지 않고 얌전히 앉아 늦게 하여 또 10년이 지난다면 아마 절반으로 줄어들 테고 이들 자제의 수는 족히 말할 것도 없다. 만일 적의 인구는 배로 늘어나고 우리 병사는 절반으로 줄어든다면 비록 이윤이나 관중이 계획할지라도 어떻게 할 수 있겠는가.

오늘 멀리 생각하는 데 이르지 못하는 자는 틀림없이 이런 내 말을 실제와 거리가 멀어 어둡다고 생각할 것이다. 우환이 닥치지 않았는데 미리 걱정하는 것, 이것을 진실로 사람들은 어둡다고 여긴다. 어려움이 이른 다음에 머리를 땅에 닿도록 굽혀 절하는 것은 비록 지혜가 있는 자일지라도 방법을 도모할 수 없다. 이것은 고금의 병폐이지 유독 한 시대의 상황만이 아니다. 지난날 오나라는 처음에 오자서의 생각을 어둡다고 여겼기 때문에 어려움이 닥치자 구할 수 없었다. 유경승은 10년 뒤의 일을 생각하지 못했기 때문에 그 자손을 남길 방법이 없었던 것이다.

오늘 나 제갈각은 자릿수나 채우는 신하의 재능도 없지만 위대한 오에서 소하와 곽광의 임무를 받았으며, 지혜는 보통 사람과 같고 생각하는 것은 멀리까지 미치지 못하지만 만일 오늘 나라를 위해 변방 지역을 개척하지 않는다면 순식간에 나이가 먹을 테고, 그때 원수와 적은 더욱 강대해질 것이니 목을 잘라 잘못을 사죄하려고 해도 무슨 소용이 있겠는가? 오늘 사람들은 간혹 백성이 여전히 가난하므로 쉬는 데 힘쓰도록 하려고 하는데 이는 크나큰 위험을 걱정할 줄 모르고 작은 노고를 아끼는 것이다.

예전에 한나라 고조는 다행히도 삼진三秦의 땅을 자기 소유로 했는데 무엇 때문에 함곡관을 폐쇄하고 요충지를 지키며 직접 오락을 즐기지 않고, 오히려 근거지를 나와 초나라를 공격하려다가 몸에 상처를 입고 갑옷에 이가 생겼으며 장수와 병사 들은 어려움과 고통을 견뎠는가? 어찌 날카로운 칼날이 부딪치는 것을 좋아하고 편안함을 잊어서였겠는가? 이는 적과 우리가 끝까지 오랫동안 있을 수 없음을 생각한 것일 뿐이다!

나는 언제나 형한荊邯이 공손술公孫述에게 출병하여 천하를 취하는 계책을 설명한 것을 보고 있으며, 근래에는 집안의 작은아버지가 표를 올려 적과 천하를 다투는 계책에 관해 말한 것을 보았는데 일찍이 탄식하지 않은 때가 없었다. 나는 밤이 되면 몸을 뒤척이며 이러한 것을 생각한다. 그래서 잠시 어리석은 생각을 적어 여러 군자 곁으로 보낸다. 만일 하루아침에 내가 죽는다면 지향하고 계획한 바가 이루어질 수 없을 것이므로 후대 사람들에게 내가 걱정한 일을 알게 하여 훗일을 생각할 수 있도록 하려는 것이다.

사람들은 모두 제갈각의 이러한 논의는 반드시 자신의 말을 실행시키려는 것이라고 생각했지만, 감히 더 반박하는 이는 없었다.

단양 태수 섭우는 평소 제갈각과 사이가 좋았다. 섭우는 제갈각에게 편지로 간언하여 이렇게 말했다.

대행황제는 본래 동관을 막으려는 계획을 갖고 있었지만 그 계획은 시행되지 못했습니다. 지금 당신은 대업을 보좌하여 선제의 뜻을 이루고, 적군은 먼 곳에서부터 사자를 보내오며, 장사將士들은 위엄과 덕망에 의지하며 직접 출정하여 목숨을 바쳐 하루아침에 비상한 공을 세웠으니 어찌 종묘의 신령과 사직의 복이 아니겠습니까! 마땅히 병사들을 안배해 날카로움을 기르도록 하고 기회를 봐서 출동해야 합니다. 지금 당신들이 승리의 기세를 타고 또 대거 출병하려고 하는데, 천시天時로 볼 때는 할 수 없습니다. 그런데 당신은 임의로 자신의 생각을 키우고 있으니 제 마음은 불안합니다.

제갈각은 이 글을 읽은 뒤에 편지를 써서 섭우에게 답장했다.

그대에게는 비록 자연스런 이치가 있지만 존망存亡의 대국을 보지 못하고 있습니다. 내 글을 자세히 읽어보면 깨달을 수 있을 것입니다.

그리고 그는 사람들의 의견을 어기고 출병했다. 각 주와 군에서 20만 명을 대거 징발했으므로 백성은 소동을 일으켰고, 급기야 인심을 잃게 되었다.

제갈각은 회남에서 위엄을 빛내고자 그곳 백성을 쫓아내려고 생각했는데, 장수들 가운데 어쩌다 다음과 같은 반대 의견을 제기하는 자가 있었다.

"지금 군대를 이끌고 깊숙이 들어가면 변방 백성은 반드시 서로 멀리 달아날 테고, 아마 병사들은 수고로우면서 공은 적을 테니 신성을 포위하는 것만 못할 것입니다. 신성이 어려워지면 틀림없이 구원병이 올 테고, 구원병이 이르기를 기다렸다가 계책을 세운다면 크게 이길 수 있을 것입니다."

제갈각은 그의 계획에 따라 군대를 돌려 돌아와 신성을 포위했다. 전쟁을 몇 달 동안 계속했지만 신성을 함락시키지 못했다. 사졸들은 지쳤고, 날씨가 더워 물을 마셨기 때문에 설사나 각기병에 걸린 자가 태반이었으며, 죽거나 부상당한 자로 땅이 뒤덮였다. 각 진영의 관리들은 날마다 병든 자가 많다고 보고했지만 제갈각은 거짓말이라고 생각하여 이들의 목을 베려고 했다. 이때부터 감히 말하는 자가 없어졌다.

제갈각은 속으로 자신의 계획이 실패한 것을 인정하며 성을 함락시키지 못한 것이 치욕스러워 얼굴에 분노하는 기색이 나타나게 되었다. 장군 주이가 옳고 그름을 논하자 제갈각은 화가 나서 곧바로 그의 병권을 빼앗았다. 도위 채림蔡林은 군의 계책을 여러 차례 진술했지만 제갈각이 쓰지 않자 말을 타고 위나라로 달아났다. 위나라는 오나라의 전사들이 지치고 병들었음을 알고 구원병에게 전진하도록 했다. 제갈각은 군대를 이끌고 떠나갔다. 사졸들은 부상당하고 병들어 철수하는 길에 어떤 자는 구덩이 속으로 넘어지고 어떤 자는 적군의 포로가 되었으므로, 산 자도 죽은 자도 비분의 감정을 품었으며 귀천의 차이 없이 모두 탄식했다. 그러나 제갈각은 태연자약했다. 그는 장강 가로 나와 한 달 동안 머문 뒤에 심양현에서 둔전을 일으키려고 생각했다. 하지만 그에게 돌아오라고 부르는 조서가 끊이지 않았으므로 천천히 병사들을 돌려 돌아왔다. 이때부터 사람들은 그에게 실망하고 원한을 품게 되었다.

| 가을 8월 | 군대가 건업으로 돌아오자, 병사들을 배열시켜 이끌고 관소로 돌아왔다. 그는 곧장 중서령 손묵孫黙을 불러 사나운 목소리로 이렇게 말했다.

"당신들은 어떻게 감히 망령되게도 몇 차례나 조서를 작성했소?"

손묵은 두려워하며 물러 나와 병을 핑계로 집으로 돌아왔다. 제갈각이 출정하여 떠난 뒤에 상주하여 임명한 영이나 장 등의 관원은 모두 파면시키고 다시 뽑았다. 그는 더욱더 위엄을 빛내며 늘 사람들을 꾸짖었으므로 그의 앞에 나아가 만나야 하는 사람들 가운데 두려워하며 불안에 떨지 않는 이가 없었다. 또 숙위를 바꾸어 가까이 신임하는 자를 기용했으며, 다시 군대를 정비하도록 명령하여 청주와 서주로 향하려고 했다.

손준은 백성이 많이 원망하고 사람들이 싫어하는 것을 틈타서 제갈각을 모함해 정변政變을 일으키고자 손량과 상의하여 술자리를 만들고 제갈각을 초청했다. 제갈각은 손량을 만나기 전날 밤, 정신이 어지러워 밤새도록 잠을 자지 못했다. 날이 밝아 세수를 하려고 하자 물에서 냄새가 나고, 그를 모시는 사람이 옷을 주었는데 옷에서도 냄새가 났다. 제갈각은 그 변고를 이상히 여기며 옷을 바꾸고 물을 바꾸었지만 처음과 같은 냄새가 나므로 마음이 우울하고 불쾌했다. 그가 단장을 마치고 빠른 걸음으로 나오는데 개가 그의 옷자락을 물어 당겼다. 제갈각이 말했다.

"개가 나를 가지 못하게 하는구나."

그는 돌아와 앉았다. 조금 있다가 다시 일어나자 개는 또 그의 옷자락을 물었다. 제갈각은 따르는 자에게 개를 쫓도록 하고는 수레에 올랐다.

처음에 제갈각이 회남으로 출정하려고 할 때, 한 효자가 상복을 입고 안방으로 들어온 일이 있었다. 수행하는 사람이 이 일을 아뢰자 제갈각은 밖으로 쫓아내 문책하도록 했는데, 효자는 이렇게 말했다.

"저도 모르는 사이에 들어오게 되었습니다."

당시 안팎에서 지키던 사람들도 그를 보지 못했으므로 사람들은 모두 이상하게 여겼다. 그가 밖으로 나간 뒤, 앉았던 관청의 대들보 중간이 부러졌다. 신성에서 출발하여 동흥에 머물고 있는데 흰 무지개가 그의 배에 나타났으며, 돌아와 장릉(손권의 묘)에 제사 지낼 때도 흰 무지개가 그의 수레를 에워쌌다.

제갈각은 손량을 알현하려고 수레를 궁궐 문 앞에 멈추었다. 손준은 이미 휘장 안에 병사들을 매복시켜놓고, 제갈각이 제때에 들어오지 않아 일이 누설될까 걱정하여 직접 나가서 제갈각을 만나 이렇게 말했다.

"사군使君께서 만일 귀한 몸이 불편하시다면 나중에 만날 수 있습니다. 제가 주상께 상세히 아뢰겠습니다."

손준은 이 말로 제갈각을 살펴보려고 했다. 제갈각이 말했다.

"당연히 제 힘으로 들어갈 것입니다."

산기상시 장약張約, 주은朱恩 등의 밀서가 제갈각에게 전해졌는데 다음과 같이 적혀 있었다.

오늘 보통 때와 다르게 말한 것은 다른 까닭이 있을 것으로 의심됩니다.

제갈각은 편지를 본 뒤에 사태를 깨닫고 떠났는데, 아직 궁궐 문을 나가지 않아서 태상 등윤을 만났다. 제갈각이 말했다.

"갑자기 배가 아파서 조정으로 들어가지 못하겠습니다."

등윤은 손준의 음모를 모르고 있으므로 제갈각에게 이렇게 말했다.

"당신은 행군에서 돌아와 아직 만나지 않았고, 오늘 주상께서 술자리를 베풀어 당신을 초청했으며, 당신은 이미 문까지 이르렀으므로 마땅히 힘을 다해 나아가야 합니다."

제갈각은 머뭇거리다가 다시 궁궐로 들어갔다. 그는 칼을 차고 신발을 신은 채 전殿으로 올라와 손량에게 인사하고 자리로 돌아왔다. 술상이 차려졌으나 제갈각은 의심하여 마시지 않았다. 그래서 손준은 이렇게 말했다.

"사군의 병이 아직 낫지 않았으니, 당연히 늘 마시는 약주藥酒가 있을 텐데 그것을 드시는 것이 좋겠습니다."

제갈각은 곧 마음이 안정되어 따로 자신이 준비한 술을 마셨다. 술을 몇 잔 마신 뒤 제갈각은 내전으로 돌아왔다. 손준은 뒷간에 가는 것처럼 몸을 일으켜 긴 옷을 벗고 짧은 옷을 입고 나와 말했다.

"조서가 있으니 제갈각을 체포하라!"

제갈각은 놀라 일어났다. 그가 검을 뽑기도 전에 손준의 칼이 연이어 찔렀다. 제갈각을 옆에서 모시고 있던 장약이 손준을 찔러 그의 왼손에 상처를 입혔고, 손준은 이에 응수하여 장약의 오른팔을 잘랐다. 무장하고 호위하던 병사가 모두 내전으로 달려 나왔다. 손준이 말했다.

"죽이려고 한 제갈각은 오늘 벌써 죽었다."

칼을 집어넣도록 명령하고, 깨끗이 치운 다음 다시 술을 마셨다.

전에 동요에서 이렇게 말했다.

제갈각, [어쩌나 가녀려서] 갈대 홑옷에 대껍질 구락鉤落을 하고 어디에서 성자합成子閤을 구하나.

성자합이란 석자강의 반절反切이다.[8] 건업 남쪽에 있는 긴 능의 이름을 석자강이라고 하는데, 죽은 사람을 묻는 곳이다. '구락'이란 가죽 허리띠를 장식하는 것으로, 세상에서는 구락대鉤落帶라고 한다. 제갈각은 정말로 갈대 자리에 시신이 싸이고 대껍질로 허리가 묶여 이 석자강에 던져졌다.

제갈각의 맏아들 제갈작諸葛綽은 기도위로 있었는데, 노왕의 일에 연루되었으므로 손권은 그를 제갈각에게 보내 다시 교육시키도록 했다. 제갈각은 독주를 먹여 그를 죽였다. 둘째 아들 제갈송諸葛竦은 장수교위로 임명되었다. 셋째 아들 제갈건諸葛建은 보병교위로 있었다. 그들은 제갈각이 주살당했다는 소식을 듣고 수레에 어머니를 태우고 달아났다. 손준은 기독(騎督, 기병 분대의 지휘관) 유승劉承을 보내 백도산白都山까지 뒤쫓아가 제갈송의 목을 베었다. 제갈건은 장강을 건너 북쪽 위나라로 달아나려고 했지만 수십 리를 간 다음 추격병에게 붙잡혔다. 제갈각의 외숙이며 도향후로 있던 장진張震과 상시 주은 등은 모두 삼족이 멸해졌다.

처음 제갈송은 여러 차례에 걸쳐 제갈각에게 간언했지만 그가 따르지 않으므로 늘 화를 걱정하고 두려워했다. 제갈각이 죽자 임회군 사람 장균臧均이 표를 올려 제갈각을 거두어 장례 지내기를 원

---

8) 오나라의 음운 체계에 따르면 '성成' 자의 성모와 '합閤' 자의 운모를 더하면 '석石' 자가 된다. '합성閤成' 두 글자도 반절인데, '합' 자의 성모와 '성' 자의 운모가 합쳐져서 '강岡' 자가 되는 것이다.

하며 이렇게 말했다.

신이 듣건대 우레가 울려도 온종일 지속되지 않으며 태풍이 불어도 종일 계속되는 경우가 드물지만, 우레와 태풍을 이어 구름과 비가 있기 때문에 만물이 윤택해진다고 했습니다. 이와 같으면 천지의 위엄은 열이틀 동안 지속될 수 없고, 제왕의 노여움도 감정대로 처리하는 것은 마땅하지 않습니다. 신은 망령되고 어리석은 생각으로 꺼릴 줄을 모르며 감히 집안과 자신을 무너뜨리고 멸망시킬 죄를 무릅쓰고 군왕의 비바람이 이르는 것과 같은 은택을 요청합니다.

엎드려 생각해보면 태부 제갈각은 선친들이 남긴 훌륭한 공훈을 이었고, 백부와 숙부 들은 한 왕조의 국운이 다하고 천하에 세 나라가 정립하여 나누어지자 세 방면에 의탁해 모두 충성과 근면함을 이행했으며 제왕의 사업을 융성하게 했습니다. 이러한 일을 이어받은 제갈각은 오나라에서 자라고 오나라 군주의 교화에 훈도되어 영명하고 위대한 명성을 얻었으며, 오나라에 복무한 지 수십 년이 되었지만 화란을 일으키려는 마음을 싹틔우지 않았습니다. 선제께서는 이윤과 주공 같은 중임을 그에게 맡겨 나라의 모든 일을 처리하도록 했습니다.

제갈각의 평소 성격은 강직하고 괴팍하며 교만하고 자부하며 다른 사람을 능멸하여 나라의 정권을 존경스럽게 지켜 나라 안을 안정시키지 못했고, 공업을 세우기 위해 군대를 출동시킨 지 1년도 안 되어 세 번을 출병하여 병사와 백성을 헛되이 소모시키고 창고 속에 쌓아놓은 물자를 다 써버려 텅 비게 했습니다. 그는 독자적으로 정권을 잡아 관리들을 파면하고 임용하는 일을 자기 생각대로 했으며, 형법에 의지해 백성을 위협했으므로 직위가 높고 낮음에 관련 없이 말하지 못했습니다.

시중·무위장군·도향후 손준은 그와 함께 선제가 위탁한 조서를 받았는데, 그의 간사하고 포악함이 나날이 더욱 심해짐을 보게 되자 장차 천하를 뒤흔들어놓고 사직을 기울여 위태롭게 할 것을 걱정했으며, 이 때문에 위세를 떨쳐 노여워하고 정성이 하늘을 꿰뚫었습니다. 계획한 것이 신명보다 앞서고 지혜와 용맹은 형가(荊軻, 연나라 태자 단旦의 명을 받고 진시황을 암살하려 했던 자객)나 섭정(攝政, 한나라 재상 협루俠累를 찌른 자객)보다 백 배는 되어서 직접 날카로운 칼을 잡고 내전에서 제갈각의 목을 베어버렸으니, 공훈은 주허(朱虛, 주허후 유장劉章. 즉 유방의 손자)와 동모(東牟, 유장의 동생)를 뛰어넘었습니다.

나라의 큰 위해가 하루아침에 대거 제거되었고, 그의 머리를 말에 매달아 달리게 해 사람들에게 두루 보여주자 육군六軍은 기뻐 뛰었고, 일월은 광채를 더했으며, 풍진은 움직이지 않았습니다. 이는 실제로 종묘의 신령함이고 하늘과 사람에게 똑같이 징험된 것입니다. 이제 제갈각 부자 세 명의 머리가 저자에 걸린 지 며칠이나 되어 그것을 본 자가 수만 명이며 욕하는 소리가 바람을 만들었습니다. 나라의 큰 형벌은 떨치지 않음이 없어서 늙은이든 어린이든 간에 모두 이 모습을 보게 됩니다. 사람들이 만물을 살필 때 즐거움이 지극하면 슬픔이 생기게 되는데, 제갈각이 귀하고 흥성할 때는 세상에 그와 견줄 만한 이가 없었으며 몸은 태보(台輔, 삼공급의 대신)의 지위에 있으면서 여러 해를 지냈지만 오늘 주살되고 멸족되어 금수와 다름없게 되었습니다.

이런 정경을 보면 감정에 기복이 일어나 슬퍼하지 않을 수 있습니까! 게다가 이미 죽은 사람은 흙과 같은 곳에 있어 파내어 찌르는 형벌을 다시 더할 수 없습니다. 성스런 조정에서는 천지를 본받아 노여움이 열흘을 넘기지 말아서 그의 고향에 있는 자나 옛 부하와 백성에게 병사들의 복장으로 거두어 염하도록 하고 세 치 두께의 관으로 장례 지내도록 하기를 원합니다.

옛날에 항적項籍은 [유방에게] 예우를 받아 매장되는 은혜를 받았고, 한신도 거두어 염하는 은혜를 받았습니다. 여기서 한나라 고조는 신처럼 밝은 명예를 드러낸 것입니다. 오직 폐하께서 삼황三皇의 인덕을 발양하여 불쌍히 여기는 마음을 드리워서 나라의 은택이 죄를 지은 시체 위에 더해져 다하지 않는 은혜를 받도록 하시고, 이러한 은덕을 먼 곳까지 선양하여 천하 사람들을 징계하고 권면하시면 어찌 커다란 일이 아니겠습니까!

옛날 난포欒布가 한나라 고조의 명령을 어기고 팽월彭越을 제사 지내주었을 때 신은 마음속으로 한탄했습니다. 먼저 주상께 요청하지 않고 독단적으로 자기 마음대로 행동했는데도 그가 주살되지 않은 것은 실로 요행일 뿐입니다. 지금 신은 감히 제 어리석은 감정을 공개적으로 드러내어 황상의 은혜를 나타내지 못하고 공손히 엎드려 글로 적어 생각한 것을 몽매하게 말씀드립니다. 성명한 주상께서 불쌍히 여겨 살펴보시기를 바랍니다.

이에 손량과 손준은 제갈각의 옛 관리가 그를 거두어 염하고 장례 지내는 일을 허락했고,[9] 석자강에서 제갈각의 시체를 찾아냈다. 처음에 제갈각이 군대를 철수시켜 돌아왔을 때, 섭우는 그가 앞

---

9) 조정의 신하들 가운데 제갈각을 위해 비를 세워 그의 공훈을 기록하기를 원하는 자가 있었는데, 박사 성충은 그러한 일은 안 된다고 주장했다. 손휴도 다음과 같이 말했다. "한여름에 군대를 출동시키고 병사들을 손상시켜 한 자 한 치의 공도 없으므로 그에게 재능이 있다고 할 수 없습니다. 어린 군주를 보필하라는 임무를 받고 어린아이의 손에 죽었으니 지혜롭다고 할 수도 없습니다. 성충의 말이 옳습니다."

으로 죽을 것을 알고 등윤에게 편지를 보내 이렇게 말했다.

사람의 세력이 강성할 때는 냇물과 산의 근본을 뽑을 수 있지만, 하루아침에 실패하여 곤경에 처했을 때는 사람들의 감정이 각양각색이 됩니다. 이런 일을 말하면 슬퍼 탄식하게 됩니다.

제갈각이 주살된 뒤, 손준은 섭우를 경계하며 그를 울림 태수로 임명하려고 했다. 섭우는 병이 나서 걱정하다가 세상을 떠났다. 섭우는 자가 문제文悌이고 예장 사람이다.

자리에 연연하여 끝내 이름을 더럽히다

등윤전滕胤傳

등윤은 자가 승사承嗣이고 북해군 극현劇縣 사람이다. 그의 큰아버지 등탐滕耽, 아버지 등주滕胄는 유요와 같은 고향 사람으로 대대로 사귐이 있었다. 이 때문에 세상이 소란스럽고 혼란스러워지자 장강을 건너 유요에게 의탁했다. 손권은 거기장군이 되었을 때 등탐을 우사마로 임명했다. 등탐은 사람됨이 너그럽고 후덕하여 높이 평가되었지만 요절하여 후사가 없었다. 등주는 문장 쓰기에 뛰어났으므로 손권은 빈객의 예절로 그를 대우했으며, 군대나 나라의 문서는 언제나 그에게 빼고 더하여 윤색하도록 했는데 그 역시 불행히 단명하고 말았다.

손권은 오왕이 되고서 옛 정의를 생각하여 등윤을 도정후로 봉했다. 등윤은 어려서부터 절개와 지조가 있으며 용모가 아름다웠다. 그는 약관의 나이에 공주를 아내로 맞이했다. 서른 살에 집안을 일으켜 단양 태수가 되었고, 오군에서 회계군 태수로 옮겼는데, 임지마다 칭찬을 받았다.

| 태원 원년(251) | 손권이 병으로 누워 있을 때, 등윤은 경도로 와서 태상에 유임되어 제갈각 등과 함께 조서를 받아 정치를 보좌했다. 손량이 즉위한 뒤 그는 위장군을 더했다.

제갈각이 전군을 동원하여 위나라를 정벌하려고 할 때, 등윤은

제갈각에게 이렇게 간언했다.

"당신은 선제께서 세상을 떠나고 새 군주가 지위를 이어받았을 때, 이윤과 곽광 같은 중임을 받아 조정으로 들어와 이 나라를 안정시키고 밖으로 나가서는 강력한 적을 소탕하여 해내(海內, 천하)에 명성을 떨쳐 천하에서 진동하지 않는 이가 없으니 모든 백성의 마음속에는 당신에게 힘입어 편히 쉬기를 바라는 바가 있습니다. 지금 갑자기 노역을 일으키고 병사들을 일으켜 정벌을 나간다면 백성은 지치고 국력이 소모되며, 먼 곳에 있는 군주도 준비를 할 것입니다. 만일 성을 쳐서 함락시키지 못하고 들에서 싸워 얻는 것이 없으면 이는 전에 세운 공로를 잃고 이후의 꾸짖음을 초래할 것입니다. 병사들을 쉬게 하고 틈을 보아 움직이는 편이 낫습니다. 그리고 전쟁은 중대한 일이며, 이 일은 사람들의 힘에 의지해야 성공할 수 있습니다. 만일 사람들이 기뻐하지 않는다면 당신 혼자 어찌하겠습니까?"

제갈각이 말했다.

"사람들이 불가능하다고 말하는 것은 모두 따져보지 않고 오직 안락함만 생각하기 때문입니다. 당신이 또 그것을 옳다고 생각하면 나는 무엇을 바라겠습니까? 조방은 어리석고 나약하며 그 나라의 정치는 신하의 손에 있으니, 그곳 신하와 백성은 진실로 떠날 마음이 있을 것입니다. 오늘 내가 나라의 재력에 의지하고 전승戰勝한 위세에 기대면 어찌 가서 이기지 못하겠습니까!"

그는 등윤을 도하독(都下督, 수도 주둔 지휘관)으로 삼아 남아서 일을 통솔하게 했다. 등윤은 낮에는 빈객을 접대하고 밤에는 문서를 열람하며 때때로 새벽까지 잠을 자지 않았다.

포악하고 음탕했던 희대의 패륜아

손준전孫峻傳

손준은 자가 자원子遠이고 손견의 동생인 손정孫靜의 증손자이다. 손정은 손호孫暠를 낳았고, 손호는 손공을 낳았다. 손공은 산기시랑이 되었으며 손준을 낳았다.

손준은 어려서부터 활쏘기와 말타기에 뛰어났으며, 예리하고 용감하고 대담하며 과단성이 있었다. 그는 손권 말년에 무위도위로 옮겨졌고, 시중이 되었다. 손권이 임종할 때 손준은 정치를 보조하라는 유조遺詔를 받아 무위장군을 겸하게 되었고, 옛 관례에 따라 숙위를 겸하고 도향후로 봉해졌다. 제갈각을 주살한 뒤 그는 승상 및 대장군으로 승진하여 중앙과 지방의 모든 군사 일을 관리했으며, 가절을 받고 나아가 부춘후로 봉해졌다. 등윤이 제갈각의 아들 제갈송의 장인이므로 사직하려고 하자, 손준은 이렇게 말했다.

"곤과 우의 죄는 서로 미치지 않았는데, 등후滕侯께서는 왜 그러십니까?"

손준과 등윤은 비록 속으로는 어떠한 은혜도 없었지만 겉으로는 서로 감싸주었다. 손준은 등윤의 작위를 고밀후로 승진시키고 전처럼 함께 일했다.

손준은 평소 중후한 명성이 없었고 교만하고 음험하며 죽인 사람이 많으므로 백성은 그를 원망했다. 또 그는 궁녀들을 간음하고 공주 노반과 사사로이 정을 나누었다.

| 오봉 원년(254) | 오후吳侯 손영이 손준을 죽이려는 음모를 꾸몄지만 일이 탄로 나 죽게 되었다.

| 오봉 2년(255) | 위나라 장수 관구검과 문흠이 부대를 이끌고 반란을 일으켜 위나라 사람들과 낙가에서 싸웠다. 손준은 표기장군 여거와 좌장군 유찬을 이끌고 수춘을 습격했다. 그러나 마침 문흠이 져서 항복했으므로 군대를 돌렸다.

이해에 촉나라 사자가 와서 방문하자 장군 손의와 장이, 임순 등이 회견하는 기회를 이용하여 손준을 죽이려고 했다. 그렇지만 일이 탄로 나 손의 등은 자살하고 수십 명이 죽었으며, 공주 노육까지 이 일에 연좌되었다.

손준은 광릉에 성을 쌓으려고 했다. 조정 신하들은 그곳에 성을 쌓을 수 없다는 것을 알았지만 손준이 두려워 감히 말하는 이가 없었다. 오직 등윤만이 간언하여 손준을 저지하려고 했지만 그는 따르지 않았다. 그러나 그 일은 결국 이루어지지 않았다.

그다음 해에 문흠이 손준에게 위나라로 출정하도록 설득하자 손준은 문흠에게 여거, 거기장군 유찬, 진남장군 주이, 전장군 당자와 함께 강도에서 회수와 사수로 들어가 청주와 서주를 취할 계획을 세우도록 했다. 손준은 등윤과 석두성까지 이르러 그곳에서 출정 군대를 떠나보내고 따르는 자 1백여 명을 이끌고 여거의 진영으로 들어왔다. 여거가 군대를 정돈시켜놓고 있자, 손준은 그를 싫어하여 가슴이 아프다고 핑계를 대고 떠났다. 결국 그는 제갈각에게 공격당하는 꿈을 꾸고 두려워하다가 병들어 죽었다. 그는 그때 서른여덟 살이었으며 손침에게 뒷일을 부탁했다.

황제까지 내쫓은 패악한 권력자

손침전孫綝傳

손침은 자가 자통子通이고 손준과 할아버지가 같다. 손침의 아버지 손작은 안민도위(安民都尉, 치안을 담당한 관직)를 지냈다.

손침은 처음에 편장군이 되었다가 손준이 죽은 뒤에 시중 및 무위장군이 되어 중앙과 지방의 모든 군사 일을 총괄했으며, 손준을 대행하여 조정의 정사를 주관했다. 여거는 이 소식을 듣고 매우 두려워하며 여러 장수와 이름을 나란히 하여 공동으로 표를 올려 등윤을 추천해서 승상으로 삼았다. 손침은 다시 등윤을 대사마로 삼고 여대를 대행하여 무창에 주둔하게 했다. 여거는 병사를 이끌고 돌아오면서 사람을 시켜 등윤에게 알리고 함께 손침을 폐출시키려고 했다. 손침은 이 소식을 듣고 종형 손헌을 보내 강도에서 여거를 치게 하고, 천자의 사신을 보내 문흠·유찬·당자 등에게 무리를 합쳐 여거를 치라고 명령했으며, 시중 및 좌장군 화융과 중서승 정안을 보내서 등윤에게 말해 여거를 잡도록 하고, 아울러 등윤이 마땅히 신속히 떠나야 함을 깨우치게 했다. 등윤은 자신에게 화가 미칠 것을 생각하여 화융과 정안을 붙잡아 가두고 병사들을 이끌어 지키게 했다. 그리고 전군 양숭楊崇과 장군 손자孫咨를 불러 손침이 난리를 일으켰다고 말하고, 화융 등을 협박하여 편지를 쓰게 해서 손침을 힐난하도록 했다. 손침은 듣지 않고 표를 올려 등윤이 모반했다고 보고하고, 장군 유승에게 작위로 봉할 것을 약속하여 보병과 기병을 이끌어 급히 등윤을 포위하도록 했다. 등윤은 또 화융 등을 협박하여 거짓 조서로 병사들을 출동시키도록 하려고 했으나 그들이 따르지 않자 모두 죽여버렸다. 등윤은 얼굴빛조차 변하지 않고 보통 때처럼 웃으며 말했다.

어떤 사람이 등윤에게 권하길, 병사를 이끌고 창룡문으로 가서 장사將士들이 공公이 나오는 것을 보게 한다면 반드시 모두 손침을 떠나 공에게 올 것이라고 했다. 그때 밤이 벌써 깊었고, 등윤은 여거와 약속한 때를 기다리고 있었다. 또 군대를 일으켜 궁궐로 향하기는 곤란하므로 수하의 병사들에게 경계를 강화하라고 명령했다. 여후가 부근의 길에 주둔했기 때문에 모두 등윤을 위해 죽을힘을 다하고 떨어져 흩어지는 자가 없었다. 그 무렵 태풍이 불고 날이 새려고 했지만 여거는 오지 않았다. 손침은 병사를 대규모로 집결시켜 결국 등윤과 그의 장사 수십 명을 죽이고, 등윤의 삼족을 멸했다.

손침은 대장군으로 승진하고 가절을 받았으며 영녕후로 봉해졌다. 그는 자신의 존귀함에 의지하여 매우 오만하며 늘 무례하게 행동했다. 처음에 손준의 당제堂弟 손려가 제갈각을 주살하려는 음모에 가담했으므로 손준은 그를 후하게 대접하여 관직을 우장군 및 무난독에 이르게 하고 절과 수레 덮개를 주었으며, 구관의 공문서 일을 심의하도록 했다. 손려에 대한 손침의 대우가 손준 때보다 박하자, 손려는 화가 나서 장군 왕돈과 함께 손침을 죽이려고 모의했다. 하지만 결국 손침이 왕돈을 죽였고 손려는 약을 먹고 죽었다.

위나라 대장군 제갈탄이 수춘을 들어 모반하고, 성을 지키며 투항을 청했다. 오나라에서는 문흠·당자·전단·전역 등 병사 3만 명을 보내서 구원하도록 했다. 위나라의 진남장군 왕기가 제갈탄을 포위하고 있었으나 문흠 등이 포위망을 뚫고 성으로 들어갔다. 위나라는 중앙과 지방의 군대 20여만 명을 늘려서 제갈탄을 포위했다. 주이는 3만 명을 이끌고 안풍성安豊城에 주둔하며 문흠의 세력이 되었다.

위나라의 연주 자사 주태州泰가 양연陽淵에서 주이에게 대항하자, 주이는 져서 물러나며 주태의 추격을 받았고 죽거나 다친 자가 2천 명이나 되었다.

손침은 이때 대규모로 부대를 출동시켜 확리에 주둔하며, 또 주이를 보내 장군 정봉과 여비 등 5만 명을 이끌고 위나라를 치게 하고 군수물자를 도륙都陸에 남겨두었다. 주이는 여장에 주둔하며 장군 임도任度와 장진 등을 보내 용감한 사람 6천 명을 모집하여 주둔지 서쪽 6리에 부교를 만들고 밤에 건너서 반달 모양의 보루를 쌓도록 했다. 그러나 위나라 감군 석포와 주태에게 격파되자 군대를 물려 높은 곳으로 나아갔다. 주이는 또 무장한 거마를 만들어 오목성五木城으로 향했다. 석포와 주태가 주이를 공격하자, 주이는 패하여 돌아왔다.

위나라의 태산 태수太山太守 호열은 기병奇兵 5천 명으로 은밀한 길에서 도륙을 습격하여 주이의 물자와 식량을 모두 불태워버렸다. 손침은 병사 3만 명을 주어 주이에게 죽을힘을 다해 싸우도록 했지만 주이는 따르지 않았다. 손침은 확리에서 그의 목을 베고 동생 손은을 보내 구원하도록 했는데, 마침 제갈탄이 졌으므로 손은은 병사들을 이끌고 돌아왔다. 손침이 제갈탄을 구출하지 못하고 병사들에게 참패를 맛보도록 했으므로 원망하지 않는 이가 없었다.

손침은 손량이 직접 정사를 처리하기 시작한 이래로 비난과 힐문을 많이 받게 되자 매우 두려워했다. 그는 건업으로 돌아온 뒤 병을 핑계로 손량을 알현하지 않았으며, 주작교朱雀橋 남쪽에 궁실을 지어 동생 위원장군 손거에게 창룡문 안에 있는 숙위로 들어가도록 하고 동생 무위장군 손은, 편장군 손간, 장수교위 손개孫闓를 여러 진영에 나누어 주둔시켜 조정의 정치를 차단시키고 자신을 공고히 하려고 했다. 손량은 내심 손침을 경계했으므로 노육이 살해된 본말을 취조하고, 호림독 주웅과 주웅의 동생이며 외부독(外部督, 건업의 교외를 지휘 감독한 관직) 주손이 손준의 악행을 바로잡지 못한 것을 꾸짖고 노여워하며 곧 정봉에게 명령하여 호림에서 주웅을, 건업에서 주손을 죽였다. 손침이 들어와 간언했지만 듣지 않았다. 손량은 결국 공주 노반, 태상 전상, 장군 유승과 함께 손침을 죽이기로 모의했다. 손량의 비는 손침의 사촌 누나의 딸이므로 이 음모를 손침에게 알려주었다. 손침은 병사들을 이끌어 밤에 전상을 습격하고, 동생 손은을 보내 창룡문 밖에서 유승을 죽이고 황궁을 에워쌌다. 손침은 광록훈 맹종을 시켜 종묘에 고하여 손량을 폐출시키도록 하고, 신하들을 불러 상의하며 다음과 같이 말했다.

"젊은 황제는 음란하고 어리석어 황제 자리에 있을 수 없소. 종묘에 제사를 지내 벌써 황제의 폐위를 고했소. 만일 여러분 가운데 동의하지 않는 자가 있다면 다른 의견을 내보시오."

사람들은 모두 놀라고 두려워서 말했다.

"장군의 명령에 따르겠습니다."

손침은 중서랑 이숭을 보내서 손량의 옥새와 인수를 빼앗고 그의 죄상을 곳곳에 알리도록 했다. 상서 환이桓彝가 서명하지 않으려고 하자 손침은 화가 치밀어 그를 죽여버렸다.

전군 시정施正이 손침에게 낭야왕 손휴를 불러 세우도록 권하자,

손침은 이 의견에 따라 종정 손해를 보내 손휴에게 편지를 바치도록 했다. 그 편지에서 다음과 같이 말했다.

저는 얕은 재능으로 대임을 받게 되어 폐하를 보좌해 인도할 수 없었습니다. 몇 달 이래 매우 많은 일이 일어났습니다. 폐하께서 믿고 가까이하는 유승은 미색을 좋아하여 관리와 백성의 부녀자들을 불러 그중 아름다운 이들을 뽑아 궁궐 안에 머물도록 했습니다. 그리고 병사들의 자제 가운데 열여덟 살 이하인 자 3천여 명을 뽑아 어원 안에서 훈련시키기를 밤낮 계속했으므로 지위가 높든 낮든 간에 소리를 지르게 되었고, 창고 속에 숨겨놓은 창 5천여 매를 부수어 놀이 기구로 썼습니다.

주거는 선제의 노신老臣이며, 그 아들 주웅과 주손은 모두 아버지의 기틀을 이어 충성과 도의로 자립했습니다. 옛날에 작은 공주를 죽인 것은 본래 큰 공주(손권의 맏딸)가 꾸민 일이었습니다. 그런데 폐하께서는 그 일의 본말을 더 자세히 알아보지 않고 곧바로 주웅과 주손을 죽였습니다. 폐하께 간언했지만 듣지 않으므로 그 수하의 사람 가운데 몰래 탄식하지 않는 이가 없었습니다. 황제는 궁궐 안에서 작은 배 3백여 척을 만들었는데 금이나 은으로 이루어졌으며, 장인들은 낮이나 밤이나 쉬지 못했습니다.

태상 전상은 대대로 은총을 입었지만 여러 종친을 감독할 수 없으므로 전단 등이 성을 버리고 위나라로 나아갔습니다. 전상의 지위는 지나치게 무거웠고 일찍이 폐하께 한마디 간언도 하지 않았는데, 적과 오가며 나라의 소식을 전달하도록 해 틀림없이 사직을 기울여 위태롭게 할 것이라고 걱정했습니다. 옛 전제典制를 따르고 운세가 대왕에게 모아졌으므로 이달 27일에 전상을 붙잡고 유승의 목을 베었습니다. 그리하여 천자를 회계왕으로 삼도록 하여 손해를 보내 받들어 모시게 했습니다. 백관은 우러러 사모하며 길옆에 서 있습니다.

손침은 장군 손탐을 보내서 손량을 봉국으로 가게 하고, 전상을 영릉으로 쫓아내며, 전 공주를 예장으로 옮기게 했다. 손침은 마음속으로 득의양양하여 백성이 숭배하는 신을 모욕하고 대교大橋 근처에 있는 오자서의 사당을 불태웠으며, 또 불도사(佛屠祠, 즉 불사佛寺)를 부수고 승려들의 목을 베었다. 손휴가 즉위하자 손침은 스스로 초망신草莽臣이라 일컬으며, 궁전으로 가서 편지를 올려 다음과 같이 말했다.

신이 사사로이 저 자신을 반성하고서야 재능은 나라의 근간이 되지 못하지만 천자의 측근이기 때문에 지위가 신하들보다 위에 있게 되었음을 알았습니다. 이와 같아 작위의 명예를 손상하고 천자의 명성을 훼손하여 신의 죄가 명백히 드러나게 되었습니다. 신의 죄악을 생각할 때마다 매일 걱정스럽고 두렵습니다. 신이 듣기로 천명은 변함없이 반드시 덕행을 갖추고 있는 자에게 간다고 합니다. 이 때문에 유왕과 여왕이 법도를 잃자 주선왕周宣王이 중흥했던 것입니다.

폐하께서는 신성한 덕을 갖추고 있어 제위를 이어받았으므로 마땅히 훌륭한 보좌를 받아 협조하여 즐거운 국면이 오도록 해야 합니다. 비록 요와 같이 위대한 군주일지라도 후직(后稷, 주 왕조의 시조)과 설(契, 전설 속 상 왕조의 시조) 같은 자를 구하여 영명하고 성스런 덕을 보좌해야만 합니다. 옛사람들은 "능력을 펼쳐 관직을 맡고, 능력이 없는 자는 물러난다."라고 했습니다. 신은 비록 힘을 다해 자신의 능력을 펼쳤지만 여러 가지 정무에는 이로움이 없었으므로 삼가 인수와 절월節

鉞을 바치고 물러나 고향으로 돌아가 현명한 자들의 길을 열도록 하겠습니다.

손휴는 그를 불러 만나서 위로하고 계도했다. 또 조서를 내려 다음과 같이 말했다.

짐은 부덕한 몸으로 수도 밖에서 번국을 지키게 되었는데, 마침 기회가 닿아 여러 왕공 대부가 짐에게 와서 종묘를 받들게 되었다. 짐은 이러한 일에 부딪히자 깊은 연못이나 얇게 언 물 위를 건너는 것 같다. 대장군은 충성스런 계획을 짜내어 위급한 상황을 붙들어 바로잡아 사직을 안정시켰으며 공훈이 혁혁히 빛났다. 옛날 한나라 효선(孝宣, 전한 선제 유순劉詢으로 비극적인 인물)이 제위에 올랐을 때 곽광은 존귀해지고 빛났다. 덕행을 포상하고 공로에 상을 주는 것은 고금의 보편적인 이치이다. 그러므로 대장군을 승상 및 형주목으로 임명하고 식읍으로 다섯 현을 주노라.

손은은 어사대부 및 위장군으로 임명되었고, 손거는 우장군으로 임명되었으며, 모두 현후가 되었다. 손간은 잡호장군 및 정후가 되었다. 손개도 정후로 봉해졌다. 손침의 가문에서 다섯 명이 후작이 되었고, 모두 금위군禁衛軍을 관장했으며, 권력이 천자를 기울게 할 정도였다. 이것은 오나라 조정 대신들 가운데 일찍이 없었던 일이다. 손침은 손휴가 있는 곳으로 가서 쇠고기와 술을 바쳤지만 그는 받지 않았다. 손침은 좌장군 장포가 있는 곳으로 가서 술을 마시며 원망하는 말을 꺼냈다.

"처음 어린 군주를 폐출시켰을 때 대부분 나에게 직접 황제가 되라고 권했지만, 나는 폐하가 현명하다고 생각했기 때문에 맞이했습니다. 내가 아니었다면 황제는 즉위하지 못했을 것입니다. 오늘 예물을 바쳤다가 거절당했는데 이는 보통 신하들과 나를 차이 두지 않은 것이니 마땅히 다시 계획을 바꿔야 할 뿐입니다."

장포는 이 말을 손휴에게 알렸다. 손휴는 이 말을 마음속에 담아 두고 손침이 난리를 일으킬까 걱정스러워 여러 차례 상을 내렸으며, 또다시 손은에게 시중의 관직을 더하여 손침과 함께 문서를 살피는 일을 분담시켰다. 간혹 어떤 사람이 손침이 원한을 품고 황상을 모욕하며 모반을 도모한다고 보고하는 자가 있으면 손휴는 이 사람을 붙잡아 손침에게 보냈고, 손침은 그 사람을 죽였다. 이로부터 손침은 더욱더 두려워하며, 맹종을 통해 지방으로 나가 무창에 주둔하기를 원했다. 손휴는 이를 허락하고 손침의 수하에 있던 정예 병사 1만여 명에게 명하여 모두 장비를 갖추어 따라가라고 하고, 갖고 있던 무기고 속의 병기는 다 갖고 가라고 주었다. 장군 위막魏邈이 손휴를 설득하여 이렇게 말했다.

"손침이 밖에 머물게 되면 틀림없이 변란이 있을 것입니다."

무위사(武衛士, 황제의 근위병) 시삭施朔도 다음과 같이 아뢰었다.

"손침이 모반하려는 징후가 있습니다."

손휴는 은밀히 장포에게 대책을 물었다. 장포는 정봉과 연회 때 손침을 죽이기로 모의했다.

| 영안 원년(258) 12월 7일 | 건업에서 연회 때 변고가 있을 것이라는 소문이 퍼졌다. 손침은 이 말을 듣고 불쾌했으나 밤에 태풍이 불어 나무가 뽑히고 모래가 날리자 두려웠다. 8일에 연회를 거행할 때 손침은 병을 핑계 댔다. 손휴는 그에게 강력히 일어나도록 하고 사자 10여 명을 보냈다. 손침이 어쩔 수 없이 궁궐로 들어가려고 하

자 사람들이 말렸다. 손침이 말했다.

"국가(황제의 별칭)의 명령이 여러 번 있었으므로 사양할 수 없습니다. 미리 병사들을 정돈시키고 관소 안에서 불을 지르도록 하십시오. 이것을 이용하여 신속히 돌아올 수 있습니다."

그는 결국 궁궐로 들어갔다. 오래지 않아 관소에서 불이 났으므로 손침이 구하러 가려고 하자 손휴가 말했다.

"밖에 병사들이 많은데 승상이 번거로울 필요가 있습니까?"

그러나 손침은 일어나 자리를 떠나려 했다. 정봉과 장포가 곁에 있는 자에게 눈짓하여 손침을 묶도록 했다. 손침은 고개를 숙이고 이렇게 말했다.

"원컨대 교주로 귀양 보내주십시오."

손휴가 말했다.

"당신은 어찌하여 등윤과 여거를 귀양 보내지 않았습니까?"

손침은 또 말했다.

"바라건대 관가의 노예가 되도록 해주십시오."

손휴가 말했다.

"어째서 등윤과 여거는 노예로 만들지 않았습니까!"

그러고는 그의 목을 베었다. 손휴는 손침의 머리를 들고 그의 무리에게 이렇게 말했다.

"여러분 가운데 무기를 버리는 자는 손침과 함께 모의한 자라도 사면해주겠다."

무기를 버린 자는 5천 명이나 되었다. 손개는 배를 타고 북쪽으로 가서 투항하려고 했지만 추격병에게 살해되었다. 손침의 삼족을 멸했다.

손준의 관을 꺼내 그의 인수를 빼앗고, 관의 나무를 부수고 나서 시체를 묻었다. 그가 노육 등을 죽였기 때문에 이렇게 한 것이다.

손침은 죽었을 때 스물여덟 살이었다. 손휴는 손준, 손침과 동족인 것이 부끄러워 특별히 종족 중에서 그들의 이름을 지워 없애고 그들을 부를 때는 고준故峻, 고침故綝이라고 했다. 손휴는 또 조서를 내려 다음과 같이 말했다.

제갈각과 등윤, 여거는 죄가 없는데도 손준, 손침 형제에게 잔혹하게 살해되었으니 가슴이 아프다. 빨리 이들을 모두 이장하고 각각 제사를 지내도록 하라. 제갈각 등의 일에 연루되어 먼 곳으로 귀양 간 자들은 다 불러 돌아오게 하라.

영달만 좇다 결국 삼족이 멸해진 자

복양흥전濮陽興傳

복양흥은 자가 자원子元이고 진류군 사람이다. 아버지 복양일은 한 나라 왕조 말기에 난리를 피해 강동으로 와서 관직이 장사 태수까지 이르렀다. 복양흥은 어릴 때부터 선비들 사이에서 명성이 있었다. 손권 때 그는 상우현의 영으로 발탁되었고, 점점 승진하여 상서 좌조(尚書左曹, 공사의 진척이나 염전 등을 관리한 관직)가 되었다. 오관중랑장 신분으로 촉나라에 사신으로 갔다가 돌아와서 회계 태수가 되었다. 그때 낭야왕 손휴는 회계에 있었는데, 복양흥은 그와 서로 깊은 교분을 맺었다. 손휴가 즉위하자 복양흥을 불러 태상위장군太常衛將軍 및 평군국사平軍國事로 삼고 외황후外黃侯로 봉했다.

| 영안 3년(260) | 도위 엄밀이 단양에서 간척 사업을 하여 포리당을 만들자고 건의했다. 손휴는 조서를 내려 관리들에게 상의하도록 했는데, 아무리 많이 힘써도 이룰 수 있다는 보증은 없다고 하고 오직 복양흥만 만들 수 있다고 주장했다. 결국 많은 병사와 백성을 모아 시공을 했는데 공사비가 헤아릴 수 없고 병사들이 죽거나 이따금 자살하기도 했으므로 백성은 복양흥을 매우 원망했다. 그런데도 복양흥은 승상으로 승진했고, 손휴가 총애하는 신하인 대장군 장포와 함께 서로 겉과 속이 되어 결탁했다. 나라 안의 백성은 실망했다.

| 영안 7년(264) 7월 | 손휴가 세상을 떠났다. 좌전군 만욱은 평소 오

정후 손호孫皓 등과 친하게 지냈으므로 복양흥과 장포에게 손호를 즉위시키도록 권했다. 이에 따라 복양흥과 장포는 손휴의 적자를 폐출시키고 손호를 맞이해 세웠다. 손호는 제위에 오르자, 복양흥에게 시중 직책을 더해주고 청주목을 겸하도록 했다. 오래지 않아 만욱은 복양흥과 장포가 전에 한 일을 후회하고 있다고 참언했다.

│11월│ 초하루에 백관이 입조했을 때 손호는 복양흥과 장포를 체포하여 광주로 귀양 보내고, 도중에 사람을 보내 죽이게 하고는 삼족을 멸했다.

【평하여 말한다】

630

제갈각의 재능과 기질, 재간과 모략은 나라 사람들이 칭찬하는 바였으나 교만하고 인색했다. 주공이었을지라도 이룬 것이 없었을 텐데 하물며 제갈각에 있어서랴? 제갈각은 자신을 과장하고 다른 사람을 능멸했으니 실패가 없을 수 있겠는가! 그가 육손이나 동생 제갈융에게 보낸 편지에서 말한 것을 직접 실행했다면 회한은 이르지 않았을 것이니, 어찌 더욱이 재앙이 있었겠는가? 등윤은 선비의 정조를 닦으려고 힘쓰며, 인간 세상에서 규정한 것을 바르게 답습했다. 그러나 손준 때에는 오히려 존중받는 지위를 지켰으니 신변을 위태롭게 한 것은 필연적인 이치이다. 손준과 손침은 나쁜 습관이 가득하여 본래 논할 가치도 없는 자들이다. 복양흥은 재상 자리에 있으면서 나라를 경영하는 데 마음을 두지 않고 장포의 사악함에 협조했고, 만욱의 의견을 받아들였기 때문에, 그 일족이 모두 주살된 것은 당연한 결과이다.

20

왕누하위화전 王樓賀韋華傳

난세에 명망과 지위를 누린 사람들

꼿꼿한 성격으로 미움을 받아 손호에게 참수되다

왕번전王蕃傳

왕번은 자가 영원永元이고 여강군 사람이다. 그는 책을 폭넓게 읽어 식견이 높고 천문과 산술 방면에도 정통했다. 그는 처음에 상서랑이 되었지만 관직을 떠났다. 손휴가 즉위하자 그는 하소·설영·우사와 함께 산기중상시가 되었고 모두 부마도위駙馬都尉의 관직이 더해졌다. 그때 사람들은 그를 청아하다고 평가했다. 조정에서 그를 촉나라에 사자로 보냈는데, 촉나라 사람들도 그를 칭찬했다. 그는 돌아와서 하구 감군(夏口監軍, 하구 지역의 군대를 감독한 관직)이 되었다.

　손호 초에 그는 다시 궁궐로 들어가 상시가 되었는데 만욱과 관직이 같았다. 만욱은 손호와 전부터 친밀하게 지냈으므로 보통 관리들은 왕번을 따돌리고 공격했고, 왕번이 스스로를 경시한다고 생각했다. 또 중서승 진성은 손호가 총애하는 신하로서 여러 차례 왕번을 참언하고 비방했다. 왕번은 성격이 맑고 밝아 군주의 낯빛을 살펴 뜻을 따르지 못하고 때때로 손호의 생각을 거스르기도 했는데, 이런 행동이 쌓여 질책을 받게 되었다.

　| 감로 2년(266) | 정충이 진나라에 사자로 갔다가 돌아오자, 손호는 성대한 연회를 열고 신하들을 초대했다. 이때 왕번은 만취하여 땅에 엎드려 있었다. 손호는 의심하며 불쾌하여 그를 밖으로 내보내게 했다. 조금 있다가 그에게 돌아오라고 요구했지만 술은 역시 깨

어 있지 않았다. 왕번의 성정은 위엄이 있었는데, 이때의 행동거지는 보통 때와 같았다. 손호는 매우 화가 나서 그의 목을 베라고 명령했다.[1]

위장군 등목과 정서장군 유평이 그를 위해 부탁했지만 받아들여지지 않았다.

승상 육개가 상소하여 말했다.

상시 왕번은 중립의 위치에 서서 사리에 통달하고, 하늘의 이치를 알고 만물을 알며, 조정에 있으면서 충성을 다했습니다. 이는 나라의 기둥이며 대오大吳의 용봉龍逢입니다. 예전에 그는 경황景皇을 섬기며 곁에서 진언했는데, 경황은 그를 존경하고 칭찬하며 사람들과 다르다고 찬탄했습니다. 그러나 폐하께서는 그가 고심하여 올린 간언을 노여워하고, 그가 직접 응대하는 것을 싫어하여 궁전에서 목을 베어 시신을 들에 버렸습니다. 그래서 군郡 안의 사람들은 마음 아파하고 식견 있는 자들은 슬퍼하며 애도하고 있습니다.

---

1) 이것은 〈강표전〉의 내용과 차이가 있는데, 그것은 다음과 같다. 손호는 건업의 궁전이 불길하다는 무사巫史들의 말을 믿고 무창으로 순시를 나갔다가 그 땅으로 도읍을 옮길 생각을 굳히게 되었다. 손호는 신하들이 이것을 찬성하지 않을까 봐 걱정하여 성대한 연회를 열고 장수와 관리 들에게 참석하도록 했다. 손호가 왕번에게 "활 쏘는 예절에서는 정확히 맞히는 것을 중시하지 않으며, 이것은 사람들 각각의 능력에 차이가 있는 것이 되는데 그 뜻이 무엇이오?" 하고 물었다. 왕번이 질문의 뜻을 생각하느라 곧바로 대답하지 못하자 그 자리에서 그의 목을 베었다. 그 뒤 손호는 궁전을 나와 내산來山에 올라서는 가까운 장수에게 왕번의 머리를 던지도록 하여 호랑이와 이리가 달려와 다투어 물어뜯도록 하여 그 머리가 산산이 부서져 버렸다. 이는 사람들에게 위세를 보여 감히 자기 뜻을 거스르지 못하도록 하기 위함이었다.

육개는 이처럼 왕번의 일을 애통해했다. 왕번은 죽을 당시 서른
아홉 살이었다. 손호는 왕번의 가족을 광주로 내쫓았다. 그의 두 동
생 왕저王著와 왕연王延은 모두 뛰어난 인재가 되었다. 그러나 곽마
가 일을 일으켰을 때 그를 위해 힘쓰지 않았으므로 살해되었다.

손호에게 간하다가 벽지로 추방되어 자결하다

누현전樓玄傳

누현은 자가 승선承先이고 패군 기현蘄縣 사람이다. 손휴 때 그는 감
농어사(監農御史, 농업 생산을 감독한 관직으로 오나라에만 있었다)가 되었다.
손호가 즉위하자 그는 왕번·곽탁·만욱과 함께 산기중상시에 임명
되었고, 지방으로 나가 회계 태수가 되었으며, 중앙으로 들어와 대
사농이 되었다.

전에 금중禁中의 일을 주관하는 관리는 본래 가까운 사람을 임용
했는데, 만욱이 친밀하고 잘 알고 있는 사람들 가운데서 마땅히 품
행이 바른 사람을 써야 한다고 말했다. 그래서 손호는 담당 관리에
게 명하여 충직하고 청렴한 선비를 구해 인선의 요구를 만족시키
도록 했다. 마침내 누현을 궁하진의 금중후(禁中候, 궁궐 경비나 시종 관
련 일을 담당한 관직)로 삼고 궁궐 안의 일을 주관하게 했다.

누현은 구경에서 칼을 쥐고 곁에서 호위하기까지 자신을 단정하
게 하여 무리를 이끌었다. 그는 법을 받들어 실행하며 간절하고 충
직하게 응대했다. 그래서 손호의 뜻을 자주 어겨 점점 책망과 분노
를 사게 되었다.

뒤에 어떤 사람이 누현과 하소가 서로 만나 함께 귓속말을 하고
크게 웃으며 정사를 비방했다고 모함했다. 그 결과 누현은 조서로
조사를 받고 광주로 보내졌다.

동관령 화핵이 상소하여 말했다.

신이 사사로이 생각하기에 나라를 다스리는 근본은 집안을 다스리는 것과 같습니다. 지방을 다스리는 자는 마땅히 선량하고 신실해야 합니다. 또 마땅히 한 사람을 얻어 실무를 총괄하고 강령을 만들어야 모든 일이 다스려집니다.《논어》에 "행동하지 않으면서 다스릴 수 있는 사람은 순舜이구나! 그는 자신을 단정히 하고 남면(南面, 왕의 자리) 하여 바라볼 뿐이다."라고 했는데, 이것은 그 직책에 맞게 사람을 임용했기 때문에 한가롭고 편안했다는 말입니다.

지금 해내海內는 아직 안정되지 않아 천하에 일이 많은데, 일이 크든 작든 구분 없이 모두 반드시 위로 보고되어 늘 폐하를 거치니 폐하의 성스러운 사려를 수고롭게 하고 손상시킵니다. 폐하께서는 옛일에 널리 통하도록 마음을 기울여 경전과 서적을 두루 읽고, 그 위에 부지런히 생각을 더하고 도의를 좋아하며 계절을 따라 기氣를 길러 마땅히 한가하고 안정된 환경에서 정신을 펼치고 깨끗하고 맑은 공기를 마셔 하늘과 같은 범주에 계셔야만 합니다.

신이 아침부터 저녁까지 생각하니, 많은 관리 가운데서 중요한 일을 맡을 수 있고 믿을 만한 사람으로 누현을 이길 만한 자가 없습니다. 누현은 청정하고 충성스러우며 공적인 일을 받들고 있는데, 요즘 사람들 가운데서 가장 두드러져 사람들은 그의 지조에 감복하여 그와 앞을 다투려는 자가 없습니다. 무릇 청정한 사람이란 마음이 평정하고 생각이 솔직한 자이고, 충성스런 자는 정도正道가 있어 그것을 따라가는 사람입니다. 누현 같은 성격은 영원히 지킬 수 있습니다.

청컨대 폐하께서는 누현의 지나간 죄행을 용서하여 스스로 새로워지게 한 다음에 그를 뽑아서 일을 주재하도록 해 뒷날의 공을 요구하십시오. 만일 관직에 따라 인재를 뽑고 재능에 따라 직무를 준다면 순처럼 자신을 단정히 하여 눈앞에서도 이익을 얻을 수 있을 것입니다.

그러나 손호는 누현의 명성을 미워했으므로 누현과 그 아들 누거樓據를 귀양 보내 교지군의 장수 장혁張奕과 함께 전쟁터에서 직접 효력을 발휘하도록 했지만, 은밀히 따로 장혁에게 이들을 죽이라고 명령했다. 누거는 교지에 이르러 병으로 죽었다. 누현은 혼자 장혁을 따라 적을 토벌하러 갔다. 그는 칼을 쥐고 걸어가다가 장혁을 보자 절을 했고, 장혁은 차마 죽이지 못했다. 마침 장혁이 갑자기 세상을 떠나게 되었다. 누현은 장혁을 장례 지내고, 그의 물건에서 손호의 칙서를 발견하고는 곧바로 돌아와 자살했다.

소를 올렸다가 체포되어 천 번이나 고문을 당해 죽다

하소전賀邵傳

하소[2]는 자가 홍백興伯이고 회계군 산음현 사람이다. 손휴가 즉위했을 때 그는 중랑에서 산기중상시가 되었으며, 지방으로 나가 오군 태수가 되었다. 손호 때에는 중앙으로 들어와 좌전군이 되었고, 승진하여 중서령이 되었으며 태자태부를 겸했다.

손호가 흉포하고 교만해져 정사가 나날이 황폐해지자, 하소는 상소하여 간언했다.

옛날 성스러운 군왕들이 궁문이 첩첩이 쌓인 깊숙한 곳에 있으면서도 만 리 밖의 상황을 알고, 옷을 늘어뜨리고 손을 모으고 자리에 앉아 있으면서도 팔방의 변방 지역을 밝게 비출 수 있었던 까닭은 현명한 사람을 임명한 공이 있었기 때문입니다. 폐하께서는 뛰어난 덕행과 정숙한 자태로 황업皇業을 이어받았으니, 마땅히 솔선하여 직접 도를 행하고 공손히 제위를 받들며 현명한 사람을 드날리고 선량한 사람을 표창함으로써 모든 정무를 안정시켜야 합니다.

근래 이래 조정의 관위가 혼란스러워져 진위眞僞가 서로 섞이고 위

---

2) 하소는 하제의 손자이며 하경의 아들이다.

아래가 헛되이 임명되어 있으며, 문무文武의 관직도 비어 있습니다. 조정 밖에는 산악山嶽과 같은 수장이 없고, 조정 안에는 빈 곳을 수습할 신하가 없습니다. 간사하고 아첨하는 무리가 비상하여 올라와 조정의 권위를 농락하고 영리를 도적질하여 충성스럽고 선량한 사람들은 배제되고 신실한 신하가 해를 당하고 있습니다. 이 때문에 정직한 선비들은 모난 부분을 없애고 보잘것없는 신하들은 아부하며, 먼저 폐하의 낯빛을 살펴 뜻을 따르고 각자 시류에 편승하기를 바랍니다. 사람들은 사리에 어긋나는 평가를 고집하고, 선비들은 도의를 왜곡시킨 이론을 토로하고 있으며, 그 결과 맑은 수류를 혼탁하게 변화시켜 충성스런 신하는 혀를 묶도록 했습니다.

폐하께서는 구천九天 위에 몸을 두고 백 개의 첩첩 궁실에 숨어 있으면서 말을 꺼내면 천하를 풍미하고, 명령을 선포하면 사람들이 그림자처럼 긴밀히 따라가고 있습니다. 폐하께서 아첨하는 신하를 가까이하여 날마다 마음에 맞는 말만 들으면서 이런 사람들을 진실로 현명하여 천하가 벌써 평안해질 것이라고 말씀하십니다. 신은 마음속으로 불안한 곳이 있어 감히 사실대로 아뢰지 못합니다.

신이 듣기로 나라를 일으킨 군주는 자기 허물을 듣기 좋아하고, 음란하고 어지러운 군주는 자기 명성을 듣기 좋아한다고 합니다. 자기 허물을 듣는 군주는 허물이 하루하루 줄어들어 복이 내리고, 자기 명성을 듣는 군주는 명성이 하루하루 손상되어 화가 이르게 됩니다. 이 때문에 옛 군주는 예절로 현인들을 등용하고, 겸허하게 허물 찾기를 구하며, 하늘에게서 부여받은 제위는 날뛰는 말을 타는 것에 비유하고 호랑이 꼬리로 경계를 삼았습니다.

그러나 폐하에 이르러서는 형법이 엄해져 직언이 끊기고 훌륭한 선비를 폐출시켜 간언하는 신하를 거절하며, 비난과 칭찬의 실제를 밝히지 않으며 옆에 가까이 있는 자들의 말에 빠져 있습니다. 옛날 고종(高宗, 은나라 무정)은 보좌할 만한 이를 그리워하여 꿈속에서 현인을 얻었습니다. 그렇지만 폐하께서는 현인을 구하는 일은 잊은 듯하며, 그들을 홀시하는 것이 마치 버리는 것만 같습니다. 지난날 상시였던 왕변의 충심은 공적인 것을 위한 것이었으므로 보필할 자로 임용할 만했지만 그가 술에 취한 사이에 극형을 가했습니다.

최근 홍려 갈해葛奚는 선제의 노신으로 우연히 귀에 거슬리는 말을 했는데, 그것은 혼미할 정도로 취한 상태에서 한 말일 뿐 술을 석 잔 마신 다음에는 예의에 따라 거리낌이 없는데도 폐하께서는 갑자기 화를 내며 그가 경솔하고 오만하다며 그에게 술을 많이 마시게 해서 중독되어 목숨을 상하게 만들었습니다. 이때부터 해내의 사람들은 상심하고, 조정 대신들은 희망을 잃었으며, 관리로 있는 자들은 퇴직을 복으로 여기게 되었습니다. 진실로 이는 영예를 지키며 제업을 발전시키고, 도의를 확충하고 교화를 융성하게 하는 것이 아닙니다.

또 하정은 본래 흐름을 따라 달리는 소인이며 노예 이하의 사람으로 그에게는 실오라기만큼도 덕행이 없고 재능은 매나 개의 쓰임만도 못한데, 폐하께서는 그의 아첨을 좋아하여 그에게 권위를 주었습니다. 그리하여 그는 총애를 의지하고 방자하게 굴면서 위엄과 복을 마음대로 만들어 입을 열면 나라의 계획을 바꾸고 손으로는 나라의 정권을 가지고 놀아, 위로는 해와 달의 밝기를 훼손하고 아래로는 군자의 길을 막았습니다. 소인이 조정으로 들어오기를 구하면 반드시 간사한 이익을 바치게 합니다.

하정은 최근에 노역을 발동시켰으며 장강 기슭의 수비 병사들을 동원하여 산이나 구릉 위에 그물을 쳐놓고 임야의 초목을 베어 들판의 짐승들을 힘을 다해 쫓아 두터운 포위망 속으로 몹니다. 그의 행위는 위로 시정時政의 명분에 이로움이 없고, 아래로는 소모하여 낭비하는 것만 있습니다. 병사들은 실어 나르느라 지치고, 백성은 들짐승을 쫓느라 힘이 고갈되며, 노약자들은 굶주려 죽고 얼어 죽으니 어른과 아이가 원망하고 탄식합니다.

신이 사사로이 하늘의 변화를 살펴보았는데, 근년 이래로 음양이 섞여 어그러지고 사계절이 시절을 범했으며, 일식과 지진이 있었고 한여름에 서리가 내렸습니다. 전적을 참고하니 모두 음기가 양기를 누른 것으로 소인이 권세를 농락하는 일이 이르게 한 것입니다. 신은 일찍이 경전을 두루 읽을 때 이러한 현상들을 증험했는데 모두 재앙의 징조가 반영되어 나타난 것으로 사람들을 두려워 떨게 합니다. 옛날 고종은 솥에 꿩이 날아와 우는 이변을 지워 없애버렸고, 송경(宋景, 춘추 말 전국 초 송나라 임금)은 덕을 숭상함으로써 화성의 이변을 물러가게 했습니다.

원컨대 폐하께서는 위로 하늘이 나타낸 질책을 두려워하고 아래로는 두 군주가 재앙을 제거한 방법을 따라서, 멀리로는 전 시대에 현인을 임용한 공을 두루 살펴보고 가까이로는 오늘날 사람을 잘못 임명한 허물을 깨달아 조정의 관위를 맑게 하십시오. 뛰어난 인재를 나아가게 하여 빛내고, 간사하고 사악한 자를 내쫓아 물러나게 하며, 사악한 자의 세력을 누르고 빼앗아 앞에서 말씀드린 소인배들은 일절 다시 임용하지 말며, 지금까지 임용했던 재능 있는 사람들을 널리 불러들이고 직언을 받아들이며 삼가 하늘의 뜻을 이어받아 선제의 기업을 공경스럽게 받든다면 위대한 교화가 널리 퍼질 수 있고 하늘과 사람의 원망은 끊어질 것입니다.

경전에 "나라가 흥성하려면 백성 보기를 아들처럼 하고, 나라가 멸망하려면 백성을 잡초로 여긴다."라고 했습니다. 폐하께서 전에 신성한 광채를 숨기고 동방에서 몰래 덕행을 닦을 때, 영명한 지혜와 우수한 자질로 용이 날아오르며 천명에 순응하는 것처럼 하여 사해 사람들은 목을 빼고 바라보며 팔방에서 눈을 씻어 주周 성왕成王과 강왕康王의 교화가 반드시 눈앞에 일어날 것으로 기대했습니다.

폐하께서 제위에 오른 이래 법률과 금령은 가혹해졌고, 부세 징수는 더욱 번잡해졌으며, 궁궐 안의 환관들은 각 주와 군에 분포하여 제멋대로 노역을 발동하고 다투어 폭리를 구하고 있습니다. 백성은 북과 베틀이 비는 곤궁함을 근심하고, 민중은 끝없는 요구에 지쳤으며, 노약자들은 굶주림과 추위에 떨고 집집마다 먹을 것이 없어 푸르뎅뎅한 기색을 하고 있으며, 임지에 있는 지방 관원들은 죄의 책임을 지는 일을 두려워하여 엄한 법령과 잔혹한 형법으로 백성을 고통스럽게 하며 규정된 세금을 요구하고 있습니다. 이 때문에 백성은 재력으로 감당하지 못하고 가가호호 떨어져 흩어져서 고통스럽게 외치고 있는데, 이는 화기和氣를 상하게 한 것입니다.

또 장강 기슭을 지키는 병사들은 멀리로는 마땅히 땅을 개척하여 지역을 넓혀야 하고, 가까이로는 마땅히 변방을 지켜 어려움에 대비해야 하므로 특별히 두텁게 대우하고 양육함으로써 일에 대비해야만 합니다. 그런데 징발하고 부세를 걷는 것이 안개가 밀려와 구름처럼 모여 있는 것 같으니 입는 것은 짧은 갈옷도 온전히 하지 못하며, 먹는 것은 아침저녁을 돌아보지 못하고 있습니다. 그들은 나가서는 칼과 창이 부딪히는 어려움을 감당해야 하고, 들어와서는 의탁할 곳 없는 우수를 끌어안습니다. 이 때문에 부모 자식이 서로 버리고 모반하는 일이 성행하게 되었습니다.

바라건대 폐하께서는 부세를 느슨하게 하여 고통을 없애주고 궁핍함을 구제하며, 긴급하지 않은 일은 줄이고, 금령과 법령을 간략하게 하십시오. 그러면 해내는 편안하게 산업을 하고 위대한 교화는 널리 퍼질 것입니다. 무릇 백성은 나라의 근본이고, 음식은 백성의 생명입니다. 지금 나라에는 1년 동안 필요한 것을 비축하지 않고 있고 집집마다 몇 달 지낼 것도 쌓아놓지 못하고 있는데, 후궁에는 헛되이 먹고 있는 자가 1만여 명이나 됩니다. 궁궐 안에서는 떨어져서 결혼하지 못함을 원망하고 있고, 궁궐 밖에서는 소모하여 낭비함이 있어 쓸모없는 일로 국고를 텅 비우고 백성은 지게미로 연명하고 있습니다.

또 북쪽의 적은 주목하여 우리나라의 흥하고 쇠하는 상황을 엿보고 있습니다. 폐하께서는 자신의 위엄과 덕망에 의지하지 않고, 도적이 오지 않을 것이라고 믿으며, 오히려 사해의 곤궁함을 홀시하며 적군이 난리를 만들지 않는 것을 가볍게 여기고 있습니다. 이것은 진실로 장구한 계책과 승세를 잡을 수 있는 요점이 아닙니다. 옛날에 대황제께서는 자신을 수고롭고 고달프게 하여 남하南夏에 터를 닦아서 강과 산을 분할하여 땅을 개척한 것이 만 리였습니다. 비록 하늘의 도움을 받든 것이나 실제로 사람들의 노력에서 말미암는 것입니다.

대황제께서는 미덕을 남겨 폐하께 이르게 했으니, 폐하께서는 덕행과 지조를 면려하고 숭상하여 전 사람들의 공업을 빛내고 백성을 사랑하고 병사들을 길러 선제의 법도를 보전하여야 합니다. 어떻게 현조顯祖의 공로를 홀시하고 얻기 어려운 대업을 경시하며, 천하의 부진不振과 패배와 혼란을 잊고 흥성하고 쇠미해지는 거대한 변화를 소홀히 하실 수 있겠습니까? 신이 듣기로 길흉의 변화는 일정하지 않으며, 길흉은 사람에게서 정해진다고 합니다. 장강의 한계는 오랫동안 의지할 수 없고, 만일 우리가 지키지 않는다면 일엽편주로 건널 수 있습니다.

옛날 진秦나라는 황제의 칭호를 세우고 효산殽山과 함곡관의 요충지에 의거하여 덕행과 교화는 세우지 않고, 법령과 정치를 가혹하게 하여 해독이 백성에게 미치고 충신은 입을 닫았습니다. 이 때문에 한 보통 남자가 크게 소리를 지르자 나라가 엎어졌습니다. 가까이로는 유씨(劉氏, 촉한의 유씨 황족)가 삼관(三關, 양평관과 백수관과 검각)의 요충지를 점거하고 몇 겹으로 산의 공고함을 지켰으므로 쇠로 만든 성벽과 돌로 만든 궁실은 만대의 기업이라고 할 수 있지만, 사람을 임용하는 데에는 현명함을 잃어 하루아침에 정권을 잃고 군주와 신하가 목에 형구를 더하여 함께 포로가 되었습니다. 이것은 이 시대의 분명한 귀감이며 눈앞의 밝은 경계입니다.

원컨대 폐하께서는 멀리로는 지나간 일을 살피고 가까이로는 세상의 변화를 살펴 기업을 확대하고 근본을 강하게 하며 감정을 베어내어 도의를 따르십시오. 그러면 주 성왕과 강왕처럼 정치가 흥성할 것이며, 성스런 조상이 남긴 복이 융성해질 것입니다.

이 상소를 읽고 손호는 그를 매우 미워하게 되었다. 하소는 공적인 일을 받들어 바르고 정직했으므로 손호가 가까이하고 신임하는 자들은 그를 꺼렸다. 그래서 이들은 공동으로 하소와 누현이 나랏일을 비방했다고 참언했다. 하소와 누현은 함께 힐책을 받게 되었다. 누현은 남주(南州, 광주)로 보내지고 하소는 복직되었다. 뒤에 하소는 중풍을 심하게 앓아 입으로 말을 할 수 없으므로 몇 달 동안 관직을 떠났다. 손호는 그가 병을 핑계 대고 있다고 의심하고 체포하여 주장(酒藏, 술 창고)으로 보내 1천 번이나 고문을 했다. 하소는 끝까지 한마디도 못했으며 결국에는 살해되었다. 그의 식솔들은 임해로 쫓겨났다. 아울러 조서를 내려 누현의 자손을 주살시키도록 했다. 이해는 천책 원년(275)으로 하소는 마흔아홉 살이었다.

문장으로 이름 높았으나 손호의 뜻에 거슬려 죽다

위요전韋曜傳

위요[3]는 자가 홍사弘嗣이고 오군 운양현 사람이다. 그는 어려서부터 공부하기를 좋아했으며 글쓰기에 재능이 있었다. 승상연에서 서안현의 영으로 승진했으며, 또 상서랑이 되었다가 태자중서자로 승진했다.

그 당시 채영도 동궁에 있었는데 바둑 두기를 좋아했다. 태자 손화는 이것을 이롭지 못하다고 여겨 위요에게 명하여 이 문제를 논의하도록 했다. 위요는 글로 다음과 같이 말했다.

제가 듣기로 군자는 할 수 있는 나이에 이르러서 공을 세우지 못하는 것을 부끄러워하고, 세상을 떠나도록 명성을 남기지 못하는 것을 싫어하기 때문에 학문을 할 때는 미치지 못한 듯이 여기고 오히려 그것을 잃어버릴까 걱정해야 한다고 했습니다. 이 때문에 고대의 뜻있는 선비들은 나이를 먹어가는 것을 슬퍼하고 명성이 세워지지 않는 것을 두려워했습니다. 그래서 정신을 면려하고 지조에 힘썼으며, 일

---

3) 배송지는 위요의 본명이 위소韋昭였는데 진수가 진나라 문제 사마소司馬昭의 이름을 피하여 이와 같이 고쳐 쓴 것이라고 했으나, 이는 사마소의 '소昭' 자 등을 피하지 않은 '호소胡昭'나 동소董昭'만 보더라도 사실이 아님이 입증된다.

찍 일어나고 늦게 자며 편안히 쉬는 것을 돌아보지 않았습니다. 이와 같이 하여 몇 달이 지나면 조그마한 공적이 나날이 쌓이게 됩니다.

영월(甯越, 전국시대 위나라의 정치가)처럼 부지런하고 동생(董生, 동중서)처럼 독실하면 점점 도덕과 인의의 연못에 들어가고, 마음을 다해 경전과 법술의 영역에 깃들이게 될 것입니다. 그리고 서백(西伯, 주 문왕)의 성스러움과 희공의 재주로도 오히려 밤부터 낮까지 수고하기 때문에 주 왕조의 도통을 융성하게 일으킬 수 있고 이름을 억대까지 드리울 수 있습니다. 하물며 보통 신하에 있어서야 그칠 수 있겠습니까?

고금을 통해 공명을 세운 선비들을 보면 모두 특이한 사적을 풍부하게 쌓았으며, 몸을 수고롭게 하고 부지런히 사색하며, 한가하게 있으면서 자신들의 학업을 팽개쳐두지 않았으므로 곤궁함이 그들의 뜻을 바꾸지 못했습니다. 이 때문에 복식(卜式, 하남군 사람으로 목축업으로 관내후까지 오른 인물)은 농사를 짓고 말을 기르면서 뜻을 세웠고, 황패(黃霸, 전한의 정치가였으나 감옥에 가서도 학문에 정진한 인물)는 감옥에서 도의를 받아 결국에는 영예에 혁혁한 복이 있게 되었으며 불후의 이름을 이루었습니다. 그러므로 산포(山甫, 주 선왕 때의 대신)는 주야로 근면했고, 오한(吳漢, 말 장수 출신으로 후한의 개국 공신이 된 인물)은 관소의 문을 떠나지 않았는데, 어찌 그들에게 유희의 타성이 있었겠습니까?

지금 세상 사람들은 대부분 경전과 법술에는 힘쓰지 않고 바둑 두는 놀이를 좋아하여 일을 버려두고 잠자는 것과 먹는 것을 잊으면서 온종일을 소모하고도 촛불을 밝혀 계속합니다. 그들은 대국에 임해 다투며 자웅이 결정되지 않았을 때는 정신을 몰두해서 몸과 마음이 지쳐 사람들이 마땅히 해야 할 일을 처리하지 않으며 방문한 손님을 잊고 접대하지 않으니, 비록 태뢰의 음식이 있고 소하昭夏의 음악이 있을지라도 있을 틈이 없을 것입니다.

어떤 사람이 옷과 물건을 훔치면 바둑 두는 목적을 바꾸고 행사 원칙을 바꾸고 부끄러운 생각을 느슨하게 하며 분노하는 기색이 나타날 것입니다. 그들이 뜻한 바는 바둑판 하나의 범위를 넘지 않고, 힘쓰는 바는 방형 격자의 거리를 넘지 않으며, 적을 이겨도 작위에 봉해지는 상은 없고 땅을 얻어도 토지를 겸병하는 실질이 없습니다. 이런 기예는 육예가 아니며, 재능은 나라를 다스릴 만한 것이 아닙니다. 그래서 몸을 세우는 자는 그 기술을 차용하지 않고, 인재를 뽑는 사람은 그 길을 통하지 않습니다. 그 안에서 병법의 뜻을 구해도 손무나 오기吳起의 무리가 아니며, 그곳에서 도의와 법술을 고찰해도 공씨(孔氏, 공자)의 문하는 아닙니다.

바둑은 변화나 사기를 수단으로 하므로 충직하고 신실한 일이 아닙니다. 그리고 겁을 주고 죽이는 것을 명분으로 삼는 것은 어진 자의 뜻이 아닙니다. 헛되이 시간을 낭비하며 사업을 황폐하게 하는 것은 결국 도움도 이로움도 없습니다. 이것이 어찌 나무를 심어 치고 돌을 놓고 던지는 것과 다르겠습니까! 그리고 군자는 집에 있을 때는 몸을 부지런히 움직여 보양하고, 조정에 있을 때는 생명을 다해 충심을 바치며, 긴급한 상황에 임해서는 밥 먹는 것을 미루는데 어떻게 바둑 두는 일에 빠지겠습니까? 그렇게 하기 때문에 효도하고 우애 있는 품행이 서게 되고, 정조 있고 순수한 명성이 드러나는 것입니다.

지금 대오는 천명을 받았는데 해내는 아직 평정되지 않았으며, 성스런 조정은 마음을 다하여 인재를 얻는 일에 힘쓰고 있으므로 용감하고 지략이 있는 선비라면 무장의 중임을 받았으며, 학문이 깊고 아정한 무리이면 문관의 직책에 있게 되었습니다. 모든 것을 한꺼번에 받아들이고 문무를 함께 추구하여 우수한 인재를 널리 가려 뽑고, 영웅과 준걸을 분명하게 임용하며, 고시 과목을 세우고 관작으로 상을 내렸습니다. 이것은 사실 천 년마다 있는 좋은 기회이며, 백 대의 좋은 때입니다. 당대의 선비들은 마땅히 부지런히 사고하여 도의에 이르고 공을 아끼고 역량을 아껴 광명한 시대를 보좌하여 이름이 역사 책에 적히도록 하고, 공로가 맹부(盟府, 맹약 문서 등을 보관하는 부서)에 기록되도록 해야 합니다. 이것이 군자의 최고 목표이며 지금 가장 급한 일입니다.

나무 바둑판 하나를 어찌 1방(方)의 나라 봉읍과 비교하겠습니까? 무지한 바둑알 삼백 개를 어찌 만 명과 비교하겠습니까? 비룡을 수놓은 옷, 금석(金石, 고대의 악기)의 음악은 바둑의 즐거움을 포용하고 바둑 두는 유희를 포용할 수 있습니다. 만일 세상 선비들이 바둑 두는 힘을 시서에 기울인다면 안회와 민손(閔損)의 뜻이 있을 것이고, 지략에 사용하면 장량(張良, 고조 유방의 모사)과 진평의 사려가 있을 것이며, 물자와 재화에 쓰면 의돈(猗頓, 전국 노나라의 거상)의 부유함이 있고, 활쏘기와 말타기에 쓰면 장수의 지위를 얻을 것입니다. 이와 같으면 공명이 세워져 비천함에서 멀어지게 됩니다.

손화가 폐출되고 나서 위요는 황문시랑이 되었다. 손량이 즉위한 뒤 제갈각이 정치를 보좌하자, 표를 올려 위요를 태사령으로 삼고 《오서》를 편찬하도록 했다. 화핵과 설영 등이 모두 이 일에 참여했다. 손휴가 제위에 오르자, 위요를 중서랑 및 박사좨주로 삼았다. 손휴는 위요에게 명해 유향(劉向)의 옛일에 의거하여 모든 서적을 교감하여 바로잡으라고 했다. 또 위요에게 시강(侍講)을 맡기려고 했는데, 좌장군 장포는 손휴가 총애하는 신하로서 하는 일마다 오점이 매우 많았으므로 위요가 유사(儒士)들에게 시강하는 것을 꺼렸다. 더군다나 위요의 성정이 명확하므로 장포는 위요가 고금의 사례로 손휴의 마음을 경계하는 것을 두려워하여 안 된다며 강력히 다투었다. 손휴는 장포를 매우 원망했는데 이에 관한 말은 〈손휴전〉에 있다. 그러나 위요는 결국 저지받아 궁궐로 들어가지 못했다.

손호가 즉위하고 나서 위요는 고릉정후高陵亭侯로 봉해졌고, 중서복야로 승진했으며, 뒤에 직위가 강등되어 시중이 되었고, 오랫동안 좌국사를 겸했다. 그 무렵 손호의 뜻을 이어 여러 곳에서 상서로운 징조가 있다는 보고가 들어왔다. 손호가 이 일을 위요에게 묻자, 위요는 이렇게 대답했다.

"이것은 다른 사람의 상자 속에 있는 물건일 뿐입니다."

또 손호가 아버지 손화를 위해 기紀를 만들려고 하자, 위요는 손화는 제위에 오르지 못했으므로 마땅히 명칭을 전傳으로 해야 한다고 고집했다. 이 같은 일이 한 번이 아니었으므로 위요는 점점 손호의 질책과 노여움을 받게 되었다. 위요는 더욱더 걱정되고 두려워서 쇠약해졌으므로 시중과 좌국사 두 관직을 사직하기를 요청했으며, 편찬 중이던 책을 마친 뒤 직무를 다른 사람에게 넘기고 싶어했다. 그러나 손호는 끝까지 허락하지 않았다. 그때 위요는 병이 있어 약을 먹으며 간호를 받게 되었으므로 더욱더 긴급히 사직을 청했다.

손호는 연회를 열 때마다 온종일 계속하지 않은 적이 없었고, 그 자리에 앉아 있는 사람들에게는 주량이 어떠한지 개의치 않고 술 일곱 되를 최저한도로 했으며, 마시지 못하면 모두 억지로 부어서라도 다 마시게 했다. 위요는 보통 때 주량이 두 되밖에 안 되었다. 처음 위요가 남다른 예우를 받을 때는 언제나 감량시켜주고 때로는 은밀히 술 대신 차를 내려주기도 했지만, 총애가 줄어들자 다시 억지로 술을 마시도록 해서 그는 이 때문에 죄를 얻게 되었다. 또 손호는 술을 마신 뒤에는 측근에서 모시는 신하들에게 공경들을 힐난하고 모욕하게 하여 조롱하고 능멸했으며, 다른 사람들의 은밀한 단점을 들춰내어 즐거워했다. 이때 허물이 있거나 잘못하여 손호의 비위를 거스르면 곧바로 체포되어 묶이고 심지어 목이 베이기까지 했다. 위요는 공개적으로 다른 사람을 비방하여 손상시켜 내심 두려워하고 원망하도록 하는 것은 장중하지 못하며 아름다운 일이 아니라고 생각했다. 그래서 그는 오직 어려운 문제를 꺼내고 경전의 의의나 이론異論을 물을 뿐이었다. 손호는 그가 명령을 따르지 않고 마음으로 충성을 다하지 않는다고 생각하고, 앞뒤로 그에 대한 원망과 분노가 쌓여 있었으므로 위요를 체포하여 감옥으로 보냈다. 이해는 봉황 2년(273)이다.

위요는 옥리를 통해 글을 올려 다음과 같이 말했다.

죄인은 은혜를 입어 아낌을 받음에 어깨를 나란히 할 수 있는 자가 없었으나 일찍이 황상에게 조금도 보답하지 못했으며, 저는 황상의 은총을 욕되게 하여 스스로 최악의 죄에 빠지게 되었습니다. 제가 생각해보면 마땅히 재가 되어 영원히 황천에 버려져야 하지만 제 심정은 처참하고 고통스러우며 사사로이 마음속에 품고 있는 것이 있어 금령을 범하면서 황상께 아룁니다.

죄인인 저는 옛날에 세간에 있던 고대 역법의 주석을 발견하게 되었는데, 그 내용에 허무한 것이 많으며 서적의 기록과도 섞여 잘못된 부분이 있었습니다. 죄인이 경전의 기록을 찾아 이동異同을 살펴 대조하고, 또 보고 들어 이르게 된 재료를 모아 조사하여 《동기洞紀》를 만들었습니다. 포희(庖犧, 복희)부터 시작하여 진秦과 한漢에 이르기까지 모두 세 권으로 되어 있습니다. 황무黃武 이래로 시작하여 따로 한 권을 더 만들었는데 이것은 아직 완성하지 못했습니다. 또 유희(劉熙, 전한의 언어학자)가 지은 《석명》(釋名, 8권 27편으로 된 어원학 책)을 보니 확실히 절묘한 곳이 많지만 사물의 종류가 많아 상세하게 고증하는 일이 어렵기 때문에 늘 실수가 있었고, 작위의 문제에서도 정확하지 않은 곳이 있었습니다. 제 생각으로 관작 문제는 지금 긴급한 것이므로 잘못되게 하면 옳지 않습니다.

죄인은 스스로 아주 미천한 신분임을 잊고 또 《관직훈官職訓》과 《변석명辨釋名》 한 권씩을 만들어 황상께 바치려고 합니다. 처음 완성할 무렵에는 마침 제 무례함으로 인해 압송되어 명령을 기다리게 되었습니다. 목숨을 마칠 때 유감스럽게도 황상께 보고하지 못할까 봐 죽음에 앞서 삼가 상황을 나열합니다. 청컨대 황상께서 비부(秘府, 도서 및 문헌 보관소)에 알려 밖에서 가려 취하도록 하고 제 집에 있는 것을 바치게 하십시오. 저는 자신이 미천하고 우매하여 쓴 것들이 황상의 뜻에 부합되지 않을까 두려워하며 마음속으로 떨면서 입을 다물고 말을 못하고 있습니다. 어여삐 여기고 살펴보시기를 바랍니다.

위요는 이렇게 해서 사면받기를 바랐지만 손호는 그의 글에 허물이 있음을 꾸짖고, 이 때문에 또 위요를 힐문했다. 위요는 이렇게 대답했다.

"죄인이 이 책을 편찬했을 때 사실 표를 올리려고 하면서 오류가 있을까 두려워 수차례 살펴보며 읽었지만 오점이 있음을 깨닫지 못했습니다. 힐문을 받게 되니 벌벌 떨며 숨쉬기조차 어려워졌습니다. 삼가 사죄하며 오백 번이나 머리를 조아리고 두 손을 스스로 결박합니다."

화핵이 이어서 상소하여 위요를 구원하려고 이렇게 말했다.

위요의 운명은 천 년에 한 번 있을 만한 기회를 만나 특별히 아낌과 인정을 받았으며, 그의 유학에 기대어 사관의 일에 참가하여 초선(貂蟬, 시종관의 머리 장식품)을 머리에 쓰는 높은 지위를 얻어 측근에서 모시며 폐하의 물음에 응답했습니다. 영명한 황상께서는 인자하고 돈후하여 임종臨終에 삼가고 먼 조상을 생각하며, 신을 맞이할 시각에는 눈물을 흘리며 위요에게 명령을 내렸습니다. 위요는 어리석고 무지하여 대순大舜 같은 폐하의 미덕을 널리 나타낼 수 없었으며, 사관의 일에 얽매여 신성한 의지를 서술할 수 없었고, 최고의 덕행을 빛낼 수 없었으므로 실제로 그의 우매함은 죽어 마땅한 죄를 범했습니다.

그러나 신은 고심하여 위요가 어릴 때부터 학문을 부지런히 했으며, 비록 늙었을지라도 지치지 않고 경전의 뜻을 탐색하여 옛것을 익히고 나아가 새것을 알았으며, 고금에 걸쳐 일어난 중대한 일을 마음속에 숙지하고 있어 조정 밖의 관리 중에서 그를 뛰어넘는 자가 적다는 것을 알게 되었습니다.

옛날 이릉(李陵, 명장 이광의 손자)은 한나라 장수가 되었지만 군대가 패한 뒤에 돌아오지 않고 흉노에게 투항했습니다. 사마천은 이를 질타하지 않고 그를 위해 유세했습니다. 한나라 무제는 사마천이 훌륭한 사관의 재능을 갖고 있다고 생각하고는 편찬하던 것을 완성시키도록 하려고 차마 죽이지 못했고, 그 책은 완성되어 영원히 전해지게 되었습니다. 오늘 위요는 오나라에서 한나라의 사마천과 같습니다.

엎드려 생각해보면 앞뒤로 징조가 분명히 나타났고, 신령스런 뜻과 하늘의 반응은 계속하여 여러 차례 나타났으니 천하를 통일하는 때는 아마 또 오래가지 않을 것입니다. 통일 대업이 완성된 뒤에 마땅히 시절을 살펴서 제도를 세워야 합니다. 삼왕三王은 서로 예의를 따르지 않았고, 오제五帝는 서로 음악을 잇지 않았습니다. 질박한 것과 무늬 있는 것은 길을 달리하고, 구체적인 조문의 증감에는 형체를 달리했으니 마땅히 위요 같은 사람들을 얻어 고대의 사상 원칙에 근거하여 고쳐 세우는 것이 있어야 합니다.

한씨漢氏가 진秦을 이었을 때에는 숙손통(叔孫通, 진대의 박사였으나 항우에게 투항했고 다시 유방에게 귀의함)이 한 조대의 예의를 정했는데, 위요의 재능과 학식도 한漢 왕조의 숙손통에 버금갑니다. 또《오서》는 비록 이미 두각을 나타냈지만 서敍와 찬贊 부분은 아직 서술되지 않았습니다. 옛날 반고가 지은《한서漢書》는 문사가 전아했고, 나중에 유진劉珍과 유의劉毅 등이 지은《한기》(漢記, 기전체 사서로서《동관한기東觀漢記》라고도 함)는 멀리 반고의 책에 미치지 못했는데 서敍와 전傳 부분이 특히 열등했습니다. 이제《오서》가 편찬되어 천 년 뒤까지 전해져 여러 역사책과 어깨를 나란히 하여 후대의 재능 있는 선비들이 우열을 순서대로 평가하여 논의하게 한다면, 위요 같은 훌륭한 재능이 아니고서는 확실히 불후의 작품이 되게 할 수 없습니다.

신같이 어리석은 사람은 진실로 이런 사람이 아닙니다. 위요는 이미 일흔 살이 되었으니 남은 시간이 많지 않습니다. 원컨대 그의 죽을 죄를 사면하여 종신토록 노복이 되어 저술 사업을 완성하도록 해 영원히 후인들에게 전하고 백대에 전하도록 하십시오. 삼가 이 표를 바치며 머리를 백 번 조아립니다.

손호는 허락하지 않았다. 그래서 위요를 죽이고 그 가족을 영릉으로 귀양 보냈다. 위요의 아들 위륭韋隆 역시 문학에 자질이 있었다.

상소를 백 번이나 올렸다가 쫓겨나 외롭게 죽다

화핵전華覈傳

화핵은 자가 영선永先이고 오군 무진현 사람이다. 처음에 그는 상우위上虞尉 및 전농도위典農都尉[4]가 되었다가 문학적 재능이 있어 조정으로 들어가 비부랑祕府郎이 되었으며 중서승으로 승진했다.

촉이 위나라에 병탄된 뒤, 화핵은 궁문으로 가서 표를 바쳐 다음과 같이 말했다.

654

근래에 적의 무리가 서쪽 변방 지역(촉한의 국경)을 향해 개미처럼 모여들어 위험해졌다는 소식을 듣고도 걱정할 것 없다고 생각했습니다. 늦게 육항의 표가 이르러서야 성도를 지키지 못하고 신하와 군주가 달아나 사직이 전복되었음을 알았습니다. 옛날 위衛나라가 오랑캐에게 멸망되자 제나라 환공은 위나라를 존속시켰습니다. 지금은 길이 매우 멀기 때문에 구원하러 가기가 불가능합니다. 이와 같아 우리는 우리를 의지하고 있는 영토를 잃게 되고, 공물을 바치던 나라를 버리게 됩니다. 미천한 신하는 사사로이 마음이 편안하지 않습니다. 폐하

---

4) 낙양 경내의 둔전 구역을 관리했다. 낙양전농洛陽田農이라고도 한다. 현에 둔전이 있을 경우에 설치되었으며, 민둔을 관리하며 군 태수에 버금가는 지위였다. 촉나라에는 없었고, 위나라와 오나라에는 있었다.

께서는 신성하고 인자하여 먼 곳까지 은택으로 어루만졌는데, 갑자기 이 같은 소식을 듣게 되었으니 틀림없이 애도의 감정이 생겼을 것입니다. 신은 슬픈 마음을 억누르지 못해 삼가 표를 올려 알리게 되었습니다.

손호가 즉위한 뒤 화핵은 서릉정후徐陵亭侯로 봉해졌다.

│ 보정 2년(267) │ 손호는 다시 새 궁전을 만들면서 규모를 방대하게 하고 진주와 옥으로 장식하여 비용이 매우 많이 들었다. 이때는 한여름이라 농사와 수비가 다 황폐해졌다. 화핵은 상소하여 다음과 같이 간언했다.

신이 듣기로 한나라 문제 때는 9주(九州, 중국)가 안정되었고, 진秦나라 백성은 잔혹하고 가혹한 정치가 없어지는 것을 기뻐하여 유씨劉氏의 관대함과 인자함으로 귀순했으며, 노역을 줄이고 법령을 간략하게 하여 조정은 백성과 다시 시작했으며, 왕족의 자제들을 곳곳으로 나누어 보내 한나라 왕실의 외번外藩이 되게 했다고 합니다. 이때 모두 태산泰山처럼 안정되어 무궁한 기업을 이룰 수 있다고 생각했습니다.

가의에 이르러서야 홀로 통곡하고 눈물을 흘려야 할 원인이 세 가지 있고 길게 탄식할 까닭이 여섯 가지 있다고 생각하고, 오늘의 형세는 어찌 섶나무 더미 아래에 불을 피워놓고 그 위에서 잠자며 불이 다 타지도 않았는데 안전하다고 하는 것과 다르겠느냐고 했습니다. 그 뒤의 변란은 모두 그가 앞서 말한 것과 같았습니다. 신은 비록 미천하고 어리석어 커다란 도리를 알지 못하지만 사사로이 지난날의 일로 오늘의 형세를 살핍니다.

가의는 몇 년이 지나면 각 왕후가 강성해지고 한나라 조정의 태부나 상(相)은 병을 핑계 대어 관직을 버리고 돌아가니, 이러한 상황을 가지고 다스려지기를 원한다면 요나 순일지라도 안정시킬 수 없을 것이라고 했습니다. 지금 강대한 적은 9주의 땅을 차지하고 대부분의 백성을 수중에 넣고 있으며, 공격하여 싸우는 여러 가지 방법을 익혔고 군대의 옛 세력을 이용하고 있으며, 중원 지역에서 상대방을 병탄하기 위해 서로 다투려 계획하고 있습니다. 이것은 초(楚)와 한(漢)의 세력이 양립하지 못하는 상황과 같아 단지 한나라 왕조의 각 왕후, 회남왕이나 제북왕의 위협일 뿐이 아닙니다. 가의가 통곡하려고 한 상황은 지금과 비교하면 느슨한 것인데, 불을 끌어안고 섶나무 위에 누워 있는 비유는 오늘보다 급박한 것이었습니다.

대황제(손권)께서는 전 시대(한대)의 상황이 그와 같음을 보고 지금의 형세가 이와 같음을 살폈기 때문에 농업과 양잠업을 널리 개척하고, 사리를 꾀하지 않고 대거 비축했으며, 거듭 노역을 하는 백성을 안쓰러워하고, 전사를 양성하는 일에 힘썼습니다. 이 때문에 지위가 크고 작음에 구분 없이 은혜에 감사하며 각기 목숨을 다하려고 생각했습니다. 이 운수가 아직 이르지 않았는데 대황제께서는 일찍 만국(萬國)을 버렸습니다.

이때부터 세력이 강한 신하들이 정권을 멋대로 주무르며 위로는 하늘의 도의를 버리고 아래로는 사람들의 의론을 위배하여 안정과 생존의 근본을 잃고 한순간의 이익만 추구하며, 여러 차례 군대를 일으켜 창고에 쌓아놓은 것을 기울여 다 써버려서 병사들은 수고하고 백성은 가난해져 한시도 안정을 얻지 못하게 되었습니다. 지금 살아 있는 이들은 부상을 입고 남은 무리이며 고통과 슬픔에 찬 백성뿐입니다. 군수물자는 텅 비었고, 창고는 부실하며, 베나 비단을 내리는 것은 추위와 더위를 막기에 넉넉하지 못한 데다가 산업을 잃어 가가호호가 곤궁합니다.

그러나 북방에서는 식량을 축적하고 백성을 길러 오로지 마음을 동쪽으로 향하고 있으며 다른 경계는 하지 않습니다. 촉나라는 서쪽의 속국으로 땅이 험하고 견고한 데다가 선주(先主, 유비)의 통치 방법을 이었으므로 그들의 수비는 오래도록 지탱하기에 충분하다고 여겼지, 하루아침에 갑자기 전복되리라고는 생각지도 못했습니다. 입술을 잃어 이가 시린 것, 이것은 옛사람들이 두려워했던 바입니다. 교주의 여러 군은 우리나라의 남쪽 영토인데 교지와 구진 두 군은 이미 함락되었고, 일남군은 고립되어 위험해서 그 존망을 예측하기 어렵게 되었으며, 합포군 북쪽은 백성이 모두 동요하여 부역을 피해 대부분 달아나 모반했는데, 이를 수비할 병사의 수는 줄고 위세가 가벼워졌으므로 늘 숨 쉬는 사이에 변고가 있을까 두렵습니다. 옛 해적 무리가 동쪽 현을 엿보다가 모반한 백성을 많이 얻었는데, 지형에 익숙하여 해상을 오가며 지난해보다 탐을 내어 하루도 약탈하지 않는 날이 없었습니다.

지금 우리는 앞뒤로 경계해야 할 일이 있고 머리와 꼬리가 곤란해졌으니, 이는 우리나라 조정에 액운이 낀 때입니다. 진실로 궁전을 세우는 노역을 멈추고 먼저 적을 방비할 계책을 정하며 황무지를 개간하여 씨를 뿌리는 일에 힘써서 굶주림과 궁핍함을 구제해야 합니다. 농사지을 때를 놓쳐 봄의 밭갈이가 늦어지고 일이 생기는 날이면 행장을 갖추지 못할 것입니다. 만일 이런 긴급한 일을 버리고 궁궐 짓는 일에 힘을 다한다면 갑자기 뜻하지 않은 적이 쳐들어오는 변고를 당하게 될 때에는 궁궐 짓는 노역을 버리고 봉화의 긴급함에 응해야 하므로 원망하고 고통스러워하는 사람들을 모아 칼날이 번쩍이는 전쟁터로 달려가게 할 텐데, 이는 곧 강대한 적이 이용할 수 있는 자본을 제공하는 것입니다. 만일 오직 고수하며 오랜 시간 견딘다면 군대의 식량은 틀림없이 궁핍해질 것이고, 적과 칼날을 접촉시킬 날을 기다리지 않고도 전사들은 이미 어려움에 빠질 것입니다.

옛날 태무(太戊, 상나라 국왕) 때 뽕나무와 곡식이 조정에서 자라나자 군주와 신하들이 두려워하며 덕을 닦았으므로 괴이한 현상이 없어지고 은나라가 흥성했습니다. 화성이 심성心星 자리에 머물자 송宋나라 사람들은 재앙으로 생각했는데, 경공景公이 고·사(瞽史, 주대의 두 가지 관직명. '고'는 음악을, '사'는 천문과 역법을 담당했음)의 의견을 받아들이자 화성은 물러나 제자리로 가고 경공은 장수했습니다. 자신이 덕을 닦으면 이상한 부류를 감화시킬 수 있고, 입으로 말을 하면 신명에도 통합니다.

신은 우매하여 그릇되게도 폐하의 가까운 곳에 있는 관직을 더럽히고 폐하를 도와 은택을 나타내어 신령을 감화시키지 못했으므로 고개를 들면 하늘에 부끄럽고 고개를 숙이면 땅에 부끄러운데도 달아날 곳이 없습니다. 물러나 엎드려 생각해보니 화성과 뽕나무와 곡식의 이상한 현상은 하늘이 두 군주에게 알리는 것입니다. 이 밖에 여러 가지 미미한 요이妖異는 문이나 정원 가까이 있는 작은 신이 만든 것으로 천지를 통해 징험해볼 때 다른 변화는 없지만 상서로운 징조가 앞뒤로 자주 나왔으며, 명주明珠가 이미 드러났고 흰색 참새가 이어서 나타났는데, 이는 만민의 복이며 확실히 신령이 나타나는 징조입니다. 단지 이런 징조는 9주를 집으로 하고 천하를 가정으로 삼기 때문에 머물러 있는 백성과 함께 옮기지 않습니다.

또 지금의 궁실은 본래 선제께서 만든 것이며, 당초 토지를 점쳐 기반을 확정했으므로 상서롭지 않을 수 없습니다. 또 양시楊市 땅은 궁궐과 연접해 있어 만일 대공정이 끝나 폐하의 수레가 옮겨올 때에는 문과 길의 신령이 모두 옮겨가야만 하므로 오히려 장구함이 반드시 예전의 궁궐보다 나은 것이 아닐까 걱정됩니다. 자주 옮기는 것은 불가능하고 머물면 의심하니, 이것이 어리석은 신이 밤낮으로 걱정하며 초조해하는 것입니다.

신이《예기》〈월령月令〉을 보니 늦여름에는 토목공사를 일으킬 수 없고, 제후들을 모이게 할 수 없으며, 병사를 일으키고 백성을 동원할 수 없으니 큰일을 일으키면 반드시 큰 재앙이 있다고 합니다. 지금 비록 제후들을 모이게 하지는 않았지만 제후의 군대가 모인 것과 다름이 없습니다. 6월 무기일戊己日에는 토성의 운행이 왕성하여 이미 침범할 수 없고, 또 농사짓는 달이므로 이때를 잃을 수 없습니다. 옛날 노나라 은공隱公이 여름에 중구中丘에 성을 쌓았을 때《춘추》에서는 이것을 기록하여 후인들의 경계로 삼도록 했습니다. 지금 궁전을 수축하는 목적은 백대의 위대한 기업을 만들려는 것인데 오히려 천지에서 가장 꺼리는 것을 범하고 있고,《춘추》에 적어놓은 것을 답습했으며, 농사철에 가장 중요한 일을 황폐시키고 있는 것입니다. 신의 어리석은 소견에 의하면 사사로이 불안합니다.

또 걱정되는 것은 흩어졌던 백성을 불러도 이따금 어떤 사람은 오지 않는데 이들을 토벌하면 노역을 폐기하고 군사軍事를 일으킬 것이고, 토벌하지 않으면 이런 상황이 갈수록 만연해진다는 것입니다. 만일 그들이 모두 온다면 수많은 사람이 한곳에 모이게 되어 병이 없는 자가 드물어질 것입니다. 그리고 사람들은 마음이 안정되면 선행을 생각하지만, 고통스러우면 원망하고 모반합니다. 장강 남쪽의 정예 병사는 북쪽 땅에 있는 자들이 대적하기 어려워하여 병사 열 명으로 동쪽의 병사 한 명을 감당하려고 합니다. 천하는 아직 안정되지 않았으므로 우리 군대를 깊이 걱정하고 안타까워하고 있습니다.

이와 같이 궁전을 세워 죽거나 모반한 자가 5천 명이 된다면 북방 군대의 사람은 5만으로 늘어나는 것이며, 만일 만 명이라면 배가 늘어 10만 명이 될 것입니다. 병든 자 가운데서도 죽는 손실이 있고 모반하는 자 가운데서도 좋지 못한 말을 전하는 자가 있는데, 이는 곧 강대한 적이 기뻐하는 일입니다. 지금 적과 우리는 중원 지역에서 결전하여 강함과 약함을 확정하게 되는데, 마침 이때 적군은 증강하고 우리는 손실을 본 데다가 지치고 곤궁합니다. 이것은 영웅과 지혜로운 선비 들이 매우 우려하는 바입니다.

신이 듣기로 고대의 군왕이 나라를 다스리면서 3년 동안 필요한 것을 쌓아두지 않는다면 이 나라는 나라가 아니라고 말했다고 합니다. 평안한 때에도 이처럼 경계하고 준비하거늘, 하물며 적이 강대한데 농업을 홀시하고 비축하는 것을 잊는단 말입니까? 오늘 비록 여러 가지를 심었지만 얼마 전에 홍수로 침몰되었으므로 무사히 남아 있는 것만은 반드시 김매고 거두어들여야 하는데, 지방 장관들은 기한을 어긴 것을 두려워하고, 북쪽과 동쪽의 각 군 사람들은 직접 산림 속으로 들어가 힘을 다해 나무를 베며 농사를 버려두고 있습니다. 병사와 백성의 처자식은 힘이 약하므로 개간하여 농사지은 것도 빈약한데, 수재나 한재라도 당하게 된다면 거둘 것이 없을 것입니다.

지금 주나 군에 있는 쌀은 당연히 일이 일어날 때를 기다려야 하는데, 굶주린 사람들이 관청의 공급에 의지하여 구제되고 있습니다. 만일 위아래가 비고 궁핍하여 식량 수송도 미치지 못하는데, 북방의 적이 영토를 침범한다면 주공 단과 소공 석이 다시 살아나고 장량張良과 진평이 다시 나타나도 폐하를 위해 도모할 수 없음은 분명합니다. 신은 군주가 밝으면 신하는 충성스럽고, 군주가 성스러우면 신하는 직언을 한다고 들었습니다. 이 때문에 어렵게 진언하여 감히 폐하의 위업을 범하게 되었습니다. 폐하께서 애틋하게 살펴주시기를 바랍니다.

이 상소가 바쳐지기는 했지만 손호는 받아들이지 않았다. 나중에 화핵은 승진하여 동관령이 되고 우국사를 겸하게 되었다. 화핵이 상소하여 사양하자 손호는 이렇게 대답했다.

"표를 받아 보았습니다. 동관은 유림들이 모여 있는 관부로 늘 문학과 전적을 강의하고 교감하며 의문이 있거나 혼란스러운 문제를 결정하여 처리합니다. 한나라 왕조 때는 모두 저명한 학자와 걸출한 유생 들이 그 직책을 맡았으므로 나도 훌륭한 현인들을 선발하기를 바라고 있습니다. 듣건대 당신은 경전을 연구하여 정통하고, 여러 서적을 두루 읽어 식견이 많으며, 예악禮樂을 좋아하고 시서에 열정이 있는 사람이라고 합니다. 마땅히 당신의 문채를 발휘하고 재주와 학식을 운용하여 이 시대의 정사를 빛내서 양웅·반고·장형·채옹의 무리를 뛰어넘어야 합니다. 기이한 사람이 겸손하게 물러나고, 중요한 사람이 자신을 가볍게 보는 법입니다. 당신은 마땅히 맡은 일을 열심히 함으로써 앞의 현인들을 뛰어넘어야지, 더 사양할 필요는 없습니다."

당시 창고에는 쌓아놓은 것이 없지만 세속에서는 더욱더 사치스러웠다. 화핵은 상소하여 다음과 같이 말했다.

지금 도적들이 천하를 가득 메우고 있고 정벌은 끝나지 않았으며, 나라에는 몇 년 동안 쌓아둔 것이 없고 밖으로 나가서는 적과 대항하기 위해 군량미를 쌓아놓지 않고 있습니다. 이것은 나라를 가진 사람이 마땅히 깊이 우려해야 하는 일입니다. 무릇 재물과 곡식의 생산은 모두 백성에게서 나오므로 농사지을 때에 농사에 힘쓰는 것이 나라의 가장 급박한 일입니다.

그렇지만 경도의 많은 관원은 관장하는 일이 구분되어 다르며, 각자 스스로 백성에게서 물자를 거두어들여 백성의 힘을 헤아리지 않으니 늘 규정된 한계 가까이 이릅니다. 장리들은 죄를 얻을까 봐 두려워서 밤낮 백성을 재촉하여 농사일은 제쳐두고 기일에 황급히 맞춰 도읍에 전송하여 이르게 하고, 이따금 쌓인 것을 쓰지 않았는데도 헛되이 백성에게 힘을 소비하고 때를 잃게 하고 있습니다. 추수할 달이 되자 기한 안에 부세를 내도록 질책합니다. 관원들은 그들이 씨 뿌릴 때를 빼앗으면서도 올해의 세금을 재촉하며, 만일 체납하는 자가 있으면 재물을 기록하여 몰수합니다. 그러므로 가가호호 빈곤하며 입을 것과 먹을 것이 부족합니다. 마땅히 잠시 갖가지 노역을 멈추고 농사와 양잠에 마음을 모으도록 해야 합니다.

옛사람들은 "한 남자가 쟁기질을 하지 않으면 어떤 사람이 이 때문에 굶주리게 되고, 한 여자가 길쌈을 하지 않으면 어떤 사람이 이 때문에 추위로 떨게 된다."라고 했습니다. 이 때문에 선왕들은 나라를 다스리면서 오직 농사에 힘썼습니다. 전쟁이 일어난 이래 이미 백 년쯤 되었으므로 농민들은 남쪽 밭에서 농사를 버렸고, 여자들은 방직일을 멈추었습니다. 이러한 상황으로 미루어보면 거친 음식을 먹거나 오랫동안 굶주리고 홑옷을 입고 빙판 위를 걷는 자가 진실로 적지 않습니다.

신은 군주가 백성에게 구하는 것은 두 가지이고, 백성이 군주에게 바라는 것은 세 가지라고 들었습니다. 두 가지란 백성이 군주 자신을 위해 수고하기를 요구하고, 백성이 군주 자신을 위해 희생하기를 요구하는 것입니다. 세 가지란 굶주린 자가 먹을 수 있고, 수고하는 자가 쉴 수 있으며, 공로 있는 자가 상을 받을 수 있게 해주는 것입니다.

백성은 군주의 두 가지 요구를 만족시켰지만 군주는 백성의 세 가지 희망을 저버렸기 때문에 원망하는 마음이 생기고 공을 세우지 않는 것입니다. 지금 창고는 부실하고 백성은 노역을 하고 있으며, 군주의 두 가지 요구는 이미 갖추어졌지만 백성의 세 가지 희망은 보답받지 못했습니다. 게다가 굶주린 자는 맛난 음식을 기다린 후에 배부른 것이 아니며, 추위에 떨고 있는 자는 여우 털이나 담비 털로 만든 옷을 기다린 후에 따뜻한 것이 아닙니다. 맛난 음식은 구미의 괴이함이며, 무늬가 있고 수놓은 옷은 몸의 장식일 뿐입니다.

지금은 일이 많고 부역이 잦아 백성은 빈곤하나 세속은 사치스러우며, 모든 장인이 만드는 것은 쓸모없는 기구이고, 부녀자들은 곱고 화려한 장식만 추구하고 삼베와 모시에는 부지런하지 않으며 수놓은 예복을 입고 서로 모방하면서도 오히려 부끄러워하는 마음은 없습니다. 병사와 백성의 가정에서조차 오히려 또 이러한 풍속을 따라 하여 집안에는 쌓아놓은 쌀이 없는데도 밖으로 나올 때는 비단옷을 입습니다. 부유한 상인의 가정에 이르러서는 금이나 은 장식을 더하여 사치와 음란함이 더욱 심합니다. 천하는 아직 태평하지 않고 백성은 넉넉하지 못하니 마땅히 백성이 생존할 수 있는 근원적인 일에 힘을 집중시켜 곡식과 비단을 풍부하게 생산해야 되는데, 부화한 기교를 추구하여 농사짓는 공을 버리고 사치스런 생활로 인해 시간을 낭비했으므로 그 결과 위로는 존귀함과 비천함의 등급 차이가 없어졌고 아래로는 재력을 낭비하는 손해가 생겼습니다.

지금 관리의 집에는 자녀가 없는 집이 적은데 많은 경우는 서너 명이고 적은 경우엔 한두 명이 있습니다. 평균적으로 집집마다 딸은 한 명씩 있으니 10만 집이면 10만 명이고, 모든 사람이 해마다 한 속束씩 길쌈을 하면 10만 속이 됩니다. 나라 안의 모든 사람이 마음을 같이

하고 힘을 합친다면 몇 년 사이에 베와 비단이 반드시 쌓일 것입니다. 백성에게 다섯 가지 색깔로 옷을 만들어 입도록 하고, 오직 비단 자수와 같은 무익한 장식은 금하게 합니다. 그리고 용모가 아름다운 사람은 화려한 문채에 기대지 않아도 아름다움이 드러나며, 자태가 우미한 사람은 아름다운 무늬의 수에 기대지 않아도 사랑받을 수 있습니다. 다섯 색깔의 장식이면 아름답게 하기에 충분합니다. 설령 분을 바르고 눈썹을 그려 화장을 하게 하고 아름답게 옷을 입게 할지라도 추녀를 없앨 수는 없으며, 설사 화려한 문채를 버리고 문양 수를 없애더라도 미인을 없애지는 못합니다.

만일 신이 논의한 것과 같다면 있어도 이로움이 없고 없어도 손해날 것이 없는 것을 어찌 아까워하여 잠깐 금지시켜 창고의 다급함을 채우지 않겠습니까? 이것은 궁핍을 구제하는 최상의 노력이며, 나라를 부강하게 하는 근본적인 일입니다. 관자와 안자晏子를 다시 태어나게 하더라도 이것을 바꾸지 않을 것입니다. 한나라 왕조의 문제文帝와 경제景帝는 평화로울 때 황제 자리를 이어받았으며 그 당시 천하는 이미 안정되어 사방에 변고가 없었는데, 무늬를 조각하여 농사를 방해하고 비단옷에 수놓아 여공을 방해하자 나라를 부유하게 하는 이익을 개발하여 굶주림과 추위의 근원을 끊어버렸습니다. 하물며 지금은 육합六合이 분열되어 떨어졌고, 승냥이가 길을 가득 메우고 있으며, 병사들은 감히 변방으로 떠나지 못하고 병기를 허리에서 풀지 않았으니, 이런 상황에서 재화를 생산하는 원천을 넓히고 관부 창고의 비축을 채우지 않을 수 있겠습니까?

손호는 화핵이 연로하다고 생각하고 명령을 내려 상소문을 정서하라고 했지만 그는 감히 하지 않았다. 또 손호는 그에게 문장을 쓰라고 명령하고 옆에 서서 기다렸다. 화핵은 문장을 지어 다음과 같이 말했다.

소신 화핵은 미천하고 평범합니다. 정직한 성인을 사랑하며 특별히 융숭한 은혜를 받았습니다. 민간의 초야에서 조정 안의 높은 지위에 있게 되었습니다. 광휘가 궁궐 문을 비추고, 청색 옥돌은 기댈 만했습니다. 삼가 맑은 이슬을 마시며 따뜻한 바람으로 목욕합니다. 공은 실오라기만큼도 없고 허물만 산처럼 큽니다. 단이슬이 오점을 용인하고 은혜를 누적시켰습니다. 열등한 자질로 영달을 입어 고달픈 운명이 밝아졌습니다. 망극한 은혜에 보답하고자 하며 크나큰 하늘에 몸을 맡깁니다. 성은은 비 내리는 것 같아 그 허물을 애처로이 여겨 잊어버리셨습니다. 외람되게도 어리석은 신에게까지 자문에 대답하도록 명하니 은택이 신에게 이르렀습니다. 감히 명령을 어기며 죄로 주살될까 봐 두렵습니다. 조서의 명령을 받아 혼은 떠나지만 형체를 남깁니다.

화핵은 앞뒤로 나라와 백성에게 이로운 계책을 바치고 우수한 재능이 있는 자를 천거했으며, 죄와 허물이 있는 자를 풀어주었고, 바친 상소는 1백여 번이나 되어 모두 이로움을 더함이 있었다. 문자가 많아 모두 싣지 못했다.

| 천책 원년(275) | 그는 작은 허물로 면직되었다가 몇 년 뒤에 세상을 떠났다. 위요와 화핵이 정사를 논의한 장章이나 상소는 모두 세상에 전해지고 있다.

【평하여 말한다】

설영은 "왕번은 기량이 뛰어나서 보통 사람들과 다르며 박학하고 여러 방면에 통했고, 누현은 청렴결백하여 지조가 있고 재능을 충분히 발휘했으며, 하소는 뜻을 닦아 고결하고 중요한 기밀을 관리하며 요직에 있었고, 위요는 뜻이 독실하고 학문을 하며 옛것을 좋아하고 여러 책을 널리 보았으며 기술하는 재능이 있었다."라고 칭찬했다. 호충은 "누현과 하소, 왕번은 한 시대의 맑고 우수한 인물로서 대체로 우열의 구분이 없다. 부득이 구분한다면 누현이 마땅히 앞에 있어야 하고, 하소는 그다음에 있어야 한다. 화핵은 글 쓰는 재능에서 위요를 넘는 점이 있지만 공식적인 글에서는 미치지 못했다."라고 주장했다. 내가 보기에 화핵은 좋은 계책을 여러 차례 바쳐서 자신의 능력을 다하기를 바랐으므로 충신이라고 할 만하다. 그러나 이 사람들이 혼란한 세상에 살면서도 명망과 지위가 있었고, 제명대로 다 살지 못하고 죽는 이치임에도 이것을 면할 수 있었던 것은 요행일 뿐이다.

오나라 연표

* 이 연표는 손권이 탄생한 182년부터 오나라가 멸망한 280년까지 99년간 일어난 일들을 간략히 기록한 것이다.

광화光和 5년(182) 손권孫權이 태어나다.

중평中平 원년(184) 황건적의 우두머리 장각張角이 위군魏郡에서 반란을 일으키다.

중평 3년(186) 사공司空 장온張溫을 보내 변장邊章 등을 토벌하게 하다.

중평 4년(187) 손견孫堅이 장사長沙의 반란을 평정하다.

중평 5년(188) 주치朱治가 장사·영릉零陵·계양桂陽 등 세 군의 적을 토벌하는 데 공을 세우다.

초평初平 원년(190) 손견이 형주 자사荊州刺史 왕준王濬과 남양 태수南陽太守 장자張咨를 살해하다.

초평 2년(191) 손견이 동탁董卓과 여포呂布의 군대를 격파하고 낙양洛陽으로 들어오다.

초평 3년(192) 손견이 원술袁術의 지시를 받아 형주荊州를 정벌하고 유표劉表를 공격하도록 하다.
손견이 죽다.

초평 4년(193) 손책孫策이 원술의 지시를 받아 장강長江을 건너고, 몇 년 안에 드디어 강동江東을 소유하게 되다.

흥평興平 원년(194) 손책이 원술을 따르자 원술은 그를 각별하게 여겨 손견의 부대를 돌려주다.

건안建安 원년(196) 손책이 하제賀齊를 눈여겨보고 효렴孝廉으로 천거하다.

건안 3년(198) 손책이 몸소 주유周瑜를 맞이하여 건위중랑장建威中郎將을 수여하다.

건안 4년(199) 손권이 손책을 따라 여강 태수廬江太守 유훈劉勳을 징벌하러 가다. 유훈을 격파한 후, 진군하여 사선沙羨에서 황조黃祖를 토벌하다.

건안 5년(200) 조조曹操와 원소袁紹가 관도官渡에서 교전할 때, 손책이 허도許都를 습격하여 한 헌제漢獻帝를 맞이하려고 하다.
손책이 옛날 오군 태수吳郡太守였던 허공許貢의 문객에게 살해되다.
손책이 죽게 되자, 대사를 손권에게 맡기다.

건안 7년(202) 손권의 어머니 오씨吳氏가 세상을 떠나자 고릉高陵의 손견과 합장하다.

건안 8년(203) 손권은 서쪽으로 황조를 토벌하러 가서 그의 수군을 격파시켰으나 오직 성만은 함락시킬 수 없었는데, 산월족山越族이 또다시 반란을 일으키다.

건안 9년(204) 손권의 동생인 단양 태수丹楊太守 손익孫翊이 측근에게 살해되었으므로 사촌 형 손유孫瑜가 손익을 대신하다.

건안 10년(205) 손권이 하제에게 상요上饒를 토벌하도록 하고, 상요를 분할하여 건평현建平縣을 만들다.

건안 11년(206) 손유孫瑜가 주유와 함께 마둔麻屯과 보둔保屯을 공격하여 깨뜨리다.

건안 12년(207) 손권이 서쪽으로 황조를 정벌하여 그의 관리와 백성 들을 포로로 잡아 돌아오다.

건안 13년(208) 봄 손권이 또다시 황조를 정벌하러 가다.
11월 손권이 유비劉備와 연합군을 결성하여 적벽赤壁에서 조조에게 대승하다.

건안 14년(209) 주유와 조인曹仁이 서로 대치한 지 1년여가 넘어 죽거나 부상을 당한 자가 매우 많았다. 조인은 성을 버리고 달아나다.

손권이 강하江夏를 토벌하고 주유를 전부대독前部大督으로 삼다.

건안 15년(210) 예장군豫章郡을 분할하여 파양군鄱陽郡을 만들고, 장사군長沙郡을 나누어 한창군漢昌郡을 두며, 노숙魯肅을 태수로 임명하여 육구陸口에 주둔하도록 하다.

손권이 보즐步騭을 교주 자사交州刺史로 임명하다.

건안 16년(211) 손권이 관소를 말릉현秣陵縣으로 옮기다.

건안 17년(212) 손권이 치소를 이릉夷陵으로 옮기고 건업建業이라고 이름 짓다.

10월 조조가 유수濡須로 병사를 진격시켜 공격해오다.

건안 18년(213) **정월** 손권이 조조와 대치했는데, 조조가 스스로 물러가다.

건안 19년(214) **5월** 손권이 환성皖城을 정벌하다.

건안 20년(215) 손권이 제갈근諸葛瑾을 사자로 삼아 촉蜀으로 보내 유비와 우호관계를 맺도록 하다.

감녕甘寧이 합비合肥 공격에 참가했는데, 마침 역병이 유행하여 군대가 모두 물러나다.

건안 21년(216) **겨울** 조조가 거소居巢에 군대를 주둔시키고 유수를 공격하다.

건안 22년(217) **봄** 손권이 도위都尉 서상徐詳을 파견하여 조조를 만나 항복을 청하도록 하다.

노숙이 46세에 세상을 떠나다.

건안 23년(218) 손권이 오군吳郡에서 호랑이를 잡다.

건안 24년(219) 손권이 표기장군驃騎將軍, 형주목荊州牧이 되다.

손교孫皎가 죽다.

건안 25년(220) 손권이 사흠士廞을 무창 태수武昌太守로 삼고, 남쪽에 있는 사섭士燮과 사일士壹의 아들을 모두 중랑장으로 임명하다.

연강延康 원년(220) 손권이 여대呂岱를 보내 보즐을 대신하도록 하고, 보즐에게는 교주의 의로운 병사 1만 명을 이끌고 장사로 나오도록 하다.

황초黃初 2년(221) 손권이 위魏나라에 사자 형정邢貞을 보내 신臣이라 일컫고 대장군大將軍, 오왕吳王이 되다.

손등孫登이 동중랑장東中郞將이 되고 만호후萬戶侯로 봉해지다.

황무黃武 원년(222) 손권이 사자 정천鄭泉을 보내 촉과 외교 관계를 복원하다.

황무 2년(223) 봄 정월 손권이 사분력四分曆을 건상력乾象曆으로 바꾸다.

황무 3년(224) 여름 손권이 보의중랑장輔義中郞將 장온張溫에게 촉을 방문하도록 하다.

황무 4년(225) 여름 5월 승상丞相 손소孫邵가 죽다.

6월 태상太常 고옹顧雍이 승상이 되다.

황무 5년(226) 사섭이 90세의 나이로 세상을 떠나다.

황무 6년(227) 손권이 몸소 병사들을 지휘하여 석양石陽을 치다.

황무 7년(228) 봄 3월 손권이 아들 손려孫慮를 건창후建昌侯로 봉하고 동안군東安郡을 없애다. 부친 파로장군 손견을 추존하여 무열황제武烈皇帝라고 하고, 형 토역장군討逆將軍 손책을 장사환왕長沙桓王이라고 하다.

황룡黃龍 원년(229) 손권이 남쪽 교외에서 황제 자리에 올라 대사면을 실시하고 연호를 바꾸다.

손권이 수도를 건업으로 옮기다.

황룡 2년(230) 봄 정월 위나라가 합비신성合肥新城을 짓다.

황룡 3년(231) 건창후 손려가 진군대장군鎭軍大將軍으로 임명되어 반주半州에 주둔하다.

가화嘉禾 원년(232) 손권의 아들 손려가 죽자 손등이 건업으로 도읍을 옮기다.

가화 2년(233) 손권이 합비신성으로 진격하며 장군 전종全琮을 보내 육안六安을 정벌하도록 했지만 모두 이기지 못하고 돌아오다.

가화 3년(234) 제갈각諸葛恪이 단양 태수를 겸임하여 산월을 토벌하고 평정하다.

가화 4년(235) 여대呂岱를 보내 이환李桓 등을 토벌하게 하다.

가화 5년(236) 손권이 북쪽을 정벌하려고 육손陸遜과 제갈근에게 양양襄陽을 공격하도록 하다.

가화 6년(237) 위장군衛將軍 전종을 보내 육안을 습격했지만 이기지 못하다.

적오赤鳥 원년(238) 가을 8월 무창에서 기린이 나타나자 연호를 고치다.

적오 2년(239) 손권이 사자 양도羊衜와 정주鄭冑, 장군 손이孫怡를 요동遼東으로 보내 위나라 수장守將 장지張持, 고려高廬 등을 공격하게 하여 남녀를 포로로 잡다.

적오 3년(240) 백성에게 기근이 생기자 창고를 열어 구제하다.

적오 4년(241) 4월 위나라를 사방에서 공격하다.
제갈근이 68세의 나이로 죽다.

적오 5년(242) 봄 손화가 오군 태수가 되다.
8월 손패孫霸가 노왕魯王이 되다

적오 6년(243) 고옹이 세상을 떠나다.

적오 7년(244) 육손이 고옹을 대신하여 승상으로 임명되다.

적오 8년(245) 승상 육손이 세상을 떠나다.

적오 9년(246) 보즐이 육손을 대신하여 승상이 되었다.

적오 10년(247) 우대사마右大司馬 전종이 세상을 떠나다.

적오 11년(248) 건업궁建業宮이 완성되다.

적오 12년(249) 좌대사마左大司馬 주연朱然이 세상을 떠나다.

적오 13년(250) 손권이 마침내 손량孫亮을 태자로 세우고, 전씨全氏를 태자비로 삼다.
손량이 태자로 세워지자, 반 부인潘夫人이 언니를 출가시키기를 청하여 손권이 허락하다.

태원太元 원년(251) **여름** 5월 손량의 모친 반씨潘氏를 황후로 세우고 대사면을 실시하며 연호를 바꾸다.

겨울 손권이 질병으로 누워 있게 되자 대장군 제갈각을 불러 태자태부太子太傅로 삼고, 회계 태수會稽太守 등윤滕胤을 태상으로 임명하다.

태원 2년(252) **정월** 손휴孫休가 낭야왕琅邪王으로 봉해지다.

4월 손권이 세상을 떠나다.

손량이 제위를 계승하고 연호를 건흥으로 바꾸다. 제갈각이 정권을 장악하다.

건흥建興 원년(252) 제갈각이 태부에, 등윤이 위장군衛將軍에, 여대가 대사마에 임명되다.

건흥 2년(253) **봄 정월** 전씨를 황후로 세우고 대사면을 실시하다.

10월 제갈각이 손량과 모의하다가 손준孫峻에게 살해되다.

오봉五鳳 원년(254) **여름** 오나라에 대홍수가 발생하다.

가을 손영孫英이 손준을 살해하려다 실패하자 자살하다.

오봉 2년(255) **7월** 손의孫儀와 장이張怡가 손준을 주살하려다가 발각되어 살해되다.

오봉 3년(256) **9월** 손준이 급사하고 손침孫綝이 실권을 장악하다.

등윤이 손침을 토벌하려다가 살해되다.

태평太平 원년(256) 손침이 대장군이 되다.

태평 2년(257) 장사군 동쪽을 상동군湘東郡, 서쪽을 형양군衡陽郡, 회계 동쪽을 임해군臨海郡, 예장 동쪽을 임천군臨川郡이라고 하다.

4월 위나라의 정동대장군征東大將軍 제갈탄諸葛誕이 회남淮南에서 거병하여 오나라에 구원을 요청하다.

태평 3년(258) **봄 정월** 제갈탄이 수춘성壽春城 내에서 문흠文欽을 죽이다.

2월 수춘성이 함락되고 제갈탄은 도망치려다가 실패하여 살해되다.

9월 손침이 손량을 폐출시켜 회계왕會稽王으로 삼고 손휴를 영접하여 즉위시키다.

손침이 승상이 되다.

영안永安 원년(258) 손호孫皓를 오정후烏程侯로 봉하다.

손휴는 손침이 역모했다는 보고를 듣고 은밀히 장포와 일을 도모해 손침을 체포하도록 하고 그날로 사형에 처하다.

영안 2년(259) 구경九卿의 관제를 갖추다.

영안 3년(260) 회계군에서 손량이 수도로 돌아가 천자가 되어야 한다는 뜬소문이 돌자 손량은 후관후候官侯로 폐출되어 다른 봉국으로 보내지다. 가는 도중 손량이 자살하다.

영안 4년(261) 광록대부光祿大夫 주혁周奕과 석위石偉를 보내서 나라를 순시하며 풍속을 살피게 하고, 장수와 관리 들의 청렴함과 혼탁함 및 백성의 질곡을 살피도록 하다.

영안 5년(262) 황후 주씨朱氏를 세우다. 아들 손만孫𩅥을 태자로 세우고 대사면을 시행하다.

영안 6년(263) 위나라가 촉나라를 토벌하려고 하자, 정봉丁奉이 군사들을 이끌고 수춘으로 향해 촉나라를 구원하는 형세를 이루다. 촉나라가 망했으므로 군대가 돌아오다.

영안 7년(264) 손휴가 서른 살로 세상을 떠나다. 시호를 경황제景皇帝라고 정하다.

손호가 즉위하여 태후를 경황후景皇后로 낮추고, 어머니 하씨何氏를 태후太后로 올리다.

감로甘露 원년(265) 연호를 바꾸고 대사면을 실시하다.

보정寶鼎 원년(266) 정월 대홍려大鴻臚 장엄張儼과 오관중랑장五官中郞將 정충丁忠을 파견하여 진 문제의 죽음에 조의를 표하다. 돌아올 때, 장엄은 길에서 병사하다.

육개陸凱가 좌승상左丞相이 되고, 만욱萬彧이 우승상右丞相이 되다.

보정 2년(267) 대사면을 실시하다.

보정 3년(268) 봄 2월 좌우 어사대부 정고丁固와 맹인孟仁이 사도司徒, 사공司空이 되다.

손호가 정봉에게 제갈정諸葛靚과 함께 합비를 공격하라고 명하다.

건형建衡 원년(269) 아들 손근孫瑾을 태자로 세우고, 별도로 회양왕淮陽王·동평왕東平王을 세우다.

건형 2년(270) 손호의 좌부인左夫人 왕씨가 죽다. 손호가 슬퍼하며 아침저녁으로 곡을 하고 몇 달 동안 밖으로 나가지 않다.

건형 3년(271) 손호가 많은 사람을 이끌고 화리華里까지 나왔으나 동관東觀의 현령 화핵華覈 등이 강경하게 저항했으므로 이내 돌아오다.

봉황鳳皇 원년(272) 손호가 여전히 다른 사람의 말을 듣지 않고 기세등등하다.

봉황 2년(273) 육항陸抗이 대사마가 되다.

봉황 3년(274) 회계에 장안후章安侯 손분孫奮이 천자가 되어야 한다는 뜬소문이 돌다.

천책天册 원년(275) 오군吳郡에서 땅을 파 은을 얻다. 그래서 대사면을 실시하고 다음 해부터 연호를 바꾸기로 하다.

천새天璽 원년(276) 오군의 임평호臨平湖에서 돌함을 얻었는데 황제라는 글자가 새겨진 청백색 작은 돌이 들어 있었다. 연호를 바꾸고 대사면을 실시하다.

천기天紀 원년(277) 하구독夏口督 손신孫愼이 강하와 여남汝南에서 진격하여 그곳 백성을 말살하고 약탈했다.

천기 2년(278) 가을 7월 성기成紀·선위宣威 등 11명의 왕을 세우고, 왕에게 3천 명의 병사를 주고 대사면을 시행하다.

천기 3년(279) 곽마郭馬가 모반하다.

천기 4년(280) 진나라 군대가 손호 정벌에 나서다. 오나라가 멸망하다.

찾아보기

684

688

吳書

정사 삼국지 오서

1판 1쇄 발행일 2018년 3월 5일
1판 4쇄 발행일 2023년 11월 6일

지은이 진수
옮긴이 김원중

발행인 김학원
발행처 (주)휴머니스트출판그룹
출판등록 제313-2007-000007호(2007년 1월 5일)
주소 (03991) 서울시 마포구 동교로23길 76(연남동)
전화 02-335-4422 **팩스** 02-334-3427
저자·독자 서비스 humanist@humanistbooks.com
홈페이지 www.humanistbooks.com
유튜브 youtube.com/user/humanistma **포스트** post.naver.com/hmcv
페이스북 facebook.com/hmcv2001 **인스타그램** @humanist_insta

편집주간 황서현 **편집** 박상경 김선경 임미영 **디자인** 김태형
조판 홍영사 **용지** 화인페이퍼 **인쇄** 삼조인쇄 **제본** 경일제책

ⓒ 김원중, 2018

ISBN 979-11-6080-123-1 04910
ISBN 979-11-6080-125-5 (세트)